Kleines Lexikon zur Bibel

Kleines Lexikon zur Bibel

herausgegeben

von

Pat Alexander
John Drane
David Field
Alan Millard

R. BROCKHAUS

Originaltitel: The Lion Concise Bible Encyclopedia
© 1980 Lion Publishing, Tring, Herts, England
Herausgegeben von Pat Alexander, John Drane,
David Field, Alan Millard
bearbeitet und ergänzt von Günter Balders

RBtaschenbuch Bd. 726

3. Taschenbuchauflage 1998

© 1987 R. Brockhaus Verlag Wuppertal
Umschlag: Dietmar Reichert, Dormagen
Gesamtherstellung: Breklumer Druckerei Manfred Siegel KG
ISBN 3-417-20726-6
Bestell-Nr. 220 726

Dieses Buch ist gedruckt auf 100 % Recyclingpapier

A UND O »Alpha und Omega«, erster und letzter Buchstabe des griech. Alphabets, Bezeichnung für Gott oder Christus als Anfang und Ende der Welt. Offb 1,8.17; 21,6; 22,23

AARON Er war ein älterer Bruder Moses und Mirjams und wurde geboren, als die Israeliten Sklaven in Ägypten waren. Weil Mose nicht redegewandt war, redete Aaron an seiner Statt mit dem ägyptischen Pharao und bat ihn, Gottes Befehl zu folgen und das Volk Israel ziehen zu lassen. Der Pharao weigerte sich, und darauf warnte Aaron ihn, gemeinsam mit Mose, vor den zehn Plagen. Er unterstützte Mose treu beim Auszug aus Ägypten, gab jedoch am Sinai dem Drängen des Volkes nach und machte ihm das goldene Kalb. Doch trotzdem vergab Gott ihm und setzte ihn zum ersten Hohenpriester Israels ein. Aaron diente an der Stiftshütte, brachte Opfer für die Sünde des Volkes dar und betete für das Volk um Vergebung. Manchmal war er neidisch auf Mose, weil er der Führer des Volkes war. Er starb, bevor die Israeliten Kanaan betraten, und sein Sohn Eleasar wurde nach ihm Hoherpriester. 2Mo 4,14; 5–12; 28,1; 32,1; 4Mo 20,23–29

ABANA Einer der beiden Flüsse, die durch Damaskus fließen. Heute heißt er Barada (kühl). Als Elisa Naaman aufforderte, sich im Jordan zu baden, damit er geheilt würde, verglich der den trüben, schlammigen Jordan mit den klaren Flüssen Abana und Parpar, die durch Damaskus fließen. 2Kö 5,12

ABBA s. *Gebet*

ABED-NEGO ist der babylonische Name eines der drei jüdischen Exilierten, Schadrach, Meschach und Abed-Nego, die König Nebukadnezar für einen besonderen Dienst an seinem Hof ausgewählt hatte. Sie und ihr Freund Daniel weigerten sich, bei Hof zu essen, weil sie sich nicht an dem Götzen geweihten Essen versündigen wollten. Später knieten sie nicht vor einem Götterbild nieder, das der König hatte errichten lassen, und wurden in einen Feuerofen geworfen. Gott beschützte sie, und sie kamen unverletzt wieder heraus. Dan 1–3

ABEL Adams und Evas zweiter Sohn, der Bruder Kains. Abel war Schafhirt und opferte Gott eines Tages ein Lamm. Das war Gott wohlgefällig. Kain jedoch war eifersüchtig, weil Gott sein Opfer aus den Früchten des Feldes nicht annahm, und er tötete Abel. Das NT sagt uns, daß Gott Abels Opfer wegen dessen Glauben annahm, Kains jedoch ablehnte. 1Mo 4,1–8; Hbr 11,4

ABEL-BET-MAACHA Eine Stadt im Norden Israels, in der Nähe des Hule-Sees. Bis dorthin verfolgte Joab Scheba. Die Stadt war häufig umkämpft und wurde u.a. von den Aramäern erobert. 2Sam 20; 1Kö 15,20; 2Kö 15,29

ABENDMAHL Jesus setzte die Feier dieses Gemeinschaftsmahls beim letzten Passamahl ein, das er mit seinen Jüngern vor seinem Tod feierte. Am Passafest gedachte man der Befreiung aus Ägypten und des kommenden Reiches Gottes. Das Abendmahl schaut zurück auf Jesu Sterben und weist voraus auf seine Wiederkunft.

Das Passamahl begann mit einem Segen. Man dankte Gott für das

Brot. Dann wurden Brotstücke für die Gäste herumgereicht. Im Abendmahl bedeutet das Brechen des Brotes, daß Jesu Leib »für euch dahingegeben« ist. Das Mahl endete, indem man einen Kelch Wein herumreichte und daraus trank. Dieser Kelch deutete auf Jesu Blut hin, das bei seinem Tod vergossen wurde. Sein Tod war das Opfer, das den neuen Bund zwischen Gott und den Menschen in Kraft setzte, wie auch der alte Bund durch das Blut eines Opfertieres besiegelt worden war (2Mo 24,5–8). Deshalb sagte Jesus: »Das ist mein Blut des neuen Bundes . . .«

Wer an diesem heiligen Mahl teilnimmt, bekennt, daß sein Heil in Jesu Kreuzestod liegt und er deshalb Jesus, dem Schöpfer des neuen Bundes, in Treue verbunden ist. Der Kelch ist auch ein Zeichen für das kommende Reich Gottes, das der Freude bei einem großen Festmahl gleicht. Jesus sagte: »Ich werde von nun an nicht mehr von diesem Gewächs des Weinstocks trinken bis an den Tag, da ich's neu trinken werde mit euch in meines Vaters Reich.«

In der Apostelgeschichte heißt das Abendmahl »Brotbrechen«. Mit diesem Ausdruck bezeichneten die Juden den Segen, der über dem Brot gesprochen wurde. Es war anfänglich Teil einer richtigen Mahlzeit. In Korinth trugen die Christen ihre Lebensmittel für dieses Mahl zusammen. Paulus zeigt eine weitere Bedeutung des Brotbrechens auf: »Wie die Christen das Brot miteinander teilen, so haben sie Anteil am ›Leib Christi‹, an der Kirche.« Darum haben Spaltungen und Uneinigkeit in der Kirche Christi keinen Platz.

Später wurde das Abendmahl nicht mehr in den Häusern, sondern in besonderen Gebäuden gefeiert, und es war auch nicht mehr Teil einer Mahlzeit. Gebete und Lobpreis, die z.T. aus dem Synagogengottesdienst übernommen wurden, umrahmten das Abendmahl. Die älteste Aufzeichnung von Abendmahlsgeboten ist die *Didache* (»Lehre«), die Anfang des 2. Jh. geschrieben wurde. Mt 26,26–30; Mk 14,22–26; Lk 22,14–20; Apg 2,46; 20,7; 1Ko 11,20–34; 10,16–17

ABIA 1. Der Sohn König Jerobeams I. von Israel. Er starb wegen seines Vaters Sünden als Kind. 1Kö 14

2. Sohn Rehabeams von Juda. Er regierte drei Jahre, von 913 bis 911 v.Chr. 1Kö 15; 2Chro 13

ABIGAIL 1. Die schöne Frau Nabals, die später David heiratete (s. *Nabal*). 1Sam 25

2. Schwester Davids. 1Chro 2,16

ABIHU s. *Nadab*

ABILENE Das Gebiet im Nordwesten von Damaskus, das Lysanias regierte. Lk 3,1

ABIMELECH 1. Weil Abraham um sein Leben fürchtete, gab er seine Frau Sara als seine Schwester aus. Abimelech, König von Gerar, wollte sie zu seiner Frau machen, doch Gott zeigte ihm die Wahrheit und bewahrte ihn davor. 1Mo 20; 26 (Wohl die Geschichte eines anderen Königs mit demselben Namen, der ähnliches mit Isaak erlebte.)

2. Ein Sohn Gideons, der seine Brüder tötete, um König zu werden. Ri 8,31ff; 9

ABJATAR war der Sohn Ahimelechs, des Priesters, zur Zeit Sauls. Als David König wurde, wurde er zusammen mit Zadok Hoherpriester. Nach dem Tod Davids wollte er jedoch Adonia statt Salomo auf den Thron setzen und wurde verbannt.

1Sam 22,20ff; 2Sam 8,17; 15,24ff; 1Kö 1–2

ABNER Ein Vetter Sauls und der Befehlshaber seiner Armee. Nach Sauls Tod machte er Isch-Boschet, den Sohn Sauls, zum König. Das führte zu einem Konflikt zwischen den Stämmen, die Isch-Boschet anerkannten, und dem Stamm Juda, den David regierte. Abner ärgerte sich darüber, wie Isch-Boschet ihn behandelte. Er beschloß, David zum König ganz Israels zu machen. Doch Davids Feldherr Joab tötete ihn aus Rache für seinen Bruder. 1Sam 14,50; 2Sam 3

ABRAHAM/ABRAM Abrams Name wurde in Abraham (Vater von Völkern) geändert, als Gott ihm versprach, ihn zum Vater des Volkes Israel zu machen. Abrahams Heimat war die reiche Stadt Ur am Eufrat. Er hatte dort mit seinem Vater Tarah und seinen drei Brüdern gelebt. Seine Frau Sara war eine Halbschwester. Tarah zog mit seiner ganzen Familie Hunderte von Meilen nach Nordwesten, nach Haran. Dort starb er, und Gott forderte Abraham auf, nach Kanaan zu ziehen. Abraham gehorchte. Er zog mit seinen Herden als Nomade von Ort zu Ort. Wo immer er rastete, baute er einen Altar und betete Gott an. Während einer Hungersnot zog er nach Ägypten, doch Gott rief ihn zurück nach Kanaan. Das war das Land, das Gott dem neuen Volk geben wollte. Als Abraham alt wurde und Sara immer noch keine Kinder hatte, gebar ihm die Magd seiner Frau, Hagar, einen Sohn; das war damals üblich. Doch dieser Sohn, Ismael, war nicht das Kind, das Gott ihm verheißen hatte.

Gott gab Abraham und Sara in hohem Alter schließlich einen Sohn – Isaak. Auf ihm ruhte die Verheißung. Doch als Isaak noch ein Kind war, stellte Gott den Glauben Abrahams auf eine harte Probe. Er sollte Isaak auf einen Berg führen und ihn dort opfern. Schweren Herzens gehorchte Abraham. Er vertraute darauf, daß Gott das Versprechen für seinen Sohn halten werde. Er hatte Isaak schon auf den Altar gebunden und das Messer erhoben, als Gottes Engel rief: »Lege deine Hand nicht an den Knaben . . ., denn nun weiß ich, daß du Gott fürchtest.« Ein Widder, der sich in einem Busch verfangen hatte, wurde statt dessen geopfert. Dann bekräftigte Gott seine Verheißungen an Abraham: »Ich will dein Geschlecht mehren wie die Sterne am Himmel . . . und durch dein Geschlecht sollen alle Völker auf Erden gesegnet werden«.

Nach Saras Tod schickte Abraham seinen Diener Elieser nach Haran, um eine Frau für Isaak zu suchen. Abrahams fester Glaube an Gott hat ihn zu einem Vorbild für alle Menschen gemacht. 1Mo 11,31–32; 12,1ff; 17,1–8; 21,1–3; 22,1–14; Rö 4,1–3

ABSALOM Der Lieblingssohn König Davids. Er zettelte einen Aufstand an, um selbst König zu werden. Davids Männer schlugen seine Armee im Wald von Efraim. Absalom blieb auf der Flucht mit seinem Haar in einer Eiche hängen, und Joab, Davids Feldherr, tötete ihn entgegen der Anordnung des Königs. 2Sam 15–19

ABISAI Ein Neffe Königs Davids, ein Bruder Joabs. Er war einer von Davids Heerführern. 1Sam 26,6–12; 2Sam 10,9–10; 16,9.11–12; 18,2

ACHAJA Die römische Provinz Südgriechenland, deren Hauptstadt Korinth war. Apg 18,12

ACHAN Als die Israeliten Jericho eroberten, nahm Achan gegen das Gebot Gottes Gold, Silber und schöne Kleider für sich. Die Israeliten verloren deshalb ihre nächste Schlacht. Erst als Achan und seine Familie bestraft waren, gab Gott Israel wieder Sieg. Jos 7–8

ACHIS Ein König von Gat. Zweimal floh David vor Saul zu ihm. 1Sam 21; 27–29

ACHOR Das »Unglückstal«; es liegt in der Nähe Jerichos. Achan wurde dort getötet, weil er Gottes Befehl nicht gehorcht hatte. Jos 7,24

ADAM 1. Der erste Mensch (das Wort »Adam« bedeutet Mensch), von Gott zu seinem Bilde geschaffen. Adam sollte über alle Tiere auf der Erde herrschen. Er sollte im Garten Eden leben und alle seine Früchte essen. Nur eine Frucht war verboten – die des »Baums der Erkenntnis des Guten und Bösen«.

Der Mensch sollte nicht allein leben. So machte Gott Eva, die Frau. Verlockt von dem Gedanken, weise wie Gott zu sein, nahm Eva die verbotene Frucht, und sie und Adam aßen beide davon. In dem Bewußtsein, etwas Falsches getan zu haben, versuchten sie, sich vor Gott zu verstecken. Ihre Freundschaft mit Gott war zerstört. Adam und Eva wurden daraufhin aus dem Garten Eden vertrieben. Damit ist von ihnen her die Stellung aller Menschen bestimmt, die nun alle schon getrennt von Gott und in Sünde geboren werden. 1Mo 1,26–27; 2–5,5; 1Mo 15,21

2. Der Ort, an dem Gott den Jordan staute, so daß die Israeliten durch ihn hindurch ins Verheißene Land ziehen konnten. 1927 wurde der Jordan an derselben Stelle durch einstürzende Steilufer für 21 Stunden blockiert. Jos 3,16

ADLER UND GEIER Das Wort, das in der Bibel mit »Adler« übersetzt wird, meint auch den weißköpfigen Geier, der aus der Entfernung gleich aussieht. Jesaja und der Psalmist rühmen die Kraft und die Stärke des Adlers. Der Adler war auch das Zeichen der römischen Legionen. Vielleicht dachte Jesus dar-

Ein Steinadler (links) und weißköpfige Geier – Raubvögel, deren Genuß den Israeliten verboten war.

an, als er davon sprach, daß die Geier nur auf den Untergang Jerusalems warteten. Jes 40,31; Ps 103,5; Mt 24,28

ADMA Gehört zu einer Gruppe von fünf Städten, von denen Sodom und Gomorra die bekanntesten sind. Adma liegt jetzt wahrscheinlich unter dem südlichen Zipfel des Toten Meeres. Die Könige dieser Städte verbündeten sich zur Zeit Abrahams gegen vier nördliche Könige. In der folgenden Schlacht wurde Abrahams Neffe Lot gefangen genommen. 1Mo 10,19; 14,2

ADONIA Der vierte Sohn König Davids. Als David alt war und die älteren Söhne nicht mehr lebten, versuchte er, auf den Thron zu kommen. Doch David hatte Batseba versprochen, daß ihr Sohn Salomo König werden solle. Der Putschversuch mißlang, und Salomo ließ Adonia hinrichten. 1Kö 1–2

ADRAMYTTION Ein Hafen in der Nähe von Troas an der Westküste der heutigen Türkei. Von dort aus fuhren Paulus und seine Mitgefangenen ihre erste Etappe per Schiff nach Rom. Apg 27,2

ADULLAM David versteckte sich auf der Flucht vor König Saul und aus Furcht vor Königs Achis von Gad in einer »Höhle« (vielleicht einer Festung) in der Nähe dieser Stadt. Seine Familie und 400 Flüchtlinge gesellten sich dort zu ihm. Drei der tapfersten Soldaten Davids riskierten ihr Leben, um ihm Wasser aus einem Brunnen zu holen, der sich in dem von Philistern besetzten Bethlehem befand. 1Sam 22,1; 2Sam 23,13

ÄGYPTEN

DAS LAND AM NIL Die riesige Sahara breitet sich über Nordafrika aus, von den Bergen Marokkos im Westen bis zum Roten Meer im Osten. Der Nil fließt von den Seen im tropischen Ostafrika durch die Wüste nordwärts bis zum Mittelmeer. Etwa die letzten 1000 km bis zum Meer liegt das Bett des Nil in einem von hohen Klippen umgebenen Tal. Ca. 160 km vor der Küste teilt sich der Strom in zwei Flüsse. Sie umschließen ein großes, triangelförmiges Stück Flachland – das Nildelta; es hat seinen Namen von dem griechischen Buchstaben Delta, der wie ein Dreieck aussieht.

DIE NILFLUTEN Jedes Jahr trat der Nil, der vom tropischen Regen in Ostafrika gespeist wird, über seine Ufer und brachte dabei große Mengen von Schlamm mit sich. Bis vor kurzem lagerte der Nil diesen fruchtbaren Schlamm im Niltal und im Delta an, das ganz aus diesem Schlamm besteht. So wächst auf schwarzem Boden entlang des langen Tal- und Flußstreifens und auf der weiten Deltaebene schweres grünes Getreide. Jenseits des Flußtals liegt die gelbbraune Wüste. Heute werden die Nilfluten von Staudämmen kontrolliert, die auch den Schlamm zurückhalten. Früher, als es diese Dämme noch nicht gab, bedeutete eine kleine Flut wenig Wasser für die Pflanzen und wenig zu essen; eine zu große Flut schwemmte Dörfer und Tiere hinweg. Um das ganze Land zu bewässern, bauten die alten Ägypter Kanäle und Bewässerungsrohre durch die Felder.

DER TRANSPORT Die Ägypter lernten früh, Boote zu bauen. Zuerst waren es einfache Kanus aus Papyrusrohr, dann größere Boote aus Holz. Mit ihnen konnten sie ohne weiteres den Nil und das Delta befahren. Flußabwärts ließen sie sich einfach von der Strömung treiben, flußaufwärts nutzten sie den Nordwind und segelten vor ihm her gegen die Strömung. So ist der Nil immer Ägyptens Hauptverkehrsstraße gewesen.

Auch die anderen Teile des Landes waren wichtig. Die Wüste und die Sinaihalbinsel bargen wertvolle Metalle (Kupfer und Gold) und lieferten die Steine, die für den Bau der gigantischen Pyramiden und der Tempel im Niltal gebraucht wurden.

EIN LAND MIT GESCHICHTE

Anfangs gab es zwei ägyptische Königreiche: das des Niltals (Oberägypten) und das des Nildeltas (Unterägypten). Vor 3000 v.Chr. gelang es einem König des Niltals, den König des Deltas zu besiegen und selbst König über ganz Ägypten zu werden. Als Hauptstadt beider Länder baute er Memphis an dem Punkt, wo das Niltal sich zum Delta öffnet. Auf Menes, den ersten König über ganz Ägypten, folgten viele weitere Könige (Pharaonen). In den nächsten 3000 Jahren herrschten 30 Königsfamilien (Dynastien) über Ägypten. Meist folgte eine unmittelbar auf die andere. In dieser Zeitspanne erlebte Ägypten drei Blütezeiten.

DAS PYRAMIDENZEITALTER

Die erste große Zeit Ägyptens war das »Pyramidenzeitalter« (von 2600 bis ca. 2200 v.Chr.), so genannt nach den riesigen zugespitzten Steingrabmälern, die die Könige damals für sich errichten ließen. Später trennte sich das Reich noch einmal, bis ein Prinz von Theben es wieder einte.

DAS MITTLERE KÖNIGTUM

Die Familie dieses Prinzen von Theben

König Tutanchamun und seine Frau. Darstellung in Gold, Silber und farbigem Glas auf der Rückenlehne seines Thrones.

und die darauffolgende Dynastie (die 12.) regierten zur Zeit des Mittleren Königtums (ca. 2060 bis 1786 v.Chr.). Sie herrschten wieder über das ganze Flußtal und außerdem über die nubische Wüste, aus der sie Gold und andere afrikanische Erzeugnisse bekamen. Durch gute Bewässerung steigerten sie den Getreideertrag und somit den Reichtum des Landes. Abraham zog wahrscheinlich zu dieser Zeit nach Ägypten, weil in Kanaan Hungersnot herrschte. Viele andere machten es wie er. Manche von ihnen wurden reich und angesehen, andere Diener oder Sklaven.

Nach der 12. Dynastie herrschten schwächere Pharaonen. Vermutlich wurde zu dieser Zeit Josef als Sklave nach Ägypten verkauft. Seine Familie folgte später. Damals machten sich fremde Prinzen zu Königen Ägyptens. Sie sind bekannt als die Hyksos oder die 15. Dynastie. Doch dauerte es nicht lange, da kamen ägyptische Prinzen von Theben aus dem Süden in den Norden und vertrieben die Hyksos, um Ägypten wieder zu vereinigen.

DAS GROSSREICH Diese Pharaonen eroberten Nubien und Kanaan. Ihre Zeit ist das Neue Königreich, oft auch als das Großreich bezeichnet. Es umfaßte die 18. bis 20. Dynastie (1500 bis 1070 v.Chr.). Die Könige führten viele Kriege in Kanaan und Syrien und errichteten bedeutende Tempel in Memphis (ihrer Hauptstadt) und Theben (ihrer heiligen Stadt).

In der Zwischenzeit hatten die Hetiter Teile des ägyptischen Reiches in Syrien erobert. Die neue Pharaonendynastie versuchte, die verlorenen Provinzen wiederzugewinnen, besonders König Seti I. und Ramses II. (19. Dynastie, 13. Jahrhundert v.Chr.). Beide Könige entfalteten rege Bautätigkeit: Sie erbauten eine neue Königsstadt, Per-Ramses – das Ramses der Bibel in 2Mo 1. Das war der Höhepunkt der Unterdrückung der Hebräer. Sie wurden zu Sklavenarbeiten für den Pharao herangezogen. Zu dieser Zeit erhielt Mose von Gott den Auftrag, die Hebräer von Ägypten herauszuführen (die Zeit des Auszugs). Um 1220 v.Chr. schickte ein anderer Pharao, Merenptah, Truppen nach Kanaan und besiegte einige Volksgruppen. Ein Steindenkmal über diesen Feldzug erwähnt auch die Israeliten, die offensichtlich zu der Zeit schon in Kanaan waren.

Bald nach 1200 v.Chr. erlebte die Alte Welt neue Kämpfe und Unruhen. Die Seevölker und andere Völker überschwemmten das hetitische Reich und ein Großteil der Königreiche Syriens und Kanaans. Ramses III. verhinderte in zwei harten Kämpfen zu Land und zu Wasser ihr Eindringen nach Ägypten. Eines dieser Völker waren die Philister. Nach Ramses III. verlor das ohnehin durch Hungersnöte geschwächte Reich unter unfähigen Herrschern (20. Dynastie) an Macht.

DIE SPÄTE PERIODE Von 1070 bis 330 v.Chr. erlebte Ägypten seine späte Periode. Es wurde nie mehr so mächtig wie früher. 925 v.Chr. unterjochte Schoschenk I. (Schischak) König Rehabeam von Juda und König Jerobeam von Israel. Der Bericht der Ägypter über diesen Sieg ist in einem Tempel in Karnak aufgezeichnet. Doch dauerte ihre Macht nur kurze Zeit. 200 Jahre später konnten weder Tirhaka noch Schabaka den hebräischen Königen gegen die Assyrer helfen. Ebenso fand

Von Ramses III. gefangengenommene Libyer, Syrer, Hetiter, Philister und nochmals Syrer.

auch Zedekia 588 v.Chr. bei den Ägyptern keinen Schutz vor den Babyloniern.

Seit 525 v.Chr. war Ägypten Teil des persischen Reiches. Es erlangte für kurze Zeit durch Aufstände seine Unabhängigkeit (von der 28. bis zur 30. Dynastie), bis es von Alexander dem Großen endgültig besiegt wurde (332–323 v.Chr.). Nach der kurzen griechischen Ptolemäerherrschaft wurde es schließlich ins römische Reich eingegliedert. S. 1Mo 12,10–20; 37–50; 2Mo 1,11 und Kap. 1–14; 1Kö 14,25–27; 2Kö 17,4; 19,9ff; Jer 37,5–7; 44,30

DAS LEBEN IM ALTEN ÄGYPTEN
Der Pharao war Alleinherrscher. Ihm zur Seite standen einige große Männer, darunter auch Weise, die ihm z.B. seine Träume deuten mußten. Das Land war in Provinzen aufgeteilt, von denen jede eine eigene Hauptstadt für die örtliche Verwaltung und die Vorratshaltung hatte. Die meisten Ägypter waren Bauern.

Sie pflanzen Getreide an und hielten Vieh; so waren sie ganz vom Nil abhängig. Das bildet auch den Hintergrund für die Träume, die Josefs Pharao hatte. Träume wurden in Ägypten ernstgenommen, es gab sogar Bücher über Traumdeutung. Die ägyptische Schrift war zuerst eine Bilderschrift (die Hieroglyphen), die man benutzte, um die Laute der Sprache aufzuschreiben. Eine Eule war *m*, ein Mund ein *r*. Als man mehr Papyrus als Schreibmaterial benutzte (eine frühe Form des Papiers), stellte man sich auf Kursivschriften um (z.B. die hieratische und demotische Schrift). Die Ägypter verfaßten Geschichten, Gedichte, Weisheitsbücher (ähnlich dem Buch der Sprüche in der Bibel) und schrieben Briefe, Listen und Rechnungen.

Sowohl Ägypter als auch Fremde mußten auf den staatlichen Bauplätzen arbeiten und in der Hauptsache Ziegel herstellen. Dazu wurde Stroh mit Ton vermischt, um die Ziegel haltbarer zu machen. Wie Mose wuchsen viele junge Ausländer am Hof auf, erhielten eine gute Ausbildung und arbeiteten danach in allen möglichen Berufen. Wie Mose und die Hebräer versuchten auch viele andere, aus Ägypten zu fliehen. 1Mo 40.41; 2Mo 1–14

ÄGYPTEN: RELIGION

DIE ÄGYPTISCHEN GÖTTER Unter den vielen ägyptischen Göttern waren einige der Natur zugeordnet, wie Re (Sonnengott), Thot und Chons (Mondgötter), Nut (Himmelsgöttin), Geb (Erdgöttin), Hapi (Gott der Nilflut) und Amun, der Gott der geheimen Lebnskraft in der Natur. Andere standen für bestimmte ideelle Werte, wie Maat, die Göttin der Wahrheit, Gerechtigkeit und guten Ordnung. Thot war der Gott des Lernens und der Weisheit, Ptah der Gott des Handwerks. Osiris gab vielen Ägyptern Hoffnung auf ein Leben nach dem Tode. Osiris war, wie man glaubte, von seinem Bruder erschlagen, dann aber König der Unterwelt und des Totenreiches geworden.

Tiere mit besonderen Eigenschaften gehörten zu den entsprechenden Göttern, deren »lebende Bilder« sie sein konnten. So waren die Apis-Stiere dem Ptah heilig, die Ibis-Vögel dem Thot, die Falken dem Horus und die Katzen der Göttin Bastet. Manchmal wurden die Götter mit dem Kopf des ihnen gewidmeten Tieres abgebildet, um leichter erkennbar zu sein.

Da so viele Götter ihre Welt beherrschten, versuchten die Ägypter, sie untereinander zu verknüpfen. Sie schufen »Mythen« (Geschichten über Götter), die die Götter in »Familien« anordneten. Einem Hauptgott als Ehemann oder -frau wurde ein geringerer Gott als Sohn oder Tochter zugeordnet.

Im 14. Jahrhundert v.Chr. versuchte Pharao Echnaton, den ausschließlichen Kult des Sonnengottes (»Aton«) einzuführen. Er scheiterte.

DER GOTTESDIENST IN DEN GROSSEN TEMPELN Die Ägypter stellten sich das Leben der Götter wie das eigene vor. Ein riesiger Steintempel war die Wohnung des Gottes. Die Priester waren seine Diener. Morgens weckten sie ihn mit einem Morgenlied, brachen das Siegel auf seinem Schrein auf, bekleideten sein Bildnis und gaben ihm zu essen und zu trinken. Dieses »Frühstück« wurde dann vor die Statuen verstorbener Pharaonen und anderer Würdenträger gestellt und schließlich von den Priestern verzehrt. Mittags gab es eine kürzere Feier und ein kürzeres Opfer. Abends wurde der Gott mit einem Lied nach einem dritten Opfer (Abendbrot) zur Ruhe gebracht. An besonderen Festen wurden verkleinerte Bilder der Götter von Tempel zu Tempel getragen. Die Götter gingen »auf Besuch«, was manchmal zur Feier bestimmter Ereignisse aus ihrer eigenen Geschichte führte. Man glaubte, daß der Geist eines Gottes in seinem Bild im Tempel lebte.

Theoretisch war der Pharao der oberste Priester aller Götter. In Wirklichkeit wurde er durch die Hohenpriester in den verschiedenen Tempeln vertreten. Nur Könige, Priester und hohe Würdenträger durften durch den äußeren, hellen Vorhof hindurch in die dämmrige Säulenhalle und in die dahinter liegende dunkle Kammer des Heiligtums eintreten. So war es auch in der Sonnenreligion Echnatons. Allerdings gab es da offene Tempel. Ein berühmtes Lied preist Aton als

Weltenschöpfer. Man hat es mit Ps 104 vergleichen wollen, aber es gibt keine Verbindung zwischen beiden. Übrigens fehlt dem Lied jeder moralische Anspruch.

DIE RELIGION DES VOLKES Der Pharao war das Bindeglied zwischen den Göttern und seinem Volk. Durch die ihn vertretenden Priester opferte er im Namen des Volkes, um als Gegenleistung die Geschenke der Götter zu erhalten (gute Bewässerung, reiche Ernten). Dem Volk gegenüber war er der Stellvertreter der Götter. Er war verantwortlich für den Bau und Unterhalt der Tempel, die immer seinen Namen trugen.

Die meisten Leute kamen nie in die großen Haupttempel. Sie sahen von den großen Göttern nur die verhüllten Bilder, die an Festtagen bei den Prozessionen mitgeführt wurden. Die gewöhnlichen Leute vollzogen ihren Gottesdienst in kleinen, örtlichen Heiligtümern oder in Kapellen am Eingang der großen Tempel. Ihr Gottesdienst bestand zumeist darin, Opfer nach festgelegten Vorschriften dazubringen. An den hohen Festtagen durfte das Volk fröhlich sein. Manchmal erhielten sie auch von der Fronarbeit frei, um zu ihren Göttern zu beten. (Darum bat Mose den Pharao in 2Mo 5,1.3.) Unglück, etwa eine Krankheit, hielt man gelegentlich für eine Strafe der Götter für begangene Fehler. Dann mußte man sein Verfehlen bekennen und um Hilfe beten. Wer gesund wurde, brachte oft kleine Inschriften mit einem kurzen Dankeslied dem Gott oder der Göttin.

Wie die meisten Menschen hatten auch die alten Ägypter ein moralisches Bewußtsein für das, was richtig oder falsch ist. Mord und Diebstahl waren damals wie heute unrecht. Aber man bediente sich der Magie, um zu übernatürlicher Kraft zu kommen. Die gute (»weiße«) Magie sollte Unheil abwenden. Die böse (»schwarze«) Magie wurde als Verbrechen bestraft. Magie bestand gewöhnlich im richtigen Hersagen von Beschwörungen. Amulette, wie der Skarabäus, wurden viel getragen.

LEBEN NACH DEM TOD Anfangs begruben die Ägypter ihre Toten am Rand der trockenen Wüsten entlang des Niltals. Sand und Sonnenhitze trockneten die Leichen in den flachen Gräbern oft aus, und so blieben sie erhalten. Die Ägypter glaubten, daß die Seele im Körper wohnen bleibt und auch im Leben nach dem Tod den persönlichen Besitz braucht. Dieses Leben war ähnlich dem auf der Erde. Später wurden die Gräber so groß und tief, daß die Sonnenhitze nicht mehr hineinreichte. Die Ägypter entwickelten ein Verfahren, bei dem die Leiche in Salz austrocknete, dann ausgestopft und mit Binden umwickelt wurde (Mumifizierung). Die Mumie wurde eingesargt und mit den anderen Habseligkeiten ins Grab gebracht. Josef wurde so einbalsamiert und in einen Sarg gelegt (1Mo 50,26).

Die meisten Ägypter erwarteten, daß sie im Reich des Osiris angenehm weiterleben würden. Sie hatten Papyrusrollen mit Beschwörungen bei sich, um dem Gericht der Toten zu entgehen. Am berühmtesten ist das *Totenbuch*.

Die Seelen der Könige waren tags im Himmelswagen des Sonnengotts, nachts sorgten sie im Reich des Osiris für ihre Untertanen. Mumifizierung, Magie und Grabbeigaben zeigen, wie materialistisch man sich das ewige Leben vorstellte.

DIE ÄGYPTISCHE RELIGION UND DIE BIBEL Die Religion Ägyptens unterschied sich deutlich von der Israels. Der Gott Israels offenbarte sich seinem Volk in der Geschichte. Er verlangte, daß seine Gesetze beachtet würden, nicht so sehr Opfer und andere Riten. Fromme Veranstaltungen ersetzten nicht das richtige Leben. (So sahen es auch die Ägypter gelegentlich.) Anders als die ägyptischen Götter mit ihren drei täglichen Mahlzeiten war der Gott Israels nicht von menschlicher Versorgung abhängig (s. Ps 50,11–13). Die ägyptischen Riten waren symbolische, magische Handlungen. Die israelitischen Bräuche sollten den Menschen die Heiligkeit Gottes offenbaren. Die ägyptischen Riten waren schwierig und wurden nur von wenigen vollzogen. Die jüdischen waren einfacher und meist für Priester und Laien gemacht.

Ein Schakal – die Verkörperung des Gottes Anubis, des ägyptischen Gottes der Mumifizierung; hier auf einem sargähnlichen Behältnis.

ÄTHIOPIEN s. *Kusch*

AGABUS Ein christlicher Prophet aus Jerusalem, der die Gemeinde in Antiochien vor Hungersnot und später Paulus vor Gefangenschaft warnte. Apg 11,27–30; 21,7–14

AGRIPPA s. *Herodes*

AHAB Der siebte König Israels (ca. 874–853 v.Chr.). Er regierte in der Hauptstadt Samaria. Ahab führte drei Kriege gegen Syrien, im dritten fiel er. Er war ein erfolgreicher Herrscher, doch das AT sieht in ihm einen bösen König, der Gott mehr erzürnte als alle Könige Israels vor ihm. Er war verheiratet mit Isebel, der Tochter des Königs von Sidon, und er begann, den Baal (Melkart) der Sidonier anzubeten. Dagegen stand der Prophet Elia auf. Auf dem Karmel beobachtete Ahab Elias Auseinandersetzung mit den Baalspropheten, die mit einem großen Sieg Gottes endete. Als Ahab Nabot töten ließ, um seinen Weinberg zu bekommen, klagte Elia ihn an. Ahab fiel in der Schlacht bei Ramot in Gilead; das war Gottes Strafe für seine Sünden. 1Kö 16,29–34; 18; 21; 22

AHAS König von Juda etwa von 732 bis 716 v.Chr. (Mitregent schon seit 736 oder früher). Er führte den Götzendienst ein und opferte sogar seinen eigenen Sohn. Bei einem gemeinsamen Angriff Israels und Syriens unterlag er. Gegen den Rat Jesajas wandte er sich an den Assyrer Tiglat-Pileser III. um Hilfe und wurde ihm dadurch untertan. 2Kö 15,38ff; 2Chro 28; Jes 7

AHASJA 1. Der Sohn Ahabs und Isebels. Er wurde nach Ahab König, doch nur für eine kurze Zeit (853–852 v.Chr.). Er wandelte in den Fußstapfen seines Vaters. 1Kö 22,40ff; 2Kö 1; 2Chro 20,35–37
2. König von Juda, Sohn Jorams (841 v.Chr.). Er und sein Onkel, Joram von Israel, die sich verbündet hatten, wurden beide von Jehu getötet. 2Kö 8,24ff; 2Chro 22,1–9

AHASVEROS 1. Die hebräische Form des Namens des Perserkönigs Xerxes. Xerxes I. trennte sich von seiner Frau Vasti und heiratete Ester, ein jüdisches Mädchen. Ahasveros wird auch bei Esra erwähnt. Die Bewohner des Landes beschwerten sich bei ihm, als die Juden den Wiederaufbau des Tempels begannen. Est; Esr 4,6
2. Der Vater Darius' des Meders. Da 9,1

AHAWA Ein Kanal und eine Gegend in Babylonien, von wo Esra mit der zweiten Rückkehrergruppe aufbrach. Sie fasteten dort und beteten um Gottes Schutz für ihre 1500 km lange Reise nach Jerusalem. Esr 8,15.21.31

AHIA Ein Prophet aus Silo. Er riß sein Kleid als Bild für die Spaltung des salomonischen Reiches in zwölf Teile. Jerobeam I. sollte sich zehn Teile davon nehmen, weil Gott ihn erwählt hatte, über zehn der zwölf Stämme Israels zu herrschen. 1Kö 11,29ff; 14

AHITOFEL Einer der Ratgeber Davids, der ihn verriet und den Aufstand Absaloms unterstützte. Weil Absalom nicht auf seinen Rat hörte, beging er Selbstmord. 2Sam 15,12–17,23

AI Der Name bedeutet »Ruine«. Nach der Eroberung Jerichos griff Josua das nahegelegene Ai an und wurde geschlagen. Der Grund dafür war, daß Achan Gottes Gebot nicht befolgt und Beute aus Jericho mitgenommen hatte. Nach der Bestrafung Achans griff Josua Ai noch einmal an. Er lockte die Männer Ais mit einer List aus der Stadt und setzte diese dann in Brand. Jos 7 und 8

»Relief« von Xerxes I. (Ahasveros) aus der Schatzkammer von Persepolis, Iran.

AJALON Eine Amoriterstadt, die im Gebiet des Stammes Dan lag, doch den Leviten zugesprochen wurde. Später baute König Rehabe-

am sie zu einer Festung mit Vorrats-
und Waffenlagern aus. Jos 19,42;
21,24; Ri 1,35; 2Chro 11,10

AKAZIE Aus Akazienholz wurde
die Bundeslade gemacht. Die Akazie ist einer der wenigen Bäume, die
in der Wüste Sinai wachsen. 2Mo
25,10

AKKAD Der Name eines Gebietes
im alten Babylon und einer Stadt,
die Nimrod gründete. S. *Babylonier.*
1Mo 10

ALEXANDER Diesen Namen tragen mehrere Menschen im Neuen
Testament.
1. Der Sohn des Simon von Kyrene,
des Mannes, der das Kreuz Jesu
trug. Mk 15,21
2. Ein Mitglied der Hohenpriester-
familie. Apg 4,6
3. Ein Jude, der während des Aufstands der Silberschmiede in Ephesus versuchte, zur Menge zu sprechen (s. *Demetrius).* Apg 19,33
4. Ein Christ, der zumindest für eine
Zeit seinen Glauben verlor. 1Tim
1,20
5. Ein Schmied, der Paulus und das
Evangelium ablehnte. Paulus warnte Timotheus vor ihm. 2Tim 4,14

ALEXANDRIA
Ein großer ägyptischer Seehafen am
Nildelta, gegründet von Alexander
dem Großen. An der Hafeneinfahrt
stand auf der Insel Pharos ein
Leuchtturm, der zu den Sieben
Weltwundern der Antike zählte.
Alexandria war unter den Ptole-
mäern Hauptstadt Ägyptens und
blieb auch danach ein Zentrum für
Wissenschaft und Handel.
In römischer Zeit wurde von Alexandria aus Getreide nach Rom ge-
liefert. Es gab in der Stadt ein »Mu-
seum« für Kunst und Wissenschaft
und eine Bibliothek, die Tausende
von Papyrusrollen enthielt. Es be-

*Griechisches Medaillon mit dem aus
weißem Marmor um 280 v.Chr. erbauten Pharus-Leuchtturm in Alexandria. Sein Leuchtfeuer brannte Tag
und Nacht.*

stand auch eine große jüdische Gemeinde, in der die griechische Version des AT – die Septuaginta – entstand. Apollos, ein Lehrer der frühen Kirche, stammte von dort. Apg
6,9; 18,24; 27; 28

ALLERHEILIGSTES s. *Stiftshütte;
Tempel*

ALTAR s. *Opfer; Stiftshütte; Tempel*

ALTES TESTAMENT Das AT enthält die ersten 39 Bücher der christlichen Bibel. Diese Bücher sind die
Heilige Schrift oder einfach die
Schrift Israels. Sie waren zuerst in
Hebräisch und Aramäisch geschrieben, den alten Sprachen Israels. Viele dieser Schriften sind so alt, daß
wir über ihren Ursprung nur noch
sehr wenig wissen. Von Zeit zu Zeit
fertigten israelitische Schreiber Abschriften von ihnen an. Doch im
Klima der biblischen Länder über-
dauern Schriftstücke nicht lange,
daher gibt es auch nur noch wenige
alte Abschriften des AT.
Bis 1947 stammten die ältesten hebräischen Abschriften des AT aus

Hebräisch, die Sprache des Alten Testaments.

dem 9. und 10. Jh. n.Chr. Es waren die ersten fünf Bücher der Bibel, der Pentateuch. 1947 wurden dann die Schriftrollen am Toten Meer entdeckt. Sie gehörten zur Bibliothek der jüdischen Sekte von Qumran, die zur Zeit Jesu ihre Blütezeit hatte. Diese Handschriften sind ca. 1000 Jahre älter als die aus dem 9. Jh. Unter ihnen befinden sich Abschriften aller Bücher des AT außer Ester.

Diese Manuskripte aus Qumran sind von großer Bedeutung, weil sie im wesentlichen denselben Text haben wie die Handschriften aus dem 9. Jh. Der Text des AT hat sich in tausend Jahren also nur geringfügig verändert. Die sorgfältigen Abschreiber haben sich nur selten vertan. Es gibt einige Stellen, an denen unterschiedliche Ausdrücke gebraucht werden, und manchmal ist es unmöglich herauszufinden, was die hebräischen Worte genau bedeuten. Trotzdem können wir sicher sein, daß das AT, wie es uns heute vorliegt, im wesentlichen noch so ist, wie es vor vielen Jahrhunderten von seinen Verfassern geschrieben wurde.

Der Text des AT ist uns auch aus anderen frühen Übersetzungen bekannt. Sie stimmen zum größten Teil mit dem uns vorliegenden hebräischen Text des AT überein.

Eine der wichtigsten Übersetzungen ist die griechische Version des AT, die Septuaginta. In den ersten christlichen Jahrhunderten wurde sie von griechisch sprechenden Juden und von vielen Christen benutzt. Der Aristeasbrief geht davon aus, daß die Septuaginta zwischen 285 und 246 v.Chr. in Ägypten für die dort lebenden Juden übersetzt wurde.

Griechisch war die wichtigste Sprache im Römischen Reich, und so entstanden in den ersten christlichen Jahrhunderten noch einige andere griechische Versionen des AT. Manchmal können unverständliche Stellen im hebräischen Text durch Vergleich mit der Septuaginta geklärt werden, doch manchmal ist sie ebenso ungenau.

Als das Christentum Völker erreichte, die noch andere Sprachen hatten, wurde das AT auch ins Lateinische (Vulgata), ins Syrische (Peschitta) und ins Ägyptische (koptische Version) übersetzt.

Da helfen gelegentlich die anderen Übersetzungen.

Es ist nicht möglich, genau zu bestimmen, wie die Sammlung von Büchern entstand, die wir als den alttestamentlichen Kanon kennen. Doch wir wissen, welche Bücher in der Zeit vor Jesu Geburt das AT ausmachten und ebenso, welche Bücher Jesus und seine Apostel als ihre »Bibel« ansahen.

Die Juden überliefern, daß der

Schreiber Esra (s. Esra) die Bücher
des AT sammelte und ordnete.
Doch kleinere Sammlungen von
Büchern, so die ersten fünf Bücher
(die Bücher Mose oder der Pentateuch) und Zusammenstellungen
von Prophetenbüchern gab es schon
früher, ebenso Sammlungen von
Psalmen und Sprüchen.

Israel teilte seine Heilige Schrift in
drei Untergruppen: das Gesetz, die
Propheten und die Schriften. Das
»Gesetz« beinhaltete die fünf Bücher Mose. Obwohl im ersten Buch
Mose keine Gesetze als solche vorkommen, wurde es doch unter die
Gesetzesbücher gerechnet, weil
man glaubte, daß all diese Bücher
von Mose geschrieben worden
seien. Zu den »Propheten« zählten
nicht nur die Bücher Amos, Jeremia, Jesaja usw., sondern ebenso die
Geschichtsbücher Josua, Richter,
1. und 2. Samuel und 1. und 2. Könige. Sie wurden zu den Propheten
gerechnet, weil sie sich nicht nur
mit der tatsächlichen Geschichte
befassen, sondern mit der Deutung
und dem Verstehen geschichtlicher
Abläufe, so wie Gott sie sieht. Die
»Schriften« umfaßten die Weisheitsbücher – Sprüche, Prediger
und Hiob –, die Psalmen, einige erst
spät entstandene Geschichtsbücher,
wie Esra, Nehemia, die Bücher
Chronik und ein Prophetenbuch,
das Buch Daniel.

Es ist erwiesen, daß die hebräische
Heilige Schrift z.Z. Jesu aus den 39
Büchern bestand, die wir heute als
das AT kennen. Fast alle Bücher des
AT werden hier und da im NT zitiert. Das läßt darauf schließen, daß
Jesus und seine Nachfolger mit eben
dem AT vertraut waren, das auch
wir kennen.

Neben diesen 39 Büchern des AT
kannten die Juden auch andere heilige Schriften, die Apokryphen. In
der griechischen Version haben sie
einen ähnlichen Wert wie die Bücher des AT, obwohl ihre Zahl nicht
genau feststeht. In der hebräischen
Bibel kommen sie nicht vor.

AMALEKITER Dieses Volk war
mit Edom und Israel verwandt (wie
die Edomiter waren sie Nachkommen Esaus). Sie lebten als Nomaden
und griffen Israel zur Zeit des Auszugs in der Wüste Sinai und weiter
im Norden wiederholt an. Jahrhunderte lang blieben sie erbitterte
Feinde Israels. 1Mo 36,12; 2Mo
17,8–13; 4Mo 14,43.45; Ri 3,13;
6,7.12; 5Mo 25,19; 1Sam 15; 30,1–
20; 1Chro 4,43

AMASA Ein Neffe König Davids,
Führer der Rebellenarmee Absaloms. Nach der Niederlage Absaloms begnadigte David ihn und
setzte ihn an Joabs Statt über sein
Heer. Aus Rache dafür tötete Joab
Amasa. 2Sam 17,25; 20

AMAZJA 1. Der Sohn König Joas
von Juda. Er wurde König, als sein
Vater ermordet wurde. Amazja
(796–782 v.Chr.) war ein guter
Mann, doch ein Sieg über Edom
stieg ihm zu Kopf. Er griff Israel an
und verlor. Aus Edom hatte er Götzenbilder mitgebracht, und er weigerte sich, auf die Warnungen des
Propheten zu hören. Das Volk
machte einen Aufstand gegen ihn,
und er wurde in Lachisch ermordet.
2Kö 12,21–14,21; 2Chro 24,27ff
2. Ein Priester in Bethel (s. Amos).
Am 7,10ff

AMEN s. Gebet

AMMONITER Im Norden des Toten Meeres, zwischen dem Arnon
und dem Jabbok, lebten die Ammoniter. Sie waren durch Lot mit den
Israeliten verwandt und hinderten

sie nicht auf ihrem Weg in das Verheißene Land. Später, in den Tagen der Richter und Sauls, griffen sie Israel jedoch an. König Nahasch schloß Frieden mit David. Doch sein Sohn beleidigte Davids Boten und holte Männer aus Aram, die gegen ihn kämpfen sollten. Davids Generäle eroberten seine Hauptstadt, das heutige Amman, und beherrschten das Land. Später überfielen die Ammoniter oft Gebiete westlich des Jordan, wurden aber von den Israeliten unterworfen. Nach dem Exil der Israeliten störte der Ammoniter Tobia Nehemia bei seiner Wiederaufbauarbeit.

Das ammonitische Königreich war durch steinerne Wachtürme geschützt. Ausgrabungen in Amman haben Ruinen und Gräber freigelegt mit Töpferarbeiten wie die der Israeliten, Steinstatuen, Siegel mit den Namen der Besitzer und einige kurze Inschriften, die in einer der hebräischen eng verwandten Sprache geschrieben sind. Die Königsstraße östlich des Jordan führte Händler auf ihrem Weg von Damaskus zum Golf von Akaba durch das ammonitische Reich. Sie brachten Geld, kulturelle und religiöse Beeinflussung. 1Mo 19,38; Ri 3,13; 10; 11; 1Sam 11; 12,12; 14,47; 2Sam 10; 12,26–31; 2Chro 20,1–30; 26,8; 27,5; Neh 2,10.19; 4,3.7

AMNON Der älteste Sohn Davids. Er vergewaltigte seine Halbschwester Tamar und wurde aus Rache von Absalom getötet. 2Sam 3,2; 13

AMON König von Juda (642–640 v.Chr.), ein Sohn Manasses. Er betete die Götzen an. Schon nach zwei Jahren wurde er von den Großen in seinem Palast getötet. 2Kö 21,18–26; 2Chro 33,20–25

AMORITER Im Ost- und West-

jordanland ansässiger Volksstamm, auch Sammelname für die vorisraelitische Bevölkerung Palästinas. 1Mo 15,16; 4Mo 21,21–35; Jos 10,1–14; Am 2,9.10

AMOS Einer der ersten Propheten Gottes, deren Worte uns schriftlich überliefert sind. Amos lebte im 8. Jh. v.Chr. Er war Schafhirt und Maulbeerfeigenzüchter in Tekoa, in Juda. Doch Gott sandte ihn nach Norden, nach Bethel in Israel. Dort sagte er mutig Gottes Botschaft von Gerechtigkeit und Gericht und sprach gegen Unterdrückung und Habsucht. Die betrügerischen Händler konnten ihr schlechtes Verhalten nicht einfach durch Opfer wiedergutmachen.

Amazja, der Priester von Bethel, der im Dienst des Königs stand, sorgte dafür, daß Amos aus Israel ausgewiesen wurde. Am 1,1; 7

Amos protestierte dagegen, daß die Reichen sich »Elfenbeinhäuser« bauten und gleichzeitig die Armen unterdrückten. Es wurden viele Elfenbeinschnitzereien aus jener Zeit gefunden. Diese hier stammt aus einem assyrischen Palast.

ANATOT Eine Levitenstadt, 4 km nördlich von Jerusalem. Dort wurde Jeremia geboren. Jos 21,18; Jer 1,1

ANDREAS Einer der zwölf Jünger Jesu. Andreas und sein Bruder Simon Petrus waren Fischer aus Betsaida am See Genezareth. Johannes der Täufer hatte Andreas gesagt, daß Jesus das Lamm Gottes sei. Andreas selbst erkannte ihn als den Messias (Christus) und brachte seinen Bruder Petrus mit zu ihm. Später, als beide fischten, rief Jesus sie, ihm nachzufolgen. Andreas war es auch, der den Jungen bei der Speisung der 5000 mit Broten und Fischen zu Jesus brachte. Als Griechen in Jerusalem Jesus suchten, brachten Andreas und Philippus sie zu Jesus. Nach der Himmelfahrt war Andreas bei den anderen Jüngern in Jerusalem. Jo 1,35–42; 6,6–9; Mt 4,18–19; 10,2; Apg 1,13

ANTIOCHIA IN PISIDIEN Eine Stadt im Herzen Kleinasiens, die Paulus und Barnabas auf der ersten Missionsreise besuchten. Zuerst predigten sie in der Synagoge, doch als auch Nicht-Juden die Botschaft des Paulus annahmen, stifteten die Juden Unruhe und warfen Paulus und Barnabas aus der Stadt. Zwei oder drei Jahre später besuchte Paulus Antiochien noch einmal, um die Christen dort zu ermutigen. Apg 13,14–53

ANTIOCHIA IN SYRIEN (Heute Antiqije, an der syrischen Grenze der Türkei.) Es ist die bekannteste von 16 Städten dieses Namens; ein General Alexanders gründete sie zu Ehren seines Vaters. Die Stadt, am Orontes gelegen, hat einen eigenen Seehafen. Unter den Römern wurde sie zur Hauptstadt der Provinz Syrien. Sie war die drittgrößte Stadt des Reiches und ein wichtiger kultureller Mittelpunkt. Es gab dort eine große jüdische Gemeinde. Nach dem Tod des Stephanus flohen die verfolgten Christen die etwa 500 km von Jerusalem nach Antiochien.

So entstand eine der größten und lebendigsten frühen christlichen Gemeinden. Viele Ortsansässige bekehrten sich, darunter auch viele Griechen. Hier entstand auch die Bezeichnung »Christen«.

Barnabas, der von Jerusalem dorthin geschickt worden war, um zu erfahren, was dort vor sich ging, bat Paulus, ihm zu helfen. Für mehr als ein Jahr lehrten sie zusammen in der Gemeinde in Antiochien. Einige Zeit später wurden sie von der Gemeinde nach Zypern und weiter geschickt, um zu missionieren. Antiochien blieb der Ausgangspunkt des Paulus, und für lange Zeit war es die wichtigste Gemeinde nach Jerusalem. Apg 11,19–26; 13,1; 15,35

ANTIPAS s. *Herodes*

ANTIPATRIS Eine Stadt, die König Herodes wieder aufbaute und nach seinem Vater, Antipater, benannte. Als das Leben des Paulus in Gefahr war und er von Jerusalem nach Cäsarea gebracht wurde, übernachteten sie in Antipatris. Apg 23,31

APOKRYPHEN heißen im Sprachgebrauch der evangelischen Kirchen bestimmte Schriften aus der jüdischen Überlieferung, die über die 39 Bücher der hebräischen Bibel hinaus von manchen als Teil des Alten Testaments angesehen werden. In katholischen Bibelausgaben sind diese dort als deuterokanonisch bezeichneten anerkannten Bücher stets abgedruckt: *Tobit* und *Judit* (zwei Erzählungen), *Zusätze zu Ester* und *zu Daniel* (u.a. *Gesang der drei*

Männer im Feuerofen), die Geschichtsbücher *1. und 2.Makabäer*, das Buch der *Weisheit*, das Sprüchebuch *Jesus Sirach* sowie das Buch *Baruch* mit einem sogenannten *Brief Jeremias*.

Auch wenn man den Apokryphen nicht denselben Rang beimessen kann wie den Büchern des hebräischen Kanons, kann man doch wichtige historische Informationen darin finden sowie wertvolle Abschnitte, die Ausdruck tiefer Frömmigkeit und geistlicher Weisheit sind. Martin Luther hat sie in seiner Deutschen Bibel von 1534 unter folgender Überschrift an da Ende des Alten Testaments gestellt: »Die Apokryphen: das sind Bücher, so der Heiligen Schrift nicht gleichzuhalten und doch nützlich und gut zu lesen sind.«

APOLLOS Ein Jude aus Alexandria, der nach Ephesus ging und dort, nach dem Besuch des Paulus, in der Synagoge lehrte. Aquila und Priscilla, Freunde des Paulus, unterrichteten ihn über Jesus. Apollos ging dann nach Korinth und redete zu den Juden mit großer Kraft von Jesus als dem Messias. Apg 18,24–28; 19,1; 1Ko 16,12

APOSTEL Das Wort bedeutet »ein Mensch, der gesandt ist« – ein Bote oder Stellvertreter. Im NT sind damit die zwölf Jünger gemeint, sowie Paulus und einige andere Christen, die das Evangelium verbreiteten.

Jesus wählte zwölf Apostel aus, die mit ihm gingen, heilten und predigten. Nach seiner Auferweckung gab er ihnen den Auftrag, der ganzen Welt zu verkünden, was sie von ihm wußten.

Als die Jünger nach einem Ersatz für Judas Ischariot suchten, sagte Petrus, es müsse jemand sein, der Je-

sus selbst gekannt und ihn nach seiner Auferstehung noch gesehen hatte.

Paulus beanspruchte, Apostel zu sein, weil er überzeugt war, daß sein Erlebnis vor Damaskus nicht nur eine Vision, sondern eine Begegnung mit dem lebendigen Christus gewesen war. Er war von Christus selbst zum Botschafter erwählt worden, um den Heiden die frohe Botschaft zu predigen. Lk 6,12–16; Apg 1,12–26; 14,1–4; 1Ko 15,5.7; Gal 1,1; 2,7.8

APOSTELGESCHICHTE Sie setzt das Lukas-Evangelium fort, ist vom gleichen Autor und berichtet hauptsächlich die Taten der Apostel Petrus und Paulus.

Das Buch erzählt, wie die Jünger das Evangelium verbreiteten, zuerst in Jerusalem, dann in den Provinzen Judäa und Samaria und schließlich bis nach Rom. Es umfaßt damit einen Zeitraum von ungefähr 30 Jahren, von der Gründung der christlichen Gemeinde an Pfingsten bis zur Haft des Paulus in Rom.

Die Apostelgeschichte wurde zwischen 60 und 75 n.Chr. geschrieben. Ihr Autor betonte, daß die Botschaft allen Völkern gilt – nicht nur den Juden, und daß das Christentum keine politische Bedrohung des Römischen Reiches war.

Kapitel 1–7 schildern, wie sich das Christentum nach der Ausgießung des Heiligen Geistes an Pfingsten in Jerusalem ausbreitete. Mit dieser Kraft erfüllt begannen die ersten Christen, das Evangelium zu verkündigen, wie Christus es ihnen aufgetragen hatte. So wuchs die Gemeinde. Daneben erfahren wir, wie Stephanus, einer der ersten Christen, um seines Glaubens willen starb.

Kapitel 8–12 berichten, wie sich zu-

nächst wegen Verfolgungen das
Christentum über Judäa (Gebiet um
Jerusalem) nach Samaria ausbreitete (wo die verachteten Samariter in
die Gemeinde aufgenommen wurden). Auf die dramatische Bekehrung des Saulus (Paulus) auf dem
Weg nach Damaskus folgt die Erzählung von Petrus, der lernt, daß
die christliche Botschaft auch für die
Heiden bestimmt ist und nicht nur
für die Juden.

Der Rest des Buches handelt von
der Mission des Paulus und seinen
Mitarbeitern, seinen Reisen, seinen
Prüfungen und seiner Haft (Kap.
13–28). Der christliche Glaube ist in
den Predigten der Apostelgeschichte zusammengefaßt, z.B. Kap. 2
und 17.

AQUILA Ein jüdischer Christ, der
mit Paulus befreundet war. Er und
seine Frau Priscilla (oder Prisca)
mußten Rom verlassen, als Klaudius alle Juden von dort vertrieb (48
n.Chr.). Wie Paulus waren sie Zeltmacher, und er arbeitete in Korinth
eine Weile mit ihnen zusammen.
Als Paulus nach Ephesus fuhr, reisten sie mit ihm (s. *Apollos*). Später
kehrten sie wieder nach Rom zurück. Überall trafen sich Christen in
ihrem Haus. Apg 18,1–3; 18–26; Rö
16,3; 1Ko 16,19; 2Tim 4,19

AR Die Hauptstadt von Moab am
Arnon. Auf der Wüstenwanderung
wurden die Israeliten angewiesen,
die Stadt nicht anzugreifen. Gott
hatte sie den Moabitern, den Nachkommen Lots, gegeben. 4Mo 21,15;
5Mo 2,9; Jes 15,1

ARABA Der Grabenbruch vom See
Genezareth bis zum Toten Meer
und von dort aus nach Süden bis
zum Golf von Akaba.

ARAM Die Bezeichnung für mehrere Staaten in Südsyrien, beson-

*Aquila und Priscilla waren wohl ähn-
lich gekleidet wie dieses römische
Ehepaar.*

ders für Damaskus. S. *Aramäer*.

ARAMÄER/ARAMÄISCH Im Inland Phöniziens hatten sich, als Israel nach Kanaan kam, andere semitische Stämme niedergelassen. Es
waren die Aramäer. Wir kennen ihre Geschichte z.T. aus hebräischen
und assyrischen Berichten und aus
einigen wenigen aramäischen Inschriften. Es gab mehrere Stämme.
Jeder hatte seinen Sitz in einer bestimmten Stadt. So lebten sie über
ganz Syrien zerstreut, in Assyrien
und am Eufrat entlang bis nach Babylon. Von diesen Stämmen in Babylon wurde einer zum Volk der
Chaldäer. Kleinere Königreiche im
Norden Galiläas wurden bald von
Israel und der Aramäerstadt Damaskus aufgesogen.

In Salomos Regierungszeit wurde
Damaskus von Israel unabhängig
und entwickelte sich unter einer
starken Dynastie zu einem bedeu-

Zwei Aramäer mit Mütze und Fransenkleid. Reliefs aus dem 18. Jh. v. Chr., entdeckt in Zinjirli, im Norden des alten Syrien.

tenden Staat (1Kö 11,23f; 15,18). Bis die Assyrer 732 v.Chr. Damaskus zu einer Provinz machten, führten seine Könige (u.a. Ben-Hadad und Hasael) oft Krieg gegen Israel und Juda, um die Straßen nach Ägypten und Arabien überwachen zu können. Manchmal gelang es ihnen, ihre aramäischen Nachbarkönige im Norden und in den Seehäfen zu beherrschen.

Weil die Aramäer so verstreut lebten, wurde Aramäisch zur gebräuchlichen Sprache der Diplomaten und Kaufleute überall im Nahen Osten von 750 v.Chr. an. Als die assyrischen Beamten des Königs Sanherib Jerusalem bedrohten, baten die Männer Hiskias sie, aramäisch zu sprechen. Die Erlasse der persischen Könige waren auch auf aramäisch abgefaßt. Die Leute, die im Land lebten, richteten alle ihre Klagen über die Juden, die mit Serubbabel zurückgekehrt waren, in Ara-

mäisch an den König. Auch sind einzelne Teile des Danielbuches in Aramäisch.

Nachdem Alexander der Große das Griechische im Nahen Osten eingeführt hatte, stand das Aramäische im öffentlichen Leben nur noch an zweiter Stelle. Doch blieb es für weite Teile die normale Verständigungssprache und wurde von den Juden in Israel z.Z. des NT gesprochen. Das NT selbst enthält einige aramäische Wendungen, z.B. *talita kum, abba* (das gebräuchliche Wort für Vater) und *Eli, Eli, lema sabachtani* (die Worte Jesu am Kreuz). 2Kö 18,26; Esr 7,12–26; 4,7–6,18; Da 2,4–7; 28; Mk 5,41; 14,36; Mt 27,46

ARARAT Das Gebirgsland, in dem die Arche Noahs nach der Flut auf Grund lief. Das Gebiet, das in assyrischen Inschriften Urartu heißt, ist das heutige Armenien an der Grenze der Türkei und der Sowjetunion. Der Berg Ararat selbst ist ein erloschener Vulkan von 5214 m Höhe. S. *Urartäer.* 1Mo 8,4; 2Kö 19,37; Jer 51,27

ARAUNA Ein Mann aus Jerusalem, der David seine Tenne verkaufte. Weil David gesündigt hatte, litt Israel unter einer Plage. Um diese Plage abzuwenden, errichtete David einen Altar auf der Tenne des Arauna. Als Gott Davids Reue sah, hörte die Plage auf. Am Ort dieser Tenne wurde später der Tempel errichtet. 2Sam 24,16–25; 1Chro 21,18–30

ARCHÄOLOGIE Die ersten erwähnenswerten Schritte der Archäologie wurden 1798 gemacht, als Napoleon in Ägypten einmarschierte und dort archäologische Untersuchungen vornehmen ließ. Dabei wurde der Dreisprachenstein von Rosette gefunden. Auf diesem Stein ist ein und dieselbe Inschrift sowohl in griechischer als auch in ägyptischer und demotischer Schrift eingraviert. Er ermöglichte die Entzifferung der ägyptischen Hieroglyphen (1824). Wenige Jahre später lieferte *Claudius James Rich*, ein britischer Diplomat, die ersten exakten Lagebestimmungen der alten Städte Ninive und Babylon. Er stellte auch die erste repräsentative Sammlung assyrischer und babylonischer Siegel und Inschriften zusammen.

Israel war aufgrund der Pilgerreisen etwas besser bekannt. 1838 unternahm *Edward Robinson*, ein amerikanischer Professor für biblische Literatur, die erste sorgfältige Untersuchung des Landes. Aufgrund guter geographischer Kenntnisse gelang es ihm, viele Ortschaften der Bibel zu identifizieren. Er irrte sich selten.

ÄGYPTEN UND ASSYRIEN In Ägypten befreite man während des 19. Jh. weitere Tempel und Gräber von Sand und Schutt. In dieser Zeit wurden viele Skulpturen aus dem Land gebracht.

Die Ausgrabungsarbeiten in Assyrien begannen, als der französische Konsul, *Paul Emile Botta*, Gräben durch den Schutthügel zog, unter dem das alte Ninive lag. Seine Arbeit war erfolglos, doch ganz in der Nähe entdeckte er einen assyrischen Palast, dessen Wände mit Steintafelreliefs versehen waren (1842–43).

Ein englischer Reisender, *Henry Layard*, fand 1845 ähnliche Reliefs in Ninive, wo sie Botta verborgen geblieben waren. Die Schriftzüge, die in den Stein gehauen und auf kleine Tontäfelchen eingedrückt waren, wurden 1850 entziffert. Es handelte sich dabei um die babylonische Keilschrift. Keilschriftdokumente sind eine wichtige Quelle zum Verständnis der Bibel.

Die Ausgrabungen in Ägypten, Assyrien und Babylonien wurden von britischen, französischen und italienischen Expeditionen durchgeführt, denen sich bald deutsche und nordamerikanische hinzugesellten. Das meiste Geld für die Ausgrabungen kam von Museen. Einige der Ausgrabungsexpeditionen waren nur darauf aus, möglichst spektakuläre Ausstellungsstücke für ihre Geldgeber zu finden. Andere notierten sorgfältig jede Kleinigkeit und sammelten Beispiele der weniger interessanten Funde. Sie vermaßen Gebäude und zeichneten Pläne, auf denen sie die Fundorte aller ausgegrabenen Gegenstände markierten.

Heute noch führen internationale Expeditionen diese Arbeit mit Erlaubnis der zuständigen Behörden weiter. Einheimische Wissenschaftler führen unabhängig davon Ausgrabungen durch. Es werden immer noch viele neue Entdeckungen gemacht.

PALÄSTINA UND SYRIEN Bei den ersten Ausgrabungen war man meistens darauf aus, Monumente königlicher Macht zu finden, mit denen man die westliche Öffentlichkeit beeindrucken konnte. Man ließ deshalb Palästina und Syrien außer acht. Abgesehen von geringfügigen Grabungen in Jericho und an ein paar anderen Orten (1866–69) wurden die ersten Ausgrabungen in Jerusalem gemacht. *Charles Warren* legte die Fundamente der Tempelmauer des Herodes frei (1867–70). Er machte einen Schnitt durch die Stein- und Schuttmassen (65 m), um zu zeigen, wie die Gestalt der Stadt sich im Laufe der Jahrhunderte verändert hatte.

IM 20. JAHRHUNDERT In der Archäologie des Nahen Ostens waren die Ausgrabungen von *Flinders Petrie* am Tell el-Hesi in der Nähe Gazas im Süden Israels (ab 1890) ein großer Schritt vorwärts. Er erkannte, daß Gegenstände, die er in einer bestimmten Höhe über dem Meeresspiegel fand, sich von den Dingen unterschieden, die er auf einer anderen Höhe fand.

Besonders deutlich wurde das an Tonscherben. Durch Zuordnung der verschiedenen Scherben zu den Schichten, in denen sie gefunden worden waren, gelang es ihm, verschiedene Stile der Töpferarbeiten festzustellen und ihre Reihenfolge zu beschreiben. Dann datierte er jeden Stil durch Vergleiche mit ägyptischen Gegenständen, die er in den entsprechenden Schichten gefunden hatte. (Das Alter der ägyptischen Stücke kannte er, weil man in Ägypten selbst Ähnliches gefunden hatte, das auf Inschriften jeweils der Regierungszeit eines bestimmten Pharao zugeordnet war.)

Die Erkenntnisse *Petries* sind für alle weiteren Ausgrabungen maßgeblich geworden. Bis sie sich ganz durchgesetzt hatten, dauerte es jedoch noch eine Weile. Mittlerweile ist die Methode, nach dem Stil der Keramik andere Gegenstände zu datieren, von allen Archäologen anerkannt, obwohl noch andere Methoden hinzugekommen sind.

Bald wurden auch Museen und Universitäten auf Ausgrabungsstätten in Israel aufmerksam. Leider waren Ausrüstung und Kenntnisse der Expeditionen oft dürftig. Bessere Methoden zur Beobachtung und Registrierung von Funden entwickelten *G. A. Reisner* und *C. S. Fisher* während ihrer Ausgrabungen in Samaria 1908–11. Der Amerikaner *W. F. Albright* erarbeitete bei seinen Ausgrabungen am Tell Beit Mirsim (1926–36) ein verbessertes System für die Datierung palästinischer Keramik aus.

Die britischen Archäologen hatten mittlerweile die Stratigraphie entwickelt, eine Methode, die die Erde in und um den gefundenen Gegenstand untersucht. *Kathleen Kanyon* benutzte diese neue Methode als erste bei Ausgrabungsarbeiten in Palästina (1931–35 in Samaria). Seit 1952 setzte sie sie auch mit bemerkenswertem Erfolg bei schwierigen Ausgrabungen in Jericho und Jerusalem ein.

AUSGRABUNGEN Lehm ist im Nahen Osten das weitverbreitetste und älteste Material zum Bau von Häusern. Wände aus in der Sonne getrockneten Lehmziegeln halten ca. 30 Jahre, wenn sie regelmäßig verputzt werden, damit die Feuchtigkeit nicht eindringen kann. Gebrannte Ziegel waren damals sehr teuer und wurden nur für wichtige Gebäude benutzt. Die Fundamente waren aus Steinen, falls solche vorhanden waren. In sehr steinigen Gegenden wurden sogar Häuser ganz aus Steinen gebaut. Die Dächer waren meistens aus Holzbalken mit Mattenbelag und Lehmverputz.

Diese Gebäude stürzten bei Vernachlässigung, Alter, Feuer, Erdbeben oder feindlichen Angriffen leicht ein. Die besten Teile aus dem Trümmerhaufen wurden wieder verwandt, alles übrige blieb so liegen, wie es zusammengefallen war. Im Lauf der Zeit wurden neue Häuser auf den Ruinen der alten errichtet. Dadurch wurden nach und nach die Straßen höher, und mit den Jahrhunderten hoben sich allmählich die Grundflächen ganzer Städte. Das Ergebnis dieses Prozesses kann man im Nahen Osten überall an den Ruinenhügeln – Tell genannt – sehen.

Manchmal befand sich in der Mitte der Stadt eine Festungsanlage mit Palästen und Tempeln, die sich im Tell durch eine Erhöhung abzeichnet. Manchmal bildet auch die ganze Stadt einen einzigen Hügel. Die Tells können 30–40 m hoch werden und 500 m und länger sein.

Die jüngsten Überreste liegen oben auf dem Hügel. In der tiefsten Schicht sind dann die Reste der ersten Stadt zu finden. Es gibt viele Gründe, aus denen in alter Zeit Städte verlassen wurden. Vielleicht war die Stadt um eine Quelle oder einen Brunnen herum entstanden oder an einer Furt oder Wegkreuzung. Wenn dann die Quelle austrocknete oder die Straßen anders verliefen, starb die Stadt. Auch politische Veränderungen können der Grund dafür sein.

Städte wie Jerusalem und Damaskus haben aber nie ihre Bedeutung verloren, und Ausgrabungen können dort nur gemacht werden, wenn Häuser zerstört sind oder Gebiete nicht mehr bewohnt werden.

DIE GRABUNGSARBEITEN Der Archäologe fängt von der Seite oder von oben her an zu graben. In dem Einschnitt erscheinen übereinander die Überreste verschiedener Zeiten, ähnlich den verschiedenen Schichten einer Torte, die angeschnitten ist. Wenn die Erde erst einmal aufgegraben ist, kann keiner der in ihr gefundenen Gegenstände mehr genau an den Platz gebracht werden, an dem er ursprünglich war. Des-

halb ist es zu allererst nötig, genau zu notieren, wo und in welcher Erdschicht jeder Fund gelegen hat.

Ein Plan zeigt den Verlauf von Mauern und anderen Gebäuden. Doch die Funde finden sich selten in vollkommen ebenen Schichten. Eine Straße kann sich senken oder eine Mauer an einem Punkt höher stehen als an einem anderen. Oft haben die Menschen einer späteren Zeit Vorrats- oder Abfallgruben ausgehoben, und diese Gruben reichen nun von ihrer eigenen Schicht aus tief in ältere Ruinen hinein. Wenn man also von absoluten Maßen ausginge (wie z.B. von der Höhe über dem Meeresspiegel), würde man den Abfall vom Grund der Grube mit Gegenständen aus viel älteren Perioden zusammenordnen. Das muß man berücksichtigen und versuchen, jede Schicht in ihrem Verlauf zu verfolgen.

Geschirr auf dem Boden eines Raumes gehört zur letzten Periode, in der der Raum bewohnt war. Scherben unter diesem Boden gehören zu einer älteren Schicht. Auch Mauern, die einen älteren Fußboden durchschneiden, dürfen nicht versehentlich einer älteren Schicht zugerechnet werden, weil sonst ein falscher Plan von dem Gebäude entsteht.

Bevor überhaupt der erste Stich getan wird, wird das ganze Gelände vermessen und werden Fixpunkte bestimmt, von denen aus weitere Vermessungen vorgenommen werden können. Ein Fotograf hält jedes Stadium der Ausgrabung im Bild fest und nimmt wichtige und zerbrechliche Funde auf.

UNTERSUCHUNG DER FUNDE Jeder Fund wird sofort nach seiner Ausgrabung mit einer Aufschrift versehen, die sagt, wo er gefunden wurde. Einzelne Fundstücke, wie Nadeln, Messer, Schmuck (normalerweise keine Scherben) werden in Listen eingetragen und beschrieben. Das Tongeschirr wird nach dem Ort und der Schicht, in der es lag, sortiert. Ein Fachmann wählt dann besondere Stücke zur detaillierten Beschreibung aus.

Manche Keramik muß repariert werden, und Metallgegenstände brauchen eine besondere Behandlung zum Schutz gegen Rost. Gegenstände aus Holz und andere zerbrechliche Dinge bedürfen besonderer Sorgfalt, damit gewährleistet ist, daß sie nicht weiter verfallen. Auch natürliche Überreste werden gesammelt, wie Muscheln, Knochen und Erde mit pflanzlichen Überresten.

ERGEBNISSE Erst nach Beendigung der Ausgrabungen und wenn alle Spezialisten ihre Berichte vorbereitet haben, kann der Grabungsleiter einen abschließenden Bericht über seine Arbeit vorlegen.

Die Archäologie kann historische Angaben der Bibel bestätigen oder ihre Glaubwürdigkeit stärken. Doch zwei Tatsachen müssen wir dabei im Auge behalten: Erstens, daß alle »sicheren« Ergebnisse der Archäologie vorläufig sind und sich dauernd ändern. Zweitens, daß die Bibel zuerst von Gottes Handeln mit den Menschen berichtet – und das liegt außerhalb des Bereichs der Archäologie.

ARCHE s. *Noah; Sintflut*

ARCHELAUS s. *Herodes*

AREOPAG Der Hügel des Kriegsgottes, gegenüber der Akropolis in Athen. Von ihm hat der höchste Gerichtshof seinen Namen. Apg 17

ARETAS Ein arabischer König, dessen Hauptstadt Petra im heutigen Jordanien liegt. Zeitweilig beherrschte er auch Damaskus. Als Paulus in Damaskus war, versuchte der Statthalter des Aretas, ihn gefangenzunehmen. 2Ko 11,32

ARGOB Ein Teil des Königreiches Basan im Osten des Jordan. Es war ein fruchtbares Gebiet mit vielen festen Städten. Der halbe Stamm Manasse ließ sich dort nieder. 5Mo 3; 1Kö 4

ARIMATHÄA Die Heimatstadt Josefs, eines heimlichen Jüngers Jesu. Er ließ Jesus nach der Kreuzigung in sein Grab legen. Mt 27,57; Mk 15,43

ARISTARCHUS Ein mazedonischer Christ, Freund und Mitarbeiter des Paulus. Er war bei Paulus während der durch die Silberschmiede verursachten Unruhen in Ephesus. Er ging mit Paulus nach Jerusalem und von da aus mit nach Rom; während der Haft blieb er bei Paulus. Apg 19,29ff; 20,4; 27,2; Kol 4,10

ARNON Ein Fluß, der vom Osten her ins Tote Meer fließt. Er war die Grenze zwischen den Amoritern und Moabitern. Die Israeliten besiegten die Amoriter, und der Stamm Ruben ließ sich in ihrem Gebiet nieder. Doch der Arnon blieb die südliche Grenze. 4Mo 21,13ff; Jes 16,2

AROER Eine Stadt am Nordufer des Arnon. Südliche Grenzstadt der Amoriter und später des Stammes Ruben. Von der Zeit Jehus bis zu den Tagen Jeremias war sie unter moabitischer Herrschaft. Aroer heißt auch eine Stadt in der Wüste Negev im Süden Beerschebas. 5Mo 2,36; 2Kö 10,33

ARTAXERXES So hießen mehrere persische Könige. Esra und Nehemia kehrten wahrscheinlich unter Artaxerxes I. (464–423 v.Chr.) nach Jerusalem zurück. Esr 4,5–7

ASA Der dritte König Judas, Sohn Abias. Er regierte 41 Jahre (etwa 911–870 v.Chr.). Asa versuchte, den Götzendienst abzuschaffen. Als der König Serach von Äthiopien Juda angriff, errang Asa einen großen Sieg über ihn. 1Kö 15,8ff; 2Chro 14,1ff

ASAF Ein Levit, der unter David für die Musik zuständig war. Seine Nachkommen stellten die Tempelsänger. Von Asaf stammen einige Psalmen. 1Chro 15,17ff; 25,1ff; 2Chro 29,30; 35,15

Levitische Musiker mit Harfen und Zymbeln, gezeichnet nach einem Modell.

ASAHEL Ein Neffe König Davids. Er war ein tapferer Soldat und Befehlshaber eines Teils der Armee. 2Sam 2,18ff; 23,24

ASAR-HADDON Der Sohn Sanheribs. Nach dem Tod seines Vaters wurde er König von Assyrien (680–669 v.Chr.). Manasse von Juda war einer seiner Vasallen. 2Kö 19,37; Esr 4,2

ASARJA Der bekannteste der verschiedenen Asarjas ist der König von Juda, auch Usia genannt (791–740 v.Chr.). Er selbst diente Gott, erlaubte aber seinen Untertanen den Götzendienst, und der Ruhm machte ihn stolz. Eines Tages ging er in den Tempel, um Räucheropfer darzubringen, was nur den Priestern erlaubt war. Zur Strafe wurde er aussätzig. Sein Sohn Jotam stand dem Hause des Königs vor. 2Kö 14,21ff; 2Chro 26

ASCHE s. *Sack und Asche*

ASCHERA s. *Kanaanäer: Religion*

ASCHTAROT/ASCHTAROT-KARNAJIM Eine Stadt östlich des Jordan, die nach der kanaanäischen Muttergottheit benannt war. Sie wurde zu Abrahams Zeit von Kedor-Laomer erobert und wurde später eine Hauptstadt des Königs Og von Basan. Danach wurde sie Levitenstadt. 1Mo 14,5; 5Mo 1,5

ASDOD (Aschdod) Eine der fünf Philisterstädte in alttestamentlicher Zeit. Die Philister stellten die geraubte Bundeslade im Tempel ihres Gottes Dagon in Asdod auf. Am nächsten Morgen lag Dagon mit dem Gesicht nach unten am Boden; am Tag darauf war er in Stücke zerbrochen. Asdod fiel zur Zeit Jesajas an König Usia von Juda. Zur Zeit des NT wurde die Stadt (jetzt Azotos) von König Herodes wieder aufgebaut. 1Sam 5; 2Chro 26,6; Jes 20,1 usw.; Apg 8,40

ASIA Der westliche Teil Kleinasiens, in dem viele wichtige griechische Stadtstaaten lagen. Die spätere römische Provinz Asien umfaßte die ganze Westküste; ihre wichtigste Stadt war Ephesus. Paulus missionierte viel in diesem Gebiet. Apg 2,9; 19,10; Offb 1,4.11

ASKALON Eine alte Stadt an der Küste Israels zwischen Jaffa und Gaza. Sie war eine der wichtigsten Festungen der Philister. Simson plünderte Askalon, um eine verlorene Wette bezahlen zu können, dabei tötete er 30 Männer. In den folgenden Jahrhunderten wurde Askalon nacheinander von Assyrien, Babylonien und Tyrus beherrscht. Herodes der Große wurde in Askalon geboren. Ri 1,18; 14,19; 1Sam 6,17; Jer 47,5–7 usw.

ASSOS Der Seehafen an der Küste der heutigen Türkei, von dem aus Paulus seine letzte Reise nach Jerusalem antrat. Apg 20,13

ASSYRER

Assyrien lag im nördlichen Teil des heutigen Irak, am Tigris im Osten des Taurusgebirges. Die Winterregen und die Nebenflüsse des Tigris spenden genug Wasser für Landbebauung. Gerste und Weizen wächst in den Ebenen, Wein, Oliven, Aprikosen, Kirschen und andere Früchte auf den Hügeln. Die Landschaft ist im Winter und im Frühling grasbewachsen, anders als die Landschaft im Westen des Tigris, wo ein Großteil des Landes Wüste ist. Daneben finden wir Berge, die im Winter mit Schnee bedeckt sind. Assyrien erschien den Wüsten- und Gebirgsstämmen attraktiv. Seine Geschichte ist gekennzeichnet durch ständige Kriege gegen diese mißgünstigen Nachbarn.

Die Assyrer hatten für ihre Hauptstadt, ihr Land und ihren Nationalgott nur einen Namen, Assur. Die Stadt Assur liegt am Westufer des Tigris; die zweite große Stadt, Ninive, liegt östlich des Flusses, ca. 110 km im Norden von Assur. Beide Städte waren schon 2500 v.Chr. sehr reich, vielleicht auch schon früher.

DAS ASSYRISCHE VOLK Berichte aus erster Hand über Assyrien gibt es ab 2000 v.Chr. Die assyrische Kö-

nigsliste, ein wichtiges Dokument aus späterer Zeit, zeigt, daß die Assyrer schon um 2300 v.Chr. in ihrem Land lebten. Die Texte beweisen, daß sie ein semitisches Volk waren. Sie zeigen weiter, daß die Sprache der Assyrer der Sprache der Babylonier nah verwandt und die Bevölkerung bunt gemischt war. Viele Nicht-Semiten wanderten von Osten und Norden her ein. Das scheint friedlich vor sich gegangen zu sein, und in späterer Zeit hatten immer wieder Männer nichtsemitischen Ursprungs wichtige Posten inne.

Die Assyrer werden im allgemeinen für grausam gehalten. Diese Ansicht rührt zum Teil aus den Berichten des AT über ihre Kriege mit Israel her. Wir müssen aber bedenken, in welcher Situation sich die Assyrer befanden. Sogar wenn die Grenzen sicher schienen, fühlte sich das Volk von fremden Herrschern der Umgebung bedroht. Diese Bedrohungen konnten nur durch erneute kriegerische Aktionen beendet werden. Zudem ermutigte der Erfolg die Assyrer zu weiteren militärischen Abenteuern. Trotzdem schätzten sie, wie die meisten Völker, Frieden und Ruhe.

DAS ASSYRISCHE REICH Zwischen 1500 und 1100 v.Chr. wurde Assyrien zu einem führenden Staat im Nahen Osten, der sich bis zum Eufrat ausdehnte. Seine Könige waren den Pharaonen gleichgestellt. Dann überrannten aramäische Einwanderer aus der Wüste das assyrische Land. Damit begann eine Zeit der Schwäche, die bis ungefähr 900 v.Chr. andauerte.

Darauf eroberten starke Könige das verlorene Land zurück und versuch-

König Assurbanipal bei der Löwenjagd. Abbildung aus einer Reihe von Jagdszenen in seinem Palast in Ninive.

ten, die Herrschaft darüber zu behalten. Assurbanipal II. (883–859 v.Chr.) und Salmanasser III. (858–824 v.Chr.) machten viele Könige zu Vasallen. Doch sobald die assyrische Armee abgezogen war, rebellierten die unterworfenen Könige. Erst Tiglat-Pileser III. führte ein funktionierendes System von Provinzstatthaltern ein.

DAS EXIL Häufig wurde der Widerstand eines Volkes gebrochen, indem man Kriegsgefangene machte. Nach einem größeren Aufstand wurde oft die halbe Bevölkerung in andere Teile des Reiches versetzt und durch fremde Völker ausgetauscht. (Das geschah in Israel, als die Assyrer Samaria einnahmen, 2Kö 17,6.24ff; 18,31.32.) Die berühmten Herrscher Sargon (721–705 v.Chr.), Sanherib (705–681), Assarhaddon (681–669) und Assurbanipal (669–627) befolgten dieselbe Politik. Ab 680 v.Chr. wurde das Reich zu groß; es umfaßte Ägypten, Syrien, das Land Israel, Nordarabien, Teile der Türkei und Persiens. Die Grenzen wurden unüberschaubar. So machte sich Babylon 625 unabhängig und zerstörte, mit Hilfe der Meder, 612 v.Chr., Ninive.

KUNSTWERKE Das assyrische Reich besaß, teils aus Steuereinnahmen, teils aus dem Handel, enormen Reichtum. Die Könige konnten daher Paläste und Tempel bauen – einen prachtvoller als den anderen. In Ninive, Nimrud und anderswo grub man Paläste und Tempel aus und entdeckte schöne Kunstwerke: Wände mit Tonfliesen verkleidet, deren Reliefs den König im religiösen, militärischen und sportlichen Leben abbildeten. Die Möbel waren mit Elfenbeintafeln geschmückt und oft mit Gold ausgelegt. In den Lagerhäusern des Palastes befanden sich ungeheure Mengen Eisenwaffen für das Heer.

Viele verschiedene Einflüsse werden an diesen Gegenständen sichtbar: ägyptische, syrische, iranische. Doch die grundlegende Kultur Assyriens kam aus dem Süden, aus Babylonien (s. *Babylonier*). Der wichtigste Brauch, den die Assyrer von den Babyloniern übernahmen, war die Keilschrift auf Tontäfelchen. Tausende dieser Täfelchen sind in assyrischen Ruinen gefunden worden. Einige handeln von der Verwaltung des Reiches, einige sind diplomatische Dokumente, einige private Rechtsurkunden und einige Berichte über die Taten des Königs. Besonders wichtig ist die Bibliothek des Königs Assurbanipal. Diese Bibliothek enthielt Abschriften aller Literatur und allen Wissensgutes, das aus der Vergangenheit überliefert war. Als man sie 1849 entdeckte, begann die moderne Assyrien- und Babylonienforschung.

DIE ASSYRER UND DIE BIBLISCHE GESCHICHTE Die Assyrer tauchen zur Zeit der letzten Könige Israels in der Bibel auf, als Amos und Hosea im Nordreich und Jesaja in Juda auftraten. Die weniger mächtigen Völker lebten in ständiger Angst vor der damals größten Weltmacht.

»Ich werde den König von Assyrien über dich bringen«, sagt Jesaja. Diese Prophetie an König Ahas von Juda war fürchterlich. Ahas versuchte, assyrische Hilfe gegen seine Feinde, die Könige von Damaskus und Samaria (Israel), zu erhalten. Und da sagt ihm der Bote Gottes, daß der mächtigste Herrscher jener Zeit bald sein Land unterwerfen wird. König von Assyrien war damals Tiglat-Pileser III. (745–727 v.Chr.). Ahas war sein Vasall; dadurch, daß er Damaskus und den größten Teil Israels eroberte und zu Provinzen machte, verringerte er den Druck für Juda.

Es war bei den Assyrern üblich, Pakte mit den unterworfenen Völkern zu schließen. Wenn eines dieser Untertanenvölker die Bedingungen des Vertrages nicht mehr einhielt, z.B. die jährliche Steuer nicht zahlte, versuchten die Assyrer zuerst eine Änderung auf diplomatischem Wege. Schlug dieser Versuch fehl, schickten sie ihre Armee. So geschah es mit Juda. Ahas hielt den Vertrag ein, doch sein Sohn Zedekia – und König Merodach-Baladan von Babylonien – zettelte einen Aufstand an, als der assyrische Kö-

nig Sargon 705 v.Chr. starb. Nachdem er die Unruhen in Babylon niedergeschlagen hatte, wandte sich Sanherib, der neue König Assyriens, gleich dem Rebellen Zedekia zu. Seine Armee überrannte Juda, wie Jesaja es vorausgesagt hatte. Der Bericht Sanheribs lautet: »Sechsundvierzig befestigte Städte Zedekias belagerte und eroberte ich, ich führte aus ihnen 200150 Menschen hinweg... Zedekia schloß ich wie einen Vogel in seinem Käfig in seiner Hauptstadt Jerusalem ein... Der furchtbare Glanz meiner Herrschaft überwältigte ihn... Er sandte 30 Talente Gold, 300 Talente Silber nach Ninive.« Jerusalem selbst wurde nicht erobert. Die Assyrer haben Jerusalem nie wieder angegriffen, obwohl Manasse, Zedekias Sohn, einer Verschwörung beitrat, die von den Ägyptern angezettelt war, und deshalb für einige Zeit gefangen genommen wurde (um 671 v.Chr.). S. Jes 7,17–25; 2Kö 15,27–16,9; 18,7.8; 19; 20,12ff; 2Chro 33,11–13

ASSYRER UND BABYLONIER: RELIGION

Wie die meisten Völker der alten Welt, verehrten die Einwohner Assyriens und Babylons die gewaltigen Mächte des Universums. Daneben hatten sie Lieblingsgötter und -göttinnen. Sie erzählten Geschichten ihrer Götter, brachten ihnen Opfer in großen und kleinen Tempeln, baten sie um Hilfe und hofften auf ihr Wohlwollen. Die Götter bestimmten alles; sie waren unberechenbar.

Anu, der Himmelskönig und oberste Gott, trat kaum in Erscheinung. Enlil, sein Sohn, herrschte über die Erde und wurde als Götterkönig verehrt. Enki, auch Ea genannt, hat-

Darstellung des assyrischen Königs Tukulti-Ninurta I. (um 1240 v. Chr.) auf einem Altar: Er steht und kniet vor dem Symbol des Nusku, dem Gott des Feuers.

te die frischen lebensspendenden Wasser unter sich. Jeder von ihnen hatte Frau und Familie. Ischtar war die Frau Anus und weit bedeutender im religiösen Leben. Sie war die Göttin von Liebe und Krieg. Später wurde der Sohn Enkis, Marduk, sehr wichtig.

Marduk, oder einfacher Bel (»Herr«), war der Schutzgott Babylons. Mit der babylonischen Macht wuchs auch sein Ansehen, besonders von 2000 bis 1000 v.Chr. Im Lauf der Zeit wurde er Herr über alle Götter (s. unten). Auch sein Sohn, Nabu (Nebo), der Gott der Stadt Borsippa bei Babylon, brachte es mit der Zeit zu hohem Ansehen.

Daneben gab es andere Götter: Schamasch, Gott der Sonne und der Gerechtigkeit; Schin, Mondgott – besonders verehrt in Ur und in Haran; Adad, Gott des Regens und Sturms. Auch Vorstellungen, wie Gerechtigkeit, Fairneß, Wahrheit, wurden schon früh als Götter angesehen. Außerdem gab es in Assyrien den Volksgott Assur. Sein Ursprung ist unbekannt. Mit dem Aufstieg

Assyriens wurde Assur dem Götterkönig Enlil gleichgesetzt.

Die Welt der Babylonier war voller Schatten. Böse Geister und Dämonen lauerten, um jeden, den sie fanden, zu erbeuten. Sie krochen unter den Türen durch, um Schlafende anzugreifen oder ein Kind vom Schoß der Mutter zu nehmen. Sie verbreiteten Krankheiten mit der Luft. Besonders ausgebildete Priester murmelten Gebete und Beschwörungen über Kranke und Verletzte, wobei sie die Götter um Hilfe anriefen. Manchmal ließ sich das Unheil auf einen Bock oder sonst einen Stellvertreter übertragen, der dann zerstört oder getötet wurde. Aus Vorsicht trug man Amulette und Talismane, man hing sie im Türrahmen auf und begrub sie unter Türschwellen. Manchmal hatten sie die Form von Hunden und trugen die Aufschrift: »Warte nicht, beiß zu!«

GOTTESDIENST Jede Stadt hatte einen Haupttempel, der dem Schutzgott der Stadt geweiht war. Hier versammelte sich das Volk bei den großen Festen, am Neujahrstag oder den besonderen Festen des Gottes. Man stand Spalier in den Straßen, wenn die Götterstatuen vorbeigetragen wurden. Die normalen Leute gingen gewöhnlich zu den kleinen Tempeln, die zwischen den Häusern der Stadt verstreut waren. Dort konnten sie den Gott oder die Göttin um einen Sohn, um Erfolg im Geschäft oder anderes bitten, konnten Dankgeschenke bringen, oder die Gottheit um Befreiung von Krankheit und Unglück anflehen. Die Priester nahmen die heiligen Handlungen vor, sprachen Gebete und empfingen die Opfergaben.

WAHRSAGEKUNST Die Götter

bestimmten alles, dachten die Babylonier, aber sie verrieten nicht die Zukunft. Niemand konnte je sicher sein. Die Babylonier befragten ihre Omen. Die Leber und andere Teile geopferter Tiere wurden auf besondere Zeichen untersucht, um zu sehen, ob die Götter »eine Botschaft aufgeschrieben« hätten. Ebenso gebrauchte man andere unvorhersagbare Ereignisse, wie den Vogelflug oder die Muster einer Ölschicht auf dem Wasser.

Die Astrologen entnahmen die Omen den Bewegungen der Sterne. Da jeder Stern zu einem Gott oder einer Göttin gehörte, konnte man alle möglichen Vorhersagen machen. Einige dieser Künste sind über die Griechen zu uns gekommen. Dazu gehören die Tierkreiszeichen, der 360^0-Kreis und die Einteilung der Stunden.

DER TOD UND DAS LEBEN DANACH Alle Toten stellte man sich als Bewohner der Unterwelt vor. Da leben sie inmitten eines Staublandes von den Speis- und Trankopfern ihrer Nachfahren. Wenn nichts geopfert würde, kämen die Geister der Toten, um ihre Angehörigen heimzusuchen. Gleiches gilt für die Geister der nicht ordnungsgemäß bestatteten Toten. Offenbar ging es den bösen schlechter als den guten, denn einige Könige des Altertums dienten in der Unterwelt als Richter. Die Vorstellung eines Lebens nach dem Tod gab den Babyloniern keine Hoffnung.

ASTARTE s. *Kanaanäer: Religion*

ATALJA Die einzige Königin Judas (841–835 v.Chr.). Sie war, wie ihre Mutter Isebel, eine grausame Königin und ließ alle Königskinder töten. Nur Joas wurde gerettet, weil seine Tante ihn versteckt hatte. Mit sieben Jahren wurde Joas König und Atalja wurde getötet. 2Kö 11,1–16; 2Chro 22,10–23,15

ATHEN Die Hauptstadt des heutigen Griechenlands, die zum ersten Mal im 6. Jh. v.Chr. Bedeutung erlangte. Auf dem Höhepunkt ihrer Macht, im 5. Jh. v.Chr., entstand neben anderen berühmten Gebäuden das Parthenon. Athen war eine Demokratie und Zentrum für Künstler, Dichter, Historiker, Philosophen und Wissenschaftler aus ganz Griechenland. 86 v.Chr. wurde die Stadt von den Römern belagert und geplündert.

Obwohl Athen damit seine politische Macht und seinen Reichtum als Handelszentrum verloren hatte, hatte es doch, was Gelehrsamkeit und Kultur anging, auch noch um 50 n.Chr. einen guten Ruf, als Paulus dort predigte. Die Athener liebten Diskussionen und forderten ihn auf, vor ihrem Gerichtshof zu reden. Paulus ging von ihrem Altar für den unbekannten Gott aus und erzählte ihnen von dem Gott, der die Welt schuf und jedem von uns nah ist. Apg 17,15–34

ATTALIA Heute Adalia, ein Hafen von Pamphylien an der Südküste der Türkei, durch den Paulus auf seiner ersten Missionsreise kam. Apg 14,25

AUFERSTEHUNG Die Auferstehung Jesu von den Toten ist das Schlüsselereignis für den christlichen Glauben. »Ist aber Christus nicht auferstanden, so ist unsere Predigt vergeblich, so ist auch unser Glaube vergeblich«, schrieb Paulus. Die Apostel haben nie daran gezweifelt, daß Jesus von den Toten auferstanden war, wie er es vorausgesagt hatte. Sie hatten ihn mehrere Male gesehen, und das war ihnen

Athen wird von der Akropolis mit ihrem Parthenon-Tempel überragt.

Beweis genug. Paulus zählt die Menschen auf, die den auferstandenen Christus gesehen hatten. Die schwachen und feigen Jünger wurden mit einemmal zu furchtlosen Männern, die predigten und in der Kraft ihres auferstandenen Herrn Wunder taten. Das Grab war leer, und die Juden konnten es nicht widerlegen, daß Jesus auferstanden war.

Paulus lehrt, daß die, die an Christus glauben, an seiner Auferstehung teilhaben. Wenn ein Mensch Christ geworden ist, erfährt er, wie der Auferstandene in seinem Leben arbeitet. Christen können zuversichtlich in die Zukunft blicken, zuversichtlich auf ihre eigene Auferstehung am Ende der Zeit. Auch Gläubige erleiden den physischen Tod, wie jeder Mensch. Doch ihnen ist eine Zukunft mit Christus in einem neuen, geistlichen Leben zugesagt.

S. *Israel: Religion; Himmel.* Mt 28; Mk 16; Lk 24; Jo 20; 1Ko 15; Apg 1,3; 4; 10; Rö 1,4; 6,4–13

AUGUSTUS CÄSAR Der erste römische Kaiser, Nachfolger Julius Cäsars. Er regierte von 31 v. bis 14 n.Chr. Zu seiner Zeit wurde Jesus geboren. Im Osten wurde er schon zu Lebzeiten als Gott verehrt, denn er hatte einer vom Krieg zerrissenen Welt Frieden und Ordnung gebracht. In Pergamon errichtete man ihm und Roma einen großartigen Tempel. Lk 2,1

Statue des Kaisers Augustus

AUSSATZ s. *Krankheit*
AUSZUG AUS ÄGYPTEN
s. *Exodus*

B

BAAL s. *Kanaan: Religion*
BABEL (Vorläufer des alten Babylon) Nach der Flut, als die Menschen
noch eine Sprache redeten, planten
sie, in der Ebene Sinear im Zweistromland (Mesopotamien) eine
Stadt zu bauen und einen Turm, der
bis in den Himmel reichen sollte.
Als Gott ihren Hochmut sah, ver-
wirrte er ihre Sprache, so daß sie
sich nicht mehr verstehen konnten
und die Bauarbeiten zum Stillstand
kamen. 1Mo 11
BABYLON Eine Stadt am Eufrat,
80 km südlich des heutigen Bagdad.
Das von Nimrod gegründete Babylon wurde später die Hauptstadt
Babyloniens und des babylonischen

Reiches. Um 1750 v.Chr. wurde der
Gesetzeskodex des Hammurabi, eines der frühen Könige Babylons,
auf Stein geschrieben; es ist interes-
sant, ihn mit dem Gesetz Mose zu
vergleichen.
Nach dem Sieg über Assyrien 612
v.Chr. wurde Babylon zur Hauptstadt des mächtigen Reiches, das
sich vom Persischen Golf bis zum
Mittelmeer erstreckte. 597 und 586
v.Chr. eroberte Nebukadnezar von
Babylon Jerusalem. Beide Male
führte er viele Menschen aus Juda
ins Exil nach Babylon – unter ihnen
waren Hesekiel und Daniel.
Die Stadt bedeckte eine riesige Fläche an den Ufern des Eufrat. Sowohl
die innere als auch die äußere Stadt
waren durch 3–7 m dicke Ziegel-
mauern befestigt. Acht große Tore
führten in die innere Stadt mit ihren 50 Tempeln. Die »hängenden
Gärten« sind eins der sieben Weltwunder. Sie waren mit Palmen, an-

*Babylon: Tschatar-Tor und Prozes-
sionsstraße zum Tempel des Marduk*

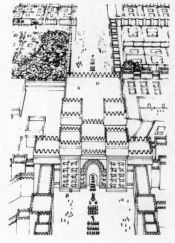

deren Bäumen und Gewächsen bepflanzte Terrassen, die in dem flachen Land Schatten spendeten.

539 v.Chr. eroberten die Perser unter Cyrus die Stadt. Der griechische Historiker Herodot berichtet, daß sie den Eufrat umleiteten und dann durch das trockene Flußbett in die Stadt marschierten. Damals begann der Niedergang der Stadt; heute sind nur noch über die Ebene verteilte Ruinenhügel zu sehen. 1Mo 10,10; 2Kö 24,1; 25,7–13; Jes 14,1–23; Da 1

BABYLONIER

Im südlichen Teil des heutigen Irak lag das alte Königreich Babylon. Die Stadt Babylon erlangte zum ersten Mal um das Jahr 1850 v.Chr. Macht, allerdings nur für kurze Zeit. Eine zweite Blütezeit erlebte sie unter Nebukadnezar, 1200 Jahre später, für eine ebenso kurze Zeit. Die Stadt Babylon war unter Nebukadnezar so schön, daß sie in die Weltgeschichte einging.

Schon lange bevor Babylon geschichtlich bedeutsam wurde, gab es dort eine Kultur. Bald nachdem die Menschen gelernt hatten, wie sie das Wasser der Flüsse für die Bewässerung des Landes nutzen konnten, entstanden Städte. In Erech (1Mo 10,10) wurden große Tempel aus Lehmziegeln ausgegraben. Die freistehenden Säulen sind mit Mosaiken verziert.

DIE SCHRIFT Hier hat man die älteste Schrift gefunden, eine Vorform der babylonischen Keilschrift, in der 800 oder mehr einfache Zeichen für allgemein bekannte Dinge oder Ideen standen. Diese Zeichen entwickelten sich schnell von Symbolen für Dinge zu Zeichen für Silben, d.h. für Laute. Bald wurden besondere Zeichen eingeführt, um

Subjekt und Objekt grammatisch zu bestimmen.

Die ältesten Tontafeln können wir nicht entziffern. Aber schon die der nächsten Epoche – 3200 v.Chr. – sind eindeutig in der uns bekannten sumerischen Schrift abgefaßt. Sie enthalten Listen von Wörtern, nach Gruppen geordnet (z.B. Steine, Tiere, Berufe), die ersten dürftigen Beispiele von Literatur, wie auch Rechnungen und Verkaufsurkunden. Von deutlich erkennbaren Bildern entwickelten sich die Zeichen schnell zu Gruppen von Linien (sie erleichterten das Schreiben auf Ton), und so entstand die Keilschrift. Die Tontafeln haben sich gut in der Erde gehalten. So sind wir über Babylonien besser informiert als über jede andere alte Kultur.

SUMERER UND AKKADIER Die Sumerer sind vielleicht nicht das erste Volk, das in Babylonien gelebt hat. Doch sie sind, weil Schriftstükke von ihnen bekannt sind, die ersten, die wir identifizieren können. Ihre Herkunft ist dunkel; ihre Sprache ist mit keiner anderen der Welt verwandt. Zur gleichen Zeit lebten im Norden akkadische Stämme. Ihre semitische Sprache war eine frühe Form des Babylonischen, verwandt mit dem Arabischen und Hebräischen. Die Gelehrten des alten Babylon fertigten Übersetzungen vom Sumerischen ins Akkadische an; dadurch ist es uns heute möglich, das Sumerische zu übersetzen. Die Sumerer haben eine Schrift erfunden, vielleicht auch Fahrzeuge mit Rädern und das Stadtleben Babylons. Geschichten, die um 2000 v.Chr. abgeschrieben wurden, erzählen die großen Taten sumerischer Helden und Götter. Der berühmteste dieser Helden war Gilgamesch, König von Uruk kurz nach 3000 v.Chr. Seine Suche nach ewigem Leben führte ihn zu dem babylonischen Noah, der dem König erzählte, wie er nach dem Überleben der großen Flut die Unsterblichkeit erlangte. Gilgamesch durfte zweimal versuchen, sein Ziel zu erreichen; doch er vertat beide Chancen. Darauf kehrte er in seine Heimat zurück. Er schloß daraus, daß ein Mensch nur durch seinen Nachruhm weiterleben könne. Letzte Untersuchungen zeigen, daß einige dieser Geschichten teilweise wahr sind (s. Teil 2: *Die Archäologie und die Bibel*).

Um 2300 v.Chr. erlangten die Semiten unter König Sargon die Herrschaft über Babylon. Ihre Hauptstadt war Akkad, das man bis heute noch nicht gefunden hat. Sargon dehnte seinen Herrschaftsbereich bis nach Nordsyrien aus. Von da an war Akkadisch die wichtigste Sprache. Sargons Familie herrschte ungefähr ein Jahrhundert über das Reich, bis Angreifer aus dem Osten ihre Macht brachen. Von 2100 bis 2000 v.Chr. beherrschte ein Königshaus aus Ur das Reich, das fast genauso groß war.

KUNSTWERKE Handwerker des 3. Jahrtausends v.Chr. stellten wertvollen Schmuck her aus Gold, Silber und Halbedelsteinen, die aus dem Süden und Osten importiert wurden. Schmiede formten Kupfer und Bronze zu Waffen und Statuen. Bildhauer schufen einige der schönsten Stücke babylonischer Kunst – von riesigen Standbildern bis zu winzigen zylindrischen Siegeln (2–5 cm hoch), die auf weichem Ton ihre Zeichen hinterließen. Besonders schöne Beispiele babylonischer Kunst hat man in den Königsgrä-bern in Ur ausgegraben, die aus der Zeit um 2400 v.Chr. stammen. In diesen Gräbern wurden die Prinzen des dort ansässigen Herrscherhauses beigesetzt.

INSCHRIFTEN Die kleinen Tafeln mit Listen über Nahrungszuteilungen und Rechnungen scheinen uninteressant. Doch gerade sie sind wertvoll wegen der Namen, die sie anführen. Man kann sumerische, akkadische und ausländische Namen unterscheiden. Ab 2400 v.Chr. tauchen semitische Namen auf, wie sie bei den Kanaanäern und Hebräern gebräuchlich waren. Ab 2000 v.Chr. kamen viele Leute »Westleute« (Amoriter) nach Babylon und übernahmen die Herrschaft über die alten Städte.

HAMMURABI Der bedeutendste ihrer Könige war Hammurabi von Babylon, zwischen etwa 1792 und 1750 v.Chr. Er kam durch Kriege und Diplomatie an die Macht. Während seiner Regierungszeit erneuerte er die Gesetze des Landes und ließ sie auf Steintafeln eingravieren. Es handelte sich dabei um kasuistisches Recht, d.h. Fallrecht, wie auch in 2Mo 21 und 22. Die Rechtssätze beginnen jeweils mit: »Wenn ein Mann . . .« Im Gesetz Hammurabis werden einzelne Handlungen jedoch nicht aus ethischen Grundsätzen verboten wie in den Zehn Geboten. Diesen Gesetzen wurde schon bald zuwider gehandelt, in den Schulen wurden sie aber noch tausend Jahre lang gelehrt.

1595 v.Chr. beendeten die Hetiter die Hammurabi-Dynastie. Die Kassiten aus dem Osten übernahmen die Herrschaft und paßten sich der babylonischen Kultur an. Nach ihnen folgte wieder eine babylonische Dynastie.

NEBUKADNEZAR UND DAS GROSSREICH Chaldäer und Aramäer aus dem Westen beunruhigten das Land, bis der chaldäische König Nabopolassar die Assyrer 612 v.Chr. besiegte. Sein neues Reich umfaßte fast alle ehemals assyrischen Provinzen, obwohl sein Sohn Nebukadnezar (605–562 v.Chr.) im Westen, z.T. auch in Juda, noch einige Rebellionen niederschlagen mußte. Der Reichtum ihres Landes ermöglichte es diesen Königen, Babylon in immensen Ausmaßen neu aufzubauen und verschwenderisch zu schmücken. Das Buch Daniel erzählt, wie Nebukadnezar, während er noch seine Werke pries, gedemütigt wurde (Da 4). Sein Sohn wurde von dem General Nergal-Sarezer (Jer 30,3) getötet, dessen Sohn wiederum von Nabonid abgesetzt. Dieser König hatte eigenwillige religiöse Vorstellungen, überließ Babylon deshalb seinem Sohn Belsazar und ging selbst 10 Jahre nach Arabien. Nach seiner Rückkehr nahm die Armee des Persers Cyrus Babylon ein. Von nun an spielte die Stadt keine Rolle mehr in der damaligen Weltgeschichte.

Babylon leistete der damaligen Welt seinen Beitrag durch Weitergabe seines Schriftsystems. Zugleich verbreitete sich sein astronomisches und mathematisches Wissen, das die Griechen übernahmen. S. auch *Assyrer und Babylonier: Religion*

BABYLONISCHE GEFANGEN-SCHAFT s. *Exil*

BÄR Der syrische Braunbär war in den Bergen und Wäldern Israels weit verbreitet. Bären leben meist von Früchten, Wurzeln, Eiern, Bienen- und Ameisennestern. Wenn sie hungrig sind, fallen sie auch Schafe an. David mußte seine Herde vor ihnen schützen; die Bibel berichtet auch, daß Bären Knaben angriffen, die den Propheten Elisa verspotteten. Der syrische Braunbär kommt im Mittleren Osten immer noch vor, doch nicht mehr in Israel. 1Sam 17,34–36; 2Sam 17,8; 2Kö 2,24

BAESA Ein Mann aus dem Stamm Isaschar, der Nadab, den Sohn Jerobeams, tötete und von 909 bis 886 v.Chr. regierte. 1Kö 15,16ff

BALAK König von Moab. Er regierte zu der Zeit, als die Israeliten kurz vor der Eroberung Kanaans standen (s. *Bileam*). 4Mo 22–24

BANN Bannen bedeutet, etwas oder jemand der Verfügung des Menschen entziehen und Gott übergeben. Es geschah vor allem im Krieg meist durch Vernichtung. Später auch Ausdruck für den Ausschluß aus der Gemeinde. 2Mo 22,19; 4Mo 21,1–3; 5Mo 13,13–19; Jos 6–7; Esr 10,8; Mt 18,17; 1Ko 5,13

BARABBAS Ein Revolutionär und Mörder, der zur selben Zeit wie Jesus inhaftiert war. Der römische Statthalter Pilatus wußte, daß Jesus unschuldig war und bot an, ihn freizulassen. Doch die religiösen Führer stifteten das Volk an, für Barabbas zu bitten. Er kam frei, und Jesus starb. Mt 27,15–26

BARAK Ein Israelit aus Naftali, der zur Zeit der Richter im Auftrag der Prophetin Debora gegen den Kanaanäerkönig Jabin kämpfte. Er errang einen großen Sieg für Israel, der zwanzig Jahren kanaanäischer Herrschaft ein Ende setzte. Ri 4–5

BARMHERZIGKEIT Das hebräische Wort, das oft mit »Barmherzigkeit« übersetzt wird, taucht fast 250mal im AT auf. Es meint die liebende Geduld Gottes mit seinem Volk Israel, seine Freundlichkeit und Bereitschaft zu vergeben. Gott hatte seinen Bund mit dem Volk gemacht, und obwohl das Volk diesen Bund oft brach, verstieß Gott es nicht. Er ist treu und erbarmt sich der Menschen.

Im NT ist Barmherzigkeit das liebende Mitleiden mit denen, die in Not sind. Gott ist »der Vater der Barmherzigkeit und Gott allen Trostes«. Um seiner Barmherzigkeit willen sind wir gerettet. Jesus selbst war oft von Mitleid mit den Bedürftigen um sich herum bewegt und linderte ihre Not, wo er nur konnte. Christen sollen anderen Menschen gegenüber dieselbe Barmherzigkeit üben, die sie von Gott erfahren haben. 2Mo 34,6–7; 5Mo 7,9; Neh 9,7.31; Ps 23,6; 25,6; 40,11; 51,1; 103,4.8; Da 9,9; Jon 4,2; Mi 6,8; Mt 5,7; Lk 6,36; 18,13; Rö 9,15; 12,1; 2Ko 1,3; Eph 2,4

BARNABAS Dies ist der Zuname (»Sohn des Trostes«) eines jüdischen Christen, der auf Zypern geboren und Mitglied der Gemeinde in Jerusalem war. Er war großzügig und warmherzig, verkaufte sein Land und gab das Geld armen Christen. Als Paulus nach seiner Bekehrung nach Jerusalem kam, standen die Christen ihm mißtrauisch gegenüber. Nur Barnabas empfing ihn und stellte ihn den Aposteln vor. Später arbeitete Barnabas in der Gemeinde in Antiochien; er reiste von dort nach Tarsus und bat Paulus, ihm zu helfen.

Er und Johannes Markus, sein Vetter, begleiteten Paulus auf der ersten Missionsreise. Nach ihrer Rückkehr berichteten sie bei einem wichtigen Treffen der Apostel in Jerusalem davon. Weil Paulus Johannes Markus nicht mehr mitnehmen wollte, trennte Barnabas sich von ihm und ging mit Markus nach Zypern, während Paulus nach Kleinasien (Türkei) reiste. Doch Paulus und Barnabas blieben Freunde, und Paulus achtete ihn hoch. Apg 4,36; 9,27; 11,22ff; 12,25ff; 15; 1Ko 9,6

BARTHOLOMÄUS Er war einer der zwölf Jünger und gehörte auch nach der Himmelfahrt Christi noch zu ihnen. Mehr wissen wir nicht über ihn. Vielleicht ist er identisch mit Natanael. Mt 10,3; Apg 1,13

BARTIMÄUS Blinder Bettler aus Jericho, der durch Jesus wieder sehend wurde. Mk 10,46–52

BARUCH Er war ein treuer Freund des Propheten Jeremia, bevor die Babylonier Jerusalem 586 v.Chr. eroberten. Er schrieb die Worte Jeremias auf. Auch nach der Zerstörung Jerusalems und sogar in Ägypten blieb er bei Jeremia. Ein apokryphes Buch ist nach ihm benannt. Jer 36; 43,6

BASAN Ein fruchtbares Gebiet östlich des Sees Genezareth. Es war berühmt für seine Rinder, Schafe und Eichen. Auf dem Weg von Ägypten nach Kanaan besiegten die Israeliten den König Og von Basan; sein Land ging an Manasse. 5Mo 3; Ps 22,13

BAT s. *Maße und Gewichte*

BATSEBA Die Frau Urias, des Hetiters, dann Davis Frau und Salomos Mutter (s. *David*). 2Sam 11–12; 1Kö 1–2

BAUTECHNIK Die Bautechnik entwickelte sich nur langsam in Israel. Als Sklaven in Ägypten hatten die Israeliten Ziegel für riesige Bauten gefertigt, aber als sie ins Land Kanaan kamen, kümmerten sie sich wenig um Bauten. Die Kundschafter fanden ein Land »mit großen, befestigten Städten« in Kanaan (s. 4Mo 13,28). Aber die Israeliten zerstörten vieles davon, und was sie selbst bauten, war im Vergleich dazu einfach.

Erst zur Zeit Davids und Salomos war man in der Lage, komplizierte Gebäude zu errichten. Man war aber wohl auf die Hilfe phönizischer Steinmetze und Zimmerleute, die König Hiram von Tyrus entsandte (s. 1Chro 14,1), angewiesen. Nachdem das Bündnis mit den Phöniziern zerbrochen war, baute man wieder weniger kunstvoll. Die aufwendigen Bauten der späteren Zeit zeigen deutlich den Einfluß der Perser, Griechen und Römer.

Zum Bauen standen Lehm, Steine, Holz und Kalkstein zur Verfügung. Wo es wenig Steine gab, nahm man meist Ziegel. Eine Mischung aus Stroh und Lehm wurde mit der Hand oder in hölzernen Formen ausgeformt und in der Sonne getrocknet. Lehm benutzte man auch als Mörtel, wenn man mit Feldsteinen baute.

Der Kalkstein in Palästina ist weich und leicht schneidbar, wurde aber für normale Bauten wenig gebraucht. In ausgegrabenen Steinbrüchen fand man die Spuren der Hacken und halbfertige Blöcke. Hämmer, Sägen, Hacken und Äxte benutzte man als Werkzeuge. Um einen großen Steinblock zu lösen, spaltete man den Felsen entlang natürlicher Risse mit dem Hammer und trieb hölzerne Keile hinein, die solange naß gemacht wurden, bis die Ausdehnung des Holzes den Stein brechen ließ.

Von Steinbruch aus kamen die roh bearbeiteten Steine auf die Baustelle, wo sie ihre endgültige Form bekamen. Dadurch erklären sich die

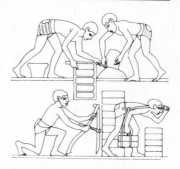

Diese alte ägyptische Grabmalerei zeigt Arbeiter bei der Ziegelherstellung und beim Bau.

Berge von Steinsplittern, die man bei Ausgrabungen in Lachisch und Jerusalem gefunden hat. Für den Tempel Salomos aber wurden, wie 1Kö 6,7 berichtet, die Steine schon im Steinbruch zurechtgehauen, so daß an dem heiligen Ort kein Laut eines Hammers, einer Axt oder eines anderen eisernen Werkzeugs zu hören war.

Holz gab es damals noch reichlich in Israel, besonders in Galiläa. Zum Bauen benutzte man meist Kiefern. Bei Bauvorhaben ging es hauptsächlich um Häuser, Stadtwälle, Brunnen, Zisternen, Wassertunnel und Getreidesilos. Die Arbeiten wurden von einzelnen Familien oder von allen Bewohnern eines Dorfes durchgeführt (vgl. den gemeinsamen Mauerbau unter Nehemia, Neh 3–6). Es wäre undenkbar gewesen, diese Arbeiten an Fachleute zu übertragen.

Häuser baute man auf einem Steinfundament und mit aufgesetzten Lehmziegelwänden, die beiderseits mit Lehm verputzt wurden. Längliche Steine wurden hin und wieder als Verstärkung verwendet, und man stützte das Dach mit Holzsäulen auf Steinsockeln. Zwischen diesen Säulen ließen sich Wände aus Feldsteinmauerwerk ziehen, so daß kleine Kammern abgeteilt wurden, die auf einen Innenhof gingen. Normalerweise hatten Häuser nur einen Raum. Auf den Mauern lagen die hölzernen Dachbalken, über die man Matten legte, bedeckt mit einer Schicht aus Stroh, Lehm und Kalkstein. Die meisten Häuser hatten nur das Erdgeschoß, aber das Dach wurde ein zusätzlicher Arbeitsplatz. Eine Treppe außen oder eine Leiter innen führte hinauf; oben schützte ein Geländer vor Unfällen.

Stadtmauern wurden aus Feldsteinen und Geröllbrocken gebaut, manchmal verputzt und durch Türme verstärkt. Die verwendeten Steine wurden oberflächlich geformt, aber sorgfältig zusammengesetzt. An die Innenseite dieser Mauern lehnten sich Häuser, sonst gab es keine Stadtplanung. Gebaut wurde, wo Platz war.

Im Lauf der Zeit gab es unter vielen Häusern Zisternen, um das Regenwasser aufzufangen. Man schlug sie aus dem Felsen. Um sie wasserdicht zu machen, mußten sie mit gelöschtem Kalk ausgelegt werden. Es wurden auch künstliche Teiche angelegt, und Ausgrabungen haben in mehreren Städten Tunnel entdeckt, durch die Wasser geleitet wurde. Ein in Megiddo gefundener Tunnel gehört in die Zeit der Israeliten.

Die Steinmetze und Zimmerleute machten auch Dinge für den täglichen Bedarf: Steinbecken, Wasserkrüge, Webstuhlgewichte, Mühlsteine, hölzerne Joche, Pflüge, Dreschschlitten, Karren und Möbel. S. *Wohnen.*

BESONDERE BAUTEN Zu den außergewöhnlichen Bauten der biblischen Zeit gehören der Palast Davids, die Festungen Salomos, der Tempel und seine Nebengebäude in Jerusalem, der Palast Ahabs in Samaria, Hiskias Wassertunnel in Jerusalem, der Wiederaufbau Jerusalems nach dem Exil, die vielen Bauten Herodes des Großen und seiner Nachfolger (der Tempel, der Palast des Herodes, die Festung Machaerus, das Herodium, Masada und der Hafen in Cäsarea). Unter Pontius Pilatus wurde eine Wasserleitung (Aquädukt) nach Jerusalem gebaut. Der salomonische Tempel in Jerusalem war wohl das erstaunlichste Unternehmen der Frühzeit. Das Zedernholz lieferte Hiram, König von Tyrus, der mit Salomo verbündet war. Er hatte fähige Handwerker. Hier tauchen zum ersten Mal seit der Landnahme Quadersteine auf, sorgfältig geformt und gerichtet. Die Ecken sind glatt gefügt und verstärkt, die Steine liegen ohne Mörtel glatt aufeinander, und es wird mit Bindern und Läufern gemauert (die Steine werden abwechselnd quer und längs gelegt).

Die Wände des salomonischen Tempels hatten drei Lagen behauener Quadersteine und darüber Ziegel auf einer Schicht von Zedernbalken. Das Holz sollte als Dämpfer im Fall von Erdbeben wirken. Dach und Türen waren aus Holz, ebenso waren Fußboden, Wände und Decke mit Zedern- und Zypressenholz verkleidet und mit Schnitzwerk verziert (s. 1Kö 6).

Die Festungsanlagen Salomos in den Städten Hazor, Megiddo und Geser hatten Kasematten-Stadtmauern (zwei Stadtmauern durch Quermauern verbunden, die Hohlräume entweder mit Schutt gefüllt oder als Lager genutzt) und Stadttore mit drei Wachräumen auf jeder Seite.

Hiskias Tunnel wurde als Verbindung zur Gihonquelle gebaut. Im Jahre 1880 wurde eine von den Arbeitern angebrachte Inschrift gefunden, die beschreibt, wie zwei Gruppen von Tunnelarbeitern sich nach langem und umständlichem Weg (530 m) in der Mitte trafen, 45 m untertage.

»Am Tag des Durchbruchs schlugen die Steinhacker eine Verbindung, Mann gegen Mann, Axt gegen Axt. Dann floß das Wasser von der Quelle in den Teich . . .«

Wegen der Bauarbeiten des Herodes war das Baugeschäft in Jerusalem zur Zeit Jesu wichtig. Herodes soll 1000 Wagen zum Steintransport gehabt haben. Mindestens ein Teil der Steine wurde vermutlich aus den Höhlen unterhalb der Stadt gewonnen. Steinblöcke von 5 bis 10 Tonnen wurden hergestellt und zu den Gebäuden transportiert, vermutlich auf Rollen. Bögen und Gewölbe wurden nach römischem Vorbild gebaut.

Jerusalem war zur Zeit des Herodes eine typische Stadt des römischen Reiches. Ausgrabungen aus der Zeit des 1. Jh. haben in Jerusalem verschwenderische Privathäuser freigelegt, die Unterbodenheizung und Wasserleitungen hatten. Eine gepflasterte römische Straße in ein nahes Dorf wurde flankiert von steinernen Haltern, vermutlich für Fackeln zur Straßenbeleuchtung. Die Häuser der Armen waren immer noch einfach, aber sie hatten oft mehr als ein Stockwerk.

BECHER s. *Maße und Gewichte*

BECKEN s. *Stiftshütte*

BEELZEBUL Name des obersten der Teufel. Mt 10,25; 12,24

BEERSCHEBA Die südlichste Stadt der Israeliten am Rand der Negev-Wüste, an der Handelsstraße nach Ägypten. Den Brunnen (be'er), der der Stadt ihren Namen gab, hatte Abraham gegraben. Hagar war in der Wüste bei Beerscheba fast verdurstet. Von hier brach Abraham auf, als er seinen Sohn opfern sollte, und hier lebte Isaak, als Jakob nach Haran zog. Beerscheba wird auch im Zusammenhang mit Elia und Amos genannt. Der Ausdruck »von Dan bis Beerscheba« meint: das ganze Land von Norden bis Süden. 1Mo 21,14.30–32; 26; 1Kö 19,3; Am 5,5

BEGRÄBNIS s. *Tod*

BEKENNTNISSE UND LIEDER Die Gemeinde des Neuen Testaments war eine Gemeinschaft, für die bestimmte Wahrheiten verbindlich waren – so die »Lehre der Apostel« oder »die wahre Lehre«. Diese Glaubenssätze wurden im Gottesdienst und in Liedern bezeugt und fanden von da in die Schriften des NT Eingang.

Einige frühchristliche Bekenntnisse waren kurz. »Jesus ist Herr« ist der Grundsatz. Vermutlich bekannte jeder Bekehrte mit diesem Satz seinen Glauben. Andere Bekenntnisse verbinden zwei oder drei Glaubensaussagen: »Es gibt *einen* Gott, und es gibt einen Mittler zwischen Gott und den Menschen, den Menschen Jesus Christus«; »ein Herr, ein Glaube, eine Taufe«.

Manchmal nehmen die Schreiber des Neuen Testaments frühchristliche Glaubensaussagen auf. Ein Bekenntnis in Form eines Liedes ist 1Tim 3,16 (wie später das *Te deum*):

»Er ist offenbart im Fleisch, gerechtfertigt im Geist,

erschienen den Engeln,
gepredigt den Heiden,
geglaubt in der Welt,
aufgenommen
in die Herrlichkeit.«
Noch ausführlicher ist das Bekenntnis über die Person und das Werk Christi in Phil 2,6–11. Es endet mit dem Bekenntnis, daß »alle Zungen bekennen werden, daß Jesus Christus der Herr sei«. Dies wurde vielleicht bei einem Taufgottesdienst gesungen. Apg 2,42; 1Tim 4,6; 2Tim 1,13; 1Ko 12,3; 1Tim 2,5; Eph 4,5

BELIAR »Verderben«, anderer Name für Satan. 2Ko 6,15

BELSAZER König von Babylon, er wurde 539 v.Chr., als die Perser und Meder Babylon eroberten, getötet. Er war Regent an Stelle seines abwesenden Vaters Nabonid. Während eines Festgelages erschreckte ihn eine Schrift an der Wand. Daniel wurde gerufen, um die Worte zu entziffern. Er sagte Belsazer, daß Gott seine Herrschaft gerichtet hatte und er verurteilt war; er würde Herrschaft und Leben verlieren. In derselben Nacht noch eroberte die persische Armee die Stadt. Da 5

BELTSCHAZAR Der babylonische Name Daniels (s. *Daniel*).

BENAJA Der bekannteste der verschiedenen Benajas ist der Hauptmann der Leibwache Davids. Er setzte sich dafür ein, daß Salomo König wurde. Er selbst wurde zum Befehlshaber des Heers ernannt. 2Sam 8,18; 1Kö 1–2

BENHADAD So hießen drei Könige Syriens. Der Name meint wahrscheinlich »Sohn Hadads« (des syrischen Wettergottes). Benhadad I. (900–860 v.Chr.) half Asa von Juda gegen Israel. Benhadad II. (860–843 v.Chr.) war ein Feind Ahabs von Israel. Benhadad III. (796–770 v.Chr.) kämpfte zur Zeit des Propheten Elisa gegen Israel. Auf Bitten Elisas befreite Gott die Israeliten mehrere Male von den Syrern. Er offenbarte Elisa, daß Benhadad durch die Hand seines Generals Hasael sterben würde. 1Kö 20; 2Kö 6–8

BENJAMIN Der jüngste der Söhne Jakobs und Rahels. Seine Mutter starb bei seiner Geburt. Er und Josef waren die Lieblinge seines Vaters. Die eifersüchtigen Brüder verkauften Josef nach Ägypten. Als die Brüder später in Ägypten in Josefs Gewalt waren, stellte er sie auf die Probe. Doch sie hatten sich verändert und wollten Benjamin nicht in Ägypten lassen, nicht einmal, um sich selbst zu retten. Einer der zwölf Stämme Israels ist nach Benjamin benannt. 1Mo 35,18–20; 43–45

BERGBAU UND METALLVERARBEITUNG

Mose verspricht den Israeliten, daß das Land Kanaan reich sein wird (s. 5Mo 8,9). »In dessen Steinen ist Eisen, Kupfererz haust du aus den Bergen.« Nur diese beiden Metalle fand man in Israel; Gold, Silber, Zinn und Blei mußten eingeführt werden.

GOLD UND SILBER Gold war vermutlich als erstes Metall dem Menschen bekannt, da es in der Natur rein vorkommt und zum Gießen keine umständlichen Vorrichtungen erforderlich sind. Aus Ägypten, wo man es seit Jahrhunderten kannte, brachten die Israeliten Gold und Silber mit, dazu das Wissen, wie man diese Metalle bearbeitete. Um massive Gegenstände herzustellen, wurde das Metall geschmolzen und in Hohlformen gegossen. So liest man in 2Mo 32,4, wie Aaron Ohrringe einsammeln, schmelzen und zu einem goldenen Kalb gießen läßt. Gold läßt sich auch zu dünnen Blättern schlagen, womit man Dinge überziehen konnte, und man konnte Formen hämmern. Die hebräischen Worte, die man meist mit »reines Gold«, »feines Gold« beziehungsweise »köstliches Gold« übersetzt, bezeichnen vielleicht verschiedene Färbungen oder Sorten, aber die genaue Bedeutung ist unbekannt.

Als die Israeliten das Land Kanaan in Besitz nahmen, gehörten Gold und Silber zur Kriegsbeute. Die Handwerker machten Schmuck und Verzierungen daraus für die, die es sich leisten konnten, und in Zeiten des Glaubensverfalls machten sie wie die Völker ringsumher Götzenbilder aus Silber, manchmal mit Goldüberzug. Aber die israelitischen Handwerker können nicht sehr geschickt gewesen sein. Als Salomo für den Tempel und andere Gebäude aufwendige Goldschmiedearbeiten machen lassen wollte, ließ er Fachleute aus Phönizien kommen. Salomo führte Gold aus dem Land »Ofir« ein, und man sagte zu seiner Zeit, daß Silber »so gewöhnlich war in Jerusalem wie Steine«.

Der Vorgang der Veredlung von Silber oder Gold, nämlich das Einschmelzen zur Absonderung der Unreinheiten, wird oft als Bild für die Läuterung durch Leiden gebraucht. 2Mo 11,2; 32,4; 25,11.31; Jos 6,19; 22,8; Ri 17,1–4; Jes 2,20; 40,19; Hos 8,4; 2Chro 2,7; 1Kö 10,1–27; Sach 13,9; Mal 3,2–3; 1Pt 1,7

KUPFER Das häufigste Metall im alten Israel war Kupfer. Es wurde durch Erhitzen des Kupfererzes gewonnen, und obwohl das Metall etwas schwammig war, ließ es sich durch Kalthämmern härten und formen. Nicht sehr lange vor dem Jahr 2000 v.Chr. entdeckte man, daß durch Beigabe von bis zu 4 Prozent Zinn das Kupfer härter und fester wurde. Außerdem lag der Schmelzpunkt dieser Mischung niedriger, und es ließ sich gießen. Diese Mischung nennt man Bronze. Allerdings hat das Hebräische nur ein Wort für Kupfer und Bronze, so daß es nicht sicher ist, wann die Israeliten zuerst Bronze verarbeitet haben. Die feinen Arbeiten in Salomos Tempel konnten nicht in Kupfer ausgeführt werden – das große Becken auf zwölf Stierkälbern und die Säulen, deren Enden mit Lilien und Granatäpfeln verziert waren.

Kupfer wurde auf der Halbinsel Sinai gefunden und in der Araba, der Wüstengegend zwischen dem Toten Meer und dem Golf von Akaba. Die Ausgrabungen haben gezeigt, daß hier schon zu der Zeit Bergbau getrieben wurde, als die Israeliten in Ägypten waren, und sogar sehr viel früher. In Timna, 27 km nördlich von Elat, laufen die unterirdischen Gänge Hunderte von Metern weit in alle Richtungen, und zwar in mehreren Ebenen übereinander. Die tiefsten Schächte waren mehrere Dutzend Meter tief und wurden über Lüftungsschächte mit Luft versorgt.

Der Silberbergbau wird in Hiob 28 beschrieben, und obwohl in Israel kein Silber abgebaut wurde, trifft die Beschreibung auch für den Kupferbergbau zu. »Man bricht einen Schacht fern von da, wo man wohnt . . . Vergessen, ohne Halt für den Fuß, hängen und schweben sie, fern von den Menschen . . . Man bricht Stollen durch die Felsen, und alles was kostbar ist, sieht das Auge.«

Ein Schmelzofen aus der Richterzeit ist in Bet-Schemesch gefunden worden. In ihm wurden kleine Mengen Kupfer geschmolzen, und um die nötige Temperatur zu erreichen, benutzte man Blasrohre aus Ton oder Blasebälge.

Aus der Zeit Salomos fand man verschiedene Schmelzöfen, die zum Teil für Kupfer, zum Teil für Eisen gebaut waren. Die Schmiede stellten hauptsächlich Pfeilspitzen, Lanzen und Speerspitzen, Schwerter, Dolche, Äxte, Pflugscharen, Meißel, Nadeln, Pinzetten, Armbänder, Schalen und Kübel her.

Goldener Dolch, goldene Scheide und kupferner Dolch mit goldenem Heft aus den Königsgräbern in Ur; um 2600 v. Chr.

Es ist nicht ganz klar, in welchem Umfang zu Salomos Zeit Bergbau betrieben wurde. Eine Zeitlang dachten die Archäologen, es hätte damals eine kleine »industrielle Revolution« gegeben. Man hatte nämlich eine Anzahl von Gruben und kleine Schmelzöfen entdeckt. Die Öfen in der Araba hatten verschiedene Formen, einige waren rund, andere quadratisch, manche hatten zwei Innenräume. Auch fand man Spuren von Lagern, wo die Arbeiter, vermutlich Sklaven, lebten. Gebäude aus Ziegeln, die man bei einer Ausgrabung an der Spitze des Golfs von Akaba fand, hielt man für die biblische Stadt Ezjon-Geber. Man hielt sie für einen Teil einer großen Schmelzanlage, wo das Kupfer für die Ausfuhr vorbereitet wurde, nachdem es schon beim Bergwerk grob geläutert worden war.

Aber diese Vermutungen werden heute immer mehr bezweifelt. Bei den jüngsten Ausgrabungen hat sich gezeigt, daß die umfangreichsten Erzgruben vor der Zeit Salomos in Betrieb gewesen sein müssen, meist schon vor dem Einzug Israels nach Kanaan. Bei den großen Ziegelgebäuden handelt es sich möglicherweise um eine große befestigte Herberge an einer wichtigen Handelsstraße.

EISEN Die Verwendung von Eisen setzte sich in Israel nur langsam durch. Eisen mußte in erhitztem Zustand bearbeitet werden, und es war viel schwieriger zu gewinnen als Bronze. Als die Israeliten nach Kanaan kamen, besaßen die Kanaanäer bereits eiserne Waffen mit eisernen Beschlägen. Die Israeliten waren demgegenüber im Nachteil. Als die Philister in den Tagen Samuels und Sauls die Oberhand hatten, durften die Israeliten keine eigenen Schmiede haben, damit sie keine Schwerter oder Speere herstellten. Zur Reparatur ihrer Kupferwerkzeuge mußten die Israeliten zu den Philistern gehen. David hatte jedoch große Eisenvorräte. Er stellte »viel Eisen« für Nägel und Klammern zur Verfügung. Das Eisenerz wurde auch in der Araba gefunden. Jos 17,16; 1Sam 13,19–22; 1Chro 22,3

ZUR ZEIT DES NT Zur Zeit des Neuen Testaments gab es in Jerusalem einen Markt der Schmiede. An bestimmten religiösen Feiertagen durften die Bronze- und Eisenarbeiter nicht arbeiten, weil sie zuviel Lärm machten. Die Verschwendung am Hofe Herodes des Großen verstärkte die Nachfrage nach Luxusgütern.

Im Tempel des Herodes waren das Doppeltor, die Schwellen und Oberschwellen mit Gold und Silber überzogen. Die Innenwände hatten eine Goldauflage, es gab goldene und silberne Lampen und Schüsseln, und sogar goldene Spitzen auf dem Dach, um die Vögel abzuhalten! Für diese Arbeiten mußten etwa tausend Priester handwerklich ausgebildet werden, da niemand sonst das heilige Tempelgelände betreten durfte.

BERNICE Die Schwester Herodes Agrippas II. (s. *Herodes Agrippa II.*). Apg 25,13

BERÖA Eine Stadt in Nordgriechenland (Mazedonien), 80 km von Thessalonich (Saloniki) entfernt. Auf seiner zweiten Missionsreise predigte Paulus dort; die Bewohner Beröas hießen ihn willkommen, doch die Juden hetzten das Volk auf und vertrieben ihn. Silas und Timotheus blieben in Beröa, um die

Menschen im Glauben zu unterweisen. Apg 17,10–15; 20,4

BERUFUNG Der Gott der Bibel ist ein Gott, der Menschen ruft und direkt zu ihnen spricht.

Die Geschichte des Volkes Israel beginnt im AT mit der Berufung Abrahams. Doch die Israeliten waren nicht Gottes Volk, weil sie Abrahams Kinder waren, sondern weil Gott sie »rief«.

So ist es auch im NT. Jesus rief Menschen, ihm nachzufolgen und seine Predigt vom Gottesreich anzunehmen. Die frühe Gemeinde tat dasselbe. Die Christen sind »berufen« zum Heil, zum ewigen Leben, zu einem beharrlichen Leben im Glauben, zu einem Leben in Frieden und dazu, sich immer mehr vom Heiligen Geist verändern zu lassen.

Sowohl im AT als auch im NT wird oft unterstrichen, wie persönlich Gott die Menschen ruft. Gott beruft Männer und Frauen zu ganz bestimmten Aufgaben: Abraham, Mose, Samuel, David, Jesaja, Jeremia, Hesekiel und viele andere.

Im NT war Paulus »berufen zum Apostel« und dazu, das Evangelium zu predigen.

S. unter *Erwählung, Gnade.* 1Mo 12,1; Hos 11,1; Mt 11,28–30; Mk 1,20; 2,14; Apg 2,39; 2Th 2,13–14; 1Tim 6,12; 1Pt 2,21; 1Ko 7,15; 1Th 4,7; 2Mo 3; 1Sam 3; 16; Jes 6; Jer 1,4–10; Hes 1–3; Rö 1,1; Apg 9; 13,1

BESCHNEIDUNG Beschneidung ist ein kleiner Eingriff, bei dem die lose Haut an der Spitze des Penis entfernt wird. Bei primitiven Völkern wird sie oft praktiziert. Sie wurde an jedem männlichen Israeliten am achten Tag nach der Geburt vorgenommen.

Als Gott Abraham verhieß, daß er der Gründer eines großen Volkes sein würde, des Volkes Israel, wies er ihn an, alle männlichen Nachkommen zu beschneiden, als äußeres Zeichen der Zugehörigkeit zum Volk Gottes.

Mit der Zeit wurde dieses äußere Zeichen wichtiger als das, was es bezeichnete, und die Propheten mußten das Volk oft daran erinnern, daß dieses äußere Zeichen nicht genug war. Die Liebe zu den Mitmenschen und Gehorsam gegen Gott sollten dazukommen.

Das NT erklärt die Beschneidung ähnlich: »Wahre Beschneidung« oder Zugehörigkeit zum Gottesvolk ist das, was wir glauben und wie wir uns verhalten. Deshalb brauchen Nicht-Juden (Heiden) die körperliche Beschneidung nicht. Christen werden manchmal als die »wahre Beschneidung« bezeichnet, weil sie in der rechten Beziehung zu Gott stehen und nun mit den Gläubigen des NT die Erben der Verheißungen Gottes sind. 1Mo 17; Lk 2,21; Jer 9,25–26; Rö 2,25–29; Gal 5,2–6; Phil 3,2–3; Kol 2,11–15

BESESSENE Von einem bösen Geist (Dämon) beherrschte Menschen. Jesus trieb in der Kraft des Heiligen Geistes die bösen Geister aus und gab auch den Aposteln die Vollmacht dazu. Mt 12,28; Lk 11,20; Mt 10,1; Apg 5,16 usw.

BETANIEN Ein Dorf an der Jerusalem abgewandten Seite des Ölbergs; an der Straße nach Jericho gelegen. Dort lebten Maria, Marta und Lazarus. Als Lazarus gestorben war, erweckte ihn Jesus wieder zum Leben. Mt 26,6–13; Lk 10,38–42; 24,50; Jo 11; 12,1–9

BETESDA Ein großer Teich in Jerusalem. Zur Zeit Jesu war er von fünf Säulenhallen umgeben; er ist wahrscheinlich identisch mit dem von fünf Säulenhallen umgebenen Teich, den Archäologen im Nordosten der Stadt ausgegraben haben. Er erhielt aus einer Quelle Wasser, die von Zeit zu Zeit Wellen verursachte. Viele Kranke hofften, daß sie geheilt würden, wenn sie nach diesen Wellen als erste ins Wasser kamen. Hier heilte Jesus den Mann, der 38 Jahre krank lag. Jo 5,7–15

BETFAGE Ein Dorf, das entweder nahe bei Betanien oder beim Ölberg lag, auf jeden Fall östlich von Jerusalem. Auf seiner Reise nach Jerusalem schickte Jesus zwei seiner Jünger hierhin, den jungen Esel zu holen, auf dem er im Triumph in die Stadt einritt. Mt 21,1; Mk 11,1; Lk 19,29

BETHEL Ein 19 km nördlich Jerusalems gelegener Ort, an dem Jakob seinen Traum von der Leiter hatte, die aus dem Himmel herab auf die Erde führte. Gott versprach Jakob dort, daß er seinen Nachkommen das Land, auf dem er sich befand, geben würde. Jakob nannte den Ort Bethel – Haus Gottes. Jahrhunderte später, als die Israeliten Kanaan besiedelten, ließen sie sich auch in Bethel nieder.

Als das Reich Salomos in Israel und Juda zusammenbrach, errichtete König Jerobeam in Bethel einen Altar und stellte einen goldenen Stier als Gottesbild auf, um zu verhindern, daß seine Untertanen nach Jerusalem pilgerten. Als die Israeliten ins Exil geführt wurden, ließen sich in Bethel Assyrer nieder; bei der Rückkehr der Exilierten zogen einige wieder nach Bethel. 1Mo 28,10–22; Ri 1,22–26; 20,18; 1Kö 12,26–30; 2Kö 2; 17,28; Neh 11,31

BETHLEHEM Die Stadt Davids liegt 8 km südwestlich von Jerusalem in dem judäischen Bergland.

Die kleine Stadt Bethlehem auf einem Hügel südlich Jerusalems.

Rahel, die Frau Jakobs, ist in der Nähe begraben. Rut und Noomi ließen sich hier nieder. Bethlehem ist die Geburtsstadt Davids und die Stadt, in der Samuel ihn zum Nachfolger König Sauls salbte. Der Prophet Micha sagte voraus, daß der Messias in Bethlehem geboren werden würde, obwohl es nur eine kleine Stadt war. Jahrhunderte später führte die römische Volkszählung Maria und Josef nach Bethlehem. Hirten und Weise kamen, um das Kind anzubeten, das in einem Stall in der »Stadt Davids« geboren worden war. Bald danach gab der eifersüchtige König Herodes Befehl, alle kleinen Jungen dort zu töten. 1Mo 35,19; Rut; 1Sam 16; Mi 5,2; Lk 2

BET-HORON (oberes und niederes) Diese beiden Städte beherrschten das Tal von Ajalon und die Handels- und Heerstraße, die durch es hindurch führte. Josua verfolgte hier die Amoriterkönige, die Gibeon angegriffen hatten. Jos 10,10; 16,3–5; 1Sam 13,18

BETSAIDA Ein Fischerdorf am Ufer des Sees Genezareth, nahe der Jordanmündung. Heimatstadt der Jünger Philippus, Andreas und Petrus. Jesus heilte hier einen Blinden und warnte die Menschen vor Gottes Gericht. Aber obwohl sie seine Wunder sahen, wollten sie nicht an ihn glauben. Mt 11,21; Mk 8,22; Jo 1,44

BET-SCHEAN Eine sehr alte Stadt im Norden Palästinas, dort, wo die Jesreel-Ebene zum Jordan hin abfällt. Die Israeliten konnten die Kanaanäer nicht von hier vertreiben. Als Saul und Jonatan gefallen waren, wurden ihre Leichname an den Mauern von Bet-Schean befestigt, doch die Bewohner von Jabesch in Gilead nahmen sie herunter und begruben sie. In neutestamentlicher Zeit hieß Bet-Schean Skythopolis; es war eine der Städte der Dekapolis (s. *Dekapolis*), die einzige, die am Westufer des Jordan lag. Der Tell der alten Stadt ist in der Nähe des heutigen Besan. Jos 17,11; 16; Ri 1,27; 1Sam 31,10–13; 2Sam 21,12; 1Kö 4,12

BET-SCHEMESCH Eine Priesterstadt, ca. 19 km westlich von Jerusalem. Sie war nahe an der Grenze zu den Philistern; und als die Lade von den Philistern zurückgeschickt wurde, kam sie zuerst nach Bet-Sche-mesch. Doch einige Menschen von dort wurden bestraft, weil sie die Lade nicht mit Respekt behandelten. Später besiegte Joas, der König von Israel, Amasja von Juda bei Bet-Schemesch. Jos 21,16; 1Sam 6,9–21; 1Kö 4,9; 2Kö 14,11–13

BETT s. *Wohnen*

BET-ZUR Eine Stadt in Juda, 6 km nördlich von Hebron. Bet-Zur wurde bewohnt von den Nachfahren Kalebs. Später war es eine von den fünfzig Städten, die König Rehabeam befestigen ließ. Männer von dort halfen auch beim Wiederaufbau der Mauern Jerusalems unter Nehemia. Der Ort lag auf einem hohen Hügel und war Schauplatz eines der größten Siege der Juden im Makkabäer-aufstand (1Makk 4,26–35). Jos 15,58; 1Chro 2,45; 2Chro 11,7; Neh 3,16

BIBELAUSLEGUNG

Einige Geschichten der Evangelien sind so klar, daß jeder sie verstehen kann, doch andere Teile der Bibel sind nicht so leicht zu verstehen. Die Bibel ist ein altes Buch, das aus vielen verschiedenen Teilen zusammengesetzt ist. Die einzelnen Teile sind von verschiedenen Verfassern geschrieben, richten sich an unterschiedliche Hörer, unterscheiden sich in Stil und Sprache. Es ist darum hilfreich, drei Fragen an den Text zu stellen:

Was steht eigentlich im Text?

Was meint der Text damit?

Was für eine Bedeutung hat der Text heute?

WAS STEHT EIGENTLICH IM TEXT?

Um zu verstehen, was im Text steht, müssen wir weiter und gründlicher

fragen. Es ist z.B. wichtig zu fragen, **wann** und **wo** das Buch oder der Abschnitt geschrieben wurde.

War es vor oder nach der Geburt Christi?

Vor oder nach dem Exodus?

Als Israel noch von eigenen Königen regiert wurde oder als es unter der Herrschaft der Römer lebte?

Wo wurde es geschrieben?

Im Exil in Babylon?

Im Gefängnis in Rom?

Wenn wir diese Fragen beantworten können, fällt es uns leichter, die Absichten des Verfassers zu erkennen. Eine zweite Frage: **Warum** wurde der Text geschrieben? Wenn wir die Absicht des Schreibers kennen, verstehen wir vieles besser, was er sagt; z.B. wollen einige Briefe des Paulus Irrtümer und Fehler in den Gemeinden aufzeigen und für die Zukunft bessere Wege weisen. Ebenso wichtig ist es zu wissen, daß die Offenbarung Christen ermutigen will, die verfolgt werden.

Es ist auch gut zu fragen: **Worüber** schreibt dieses Buch?

Ist es eine Aufzählung von Ereignissen aus dem Leben Jesu?

Handelt es sich um religiöse Pflichten der Hebräer?

Ist es eine Sammlung religiöser Dichtung?

Manchmal ist es unvermeidlich, nach der Bedeutung eines einzelnen Wortes zu fragen. In der Bibel gibt es wichtige Begriffe, wie »Buße« oder »Sünde«. Um die Botschaft zu begreifen, sollte man diese Begriffe richtig verstehen.

Wir müssen unbedingt fragen: Was für eine Form hat der Text?

Ist er Geschichtsschreibung?

Ist er Dichtung?

Ist er ein Brief?

Versiegelter Brief aus neutestamentlicher Zeit

Dann erst können wir Fragen bezüglich des Textes stellen.
Wir lesen dann ein Geschichtsbuch anders als Poesie. Wir stellen an jedes Buch andere Fragen, um seinen tiefen Sinn zu verstehen.
GESCHICHTSSCHREIBUNG UND BIOGRAPHIEN Das Alte Testament enthält viele Geschichtsbücher, wie Samuel und Könige. In den Evangelien und der Apostelgeschichte finden wir neutestamentliche Geschichte. Wenn wir solche Texte lesen, müssen wir ihren Hintergrund erforschen:
   Was geschah in der Umwelt zu dieser Zeit?
   Welche wichtigen Ereignisse gingen vor sich?
Danach müssen wir den Text selbst noch einmal sorgfältig lesen.
   Was geschieht im Text?
   Wer sind die Hauptpersonen?
   Wo spielt sich alles ab?
Geschichtsbücher wurden manchmal geschrieben, um einen bestimmten Punkt zu unterstreichen. Deshalb müssen wir nach den Absichten des Schreibers fragen.
GESETZESTEXTE Die wichtigsten Gesetzbücher des AT sind 2Mo, 3Mo, 4Mo und 5Mo. Sie enthalten lange Stellen, in denen nur Gesetze aufgelistet sind, die sich auf verschiedene Bereiche des Lebens beziehen. So sollte man fragen, auf welchen Lebensbereich sich das Gesetz bezieht:
   Befaßt es sich mit Fragen des Ver-

haltens oder der Moral?
   Sind es staatliche oder soziale Richtlinien?
   Geht es um Gottesdienst, Gebräuche oder Opfer?
   Oder sind es feierliche Segensverheißungen oder Fluchandrohungen, die zur israelitischen Religion gehören?
Wenn wir Teile des Gesetzes lesen, sollten wir sie in Beziehung setzen zu den Zeiten in der Geschichte Israels, in denen sie entstanden sind. Im NT müssen wir sehen, inwiefern Jesu Wort über dem Gesetz steht. Galater- und Hebräerbrief zeigen, wie die ersten Christen überzeugt waren, daß die Zeit des Gesetzes abgelaufen ist. S. *Gesetz.*
DICHTUNG Einige Bücher des AT sind als Dichtung geschrieben, z.B.: Hiob, die Psalmen und das Hohelied. Kürzere poetische Texte finden sich in den Prophetenbüchern und im NT, z.B. der Lobpreis der Maria. Solche Texte müssen wir als Poesie lesen, d.h. sie anders als Prosatexte behandeln.
   Ist das Buch fast wie ein Theaterstück aufgebaut? (Das Buch Hiob kann z.B. so verstanden werden.)
   Oder stellt es die Gefühle des Verfassers heraus, die wir vielleicht nachvollziehen können? Beispiele finden sich in den Psalmen.
   Oder handelt es sich um reiche poetische Bildersprache?
Einige Dichtungen des AT wurden für offizielle Gottesdienste geschrieben, z.B. manche Psalmen, die große Ereignisse aus der Geschichte Israels erzählen: Manchmal ist es wichtig, daß wir den geschichtlichen Hintergrund kennen. Etwa bei Davids Klage über den Tod seines Freundes Jonatan. In der hebräi-

schen Poesie tauchen bestimmte Formen immer wieder auf. Am meisten fällt uns auf, daß die Dichter eine Sache nacheinander mit leichten Variationen wiederholen.

WEISHEITSREDEN Einige alttestamentliche Bücher, besonders Sprüche und Prediger, bestehen nur aus Weisheitsreden. Manche dieser Weisheitssätze sind in sich abgeschlossen, andere sind unter einem Oberthema zu Gruppen zusammengefaßt. Einige spiegeln nur die allgemeine Meinung, andere stellen grundsätzliche Überlegungen über das Leben der Menschen an. Wieder andere beschäftigen sich mit dem Leben an sich, mit Gott, oder sie denken über die wahre Quelle des Glücks nach.

PROPHETIE Ein großer Teil des AT besteht aus prophetischen Büchern. Das bedeutet nicht, daß darin teilweise die Zukunft vorhergesagt wird. Die Propheten, die diese Bücher schrieben, predigten gegen das Böse und den Abfall von Gott und seinen Geboten. Manchmal sagten sie in diesem Zusammenhang auch Ereignisse vorher, die Gott in Zukunft geschehen lassen würde.

Wenn wir die Propheten lesen, sollten wir den geschichtlichen Hintergrund kennen.

Benutzt der Autor Bildersprachen?

Schreibt er in Poesieform?

Was bedeuten die Bilder?

Was wollte der Prophet mit seiner Predigt erreichen?

Wurde die Prophetie im NT in besonderer Weise verstanden?

GLEICHNISSE Viele Gleichnisse Jesu sind in die Evangelien aufgenommen. Es gibt aber auch im AT Gleichnisse, in den Geschichts- und Prophetenbüchern. Zuerst müssen wir den Vergleichspunkt des Gleichnisses suchen und dann fragen, ob die erwähnten Einzelheiten eine besondere Bedeutung haben oder als Hintergrund und Ausschmückung fungieren. Viele der Gleichnisse Jesu sollten den Menschen helfen, zu verstehen, wie Gottes Reich ist und wie Gott handelt.

BRIEFE Die letzten Bücher des NT sind Briefe von Aposteln oder anderen Christen an verschiedene Gemeinden. Beim Lesen solcher Briefe müssen wir auf folgendes achten:

Wer hat den Brief geschrieben?

An wen?

Was wollte er damit erreichen?

Was ist die Hauptaussage?

WIE VERSTANDEN DIE ERSTEN LESER DEN TEXT?

Wenn wir die Aussage des Textes verstanden und die Fragen beantwortet haben, können wir die Bedeutung des Textes für die ersten Leser ermitteln. Wir suchen die zentrale Aussage des Textes und fragen dann weiter, ob sie als Antwort auf eine Frage oder für eine bestimmte Situation geschrieben ist. Schließlich können wir noch fragen, ob ein grundsätzliches Problem hinter allem steht.

Dann sind wir bei der letzten Frage angekommen:

WAS SAGT DER TEXT UNS HEUTE?

Gibt es heute Situationen, die denen entsprechen, in denen sich der erste Leser dieses Textes befand? Was würde der Autor heute schreiben? Gibt es keine vergleichbaren Situationen? Nennt der Text Grundsätze, die für heute gelten? Welche Konsequenz ergibt sich? (Oft hilft es, den Text mit anderen Bibelstellen zu vergleichen, die ähnliche Probleme behandeln.) Was

können wir aus dem Text lernen?
Über Gott?
Über die Menschen?
Über die Welt?
Über die Kirche?
Über andere wichtige Themen?
Gibt es Beispiele, denen wir folgen
können? Warnt der Text vor etwas?
Enthält er Verheißungen, die auch
uns gelten? Ergeben sich für unser
Handeln Konsequenzen? Weckt der
Text in uns den Wunsch zu beten
oder zu loben? Können wir unsere
Gedanken über Gott in den Worten
des Autors ausdrücken? Wie ver-
hält sich der Text zu ähnlichen
Stellen?

BIBELÜBERSETZUNGEN

Im 1. Jh. n.Chr. war die griechische
Übersetzung des AT, die Septuaginta, »die Bibel« für viele Christen.
Kurz nachdem das NT im wesentlichen vervollständigt war, begann
man mit den Übersetzungen. Die
erste war vermutlich eine ins Lateinische. Dies war die offizielle Sprache des Römischen Reiches, obwohl
Griechisch unter den Christen die
meist gesprochene Sprache war,
auch in Italien.

Seit dem 2. Jh. n.Chr. gab es viele
örtliche Übersetzungen der Bibel.
Allmählich wuchs der Wunsch nach
einer einzigen Version, die jeder benutzen konnte. Daher wies Papst
Damasus im Jahr 384 n.Chr. seinen
Sekretär an, die lateinischen Fas-
sungen des NT zu überarbeiten.
Dieser Mann war Hieronymus. Er
ist der erste Bibelübersetzer, dessen
Namen wir kennen. Seine lateinische Übersetzung, die Vulgata, ist
bis heute die maßgebende Bibel für
die römisch-katholische Kirche. Sie
bildete die Grundlage für viele andere Übersetzungen.

Hieronymus war ein kluger Gelehrter und leistete gute Arbeit. Für die
Übersetzung des AT lernte er hebräisch und lebte einige Jahre in
Bethlehem. Durch seine Arbeit, die
durch Abschriften verbreitet wurde,
wurde Gottes Wort unzähligen
Menschen zugänglich und brachte
ihnen Hoffnung und neues Leben.
Im 2. Jh. begann auch die Arbeit an
der Übersetzung ins Syrische, einem Dialekt der aramäischen Sprache, den Jesus selbst sprach. Obwohl
das alte Syrisch nicht mehr gesprochen wird, benutzt man diese Übersetzung (die Peschitta) noch immer
in den Gottesdiensten der Nestoria-
ner, der Christen in Syrien, im Iran
und in Indien.

In den ägyptischen Gemeinden
sprach man zuerst griechisch.
Doch als sich das Christentum
verbreitete, brauchte man eine
ägyptische (koptische) Übersetzung. Die Übersetzung wurde im
3. Jh. begonnen und wird heute
noch benutzt.

Nach der Bekehrung des römischen
Kaisers Konstantin im Jahre 312
n.Chr. verbreitete sich das Christentum sehr schnell, und bald brauchte
man neue Übersetzungen. Die Go-
ten, die ins Römische Reich ein-
drangen, erhielten kurz danach eine
fast vollständige Bibel in ihrer Sprache, die der Missionar Wulfila anfertigte. Große Teile dieser Übersetzung haben in alten Handschriften
überlebt, obwohl die Sprache nicht
mehr gesprochen wird.

Ab dem 5. Jh. entstand die armeni-
sche Bibelübersetzung, die heute
noch in der alten armenischen Kirche in der UdSSR und überall sonst,
wo Armenier leben, benutzt wird.
Die äthiopische und die georgische
Übersetzung, die bis heute in
Äthiopien und Georgien benutzt

werden, reichen wahrscheinlich auch bis ins 5. Jh. zurück.

Später entstand auch eine Übersetzung ins Altslavische, in die Sprache also, die im 9. Jh. in Bulgarien, Serbien und im südlichen Rußland gesprochen wurde, als die slavischen Stämme durch St. Kyrill Christen wurden. Er erfand das kyrillische Alphabet, und nicht lange danach war die Bibel vollständig übersetzt. Diese Version ist immer noch für die russisch-orthodoxe Kirche verbindlich.

Obwohl es nicht möglich war, viele Abschriften zu machen, wurden diese frühen Übersetzungen der Bibel weit verbreitet. Eine einzige Abschrift kostete, umgerechnet in unseren heutigen Geldwert, ein paar tausend Mark. Viele Abschriften wurden von Mönchen als Werke der Liebe angefertigt. Die Bibeln waren hauptsächlich für den Gottesdienst und zum persönlichen Studium der Kirchenführer bestimmt. Außer der lateinischen Übersetzung wurden nur wenige von einfachen Leuten gelesen. Für uns sind sie wichtig, weil sie uns weiter an den Urtext heranführen, von dem sie übersetzt wurden.

Daneben gibt es eine missionarische Übersetzung, die für ein Gebiet bestimmt war, in dem damals noch keine Gemeinde bestand. Um das Jahr 640 n.Chr. übersetzte eine Gruppe von nestorianischen Mönchen die Evangelien für den Kaiser Tai Tsung ins Chinesische.

IM MITTELALTER In den Jahrhunderten nach dem Niedergang des weströmischen Reiches verbreitete sich das Christentum sehr schnell, besonders im Norden und Osten Europas. Je mehr die Kirche wuchs, um so mehr Bibelübersetzungen entstanden. 700 n.Chr. wurden die

Psalmen erstmals durch Aldhelm, dem Bischof von Sherborne im Süden Englands, ins Englische übersetzt. Zur selben Zeit begann im Norden Englands der Historiker Beda seine Übersetzung der Bibel ins Angelsächsische für Mönche, die kein Latein konnten. Beide Übersetzungen sind leider nicht erhalten geblieben. Auch der englische König Alfred (871–901 n.Chr.) übersetzte verschiedene Teile der Bibel in seine Sprache. Nach der Eroberung Englands durch die Normannen wurden mehrere Bücher der Bibel ins Englische übersetzt, einige auch in Dialekte, die auf kleine Gebiete beschränkt waren.

Viele nicht offizielle Übersetzungen wurden auch in anderen Sprachen angefertigt, hauptsächlich für Kirchenführer und oft in Versen. Eine Übersetzung des Matthäus-Evangeliums ins Fränkische entstand 758 und hat bis heute überdauert. Im 9. Jh. entstanden deutsche Übersetzungen der Evangelien und Bibelteile, besonders ins Altsächsische (Heliand), Alemannische und Südfränkische (Otfrieds Evangelienbuch).

VORLÄUFER DER REFORMATION Im Spätmittelalter entstanden viele neue Bibelübersetzungen. Sie waren für einfache Christen bestimmt und wurden von Persönlichkeiten gefördert, die der offiziellen Kirchenleitung kritisch gegenüberstanden. Der Lyoner Kaufmann Petrus Waldes fand um 1170 durch die Lektüre des NT einen neuen Sinn für sein Leben. Er ermöglichte daraufhin eine Übersetzung der Bibel ins Provenzalische (Südfranzösische). Seine Anhänger gründeten die Waldenserkirche, die lange bitter verfolgt wurde.

Fast 200 Jahre später studierte ein Theologe aus Oxford, John Wycliff, gründlich seine Bibel. Er kam zu der Überzeugung, daß sie so wichtig war, daß sie jeder lesen können sollte. Das Ergebnis war 1384 n.Chr. eine Übersetzung der lateinischen Vulgata ins Englische. Nicholas v. Hereford, John Purvey und andere übersetzten das meiste. Sie folgten genau dem lateinischen Text, was sogar die unenglische Wortstellung betraf. 1395 verfaßte Purvey eine überarbeitete Fassung in besserem Englisch.

Einige Abschriften enthielten Anmerkungen, die die unterschiedlichen Auffassungen der Lollarden (Anhänger Wycliffs) wiedergaben. 1408 belegte eine Synode in Oxford das Schreiben, Verbreiten und Lesen dieser Übersetzungen mit dem Bann. Die englischen Übersetzungen waren jedoch schon zu weit verbreitet; 100 Jahre später waren immer noch mehrere Hundert davon in Umlauf.

Eine ähnliche Bewegung entstand in Böhmen (Tschechoslowakei). Jan Hus, Rektor der Prager Universität, wurde von den Lehren Wycliffs beeinflußt. Er selbst wurde 1415 in Konstanz auf dem Scheiterhaufen verbrannt. Da begannen seine Anhänger mit der Bibelübersetzung. Das tschechische NT, 1475 gedruckt, war das Ergebnis.

BUCHDRUCK UND REFORMATION Um 1450 entwickelte Johannes Gutenberg in Mainz das Druckverfahren mit beweglichen Lettern aus Metall. Mit dieser Erfindung begann ein neues Zeitalter der Bücherverbreitung und damit auch der Bibelverbreitung. Das erste große Werk, das so gedruckt wurde, war 1456 die Bibel auf lateinisch. Zehn Jahre später wurde sie nach dem deutschen Text eines unbekannten Übersetzers aus dem 14. Jh. gedruckt. 1471 erschien die erste gedruckte italienische Bibel, kurz darauf das NT auf französisch. Die erste holländische Bibel erschien 1477, 1478 die ganze Bibel auf katalanisch (spanisch).

All diese Übersetzungen gingen von wenigen lateinischen Handschriften aus. Mit der Erneuerung der Wissenschaften in der Renaissance wandte man sich auch dem Studium der biblischen Ursprachen zu. Jüdische Gelehrte hatten den Text der hebräischen Bibel aufbewahrt. Dieser Text wurde 1488 in Italien gedruckt. Das griechische NT wurde zum ersten Mal von dem holländischen Gelehrten Erasmus von Rotterdam 1516 veröffentlicht. Obwohl er selbst nur Übersetzungen ins Lateinische anfertigte, befürwortete er im Gegensatz zu vielen anderen die Übersetzung der Bibel in die Umgangssprache. Er schrieb:

»Ich wünschte, daß die Bibel in alle Sprachen übersetzt wäre, so daß nicht nur die Schotten und die Iren, sondern auch die Türken und Sarazenen sie lesen und verstehen könnten. Ich möchte, daß der Landarbeiter sie singen kann, wenn er hinter dem Pflug geht, der Weber sie zur Melodie des Weberschiffchens summt und der Reisende sich die Fahrt mit ihren Geschichten verkürzt.«

MARTIN LUTHER UND SEINE BIBELÜBERSETZUNG Martin Luther (1483–1546) war Student der Freien Künste und der Rechtswissenschaft in Erfurt, als er der Heiligen Schrift als Buch begegnete. Er berichtete darüber: »Vor 30 Jahren las niemand in der Bibel, und sie war allen unbekannt. Die Propheten waren unbekannt und unverständlich. Zum Beispiel hatte ich, als ich 20 Jahre als war, noch keine Bibel gesehen. Ich war der Ansicht, es gäbe kein Evangelium bzw. keine Epistel außer den in den Sonntagspostillen geschriebenen. Endlich fand ich in der Universitätsbibliothek eine Bibel und las eine Stelle von der Mutter Samuels in den Büchern der Könige (1Sam 1). Wunderbar gefiel mir das Buch, und ich wollte mich glücklich schätzen, wenn ich ein solches Buch einmal besitzen könnte . . .«

Nachdem Luther unerwartet ins Augustinerkloster in Erfurt übergetreten war, studierte er Theologie und war hier und später in Wittenberg Universitätslehrer. 1512 übernahm er mit 29 Jahren einen Lehrstuhl an der Wittenberger Universität. Er bezeichnete sich selber gern als »Doktor der Heiligen Schrift«. Auf die gründete er seine ganze theologische Lehrtätigkeit. Seine erste Vorlesung hielt er über die Psalmen – in Lateinisch, wie damals üblich.

Luthers Bibel war die lateinische Vulgata. Er soll große Teile davon – vor allem im NT – auswendig gekonnt haben. In der Schloßkirche von Wittenberg predigte Luther regelmäßig in Deutsch. Für seine Zuhörer verfaßte er zum eigenen Gebrauch eine Erläuterung der Bußpsalmen in Deutsch, die sieben Nachdrucke erlebte.

Luther befaßte sich in seiner Erfurter Klosterzeit mit biblischen Texten des hebräischen und griechischen Grundtextes. Er besaß ein hebräisches Wörterbuch und die erste wissenschaftliche Ausgabe des griechischen Neuen Testaments, die der berühmte Gelehrte Erasmus von Rotterdam herausgegeben hatte.

Wir wissen nicht, ob Luther schon lange vorgehabt hatte, die Bibel ins Deutsche zu übersetzen. Möglicherweise kam der Anstoß dazu von Freunden. Er hatte zwar lange vor seinem Aufenthalt auf der Wartburg bei Eisenach (ab 1521) betont, wie wichtig die Verbreitung »der Schrift« wäre. »Die Bibel ist kein Buch mehr, das nur einem bestimmten Stand vorbehalten ist. Sie ist für alle da. Alle haben ein gleiches Anrecht auf sie.« Zudem hatte er durch das Bibellesen im Kloster die Antwort auf sein Suchen nach Glaubensgewißheit und Gnade gefunden. Das war sein Turmstubenerlebnis, bei dem er Rö 1,17 verstehen lernte.

Ob Luther gleich daran dachte, die Bibel zu einem Volksbuch für jedermann zu machen, ist ungewiß.

Erst in einem Brief vom 18. Dez. 1521 erfahren wir von Luthers Entschluß, das Neue Testament zu übersetzen. Zu diesem Zeitpunkt hatte er die Übersetzungsarbeit in der Abgeschiedenheit der Wartburg bereits begonnen. In drei Monaten war das Werk vollendet! Im Frühjahr 1522 ging das Manuskript zum Druck und erschien mit Holzschnitten von Lukas Cranach dem Älteren ohne Nennung des Übersetzers und Druckers im September jenes Jahres (Septembertestament). Vermutlich wurden etwa 3000 Exemplare gedruckt, die sehr schnell verkauft waren. Noch im Dezember 1522 kam die zweite Auflage mit zahlreichen sprachlichen Verbesserungen heraus (Dezembertestament). Das Buch kostete vermutlich zwischen einem und eineinhalb Gulden, damals der Gegenwert von zwei Kälbern oder sechs Pflügen. Der genaue Preis ist zwar nicht verbürgt, er liegt jedoch um ein Vielfaches unter dem der lateinischen Gutenberg-Bibel von 1454/55, die 42 Gulden kostete. Bis 1534 folgten in Wittenberg noch 17 Auflagen von Luthers Neuem Testament. Auf Honorare hat Luther stets verzichtet.

1523 erschien der erste gedruckte alttestamentliche Teil der Lutherübersetzung. Die poetischen Schriften (z.B. Hiob) und die prophetischen Bücher erforderten mühsamste Arbeit. So dauerte es noch bis zum Herbst 1534, ehe durch den Drucker Hans Lufft in Wittenberg die gesamte Lutherbibel einschließlich der Apokryphen veröffentlicht werden konnten unter dem Titel: »Biblia, das ist die gantze Heilige Schrifft, deutzsch«.

Die Bibelübersetzung war nicht allein Luthers Werk. Ein erheblicher Anteil an der Durchsicht und Überarbeitung der übersetzten Texte entfällt auf den 13 Jahre jüngeren Sprachwissenschaftler Philipp Melanchthon, der in der damaligen Fachwelt berühmt war. Daneben zog Luther auch andere Sachkenner wie den Wittenberger Hebräisch-Professor Matthäus Aurogallus hinzu. In seinem berühmten Sendbrief vom Dolmetschen (1530) bemerkte Luther: »Im Hiob arbeiteten wir also, Magister Philipp, Aurogallus und ich, daß wir in vier Tagen zuweilen kaum drei Zeilen konnten fertigen. Nun es verdeutscht und bereit ist, kann's ein jeder lesen und meistern . . .«

1541 folgte eine weitere Ausgabe der gesamten Bibel in revidierter Fassung, und 1546 erschien die Lutherbibel mit den letzten Änderungen des Reformators, der am 18. Februar 1546 in Eisleben gestorben war.

Trotz des anfänglichen Kaufverbots sowie anderer Gegenmaßnahmen der römisch-katholischen Kirche und des sehr hohen Kaufpreises trat die Luther-Bibel einen Siegeszug ohnegleichen an. Das belegt eine bissige Äußerung des Luther-Gegners Johannes Cochläus. »Luthers new Testament war durch die Buochtrucker dermassen gemehrt und in so großer Anzahl außgesprengt, also daß auch Schneider und Schuster, ja auch Weiber und andere einfältige Idioten, sovil deren diß new lutherisch Evangelium angenommen, die auch nur etwas wenigs Teutsch auf ein Lebzeiten lesen gelehrnt, dieselbe gleich als ein Bronnen aller Warheit mit höchster Begird lasen. Etliche trugen es mit sich im Busen herumb und lehrnten es außwendig.«

Für den Erfolg der Lutherbibel sind mehrere Gründe zu nennen.

1. Die sich weiterentwickelnde Buchdruckkunst erlaubte es, daß die verschiedenen Ausgaben der Lutherübersetzung in für die damalige Zeit hohen Auflagen und zu einem bereits für viele erschwinglichen Preis verbreitet werden konnten.

2. Luther nutzte die »Gunst der Stunde«, wenn er sich bei seiner Übersetzung für die passenden deutschen Wörter entschied. Er hob die Übersetzung über die damals stark ausgeprägten deutschen örtlich verschiedenen Mundarten hinaus, indem er seiner Bibel die Urkundensprache der sächsischen Kanzleien zugrunde legte (sächsisches Kanzleideutsch), die sich um größte Allgemeinverständlichkeit und Einheitlichkeit bemühte.

3. Luther war zweifellos ein Meister des anschaulichen, treffenden und zugleich guten Ausdrucks. Seine poetische Begabung – er war einer der bedeutendsten Liederdichter seiner Epoche –, sein Gefühl für leicht aufzunehmende sprachliche Neuschöpfungen sind von anderen Literaten nicht erreicht worden. Stets um Verständlichkeit bemüht, schaute er »den Leuten aufs Maul, wie sie redeten«, legte sich eigenhändig eine Sprichwörtersammlung an und machte sich eigene Regeln für die Rechtschreibung in seinen Büchern. Neuausgaben seiner Bibelübersetzung verbesserte er laufend mit größter Sorgfalt.

4. Entscheidend für die Breitenwirkung der Lutherbibel war schließlich, daß Luther die biblischen Aussagen verstand und selbst erfuhr. Er übersetzte sie als »ein Zeugnis« von der Gnade und Liebe Jesu Christi. So wurde seine Bibelverdeutschung »keine verstandesmäßige Übersetzung, sondern ein schöpferisches Nachbilden des persönlichen Erlebens« (A. Risch). Gegenüber seiner Kirche kämpfte Luther unerbittlich gegen die Meinung, die Heilige Schrift verschließe sich dem Nichttheologen an vielen Stellen durch ihre »Dunkelheit«. Für ihn war dagegen »auf Erden kein klareres Buch geschrieben denn die heilige Schrift. Die ist gegen alle anderen Bücher wie die Sonne gegen die Lichter«. Demzufolge verfocht er energisch, daß jeder ernsthaft bemühte Christ unbedingten Zugang zur Bibel haben sollte. Ebenso leidenschaftlich vertrat er in den Auseinandersetzungen mit den gegnerischen Fachgelehrten die Auffassung, daß die Bibel die alleinige Quelle der Wahrheit ist und »in allen Sachen des Glaubens und der Seelen Seligkeit« Alleingültigkeit besitzt.

So wurde Luther zum Wegbereiter eines neuen Schriftverständnisses, das sich in entscheidenden Punkten von der damals herrschenden Meinung und Tradition der Kirche abhob.

Mehr als drei Jahrhunderte hindurch hat man Luthers Übersetzung ohne wesentliche Veränderungen nachgedruckt. Um die Mitte des vergangenen Jahrhunderts wurde man sich jedoch zunehmend dessen bewußt, daß sich die deutsche Sprache im Lauf der Zeit verändert hatte und daher die Lutherbibel schwerer zu verstehen ist. Die evangelischen Landeskirchen und die Bibelgesellschaften beschlossen deshalb, Luthers Bibelübersetzung einer sprachlichen Überarbeitung zu unterziehen. Altertümliche Ausdrücke sollten ersetzt und das ganze Werk sollte noch einmal am genauen Wortlaut des Urtextes überprüft werden. Diese Aufgabe wurde in mehreren Arbeitsgängen in Angriff genommen, die durch zwei Weltkriege unterbrochen wurden und zu verschiedenen Zwischenergebnissen führten.

Im Jahr 1984 ist dieser langwierige Prozeß, der sich durch ein volles Jahrhundert hingezogen hat, zum Abschluß gelangt. Der nun vorliegende Text bleibt so eng wie möglich bei der Fassung, die Luther seiner Übersetzung gegeben hat. Doch ist bei der Überarbeitung sorgfältig darauf geachtet worden, daß der Urtext genau wiedergegeben wird und der sprachliche Ausdruck für heutige Leser verständlich ist. Wie die Reformation ihren Anfang aus dem Hören auf die biblische Botschaft nahm, so soll auch in Zukunft die Lutherbibel ein einigendes Band der evangelischen Christenheit deutscher Sprache bleiben.

ANDERE DEUTSCHE BIBELN Vor Erscheinen der ersten Lutherübersetzung (1522 bzw. 1534) waren bereits 17 andere deutsche Übersetzungen der ganzen Bibel herausgekommen. Als erste wurde um 1466 die Bibel von Mentelin in Straßburg gedruckt. Weitere Bibeldrucke durch Eggestein 1470 (Straßburg), Pflanzmann, Zainer um 1473 (jeweils in Augsburg), Koberger 1483 (Nürnberg).

Alle Bibelausgaben vor Luther blieben hauptsächlich wegen ihrer Schwerverständlichkeit sowie ihrer regional-mundartlichen Einfärbung ohne nennenswerte Verbreitung und Wirkung. Die Übersetzer hatten sich zudem ganz an die in der katholischen Kirche gebräuchliche lateinische Vulgata gehalten, während Luther auf die hebräischen und griechischen Grundtexte zurückgriff.

Zürcher Bibel Im Zuge der Reformation in Zürich veröffentlichte der dort ansässige Buchdrucker Froschauer zwischen 1524 und 1531 die Bibel in einer Fassung, die sich besonders im Neuen Testament stark an Luther anlehnte. Damit die Schweizer diese Übersetzung verstehen konnten, erhielt diese Übersetzung eine durch und durch »einheimische« Sprachform. Diese Arbeit leisteten vor allem der Schweizer Reformator Huldrych Zwingli und sein Zürcher Freund, Pfarrer Leo Jud. Von 1665 an wurde jedoch auch in der Zürcher Bibel das Hochdeutsche verwendet. 1868 wurde die Übersetzung verbessert und von 1907 bis 1931 grundlegend überarbeitet. Heute ist die Zürcher Bibel

die in den reformierten Kirchen gebräuchliche Übersetzung, genießt aber auch z.B. in den deutschen Freikirchen hohe Wertschätzung, namentlich unter den Pastoren.

Weitere Bibelübesetzungen aus neuerer Zeit:

Bruns-Bibel Das Alte und Neue Testament wurden von Hans Bruns übertragen und erläutert. Neben der Übersetzung stehen erbauliche Erläuterungen.

Buber-Rosenzweig Martin Buber und Franz Rosenzweig (jüdisch) versuchten, den hebräisch-aramäischen Text des Alten Testaments genau nachzubilden. D.h. beispielsweise, hebräische zusammengesetzte Wörter werden ins Deutsche übersetzt, wodurch teilweise neue Wortprägungen entstehen. In poetischen Teilen kann man fast von einer Nachdichtung reden.

Einheitsübersetzung Dies ist die offizielle »einheitliche« Übersetzung für alle deutschsprachigen Katholiken. Sie erschien vollständig 1980. Das revidierte Neue Testament und die Psalmen von 1978 gelten zugleich als ökumenische Übersetzung, die in Zusammenarbeit mit dem Rat der Evangelischen Kirche in Deutschland und dem Evangelischen Bibelwerk in der Bundesrepublik Deutschland entstanden ist.

Elberfelder Bibel Auf die Piscator-Bibel geht die Elberfelder Bibel zurück, die im Jahr 1855 (NT) bzw. 1871 (AT) vom R. Brockhaus Verlag Wuppertal herausgebracht wurde. Nach ihrem Vorbild handelt es sich bei der Elberfelder Bibel um eine sehr wortgetreue Übersetzung. Die Revision des Neuen Testamentes erschien 1974, die Revision des AT 1985.

Gute Nachricht Bibel Die »Bibel in heutigem Deutsch« (vollständig vorliegend seit 1982) war die erste deutsche Übersetzung aus dem Urtext, bei der die Grundsätze der heutigen Sprachwissenschaft angewendet wurden. Ihr Grundsatz hieß: Der Sinngehalt eines Textes in Sprache A muß in Sprache B einen *dieser* Sprache angemessenen Ausdruck finden. Diese Übersetzung wurde von den Evangelischen Bibelgesellschaften und den Katholischen Bibelwerken im deutschsprachigen Gebiet herausgegeben. Abgelöst wurde diese Bibel durch die »Gute Nachricht Bibel«, die sowohl dem Sprachempfinden als auch dem biblischen Text noch besser gerecht zu werden sucht.

Hoffnung für alle Eine textgetreue Wiedergabe des biblischen Grundtexts in einfacher, lebendiger Sprache, nach dem Vorbild der englischen Living Bible. Diese Bibelübersetzung liegt seit 1996 komplett vor.

Menge-Bibel Hermann Menge übersetzte 1926 die Heilige Schrift. Er bemühte sich besonders um philologische Sinngenauigkeit und klare Gliederung der Kapitel und Sinnabschnitte.

Neue Jerusalemer Bibel Sie enthält den Text der »Einheitsübersetzung« mit den Erläuterungen der französischen Jerusalemer Bibel, die für die deutsche Ausgabe erweitert wurden und durchgängig Ergebnisse der historisch-kritischen Auslegungstradition vortragen.

Neue-Welt-Übersetzung Dies ist die Bibelübersetzung der Zeugen Jehovas, die genau sein will, allerdings oft ungelenk wirkt. Gelegentlich ist sie jedoch tendenziös im Sinne der Lehren der Wachtturm-Gesellschaft.

Pattloch-Bibel Diese katholische Bibelübersetzung von Hamp/Stenzel/Kürzinger ist weit verbreitet.

Schlachter-Bibel Diese Übersetzung stammt vom Schweizer Franz Eugen Schlachter (1905). 1952 wurde sie neu bearbeitet.

Scofield-Bibel Diese Bibel enthält den Luthertext von 1912, in anderen Ausgaben auch die Revidierte Elberfelder Bibel, mit umfangreichen Verweisstellen (Kettenverweisen) und Erklärungen, die aus dem amerikanischen Original übersetzt worden sind.

Thompson Studienbibel Diese Bibelausgabe – Luthertext 1984 – ist durch ein besonderes Parallelstellen- und Verweissystem gekennzeichnet und enthält zahlreiche Sonderteile wie Stichwortverzeichnis, Studienmaterial, Evangeliensynopse, Konkordanz, zahlreiche Karten.

Wilckens-Übesetzung Ulrich Wilckens hat das Neue Testament übersetzt und kommentiert. Seine Übersetzung ist dem Urtext verpflichtet und hat einen fortlaufenden, den Text erläuternden Kommentar.

Zink-Übersetzung Jörg Zink hat das Neue Testament und ausgewählte Texte des Alten Testaments erläuternd übersetzt. Seine Texte sind in geschichtlicher Folge angeordnet.

Heute sind ca. 15 deutschsprachige Übersetzungen der gesamten Bibel auf dem Markt, dazu noch eine ganze Anzahl von Bibelteilen. Es empfiehlt sich, bei einer solchen Fülle verschiedene Übersetzungen und Bibelausgaben zu verwenden (z.B. Lese- und Gebrauchsbibel, Studienbibel, Bibel für liturgische Zwecke, wissenschaftliche Bibelausgabe).

Genauere Auskünfte geben neben christlichen Buchhandlungen die Bibelwerke und Bibelgesellschaften. BIBELVERBREITUNG WELTWEIT Wie viele Bibeln und NT jährlich in der ganzen Welt verbreitet werden, ist nicht erfaßbar. Man schätzt zwischen 20 Millionen Vollbibeln, 30 Millionen NT und mehrere hundert Millionen Bibelteilen. Die Bibelgesellschaften, der Internationale Gideon-Bund, der Internationale Taschenbibelbund, die World Home Bible League und die Ken-Taylor-Stiftung verbreiten die meisten Bibeln.

STATISTIK DER BIBELÜBERSETZUNGEN (1996)
Zur Zeit sind insgesamt etwa 6000 heute angewandte Sprachen bekannt.

Die Bibelübersetzer befassen sich mit ca. 2200 dieser Sprachen. Insgesamt ist die Bibel als Ganze oder aber das Neue Testament bis jetzt in 1234 Sprachen übersetzt worden:

Europa:	89 Sprachen
Afrika:	383 Sprachen
Asien/Australien/	
Pazifik:	505 Sprachen
Amerika:	257 Sprachen

Zusätzlich sind zur Zeit Übersetzungen in Arbeit oder werden neu überarbeitet:

Europa/	
Mittlerer Osten:	71 Sprachen
Afrika:	188 Sprachen
Asien/Pazifik/	
Australien:	360 Sprachen
Amerika:	260 Sprachen

ÜBERSETZUNGEN IN ANDERE EUROPÄISCHE SPRACHEN Nach der Reformation entstanden außer deutschen und englischen noch andere Bibelübersetzungen.

HOLLÄNDISCHE ÜBERSETZUNGEN Die erste vollständige holländische Bibel, die z.T. nach Luthers deutscher Bibel übersetzt wurde, erschien 1525. In den nächsten Jahrzehnten wurden eine Reihe anderer Übersetzungen veröffentlicht, bis 1637 die staatliche Version erschien, die protestantische Standardbibel. Sie ist heute noch maßgebend, obwohl die römisch-katholische Bibel ihre eigene Tradition hat und zudem eine Reihe moderner Übersetzungen erschienen sind, auch eine Übersetzung des NT, die ähnlich ist wie die Gute Nachricht.

FRANZÖSISCHE ÜBERSETZUNGEN In Frankreich gab es viele Bibelübersetzungen. Die *Segond*-Version von 1880 und die *Synodale* aus dem Jahr 1910 werden von Protestanten auch heute noch am meisten gelesen. Mit den neuen Übersetzungen, der römisch-katholischen *Bible de Jérusalem* (1956) und *La Traduction Oecumenique de la Bible* (1967–1976), hat man Neuland betreten. *Le Nouveau Testament en Français Courant*, eine Übersetzung, die der Guten Nachricht gleicht, ist vor allem im französisch-sprachigen Afrika verbreitet.

Ähnliches hat sich in allen wichtigen Ländern Westeuropas abgespielt. Doch im Osten Europas sind unter dem Einfluß der orthodoxen Christenheit die alten Übersetzungen unverändert benutzt worden. Bis 1876 gab es keine vollständige russische Übersetzung der Bibel, bis 1840 keine in Neugriechisch. Es gibt mittlerweile Übersetzungen in fünf jugoslawische Dialekte, eine neue polnische Übersetzung ist 1975 abgeschlossen worden. Zwischen 1947 und 1968 sind zehn neue spanische Übersetzungen entstanden.

DIE ANFÄNGE DER MISSIONA-
RISCHEN BIBELÜBERSETZUNG
In der Mission der Neuzeit wurden
die ersten Übersetzungen von Katholiken angefertigt. Sie übersetzten zuerst die 10 Gebote, das Vater-
Unser, Teile der Evangelien oder
Bücher mit biblischen Geschichten
und den Katechismus. 1613 veröf-
fentlichten Jesuiten-Missionare das
ganze NT auf Japanisch.
Die erste protestantische Übersetzung war in Malaysisch und wurde
von Angestellten der Holländischen
Ostindien-Kompanie hergestellt.
Die erste Übersetzung der ganzen
Bibel stammte von John Eliot und
zwar ins »Massachusetts« (1663), einer Indianersprache, die Wörter
enthält, die aus 15–20 Buchstaben
bestehen.
Den Anfang der Bibelübersetzung
in Indien machten dänisch-lutheri-
sche Missionare. Das NT von Zie-
genbalg in Tamil erschien 1711, das
AT von Schultze 1728. Eine ganz
neue Ära der missionarischen Übersetzungsarbeit begann, als der erste
englische Missionar, William Carey,
1793 Indien erreichte. Er arbeitete
mit zwei Kollegen und vielen indischen Helfern 40 Jahre in Bengalen.
Als er starb, lagen Übersetzungen
der Bibel bzw. des NT in 39 verschiedenen Sprachen und Dialekten
vor (u.a. burmesisch und chinesisch), dazu Wörterbücher und
Grammatiken.
DIE BIBELGESELLSCHAFTEN
1804 wurde die Britische und Ausländische Bibelgesellschaft gegründet, »für Wales, für das Königreich und die Welt«. Am Anfang gaben sie bestehende Übersetzungen neu heraus, doch bald
wuchs bei den Mitgliedern das Interesse an neuen Übersetzungen.

Sie gaben das NT für Hindustan
(auf urdu) heraus, das 1812 von
Henry Martyn übersetzt wurde.
1816 erschien die erste moderne
afrikanische Übersetzung in Bu-
lom (der Sprache Sierra Leones).
Seitdem sind Übersetzungen in
400 afrikanischen Sprachen entstanden; die Christen waren die ersten, die diese Sprachen aufschrieben (mit lateinischen Buchstaben).
Das erste NT für Afrika war für
Äthiopien in der Amhari-Sprache
(1829). Die erste ganze afrikanische Bibel lag 1835 in Malagasi
vor.
Ähnlich ging es im Pazifik, mit Ta-
hiti 1818, und in Latein-Amerika,
mit Aymara für Bolivien (1829) vor-
an.
Zu dieser Zeit hatten auch einige
andere Gesellschaften ihre Arbeit
aufgenommen. Die Niederländische
und die Amerikanische Bibelgesellschaft, die Nationale Bibelgesellschaft Schottlands und die von Can-
stein'sche Bibelgesellschaft in Ber-
lin, alle beschäftigten sich mit Bibelübersetzungen. In Indien, Afrika
und arabischen Ländern arbeiteten
katholische Missionare an der gleichen Aufgabe.
Im 19. Jh. wurde die Missionstätig-
keit immer weiter ausgedehnt; bis
1939 entstanden auch viele Übersetzungen. Fast jede Missiongesell-
schaft beteiligte sich daran. Die
Übersetzer waren Missionare, die
ab und zu einheimische Mitarbeiter
hatten. Selten arbeiteten die Einheimischen selbständig, wie der
nigerianische Bischof Samuel
Chrowther (Jeruba-Bibel, 1862) und
Pandita Ramabai (die Bibel auf Ma-
rathi, 1912). Die Bibelgesellschaften
unterstützten diese Arbeit; sie gaben Geld, druckten und verteilten

die Übersetzungen. Nur die Niederländische Bibelgesellschaft bildete ihre eigenen Linguisten als Übersetzer aus.

MISSIONARISCHE BIBELÜBERSETZUNGEN HEUTE Seit dem Zweiten Weltkrieg hat sich die Praxis der Bibelübersetzung sehr verändert.

DIE WYCLIFF-BIBELÜBERSETZER 1934 begannen die Wycliff-Bibelübersetzer damit, den Menschen die Bibel in ihrer eigenen Sprache zugänglich zu machen. Es gab noch Tausende Sprachen ohne eigene Bibelübersetzung. Aus dieser ehemals kleinen Gruppe ist mittlerweile die größte Missionsgesellschaft der Welt geworden. Sie beschäftigt über 3000 Missionare, die in mehr als 700 Sprachen ein sorgfältig geplantes Übersetzungsprogramm durchführen.

Jeder Übersetzer wird erst in Linguistik ausgebildet. Normalerweise setzt er die Sprache in Schrift um. Das ist keine leichte Aufgabe, besonders wenn die Sprache uns Europäern unbekannte Laute enthält. Der Übersetzer muß eine Grammatik und eine vollständige Liste aller benutzten Wörter erstellen. Dabei hilft ihm ein Einheimischer, der ein bißchen mit einer Sprache vertraut ist, die der Übersetzer versteht. Es können so Jahre vergehen, bis er mit der ersten Übersetzung beginnen kann. In der Zwischenzeit lernen die Eingeborenen lesen, da die Übersetzung ständig auf ihre Verstehbarkeit hin überprüft werden muß.

Viele Dinge, die in der Bibel genannt werden, sind Menschen anderer Kulturen vollkommen unbekannt. Der Übersetzer muß also ein Wort, das dem Sinn in etwa entspricht oder eine Erklärungsweise

finden. Hat er dann die Arbeit an einem Evangelium abgeschlossen, ist sein Lohn die Freude der Menschen, die die Bibel in ihrer eigenen Sprache lesen können.

DIE VEREINIGTEN BIBELGESELLSCHAFTEN Ein noch größeres Programm, das einige der wichtigsten Sprachen der Welt umfaßt (Hindi, Chinesisch und Arabisch), wird von den Vereinigten Bibelgesellschaften durchgeführt. In dieser Organisation sind 60 oder mehr nationale Gesellschaften aus aller Welt vereint. Katholiken und Protestanten arbeiten zusammen.

Die meisten heutigen Übersetzer sind nicht mehr allein auf weitem Posten, müssen auch nicht mehr unter allzu primitiven Bedingungen arbeiten. Meistens übersetzen heute Einheimische in ihrem eigenen Land und in ihrer Muttersprache. Unter Umständen werden auch Neuübersetzungen für Sprachen angefertigt, in denen es schon Bibeln gibt, die aber, weil sie von Ausländern erstellt worden sind, unklar, mißverständlich oder veraltet sind. Zum Teil basieren sie auf veralteten Textgrundlagen, zum Teil auf unzureichendem Sprachverständnis.

Neue Übersetzungen werden auf Konferenzen beschlossen. Manche Menschen verübeln die kleinste Änderung am Wortlaut der Bibel, die sie von Kindheit an kennen. Das muß berücksichtigt werden. Wenn eine Übersetzung beschlossen ist, werden Übersetzer ausgewählt und in ihre Aufgabe eingeführt. Sie machen Entwürfe, die sie untereinander besprechen. Ein gemeinsam ausgewählter Entwurf wird einem Team von Bibel- und Sprachwissenschaftlern vorgelegt, das seine Kritik den Übersetzern schriftlich mitteilt. Wenn die Übersetzer diese Kritik nicht akzeptieren, wird in einem Treffen mit den Experten alles noch einmal durchdiskutiert. Auch Kirchenführer bekommen Entwürfe, damit sie die Übersetzung, wenn sie abgeschlossen ist, befürworten können, damit die Gemeinden sie leichter akzeptieren. Die Mitarbeiter einer Bibelgesellschaft, die für Übersetzungen zuständig sind, beraten und helfen.

Heute wird mehr Übersetzungsarbeit getan als jemals vorher. Neben dem weltumspannenden Programm der Wycliff-Bibelübersetzer und der Vereinigten Bibelgesellschaften arbeiten viele kleinere Missionsgesellschaften an der gleichen Aufgabe. Und hier und dort erstellen Einzelpersonen oder Gruppen immer noch ihre eigenen Übersetzungen. Tausende von Menschen arbeiten dafür, daß jeder die Bibel verstehen kann, und doch gibt es noch Hunderte von Sprachen, meistens wenig gesprochene, ohne Bibelübersetzung. Außerdem ändern sich die Sprachen ständig. Wissenschaftler der Vereinigten Bibelgesellschaften gehen davon aus, daß im Zuge dieser Veränderungen Überarbeitungen, wenn nicht gar ganz neue Übersetzungen der Bibel, alle 30 Jahre nötig werden. Auf jeden Fall gibt es für die Bibelübersetzer noch für Jahrzehnte genug Arbeit.

BILEAM Ein Prophet aus Mesopotamien, der im Auftrag Balaks, des Königs von Moab, die Israeliten auf der Wüstenwanderung verfluchen sollte. Die Israeliten hatten die Amoriter besiegt, und Balak fürchtete, daß es ihm genauso gehen würde. Zuerst wollte Bileam der Aufforderung des Königs nicht folgen, doch dann stimmte er zu. Auf dem Weg hielt ein Engel den Esel Bileams an und warnte Bileam. Statt sie zu verfluchen, segnete er die Israeliten. Später versuchte er, Israel zum Baalsdienst zu verführen. Als die Israeliten die Midianiter angriffen, wurde auch Bileam getötet. 4Mo 22–24; 31

BILHA Rahels Dienerin, die Mutter von Dan und Naftali. 1Mo 29,29; 30,3–7

BITHYNIEN Eine römische Provinz im Nordwesten Kleinasiens. Paulus wollte in Bithynien predigen, doch der Geist Jesu »ließ das nicht zu«. Aber es gab Gemeinden in Bithynien; der erste Brief des Petrus ist u.a. an Christen dort gerichtet. Wir wissen, daß dieses Gebiet bald ein wichtiges Zentrum des Christentums wurde, weil der römische Landpfleger Plinius an Kaiser Trajan einen Brief über die Christen dort schrieb. Apg 16,7; 1Pt 1,1

BLUT Im NT wird der Tod Jesu oft umschrieben durch »das Blut Christi« (oder auch Jesu). Den Hintergrund für diesen Ausdruck bildet das AT, wo »Blut« eine ganz bestimmte Bedeutung hat:

– Wenn das Blut eines Menschen vergossen wird, ist sein Leben zu Ende: »Blut, das ist das Leben eines jeden.«

– Leben ist ein wertvolles Geschenk Gottes, daher darf niemand eines anderen Blut vergießen.

– In Opfern wurde das Blut von Tieren vergossen. Es symbolisiert, daß das Leben eines Tieres ausgegossen wird in den Tod. Weil Leben ein Geschenk Gottes ist, sollte dieses Blut nicht gegessen werden (das gilt für alle geschlachteten Tiere, nicht nur für die Opfer).

Wenn das NT also den Ausdruck

»das Blut Christi« benutzt, meint es den gewaltsamen Tod Jesu am Kreuz. Einige neue Übersetzungen schreiben dafür einfach »der Tod Christi«.
S. unter *Sühnopfer, Kreuz, Erlösung.*
1Mo 9,4–6; 5Mo 12,15–16.20–28; Eph 1,7; 1Pt 1,18–19; Hbr 10,19–22

BOAS Dies war ein reicher und großzügiger Bauer in Bethlehem. Er heiratete Rut und wurde der Urgroßvater Davids. Rt 2–4

BOHNEN UND LINSEN Bohnen wurden als Gemüse gekocht oder getrocknet und zu Mehl gemahlen. Die Linsen wachsen in kleinen, flachen Schoten, wie Erbsen. Sie sind rot und werden in der Regel zu Suppen und Eintöpfen gekocht (wie ihn z.B. Jakob für Esau machte), doch auch sie können getrocknet und zu Mehl gemahlen werden. 2Sam 17,28; Hes 4,9; 1Mo 25,34

Linsen (links) und Bohnen

BOZRA Eine alte Stadt in Edom, im Südosten des Toten Meeres, ca. 130 km südlich des heutigen Amman in Jordanien. Die Propheten sagten den Untergang Bozras voraus. 1Mo 36,33; 1Chro 1,44; Jes 34,6; 63,1; Jer 49,13.22; Am 1,12

BRANDOPFER s. *Opfer*

BROT s. *Ernährung*

BÜRGERRECHT Das römische Bürgerrecht konnte in neutesta-mentlicher Zeit u.a. durch Bezahlung erworben werden; dadurch erlangte man eine Reihe von Vorrechten, z.B. die Möglichkeit, sich in einem Gerichtsverfahren auf den Kaiser als obersten Richter zu berufen, wie es Paulus tat. Apg 25,10.11; 26,32

BUND Die Grundbedeutung des »Bundes« in der Bibel wird in Jer 31,33 zusammengefaßt: »Sie sollen mein Volk sein, und ich will ihr Gott sein.« Gott tritt in eine besondere Beziehung zu den Menschen. Er verpflichtet sich selbst, sein Volk zu beschützen und erwartet dafür Gehorsam von ihnen. Die meisten Bündnisse, die in der Bibel vorkommen, sind solche zwischen Gott und den Menschen. Im AT kommen jedoch auch Bündnisse zwischen Menschen vor.

Die Bibel selbst umfaßt zwei große Bünde, den alten und den neuen. Meistens werden sie als das alte und das neue »Testament« bezeichnet (das bedeutet dasselbe). Den alten Bund schloß Mose als Mittler am Berg Sinai mit Gott, als das Volk die Zehn Gebote als Grundregeln für sein Leben erhielt. Dieser Bund ist die Grundlage für den Glauben Israels. Archäologische Funde lassen vermuten, daß der äußeren Form des alttestamentlichen Bundes Vertragsformulare zugrunde liegen, wie sie damals bei den Völkern des Nahen Ostens üblich waren.

Es gibt auch andere Bundesschlüsse im AT. Da ist der mit Noah nach der Flut, in dem Gott versprach, die Erde nie wieder durch Wasser zu verwüsten. Das ist der Bund Gottes mit allen Menschen.

Dann gibt es den Bund mit Abraham, in dem Gott seinen Nachkommen ein eigenes Land verhieß und daß in Abraham alle Völker gesegnet werden sollten. Diese Verheißung fand ihre volle Erfüllung in Jesus Christus, dem »Sohne« Abrahams.

Die Verfasser des NT machen deutlich, daß der neue Bund zwischen Gott und den Menschen, auf den das Alte Testament schon vorausblickt, im Tod Jesu Christi gegründet ist. Jesus selbst sagt das bei seinem letzten Mahl: »Dieser Kelch ist das Neue Testament (Bund) in meinem Blut.« Der neue Bund bietet etwas an, was der alte nie zusagen konnte – Befreiung von der Macht der Sünde; die Freiheit und Möglichkeit, Gott zu gehorchen.

S. *Exodus; Erwählung.* 2Mo 19,3–6; 20,1–17; 1Mo 9,1–17; 12,1–3; 15,7–21; 1Ko 11,25; Hbr 8,13; 10,4; 9,14–15

BUNDESLADE s. *Stiftshütte*

BUSSE »Bekehrt euch zu mir von ganzem Herzen«, sagt Gott durch Joel, »mit Fasten, mit Weinen, mit Klagen. Zerreißt eure Herzen und nicht eure Kleider, und bekehrt euch zu dem Herrn, eurem Gott!« Jesus rief die Menschen zu demselben inneren Wandel der Herzen auf. Buße ist mehr, als sich zu entschuldigen. Buße enthält die Entscheidung, die Sünde hinter sich zu lassen und sich Gott zuzuwenden. Jesu Gleichnis vom Pharisäer und vom Zöllner zeigt die Wichtigkeit, die er diesem inneren Wandel zumißt, verglichen mit äußerem Gebaren.

Die Botschaft von Jesus verbindet Buße und Glauben. Wir sollen uns von unserer Sünde zu Gott wenden. Buße kommt nicht selbstverständlich zu den Menschen, sie ist ein Geschenk Gottes. Doch wenn ein Mensch Jesus kennenlernt, tut er

Buße. Es gibt keinen anderen Weg zu Gott.

S. *Vergebung.* Joe 2,12.13; Lk 18,9–14; Mk 1,15; Apg 11,18; 1Th 1,9

CÄSAR Der Titel der römischen Herrscher in neutestamentlicher Zeit. Augustus regierte, als Jesus geboren wurde, danach Tiberius. Petrus und Paulus wurden wahrscheinlich unter Nero hingerichtet. Mk 12,14–17; Lk 2,1; 3,1; Apg 25

CÄSAREA Ein Mittelmeerhafen, von Herodes dem Großen erbaut. Die Stadt ist nach dem römischen Kaiser Augustus Cäsar benannt. Statuen von ihm standen in einem großen Tempel, der ihm und Rom geweiht war. Die Stadt war nicht nur ein Zentrum für den Seehandel, sondern auch für den Binnenhandel, da sie an einer Handelsstraße von Tyrus nach Ägypten lag.

Cäsarea war die Heimat des Evangelisten Philippus und des römischen Hauptmanns Kornelius, der nach Petrus schickte und ihn bat, ihm Gottes Wort zu erklären. Hier verstand Petrus, daß das Evangelium von Jesus Christus nicht nur den Juden, sondern auch den Heiden gilt.

Paulus kam auf seinen Reisen mehrmals durch diesen Ort. Der römische Landpfleger wohnte hier, und deshalb wurde Paulus auch zu seiner Verhandlung vor Felix nach Cäsarea gebracht. Zwei Jahre war er dort in Haft, dann wurde er nach Rom gebracht. Apg 8,40; 21,8; 9,30; 10; 11; 18,22; 23,33–26,32

Teilstück des von Herodes dem Großen erbauten Aquädukts, das Wasser
nach Cäsarea brachte.

CÄSAREA PHILIPPI Eine Stadt
am Fuß des Hermon, nahe der
Hauptquelle des Jordan. Herodes
der Große hatte dort für Kaiser Augustus einen Tempel errichten lassen, und sein Sohn Philippus benannte die Stadt um in Cäsarea. Sie
war bekannt als das Cäsarea des
Philippus, um sie von dem Hafen
Cäsarea zu unterscheiden.
Dort fragte Jesus seine Jünger, wer
er sei; Petrus antwortete: »Du bist
Christus, des lebendigen Gottes
Sohn.« Mt 16,13–16

CHALDÄA Südbabylonien, die
Heimat Abrahams. S. *Aramäer*

CHANUKKA s. *Feste*

CHARISMEN s. *Geistesgaben*

CHASSIDIM (»die Frommen«). Sie
waren keine organisierte Gemeinschaft. Vielmehr nannten sich so die
Juden, die sich dem Eindringen griechischer Kultur, des Hellenismus,
ins jüdische Leben widersetzen. Im
2. Jh. v.Chr. schlossen sich einige von
ihnen dem Aufstand der Makkabäer an (1Makk 2,42). Alle befolgten streng das Gesetz, und viele unter ihnen schlossen sich später den

Pharisäern oder den Essenern an.

CHORAZIN Eine Stadt in der Nähe Kapernaums auf einem Hügel
am See Genezareth, in der Jesus
lehrte. Jesus war enttäuscht darüber, daß die Menschen dort zwar
seine Worte hörten, sie sich aber
nicht zu Herzen nahmen, so daß sie
ihr Leben geändert hätten. Chorazin ist heute nur noch eine Ruine.
Mt 11,21; Lk 10,13

CHRISTEN Die Anhänger des
Christus (Messias) Jesus wurden
zuerst in Antiochien als »Christen«
bezeichnet, offenbar von Heiden,
denn sie selbst nannten sich Heilige,
Brüder, Jünger. Apg 11,26; 26,28;
1Pt 4,16

CHRISTUS s. *Jesus Christus; Messias*

1. UND 2. CHRONIK Auf den ersten Blick scheinen die Chronik-
bücher dasselbe wie 2Sam und 1
und 2Kö zu erzählen, nur etwas
trockener. Der Verfasser hat diese
Bücher tatsächlich für Leser nach-
erzählt, die mit den älteren Büchern schon vertraut waren. Er
hatte zwei Gründe dafür, seine ei-

gene Geschichte Israels zu schreiben:
Er wollte zeigen, daß Gott trotz allem den Bund mit seinem Volk hielt. Daher wies er auf die Blütezeit des Reiches unter David und Salomo hin und auf die guten Jahre unter Josafat, Hiskia und Josia.

Außerdem wollte er die Anfänge des Tempelgottesdienstes in Jerusalem erklären, die Pflichten der Priester und Leviten nennen und David als den eigentlichen Erbauer des Tempels darstellen (obwohl Salomo den Bau ausgeführt hat).

Der Chronist schrieb wahrscheinlich für die Juden, die aus dem Exil zurückgekehrt waren, um Jerusalem wieder aufzubauen. Sie sollten lernen, ihre Vergangenheit zu verstehen. Deshalb betonte er auch, daß der Erfolg des Reiches von der Treue der Menschen Gott gegenüber abhing.

1Chro beginnt mit Stammbäumen von Adam bis Saul (Kap. 1–9), die Kap. 10–29 sind der Regierung Davids und den Vorbereitungen für den Tempelbau gewidmet.

2Chro beginnt mit der Regierung Salomos und dem Tempelbau (Kap. 1–9). Die Kapitel 10–36 handeln von der Geschichte des Südreichs bis zur Zerstörung Jerusalems 587 v.Chr.

CYRENIUS s. *Quirinius*
CYRUS Der persische König, der 539 v.Chr. Babylon eroberte. Er ließ die Juden nach Jerusalem zurückkehren; alle Tempelschätze, die Nebukadnezar geraubt hatte, gab er ihnen mit und unterstützte sie mit Geld. Jesaja sagte, daß Cyrus von Gott dazu ausersehen war, König zu werden und den Juden in Babylon die Rückkehr zu ermöglichen. Die letzten Geschichten über Daniel

spielen sich während der Regierungszeit des Cyrus ab. Esr 1,1ff; 6,14; Jes 44,28ff; Da 6,28

DACH s. *Wohnen*
DÄMONEN s. *Israel: Religion; Besessene*
DAGON Gott der Philister. Ri 16,23; 1Sam 5,1–5; 1Chro 10,10
DALMATIEN Eine römische Provinz an der Ostküste der Adria im heutigen Jugoslawien. Als Paulus seinen zweiten Brief an Timotheus schrieb, war er fast ganz allein: seine Freunde hatten ihn mit unterschiedlichen Zielen verlassen. Titus war nach Dalmatien gegangen. 2Tim 4,10
DAMASKUS Die Hauptstadt Syriens (Arams). S. *Aramäer*. Damaskus war schon zur Zeit Abrahams gut bekannt und wird im AT oft erwähnt. David eroberte die Stadt, doch sie erhielt ihre Unabhängigkeit bald wieder. Damaskus war die Heimat Naemans, den Elisa heilte, und Elisa ging dorthin, um Auskunft über die Krankheit Benhadads zu geben.

Jesaja prophezeite die Zerstörung der Stadt, und nach mehreren Angriffen wurde sie im Jahre 732 v.Chr. von den Assyrern erobert. Sie beraubten sie ihrer Schätze und führten viele Menschen in Gefangenschaft. Von 64 v. bis 33 n.Chr. war Damaskus unter römischer Herrschaft.

Auf dem Weg nach Damaskus hatte Paulus die Christuserscheinung, die sein ganzes Leben veränderte. Kurz darauf floh er vor den Juden aus der Stadt. 1Mo 14,15; 15,2; 2Sam 8,5; 1Kö 20,34; 2Kö 5; 8,7–15; Jes 17; Apg 9

DAN 1. Sohn Jakobs.

2. Das Land, das dem Stamm Dan gehörte, der zunächst westlich von Juda lebte und dann nach Norden ausweichen mußte.

3. Die nördlichste Stadt Israels (oft auch Lajisch genannt). Der Ausdruck »von Dan bis Beerscheba« bedeutet: »von einem Ende des Landes bis zum anderen«.

Als das Reich in zwei Teile zerfiel, errichtete König Jerobeam I. zwei goldene Stiere zur Anbetung. Einer von ihnen stand in Dan. Jos 19,40–48; 1Kö 12,25–30

DANIEL Am bekanntesten von den verschiedenen Daniels des AT ist der vornehme Jude, der als Jugendlicher nach Babylon verschleppt und zusammen mit seinen drei Freunden, Schadrach, Meschach und Abed-Nego, zum Ratgeber des Königs ausgebildet wurde. Doch er gehorchte weiterhin Gott und wurde, obwohl er das reichliche Essen

Goldenes Trinkgefäß aus der Zeit Daniels. Persien, Oxus-Schatz.

aus dem Haushalt des Königs ablehnte, stark und schön. Gott schenkte ihm große Weisheit. Zweimal deutete er Nebukadnezar Träume und las später für Belsazer (er regierte nach Nebukadnezar) die Schrift an der Wand: Das Reich würde untergehen. In derselben Nacht eroberten die Perser Babylon und töteten Belsazer. Daniel bekam eine hohe Stellung; doch neidische Beamte versuchten, ihn zu stürzen. Er wurde in die Löwengrube geworfen, doch Gott rettete sein Leben. Von Daniel stammen einige Visionen, in denen Gott ihn in seinen Plan für die Zukunft eingeweiht hatte.

Das Buch Daniel wurde wohl in einer Zeit der Unterdrückung geschrieben (vielleicht während der Verfolgungen durch Antiochus Epiphanes 168 v.Chr.). Die Geschichten und Visionen des Buches sollten das Volk mit der Botschaft ermutigen, daß Gott den Unterdrücker vernichten und sein Volk bewahren und wieder aufrichten würde.

Kapitel 1–6 sind Geschichten über Daniel und seine Freunde im babylonischen und persischen Reich. Weil diese Männer, egal welche Gefahren auch drohten, auf Gott vertrauten, triumphierten sie über ihre Feinde.

Kapitel 7–12 berichten die Visionen Daniels. Sie beschreiben in Bildern den Aufstieg und Untergang der Weltreiche bis zur Errichtung des Weltreiches des Gesalbten. Die heidnischen Verfolger werden vergehen; Gottes Volk wird den Sieg davontragen.

DANKOPFER s. *Opfer*

DARIUS 1. Darius der Meder wird im Buch Daniel als Herrscher nach Belsazer genannt. Aus anderen Be-

richten ist uns nichts über ihn bekannt. Vielleicht hat Cyrus ihn als Herrscher über Babylon eingesetzt, vielleicht hat auch Cyrus selbst diesen Namen angenommen. Da 6,1ff
2. Darius I. von Persien (522–486 v.Chr.) ermutigte die Juden, den Wiederaufbau des Tempels zu vollenden. Esr 4,5; Hag 1,1; Sach 1,1
3. Darius II. von Persien wird im Buch Nehemia erwähnt. Neh 12,22

DATTELPALMEN Die in großen Büscheln nahe am Stamm hängenden Datteln sind ein wichtiges Nahrungsmittel. Die Palme wurde ein Nationalsymbol Israels, sie bedeutete Sieg. Das Volk winkte mit Palmblättern, als Jesus im Triumph in Jerusalem einritt. Palmen wurden oft als Verzierung in Stein gehauen. Jo 12,13

DAVID Der jüngste Sohn des Bethlehemer Bauern Isai. Der Schafhirt David wurde von Samuel zum König gesalbt.
Weil David gut Harfe spielen konnte, kam er an den Hof Sauls; er sollte durch sein Spiel des Königs Depressionen vertreiben. Später tötete er Goliat, einen Riesen der Philister, mit einem Stein aus seiner Hirtenschleuder. Nach der Schlacht kamen Saul Frauen entgegen, die sangen: »Saul hat tausend erschlagen, aber David zehntausend.« Das machte Saul eifersüchtig, und er versuchte mehrere Male, David zu töten. Jonatan, ein Sohn Sauls und ein guter Freund Davids, warnte diesen, und er floh und lebte als Flüchtling. Saul verfolgte ihn gnadenlos, obwohl David zweimal sein Leben schonte. Saul und Jonatan fielen in einer Schlacht gegen die Philister, und David wurde zum König von Juda gekrönt. Bis er auch in Israel als König anerkannt war, dauerte es noch

zwei Jahre. David errang viele Siege; er war beim Volk beliebt und regierte es gut. Nachdem er Jerusalem von den Jebusitern erobert hatte, machte er es zu seiner Hauptstadt. Er ließ die Bundeslade nach dort überführen und plante, einen Tempel zu bauen, doch das verbot Gott ihm.
Er beging Ehebruch mit Batseba, der Frau Urias, eines seiner Soldaten. Als sie schwanger wurde, gab er Befehl, Uria in die erste Kampfreihe zu stellen und dafür zu sorgen, daß er getötet würde. Dann heiratete er Batseba. Der Prophet Natan klagte David dieser Sünde wegen an, und obwohl er bereute und Gott ihm vergab, starb Batsebas erstes Kind. Ihr zweiter Sohn, Salomo, wurde Davids Nachfolger.
Später stritten sich die Söhne Davids um den Thron. Absalom, Davids Lieblingssohn, machte einen Aufstand. David mußte aus Jerusalem fliehen. Schließlich wurde Absalom besiegt und zu Davids großem Kummer getötet. Als David alt war, versuchte sein Sohn Adonia gewaltsam auf den Thron zu kommen.
David war ein großer König, ein großer Soldat und ein großer Dichter, der viele schöne Psalmen zum Lob Gottes schrieb. Obwohl er Fehler machte und oft falsch handelte, versäumte er es nie, zu bereuen und Gott um Vergebung zu bitten. Die Bibel bezeichnet David als einen Mann nach Gottes Herzen. 1Sam 16–1Kö 2; 1Chro 11–29

DEBORA Die einzige Frau, die Richterin in Israel war. Sie ermutigte Barak, gegen Sisera, den Heerführer des kanaanäischen Königs Jabin, zu kämpfen. Der Sieg beendete 20 Jahre kanaanäischer Unterdrückung. Ri 4–5

DEDAN Im Zentralgebiet Midians lag die Stadt Dedan (heute Al Ula). Dieses große Handelszentrum war sogar den Babyloniern bekannt. Jes 21,13; Jer 25,23; 49,8; Hes 27,20

DEKALOG (Zehn Gebote) s. *Gesetz*

DEKAPOLIS (ZEHN STÄDTE) Ein Zusammenschluß von zehn griechischen Städten gab diesem Gebiet seinen Namen. Die Dekapolis lag im Süden des Sees Genezareth, zum größten Teil östlich des Jordan. Viele der dort lebenden Menschen waren keine Juden, doch sie schlossen sich der Jesus nachfolgenden Menge an. Vor dem Krieg mit den Römern flohen Judenchristen nach Pella, einer Stadt der Dekapolis. Mt 4,25; Mk 5,1–20; 7,31–37

DELILA Eine schöne Philisterin, die Simson überlistete (s. *Simson*). Ri 16

DEMAS Ein Christ, der bei Paulus in Rom war. Später verließ er Paulus und ging nach Thessalonich. Kol 4,14; 2Tim 4,10

DEMETRIUS 1. Ein Goldschmied in Ephesus, der kleine Tempel der Diana (Artemis) als Andenken herstellte. Weil er fürchtete, daß die Christen ihm die Kunden abspenstig machen würden, ermutigte er andere Goldschmiede zu einem Aufruhr. Apg 19,24ff
2. Ein Christ, der bei allen gut angesehen war; er wird im dritten Johannesbrief erwähnt. 3Jo 12

DERBE Eine Stadt in Lykaonien, im Süden Kleinasiens, in der Paulus auf seiner ersten und zweiten Missionsreise predigte. Apg 14,20–21; 16

DEUTERONOMIUM (5. Mose) s. *Mosebücher*

DIAKON »Diener«, urchristliches Gemeindeamt für Verwaltungsaufgaben und andere Dienste. Phil 1,1; 1Tim 3,8–13; vgl. Apg 6,1–7

Statue der Göttin Diana, gefunden in Ephesus.

DIANA Die römische Mond- und Jagdgöttin, von den Griechen Artemis genannt. Ihr prächtiger Tempel in Ephesus war eins der Wunder der alten Welt (s. *Griechen und Römer: Religion*). Apg 19

DIBON Eine Moabiterstadt im Osten des Toten Meeres, 5 km nördlich des Arnon. Im Zuge der Landnahme eroberten die Israeliten diese Stadt; sie wurde den Stämmen Gad und Ruben zugeteilt, wechselte jedoch in ihrer Geschichte oft den Besitzer. 4Mo 21,30; 32,34; Jes 15,2

DILL s. *Kümmel*

DIONYSIUS Ein Mitglied des Areopags, eines wichtigen Gerichtshofes in Athen. Dionysius bekehrte sich zum Christentum, als Paulus vor dem Areopag redete. Apg 17,34

**DISTELN, DORNEN UND UN-
KRAUT** Disteln und Dornen kommen in solch trockenen Ländern wie
Israel häufig vor – über 120 Arten,
einige von ihnen werden mehr als
2 m hoch. Manche, wie die Milch-
distel, haben sehr schöne Blüten, er-
sticken aber die jungen Pflanzen an
den Rändern der Felder (wie im
Gleichnis vom Säemann). Dornen,
wie sie hier abgebildet sind, wurden
in die Dornenkrone Jesu geflochten.
Das Unkraut unter dem Weizen ist
der Giftweizen, der in seinem frühen Stadium genau wie Weizen
aussieht. 1Mo 3,18; Mt 13,7; Mk
15,15.17–18; Mt 13,24–30

*Distel (links), Unkraut (»Lolch«) und
Dornen*

DORFLEBEN

Das »Dorf« war in alttestamentlicher Zeit eine unbefestigte Bauern-
siedlung. Dörfer entstanden in der
Nähe eines Flusses oder einer Quelle, wo das ganze Jahr über Wasser
war. Sobald die Menschen gelernt
hatten, Tiere zu zähmen und Getreide anzubauen, wurden sie seßhaft. Schon um 6000 v.Chr. bebau-
ten Menschen bei Jericho mit Spitz-
hacken, Äxten und Stöcken das
Land. Zu jener Zeit gab es noch keine Städte.

Größere Siedlungen (Städte) wurden erst mit der Erfindung der
Bronzepflugschar (nach 4000
v.Chr.) notwendig, als der Anbauer-
trag stieg. Städte (befestigte Dörfer)
waren zum Schutz der seßhaften
Bevölkerung vor Nomaden gedacht, die auch von den Wasserstel-
len profitieren wollten. Deshalb
wurden Städte als geschützte Zentren der Zivilisation gebaut (s. *Städte*). In Friedenszeiten verbrachten
die Menschen lange Zeit des Jahres
in den Dörfern. Wurden sie bedroht,
zogen sie sich in die sicheren Städte
zurück.

LANDBESITZ Abraham und seine
Familie lebten als Halbnomaden.
Sie zogen mit ihren Herden über
Land. Israel baute auch Getreide an.
In Mesopotamien, der Heimat Ab-
rahams, gab es ein Feudalsystem.
Der König verteilte gegen das Ver-
sprechen persönlicher Dienste
Landgeschenke (»Lehen«), die dann
in der jeweiligen Familie vererbt
wurden. Die Israeliten führten die-
ses System in etwas veränderter
Form auch in Kanaan ein. Gott, ihr
König, gab ihnen das Land. Jede Familie bekam durch Los ein Stück
Land zugeteilt, wie die Lehen in
Mesopotamien auch durch das Los
verteilt wurden (Jos 15).
Weil das Land Gott gehörte, bestimmte er, wie es genutzt und wie
der Ertrag geteilt werden sollte. Jede
Familie erhielt ein Stück für sich.
Das war sowohl Anbaufläche als
auch Grabstätte der Familie. Weil
das Land Gottes Gabe war, sollte es
nicht nach Lust und Laune ge- und
verkauft werden (Jes 34,17); deshalb
weigerte sich Nabot, seinen Weinberg zu verkaufen (1Kö 21,1–16).
Wenn eine Familie in finanzielle
Schwierigkeiten geriet, war der

nächste Verwandte verpflichtet, das Land zu kaufen, damit es in der Familie blieb. Der älteste Sohn erbte den Besitz der Familie. Daher war es so wichtig, einen Sohn zu haben; durch ihn blieben Name und Besitz erhalten. Jedes 50. Jahr war ein sogenanntes »Jubeljahr«. Dann mußte alles Land, das wegen Schulden verpfändet worden war, zurückgegeben werden. Dadurch wurde der Besitz aller gleich groß gehalten und eine Kluft zwischen reichen Landbesitzern und armen Arbeitern verhindert.

Das Land in unmittelbarer Nähe des Dorfes war Privatbesitz, das weiter entfernt liegende Besitz der Gemeinschaft. Es wurde in kleine Parzellen aufgeteilt, die jedes Jahr neu durch das Los an die Familien verteilt wurden. Unter David und Salomo zerbrach dieses System. Es entstand eine neue herrschende Oberschicht von Regierenden und Beamten. Sie unterdrückte die Armen und kaufte deren Land auf. An die Stelle der kleinen Familienbesitze traten große Güter. Die Menschen, die ihr Land verloren hatten, mußten sich selbst als Landarbeiter verdingen.

Der Wandel der Besitzverhältnisse führte zu baulichen Veränderungen: im 10. Jh. v.Chr. waren noch alle Häuser eines Dorfs oder einer Stadt gleich groß, doch ab dem 8. Jh. gab es kleine und große Häuser und verschiedene Stadtteile für die arme und reiche Bevölkerung.

DIE TÄGLICHE ARBEIT In früher alttestamentlicher Zeit war fast jeder Dorfbewohner Bauer und pflanzte an, was er zu seinem Lebensunterhalt brauchte (s. Teil 8). Man hielt Ziegen, Schafe und Rinder. Sie lieferten Nahrung für die Familie und andere Gebrauchsgüter.

Die Jahreszeiten bestimmten, welche Arbeit jeweils getan werden mußte. In der feuchten Jahreszeit (Oktober bis April) wurde gepflügt, gesät (mit der Hand aus einem offenen Korb), geeggt und Unkraut gejätet. Dann begann die Ernte, zuerst kam der Flachs, dann die Gerste (April/Mai) und schließlich der Weizen. Die Arbeit in den Weinbergen begann im Frühling mit dem Beschneiden der Rebstöcke. Die Traubenernte war von Juli bis Oktober. Die meisten Bauern besaßen auch Feigen- und Olivenbäume. Die Feigen wurden im August/September, die Oliven jedoch erst im Oktober/November geerntet, nach Beendigung der Traubenlese.

Die Frauen mußten jeden Tag Brot backen und vorher das Mehl dafür mahlen. Das wurde mit Salz und Wasser zu einem Teig vermengt. Oft mischte man etwas gesäuerten Teig vom Vortag darunter und ließ das Brot vor dem Backen gehen. Eine andere zeitraubende Arbeit war das tägliche Wasserholen vom Brunnen oder von der Quelle. Nur wenige Häuser hatten einen eigenen Brunnen oder eine unterirdische Zisterne. Normalerweise trugen die Frauen die schweren Wasserkrüge auf der Schulter oder auf dem Kopf nach Hause. Es gab vom Morgen bis zum Abend viel zu tun. Milch mußte zu Käse und Joghurt weiterverarbeitet, Wolle gesponnen und gewoben werden. Außerdem mußte jedes Familienmitglied bei der Ernte, beim Auspressen der Trauben und Oliven mithelfen. Der Arbeitstag endete mit dem Sonnenuntergang, wenn die ganze Familie zur Hauptmahlzeit des Tages zusammenkam.

FORTSCHRITT UND PROBLEME

Die Landarbeit veränderte sich im Laufe der Jahrhunderte nur wenig. Der Pflug und andere Geräte wurden zwar verbessert, doch sie waren auch in neutestamentlicher Zeit noch primitiv. Auf großen Gütern gab es später für besondere Arbeiten ausgebildete Kräfte – z.B. zum Beschneiden der Rebstöcke. »Ungelernte« Arbeiter jäteten Unkraut und düngten den Boden.

Die Hauptschwierigkeiten blieben. In einem Land mit großer Hitze und ohne jeglichen Niederschlag im Sommer war die Wasserversorgung das größte Problem. Die Dorfbrunnen mußten Trinkwasser für Menschen und Tiere und Wasser für das Land liefern. Manchmal wurde das Wasser in Ledersäcken, die an einer Kette befestigt waren, aus den Brunnen gezogen und in Bewässerungskanäle gegossen.

Ein anderes Problem waren die Heuschrecken. Ohne Warnung konnten sie in Schwärmen ein Gebiet überfallen und alles Grün abfressen. Wilde Tiere – Wölfe, Schakale und Löwen – bedrohten ständig den Viehbestand.

Eine große Gefahr waren auch fremde Heere, die ins Land einfielen, Gefangene machten oder junge Männer zum Kriegsdienst rekrutierten. Kamen sie am Ende der feuchten Jahreszeit, zerstörten sie die junge Saat, kamen sie im Herbst, nahmen sie die Ernte als Beute oder als Verpflegung für die Soldaten. Auf jeden Fall stand den Dorfbewohnern eine Zeit des Hungers bevor.

DORKAS s. *Tabita*

DORNEN s. *Disteln*

DOTAN Eine Stadt an der Straße von Bet-Schean und Gilead nach Ägypten. Hier verkauften seine Brüder Josef an ismaelitische Händler, und hier wurde auch Elisa vor der syrischen Armee gerettet. 1Mo 37,17–28; 2Kö 6

DREIEINIGKEIT Der Begriff kommt in der Bibel nicht vor. Er faßt die Aussagen, die in den Glaubensbekenntnissen der frühen Kirche über Gott gemacht wurden, zusammen und erklärt, was es bedeutet, daß Gott Vater, Sohn und Heiliger Geist ist. Jesu Lehre und die Lehre des NT wird in ihm zusammengefaßt. Schon früh wurde der dreieinige Gott bei den Taufen bekannt. Nach jüdischer (und christlicher) Lehre gibt es nur einen Gott. Nichts und niemand soll diesen Glauben gefährden. Im NT ist jedoch deutlich gesagt, daß Gott, der Vater, alles erschuf und erhielt, daß Gott, der Sohn, in diese Welt kam, und daß Gott, der Heilige Geist, in unserem Leben wirkt.

Am Ende der neutestamentlichen Zeit schien es der Kirche notwendig, diese Lehre von den drei Personen in einem Gott sorgfältig zu formulieren, um die Wahrheit des NT vor Irrlehren zu schützen.

S. *Gott, Heiliger Geist, Jesus Christus*. Mt 28,19; Jo 5,19–29; 8,23–29.58; 14–17; Apg 2,32–33; 2Ko 13,14 u.a.; 2Mo 20,2–6; 5Mo 6,4; Jes 45,5

DRUSILLA Die jüngste Tochter Herodes Agrippas I. und Frau des römischen Statthalters Felix (s. *Felix*). Apg 24,24

E

EBAL Ein steiniger Berg in Samaria gegenüber dem Garizim in der Nähe des alten Sichem und des modernen Nablus. Auf ihm errichtete Josua vor der Eroberung des Landes Kanaan einen Altar. Dann stellte er das Volk vor die Wahl, Gott zu gehorchen und gesegnet zu werden, oder Gott ungehorsam zu werden und Fluch zu empfangen. Ein Teil des Volkes stand auf dem Ebal, dessen kahle Kuppe den Fluch versinnbildlichte, und der Rest des Volkes stand auf dem Garizim. 5Mo 11,29; 27; Jos 8,30.33

EBED-MELECH Ein äthiopischer Palastbeamter am Hof König Zedekias (6. Jh. v.Chr.). Weil er das Leben Jeremias rettete, versprach Gott ihm, daß er bei der Zerstörung Jerusalems nicht umkommen würde. Jer 38; 39,16–18

EDELSTEINE s. *Handwerk; Schmuck*

EDEN Der Garten, den Gott am Anfang als Lebensraum für die Menschen bestimmt hatte. Nachdem sie ihm ungehorsam geworden waren, vertrieb er Adam und Eva aus dem Garten Eden. 1Mo 2,8–14

EDOM Das Land Edom, das im Süden von Moab lag, reichte bis zum Golf von Akaba. Die Edomiter, von Königen regiert, lebten hier schon seit sehr früher Zeit. Einige von ihnen waren fahrende Händler, andere arbeiteten in den Kupferminen oder in der Landwirtschaft. Wie ihre Nachbarn waren sie Israel feindlich gesonnen. Ihr Land wurde mehr als einmal erobert, konnte sich allerdings oft wieder befreien. Von ihrem Hafen am Roten Meer aus, Ezjon-Geber, segelten die Schiffe Salomos und anderer Könige. Die Edomiter nützten die babylonische Gefangenschaft (s. S. 121) der Israeliten für sich aus, indem sie große Teile des südlichen Juda besetzten. Dieses Gebiet hieß später Idumäa. Von dort kam die Familie des Herodes, der z.Z. des NT regierte. 1Mo 36,1–19.31–39; 1Kö 9,26; 22,48; 2Kö 8,20–22; Am 1,11–12; Jer 49,7–22; Obadja

EFA s. *Maße und Gewicht*

EFRAIM Der jüngste Sohn Josefs, in Ägypten geboren. Er wurde von Jakob adoptiert und war gesegneter als sein älterer Bruder Manasse. Der nach ihm benannte Stamm war sehr wichtig. Die Propheten nennen manchmal ganz Israel Efraim. 1Mo 41,52; 48

EGLON 1. Ein Moabiterkönig zur Zeit der Richter. Er herrschte 18 Jahre über Israel, bis Ehud ihn tötete. Ri 3,12–26
2. Eine Amoriterstadt, die Josua auf seinem ersten Feldzug eroberte. Ihre Reste liegen wahrscheinlich im Tell el-Hesi in der Nähe von Lachisch in der Schefela. Jos 10; 12,12; 15,39

EHE, Ehebruch, Ehescheidung s. *Heirat*

EHUD Ein linkshändiger Israelit aus dem Stamm Benjamin. Er beseitigte den König Eglon von Moab, der Israel 18 Jahre lang unterdrückt hatte. Nach dem Tod Eglons zog er mit einem Heer gegen die Moabiter und befreite sein Volk. Ri 3,15–30

EICHE In Israel gibt es viele verschiedene Eichenarten, manche von ihnen sind immergrün. Sie wachsen langsam. Aus ihrem Holz wurden z.B. Ruder hergestellt oder Statuen geschnitzt. Absalom blieb auf seiner Flucht vor David in einer Eiche hängen. 2Sam 18,9–10; 1Kö 13,14; Jes 2,13

EINGEBOREN(er Sohn) Dieser Begriff (wörtlich: »einzigerzeugter«) kennzeichnet die besondere Beziehung Jesu zu Gott, seinem Vater. Joh 1,14.18; 3,16.18; 1Joh 4,9

EISEN s. *Bergbau und Metallverarbeitung*

EKRON Eine der fünf Philisterstädte. Sie wurde dem Stamm Juda zugesprochen, doch die Philister waren so stark, daß sie die Stadt halten konnten. Als die Philister die Israeliten besiegt und die Lade mit sich genommen hatten, brachen in jeder Stadt der Philister, durch die die Lade kam, Seuchen aus. Als die Seuche sich auch in Ekron ausbreitete, gaben die Philister den Israeliten die Lade zurück. Ekron blieb weiterhin Philisterstadt. König Ahasja von Israel wandte sich vom Gott Israels weg zum Gott von Ekron, dem Baal-Sebub. Baal-Sebub gilt im NT als Fürst der Dämonen. Jos 15,11.45–46; Ri 1,18; 1Sam 5,10–6,17; 7,14; 17,52; 2Kö 1,3–6; Am 1,8

ELA Der Sohn Baesas. Ela regierte weniger als zwei Jahre über Israel (886–885 v.Chr.). Er war ein schlechter König. Einer seiner Heerführer, Simri, ermordete ihn, als er betrunken war. 1Kö 16,8–14

ELA (EICHGRUND) Ein Tal südwestlich von Jerusalem. Die Philister marschierten durch das Tal von Ela in Israel ein. David besiegte in ihm den Philister Goliat. 1Sam 17,2

ELAMITER Die Elamier lebten als abgeschlossenes Volk im Osten Babyloniens, und zwar schon seit prähistorischer Zeit. Ihre Hauptstadt war Susa. Im Blick auf Schrift und frühen Städtebau teilten sie die Kultur der Sumerer (s. *Babylonier*). Ihr König, Kedor Laomer, war an dem Angriff auf die Städte im Jor-

dantal beteiligt, den Abram zurückschlug. Die Elamiter wurden oft von ihren westlichen Nachbarn unterdrückt. Die Assyrer verbannten die Einwohner Samarias nach Elam und holten dafür Elamiter nach Israel. Elam wurde später Teil des persischen Reiches.

Juden aus Elam hörten am Pfingsttag Petrus in Jerusalem. 1Mo 14,1; Esr 4,9; Jes 11,11; 21,2; Jer 25,25; Apg 2,5

Elamitischer Bogenschütze der königlichen persischen Leibwache. Aus dem Palast in Susa, erbaut im 5. Jh. v. Chr.

ELAT/EZJON-GEBER Eine Niederlassung (später eine Stadt) am Golf von Akaba am Roten Meer. Die Israeliten rasteten dort auf ihrem Weg nach Kanaan. Salomos große Flotte lag in Ezjon-Geber; König Josafat versuchte später, wieder eine Flotte aufzubauen, doch sanken seine Schiffe. Die Stadt kam später unter edomitische Herrschaft. 4Mo 33,35–36; 5Mo 2,8; 1Kö 9,26–27; 22,49; 2Kö 16,6

ELEASAR Der bekannteste Eleasar im AT ist Aarons dritter Sohn. Weil seine beiden älteren Brüder umgekommen waren, wurde er nach dem Tod Aarons Hoherpriester. Er war Oberhaupt der Leviten und beaufsichtigte die Dienste in der Stiftshütte. 2Mo 6,23; 3Mo 10; 4Mo 3ff; Jos 14 usw.

ELFENBEIN s. *Handwerk*

ELI Ein Richter und Priester Israels. Samuels Mutter (s. *Hanna*) brachte ihren Sohn zu ihm ins Heiligtum nach Silo. Die beiden Söhne Elis brachten ihrem Vater Schande. Sie wollten nicht auf ihn hören, und Gott ließ ihnen ein schlimmes Ende verkündigen. In einer Schlacht gegen die Philister wurden sie getötet, und die Lade Gottes wurde geraubt. Als Eli davon erfuhr, starb er. 1Sam 1–4

ELIA Ein Prophet im Nordreich während der Regierung König Ahabs. Ahab und seine Frau Isebel sündigten, indem sie Baal anbeteten und die Propheten Gottes töteten. Deshalb ließ Gott eine Dürre über das Land kommen; Elia mußte sie Ahab ankündigen. Elia versteckte sich am Bach Krit, und Raben ernährten ihn. Als der Bach austrocknete, sandte Gott ihn zu einer Witwe nach Zarpat. Sie teilte ihr letztes Mehl und Öl mit ihm, doch Gott füllte die Krüge bis zum Ende der Dürre immer wieder auf. Als ihr Sohn starb, erhörte Gott Elias Gebet und machte ihn wieder lebendig.

Als Elia im dritten Jahr der Dürre wieder zu Ahab ging, warf der ihm vor, an allem Übel schuld zu sein. Doch Elia antwortete ihm: »Nicht ich stürze Israel ins Unglück, sondern du und deines Vaters Haus dadurch, daß ihr des Herrn Gebote verlassen habt und wandelt den Baalen nach.« Er forderte Ahab auf, die Baals- und Ascherapropheten auf den Karmel zu schicken. Dort sollten sie beweisen, ob ihr Gott lebte. Welcher Gott sein Opfer selbst entzünden würde, der wäre der lebendige Gott. Doch soviel die Baalspropheten auch beteten und sich selbst kasteiten, es geschah nichts. Als Elia dann betete, fiel Feuer vom Himmel und verbrannte das Opfer. »Der Herr ist Gott!« schrien die Menschen, und Elia tötete die Baalspropheten. Noch am selben Tag endete die Trockenheit.

Vor dem Zorn Isebels floh Elia in die Wüste. Er war allein und der Verzweiflung nahe. Doch Gott redete mit ihm und sagte ihm, daß es noch viel zu tun gäbe: Elia mußte einen neuen König salben und Elisa auf seine Nachfolge vorbereiten.

Später warnte Elia Ahab, daß für den Mord an Nabot sein ganzes Haus büßen müsse. Ahab fiel in einer Schlacht. Gott bewahrte Elia, und als seine Arbeit beendet war, holte er ihn in einem feurigen Wagen in den Himmel.

Der Prophet Maleachi hatte vorausgesagt, daß Elia eines Tages wiederkommen würde. Das erfüllte sich, als die Jünger bei der Verklärung Jesu Herrlichkeit sahen, als Mose und Elia mit ihm sprachen. 1Kö 17 – 2Kö 2; Mal 4,5–6; Lk 9,28

ELIAB Isais ältester Sohn, ein Bruder Davids. 1Sam 16,6ff; 17,13.28

ELIESER Abrahams oberster Diener. Bevor Abraham einen Sohn hatte, war Elieser zu seinem Erben bestimmt. Er war es auch, den Abraham beauftragte, in Haran eine Frau für Isaak zu suchen. 1Mo 15,2; 24

ELIHU Ein junger Weisheitslehrer, der darauf bestand, daß der Grund für Hiobs Leiden seine Sünde sein müßte. Hiob 32–37

ELIMELECH s. *Noomi*

ELISA Elisa führte die Arbeit Elias als Prophet Gottes in Israel noch 50 Jahre weiter. Bevor Elia entrückt worden war, hatte Elisa ihn um Teilhabe an seiner Kraft gebeten; Elia hatte ihm diese Bitte erfüllt. Elisa wirkte viele Wunder. Er erweckte den Sohn der Sunamiterin wieder zum Leben und heilte den syrischen General Naeman vom Aussatz. Er lebte während der Regierungszeit von sechs Königen. 1Kö 19,16ff; 2Kö 2–9; 13,14ff

ELISABETH Die Frau des Priesters Zacharias. Sie hatte keine Kinder bekommen können, doch in ihrem Alter sollte sie die Mutter Johannes des Täufers werden. Sie war verwandt mit Maria, der Mutter Jesu, und diese besuchte sie noch vor der Geburt der Kinder. Elisabet wußte sofort, daß Marias Kind der lang erwartete »Herr« (Messias) war. Lk 1

ELISCHA s. *Zypern*

ELJAKIM Ein Sohn Hilkias, Hofmeister zur Zeit Hiskias. Als Sanherib Jerusalem bedrohte, schickte Hiskia Eljakim, Schebna und Joach den assyrischen Boten entgegen. 2Kö 18,18ff; Jes 36–37,6

ELLE s. *Maße und Gewichte*

EMMAUS Ein Dorf ungefähr 13 km von Jerusalem entfernt. Am Auferstehungstag erschien Jesus zweien seiner Jünger, die auf dem Weg nach Emmaus waren. Lk 24,13

ENDOR Ein Ort im Norden Israels in der Nähe des Tabor. König Saul reiste in der Nacht vor seiner letzten Schlacht heimlich nach Endor; er bat dort eine Totenbeschwörerin, den Geist des toten Propheten Samuel heraufzurufen. Am nächsten Tag fielen Saul und seine Söhne in der Schlacht am Gebirge Gilboa. 1Sam 28

EN-GEDI Eine Quelle westlich des Toten Meeres, an der sich David versteckte. Jos 15,62; 1Sam 24,1

ENGEL Das Wort »Engel« bedeutet Bote. In der Bibel bezeichnet es die übernatürlichen Wesen vor Gottes Thron. Jesus sagt, daß sie sich mit Gott »über einen Sünder, der Buße tut«, freuen.

Engel werden auch als »Gottessöhne«, »das himmlische Heer«, »himmlische Wesen« und »Diener Gottes« bezeichnet. Im Himmel dienen sie Gott und auf der Erde richten sie als Boten seine Botschaft den Menschen aus. Sie stärkten Jesus nach der Versuchung, und ebenso stehen sie seinen Nachfolgern bei.

Die Juden glaubten, daß es eine Engelhierarchie gibt, in der jeder Engel einen Namen hat. Doch die Bibel sagt darüber nichts, sie nennt nur zwei Engel mit Namen – Gabriel und Michael. Gabriel brachte die Nachricht von der Geburt Jesu.

Die Wendung »der Engel des Herrn« wird im AT oft benutzt, um zu beschreiben, wie Gott in Menschengestalt Botschaften übermittelte. »Der Engel des Herrn« ist auch Gottes Bevollmächtigter beim Gericht.

S. *Israel: Religion; Himmel*. Lk 15,10; Hiob 1,6; 1Kö 22,19; Ps 103,20–21; Da 12,1; Lk 1,26–38; Mt 1,20; 4,11; Hbr 1,14; 1Mo 16,7–14; 22,11–12; 31,11; Ri 6,11–21; 13,3–21 u.a.

EPAPHRAS Der Christ, der die Gemeinde in Kolossä gründete. Er besuchte Paulus in Rom und berichtete ihm über die Kolosser. Daraufhin schrieb Paulus seinen Brief an sie. Kol 1,7–8; 4,12; Phlm 23

EPAPHRODITUS Ein Christ aus Philippi. Seine Gemeinde schickte ihn mit einem Geschenk zu Paulus nach Rom. Phil 2,25–30; 4,18

EPHESER Dieser Brief des Paulus richtet sich vermutlich an eine Gruppe von Gemeinden im Gebiet der heutigen westlichen Türkei. Paulus schrieb diesen Brief wie auch Phil, Kol und Phlm aus dem Gefängnis, wahrscheinlich in Rom, Anfang der sechziger Jahre.

Das Thema ist Gottes Plan für die Gemeinde: ». . . daß alle Dinge zusammengefaßt würden in Christus, beides, was im Himmel und auf Erden ist« (1,10).

Der Brief beginnt damit (Kap. 1–3), daß Gott, der Vater, sein Volk erwählt und es durch Jesus, seinen Sohn, von seinen Sünden befreit hat. In der Gemeinde Christi sind die Schranken der Rassen, Religionen und Kulturen niedergerissen. Gottes Geist arbeitet in den Menschen.

Der zweite Teil (Kap. 4–6) fordert die Christen auf, so zu leben, daß ihre Einheit in Christus an ihrer Liebe zueinander sichtbar wird. Wir sollen aus der Finsternis heraus ins Licht kommen!

Paulus beschreibt dieses Einssein der Christen mit Christus mit den Bildern des Körpers, eines Gebäudes, der Beziehung zwischen Mann und Frau. Das ganze menschliche Leben wird im Licht Christi gesehen. Am Ende ermutigt Paulus die Christen, »die Rüstung Gottes« anzuziehen, um im Kampf gegen das Böse zu bestehen.

EPHESUS Als wichtigste Stadt der römischen Provinz Asia war Ephesus der Brückenkopf zwischen dem Osten und dem Westen. Es lag am Ende der großen Karawanenstraßen

Die Ruinen des Theaters der bedeutenden hellenistischen Stadt Ephesus. Hier wurden Paulus und seine Begleiter von der ärgerlichen Volksmenge angegriffen (Apg 19).

aus Asien, an der Mündung eines Flusses. Zur Zeit des Paulus hatte der Hafen schon angefangen zu versanden, doch die Stadt war immer noch prächtig, mit gepflasterten Straßen, Bädern, Bibliotheken, einem Marktplatz und einem Theater, das mehr als 25 000 Menschen faßte. Der Diana-Tempel in Ephesus war eins der sieben Weltwunder. Er war viermal so groß wie das Parthenon in Athen.

Schon seit 1200 v.Chr. war Ephesus besiedelt, doch zur Zeit des NT war die Bevölkerung auf über 300 000 Menschen angewachsen, darunter viele Juden.

Auch für die ersten Christen wurde Ephesus bald zu einem wichtigen Zentrum. Paulus besuchte es auf seiner zweiten Missionsreise, und seine Freunde Aquila und Priscilla blieben dort. Auf seiner dritten Reise blieb Paulus mehr als zwei Jahre in Ephesus, und das Evangelium verbreitete sich von dort aus durch die ganze Provinz. Die kleinen Silberbilder der Diana wurden nicht mehr so gut verkauft, und einige Menschen konnten deshalb ihren Lebensunterhalt nicht mehr verdienen: Die Folge war ein Aufstand. Paulus schrieb aus Ephesus seine Briefe an die Korinther. Gelegentlich wird die Meinung vertreten, einige seiner Briefe aus dem Gefängnis (z.B. Philipper) könnten in Ephesus entstanden sein. Später beauftragte Paulus Timotheus mit der Leitung der Gemeinde in Ephesus. Ein Brief des Paulus und eins der Sendschreiben der Offenbarung sind an die Epheser gerichtet. Die Überlieferung berichtet, daß hier später der Apostel Johannes gelebt habe. Apg 18; 19; 20; 1Ko 15,32; 16,8–9; Offb 2,1–7

EPIKUREER Anhänger der von dem Griechen Epikur begründeten philosophischen Richtung, die den maßvollen und ungestörten Lebensgenuß empfahl. Apg 17,18

ERASTUS 1. Ein Mitarbeiter des Paulus, der mit Timotheus nach Mazedonien ging, während Paulus in Kleinasien blieb. Apg 19,22; 2Tim 4,20

2. Der Stadtkämmerer von Korinth. Er war Christ und sandte Grüße an die Gemeinde in Rom. Rö 16,23

ERBE s. *Familie*

ERDE s. *Welt*

ERECH Eine der großen sumerischen Städte im südlichen Babylonien, ungefähr 65 km nordwestlich von Ur. 1Mo 10,10; Esr 4,9

ERLASSJAHR s. *Feste*

ERLÖSUNG »Erlösen« bedeutet, etwas zurückkaufen. Jesus sagte, daß er gekommen sei, sein Leben zu geben, um viele zu erlösen. Es ist das Bild von Sklaven, die freigekauft werden. Wir Menschen sind »Knechte der Sünde«. Auch wenn wir aufhören wollten zu sündigen, könnten wir es nicht. Doch durch sein Leben, seinen Tod und seine Auferstehung hat Jesus Christus den Preis bezahlt, um uns frei zu machen.

Deshalb sind Christen »Erlöste«, so wie die Israeliten im AT nach ihrer Befreiung aus Ägypten Erlöste waren. Sie gehören jetzt Gott. Paulus mahnt seine Leser, zu bedenken, welcher Preis für sie gezahlt wurde, und sich voll und ganz in den Dienst Gottes zu stellen: »Ihr seid teuer erkauft«, sagt er. Ein erlöster Mensch ist ein freier Mensch. Deshalb warnt Paulus davor, wieder in den alten Trott zurückzufallen. Stattdessen sollen wir uns von Gott von allen noch gebliebenen Spuren der früheren Knechtschaft der Sünde befreien lassen. Doch auch die Christen erfahren nicht sofort die volle Freiheit. Das werden sie erst am Ende der Zeit erleben, wenn Jesus wiederkommt und sein Volk mit ihm vollkommen frei von aller Sünde sein wird.

S. *Kreuz, Freiheit, Sohn Gottes.* Mk 10,45; Jo 8,34; 1Pt 1,18–19; 2Mo 13,11–16; 1Ko 6,20; Rö 6,12–14; 8,19–23

ERNÄHRUNG

Das Leben der gewöhnlichen Menschen war von der Sorge um Nahrung und Kleidung bestimmt. »Darum sollt ihr nicht sorgen und sagen: Was werden wir essen? Was werden wir trinken? Womit werden wir uns kleiden?« sagte Jesus ihnen, denn er wußte, wie leicht man sich sorgt, wenn man nur das Lebensnotwendige besitzt. In biblischer Zeit lebten fast alle Menschen in Israel mit dem Existenzminimum. Die Feinde griffen deshalb kurz vor der Ernte an. War die Ernte zerstört, konnten die

Leute kaum überleben (s. Ri 6,3–4). Ausbleibender Regen, Dürrezeiten und andere Plagen wie Heuschrecken gefährdeten die Ernte. Hungersnöte gehörten zum Leben. So ist es nicht verwunderlich, daß sich die Israeliten das goldene Zeitalter der Zukunft als eine Zeit der Fülle vorstellten.

Es gab verschiedene Nahrungsmittel. Die wichtigsten waren Getreide, Obst und Gemüse. Brot war das Grundnahrungsmittel. Das Wort »Brot« im Vaterunser meint die gesamte Nahrung. Jesus nennt sich »das Brot des Lebens« und meint damit das allumfassende »Lebensmittel«.

BROT Gerstenbrot war das gewöhnliche Brot. Der Junge in der Speisungsgeschichte hatte davon fünf Laibe (Jo 6,8). Auch aus Weizen, der das beste Mehl gab, wurde Brot gebacken, ebenso aus Dinkel. In einem flachen Korb wurde zuerst das Korn von der Spreu und giftigem Unkraut getrennt. Danach wurde es gemahlen. In der Frühzeit wurde das Korn zwischen einem kleinen und einem größeren Stein gerieben, später zwischen zwei kleinen Mühlsteinen gemahlen. Der untere davon war unbeweglich, der obere drehte sich auf ihm.

Zum Backen stellte man aus Mehl und Wasser (manchmal auch Olivenöl) einen Teig her, mischte Sauerteig vom letzten Backen darunter und ließ ihn eine Weile gehen. Vor dem Backen legte man wieder ein bißchen Teig für den nächsten Tag beiseite. Das Brot wurde in Fladenform gebacken. Ganz frisch schmeckte es am besten, bald trocknete es aus. Eine Alternative zu Brot war geröstetes Getreide – frische Ähren, die auf einem Blech über dem Feuer zu etwas Ähnlichem wie Popcorn gebacken wurden. Für besondere Anlässe backte man auch Kuchen und anderes feines Gebäck.

OBST UND GEMÜSE Auch Früchte waren ein wichtiges Nahrungsmittel. Aus Weintrauben machte man nicht nur Wein. In der Erntezeit aß man sie frisch, später getrocknet (Rosinen). Feigen wurden sowohl frisch als auch getrocknet, in Form von Feigenkuchen, gegessen. Als Abigail David und seinen Männern Essensvorräte gab, waren dabei auch »hundert Rosinenkuchen und zweihundert Feigenkuchen« (1Sam 25,18). Sie eigneten sich besonders für Reiseproviant. Der Prophet Jesaja verschrieb für das schmerzvolle Geschwür Hiskias eine Salbe aus Feigen (Jes 38,21).

Datteln werden in der Bibel nicht erwähnt, wurden aber angebaut. Die Menschen winkten mit Wedeln von Dattelpalmen, als Jesus kurz vor seinem Tod in Jerusalem einzog. Die Sauce für das Passafest (Charoseth) bestand aus Feigen, Rosinen, Weinessig und Datteln.

Oliven wurden teils frisch, teils in Salzwasser eingelegt verzehrt. Aus den Oliven wurde Öl gewonnen, das in der Küche unentbehrlich war. Weiter gab es Granatäpfel, Mandeln und Pistazien und seit neutestamentlicher Zeit Zitrusfrüchte.

In bestimmten Jahreszeiten gab es frisches Gemüse. Erbsen und Linsen wurden getrocknet und in Krügen aufbewahrt. Außerdem hatte man Zwiebeln, Lauch, Melonen und Gurken. Aus Gemüse kochte man vorwiegend Suppen. Esau tauschte seine Erstgeburt gegen einen Teller roter Linsen (1Mo 25,29–34). Aus Milch machte man Käse und Joghurt. Die Butter hielt sich in der

Ein Geflügelladen in Rom

SPEISEVORSCHRIFTEN Im AT ist genau festgelegt, was gegessen werden darf und was nicht. Die Grundregel war, daß Tiere, die wiederkäuten und gespaltene Hufe hatten, gegessen werden durften. Schweinefleisch war also verboten. Fische waren erlaubt, doch nur solche mit Schuppen und Flossen. Viele Vogelarten durfen nicht gegessen werden, besonders Aasfresser. Ebenso mußte jegliches Blut aus dem Fleisch entfernt sein, bevor es gekocht wurde. Und Milchgerichte und Fleisch durften nicht zusammen gekocht oder gegessen werden.

Aufgrund dieser Vorschriften konnten Juden nicht bei Nichtjuden essen, die diese Regeln nicht kannten. Die Folge war eine strenge Trennung zwischen Juden- und Heidenchristen in neutestamentlicher Zeit. Deshalb belehrte Paulus die Christen in Korinth über ihre christliche Freiheit in Essensfragen. Zudem war es Familien, die sich an die Lehren der Pharisäer hielten, nicht erlaubt, Fleisch von Tieren, die für heidnische Opfer geschlachtet worden waren, zu kaufen und zu essen. Drei Tage vor einem heidnischen Fest war der Fleischkauf in nichtjüdischen Läden sowieso untersagt.

Den Grund für diese strengen Vorschriften kennen wir nicht. Es kann sein, daß sie zum Schutz der Gesundheit des Volkes dienen sollten, es kann aber auch sein, daß sie Grausamkeiten gegen Tiere verhindern sollten. Vor allem aber waren sie eine Abgrenzung gegen heidnische Opferriten der Umgebung. Das gilt für das Verbot, Götzenfleisch zu essen. Möglicherweise war auch das Kochen eines Jungtieres in der Muttermilch ein kanaanäischer Ritus, den die Israeliten nicht übernehmen

Hitze nicht. Seit der Zeit des NT kannte man Hühner und pochierte die Eier in Olivenöl.

FLEISCH UND FISCH Fleisch aß man nur selten. Hammel-, Ziegenfleisch und kleineres Geflügel war das Fleisch des Durchschnittsbürgers. Die Reicheren jedoch aßen schon in alttestamentlicher Zeit Lamm-, Kalb- und Rindfleisch. Das Fleisch wurde normalerweise gekocht. Das geröstete Lamm am Passafest war eine Ausnahme. Die einfachen Leute aßen nur zu besonderen Gelegenheiten Fleisch: an Festtagen, wenn Gäste kamen, oder bei Opferfesten im Heiligtum. Dabei aß die Familie am Kultort Teile des geopferten Tieres als Zeichen für die erneuerte Gemeinschaft mit Gott.

Fisch hatte in neutestamentlicher Zeit große Bedeutung (sieben der zwölf Jünger Jesu waren Fischer). Kleine Fische wurden getrocknet, gesalzen und mit Brot verspeist, wie bei der Speisung der 5000. Sie konnten auch über offenem Feuer gebacken werden, wie bei der Mahlzeit, die Jesus für seine Jünger bereitete (Jo 21).

sollten. Doch Genaueres läßt sich über den Sinn der Vorschriften nicht sagen. 3Mo 11; 17,10–16

SÜSSEN UND WÜRZEN Die Israeliten hatten keinen Zucker. Der wichtigste Süßstoff war Honig von wilden Bienen (s. die Geschichte von Jonatan in 1Sam 14,25–27 und die von Simson in Ri 14,9). Außerdem kochte man Datteln zu einem süßen Sirup.

Das Würzen war sehr wichtig. In erster Linie brauchte man dafür Salz. Es gab zwar große Mengen Salz am Toten Meer, doch ein Teil davon war unrein, hart und hatte keinen Geschmack. Es wurde bei feuchtem Wetter auf die Tempelhöfe gestreut, damit sie nicht so glatt waren.

Mehr als zum Würzen brauchte man Salz zur Konservierung von Lebensmitteln. In neutestamentlicher Zeit war der wichtigste Industriezweig in Magdala am See Genezareth das Einsalzen von Fisch. Minze, Dill und Kümmel sollten den Speisen Würze verleihen. Durch sie ließen sich die sonst recht eintönigen Mahlzeiten verändern. Seltenere Gewürze, die aus Afrika oder Asien importiert werden mußten, konnten sich nur die Wohlhabenden leisten.

S. *Kochen; Mahlzeiten.*

ERNTE s. *Landwirtschaft*

ERSTGEBORENER s. *Familie*

ERSTLINGSFEST s. *Feste*

ERWÄHLUNG »Ihr habt mich nicht erwählt, sondern ich habe euch erwählt«, sagt Jesus. Diese Worte fassen die Erwählungslehre der Bibel zusammen. Weil Gott der allmächtige Schöpfer ist, kann auch nur er die letzten Entscheidungen fällen, nicht die Menschen.

Das AT berichtet von Erwählungen Gottes: Er erwählte Abel, nicht Kain; Isaak, nicht Ismael; Jakob, nicht Esau. Doch niemand wurde wegen seiner eigenen Güte und Größe erwählt. Mose sagte dem Volk Israel: »Nicht hat euch der Herr angenommen und erwählt, weil ihr größer wäret als alle Völker . . ., sondern weil er euch geliebt hat.« Der Grund für Gottes Wahl ist in ihm verborgen, und kein Mensch kann es ergründen.

Alle, die Gottes Erwählung annehmen, sollen ihm gehorchen und ihr Leben in seinen Dienst stellen. Das galt für Abraham und das Volk Israel und gilt dafür die Christen heute ebenso: »Ihr aber seid das auserwählte Geschlecht, das königliche Priestertum, das heilige Volk, das Volk des Eigentums, daß ihr verkündigen sollt die Tugenden des, der euch berufen hat von der Finsternis zu seinem wunderbaren Licht.«

S. *Berufung, Bund, Gnade.* Jo 15,16; 5Mo 7,7–8; Rö 9,18–29; 1Pt 2,9

ERZ- Diese Vorsilbe (z.B. Erzengel, Erzhirte) bedeutet soviel wie Erster, Höchster.

ERZIEHUNG

Schon zur Zeit Abrahams entwikkelte man in verschiedenen Ländern Ausbildungsprogramme. In Sumer, der Heimat Abrahams, gab es Schulen, in denen Schreiber für die Arbeit in den Tempeln, im Palast und im Geschäftsleben ausgebildet wurden. Diese Ausbildung mußte von der Familie des Schülers bezahlt werden, weshalb Ausbildung ein Vorrecht der Reichen blieb. Der Stoffplan war umfangreich: Botanik, Geographie, Mathematik, Grammatik und Literatur wurden unterrichtet.

Bei Ausgrabungen wurden zahlreiche Tontäfelchen mit Abschreibübungen gefunden, und andere, die die Versuche von Schülern neben den Verbesserungen der Lehrer enthalten. Im Palast von Mari wurden zwei Klassenzimmer gefunden mit Bänken und Pulten. An einer Schule arbeiteten ein Oberlehrer (der oft »Schulvater« genannt wurde, wie auch die Schüler »Söhne der Schule« hießen), ein Helfer zur Vorbereitung der täglichen Übungen, Fachlehrer und Aufseher (einer von ihnen hieß »großer Bruder«).

Es gab ähnliche Einrichtungen in Ägypten, wo die Schulen meist mit den Tempeln zusammenhingen. Nach dem Grundkursus wechselte man in eine Regierungsabteilung, wo Aufsatz, Naturwissenschaft und die Aufgaben der Staatsämter unterrichtet wurden. Besonderen Wert wurde auf die Abfassung von Briefen gelegt; man hat sogar Modellbriefe gefunden. Wer als Priester ausgebildet wurde, studierte Medizin und Theologie. Die Lebensregeln waren streng: Wein, Musik und der Umgang mit Frauen waren verboten.

Irgendwie haben diese Einrichtungen das Volk Israel an bestimmten Punkten seiner Geschichte beeinflußt. Abraham mag eine gewisse Bildung besessen haben. Josef bediente sich bei seiner Amtsführung seiner Unterbeamten. Mose hatte eine ägyptische Ausbildung. Aber Israel hatte ein ganz anderes Verständnis von Erziehung.

Die Grundvoraussetzung für Israel war, daß alles Wissen von Gott kommt. Er ist der größte Lehrer. Mit der »Furcht des Herrn« beginnt alle Weisheit. Weisheit führt dazu, den Schöpfer und sein Werk besser zu verstehen, und darum führt die Gelehrsamkeit zum Lob Gottes (s. Ps 8). Es genügt nicht, daß sie die menschliche Neugier befriedigt. Sie hilft auch dazu, die von Gott geschenkten Fähigkeiten voll auszuschöpfen. So brauchte man einfache Mathematikkenntnisse, um Land zu vermessen und die Ernte zu berechnen und um größere Bauwerke auszuführen. Die Beobachtung der Gestirne ermöglichte die Aufstellung eines Kalenders. Viele Dinge lernte man aus Erfahrung, andere in einer Lehrzeit.

Daneben hatte die Erziehung der Kinder große Bedeutung. Es gehörte zu den Pflichten aller Eltern, sich um den Unterricht ihrer Kinder zu kümmern (s. *Familienleben*). Der Stoff dieses Unterrichts war aber fast nur religiös.

Sie sollten die Geschichte des Handelns Gottes an Israel kennenlernen.

Sie sollten Gottes Gesetze kennenlernen. Gott ist heilig, und sein Volk soll auch heilig sein. Deshalb müssen Kinder lernen, auf den Wegen des Herrn zu gehen.

Sie lernten, sich klug zu verhalten. Die Sprüche Salomos sind voll mit Ratschlägen, wie man mit Menschen zurecht kommt, und sie richten sich an »Söhne«. Diese Art von Unterricht gab es auch in anderen Ländern. 2Mo 20,4; Spr 1,7; 9,10; Hio 28,28; 5Mo 4,9–10; 6,20–21; 2Mo 13,8–9; 12,26–27; Jos 4,21–22; 3Mo 19,2; 1Mo 18,19; Spr 1,8; 4,1

DIE ENTWICKLUNG DES ERZIEHUNGSWESENS Die Ausbildung begann zu Hause. Abraham wurde aufgetragen, seine Kinder zu unterrichten. Es war wichtig, daß das Wissen von Gottes Handeln an seinem Volk vom Vater auf den Sohn überging und so von Generation zu Generation vermittelt wurde. Daran waren sicherlich auch die Mütter kleiner Kinder beteiligt.

Die Meinungen gehen auseinander darüber, wie viele Menschen in alttestamentlicher Zeit lesen und schreiben konnten. Einige vermuten, daß nur die Vornehmen lesen und schreiben konnten. Aber andrerseits: Josua erwartete einen schriftlichen Bericht über das Land Kanaan; Gideon nahm an, ein vorbeigehender Junge könne lesen; und zur Zeit Hiskias war es wohl ein Arbeiter, der die Inschrift auf der Tunnelwand anbrachte (s. Bautechnik). Es sind genug weitere Beispiele althebräischer Schrift gefunden worden, um zu zeigen, daß Lesen und Schreiben weit verbreitet waren.

Wir wissen nicht, wann Schulen für Kinder eingeführt wurden. Es ist nicht die Rede von ihnen bis zum Jahre 75 v.Chr., als das Land unter griechischem Einfluß stand und eine Art Grundschulerziehung eingeführt werden sollte. Es hat vorher allerdings schon Schulen gegeben. Der kleine Samuel wurde der Obhut des Priesters übergeben und wahrscheinlich von ihm auch unterrichtet. Der Bauernkalender von Geser (s. *Landwirtschaft*) könnte u.U. von einem Schüler oder Lehrer geschrieben worden sein. Junge Männer konnten Schüler von Propheten werden, wahrscheinlich auch von Priestern und Leviten. Jesaja gab einer Gruppe von Schülern besonderen Unterricht, und Elisa sorgte sich um das Wohlergehen seiner Schüler und ihrer Familien. Aber das war kein richtiges Schulwesen, weder im modernen Sinn, noch nach dem, was man in Ägypten oder Babylon damals darunter verstand.

Nachdem das Volk aus dem Exil zurückgekehrt war, entstand eine neue Schicht von Bibelgelehrten, die als »Schreiber« bezeichnet wurden. Früher hießen so die Sekretäre, aber einige der Leviten waren Schreiber, und sie galten schon vor dem Exil als Fachleute in Fragen des göttlichen Gesetzes. Nach jüdischer Überlieferung standen diese Gesetzeslehrer nach dem Exil an der Stelle der Propheten: Man nannte sie »Männer der großen Synagoge«. Zur Zeit Jesu wurden sie Rabbi (= Meister, Lehrer) genannt. Simon der Gerechte, Schammai, Hillel und Gamaliel gehören zu den berühmtesten. Sie unterrichteten im Gesetz und legten es aus. Sie ermöglichten auch seine Anwendung im Alltag einer veränderten Zeit. Aus ihren Lehren wuchsen umfangreiche Sammlungen von Vorschriften, die zunächst mündlich weitergegeben wurden. Sie wurden um das Jahr 200 n.Chr. niedergeschrieben und sind seither als *Mischna* bekannt. Sie hatten für manche das gleiche Gewicht wie das AT.

In den letzten Jahrhunderten vor der Zeit Jesu hat die später als Pharisäer bekannte Gruppe angefangen, ein Schulwesen zu errichten. Die Kinder gingen zuerst zur Synagoge in die Schule. Später setzte man die Ausbildung im »Lehrhaus« fort. Viele davon standen unter Leitung berühmter Rabbis.

Die Erziehungsmethoden können wir nur erraten. Vielleicht hilft ein Hinweis bei Jesaja. Er schreibt, man glaube, seine Botschaft richte sich an Kleinkinder: »Wen will er denn lehren ... Zaw la zaw, zaw la zaw, kaw la kaw, kaw la kaw, hier ein wenig, da ein wenig.« Vielleicht zeigt sich darin, wie kleine Stücke auf einmal gelernt wurden, oder wie die ersten Buchstaben des Alphabets wiederholt wurden. Der Unterricht geschah weithin mündlich, und man erfand verschiedene Gedächtnisstützen. Einige Psalmen sind zum Beispiel vers- oder blockweise so geordnet, daß die Anfanngsbuchstaben da Alphabet bilden. Jesus selbst benutzte Schlagworte, Wiederholungen und Gleichnisse. Ps 9; 10; 25 u.a.; 78,3–6; Spr 31,1; 1,8; 6,20; Jos 18,4.8–9; Ri 8,14; Jes 8,16; Jer 36,26; 1Chro 24,6; Jer 8,8; Mk 7,6–9; Jes 28,10; Spr 1,8; Mk 9,42–50

Griechische Vasenmalerei: Lehrer und lesender Schüler

UNTERRICHT FÜR ERWACHSENE Unterricht gibt es in der Bibel nicht nur für Kinder. Abraham sollte seinen ganzen Haushalt lehren. Mose brachte dem Volk Israel das Gesetz Gottes bei, und die Leviten hatten diese Lehre weiterzugeben. Die Könige sandten Leviten durch das ganze Land, damit sie Unterricht geben sollten; dagegen klagten die Propheten, daß diese Pflicht oft nur schlecht und als ein Gelderwerb betrieben würde. Regelmäßiger Unterricht wurde erst nach dem Exil üblich.

Esra war Priester und Schriftgelehrter, »kundig im Gesetz des Mose«, »denn Esra richtete sein Herz darauf . . . Gebote und Rechte in Israel zu lehren«. Neh 8 zeigt ihn auf einer hölzernen Kanzel vor der Versammlung. 1Mo 18,19; 3Mo 10,11; 2Chro 17,7–9; 35,3; Mi 3,11; Mal 2,7–8; Esr 7,6.10

GRIECHISCHE ERZIEHUNG Zur Zeit Jesu war die griechische Erziehung weltberühmt geworden. Der Grundsatz war, daß Körper, Seele und Geist Raum zur Entfaltung haben sollten. Auf dem Stundenplan standen also Leichtathletik, Philosophie, Dichtkunst, Drama, Musik und Redekunst. Jungen besuchten die Grundschule im Alter von sieben bis fünfzehn Jahren. Danach gingen sie zur weiteren Ausbildung auf ein Gymnasium. Die Öffentlichkeit war immer eingeladen, sich an den Streitgesprächen der Studenten zu beteiligen. Zur Zeit Jesu waren die Gymnasien etwas bescheidener geworden, aber in diesen Schulen steckte immer noch das Beste der griechischen Kultur. Überall wo Griechen wohnten, wurden Gymnasien errichtet, so z.B. eines in Jerusalem um 167 v.Chr.

Die meisten Juden lehnten die griechische Erziehung grundsätzlich ab. Dazu kam, daß in den Gymnasien Übungen und Wettkämpfe nackt

Relief, das Lehrer und Schüler einer römischen Schule in Gallien zeigt.

ausgetragen wurden. Berühmt für sein Gmynasium war auch Tarsus, die Heimatstadt des Paulus. Wir wissen nicht, ob er es besucht hat. Er erwähnt einmal die griechischen Spiele und zeigt sich mit griechischer Kultur vertraut. 2Ko 9,24–27

ERZVÄTER s. *Israel: Geschichte*

ESAU Der ältere Zwillingsbruder Jakobs. Er wurde Jäger und kümmerte sich so wenig um die Verheißungen Gottes, daß er eines Tages, als er hungrig nach Hause kam, sein Erstgeburtsrecht für eine Mahlzeit an Jakob verkaufte. Als sich dann Jakob den Segen Isaaks durch einen Trick erschlich, war Esau ihm sehr böse. Aus Furcht vor ihm verließ Jakob seine Heimat. In der Zeit, in der Jakob fort war, wurde Esau seßhaft und wohlhabend. Er empfing den zurückkehrenden Bruder freundlich und nahm dessen Geschenke an. Esau kehrte in sein Gebiet zurück. Seine Nachkommen waren die Edomiter. Zwischen ihnen und den Nachkommen Jakobs gab es immer Streitigkeiten. 1Mo 25,21ff; 27–28,9; 32–33

ESCHBAAL s. *Isch-Boschet*

ESEL UND MAULTIER Sie werden zum Tragen schwerer Lasten und als Reittiere gebraucht. Der Esel ist ein Nachkomme des nordafrikanischen Wildesels. Das Maultier ist eine Kreuzung aus Esel und Pferd. Sowohl Esel als auch Maultiere haben einen sicheren Gang und können auf schwierigerem Gelände gehen als Pferde. Ein Esel ist der »Held« in der Geschichte von Bileam. Auf der Suche nach verlorenen Eselinnen kam Saul zu Samuel. Auf einem Esel ritt Jesus am Palmsonntag in Jerusalem als Friedefürst ein. 4Mo 22; 1Sam 9 und 10; Sach 9,9; Mt 21,1–11

ESSENER Die Essener waren eine kleine, exklusive Gemeinschaft, die nur einige tausend Glieder zählte. Sie hatte sich im 2. Jh. v.Chr. als Protestbewegung gebildet. Sie wandte sich gegen den griechischen Einfluß auf die jüdische Religion, gegen die verkommenen Könige und gegen die wachsende Gleichgültigkeit der Juden gegenüber dem Gesetz. Die Essener waren noch strenger als die Pharisäer. Viele waren so abgestoßen von der jüdischen Gesellschaft, daß sie sich in klosterartige Gemeinschaften zurückzogen. Möglicherweise gehörte die Siedlung von Qumran auch den Essenern. S. *Qumran.*

ESSIG Das Jesus am Kreuz angebotene Getränk war saurer Wein oder mit Wasser (Galle oder Myrrhe) verdünnter oder vermischter Weinessig, das übliche durststillende Getränk der Soldaten. Mt 27,48

ESTER Ein jüdisches Mädchen, das Königin von Persien wurde. Darüber berichtet das gleichnamige Buch. Die Waise Ester war in Susa, der Hauptstadt Persiens, bei ihrem Vetter Mardochai aufgewachsen. Nach der Entlassung Vastis machte Ahasveros (griechisch: Xerxes) Ester zur Königin. Sie verheimlichte ihm, daß sie Jüdin war. Als der Minister Haman, weil er Mardochai haßte, alle Juden ausrotten lassen wollte, redete Ester mit dem König darüber. Statt daß sie getötet wurden, durften die Juden alle ihre Feinde töten. Daran erinnert das jährliche Purimfest.

ESCHKOL Ein Tal in der Nähe Hebrons. Der Name bedeutet »Traube«. Die Kundschafter, die Mose ins Verheißene Land geschickt hatte, brachten eine riesige Traube von dort mit. 4Mo 13,23–24; 32,9; 5Mo 1,24

ESCHTAOL Ein Ort in dem Gebiet des Stammes Dan, ungefähr 15 km westlich von Jerusalem. Hier wuchs Simson auf; hier kam der Geist Gottes zum ersten Mal auf ihn. Doch trotz der Erfolge Simsons gegen die Philister konnte der Stamm Dan niemals das ganze ihm zugesprochene Land in Besitz nehmen. Jos 15,33; 19,41; Ri 13,24–25; 16,31; 18

ESRA Priester, Gesetzeslehrer und in hoher Stellung am persischen Hof zur Zeit des Exils. Esra bekam von König Artaxerxes die Erlaubnis, eine Gruppe Exilierter von Babylon nach Jerusalem zu führen. Der Tempel stand zwar wieder. Doch bei seiner Ankunft war Esra enttäuscht, daß die Menschen schon wieder im Ungehorsam gegen Gottes Gesetze lebten. Viele, sogar Priester, hatten heidnische Frauen geheiratet. Esra setzte diesen Mischehen ein Ende. Er lehrte das Volk Gottes Gesetz, und es bekehrte sich. Esr 7–10; Neh 8–9

ESRA (BUCH) Das Buch Esra schließt unmittelbar an 2Chro an. Es beschreibt die Rückkehr der Juden aus dem Exil in Babylon. Damit beginnen die Gottesdienste, der Tempelaufbau und das Leben in Jerusalem wieder. Der Bericht erstreckt sich über die Zeit von ca. 538–433 v.Chr. Große Teile des Buches hat Esra wohl selbst verfaßt.
Kapitel 1–2: Die erste Gruppe kehrt auf Anweisung des Königs Cyrus von Persien unter Serubbabel zurück.
Kapitel 3–6: Der Tempel wird, trotz Widerstand, wieder aufgebaut, und der Gottesdienst beginnt.
Kapitel 7–10: Esra führt eine zweite Gruppe nach Jerusalem. Er hilft den Menschen zu neuer Lebensweise und neuem Glauben.

EUCHARISTIE s. *Abendmahl*

EUFRAT Im AT wird dieser große Fluß oft einfach als »der Fluß« bezeichnet. Er ist 1931 km lang; er entspringt im Osten der Türkei und fließt nach Süden in den Persischen Golf. Sein Bett hat sich in der Babylonischen Ebene nach Westen verlagert, so daß die alten Städte, die früher an seinem Ufer lagen, jetzt 4–6 km östlich von ihm liegen. Die Straße nach Syrien folgte dem Eufrat nach Norden bis Karkemisch und wandte sich dann nach Süden nach Damaskus, Israel und Ägypten. 1Mo 15,18; Offb 9,14; 16,12

EULE Eulen jagen nachts und stoßen fast unhörbar auf die kleinen Tiere, die ihre Beute sind, hinab. In Israel gibt es all die Eulenarten, die bei uns auch zu Hause sind. In der Bibel ist die Eule immer Bewohner von Ruinen und zerstörten Orten. 3Mo 11,16; Jes 34,15

EUNIKE Mutter des Timotheus. Apg 16,1; 2Tim 1,5

EUTYCHUS Ein junger Mann, der Paulus in Troas predigen hörte. Es

Uhu

war spät, er schlief ein und stürzte vom dritten Stock hinunter. Paulus erweckte den Toten wieder zum Leben. Apg 20,7–13

EVA Die erste Frau und die Gefährtin Adams. Sie und ihr Mann mißachteten Gottes Gebot, nicht vom Baum der Erkenntnis zu essen. Deshalb kam der Tod in die Welt, und Gott vertrieb beide aus dem Garten Eden. Die Bibel nennt drei Söhne Evas: Kain, Abel und Set. 1Mo 2,18–4,2; 4,25

EVANGELIST Für die Verkündigung des Evangeliums besonders begabter und damit beauftragter Missionar, in der frühen Christenheit neben Aposteln, Propheten, Lehrern u.a. tätig. Apg 21,8; Eph 4,11; 2Tim 4,5

EVANGELIUM Das Wort »Evangelium« bedeutet »frohe Botschaft«, »gute Nachricht«. Diese gute Nachricht ist nach der Bibel die Tatsache, daß wir nicht länger um unserer Sünden willen von Gott getrennt sein müssen. Denn Jesus ist gekommen, um uns Vergebung zu bringen und uns mit Gott zu versöhnen.

Das Markus-Evangelium bezeichnet sich selbst als die »gute Nachricht von Jesus Christus«. Um es noch einfacher zu sagen: Jesus selbst *ist* die gute Nachricht, das Evangelium. Der Inhalt der Evangelien ist einfach: »daß Christus gestorben ist für unsere Sünden nach der Schrift; und daß er begraben ist; und daß er auferstanden ist am dritten Tage nach der Schrift«. Durch den Tod und die Auferstehung Christi können wir Vergebung und neues Leben haben.

Die gute Nachricht ist so einfach, daß sie vielen zu einfach war. Sie ist Gottes eigener Plan. Paulus machte deutlich, daß es leicht ist, Gott zu finden. Er hatte es selbst erfahren: »das Evangelium ist eine Kraft Gottes, die selig macht alle, die daran glauben«. Lk 2,10–11; 4,18–21; Mk 1,1; 1Ko 15,3–4; 1,17–23; Eph 1,6–13; Rö 1,16–17

EVIL-MERODACH Von 562–560 v.Chr. König von Babylon. Bei seiner Thronbesteigung ließ er König Jojachin von Juda frei. 2Kö 25,27–30; Jer 52,31–34

EXIL

Die babylonische Gefangenschaft begann 597 v.Chr., als die Babylonier zum ersten Mal Tausende von Juden als Gefangene nach Babylon führten. Zehn Jahre später zerstörten sie Jerusalem; das Königreich Juda hatte damit aufgehört zu existieren.

ISRAEL Das Volk war schon lange gewarnt worden, daß es einst ins Exil gehen müßte. Schon vor dem Betreten Kanaans hatte Mose ihm gesagt, daß es sein Land verlieren würde, wenn es nicht auf Gott hörte und seine Gebote hielte. 200 Jahre lang, bis zum Fall Samarias, hatten Propheten diese Warnung wiederholt. Im 8. Jh. v.Chr. predigten Amos und Hosea dem Nordreich Israel, daß Gott es verwerfen und bestrafen würde, wenn es sein Versprechen, Gott zu gehorchen, nicht hielt. Israel hörte nicht auf die Warnung, und 721 v.Chr. wurde Samaria, die Hauptstadt des Nordreichs, von den Assyrern erobert. Das Volk wurde deportiert und über viele Provinzen des assyrischen Reiches verstreut. Fremde besiedelten das Land, und es wurde zur assyrischen Provinz Samaria. S. auch *Assyrer*. 5Mo 8,19–20; 2Kö 17; Am 2–9; Hos 9

JUDA wurde auch von den Assyrern bedroht. Der assyrische König

Sanherib eroberte viele Städte Judas und belagerte Jerusalem. Doch König Hiskia vertraute Gott und befolgte seine Gebote, er hörte auf die Botschaft des Propheten Jesaja. Als die Assyrer ihn zur Übergabe der Stadt aufforderten, bat er Gott um Hilfe, und der rettete ihn.

Doch Juda zog aus diesem Ereignis keine Lehre. Man begann zu glauben, daß Jerusalem, die Stadt Gottes, unbesiegbar sei. Tatsächlich ging das assyrische Reich unter, und Jerusalem war nichts geschehen.

Doch aus Babylon drohte bald neue Gefahr. Unter König Josia begann der Prophet Jeremia das Volk Juda zu warnen. Nur wenn es sich wieder zu Gott bekehrte, würde es sicher sein. Doch niemand hörte auf ihn. 604 v.Chr. eroberten die Babylonier Syrien und den Norden Kanaans. König Jojakim von Juda wurde tributpflichtig. Der babylonische König Nebukadnezar nahm auch einige Geiseln mit sich nach Babylon. Doch es dauerte nicht lange, da meinte König Jojakim, er stünde sich besser auf der Seite der Ägypter und rebellierte gegen die babylonische Herrschaft. Er starb, bevor die Babylonier Jerusalem erreichten. Nach einer kurzen Belagerung

übergab sein Sohn Jojachin, am 16. März 597 v.Chr., Jerusalem den Feinden. Nebukadnezar beraubte die Stadt all ihrer Schätze und Reichtümer und nahm den König und viele der führenden Bürger mit sich nach Babylon. Die Zeit des Exils hatte begonnen. Jes 36–37; Jer 7; Da 1

DIE ZERSTÖRUNG JERUSALEMS

Nebukadnezar ließ den Onkel Jojachins, Zedekia, als Vasallenkönig in Jerusalem zurück. Jeremia sagte dem Volk immer wieder, daß es nur sicher wäre, wenn es die babylonische Herrschaft annähme; doch falsche Propheten verkündeten den baldigen Untergang Babylons und ermutigten Zedekia zu einem Aufstand. Daraufhin belagerten die Babylonier Jerusalem. Achtzehn Monate lang hielt es stand. Die Menschen hungerten, als Nebukadnezars Armee im Sommer 587 v.Chr. die Mauern durchbrach. Zedekia versuchte, in der Nacht zu fliehen, wurde aber gefangengenommen. Die Babylonier plünderten die Stadt und ließen Jerusalem und den Tempel als ausgebrannte Ruinen zurück. Viele bedeutende Männer Jerusalems wurden hingerichtet und die Überlebenden nach Babylon ins Exil geführt.

Zeichnung eines assyrischen Reliefs, das eine Stadt im Belagerungszustand zeigt. An der Mauer steht ein Rammbock, vorne sieht man Flüchtlinge in Ochsenkarren.

Vom Königreich Juda blieb nur wenig übrig. Siedler aus Edom ließen sich sofort im Hochland südlich von Hebron und Bet Zur nieder. Nebukadnezar setzte Gedalja als Statthalter über den Rest des Landes ein. Die Städte waren zerstört; die Bewohner waren zum Teil gefallen, zum Teil an Hunger und Seuchen gestorben oder ins Exil verschleppt worden. Nur noch wenige waren übrig, um das Land zu bebauen, das die feindlichen Truppen verwüstet hatten.

Gedalja richtete sein Hauptquartier in Mizpa ein, er bemühte sich, gut zu regieren. Doch einige wollten sich immer noch nicht den Babyloniern beugen, zettelten eine Verschwörung an und ermordeten Gedalja. Die Anhänger des Verschwörers bekamen daraufhin Angst und flohen nach Ägypten; den Prophet Jeremia nahmen sie mit sich. 582 v.Chr. führten die Babylonier noch mehr Menschen weg ins Exil und gliederten das ehemalige Königreich Juda der Provinz Samaria ein. Schließlich sollten die Bewohner Judas wieder zurückkehren. Die Nordstämme jedoch kehrten nie wieder zurück. Jer 27–28; 40–43; Kla; 2Kö 25,22–26

DIE VERBANNTEN In Babylonien lebten die Juden in ihren eigenen Siedlungen in Babylon und anderen Städten. Es war ihnen gestattet, eigene Häuser zu bauen, zu arbeiten, ihre Sitten und ihre Religion beizubehalten. Sie konnten zwar nicht in die Heimat zurückkehren, wurden jedoch nicht schlecht behandelt. König Jojachin und seine Familie waren Gäste am Königshof. Einige Juden, wie Daniel, erhielten hohe Positionen in Regierungsämtern; jüdische Handwerker waren unter den Arbeitern Nebukadnezars. Viele von ihnen lebten sich in Babylon so ein, daß sie, als ihnen erlaubt wurde, nach Jerusalem zurückzukehren und den Tempel wieder aufzubauen, gar nicht mehr weg wollten. Andere sehnten sich danach, nach Juda zurückzukehren, und im Exil klammerten sie sich um so stärker an ihre Religion und Lebensart. Jetzt, da der Tempel, das Zentrum des Glaubens und der Ort der Gottesdienste, zerstört war, legten die Menschen um so mehr Gewicht auf die Regeln ihrer Religion, die sie überall befolgen konnten. Das Einhalten des Sabbats und der Reinheitsvorschriften wurde sehr wichtig, ebenso die Beschneidung als Zeichen des Bundes Gottes. Im Exil erhielten auch viele Bücher des AT ihre heutige Form. Viele Priester begannen wie Esra das Gesetz genau zu studieren.

DIE RÜCKKEHR AUS DEM EXIL 539 v.Chr., fast 50 Jahre nachdem Nebukadnezar Jerusalem zerstört hatte, eroberte Cyrus von Persien Babylon. Das babylonische Reich ging in die Hände der Perser über. Sie setzten persische Gouverneure (Satrapen) in jeder Provinz des neuen Reiches ein. Unter deren Herrschaft erhielten die Provinzen größeres Mitspracherecht in ihren eigenen Angelegenheiten. Man ermutigte sie sogar, ihre eigenen Sitten und Religionen beizubehalten – und die nach Babylonien Verbannten, darunter auch die Juden, durften in ihre Heimat zurückkehren. 538 v.Chr. erließ Cyrus ein Edikt, das besagte, daß die Juden nach Jerusalem zurückkehren sollten, um »das Haus des Herrn« wieder aufzubauen. Sie bekamen Geld und alle Unterstützung, die sie brauchten.

Auch die Gefäße, die Nebukadnezar aus dem Tempel geraubt hatte, gab Cyrus zurück. So machte sich die erste Gruppe Juden auf den langen Weg nach Hause.

EXODUS

Das Wort Exodus bedeutet einfach Herausgehen, Weggehen, Auszug. Doch dieses »Herausgehen« aus Ägypten, *der* Auszug, war das Schlüsselereignis für das alttestamentliche Israel. Alle kommenden Generationen sollten darauf zurückblicken. Jährlich stattfindende religiöse Feste erinnerten daran. Die Eltern hatten dafür zu sorgen, daß ihre Kinder lernten, was er bedeutete. Gott hatte die hebräischen Sklaven durch Mose aus Ägypten herausgeführt und aus ihnen das Volk Israel gemacht. Das geschah wahrscheinlich im frühen 13. Jh. v.Chr., als Ramses II. Pharao von Ägypten war.

Als Mose dem Pharao zum ersten Mal die Bitte um Freiheit vorbrachte, war dessen Antwort nicht ermutigend. Der Pharao ließ sich weder durch die Zeichen Moses noch durch das, was Aaron sagte, bewegen. Er vergrößerte nur die Lasten der sowieso schon schwer belasteten Arbeiter. Doch dann handelte Gott selbst. In acht oder neun Monaten erschütterten zehn Katastrophen (die Plagen) das Land. Ägypten hatte noch nie so viele Plagen in so kurzer Zeit erlebt.

DIE PLAGEN Nach Gottes Anweisung warnte Mose den Pharao vor jeder Plage – die dann auch zur angegebenen Zeit eintraf. Einige der Plagen hörten auf, als Mose darum betete. Oft blieben die Hebräer, die im Gebiet des Nildelta wohnten, davon verschont; so verloren, als das ägyptische Vieh an einer Seuche

starb, die Hebräer keins ihrer Tiere. Als Hagel Getreide und Tiere vernichtete und Dunkelheit drei Tage lang das Land bedeckte, wurden die Israeliten auch davon nicht betroffen.

In all diesen Plagen sahen die Ägypter ihre Götter als die unterlegenen. Wenn der Gott der Hebräer handelte, brachte der Nilgott, der das Land eigentlich fruchtbar machen sollte, nur Zerstörung. Sogar der mächtige Sonnengott Re wurde von der unnatürlichen Dunkelheit überwältigt. Die Zauberer des Königs konnten nichts daran ändern. Neun Plagen kamen und gingen, das Nilwasser wurde ungenießbar. Es kamen Frösche, Stechmücken und Fliegen, die Tiere starben; die Menschen bekamen Blattern; auf Hagel folgten Heuschrecken und danach die furchtbare Finsternis.

Doch erst nach der zehnten Plage wurden die Israeliten frei, und diese Plage war eine ganz besondere. »Mose sprach: So spricht der Herr: um Mitternacht will ich durch Ägypten gehen, und alle Erstgeburt in Ägyptenland soll sterben.« Die erstgeborenen Söhne der Israeliten sollten verschont bleiben, wenn die Israeliten ihre Türpfosten kennzeichneten mit dem Blut eines Opferlammes. Dieses Lamm sollten sie kochen und in der Nacht mit bitteren Kräutern und ungesäuertem Brot essen.

Seit jener Nacht feiert Israel jedes Jahr zum Andenken daran das Passafest.

Um Mitternacht starb alle Erstgeburt der Ägypter. Noch vor Tagesanbruch wurde den Israeliten befohlen, das Land zu verlassen. Mit kostbaren Geschenken ihrer ägyptischen Nachbarn und allem, was sie hatten, machten sich die Hebräer auf. Doch ihre Schwierigkeiten waren noch nicht zu Ende. Als die lange Kette der Familien mit ihren Besitztümern und ihrem Vieh die langsame Reise nach Osten antrat, sammelte der Pharao seine Streit-

Ägyptischer Pharao mit Pfeil und Bogen in seinem Kampfwagen.

wagen und jagte ihnen nach. Er erblickte die entflohenen Sklaven an einem Rastplatz am Meer, an einer Stelle, die das AT »Schilfmeer« nennt, wahrscheinlich an einem See in der Nähe des heutigen El Quantara am Suez-Kanal. Der See versperrte den Fluchtweg, und die Israeliten saßen in der Falle zwischen dem See und einem bewaffneten, schnellen Feind.

Wieder griff Gott ein; er öffnete einen Weg durch das Wasser. Die Israeliten kamen sicher hindurch, doch die Ägypter ertranken. 2Mo 5–15

DER BUND AM SINAI Ohne Furcht vor den Ägyptern wandte sich das Volk jetzt nach Südosten, dem Sinai und dem geplanten Treffen mit Gott entgegen. Nach einer Reise von fast drei Monaten erreichte es den Sinai, einen Berg im Süden der Sinaihalbinsel. Dort vollendete Gott in einer ehrfurchtgebietenden Offenbarung das, was er mit der Herausführung des Volkes aus Ägypten begonnen hatte. Er

schloß seinen Bund mit dem Volk und erklärte dieses Häuflein ehemaliger Sklaven zu seinem Volk.

Es sollte auf ihn hören und seine Gesetze befolgen, die in den Zehn Geboten zusammengefaßt waren, die er Mose auf zwei Steintafeln gab. Sie waren die Grundregeln für das Leben des Volkes. Das Volk gab in einer feierlichen Zeremonie im Schatten des Berges seine Zustimmung. Zur Besiegelung des Bundes wurden Opfer dargebracht, und das Blut wurde über die Menschen und über den Altar gesprengt. Dann gab Gott Anweisungen für den Bau eines Zeltes (Stiftshütte), das für den Rest des Weges Zeichen seiner Gegenwart sein sollte.

Das Volk blieb fast ein Jahr am Sinai. Dann wandte es sich nach Norden und zog durch die Wüste Paran nach Kadesch. Damit hatten sie die Südgrenze Kanaans erreicht.

Schon bald nach dem Verlassen Ägyptens gingen die Nahrungsmittel aus, und die Wüste bot keinen Ersatz. Mehr als einmal gab es kein Wasser, weil keine Oase in der Nähe war oder weil die vorhandenen Quellen ungenießbar waren. Jedesmal wandten sich die Israeliten gegen Mose und Aaron und warfen ihnen vor, sie in den Tod zu führen. Bald erschien ihnen sogar die Sklaverei in Ägypten in rosigem Licht – dort hatte es wenigstens genug zu essen gegeben. Doch jedesmal half Gott. Er schickte Brot vom Himmel (Manna), bis das Volk das Land Kanaan erreichte. Und er gab ihm Wasser, sogar an Plätzen, wo es eigentlich kein Wasser geben konnte, so daß niemand Durst leiden mußte. 2Mo 16–40; 4Mo; 5Mo

AN DER GRENZE KANAANS In Kadesch hatte das Murren des Volkes schlimme Folgen. Spione waren nach Kanaan geschickt worden und kamen nun zurück mit dem Bericht über ein großes und mächtiges Volk, das dort lebte. Als die Israeliten das hörten, fürchteten sie sich und rebellierten. Das Leben Moses wurde bedroht, und einige verlangten sogar nach einem Führer, der sie nach Ägypten zurückbringen sollte. Die Unruhe legte sich schließlich, doch die Israeliten mußten weitere 38 Jahre ziellos in der Wüste umherwandern, bis alle, die bei Kadesch gemurrt hatten, gestorben waren. Erst dann durfte das Volk ins Verheißene Land kommen.

Ihr Weg führte sie durch die Wüste Zin, am Land Edom vorbei. Andere Könige, die sie nicht durch ihr Land ziehen lassen wollten, besiegten sie, und schließlich lagerten sie gegenüber von Jericho, bereit, den Jordan zu überqueren und das Land, das Gott ihnen geben wollte, zu betreten. Mose ernannte Josua kurz vor seinem Tod zum neuen Führer des Volkes. »Und es stand hinfort kein Prophet in Israel auf wie Mose, den der Herr erkannt hätte von Angesicht zu Angesicht, mit all den Zeichen und Wundern«. 5Mo

S. *Israel: Geschichte.*

EXODUS (2. Mose) s. *Mosebücher*
EZECHIEL s. *Hesekiel*
EZJON-GEBER s. *Elat*

FÄRBEN s. *Stoffe*
FAMILIENLEBEN
Die »Familie« zur Zeit Abrahams würden wir, die wir in kleinen Familien leben, als »Großfamilie« bezeichnen. Sie bestand nicht nur aus Eltern und Kindern, sondern auch aus Großeltern, Tanten, Onkel, Cousins und Cousinen – und sogar Dienern. Wie groß solch eine Familie sein konnte, sieht man daran, daß Abraham in der Lage war, 318 kampffähige Männer aufzubieten, als er Lot aus der Gewalt der plündernden Könige befreite (1Mo 14,14).

In solch einer Familiengemeinschaft entschied der Großvater allein, sowohl in praktischen als auch in religiösen Fragen. Bei seinem Tod übernahm der älteste Sohn diese Funktion. Das Wort des Führers war Gesetz. Abrahams Sippe akzeptierte z.B., daß Gott sich Abraham in der Wüste offenbart hatte. Sein Gott war auch ihr Gott, obwohl sie nicht alle einen so starken Glauben wie Abraham hatten.

Gott hatte Abraham eine Verheißung gegeben. Er erneuerte sie Isaak und Jakob gegenüber. Er wollte ihr Gott sein, der für sie sorgte und sie beschützte. Als Gegenleistung sollten sie seine Gebote halten. Diese Gebote gab Gott einer späteren Generation, als er Mose auf dem Berg Sinai die Zehn Gebote gab. So war in Israel von Anfang an das alltägliche Leben mit dem religiösen Leben verknüpft, beide waren eins und konnten nicht getrennt werden. Alles, was die Familie tat, war auf Gottes Gesetz gegründet. Sie mußten alles unter sich in Ordnung bringen und opfern, um mit Gott in Ordnung zu kommen (3Mo 6,1–6). ELTERN UND KINDER Die Verknüpfung von Alltagsleben und Religion wurde z.B. sichtbar in der Erziehung der Kinder. Die Kinder wurden ermutigt zu fragen, um so mehr über ihre Religion und Geschichte zu erfahren (2Mo 13,14). Orte, an denen Gott etwas Besonderes für sein Volk getan hatte, wurden mit großen Steinen markiert. Wenn die Kinder dann fragten, was diese Steine bedeuteten, sollten die Eltern es ihnen erklären (Jos 4,5–7).

Der wöchentliche Ruhetag (der Sabbat) sollte ein Tag sein, an dem man sich an Gott erinnerte und ihm diente (2Mo 31,15–17). Ganz am Anfang im AT besuchten Eltern und Kinder das örtliche Heiligtum, um zu opfern und die Unterweisungen des Priesters zu hören. Zur Zeit des NT begann der Sabbat am Freitagabend mit der besten Mahlzeit der Woche. Danach ging die ganze Familie in die Synagoge, damit die Lehrer ihr das Gesetz auslegten.

Die Eltern lehrten ihre Kinder die Gebote Gottes. Sie lernten Teile der Bibel auswendig, z.B. Psalmen und andere poetische Texte. An den Abenden erzählten Familienmitglieder die Geschichten, die wir aus der Bibel kennen.

FESTE Die Bedeutung der großen religiösen Feste wurde in bestimmten Zeremonien immer wieder erklärt. Am Passafest z.B. fragte der Vater das älteste Kind: »Warum feiern wir dieses Fest?« Und das Kind erzählte, wie das Fest entstanden war. Außerdem gab es den großen Versöhnungstag, dem das Herbstfest (Laubhüttenfest) folgte. Zur Erinnerung an die Wüstenwanderung ihrer Vorfahren wohnten alle an diesem Fest in aus Zweigen gebauten Hütten. Später in der Geschichte Israels spielten die Kinder am Purimfest die Geschichte Esters. Alle Feste waren so voller Leben, daß die Kinder wissen wollten, was das

alles bedeutete. So lernten sie die Geschichte ihres Volkes kennen (s. Teil 5).

LEHREN In alttestamentlicher Zeit gab es keine Schulen. Die Kinder wurden zu Hause unterrichtet, zuerst von der Mutter, dann vom Vater. Zusätzlich zu Religion und Geschichte, die die Kinder aus Erzählungen und durch Fragen kennen- und auswendig lernten, lernten die Mädchen Haushalten – Spinnen, Backen und Weben – von ihrer Mutter, während die Jungen ein Handwerk von ihrem Vater lernten. Die Juden hatten ein Sprichwort: »Wer seinen Sohn kein nützliches Handwerk lehrt, erzieht ihn zu einem Dieb.« Arbeit, Werkzeuge des Vaters und später die Mitglieder seiner Zunft waren alle wichtig für die Erziehung eines Jungen (s. *Erziehung*).

LAND UND VIEH Jeder Israelit besaß ein Stückchen Land, so daß sowohl Jungen als auch Mädchen Arbeit im Freien verrichten mußten. In den Weinbergen, beim Pflügen und beim Dreschen gab es immer genug zu tun.

Die Kinder versorgten die Tiere der Familie, meistens Schafe und Ziegen. Jede Familie, sogar die ärmste, hoffte, zum Passafest zwei Lämmer kaufen zu können. Eins von ihnen wurde zu Passa getötet und gegessen, das andere blieb am Leben. Es sollte die benötigte Wolle liefern. Da die Armen sich oft keinen Stall leisten konnten, schlief das Lamm bei den Kindern und aß aus deren Geschirr (2Sam 12,3). Am Ende des Sommers wurde es geschlachtet und das Fleisch im Fett des Schwanzes konserviert. Die meisten Familien besaßen auch eine Ziege. Aus der

Milch, die sie gab, machte man u.a. Ziegenkäse.

In manchen Haushalten gab es auch Hunde, doch üblich war das nicht, da Hunde als Aasfresser galten.

Der Esel war das Transporttier. Er trug sowohl Menschen als auch schwere Lasten. Reichere Bauern hatten Ochsen für die Arbeit und Kamele für den Transport.

NOMADEN UND SIEDLER In frühester alttestamentlicher Zeit – vor der Zeit in Ägypten – lebten die Menschen in Zelten. Abraham verließ auf Gottes Ruf hin die zivilisierte Stadt Ur am Eufrat. Den Rest seines Lebens verbrachte er auf der Wanderschaft. Sein Sohn Isaak und sein Enkel Jakob lebten – wie die Nomaden heute – in Zelten. Das Wasser war knapp, besonders während der Trockenheit im Sommer. Die Bewohner Kanaans verteidigten ihre Brunnen gegen die Wanderer, die nicht nur Wasser für sich selbst, sondern auch für ihre Herden brauchten. Der Streit zwischen Abraham und Abimelech um den Brunnen bei Berscheba ist ein Beispiel dafür (1Mo 21,25–31).

Obwohl sie keine feste Heimat hatten, bauten Abraham und seine Familie doch Getreide an. Sie entfernten sich nie weit von den Besiedlungszentren. Nach der Flucht aus Ägypten wollte sich das Volk für immer niederlassen und kämpfte einige Jahre um Land. Als es sich endlich ein Stück Land erkämpft hatte, tauchten andere Nomaden auf, die sich in demselben Gebiet ansiedeln wollten. Die Israeliten mußten deshalb lernen, diese landlosen Fremdlinge freundlich zu behandeln. Später bildeten diese die Gruppe der Arbeiter der Bevölkerung.

Ein Tag glich dem anderen, und über Jahrhunderte änderte sich am Familienleben wenig. Manchmal wurde der Alltag durch Überfälle fremder Heere oder auch durch besondere, friedliche Ereignisse gestört. Jede Familie kümmerte sich um ihre eigene kleine Landwirtschaft. Neben der täglichen Arbeit des Putzens, Backens, Spinnens, Webens und Färbens mußten Tiere und Land versorgt werden.

FAMILIENBEZIEHUNGEN Das Familienleben wurde im Laufe der Geschichte Israels immer wichtiger. Als die Nomaden seßhaft wurden, wurden die großen Familien kleiner.

DER VATER In dieser kleineren Familie besaß der Vater die Vollmacht. Er konnte seine Tochter als Sklavin verkaufen und ungehorsame Kinder mit dem Tod bestrafen. Er konnte sich auch ohne Angabe eines Grundes von seiner Frau trennen und brauchte sich nicht um ihre weitere Versorgung zu kümmern. Und er durfte die Frauen seiner Söhne auswählen.

FRAUEN Die Frauen waren *Besitz* ihrer Männer und betrachteten diese als ihre Herren. Das gilt auch für die Zeit des NT. Obwohl die Frauen harte Arbeit verrichteten, hatten sie in der Familie und in der Gesellschaft eine niedrige Stellung. Doch das Gesetz beschützte die geschiedene Frau, und ihre Kinder wurden angehalten, sie zu respektieren.

Jesu Umgang mit Frauen (s. z.B. Jo 4) steht in Kontrast zu der damaligen Einstellung. Die christliche Lehre sagt ganz klar: »Hier ist nicht Mann noch Frau; denn ihr seid alle einer in Christus Jesus« (Gal 3,28). Im Reich Gottes gibt es keine Bürger zweiter Klasse.

ERBRECHT Nur Söhne waren erbberechtigt. Der älteste Sohn erhielt einen doppelten Anteil vom Besitz des Vaters. Töchter erbten nur, wenn keine Söhne da waren. Gab es gar keine Kinder, erbte der nächste männliche Verwandte alles.

RESPEKT UND DISZIPLIN Das Buch der Sprüche spricht von allen biblischen Büchern am meisten und am deutlichsten über Familienbeziehungen. Kinder sollen um ihrer selbst willen ihre Eltern respektieren und deren Rat und Lehren folgen. Und Eltern, die ihre Kinder wirklich lieben, werden sie zurechtweisen und strafen, besonders wenn die Kinder noch klein sind. Das Glück der Eltern ist nicht von dem der Kinder zu trennen und umgekehrt. Beides hat seinen Grund in der Gottesfurcht.

Das NT geht von derselben Grundlage aus. Es ist die Christenpflicht der Kinder, ihren Eltern zu gehorchen, und die Eltern sollen ihre Kinder in der christlichen Lehre und Liebe erziehen.

EIN NEUGEBORENES KIND »Siehe, Kinder sind eine Gabe des Herrn, und Leibesfrucht ist ein Geschenk. Wie Pfeile in der Hand eines Starken, so sind die Söhne der Jugendzeit. Wohl dem, der seinen Köcher mit ihnen gefüllt hat.« Diese Worte aus Psalm 127 geben Aufschluß darüber, wie die Menschen in Israel über Kinder dachten. Eine große Familie war ein Zeichen für Gottes Segen. Wenn jemand keine Kinder bekam, hieß das, daß Gott nicht zufrieden war, und das konnte für ein Ehepaar schwer sein (z.B.: Geschichte von Hanna in 1Sam 1–3).

Am wichtigsten waren Söhne. Daher nannte man Frauen nach der Geburt ihres ersten Sohnes auch »Mutter des . . .« Sobald die Jungen alt genug waren, mußten sie bei der Landarbeit mithelfen. Mädchen waren, obwohl auch gute Arbeitskräfte, weniger wichtig. Ein Hochzeitsgeschenk mußte den Eltern gezahlt werden als Entschädigung für den Verlust der Arbeitskraft ihrer Tochter, wenn diese heiratete. Söhne trugen den Namen der Familie weiter. Als die Menschen noch nicht an ein Leben nach dem Tod glaubten, meinten sie, daß sie nur in ihren Kindern weiterleben würden und es ohne Kinder keine Zukunft für sie gäbe. Aus diesem Grund war auch der engste Verwandte verpflichtet, die Frau eines kinderlos verstorbenen Mannes zu heiraten. Der erste Sohn aus dieser Ehe sollte den Namen des Verstorbenen tragen und dessen Besitz erben (die »Leviratsehe« – 5Mo 25,5–6).

BRÄUCHE Das neugeborene Kind wurde gewaschen, mit Salz abgerieben (das sollte die Haut abhärten) und in Tücher gewickelt. Die Mutter oder eine andere Frau legten das Kind auf ein rechteckiges Stück Stoff, klappten die Ecken über den Bauch und die Füße und umwickelten das Baby mit Bandagen, damit es die Arme nicht bewegen konnte. Mehrmals am Tag wurde das Kind mit Olivenöl und zu Puder zermahlenen Myrtenblättern eingerieben. Das geschah so mehrere Monate lang. Diese Wickelart machte es der Mutter möglich, das Kind in einem Wolltuch, »der Wiege«, auf dem Rücken zu tragen. Nachts hing die Wiege an einem Balken oder zwischen zwei Astgabeln befestigt. Kinder wurden normalerweise zwei bis drei Jahre gestillt. Die Sterblichkeitsrate bei ihnen war sehr hoch wegen der primitiven Häuser.

In alttestamentlicher Zeit bekam

das Baby sofort nach der Geburt einen Namen. Jeder Name hatte eine besondere Bedeutung. So konnte er eine erwünschte Eigenschaft oder das Verhältnis der Eltern zu Gott bezeichnen. Jakobs Frau Rahel z.B. nannte ihren ersten Sohn, auf den sie sehr lange gewartet hatte, Josef. Das bedeutet: »Auf daß Gott mehr Söhne schenke«. Der Name Barak bedeutet: »Blitz«; Elia heißt: »Der Herr ist Gott« und Jesaja: »Gott ist Rettung«.

RITEN In neutestamentlicher Zeit bekamen Jungen erst am achten Tag nach der Geburt einen Namen; am selben Tag wurden sie beschnitten (s. *Beschneidung*). Viele andere Völker beschnitten Jungen, wenn sie als erwachsene Mitglieder des Stammes anerkannt wurden. Die Beschneidung in Israel geht auf eine Anweisung Gottes an Abraham zurück (1Mo 17). Sie ist Zeichen der Zugehörigkeit zum Volk Gottes. Leider wurde die wahre Bedeutung dieses Zeichens oft vergessen. In der Zeit nach dem Exil hat man es sich als Verdienst zugute gehalten.

Manchmal kamen noch zwei weitere Riten hinzu. War das Kind der »Erstgeborene«, gehörte es in besonderer Weise Gott und mußte erst freigekauft werden. Das ging zurück auf die Zeit des Exodus, als Gott alle Erstgeborenen der Ägypter tötete, die der Israeliten jedoch verschonte. Von da an gehört ihm jede Erstgeburt. »Beim Menschen aber sollst du alle Erstgeburt unter deinen Söhnen auslösen ... Und das soll dir wie ein Zeichen sein ..., denn der Herr hat uns mit mächtiger Hand aus Ägypten geführt« (2Mo 13,13ff). Die erste Generation nach dem Exodus wurde durch die Weihe der Leviten zum Dienst Gottes freigekauft. Danach zahlte jede Familie fünf Silberstücke als Preis für den Erstgeborenen an die Priester.

Die andere Zeremonie war ein Opfer, das die Mutter zu ihrer »Reinigung« darbrachte (s. 3Mo 12). Nach dem Gesetz durften nur »reine« Menschen am Gottesdienst teilnehmen. Bestimmte Dinge (Berührung von Leichen, Schwangerschaft und Geburt, das Essen mancher Speisen) schlossen die Menschen für bestimmte Zeit vom Gottesdienst aus. Um wieder »rein« zu werden, mußte eine Mutter zuerst eine Taube und dann ein Lamm opfern. Wenn die Eltern, wie Josef und Maria, zu arm waren, um ein Lamm zu kaufen, durften sie auch eine zweite Taube opfern. In neutestamentlicher Zeit legte man nur noch Geld in den Opferstock, um das Opfer zu bezahlen und die Frauen beobachteten dann, vor den Stufen des Altars stehend, die Zeremonie.

Zur Zeit des NT galten Jungen mit 13 Jahren als erwachsen. Deshalb wurde der dreizehnte Geburtstag mit einem besonderen Gottesdienst, dem »Bar Mitzwa«, gefeiert. In der Zeit vor dem Geburtstag lernte der Junge das Gesetz und die Propheten lesen, aus denen er am Bar-Mitzwa-Tag in der Synagoge vorlesen mußte. Danach segnete der Rabbi ihn mit den Worten aus 4. Mose 6,24–26:

> »Der Herr segne dich und
> behüte dich;
> der Herr lasse sein Angesicht
> leuchten über dir
> und sei dir gnädig;
> der Herr hebe sein Angesicht
> über dich
> und gebe dir Frieden.«

Von da an galt der Junge als ein erwachsenes Glied der Gemeinschaft. Nun war er dem Gesetz verpflichtet. Manchmal nahmen die Eltern ihn schon ein Jahr vor seinem dreizehnten Geburtstag mit zu solch einem Gottesdienst.

FASTEN Das Gesetz des Alten Testaments schreibt nur einen Tag als Fastentag des Volks vor. Es ist der Versöhnungstag, am »zehnten Tag des siebten Monats« (Ende September/Anfang Oktober). Während des babylonischen Exils gab es daneben besondere Fastentage im 5. und 7. Monat zur Erinnerung an die Zerstörung des Tempels und die Ermordung des Statthalters Gedalja.

Nach dem Exil kamen zwei weitere Fastentage auf. Im zehnten Monat, zum Gedenken an den Beginn der Belagerung Jerusalems, und im vierten Monat, als Erinnerung an die endgültige Einnahme der Stadt. Das Volk und einzelne pflegten auch in besonderer Not zu fasten. Gebet und Fasten gehörten zusammen. Das Fasten war das sichtbare Zeichen der Buße. Zum Fasten konnte es auch gehören, daß man sich die Kleider zerriß, sich in grobes Tuch kleidete, sich Staub und Asche auf den Kopf streute, die Haare nicht kämmte und den Körper nicht wusch, aber neben diesen äußerlichen Anzeichen, so betonten die Propheten und auch Jesus, kommt es auf die wirkliche Erneuerung der Herzen an. 3Mo 16,29; Sach 7,5; 8,19; Ri 20,26; Neh 1; 2Sam 12,16.20; Est 4,16; Jes 58,3–5; Joe 2,13; Jon 3,5; Mt 6,16–18

FEIGEN UND MAULBEERFEIGEN Die Feige war eine wichtige Frucht in den Zeiten der Bibel. Man stellte sich vor, daß in Zeiten des Friedens und des Wohlstands »jeder unter seinem eigenen Weinstock und Feigenbaum sitzen« könne. Feigen sind langsam wachsende Bäume, die im Jahr mehr als 10 Monate lang Frucht tragen. Die großen Blätter sind ein praktisches Verpackungsmaterial. Kuchen aus getrockneten Feigen waren ein ausgezeichnetes Nahrungsmittel – besonders als eiserne Ration für Reisende.

FEIND Die Feindschaft auf der Erde hat ihren Ursprung im Sündenfall. Sünde ist Feindschaft gegen Gott. Der gerechte Gott ist Feind der Feinde seines Volkes. Darin haben auch die Feindschaft Israels gegen die Kanaanäer und der Feindeshaß in einigen Psalmen ihren Grund. Andererseits fordert schon das AT Barmherzigkeit gegenüber dem persönlichen Feind. Gott gebraucht die Feinde Israels, um das Gericht an seinem treulosen Volk zu vollziehen; diese machen sich aber durch ihren Hochmut schuldig.

Jesus ist für uns am Kreuz gestorben, als wir noch Gottes Feinde waren. Er predigte und praktizierte Feindesliebe. Am Ende der Zeit, nach dem Sieg Christi über alle Feinde, wird alle Feindschaft, auch die zwischen Mensch und Tier und unter den Tieren, aufhören. 1Mo 3,15; Rö 8,7; 2Mo 23,22; 5Mo 7; Ps 139,19–22; 2Mo 23,4.5; Spr 25,21; Jer 21,7; Jes 10,5–16; Rö 5,10; Mt 5,44; Rö 12,14.20.21; 1Kor 15,25; Jes 11,6–8

FELIX Der römische Statthalter, vor den Paulus in Caesarea zur Gerichtsverhandlung gebracht wurde. Apg 23,24; 24,1–27

FESTE
Der Sabbat und die meisten wichtigen Feste der Juden wurden schon früh in Israel gefeiert. Doch zwei Feste entstammen späterer Zeit: das Purimfest (gefeiert seit der Zeit des

Perserreichs, 5. Jh. v.Chr.) und das Tempelweih- oder Lichterfest (seit der Zeit der Makkabäer 2. Jh. v.Chr.).

Die wichtigsten Feste Israels waren mit den Jahres- und den Erntezeiten verbunden. Sie fanden im Frühling, Frühsommer und Herbst statt. Die Männer brachten jeweils ihre Opfer zum Heiligtum. Diese »Pilgerfeste« wurden vom 7. Jh. an nur noch in Jerusalem gefeiert. Zur Zeit Jesu betrug die Einwohnerzahl Jerusalems etwa 40 000, zur Zeit des Passa aber 150 000. Die Feste waren dazu da, Gott zu danken für die Ernte und sich der besonderen Heilstaten Gottes in Israels Geschichte zu erinnern, um zu feiern und sich zu freuen.

PASSAFEST UND FEST DER UNGESÄUERTEN BROTE Das Passafest wurde am Vorabend des 14. Nisan gefeiert. An diesem Abend wurde in jedem Haushalt ein Lamm geschlachtet, zur Erinnerung an das erste Opfer, das im Zusammenhang mit dem Auszug aus Ägypten stattgefunden hatte. Damals war Gott an den Häusern der Israeliten vorübergegangen, deren Türpfosten und Oberschwellen mit dem Blut des Lammes bestrichen waren, und hatte das Leben ihrer Erstgeborenen verschont.

Zum Passamahl und während der folgenden Woche wurde schnell und ohne Sauerteig hergestelltes Brot (»ungesäuertes Brot«) gegessen. Auch das erinnerte an die eiligen Vorbereitungen zum Auszug, nachdem der Pharao endlich eingewilligt hatte. Es erinnerte zudem an das erste Brot aus frischem Korn, das die Israeliten aßen, als sie vier Tage in Kanaan waren.

Zunächst wurde das Passa in den Familien gefeiert. Zur Zeit des NT war es aber zum wichtigsten Wallfahrtsfest geworden, das in Jerusalem gefeiert wurde. Es ist bis heute eins der wichtigsten jüdischen Feste. 2Mo 12; Jos 5,10–12; Mk 14,1–2

ERSTLINGSFEST Diese Feier fand am letzten Tag des Fests der ungesäuerten Brote statt. Die erste Garbe der Gerstenernte wurde Gott dargebracht. Das Haupterntefest (»Wochenfest«) kam später. 3Mo 23,9–14

WOCHENFEST (PFINGSTEN) Zum Abschluß der Getreideernte brachten die Priester zwei Brotlaibe aus dem neuen Mehl dar zusammen mit den Tieropfern. Dies fand fünfzig Tage (oder sieben Wochen und ein Tag) nach dem Passafest und dem Beginn der Ernte statt. Der spätere Name »Pfingsten« hat sich aus dem griechischen Wort für »fünfzigster« entwickelt. Es war ein Fest der Freude und des Danks für die Erntegaben Gottes. 2Mo 23,16; 3Mo 23,15–21; 5Mo 16,9–12

POSAUNENFEST (später NEUJAHRSFEST) Der Anfang jedes Monats wurde, wie auch jedes Fest, durch ein Posaunensignal eingeleitet. Am ersten Tag des siebten Monats riefen die Posaunen zu einem besonderen Fest. Dies war ein Tag der Anbetung und Ruhe, wichtiger noch als der Sabbat, zumindest nach den Opfern zu urteilen. Der siebte Monat wurde zum feierlichsten des ganzen Jahres. Nach dem Exil wurde an dem Tag das Neujahrsfest (*Rosch Haschanah* bei heutigen Juden) gefeiert, obwohl die Monate weiterhin vom Nisan (März/April) ab gezählt wurden. 4Mo 10,10; 28,9; 29,1–2

VERSÖHNUNGSTAG An diesem Tag *(Jom Kippur)* bekannte das ganze Volk Israel seine Schuld und bat um Gottes Vergebung und Reinigung. Zuerst opferte der Hohepriester, in weißes Leinen gekleidet, für seine eigenen Sünden, dann für die Sünden des Volkes. Der Hohepriester betrat nur an diesem Tag das »Allerheiligste«, den innersten, heiligsten Teil der Stiftshütte oder des Tempels. Dort versprengte er etwas von dem Opferblut. Dann nahm er einen Bock, den sogenannten »Sündenbock«, legte die Hände auf dessen Kopf und ließ ihn in die Wüste führen, als Zeichen, daß Israels Schuld weggenommen war. S. *Priester und Leviten; Opfer; Sühnopfer.* 3Mo 16

LESE- ODER LAUBHÜTTENFEST Dies, das beliebteste und fröhlichste aller Feste, wurde im Herbst gefeiert, wenn die ganze Ernte eingebracht war. Zum Fest gehörte, daß man in Gärten oder auf Hausdächern übernachtete, und zwar in Zelten oder Hütten aus Baumzweigen. Diese Zelte (oder »Stiftshütten«) sollten an die Zeit erinnern, in der Israel in der Wüste in Zelten lebte.

Zu dem Fest gehörte es auch, Wasser zu vergießen und um Regen für die kommende Ernte zu beten. Bei diesem Fest, und vielleicht im Anschluß an diese besondere Zeremonie, stand Jesus auf und sagte: »Wen da dürstet, der komme zu mir und trinke! Wer an mich glaubt, wie die Schrift sagt, von des Leibe werden Ströme lebendigen Wassers fließen.« 2Mo 34,22; Ri 21,19–21; Neh 8,14–16; 3Mo 23,39–43; Jo 7,37–38

TEMPELWEIH- ODER LICHTERFEST Das Fest gedenkt der Reinigung und erneuten Weihung des zweiten Tempels durch Judas Makkabäus im Jahre 165 v.Chr., nach-

dem der Tempel durch Antiochus IV. Epiphanes geschändet worden war. Der Name »Lichterfest« kommt von dem Brauch, jeden Abend Lampen in den Häusern und in der Synagoge aufzustellen. In Jo 10,22 wird das Fest »Tempelweihe« genannt. Man feiert es heute als *Chanukka* (= Einweihung). 1Makk 4,52–59

PURIM Ein aufregendes und lautes Fest, das auf die Zeit zurückgeführt wird, als Ester und Mardochai die Juden zur Zeit des Perserkönigs Xerxes vor dem Massaker retteten. Purim heißt »Lose«. Der Name bezieht sich auf das Losen durch Haman, den obersten Beamten des Königs Ahasveros (Xerxes), um zu bestimmen, wann er die Juden umbringen sollte. Est 3; 7; 9,24.26

SABBAT Der Sabbat war das besondere Fest Israels. Auch andere Völker feierten Erntefest und Neumondfeste. Doch nur Israel feierte den Sabbat, der nichts mit den Jahreszeiten zu tun hatte. Jeder siebte Tag war Ruhetag. Das war der Sabbat, der Gott gehörte. Das 4. Gebot (reformierte Zählung) befahl dem Volk, an diesem Tag nicht zu arbeiten. Bereits in der Schöpfung »arbeitete« Gott an sechs Tagen und »ruhte« am siebten. Am Sabbat sollten die Menschen sich daran erinnern, was Gott getan hatte, besonders, daß er sie aus der Knechtschaft in Ägypten rettete.

»Wenn du den Sabbat dadurch ehrst, daß du nicht deine Gänge machst und nicht deine Geschäfte treibst und kein leeres Geschwätz redest, dann wirdst du deine Lust haben am Herrn«, sagte Gott durch den Propheten Jesaja.

In neutestamentlicher Zeit war es kompliziert geworden, den Sabbat zu halten. Man mußte viele Regeln befolgen, so daß Jesus daran erinnern mußte, »der Sabbat sei um des Menschen willen, und nicht der Mensch um des Sabbats willen geschaffen worden«. 1Mo 2,2–3; 2Mo 20,8–11; 31,12–17; 5Mo 5,12–15; Jes 56; 58,13–14; Mt 12,1–14; Mk 2,23–27

NEUMOND Der Tag des Neumondes bestimmte jeweils den Beginn eines neuen Monats. Durch Posaunen und besondere Opfer wurde der Neumond gefeiert, indem sich die Israeliten an Gott als den Schöpfer einer geordneten Welt erinnerten. Es wurde nicht gearbeitet. Es gab besondere Mahlzeiten, und manchmal suchte man einen Propheten auf, der Unterricht gab. 1Mo 1,16; 4Mo 10,10; 28,11–15; Ps 104,19; 1Sam 20,5.24; 2Kö 4,23

SABBATJAHR Wie jeder siebte Tag, so sollte auch jedes siebte Jahr ein Jahr der Ruhe sein für das Land, ein dem Herrn geweihtes Jahr. Schwerlich konnte das ganze Land gleichzeitig brach liegen. Vermutlich ließ man jedes Feld im siebten Jahr brach liegen, gezählt von der ersten Saat an. Alles was in diesem Jahr wuchs, konnte von den Armen umsonst geerntet werden. Diese Bestimmung war ein Zeichen für die Israeliten, daß das Land ihnen gehörte. Es war heilig, d.h. es gehörte Gott. In jedem siebten Jahr sollten auch alle hebräischen Sklaven freigelassen und alle Schulden erlassen werden. 3Mo 25,1–7; 2Mo 23,10–11; 21,2–6; 5Mo 15,1–6

ERLASSJAHR Nach dem Gesetz sollte in jedem fünfzigsten Jahr (ein Jahr nach sieben Sabbatjahren) aller Besitz (mit Ausnahme der Häuser in der Stadt) seinem ursprünglichen Besitzer zurückgegeben werden, alle hebräischen Sklaven sollten freigelassen, alle Schulden gestrichen werden, und das Land sollte brach liegen. Dies ließ sich kaum durchführen. So wartete man auf eine Zeit, die nur Gott schenken konnte. Dieses »Jahr« verhieß Jesaja und kündigte Jesus an. 3Mo 25,8–17.23–55; Jes 61,1–2; Lk 4,16–21 S. auch *Familie.*

FESTUS Römischer Statthalter, Nachfolger des Felix. Er hörte Paulus aufmerksam zu und forderte ihn auf, sich selbst vor König Herodes Agrippa II. und Bernice zu verteidigen. Sie waren mit ihm der Meinung, daß Paulus unschuldig war, doch er hatte sich auf den Kaiser berufen und mußte nach Rom reisen. Apg 25–26

FEUERSÄULE s. *Wolkensäule*

FISCHFANG Angesichts der zahlreichen Erwähnungen in den Evangelien überrascht es vielleicht, den Fischfang hier »unter anderem« behandelt zu finden. Aber die Israeliten hatten wirklich mit dem Fischfang bis in die neutestamentliche Zeit hinein wenig zu tun. Es gibt nur ein einziges hebräisches Wort für Fisch. Mit ihm wird der kleinste Stichling genauso bezeichnet wie der Fisch, der Jona verschluckte. In alttestamentlicher Zeit war das Fischereigewerbe hauptsächlich in den Händen der Phönizier. Daß es in Jerusalem ein Fischtor gab, läßt darauf schließen, daß es einen Markt für eingeführten Fisch gab. Zur Zeit Jesu hatte sich ein blühendes Fischereigewerbe um den See Genezareth herum entwickelt. Der Name der Stadt Tarichäa (»Gepökelt«) am Seeufer deutet wohl an, daß hier Fische gesalzen und getrocknet wurden, um sie haltbar zu machen. In den Evangelien sehen

Fischer beim Auswerfen des Netzes am See Genezareth

wir die Fischer in Familiengruppen arbeiten, oft mit Hilfe von Tagelöhnern. Diese flickten Netze und Segel und reparierten Boote. Gefischt wurde nachts. Das war wegen der plötzlich aufziehenden Stürme gefährlich.

Angelhaken aus Knochen oder Eisen gab es schon lange. Jesaja erwähnt Haken und Schnur (eine Rute benutzte man nicht), und Hiob erwähnt einen Speer, aber die Fische wurden meist mit dem Netz gefangen. Es gab einmal ein Netz, das der Fischer vom Ufer aus warf, und daneben die Schleppnetze, die mit Schwimmern und Gewichten aufrecht im Wasser gehalten wurden, und, von den Schiffen gezogen, die Fische in flache Gewässer oder zu den Booten drängten. Der Fang wurde am Ufer sortiert und dann zum Markt geschickt. Neh 13,16; Mk 1,20; Jes 19,8; Hiob 41,7; Pred 9,12; Mt 13,47–48
S. auch *Ernährung.*

FLACHS Aus dieser hübschen, blaublühenden Pflanze, die bis zu 45 cm hoch wird, wird Leinen hergestellt. Nachdem die Pflanzen ausgerissen sind, werden die einzelnen Fasern der Stiele voneinander getrennt, indem man sie durch Wasser zieht (rötten). Sie werden dann gekämmt und gewoben wie Garn. Die Fasern werden auch zu Stricken, Netzen und Lampendochten verarbeitet. Segel waren aus Leinen und ebenso Leichentücher. Aus besonders fein gewebtem Leinen wurden in Ägypten und Israel schöne Kleider hergestellt. 2Mo 26,1; Jos 2,1.6; Spr 31,13; Hes 27,7; Mk 15,46

Flachs. Aus dem Samen dieser schönen Pflanze wird Leinöl hergestellt.

FLEISCH S. *Ernährung.* – Das Wort »Fleisch« wird in der Bibel oft als Bezeichnung für den physischen Menschen gebraucht – das sterbliche Fleisch. In diesem Sinne gebraucht, zeigt es die Schwäche des Menschen, das »Sündige«, den Gegensatz zur Kraft Gottes. Als die Jünger im Garten Gethsemane einschliefen, forderte Jesus sie auf, zu wachen und zu beten, denn »der Geist ist willig, aber das Fleisch ist schwach.«

Paulus meint mit Fleisch das Leben, das Nichtchristen unter der Herrschaft der Sünde führen.

Der Christ dagegen lebt sowohl »im Fleisch« als auch »im Geist«. Er kämpft ständig zwischen seiner Veranlagung zur Sünde und der Gegenwart des Heiligen Geistes, der ihm helfen will, Christus ähnlicher zu werden. Er muß der Sünde absagen und dem Geist mehr Raum in seinem Leben geben.

S. *Leib.* Ps 78,39; Jes 40,5; Mk 14,38; Rö 7,13–25; 8; Gal 5,16–24

FLUCH s. *Segen*

FRAU s. *Familienleben; Heirat und Ehe; Mann und Frau*

FREISTÄDTE Sechs über das ganze Land verteilte israelitische Städte, in denen jemand, der ohne Vorsatz einen Menschen getötet hatte, Hilfe und Zuflucht vor den Bluträcher finden konnte: Kedesch, Sichem, Kirjat-Arba (= Hebron), Bezer, Ramot, Golan. Auch im Tempel (Altar) konnte Asyl gesucht werden. 4Mo 35; Jos 20; 1Kö 1,50

FREIHEIT Wo Menschen hart über andere Menschen herrscen, ist der Wunsch nach Freiheit die größte Sehnsucht des Menschen. Es überrascht daher nicht, daß Freiheit eine so große Rolle in der Bibel spielt. Freiheit ist der Kern des Jesajazitats, mit dem Jesus seine Aufgabe umschreibt: »Der Geist des Herrn ist bei mir . . . er hat mich gesandt, zu predigen den Gefangenen, daß sie frei sein sollen.«

Viele erhofften sich von Jesus die Befreiung Israels von den Römern. Doch Jesus sagte klar, daß es seine Aufgabe sei, eine viel grausamere Sklaverei abzuschaffen. Er war gekommen, um die Menschen von der Macht des Bösen zu befreien und zeigte das, in dem er böse Geister austrieb und Kranke heilte.

In den Briefen nach Galatien und Rom versuchte Paulus, die Wichtigkeit dieser Freiheit klar zu machen. Es ist Freiheit von der Strafe für unsere Sünden und von der Bindung an unsere Sünden. Christen wissen, daß sie durch Gottes Gnade gerettet sind, nicht durch ihre eigenen Werke.

Paulus sah unter Christen zwei Arten des Mißbrauchs jenes wunderbaren Geschenks der Freiheit. Die Galater z.B. verlangten nach den alten Regeln und Vorschriften des Judentums. Paulus schrieb ihnen in einem Brief, daß der christliche Glaube keine Gesetzesreligion ist. Andere dagegen dachten, daß sie aufgrund ihrer Befreiung durch Christus nun nach ihren eigenen Vorstellungen leben könnten – sogar weiter sündigen. Doch das ist falsch: Sie waren befreit worden *von* der Sünde, und das nicht, um wieder zu sündigen. Froh dienen sie nun einem neuen Herrn – Jesus Christus. Wahre Freiheit finden wir, indem wir Gott und anderen dienen. Lk 4,18; 13,10–16; Jo 8,31–36.41–44; Mk 3,22–27; 5,1–13; Rö 6,16–23; 8,2.21; 1,1; 6; Gal 3,28; 5,1.13; Mt 11,28; Jak 1,25; 2,12; 1Pt 2,16

FREUDE In der Bibel wurzelt die Freude in der persönlichen Beziehung eines Menschen zu Gott. Nach dem Katechismus ist die letzte Bestimmung der Menschen, Gott zu verherrlichen und sich in Ewigkeit seiner zu freuen.

Leben in der Gegenwart Gottes bedeutet beständige Freude. Und weil diese Freude ein Geschenk Gottes ist, können Christen sogar in Zeiten der Verfolgung, der Anfechtung und der Not froh sein. »Freuet euch in dem Herrn alle Wege«, schrieb Paulus an die Philipper. Ps 16,11; 30,5; 43,1; 51,12; 126,5–6; Pred 2,26; Jes 61,7; Jer 15,16; Lk 15,7; Jo 15,11; 16,22; Rö 14,17; 15,13; Gal 5,22; Phil 1,4; 1Th 2,20; 3,9; Hbr 12,2; Jak 1,2; 1Pt 1,8

FRIEDEN Das hebräische Wort für Frieden bedeutet verschiedenes. Es meint »Ganzheit« und drückt ein in jeder Hinsicht ausgefülltes Leben aus. Es kann sich auf körperliche Gesundheit oder ein langes Leben beziehen. Ebenso bezeichnet es Sicherheit und Ausgeglichenheit eines einzelnen oder einer Gemeinschaft. Frieden kommt von Gott: »Der Herr ist Frieden.« Doch »die Gottlosen«, spricht der Herr, »haben keinen Frieden.«

Frieden ist zum Zeichen für das Reich Gottes geworden. Der Gesalbte Gottes, der dieses Reich bringen soll, wird »Friedefürst« genannt. Das NT sagt, daß Jesus uns den Frieden gebracht hat. »Er ist gekommen und hat verkündigt im Evangelium den Frieden« – den Frieden, den er durch seinen Tod am Kreuz erkauft hat. Sein Geschenk ist Frieden mit Gott und den Mitmenschen. Der Mensch sieht in Gott nicht mehr seinen Feind und redet mit ihm. Das führt zu einem tiefen Herzensfrieden, der unbeeinträchtigt bleibt von äußeren Umständen. »Den Frieden«, sagt Jesus, »lasse ich euch, meinen Frieden gebe ich euch ... Euer Herz erschrecke nicht und fürchte sich nicht.«

S. *Versöhnung*. 1Mo 15,15; Ps 4,9; 85,9–11; Ri 6,24; Jes 48,22; 2,2–4; 9,6; Rö 5,1; Jo 14–18; 2Th 2,16

FRIEDENSOPFER s. *Opfer*

FRÜCHTE s. *Ernährung; Landwirtschaft*

FUCHS UND SCHAKAL sind kleinere Verwandte des Wolfes. Der Fuchs, der allein lebt und jagt, mag Früchte und zerstört daher oft Weinstöcke (Hhl 2,15). Schakale, die in Rudeln leben, fressen meistens nachts Aas. Die Füchse in Ri 15,4 waren wohl Schakale.

Fuchs (vorne) und Schakal

G

GABRIEL Ein Engel, der besondere Botschaften Gottes zu überbringen hatte. Zweimal kam er zu Daniel, einmal, um einen Traum zu erklären und ein anderes Mal, um vorherzusagen, was mit Jerusalem geschehen würde. Gabriel kündigte auch die Geburt Johannes des Täufers und die Geburt Jesu an. Da 8,16; 9,21; Lk 1,11–20.26–38

GAD 1. Der siebte Sohn Jakobs. Nach ihm ist der Stamm Gad benannt. 4Mo 32

2. Das Land des Stammes Gad östlich des Jordan. Es hatte früher zum Amoriterreich gehört. Jos 13,8–13

GAJUS 1. Ein mazedonischer Christ, der Paulus auf der dritten Missionsreise begleitete. Er wurde beim Aufruhr des Demetrius in Ephesus ins Amphitheater gezerrt (s. *Demetrius*). Apg 19,29

2. Ein Christ aus Derbe, der mit Paulus nach Jerusalem reiste. Apg 20,4

3. Ein Christ, den Paulus taufte. 1Ko 1,14

4. Der Freund, an den Johannes seinen dritten Brief schrieb. 3Jo

GALATER Dieser Brief ist der älteste der Paulusbriefe, 47 oder 48 n.Chr. geschrieben. Er war an mehrere Gemeinden in der römischen Provinz Galatien gerichtet, die er auf der ersten Missionsreise selbst gegründet hatte. Er hatte gelehrt, daß Gottes Geschenk des neuen Lebens im Heiligen Geist allen gilt, die glauben. Doch dann waren jüdische Lehrer aufgetaucht, die behaupteten, daß die Christen ferner die Gesetze des AT halten müßten.

So beantwortet Paulus' Brief die Frage, ob Nicht-Juden das Gesetz Moses halten mußten, um wahre Christen zu sein.

Zu Beginn des Briefs verteidigt Paulus sein Apostelamt und seinen besonderen Auftrag im Blick auf die Nicht-Juden (Kap. 1–2).

In Kapitel 3–4 kommt er zu seinem Thema: Die Menschen werden nur durch den Glauben an Christus vor Gott gerecht. Damit sind sie Erben der Verheißung Gottes an Abraham.

Am Ende des Briefs zeigt er, daß der Glaube unbedingt zur Nächstenliebe führt (Kap. 5–6).

Sein Brief verteidigt die christliche Freiheit: »Zur Freiheit hat uns Christus befreit! So steht nun fest und lasset euch nicht wiederum in das knechtische Joch fangen!« (5,1).

GALATIEN Eine römische Provinz in Kleinasien. Ihre Hauptstadt war Ankyra (jetzt Ankara, die Hauptstadt der Türkei). Paulus besuchte dort viele Städte. Antiochia, Ikonion, Lystra und vielleicht auch Derbe lagen in Südgalatien. Paulus' Brief an die Galater ist wahrscheinlich an diese Gemeinden gerichtet; auch 1Pt ist u.a. an die Galater gerichtet. Apg 16,6; 18,23; Gal 1,1; 1Pt 1,1

GALILÄA Der nördlichste Teil Israels zur Zeit des NT. Es ist die Heimat Jesu und seiner Jünger und der Hauptschauplatz seines Wirkens.

Galiläa wird auch im AT ab und zu erwähnt. Es war von drei anderen Völkern umgeben und wurde von ihnen stark beeinflußt. Galiläa ist bergig. Zum See Genezareth hin fällt das Land auf 212 m unter dem Meeresspiegel ab.

Zur Zeit Jesu führten viele wichtige Römerstraßen durch Galiläa. Das Land lebte von Landwirtschaft, Handel und Fischerei. Viele im Evangelium erwähnte Städte und Dörfer lagen in Galiläa – z.B. Nazareth, Kapernaum, Kana und Betsaida. S. *Israel: Geographie*. 1Kö 9,11; 2Kö 15,29; Jes 9,1; Lk 4,14; Apg 9,31

GALILÄISCHES MEER s. *See Genezareth*

GALLE s. *Wermut*

GALLIO Der römische Statthalter von Achaja, von 51–53 n.Chr. Er war der Erzieher des Kaisers Nero und ein Bruder des Philosophen Seneca. Er hatte seinen Sitz in Korinth. Als Paulus in Korinth war, versuchten die Juden, ihn am Predigen zu hindern und Gallio dazu zu bringen, ihn zu verurteilen. Doch Gallio wollte sich nicht in die Angelegenheiten der Juden einmischen. So konnte Paulus weiter predigen. Apg 18,12–17

GAMALIEL Ein berühmter Pharisäer, Lehrer des Paulus und Mitglied des Hohen Rates, des Synedroins. Als der Hohe Rat die Apostel töten lassen wollte, schritt er ein und sagte: »Laßt ab von diesen Menschen, und gebt sie frei! Stammt dieses Verhalten oder dieses Werk von Menschen, so wird's untergehen; stammt es aber von Gott, so könnt ihr sie nicht vernichten.« Apg 5,34ff; 22,3

GARIZIM Der Berg des Segens Gottes. Er liegt in Samaria gegenüber dem Berg Ebal (s. *Ebal*). Er wurde später zum heiligen Berg der Samariter, auf dem sie ihren Tempel errichteten. Diesen Berg nannte die samaritische Frau auch als Anbetungsort ihrer Vorfahren. Die Reste des Tempels hat man vor kurzem auf einem Ausläufer des Garizim gefunden. 5Mo 11,29; 27; Jos 8,33; Jo 4,20

GASTFREUNDSCHAFT s. *Mahlzeiten*

GAT Eine der fünf Philisterstädte. Als die Philister die Bundeslade geraubt hatten, brachten sie sie nach Gat, wo bald darauf eine Seuche ausbrach. Goliat und andere »Riesen« kamen aus Gat. David floh auf seiner Flucht vor Saul nach Gat, und Soldaten von dort halfen ihm, den Aufstand seines Sohnes Absalom niederzuschlagen. Zeitweilig gehörte die Stadt zum Reich Juda und fiel im 8. Jh. v.Chr. wahrscheinlich an die Assyrer. Wo sie lag, weiß man noch nicht genau. Jos 11,22; 1Sam 5; 17,4; 21,10–22,1; 27; 2Sam 15,18; 2Kö 12,18; 2Chro 11,8; 26,6

GAT-HEFER Ein Ort in Galiläa an der Grenze zwischen Sebulon und Naftali, der Geburtsort des Propheten Jona. Nicht weit entfernt von ihm entstand später Nazareth. Jos 19,13; 2Kö 14,25

GAZA Eine der fünf Philisterstädte in der Küstenebene. Josua eroberte sie und verlor sie dann wieder. In dieser Stadt wurde Simson gefangen gehalten, und hier starb er, als er ein großes Gebäude zum Einsturz brachte. Auch Gaza litt darunter, daß die Philister die Lade Gottes geraubt hatten.
Gaza lag an der Handelsstraße nach Ägypten. Es wurde zuerst von Hiskia von Juda erobert, später von Assyrern und Ägyptern.
Auf der Straße von Jerusalem nach Gaza traf Philippus den Kämmerer und berichtete ihm von Jesus. Jos 10,41; Ri 16; 1Sam 6,17; 2Kö 18,8; Jer 47; Apg 8,26

GAZELLE s. *Reh*

GEBA Gegenüber von Michmas, ca. 10 km nördlich von Jerusalem. Die Stadt lag im Gebiet von Benjamin. Sauls Heer lagerte hier, nahe seiner Hauptstadt Gibea, als die Philister Michmas besetzt hielten. Später wurde Geba von König Asa befestigt und war Grenzpunkt des Südreichs Juda. Wie Michmas wurde es von den Assyrern auf ihrem Weg nach Jerusalem erobert und nach dem Exil wieder besiedelt. Jos 18,24; 21,17; 1Sam 13,16; 1Kö 15,22; 2Kö 23,8; 1Chro 6,60; Jes 10,29; Esr 2,26; Neh 7,30; Sach 14,10

GEBAL Eine sehr alte phönizische Stadt, bessser bekannt unter ihrem griechischen Namen Byblos. Sie lag an der Küste des heutigen Libanon, nördlich von Beirut. ». . . vom Lande bleibt noch sehr viel einzunehmen«, sagte Gott zum altgewordenen Josua und nannte ihm unter anderem Gebal. Später behandelten Handwerker aus Gebal das Holz und die Steine für Salomos Tempel vor. Hesekiel sagte Gebal und anderen phönizischen Städten

Gericht an. Jos 13,5; 1Kö 5,32; Ps 83,9; Hes 27,9

GEBET

Die Menschen wurden geschaffen, um in Gemeinschaft mit Gott zu leben. Im Gebet sollte der Mensch auf Gott hören und ihm seine Gedanken kundtun. Wegen der Sünde ist diese Verbindung oft unterbrochen. Doch wer Gott vertraut, lebt mit ihm in der Gemeinschaft des Gebetes. Wir schütten unsere Herzen vor ihm aus. Wir bekennen Gott freimütig unsere Sünden. Wir bitten ihn um vieles, im Vertrauen, daß er Gebet erhört. Und immer enthält unser Gebet Dank.

Der gläubige Israelit betete dreimal am Tag. Samuel hielt es sogar für Sünde, wenn er versäumte, für die Menschen, für die er sorgte, zu beten. Es gibt über das Gebet keine feste Bestimmung, an die die Christen sich halten müßten, doch für Paulus war es klar, daß das Gebet eine zentrale Stellung im Leben der Christen und im Leben der Gemeinde hat. Wenn wir in enger Gemeinschaft mit Gott leben, wird das Gebet wieder seinen ursprünglichen Platz einnehmen.

Gebet ist für Christen eine Art »Familienpflicht«. Das Gebet, das Jesus seinen Jüngern gab, begann: »Vater unser im Himmel«. Die ersten Christen trafen sich zu gemeinsamem Gebet, z.B. im Haus der Mutter des Johannes Markus, wo sie um die Befreiung des Petrus beteten. Der Heilige Geist selbst hilft den Christen beten, indem er sie immer mehr auf Gott ausrichtet. »Der Geist selbst vertritt uns mit unaussprechlichem Seufzen«, schrieb Paulus an die Römer.

Neben dem Gebet einzelner berichtet das NT auch oft von Christen, die miteinander beten. Das gemeinsame Gebet und das gemeinsame Brotbrechen gehören von Anfang an zum Gemeindeleben. Die Christen beteten um Mut, als der Hohe Rat Petrus und Johannes das Predigen verbot. Sie beteten für Petrus, als er im Gefängnis war. Sie beteten, daß Paulus' und Barnabas' Mission erfolgreich sein würde. Diese Gebete entstanden im Augenblick, aber sie sind voll vom Geist und von der Sprache des AT.

Einige frühchristliche Gebete sind uns überliefert.

MARANATA (1Ko 16,22) Dieses aramäische Wort bedeutet wohl »Unser Herr, komm!« Hier wird Jesus mit demselben Namen angeredet, den die Juden für Gott allein benutzten – Maran: Herr. *Maranata* kommt im Griechischen als letztes Gebet der Bibel vor (Offb 23,20).

Mit dem Wort ABBA (Mk 14,36) redete Jesus Gott an. Es ist aramäisch und bedeutet »Vater« oder besser »Papa«. Kleine Kinder redeten so zu ihrem Vater. Für die Juden war das geradezu respektlos Gott gegenüber. Sie gebrauchten statt dessen das Wort *abinu*, »unser Vater«. Aber Jesus war dem Vater so nah, daß er dieses Kinderwort in den Mund nehmen konnte und seine Jünger auch dazu aufforderte. Zweimal kommt das Wort in den Paulusbriefen vor. Wir sind nicht Knechte, sondern wir haben »einen kindlichen Geist empfangen, durch welchen wir rufen: ›Abba, lieber Vater‹« Rö 8,15; Gal 4,6

AMEN Dieses hebräische Wort beendete im Tempel- und im Synagogengottesdienst ein Gebet. Es bedeutet: »Das ist sicher«, oder sogar: »Daran ist kein Zweifel«. In Offenbarung 5 wird der Ruf: »Das Lamm, das erwürgt ist, ist würdig

zu nehmen Kraft und Reichtum und Weisheit und Stärke und Ehre und Preis und Lob«, durch ein allgemeines »Amen« besiegelt. Mit »Amen« endet das Gebet in Rö 15,33, der Segen in Rö 9,5, das Lob in Gal 1,5, wie auch der Segen über die Mitchristen in Gal 6,18 (vgl. Apg 2,42; 4,24–30; 12,5; 13,3; Offb 22,20; Rö 8,15; Gal 4,6; Offb 5,12–14; 1Ko 14,6).
Ps 62,9; 1Jo 1,9; Mk 11,24; Phil 4,6; 1Sam 12,23; Kol 4,2; Jak 1,5–6; Apg 12,12; Rö 8,26
Jesu Worte über das Gebet: Mt 6,5–15; 7,7–11; 26,41; Mk 12,38–40; 13,33; 14,38; Lk 11,1–13; 18,1–4
Gebete Jesu: Mt 6,9–13; 11,25–26; 26,36–44; Mk 14,32–39; Lk 10,21; 11,2–4; 22,46; 23,34; 46; Jo 11,41–42; 12,27; 17
Andere Gebete in der Bibel: 2Mo 15; 32; 33; 5Mo 32–33; Jos 1; 7; 10; Ri 5; 6; 1Sam 1; 2; 2Sam 7; 22; 1Kö 3; 8; 18; 19; 2Kö 19; Esr 9; Neh 1; 9; Hiob 42; Ps; Da 2; Jon 2; Hab 3; Lk 1,46–55.68–79; 2,29–35; Apg 4,24–30 und zahlreiche Gebete in den Briefen des NT

GEBETSRIEMEN Seit der Exilszeit pflegen die Juden zum Gebet mit Hilfe von Riemen je eine kleine Kapsel am linken Arm und an der Stirn zu tragen, in denen sich Pergamentstreifen (Luther: Denkzettel) mit Texten aus dem Gesetz befanden. Diese Sitte geht auf eine wörtliche Anwendung von 5Mo 6,8 zurück. Zur Zeit Jesu trugen viele Fromme die Gebetsriemen den ganzen Tag. Mt 23,5

GEBOTE s. *Gesetz*

GEDALJA Er wurde von Nebukadnezar nach der Eroberung Jerusalems zum Statthalter von Juda eingesetzt. Nach sieben Monaten wurde er von Ismael, einem Mitglied der königlichen Familie, ermordet. Die noch in Juda lebenden Juden fürchteten eine Strafmaßnahme der Babylonier und flohen nach Ägypten. 2Kö 25,22–26; Jer 39,14–41,18

GEHASI Der Diener des Propheten Elisa. Er nahm die Geschenke des vom Aussatz geheilten Naeman, die Elisa zurückgewiesen hatte, an. Doch er sagte Elisa darüber nicht die Wahrheit und wurde zur Strafe selbst aussätzig. Trotzdem blieb er weiterhin Diener Elisas. 2Kö 4–5; 8,4ff

GEIER s. *Adler*

GEISSEL Die römische Geißel aus ledernen Riemen mit eingeflochtenen Knochen- und Bleistücken wurde zur Auspeitschung männlicher Verbrecher benutzt, sofern sie nicht römische Bürger waren. Die jüdische Synagogenstrafe durfte nicht mehr als 40 Schläge umfassen, daher wurden vorsichtshalber nur 39 erteilt. Mt 27,26; Joh 19,1; Apg 16,22; 22,24; 2Ko 11,24.25

GEIST s. *Heiliger Geist*

GEISTESGABEN Als Christus die Erde verließ und zu seinem Vater zurückkehrte, gab er seinen Nachfolgern bestimmte »Gaben« (Charismen). Diese Gaben gibt der Heilige Geist Menschen in jeder christlichen Gemeinde, so daß sie das Werk Gottes fortführen können. Die Gaben weisen auf das übernatürliche Wesen der Gemeinde hin. Der Geist Gottes gibt die Gaben und Fähigkeiten, die zum Aufbau der Gemeinde nötig sind. Er gibt das, was gebraucht wird, in Fülle.
In Eph 4 nennt Paulus einige Gaben, die bestimmte Menschen als Leiter der Gemeinde kennzeichnen – Apostel, Propheten, Evangelisten, Prediger und Lehrer. In 1Ko 12 nennt er andere Gaben, diesmal solche, die

bei Gliedern der Gemeinde zu finden sind: Weisheit, Erkenntnis, Glaube, die Gabe des Heilens und Wunder-Tuns, Weissagung und Unterscheidung der Geister, Zungenrede und deren Auslegung. Am Ende des Kapitels fügt er noch die Gaben des Helfens und des Leitens hinzu. Rö 12 nennt noch andere Gaben: Dienen, ermahnen, Barmherzigkeit üben, der Gemeinde vorstehen ... Keine dieser Aufzählungen beansprucht Vollständigkeit.

Paulus glaubte, daß in jeder Gemeinde jedes Glied seine besonderen von Gott gegebenen Gaben zum Dienst gebrauchen sollte. Gaben des Geistes sind nicht zum Privatvergnügen gegeben, sondern zum Wohl aller. Aus diesem Grund beschäftigt sich Paulus auch ausführlich mit der Gabe des Zungenredens. Er selbst sprach in Zungen und wünschte auch anderen diese Gabe. Doch er wußte, daß jemand da sein mußte, der diese Rede auslegen konnte. Unverstanden nützte sie keinem. Der Grund, auf dem alle Gaben allein fruchtbar werden, ist die Liebe. Rö 12; 1Ko 12 bis 14; Eph 4

GELD

Geld, wie wir es kennen, wurde erst seit dem 8. Jh. v.Chr. benutzt. Es kam aus Lydien (in der heutigen Türkei). Die ersten Münzen waren aus Electrum (einer Gold-Silber-Legierung). Ihr Gewicht wurde durch einen Stempel auf der Münze garantiert. Da das jüdische Volk später kaum mehr einen eigenen Staat hatte (Exil, persische, griechische und römische Oberherrschaft), gibt es nur wenige jüdische Münzen. Unter den Griechen wurden die Münzen von Akko, einer Stadt an der Küste Israels, in Umlauf gebracht. Später war die Währung römisch. Die einzigen jüdischen Münzen waren kleine Bronzemünzen, die unter den Seleukidenkönigen geprägt werden durften. Die Hasmonäer in Jerusalem prägten ihr eigenes Geld. Zur Zeit des Aufstands, 66 n.Chr., prägten die Juden nochmals einige Silbermünzen. Es waren damals so viele verschiedene Münzen in Umlauf, daß sowohl Verkäufer als auch Käufer unbedingt die Umrechnungswerte kennen mußten.

GOLD- UND SILBERMÜNZEN DES AT

Sschekel (ungefähr 11,4 g)
Mine (ungefähr 500 g) = 50 Schekel
Talent (30 kg) = 60 Minen

MÜNZEN ZUR ZEIT DES NT

In Palästina waren zur Zeit des NT drei Währungen im Umlauf. Es gab das offizielle, kaiserliche Geld römischer Prägung. Dann gab es griechi-

Römische Münzen

sche Münzen, die in Tyrus und Antiochien geprägt wurden, und die jüdischen Münzen, die vielleicht in Cäsarea hergestellt wurden. Das Geld für den Tempel mußte in tyrischer Währung bezahlt werden. Das betraf auch die Halb-Schekel-Steuer. Kein Wunder, daß das Geschäft der Geldwechsler blühte! Geld wurde aus Gold, Silber, Kupfer, Bronze und Messing geprägt. Die gebräuchlichste Silbermünze im NT war die griechische *Drachme* und der römische *Denar*, der ungefähr dem Tageslohn eines Arbeiters entsprach.

JÜDISCHE MÜNZEN
Lepton (»Scherflein«) (Bronze)
Schekel
GRIECHISCHE MÜNZEN
Drachme (Silber)
Stater oder Tetradrachme (Silber)
Mine
RÖMISCHE MÜNZEN
Quadrans
As (Bronze) = 4 Quadrans
Denar (Silber) = 16 As
Aureus (Gold)
1 jüdischer **Schekel** = 1 griechischer Stater (Tetradrachme) = 4 römische Denare; 30 jüdische **Schekel** = 1 griechische Mine = 100 römische Denare

GEMEINDE Die Gemeinde ist die Gemeinschaft derer, die an Jesus Christus glauben. Im NT bezieht sich das Wort immer auf Menschen. Einige Generationen lang hatten die Christen keine besonderen Räume für ihre Zusammenkünfte.
Jesus sagte Petrus voraus, daß durch ihn die Gemeinde gegründet würde. Auf die Predigt des Petrus am Pfingsttag hin ließen sich die ersten 3000 Menschen taufen und die christliche Gemeinde entstand. Im AT hatte Gott die Israeliten zu seinem Volk erwählt. Das NT sagt, daß alle, die an Christus glauben – welcher Rasse sie auch immer angehören –, jetzt Gottes erwähltes Volk sind, seine Gemeinde. Sie werden zubereitet für den Tag der Wiederkunft Christi – den »Hochzeitstag« Christi und seines Volkes.
Im NT bezieht sich das Wort »Gemeinde« sowohl auf kleine, örtliche Gruppen von Christen als auch auf alle Christen in der ganzen Welt. Paulus bezeichnet Jesus als das Haupt der Gemeinde und sagt, daß kein Christ allein steht, sondern Teil eines Ganzen ist: »So sind wir viele

ein Leib in Christus, aber untereinander ist einer des anderen Glied.« In neutestamentlicher Zeit waren die örtlichen Gemeinden anders organisiert als es heute üblich ist. Einige Gemeinden hatten Leiter, sogenannte »Älteste« oder »Bischöfe«, die lehrten und sich um die einzelnen kümmerten. Die Gemeinde in Korinth scheint weniger klar organisiert gewesen zu sein. Jeder diente der Gemeinde mit seinen Gaben. Es muß dort viel Abwechslung in den Gottesdiensten gegeben haben. Mt 16,18; Apg 2; 13,1; 1Ko 12,12–28; Rö 12,5; Kol 1,18; Eph 4,11–16; 1Ko 12,1–11; Apg 2,42–47; 1Ko 11,13–34; 1Tim 2–3; Tit 1,5–9

GEMEINSCHAFT Das »Anteil gebende Miteinander« ist die zentrale christliche Erfahrung. Die Menschen wurden geschaffen, um in Gemeinschaft mit Gott zu leben. Durch die Sünde wurde diese Gemeinschaft zerstört. Jesus kam, um sie durch sein Sterben wiederherzustellen, indem er die Sünde, die uns von Gott trennte, auf sich nahm.
So können Christen wieder in Gemeinschaft mit Gott leben. Jeder Christ hat durch Christus teil an der Liebe Gottes; »und unsere Gemeinschaft ist mit dem Vater und mit seinem Sohn Jesus Christus«. Jesus beschrieb in Bildern diese engste Beziehung zwischen ihm und seinen Nachfolgern: »Ich bin der Weinstock, ihr seid die Reben.«
So wie am Leben Jesu haben wir auch am Leben unserer Mitmenschen teil. Wir sind nicht nur jeder mit Christus, sondern auch miteinander verbunden. Das Kennzeichen dieser Gemeinschaft ist die Liebe. Diese Gemeinschaft und Liebe sind immer tätig. In der Gemeinde in Jerusalem zeigte sich die Einheit dar-

in, daß alle ihren Besitz miteinander teilten. Die nichtjüdischen Gemeinden zeigten ihre Liebe dadurch, daß sie den bedürftigen Gemeinden in Jerusalem Geldspenden schickten. S. *Leib, Gemeinde.* 1Jo 1,3; Jo 15,1–17; 13,34–35; Rö 12,4–13; Apg 2,44–47; 4,32–37; Rö 15,25–27

GEMÜSE s. *Ernährung; Landwirtschaft*

GENESIS (1. Mose) s. *Mosebücher*

GENEZARETH Ein Ort am Westufer des Sees Genezareth. S. *Galiläa* und *Kinneret.* Mk 6,53; Lk 5,1

GENEZARETH (SEE) s. *See Genezareth*

GERAR Ein Ort in der Wüste Negev zwischen Beerscheba und Gaza. Sowohl Abraham als auch Isaak hielten sich dort auf. Aus Angst gab Abraham Sara als seine Schwester aus. Gott verhinderte, daß Abimelech von Gerar sie zur Frau nahm. 1Mo 20; 26

GERECHTIGKEIT meint im biblischen Sprachgebrauch nicht eine Eigenschaft, sondern ein Verhalten. Gottes Gerechtigkeit ist sein Heilshandeln an den Menschen; seine Treue aufgrund des mit seinem Volk geschlossenen Bundes. Er nimmt Sünder in die Gemeinschaft mit sich auf und schenkt ihnen neues Leben. Entsprechend ist die Gerechtigkeit eines Menschen sein dieser Gemeinschaft gemäßes Verhalten, nicht sein Rechtschaffensein im rein juristischen Sinn, etwa durch Erfüllung von Gesetzesbestimmungen, sondern sein Recht-tun. Es geht darum, dem Anspruch Gottes auf unser ganzes Leben gerecht zu werden, nicht zuletzt im Verhalten gegenüber dem Nächsten. Jesus »erfüllte alle Gerechtigkeit«. Paulus betont die Gerechtigkeit aus Glauben: nur durch das im Glauben angenommene Werk Christi, der »uns zur Gerechtigkeit gemacht ist«, sind wir vor Gott gerecht. S. Rechtfertigung; Bund. 1Mo 18,25; Ps 71,19; 89,15; Mt 3,15; Rö 1,17; 3,21

GERICHT Weil Gott Herrscher aller Welt ist, ist er auch Richter. Der Herrscher gibt die Gesetze und sorgt dafür, daß sie eingehalten werden. Im AT wurden die Führer des Volkes, bevor Israel einen König hatte, Richter genannt. Gott war der oberste Richter, der Herrscher über alles.

Das »letzte Gericht«, so lehrte Jesus, wird die endgültige Trennung der Guten von den Bösen sein. Weil Gott selbst der Richter ist, wird es keine Ungerechtigkeit geben. Wir können darauf vertrauen, denn Gott hat die Aufgabe des Richtens in die Hände Jesu gelegt.

Jeder wird nach dem gerichtet werden, was er weiß. Wer niemals das geschriebene Gesetz Gottes kennengelernt hat, wird nach dem beurteilt werden, was er von Gott aus der Schöpfung und aus dem Gewissen als gut und böse erkennt. Aber klar ist, daß kein Mensch von sich sagen kann, daß er vor Gott recht gelebt hätte. Deshalb wird am großen Tag des Gerichts alles davon abhängen, ob wir eine persönliche Beziehung zu Christus haben. Jesus selbst sagte das. Er, der Richter, wird die als die Seinen erkennen, die an ihn glauben. So schrieb Johannes, daß die, die an den Sohn glauben, ewiges Leben haben, die anderen jedoch in Gottes Gericht bleiben werden.

S. *Leben nach dem Tod, Himmel, Hölle, Wiederkunft Christi.* Ps 96,10; 1Mo 18,25; Rö 3,3–4; 1,18–2,16; 3,9–12; Mt 10,32–33; Jo 3,18; 5,24–30; Apg 4,12; 10,42; 2Ko 3,10–15;

5,10; 2Th 1,5–10; Hbr 12,22–27; Offb 20,12–15

GERSON Der älteste Sohn Levis. Er war der Stammvater einer der drei levitischen Abteilungen. 2Mo 6,16–17; 1Chro 6,1.2

GERSTE s. *Getreide*

GESALBTER s. *Messias*

GESCHUR Ein Gebiet und eine Stadt im Süden Syriens. David heiratete eine Tochter des Königs von Geschur. Deren Sohn Absalom floh, nachdem er Amnon aus Rache für die Vergewaltigung seiner Schwester getötet hatte, nach Geschur. Jos 2,5; 2Sam 3,3; 13,38

GESER Eine kanaanäische Stadt, die Josua angriff. Sie lag an der Straße von Joppe nach Jerusalem. Geser gehörte eine Zeitlang zu Ägypten. Später schenkte ein Pharao es seiner Tochter, einer Frau Salomos. Salomo ließ die Stadt, wie auch Hazor und Megiddo, befestigen. Archäologen haben dort den Bauernkalender von Geser entdeckt (s. *Landwirtschaft*). Jos 10,33; 1Kö 9,15–17

GESETZ

Nachdem die Israeliten der Sklaverei in Ägypten entkommen waren, führte Gott sie durch die Wüste zum Sinai. Sie lagerten am Fuß des Berges, während Gott Mose das Gesetz gab, das das Volk befolgen sollte. Gott erneuerte jetzt die Verheißungen für das ganze Volk, die er Abraham, Isaak und Jakob gegeben hatte. Sie waren sein Volk, und er war ihr Gott. Er hatte sie gerettet, und er hoffte auf ihren Gehorsam gegenüber seinem Gesetz. Das ist nicht eine religiöse Regel für den Gottesdienst, sondern es betrifft das ganze Leben. Am knappsten ist es in den Zehn Geboten zusammengefaßt.

DIE ZEHN GEBOTE

»Und Gott redete all diese Worte:

›Ich bin der Herr, dein Gott, der ich dich aus Ägyptenland, aus der Knechtschaft geführt habe.

Du sollst keine andern Götter neben mir haben. Du sollst dir kein Bildnis noch irgendein Gleichnis machen . . . Bete sie nicht an, und diene ihnen nicht! Denn ich bin der Herr, dein Gott, bin ein eifernder Gott, der die Missetat der Väter heimsucht bis ins dritte und vierte Glied an den Kindern derer, die mich hassen, aber Barmherzigkeit erweist an vielen Tausenden, die mich lieben und meine Gebote halten.

Du sollst den Namen des Herrn, deines Gottes, nicht mißbrauchen; denn der Herr wird den nicht ungestraft lassen, der seinen Namen mißbraucht.

Gedenke des Sabbattages, daß du ihn heiligst. Sechs Tage sollst du arbeiten und alle deine Werke tun. Aber am siebenten Tage ist der Sabbat des Herrn, deines Gottes. Da sollst du keine Arbeit tun . . . Denn in sechs Tagen hat der Herr Himmel und Erde gemacht und das Meer und alles, was darinnen ist, und ruhte am siebenten Tage. Darum segnete der Herr den Sabbattag und heiligte ihn.

Du sollst deinen Vater und deine Mutter ehren, auf daß du lange lebest in dem Lande, das dir der Herr, dein Gott, geben wird.

Du sollst nicht töten.

Du sollst nicht ehebrechen.

Du sollst nicht stehlen.

Du sollst nicht falsch Zeugnis reden wider deinen Nächsten.

Du sollst nicht begehren deines Nächsten Haus.

Du sollst nicht begehren deines

Nächsten Weib . . ., noch alles, was dein Nächster hat.«

2Mo 20,2–17; 5Mo 5,6–21

Dies ist die bekannteste Sammlung von Israels Gesetz. Sie ist von besonderer Bedeutung: In 2Mo ist sie das erste Gesetz, das am Sinai gegeben wird, und in 5Mo 5,22 steht am Ende der Zehn Gebote: »Das sind die Worte, die der Herr redete zu eurer ganzen Gemeinde . . . und (er) tat nichts hinzu . . .«, d.h. es gab keine von gleicher Wichtigkeit.

Die Zehn Gebote richten sich an ganz Israel und an jeden einzelnen Israeliten, nicht bloß an eine besondere Gruppe, etwa die Priester. Obwohl die Zehn Gebote einzigartig sind, finden sich Teile davon auch an anderen Stellen des israelitischen Gesetzes.

Die Zehn Gebote waren auf zwei Steintafeln geschrieben. Das deutet wohl auf zwei Abschriften hin. Den Grund dafür hat man kürzlich wiederentdeckt: Wenn in biblischer Zeit ein schriftlicher Vertrag geschlossen wurde, dann behielt jede Vertragspartei eine Abschrift. Bei einem Vertrag zwischen zwei Nationen wurden die beiden Abschriften weit getrennt voneinander aufbewahrt. Aber hier handelte es sich um einen Vertrag zwischen Gott und seinem Volk. Beide Abschriften blieben in der Bundeslade. Dies war das Zentrum Israels, und es war der Ort der Gegenwart Gottes. Deswegen konnten die Abschrift Gottes und die Abschrift Israels beieinander bleiben. Die Zehn Gebote sind die Bestimmungen des Bundes, den Gott mit seinem Volk geschlossen hat.

Eine direkte Strafe für das Übertreten der Zehn Gebote wird in 2. Mose nicht erwähnt. Wesentlicher ist,

daß diese Gesetze Grundlage des Bundes Gottes mit dem Volk waren. Ihre Übertretung stellte den Bund in Frage. Detailfragen bis zum Tod werden in anderen Gesetzen geregelt.

ANDERE GESETZESSAMMLUNGEN Natürlich braucht jede Gesellschaft noch viele weitere Regeln und Gesetze. Wenn das Gesetz etwa sagt, daß du am Sabbat nicht arbeiten sollst, wer ist dann gemeint mit »du«, und was gilt als »arbeiten«? Schon 2Mo 20,10 muß so verstanden werden, daß »du« nicht nur den israelitischen Familienvater meint, sondern ebenso »deine Kinder, deine Sklaven, deine Tiere . . . die Fremden, die in deinem Land leben« (5Mo 5,14). (Wir dürfen annehmen, daß auch »deine Frau« darin enthalten war!) Später verwandten die Rabbinen viel Zeit auf eine genaue Bestimmung von »Arbeit«. Jesus wurde angegriffen, weil er und seine Jünger am Sabbat heilten und Ähren ausrupften (Lk 14,3–4; Mt 12,1–2). Damit befand sich Jesus im Widerspruch zur pharisäischen Bestimmung von »Arbeit«.

Die Zehn Gebote sind Gottes »Bundes-Gesetz« für Israel. Hinzu kommen die Gesetze für Einzelfragen in 2Mo–5Mo, von denen einige den Gesetzen anderer Völker ähneln. Es gibt drei größere Gesetzessammlungen.

Die erste Sammlung, das »Bundesbuch«, folgt auf die Zehn Gebote in 2Mo 21–23. Es enthält individuelle, strafrechtliche, soziale und religiöse Verordnungen. Nach den Anweisungen für den Gottesdienst kommen Gesetze über Sklaven, Totschlag und Verletzungen, Diebstahl und Beschädigung, soziale und religiöse Pflichten. Am Ende stehen

Anweisungen für die drei großen Feste: Das Fest des ungesäuerten Brotes, das Erstlingsfest und das Wochenfest (s. *Feste*). Die Gesetze zeigen, wie sehr es Gott darum geht, daß das ganze Leben gerecht ist. Sie zeigen zudem, wie Gott besonders das Recht derer schützt, die sich selbst nicht helfen können: Sklaven, Arme, Witwen und Waisen, Ausländer.

Die zweite Sammlung, das »Heiligkeitsgesetz«, steht in 3Mo 17–26. Diese Gesetze betreffen vorwiegend den Gottesdienst und die Stiftshütte. Aber sie beschäftigen sich auch mit dem Verhalten im Alltag. Das leitende Motiv lautet: »Ihr sollt heilig sein, denn ich bin heilig, der Herr, euer Gott« (3Mo 19,2).

Die dritte Sammlung findet sich in 5Mo 12–25. Sie überschneidet sich sachlich weitgehend mit den Gesetzen in 2Mo und 3Mo. Sie steht im Rahmen einer Predigt, die Mose den Israeliten hält, bevor sie ins Verheißene Land kommen. Sie enthält häufig die Aufforderung, das Gesetz zu beachten, und die Warnung für den Fall, daß es übertreten wird. Allein in 5Mo 17,14–20 werden im Gesetz die Pflichten des Königs aufgeführt.

DIE ABSICHT DER GEBOTE Das Gesetz zeigt, wie das Verhältnis zu Gott und dem Nächsten gestaltet werden soll. Gott, der Schöpfer und Retter seines Volkes, zeigt seinem Volk, wie es leben soll, damit es ihm gut geht. Das hebräische Wort *torah*, das man meistens mit »Gesetz« übersetzt, bedeutet eigentlich »Weisung« oder »Lehre«. Das Gesetz ist eine Einheit und war nie gedacht als eine lange Liste von Ge- und Verboten, die das Leben erschweren.

Das Gesetz spiegelt Gottes Charak-

ter: seine Heiligkeit, Gerechtigkeit und Güte. Es zeigt seinen Willen und ist Gabe Gottes. Es gibt Gottes Volk praktische Ratschläge, damit es seinen Befehl »Seid heilig, denn ich bin heilig« gehorchen kann.

Wie weit gilt das Gesetz des AT heute? Sind heutige Christen daran als an Gottes Gesetz gebunden? Einerseits kennen wir Jesu Aussprüche. Er kam nicht, um das Gesetz aufzulösen, sondern um es zu erfüllen (d.h. seine tiefere Bedeutung aufzuzeigen). Bis die Welt vergeht, soll nicht der kleinste Teil vom Gesetz weggenommen werden, sagt er. Wer eins der kleinsten Gebote mißachtet, wird der Kleinste im Himmelreich heißen.

Andererseits, so Paulus, ist »Christus des Gesetzes Ende«. Für Paulus gilt das Gesetz im AT nur bis Jesus kam.

Wie paßt das zusammen? Man wollte diese Schwierigkeit so lösen, daß man zwischen verschiedenen Gesetzesarten unterschied – den gültig bleibenden moralischen Gesetzen einerseits, und den überholten sozialen, zeremoniellen und rituellen Gesetzen andererseits. Es ist jedoch unmöglich, jedes Gesetz eindeutig in eine dieser Rubriken einzuordnen. Ferner sagt Paulus, daß das Gesetz zwar von Gott stammt und »heilig, gerecht und gut« ist, daß es Jesus aber durch sein Werk aufgehoben hat. So stehen die Christen nicht unter dem Gesetz – dabei denkt Paulus an das ganze Gesetz, nicht nur an das Moralgesetz.

Also hat Jesus Christus für die Christen die Stelle des Gesetzes eingenommen. Er ist der Weg zum Heil. Zudem hat er das Gesetz weder beseitigt noch verworfen, sondern zusammengefaßt in der Liebe. Als

Paulus sagte, daß er unter Christi Gesetz stehe, meinte er nicht, daß er viele neue Vorschriften habe. Vielmehr war er ein Nachfolger Christi und erfüllt von seinem Geist. Wenn Christen mit Jesus in Verbindung stehen, an seinem neuen Leben und der Kraft des Heiligen Geistes Anteil haben, folgen sie seinem Beispiel. Die Zehn Gebote zeigen Grenzen menschlichen Handelns, deren Überschreitung in die Sünde führt. Sie gehen ein in viele Einzelanweisungen des NT, die nicht versklaven. 5Mo 6,5; 3Mo 19,18; Mt 5,17–20; Rö 10,4; 5,20; 7,6.12; Gal 3,19; 5,18; 6,2; 5,1; Kol 2,14; 1Ko 9,21; Jak 1,25 S. *Bibelauslegung.*

GETHSEMANE Ein Garten jenseits des Kidrontales in der Nähe des Ölbergs. Jesus und seine Jünger hielten sich oft dort auf. Daher wußte Judas, wohin er die Soldaten zur Verhaftung Jesu führen mußte. Mt 26,36–56; Mk 14,32–51; Lk 22,39; Jo 18,1ff

GETRÄNKE Obwohl Wasser die meistverwendete Flüssigkeit zum Kochen war, eignete es sich doch meist nicht zum Trinken. Das Wasser aus Quellen oder Brunnen war sauber genug. Es wurde in Krügen gelagert. Doch das Wasser aus Zisternen war alles andere als sauber. Zisternenwasser wurde vom Dach in Regenrinnen aufgefangen und in unterirdische Becken geleitet. Oft war es schmutzig und voller Krankheitserreger. Auch das Wasser, das über die römischen Aquädukte (wie in Cäsarea und Bethlehem) und Wasserleitungen (wie in Jerusalem) in die Stadt gelangte, war kein Trinkwasser. Man mußte sich also nach anderem umsehen. Da gab es einmal Milch von der familieneigenen Ziege oder von einem »Milchmann«. Doch das verbreitetste Getränk war Wein. Bei der Traubenernte trank man frischen Traubensaft. Den meisten Saft jedoch ließ man gären, um ihn haltbar zu machen. Der erste Wein wurde aus dem frisch gepreßten Traubensaft gemacht, der zweite aus den noch einmal ausgepreßten Resten gewonnen. Wein wurde manchmal mit Galle oder Myrrhe zu einem schmerzstillenden Getränk gemischt (das wurde Jesus am Kreuz gereicht; Mt 27,34). Mit Olivenöl vermischt wurde er zur Reinigung von Wunden und als Heilsalbe verwandt (der barmherzige Samariter goß Öl und Wein auf die Wunden des Überfallenen; Lk 10,34).

Obwohl Wein das übliche Getränk war – Jesus selbst sorgte auf der Hochzeit zu Kana für Wein und die Pharisäer nannten ihn einen »Weinsäufer«, verzichteten Menschen, die im besonderen Auftrag Gottes standen, oft darauf (3Mo 10,9; 4Mo 6,3). Trunkenheit und andere Exzesse wurden immer verurteilt. Die Rechabiten verzichteten auf Weingenuß als Folge ihrer Berufung zum Nomadenleben. Anbau und Herstellung von Wein waren Bestandteil des seßhaften Lebens.

Die Reichen in neutestamentlicher Zeit hatten Weinkeller, in denen sie gute Weine aus dem ganzen Mittelmeerraum lagerten. Der Wein wurde in schmalen Krügen (Amphoren) mit spitzem Ende, die in die Erde eingegraben und gekühlt werden konnten, aufbewahrt. Der Wein für den alltäglichen Verbrauch wurde jedoch in ledernen Weinschläuchen gelagert.

GETREIDE: GERSTE, WEIZEN, HIRSE Diese Getreidesorten waren die Grundnahrungsmittel im alten

Israel. Weizen ergab das beste Mehl und damit auch das beste Brot; aus Weizenmehl waren die Brote, die die Priester vor Gott legten. Gerste, die früher reif wird und schon im Frühsommer geerntet werden kann, war das Hauptnahrungsmittel der ärmeren Bauern. Als in Ägypten die Gerste durch die Hagelplage vernichtet war, blieb der Weizen noch, weil er erst später aufging. Hirse, die ähnlich wie Roggen ist, ergibt das schlechteste Brot. S. *Landwirtschaft.* 2Mo 9,31–32; Hes 4,9

GEWICHTE s. *Maße und Gewichte*

GEWÜRZE s. *Ernährung; Kümmel und Dill; Zimt*

GIBEA Gibea liegt 4 km nördlich von Jerusalem und ist Heimat und Hauptstadt Sauls. In der Richterzeit war die Stadt wegen eines Verbrechens ihrer Bewohner zerstört worden. Sie lag am heutigen Tell el-Ful, von wo aus man die Vorstädte Jerusalems sehen kann. Ri 19,12–20,48; 1Sam 10,26 usw.; Jes 10,29

GIBEON Eine Stadt ungefähr 10 km nordwestlich von Jerusalem. Nach dem Fall von Jericho und Ai überredeten die Gibeoniter Josua zu einem Friedensvertrag: Saul brach ihn später. Am Teich von Gibeon kämpften die Männer Davids gegen die Anhänger Isch-Boschets, eines Sohnes Sauls, um das Königtum. Die Stiftshütte befand sich in Gibeon, und Salomo betete dort an. Die Bevölkerung Gibeons half Nehemia beim Aufbau der Mauern Jerusalems.

Archäologen haben eine große Grube in Gibeon entdeckt, von der aus eine Treppe zu einem Wasser hinabführte. In der Grube lagen Henkel von großen Vorratskrügen, auf denen »Gibeon« und der Name des Besitzers eingraviert waren. In Gibeon scheint man viel Wein hergestellt zu haben. Jos 9; 2Sam 2,12–29; 20,8; 21; 1Kö 3,4; 1Chro 21,29; Neh 3,7

GIDEON Der Richter, der die Midianiter, die größten Feinde Israels, besiegte. Gideon war gerade dabei, seinen Weizen zu verstecken, als Gottes Engel ihn zum Kampf gegen die Midianiter rief. Um sicher zu gehen, daß Gott ihn beauftragt hatte, bat er ihn um ein Zeichen. Zweimal antwortete Gott.

Gideon suchte 300 Männer aus von den Tausenden, die ihm gefolgt waren, und teilte sie in drei Gruppen (s. *Harod*). Bewaffnet mit einem leeren Krug, einer Fackel und einer Trompete überraschten sie die Feinde in der Nacht mit dem Schrei: »Hier Schwert des Herrn und Gideons!« Die Midianiter wurden von Panik ergriffen und flohen; die Israeliten verfolgten sie. Der Sieg war vollkommen, und das Land hatte unter Gideon 40 Jahre Frieden. Ri 6,11–23.36–39; 7,1–23

GIHON Eine Quelle am Fuß des Hügels, auf dem das erste Jerusalem stand. Sie war die Hauptwasserquelle der Stadt. An ihr wurde Salomo auf Befehl seines Vaters David zum König gesalbt, um dem Putschversuch Adonias zuvorzukommen. Das Wasser der Quelle war für die Stadt unentbehrlich, und König Hiskia ließ später einen Kanal durch den Felsen hauen, um durch ihn Wasser in das Gebiet innerhalb der Stadtmauern zu leiten. Dieser Kanal existiert heute noch; er mündet in den Teich Siloah (s. *Siloah*). 1Kö 1; 2Chro 32,30; 33,14

GILBOA Ein Gebirge im Norden Palästinas. Es überragt die Jesreelebene, die sich zum Jordan hin neigt. Der letzte Kampf Sauls und seines Heeres gegen die Philister fand am Gebirge Gilboa statt. Saul und drei seiner Söhne kamen dabei um. 1Sam 28,4; 31,1.8; 2Sam 1; 21,12; 1Chro 10,1.8

GILEAD Ein großes Gebiet im Osten des Jordan, nördlich des Toten Meeres. Die Stämme Ruben, Gad und Manasse lebten dort. Das Gebiet hatte gutes Weideland und war berühmt für seine Rinder- und Schafherden. Aus Gilead kam auch ein Balsam, der für medizinische Zwecke und zur Kosmetik verwendet wurde. Jair, Jeftah und der Prophet Elia kamen aus Gilead. 1Mo 37,25; Jos 17,1; Ri 10,3; 11; 1Kö 17,1; Hhl 4,1

GILGAL Ein Ort zwischen Jericho und dem Jordan. Nach der Durchquerung des Jordan lagerten die Israeliten dort und errichteten 12 Steine zur Erinnerung an das Ereignis. Von Gilgal aus eroberten sie Kanaan. Später war in Gilgal ein Heiligtum; es war einer der Orte, wo Samuel Gericht hielt. Gilgal wird in den Geschichten von Elia und Elisa, der dort einen Topf vergiftetes Essen genießbar machte, erwähnt. Die Propheten Hosea und Amos verurteilten den geheuchelten Gottesdienst in Gilgal. Jos 4,20; Ri 3,19; 1Sam 7,16; 10,8 usw.; 2Sam 19,16; 2Kö 2,1; 4,38–41; Hos 4,15; Am 4,4

GLAS s. *Handwerk; Wohnen*

GLAUBE Paulus bemüht sich im Römer- und im Galaterbrief, den Christen zu erklären, daß ein Mensch nicht durch sein eigenes Tun gerecht werden kann (wie manche Menschen meinen), sondern nur durch den Glauben.

Glaube bedeutet, Gott zu vertrauen. Das Denken wird dabei nicht ausgeschaltet. Vielmehr ver-

läßt sich der Glaube auf den Gott, von dem wir wissen, daß er vertrauenswürdig ist. Erst dieses Wissen ermöglicht es den Menschen, ihr Leben Jesus Christus anzuvertrauen. Da wir als Sünder nichts tun können, um uns selbst zu retten, müssen wir uns ganz auf das verlassen, was Gott durch Christus schon für uns getan hat.

Das ist der Anfang eines »Lebens im Glauben«. Niemand kann von sich aus richtig leben. Wir müssen deshalb fortgesetzt auf Christus vertrauen und mit dem Heiligen Geist rechnen, den er uns gibt und der uns hilft, nach Gottes Willen zu leben. Leben im Vertrauen auf Gott, gab es von da an, als Gott anfing, sich Menschen zuzuwenden. Paulus macht es am Beispiel Abrahams deutlich.

Das NT meint mit »Glauben« manchmal auch die grundlegende Lehre über Jesus, auf die sich unser Glaube gründet. 1Jo 5,1–5; Jo 1,12; 3,16; 5,24; Rö 1,17; 5,1; 10,9–10; Gal 3; Eph 2,8–9; 1Mo 15,6; Ps 37,3–9; Spr 3,5–6; Jer 17,7–8; Hab 2,4; Hbr 11; Jak 2; 1Tim 3,9; 5,8

GLEICHNIS Es erklärt eine geistliche Wahrheit durch ein Bild oder eine kurze Geschichte. Jesus lehrte viel in Gleichnissen. S. *Jesus: Botschaft; Bibelauslegung.*

GNADE Sowohl das AT als auch das NT lehren, daß Gott gütig und barmherzig zu den Menschen ist. Er brauchte sich nicht so zu verhalten. Wir verdienen es nicht. Gott ist gütig zu uns, weil er uns liebt – das ist die »Gnade« Gottes.

Das AT erinnert uns ständig an Gottes Güte und Liebe. Doch am deutlichsten wurde diese Gnade im Kommen Jesu Christi. Am Kreuz hat Gott uns darin, »daß Christus für uns gestorben ist, als wir noch Sünder waren« gezeigt, wie sehr er uns liebt. Wir hatten diese Rettung nicht verdient. Gott gab sie umsonst. Das meint das NT mit der »Gnade unsres Herrn Jesus Christus«.

Doch das NT lehrt uns auch, daß das Leben der Christen immer von dieser Gnade abhängig ist. Wir gehorchen Gott aus Dankbarkeit für seine Gnade. Gottes Antwort auf die Bitten des Paulus um Heilung lautete: »Laß dir an meiner Gnade genügen; denn meine Kraft ist in den Schwachen mächtig.« Die Briefe des Paulus beginnen und enden oft mit der Bitte um Gottes Gnade. S. *Bund, Rechtfertigung.* 5Mo 7,6–9; Ps 31,2–3; 25,6–10; 51,3; Jer 31,2–3; Rö 5,8; 16,20; 3,19–24; 6,14; Eph 2,8–9; 2Ko 12,9; 1Tim 1,2; 1Pt 5,5–7; 2Pt 3,18

GNOSIS s. *Römer: Religion*

GOG Nach Hesekiel ist er der Herrscher von Magog und Fürst von Rosch, Meschech und Tubal. Israel besiegt ihn. In der Offenbarung steht Gog unter der Führung des Satans, und Gott selbst vernichtet ihn. Hes 38–39; Offb 20,7–9

GOLD s. *Bergbau*

GOLDENER LEUCHTER s. *Stiftshütte*

GOLDENES KALB s. *Stier*

GOLIAT Der philistäische Riese aus Gat, den David tötete. David warf ihn mit einem Stein aus seiner Schleuder nieder und schlug ihm den Kopf ab. Die Philister flohen. 1Sam 17

GOMER Die untreue Frau des Propheten Hosea (s. *Hosea*). Hos 1–3

GOMORRA Eine der fünf Städte, die jetzt wahrscheinlich unter dem Südzipfel des Toten Meeres liegen. Gomorra wurde zusammen mit So-

dom als Strafe für die Verderbtheit seiner Bewohner zerstört. In der Bibel werden die Städte Sodom und Gomorra als abschreckende Beispiele für Gottes Gericht genannt. Jesus sagte, daß es den Orten, die nicht auf Gottes Wort hören, schlechter gehen wird als Sodom und Gomorra. 1Mo 14; 19; Jes 1,9–10; Mt 10,15

GOSAN Israeliten aus Samaria wurden von den Assyrern gefangen nach Gosan geführt. Heute heißt es Tell Halaf. 2Kö 17,6; 19,12

GOSEN Ein fruchtbares Gebiet im Osten des Nildeltas in Ägypten. Hier ließ sich Jakob mit seiner Sippe nieder. Das Land war gut für ihre Schaf- und Rinderherden und außerdem nicht weit entfernt vom Hof des Pharao. Vor dem Auszug blieben die Israeliten in Gosen von den Plagen verschont. 1Mo 45,10; 2Mo 8,22ff

GOTT In der Bibel ist Gott der allmächtige, personhafte Geist, den wir nicht begreifen können, der sich selbst jedoch den Menschen in seinem Schöpfungswerk, in seinem ständigen Handeln in der Geschichte und in persönlicher Begegnung offenbarte. Er hat alles Leben geschaffen, und er erhält es. Wir sehen sein Wirken überall: Im AT an sei-

Hirtenjunge mit Schleuder

nem Volk Israel, im NT an Jesu Leben, Tod und Auferstehung. Er handelt auch im Leben derer, die an Christus glauben.

Die Bibel sagt uns, wer Gott ist, indem sie uns sagt, was er tut. Sie gibt uns keine abstrakten, philosophischen Beschreibungen von Gott; trotzdem wird deutlich, daß er allwissend, allmächtig und allgegenwärtig ist. Er ist heilig und gerecht, liebend und vergebend. Für die Bibel ist die Existenz Gottes eine Tatsache, die keines Beweises bedarf. Sie beginnt mit der einfachen Feststellung: »Am Anfang schuf Gott . . .«

Die Menschen hatten immer viele Vorstellungen von Gott und haben oft verschiedene Götter angebetet. Eins der wichtigsten Anliegen des AT ist es, zu zeigen, daß *Jahwe* (der hebräische Name für Gott) der eine wahrhaftige Gott ist. Er ist Schöpfer und Herrscher über alles; er ist »licht«, heilig und zugleich der wahrhaft Liebende.

Jahwe, der persönliche Name Gottes im AT, wird manchmal fälschlich Jehova ausgesprochen. *Jahwe* bedeutet: »Ich werde sein, der ich sein werde« und wird im Deutschen meist durch HERR wiedergegeben. Die Juden redeten Gott meistens mit dem hebräischen Wort *Adonai,* »mein Herr«, an. Die Bezeichnung für Gott war *Elohim.*

Im AT wurde Gott auch manchmal als Vater des Volkes Israel angesehen. Jesus hat dem neue Bedeutung gegeben. Gott hat für uns eine Eltern-Kind-Beziehung bereit, in die wir durch den Glauben an Jesus aufgenommen werden. Gott handelt in der Welt durch die Menschen, die er selbst mit sich versöhnt hat. Er handelt durch ihre Gebete und Taten,

damit die ganze Welt ihn erkennt. S. *Dreieinigkeit* und viele andere Worte zum Handeln Gottes.

Das »Anderssein Gottes«; der ewige Geist, der Schöpfer: 1Mo 1; 5Mo 33,26–27; 1Kö 8,27; Hiob 38ff; Ps 8; 100; 104; Jes 40,12–28; 55,9; Jo 4,23–24; Rö 1,19–20; Offb 1,8

Die Macht Gottes: 1Mo 17,1; 2Mo 32,11; 4Mo 24,4; Hiob 40–42,2; Jes 9,6; 45–46; Da 3,17; Mt 26,53; Jo 19,10–11; Apg 12; Offb 19,1–16

Gottes Allwissenheit: 1Mo 4,10; Hio 28,20–27; Ps 139,1–6; Da 2,17–23; Mt 6,7–8; Jo 2,23–25; 4,25–29; Eph 1,3–12

Gottes Allgegenwart: 1Mo 28,10–17; Ps 139,7–12; Jer 23,23–24; Apg 17,26–28

Das Wesen Gottes – seine Heiligkeit und Wahrhaftigkeit: 2Mo 20; 3Mo 11,44–45; Jos 24,19–28; Ps 7; 25,8–10; 99; Jes 1,12ff; 6,1–5; Jo 17,25–26; Rö 1,18–3,26; Eph 4,17–24; Hbr 12,7–14; 1Pt 1,13–16; 1Jo 1,5–10

Gottes Liebe und Barmherzigkeit: 5Mo 7,6–13; Ps 23; 25; 36,6–13; 103; Jes 40,1–2.27–31; 41,8–20; 43; Jer 31,2–4; Hos 6; 11; 14; Jo 3,16–17; 10,7–18; 13,1; 14,15–31; 15,9.12ff; Rö 8,35–38; Gal 2,20; Eph 2,4–10; 1Jo 3,1–3; 16; 4,7–21

Gott der Vater: 1Chro 25,10; Ps 68,6; 103,13; Mt 5,48; 6,1–14; 28,19; Rö 8,14–15

GOTTESDIENST »Ich bin der Herr, dein Gott«, besagt das erste Gebot, »du sollst keine anderen Götter haben neben mir.« Gottesdienst heißt, Gott die Ehre geben. In den Psalmen ehren die Menschen Gott für das, was er ist, was er in der Schöpfung und in seinem Erlösungswerk getan hat, indem er sein Volk errettete und erlöste, dazu für alle Geschenke und Segnungen an einzelne.

Im NT drückten Christen ihre Dankbarkeit und Freude im »Lobpreis« aus. Erfüllt vom Geist redeten sie »untereinander mit Psalmen und Lobgesängen und geistlichen Liedern« und lobten so den Herrn mit dankbarem Herzen. Jeder konnte daran teilnehmen. Einer trug ein Lied bei, ein anderer lehrte, wieder ein anderer hatte eine Offenbarung von Gott und einer redete in Zungen, was wieder ein anderer auslegte.

»Gott ist Geist, und die ihn anbeten, die müssen ihn im Geist und in der Wahrheit anbeten«, sagt Jesus. Gottesdienst muß ehrlich sein und von Herzen kommen. Aus dem AT wissen wir, daß Gott den Gottesdienst, der nur geheuchelt und äußerlich ist, verurteilt. Wahrer Gottesdienst ist die ehrliche Antwort an Gott, die sich in einem ihm wohlgefälligen Leben zeigt. Gottesdienst hat Gott und sein Tun als Mitte; seine Botschaft gibt ihm den Sinn. Wie Paulus schrieb: »Laßt das Wort Christi reichlich wohnen unter euch: Lehrt und ermahnt euch selbst in aller Weisheit mit Psalmen und Lobgesängen und geistlichen Liedern, und singt Gott dankbar in euren Herzen.«

Gottesdienst geschieht nicht nur auf der Erde. Im Himmel preisen die Engel Gott und beten ihn an.

S. *Abendmahl; Bekenntnisse und Lieder; Gebet; Lobpreis; Opfer; Priester und Leviten; Stiftshütte; Synagoge; Tempel.* 2Mo 20,1–3; Ps 29; 136,4–9.10–26; Apg 2,43–47; Eph 5,18–19; 1Ko 14,26–40; Jo 4,21–24; Mi 6,6–8; Kol 3,16; Offb 4; 5; 7; 15

GRANATÄPFEL Dieser Strauch hat leuchtend purpurne Blüten und tiefgrüne Blätter. Die gelb-braunen, eßbaren Früchte haben die Größe von Orangen. In der harten Schale ist saftiges Fruchtfleisch, in dem die Samen sind. Granatäpfel wurden in den Verzierungen am hohepriesterlichen Gewand dargestellt und in die Säulen in Salomos Tempel geschnitzt. 2Mo 28,33; 1Kö 7,20

GRIECHEN
Bis in die Gegenwart waren die Usprünge der Griechen ein Rätsel. In der *Ilias* und der *Odyssee*, zwei großen Dichtungen, die der blinde griechische Poet Homer um 800 v.Chr. verfaßt haben soll, finden wir Hinweise auf eine noch ältere Lebensart. Neue Entdeckungen zeichneten ein überraschendes Bild dieser frühen Zivilisation. Auf Kreta gab es schon sehr früh die minoische Kultur, die jedoch plötzlich zusammenbrach, sei es infolge eines Erdbebens oder wegen fremder Invasionen. Die in der Ilias erwähnten Städte Troja und Mykene gab es wirklich. Sie waren Zentren früher griechischer Kultur. Mykene lag auf dem Festland im Süden Griechenlands. Homer hält in seinen Gedichtzyklen also Erinnerungen an Ereignisse fest, die lange vorher geschehen sind.

DIE FRÜHGESCHICHTE Griechisch sprechende Völker waren vom Norden her nach Griechenland eingewandert. Die Menschen lebten in kleinen Städten, die durch Berge voneinander getrennt waren. Nach der großen Zeit von Mykene war das Land nicht mehr geeint; eine Stadt kämpfte gegen die andere. Da das Land nicht fruchtbar genug war, um seine Bewohner ernähren zu können, wurden die Griechen kühne Seefahrer. Die gleichmäßig starken Sommerwinde und die vielen Unterschlupfmöglichkeiten auf den zahlreichen Inseln erleichterten ihnen die Fahrt durch das Ägäische Meer nach Asien (der heutigen Türkei). Sie führten Lebensmittel ein und gründeten neue Städte am Mittelmeer, besonders in Kleinasien. Griechenland war zur Zeit der biblischen Geschichte viel größer als heute.

DAS »GOLDENE ZEITALTER« Im 5. Jahrhundert v.Chr. war Athen die wichtigste griechische Stadt. Die Athener hatten auch die Führerrolle inne bei der Verteidigung Griechenlands gegen zwei große Angriffe der Perser im Jahre 490 und 480 v.Chr. Sie wurden reich und mächtig und bauten viele schöne Tempel, u.a. auch den Parthenon, der noch steht. Athen brachte eine Reihe bemerkenswerter Politiker, Philosophen, Schriftsteller und Dichter hervor. Perikles, Sokrates, Plato, Sophokles, Euripides und andere sind auch heute noch berühmt. Sie beeinflußten die Welt sehr.

Athen war eine Demokratie; das bedeutete, daß jeder Bürger für die Angelegenheiten der Stadt verantwortlich war. »Politik« war das Geschäft der Stadt (griech. *polis*). Die Griechen waren klug und beweglich, schnell im Argumentieren, liebten die Freiheit und hatten ein gutes Gespür für Kunst und Schriftstellerei. Sie waren stolz darauf, Griechen zu sein, obwohl unter ihnen große Uneinigkeit herrschte. Sie hielten sich für besser als andere Völker, die sie »Barbaren« nannten. Alle vier Jahre fanden in Olympia, im Süden Griechenlands, die Olympischen Spiele statt; die Kriege zwischen den Städten ruhten für diese Zeit.

ALEXANDER DER GROSSE Griechenland war durch die erbitterten Kriege untereinander gespalten und geschwächt. So konnte Alexander der Große, König von Mazedonien (Nord-Griechenland), nach 336 v.Chr. das ganze Land erobern. Er selbst gehörte einem griechischen Volk an, das bisher keine wichtige Rolle gespielt hatte. Alexander erwies sich als hervorragender Soldat. Er überrannte das große persische Reich und machte Eroberungszüge bis nach Indien. Doch er war mehr als nur ein Eroberer. Sein Ziel war es, die griechische Sprache und Kultur im ganzen eroberten Gebiet zu verbreiten.

Seine Hoffnungen erfüllten sich nicht. Er starb jung, und seine Generäle stritten sich um das Reich und teilten es auf. Die Ptolemäer erhielten Ägypten. Seleukos behielt den Osten mit der Hauptstadt Antiochien in Syrien. Antiochus Epiphanes (einer der Seleukidenkönige, 175–163 v.Chr.) wurde ein erbitterter Feind der Juden. In Kleinasien, Mazedonien und Griechenland kämpften rivalisierende Könige um die Macht – eine unerfreuliche Situation.

DER EINFLUSS GRIECHENLANDS Mit Alexander begann das hellenistische Zeitalter (von hellen – Grieche). In dieser Zeit wurde Griechisch zur wichtigsten Sprache für den östlichen Mittelmeerraum und darüber hinaus. Es war die gebräuchliche Sprache für den Handel, für die Bildung und für den Schriftverkehr. Sogar die Juden wurden davon beeinflußt. Im 3. Jahrhundert v.Chr. wurde das Alte Testament in Alexandria (Ägypten) für die griechisch-sprechenden Juden ins Griechische übersetzt. Diese Übersetzung des Alten Testaments, die Septuaginta, war den ersten Christen am besten bekannt.

Als sich die Macht der Römer verstärkte, drängten sie sich bis nach Griechenland vor. 146 v.Chr. zerstörten sie Korinth. Dies war das Ende der griechischen politischen Freiheit. Die Römer übernahmen jedoch die griechische Kultur und machten Griechisch zur Amtssprache der östlichen Hälfte des römischen Reiches. Darum wurde das Neue Testament in Griechisch geschrieben.

DAS NEUE TESTAMENT Das Neue Testament erwähnt oft Griechen, vielfach im Sinne von Nicht-Juden (Heiden), griechisch-sprechende Menschen aus der römischen Welt. Einige Erzählungen des Neuen Testaments spielen in Griechenland. Doch Paulus, obwohl strenger Jude, schrieb griechisch und kannte die griechische Denkart. Er kannte das griechische Interesse für den Sport und schilderte das christliche Leben als Wettlauf und Boxkampf (1Ko 9,24–27).Er predigte viel in griechischen Städten, besonders in Kleinasien (Türkei), wo zu der Zeit einige der größten und reichsten griechischen Städte lagen, wie z.B. Ephesus. Diese Städte hatten noch immer bestimmte Rechte und führten ein geschäftiges öffentliches Leben. Sie hatten Versammlungen, Märkte, Komitees, Wahlen, Diskussionen, Sport und Theater, Gewerkschaften und Demonstrationen. Doch der römische Statthalter besaß die wirkliche Macht.

CHRISTEN UND GRIECHEN Die klassische Begegnung von Evangelium und Griechentum fand in Athen selbst statt. Es war immer noch ein Bildungszentrum, obwohl es von seinem vergangenen Glanz lebte. Paulus fand Athen voll von religiösen Vorstellungen. Er diskutierte öffentlich mit den Leuten, die er traf, und wurde auf den Areopag geführt, um seine neuen Ideen darzustellen. Paulus redete so, daß sie es verstanden. Er zitierte ihre Dichter, redete über die Argumente der Stoiker und Epikuräer, zweier damals führender philosophischer Richtungen; doch bei allem war er sehr ernst, denn er hatte mehr zu sagen als sie. Wie klug sie auch sein mochten, Gott kannten sie nicht. Angesichts der prächtigen Tempel ringsum sagte Paulus klar und deutlich, daß Gott »nicht in Tempeln mit Händen gemacht« wohnt (Apg 17,24). Gott hat die Menschen aufgefordert, ihr Leben zu ändern. Er wird alle durch Christus richten, den er von den Toten auferweckt hat.

Die meisten Athener wollten diese Lehre nicht annehmen. Die Griechen, sagt Paulus, suchen Weisheit, seine Botschaft war in ihren Augen töricht (1Ko 1,22–23). Sie hatten eine andere Meinung über das Leben nach dem Tod. Sie waren zu stolz für diese Botschaft.

RELIGION s. *Römer: Religion.*

GROSSES MEER Die Bibel gebraucht diese Bezeichnung für das Mittelmeer.

GUTHAFEN Ein kleiner Hafen an der Südküste Kretas. Auf der Reise nach Rom legte das Schiff des Paulus dort an. Paulus versuchte den Hauptmann, den Steuermann und den Schiffsherrn davon zu überzeugen, daß es besser wäre, dort zu überwintern, doch sie hörten nicht auf seinen Rat. Auf der Weiterfahrt erlitten sie Schiffbruch und strandeten auf Malta. Apg 27,8–12

HAAR In alttestamentlicher Zeit
trugen die Israeliten langes Haar (s.
die Geschichten von Simson und
Absalom). Die Nomaden, die auf
der ägyptischen Zeichnung in Beni-
Hasan abgebildet sind, haben langes
Haar, das über Stirn und Rücken
herabhängt und sauber geschnitte-
ne Bärte. Auf viel jüngeren assyrischen Zeichnungen sind auch Israeliten mit Bärten abgebildet. Wer
den Bart abrasierte, trauerte. In
neutestamentlicher Zeit trug man
wie die Griechen und die Römer das
Haar kurz, und die Männer waren
oft bartlos.
Graues Haar sollte als Zeichen des
Alters respektiert werden. ». . . einer, der uralt war . . .« – vielleicht
Gott selbst – wird im Buch Daniel
mit weißen Haaren dargestellt (Da
7,9). Die Männer flochten ihr Haar
oder ließen es vom Barbier schneiden. Nur die Haare vor den Ohren
durften nicht abgeschnitten werden
(3Mo 19,27). Diese Regel wird heute
noch von den orthodoxen Juden befolgt. Die Frauen flochten ihr Haar,

Römische Dame mit Haarnetz

banden es hoch oder legten es in
Wellen. Oft wurde es von Elfen-
beinsteckkämmen zusammengehalten. In römischer Zeit steckten
sie das Haar zu einem Knoten und
spannten ein Netz darüber.
HABAKUK Ein Prophet in Juda,
der am Ende des 7. Jh. v.Chr., zur
Zeit Jeremias, lebte. Er konnte nicht
verstehen, wie Gott sein Volk durch
solch ein böses Volk wie die immer
stärker werdenden Chaldäer strafen
konnte. Gott antwortete, daß er eines Tages alle hochmütigen und
stolzen Völker strafen würde, auch
die Feinde Judas. Das Buch Habakuk schließt mit einer Warnung
und mit einem Gebet des Propheten, der sich freut, daß Gott über allem herrscht.
HABOR Nebenfluß des Eufrat in
Nordostsyrien. Gosan lag am Habor. 2Kö 17,6
HADAD-ESER König von Zoba in
Syrien. Dreimal besiegte David sein
Heer; nach dem dritten Sieg wurde
das Volk von Zoba ihm untertan.
2Sam 8–10; 1Chro 18–19
HAGAR Saras Dienerin. Abraham
nahm sie sich zur zweiten Frau, als
es so aussah, als könne Gottes Versprechen, daß seine Nachkommen
ein großes Volk werden sollten,
nicht in Erfüllung gehen, weil er
keine Kinder hatte. Hagar bekam
einen Sohn. Sie floh in die Wüste,
als Sara sie schlecht behandelte. Ein
Engel verhieß ihr dort, daß auch ihr
Sohn der Vater eines Volkes werden
sollte und schickte sie zurück. Als
Isaak geboren wurde, war Ismael 14
Jahre. Sara bat ihren Mann, die
Magd und deren Sohn fortzuschik-
ken. Hagar zog durch die Wüste, bis
sie kein Wasser mehr hatte und zu
verdursten fürchtete. Doch der Engel Gottes zeigte ihr eine Quelle

und wiederholte die Verheißung für Ismael. 1Mo 16; 21

HAGGAI Ein Prophet, der wahrscheinlich mit Serubbabel aus Babylon zurückkehrte. Er predigte um 520 v.Chr. Das Buch Haggai ist eine Sammlung kurzer Botschaften, die Gott durch den Propheten ergehen ließ. Er sah, daß das Volk für sich Häuser gebaut hatte und selbst gut lebte, der Tempel Gottes jedoch noch in Trümmern lag. Darum forderte er die Menschen auf, ihn wieder aufzubauen. Hag

HALLELUJA Dieser gottesdienstliche Ruf in hebräischer Sprache bedeutet »Lobet Jah(we)«, »Lobet den Herrn«. Ps 104–106; 113–116; 135; 147–150; Offb 19,1.3ff

HAM Noahs zweiter Sohn. Von ihm stammen die Ägypter, Äthiopier, Lybier und Kanaanäer. 1Mo 5,32; 6,10; 10,6–20

HAMAN Der Minister des Königs Ahasveros von Persien. Er haßte Mardochai, weil er sich nicht vor ihm verneigte und wollte ihn und alle Juden in Persien töten lassen. Doch Ester verhinderte das. Est 3–9

HAMAT Das heutige Hama am Orontes in Syrien. In alttestamentlicher Zeit war Hamat eine wichtige Stadt, Hauptstadt eines kleinen Königreiches, an einer wichtigen Handelsstraße von Kleinasien nach Israel und Ägypten gelegen. Der »Eingang von Hamat«, etwas weiter südlich gelegen, galt als die »ideale« Nordgrenze Israels. Zur Zeit Davids und Salomos war Israel mit dem König Toi von Hamat verbündet. Die Stadt fiel an die Assyrer, und viele ihrer Bewohner zogen nach Israel. Vor der Schlacht von Karkemisch hatte Pharao Necho hier sein Hauptquartier, später Nebukadnezar. Jos 13,5; 2Sam 8,9–11; 1Kö 8,65; 2Chro 8,4; 2Kö 17,24; 18,34

HANANI Der bekannteste Hanani ist der, der nach Susa reiste, um Nehemia zu sagen, daß Jerusalem immer noch eine Ruinenstadt war, obwohl viele Juden schon dorthin zurückgekehrt waren. Er wurde später Statthalter in Jerusalem. Neh 1,2; 7,2

HANANIAS 1. Hananias und Saphira gaben den Aposteln nur einen Teil des Geldes, das sie für den Verkauf ihres Landes bekommen hatten. Sie behaupteten jedoch, alles gegeben zu haben. Dieser Lüge wegen mußten beide sterben. Apg 5,1–11
2. Ein Christ in Damaskus. Nach der Bekehrung des Saulus (Paulus) schickte Gott ihn zu ihm. Hananias machte Saulus wieder sehend, der nach der Erscheinung Christi auf der Straße nach Damaskus drei Tage lang blind gewesen war. Apg 9,10–19
3. Ein Hoherpriester, der beim Verhör des Paulus vor dem jüdischen Hohen Rat anwesend war, ebenso bei dem Verhör vor Felix. Apg 23,2–3; 24,1

HANDAUFLEGUNG Bei der Handauflegung geht es um die Übertragung göttlicher Kraft, geistlicher Vollmacht, eines Segens oder einer Schuld.
Jesus heilte durch Handauflegung Kranke. Mit der Handauflegung durch die Apostel war die Weitergabe des Heiligen Geistes verbunden. Daß die Handauflegung nicht nur eine äußere Handlung ist, sondern eine reale Verbindung herstellt, wird in der Warnung 1Tim 5,22 deutlich, nicht vorschnell jemandem die Hände aufzulegen, um sich nicht fremder Sünde teilhaftig zu machen. 1Mo 48,14; 3Mo 16;

4Mo 27,18; Mk 10,13–16; Lk 4,40;
Apg 6,1; 8,17; 1Tim 4,14; 5,22

HANDEL UND GEWERBE

ZUR ZEIT DES AT

LANDVERKAUF Als einen der ersten Geschäftsabschlüsse vermerkt die Bibel, daß Abraham ein Feld und eine Höhle von Efron, dem Hetiter, kaufte. Von der Zeit an, wo die Israeliten sich in Kanaan niederließen, mißbilligte man den An- und Verkauf von Land. Das Land war ihnen von Gott anvertraut, sie waren nicht die Eigentümer. Jede Familie hatte ein Stück Land als Erbbesitz erhalten, und es sollte deshalb in den Händen dieser Familie bleiben. Deshalb gab es Gesetze für den Fall, daß jemand aus Armut Land verkaufen mußte; dann mußte nämlich jemand aus seiner Familie das Land aufkaufen. Daneben gab es das Gesetz über das Erlaßjahr, wonach in jedem fünfzigsten Jahr alles Land an den ursprünglichen Besitzer zurückgegeben werden mußte. Allerdings wissen wir nicht, in welchem Umfang und zu welcher Zeit dieses Gesetz in Kraft gewesen ist. Offenbar wurde es schon in der Königszeit nicht beachtet. König Ahab von Israel brachte seinen Untertanen Nabot zu Tode, um dessen Besitz zu übernehmen. Oft kauften die Reichen das Land verschuldeter Bauern auf.

Mit dem Landkauf waren sehr alte Bräuche verbunden. Im Buch Rut zieht der Verkäufer einen Schuh aus und gibt ihn dem Käufer. Vielleicht wurde damit ausgedrückt, daß jemand seinen Fuß auf das Land setzt. Als Jeremia ein Feld kaufte, wurde ein Kaufvertrag ausgestellt und eine Abschrift davon in einem Tonkrug verwahrt. 1Mo 23; 3Mo 25,8–34; 1Kö 21,1–16; Jes 5,8; Rt 4,7–8; Ps 60,8; Jer 32,6–15

BINNENHANDEL Die Bauern in Israel waren arm. Gewöhnlich erzeugten sie gerade genug für den Unterhalt ihrer eigenen Familie, und es gab wenig, was sie nicht selbst herstellen konnten, abgesehen von Töpferwaren, Werkzeugen und Waffen aus Metall. Es war schwierig, Menschen und Material zu befördern. Die meisten Lasten wurden von Eseln getragen, und die Karren waren klein. Dadurch blieb der Umfang des einheimischen Handels lange Zeit sehr bescheiden. In den Städten entfalteten sich langsam größere Märkte. Hier wurden landwirtschaftliche Erzeugnisse, Schafe und Ziegen gehandelt. Töpfer und Schmiede ließen sich nieder.

FERNHANDEL Drei verschiedene Gründe führten in der Königszeit dazu, daß Israel langsam in den »Welthandel« eintrat.

Da war zunächst das Anwachsen der Gewerbe, die mit eingeführten Rohstoffen arbeiteten, darunter waren Metall- und Textilverarbeitung am wichtigsten.

Zum zweiten eroberte Israel neue Gebiete, durch die Fernhandelsstraßen führten.

Drittens sammelte sich Reichtum am Königshof, und von dort kam eine steigende Nachfrage nach Luxusgütern.

Die Händler nannte man im Volk »Kanaanäer«, ein Umstand, der vielleicht schließen läßt, daß die Israeliten lange nur in den Bergen lebten und sich nicht am Fernhandel beteiligten. Die Händler von Tyrus waren »die Herrlichsten auf Erden« (s. Jes 23,8). Hosea dagegen erklärte: »Wie Kanaans Händler hat Efraim eine falsche Waage in der Hand und betrügt gern« (Hos 12,8).

HANDELSSTRASSEN Israel lag an der Nahtstelle zwischen Kleinasien (Türkei und Syrien), Ägypten und Arabien. Die Israeliten wußten diesen Umstand zu nutzen, obwohl es in den meisten Fällen nomadische Wüstenstämme waren, die den Transport auf Kamelkarawanen durchführten.

Von Kleinasien aus zogen sie über das Taurus-Gebirge, westlich an der syrischen Wüste vorbei durch Aleppo, Hamat und Damaskus nach Israel.

Vom Zweistromland aus zogen sie nördlich an der syrischen Wüste vorbei über Haran und Aleppo und dann südlich nach Israel.

Von Arabien aus ging der Weg entlang der Küste des Roten Meeres, und von Akaba aus entweder nach Damaskus, nach Jerusalem oder nach Gaza.

SEEHANDEL Bis in die römische Zeit hinein beherrschten die Phönizier den Seehandel. Sie befuhren das westliche Mittelmeer und erreichten vielleicht sogar England. Eine wichtige Route führte vom Libanon nach Ägypten, mit Stationen in Ugarit, Byblos, Sidon, Tyrus, Akko, Cäsarea, Jaffa und den Häfen der Philisterebene. Im Lauf der Zeit wurden Hafenanlagen und Lagerhäuser errichtet. Außerdem gab es einen Seeweg vom Roten Meer aus zur afrikanischen Ostküste, aber der Handel mit diesen Ländern schwankte sehr.

DIE KÖNIGE ALS HÄNDLER Einige Könige gingen Bündnisse mit Nachbarstaaten ein, und zwar vor allem mit Tyrus. Dadurch sollte der Handel ausgeweitet und der Frieden abgesichert werden. Tyrus wurde damals die größte Seemacht im Mittelmeerraum, mit Häfen und Kolonien an allen Küsten.

Salomo scheint sich auch als Zwischenhändler betätigt zu haben. Er führte Pferde aus Zilizien und Wagen aus Ägypten ein und verkaufte beide nach Syrien weiter.

Die Königin von Saba war bei ihrem Besuch vielleicht Mitglied einer »Handelsdelegation« aus Südarabien, wo man Weihrauch herstellte. Die Befestigung Tadmors (Palmyras) durch Salomo diente wohl dazu, den Händlern den Weg durch die syrische Wüste zu erleichtern.

Mit Hilfe der Phönizier baute Salomo in Ezjon-Geber, an der Spitze des Golfs von Akaba, eine Flotte. Diese Schiffe segelten nach »Ofir« (vermutlich an der nord-östlichen Küste Afrikas). Später versuchte Josafat, König von Juda, diesen Handel in einem Gemeinschaftsunternehmen mit dem König von Israel und mit Tyrus zu erneuern, aber die Schiffe gingen in einem Sturm zugrunde.

Unter einigen Königen wurde das Land wohlhabend, und Reichtümer sammelten sich. Aber die Propheten lehnten diese Erfolge entschieden ab. Der Wohlstand brachte Stolz und Bestechlichkeit, Schulden und Sklaverei hervor. Die Reichen wurden reicher und die Armen immer ärmer. Schlimmer noch war, daß zu den Importartikeln auch fremde Götter gehörten. Hes 27; 1Kö 5; 9,11; 10,28-29; 2Chro 9,28; 1Kö 10,1-13; 2Chro 20,35-37; 1Kö 22,48-49; 20,34

ZUR ZEIT DES NT
Der Handel blühte in den Zeiten des »römischen Friedens«, besonders nachdem Pompeius die Piraten vom Meer vertrieben hatte. In Palästina genoß der Beruf des Händlers große

Achtung, und auch die Priesterschaft beteiligte sich am Handel. Der Umfang der Ein- und Ausfuhren wuchs.

Die Handelswege zu Lande wurden mittlerweile von den Nabatäern kontrolliert, deren Hauptstadt in Petra (im heutigen Jordanien) lag. Die Kamelkarawanen waren oft sehr ausgedehnt und scheinen dauernd von räuberischen Überfällen bedroht gewesen zu sein, besonders in der Gegend um Jerusalem, obwohl Herodes dagegen vorzugehen versuchte.

Aus jüdischen Quellen läßt sich nachweisen, daß trotz der abgelegenen Lage Jerusalems dort nicht weniger als 118 ausländische Luxusgüter verkauft wurden. Es gab sieben verschiedene Märkte. Wer Waren auf dem Markt verkaufen wollte, wurde hoch besteuert, und die Preise waren entsprechend hoch. Der Handel war besonders lebhaft in den Dingen, die für den Tempelgottesdienst gebraucht wurden, zuerst natürlich Opfertiere. Jesus lehnte diesen Handel im Vorhof des Tempels ab, an dem einzigen Ort im Tempel, wo Nicht-Juden Gott anbeten konnten. Der Tempel spielte wohl die wichtigste Rolle im Geschäftsleben Jerusalems. Jeder Jude trug zum Tempelschatz bei, und dadurch konnten wiederum die Einfuhren bezahlt werden.

Die jüdischen Rabbiner legten die Regeln des Geschäftsverkehrs genau fest, und ihre Einhaltung wurde ausdrücklich überprüft. Waagen und Gewichte wurden regelmäßig geeicht. Käufer hatten das Recht zu reklamieren. Von einem Mit-Juden durfte kein Zins verlangt werden. Zwar konnte man persönlichen Besitz für ein Darlehen pfänden, aber die lebenswichtigen Dinge, Mäntel, Mühlsteine und Pflüge durften auch bei Zahlungsunfähigkeit nicht eingezogen und verkauft werden. Diese Regeln wurzeln im Alten Testament, aber entfaltet wurden sie zur Zeit Jesu. Lk 10,30-37; 3Mo 19,35-36; 5Mo 25,13-16

ZAHLUNGSVERKEHR Anfänglich gab es nur Tauschhandel. In 1Mo 33,19 und Jos 24,32 wird für »Geld« ein Wort verwendet, das eigentlich »Vieh« bedeutet. Ursprünglich wurde der Wert von Gütern in Vieh ausgedrückt. Gold und Silber kamen bald in Verkehr, aber erst im 7. Jh. v.Chr. kamen Münzen im Umlauf (s. *Geld*). Ein Schekel war keine Münze, sondern ein Gold- oder Silbergewicht. Zum Handel gehörte also der Transport großer Mengen Metalls, und Kaufleute mußten die Barren prüfen und wiegen. Vor dem Exil wissen wir in Israel nichts von Banken, obwohl es sie im Zweistromland schon gab.

In neutestamentlicher Zeit gab es verschiedene Währungen und ein ausgebildetes Bankwesen. Die Geldwechsler ermöglichten den Handel zwischen Ländern mit unterschiedlichen Währungen. Jo 2,14

HANDWERK

In biblischer Zeit wurden viele Arbeiten, die heute eigenen Berufen zugehören, von jedem Haushalt selbst ausgeführt. Die meisten Familien besaßen ein Stück Land, das sie bearbeiteten, und hielten Schafe und Ziegen. Die Frauen im Haushalt spannen und webten. Die Männer waren für den Hausbau verantwortlich. All diese Kenntnisse wurden an die Kinder weitergegeben.

In alttestamentlicher Zeit gab es in Israel kaum Handwerker, die mehr als bloße Gebrauchsgüter herstellten. So mußten für den Bau von kultischen Stätten oft ausländische Kunsthandwerker für die feineren Arbeiten hinzugezogen werden. Israel war ein armes Land. Es mußte sich auf das Nützliche beschränken. Trotzdem gab es schon früh Handwerker, die ihr Können von Generation zu Generation in ihrer Familie weitergaben.

Manche Orte waren, vermutlich weil dort das notwendige Material vorhanden war, mit bestimmten Gewerben verbunden. So war in Sukkot die Eisenverarbeitung zu Hause und in Debir Weberei und Färberei. Es gab wahrscheinlich schon ziemlich früh Zünfte der Handwerker, besonders in den Städten. Dort scheint jedes Handwerk seinen besonderen Stadtteil gehabt zu haben. In der Bibel finden wir die Viertel der Zimmerleute, der Töpfer, der Leinenweber, der Goldschmiede und der Salbenmacher.

In neutestamentlicher Zeit gab es überall im römischen Reich Zünfte. Sie unterstanden kaiserlicher Aufsicht, um zu verhindern, daß sie Deckmantel für unerwünschte politische Organisationen wurden.

Das Handwerk war bei den Juden sehr angesehen. Handwerker waren nicht verpflichtet, aufzustehen, wenn ein Gelehrter vorüberging. Die meisten Schriftgelehrten übten wohl ein Handwerk aus. Die rabbinischen Schriften erwähnen Nagelmacher, Bäcker, Schuhmacher, Baumeister, Schneider. Einige Handwerke waren ohne Ansehen, unter anderem das der Gerber, das als »unrein« galt, da sie mit Tierkadavern umgingen, Steuereinnehmer, weil sie betrogen, und die Weberei, weil sie Frauenarbeit war. Die

Weber lebten im ärmsten Viertel der Stadt, nahe am Misttor.

LEDERVERARBEITUNG Die Bibel erwähnt die Verarbeitung von Leder (von Schafen und Ziegen) zu Kleidung, Gürteln und Schuhwerk. Von kleineren Tieren nähte man ganze Häute zusammen, um Behälter für Wein, Wasser und Milch herzustellen. Zelte hatten ursprünglich ein Dach aus Leder, später benutzte man Filz oder gewebtes Ziegenhaar wie die heutigen Beduinen. Leder wurde auch als Schreibmaterial gebraucht. Die Jesajahandschrift unter den Schriftrollen vom Toten Meer (150 v. Chr.) ist auf siebzehn aneinandergenähte Lederstücke geschrieben. Die Einzelheiten der Lederverarbeitung sind unbekannt, aber es waren wohl jeweils zwei oder drei verschiedene Handwerker daran beteiligt.

Zuerst mußte das Tier gehäutet werden. Man hat Messer gefunden, die vielleicht dazu dienten.

Dann wurde die Haut gegerbt. In früher Zeit legte man die Häute wohl einfach in die Sonne oder behandelte sie vielleicht mit dem Saft bestimmter Pflanzen. Allerdings hatten Gerber wegen des Geruchs außerhalb des Ortes zu wohnen. Das Leder mußte zugeschnitten und genäht werden. Paulus, Aquila und Priscilla waren »Zeltmacher«, aber einige meinen, das Wort könne auch »Lederarbeiter« bedeuten. 1Mo 3,21; 2Kö 1,8; Hes 16,10; 2Mo 26,14; Apg. 18,3

EDELSTEINBEARBEITUNG Die Israeliten kannten Halbedelsteine wie Achat, Jaspis, Karneol und Felskristall. Die Steine wurden zerteilt und als Schmuckstücke poliert, mit Zeichen graviert – oder mit dem Namen des Eigentümers – um als

Siegel verwendet zu werden. Nicht alle in der Bibel erwähnten Steine lassen sich bestimmen. Geschnitzte und eingefaßte Steine für den Hohenpriester sind beschrieben in 2Mo 28,9-14.

GLASHERSTELLUNG Israel hat die Kunst, Glas herzustellen, nie erlernt. Lange vor der Landnahme hatten die Ägypter und Babylonier ein dunkles Glas entdeckt, das sich mit einem Sandkern formen ließ. In neutestamentlicher Zeit konnten die Römer durchsichtiges Glas herstellen, und sie konnten es auch »blasen«. Viele der in Israel gefundenen Glasgegenstände sind eingeführt.

ELFENBEINSCHNITZEREI Eine Liste der Gewerbe wäre ohne die Elfenbeinschnitzerei unvollständig, obwohl nie viele Handwerker darin tätig waren. Die meisten waren zudem Ausländer. Elfenbein war selten. Es mußte aus Afrika eingeführt werden (anfänglich auch aus Syrien). Es war bei den Königen beliebt, aber die Propheten sahen dar-

Eine der berühmten Elfenbeinschnitzereien aus Samaria. Dieses Wesen mit Flügeln ist typisch für die Verzierungen aus der Zeit König Ahabs.

in ein Zeichen der Verschwendung und des Müßiggangs.

Salomo verwendete vermutlich Schnitzereien aus Elfenbein und Einlegearbeiten zur Verzierung des Tempels. Allerdings wird im alten Testament nur sein Elfenbeinthron erwähnt. König Ahab von Israel baute sich ein »Elfenbeinhaus« in Samaria, seiner Hauptstadt. Dort ist auch die größte Ansammlung von Elfenbein gefunden worden. Bei allen Völkern des Nahen Ostens fand man Elfenbeinarbeiten.

S. auch *Bautechnik; Bergbau und Metallverarbeitung; Kleidung; Töpferei.* 1Kö 10,22; Hes 27,15; Am 3,15; 1Kö 22,39

HANNA 1. Die Frau Elkanas und Mutter Samuels. Sie hatte lange keine Kinder. Bei einem jährlichen Opfer am Heiligtum in Silo legte sie ein Gelübde ab. Wenn Gott ihr einen Sohn geben würde, dann wollte sie ihn sein ganzes Leben lang in den Dienst Gottes stellen. Als ihr Kind Samuel dann alt genug war, brachte sie es nach Silo, wo es bei dem Priester Eli blieb. Maria, die Mutter Jesu, nahm das Dankgebet Hannas in ihren Lobpreis Gottes auf, den sie vor der Geburt Jesu sprach. 1Sam 1-2

2. Eine alte Prophetin, die im Tempel war, als Josef und Maria Jesus als Baby Gott darbrachten. Wie Simeon erkannte sie, daß er der Messias war und sagte es anderen weiter. Lk 2,36-38

HANNAS war Hohepriester, zusammen mit seinem Schwiegersohn, Kajaphas, als Jesus gefangen genommen wurde. Lk 3,2; Jo 18,13-24

HARAN Eine Stadt im Südosten der Türkei an einem Nebenfluß des Eufrat. Hier ließ sich Abrahams Vater Tarah nach seinem Weggang aus Ur nieder, und hier arbeitete Jakob für Laban. Haran lag an der wichtigsten Straße von Ninive nach Aleppo in Syrien und zum Hafen Tyrus. Die Assyrer machten es zur Provinzhauptstadt. Nach dem Fall Ninives war es für drei Jahre Hauptstadt Assyriens. 609 v. Chr. fiel es an die Babylonier, 1Mo 11,31; 12,4-5; 29,4; 2Kö 19,12; Hes 27,23

HARFE s. *Musik*

HARMAGEDON s. *Megiddo*

HAROD Die Quelle, an der Gideon seine Soldaten auswählte. Er nahm die 300 Männer, die ihre Alarmbereitschaft dadurch zeigten, daß sie direkt mit dem Mund aus dem Bach tranken. Der Ort liegt in der Nähe der Ebene Jesreel. Ri 7,1-8

HASAEL Ein Offizier am Hofe Benhadads II. Elia salbte ihn im Auftrag Gottes zum König über Aram. Elisa weinte, weil er wußte, was Hasael Israel antun würde. Hasael tötete Benhadad und bestieg den Thron; gegen Israel und Juda führte er Krieg, konnte sie jedoch nicht ganz besiegen. 1Kö 19,15-17; 2Kö 8ff

HAUS s. *Bautechnik; Wohnen*

HAZOR Eine Kanaanäerstadt im Norden Israels, König Jabin von Hazor gründete einen Bund gegen Josua, doch er wurde besiegt und seine Stadt niedergebrannt. Ein anderer König von Hazor wurde von Debora und Barak besiegt. Salomo baute Hazor wieder auf und befestigte es zusammen mit Megiddo und Geser. Im 8. Jh. v.Chr. wurde Hazor von den Assyrern zerstört. Archäologen haben eine Ober- und eine Unterstadt ausgegraben. Zur Zeit der größten Ausdehnung mag Hazor etwa 40000 Menschen beherbergt haben. Der untere Teil der Stadt wurde im 13. Jh. (also zur Zeit Josuas) zerstört. Die Stadtmauer und das Tor aus der Zeit Salomos sind denen in Geser und Megiddo ähnlich. Hazor wird außer in der Bibel in ägyptischen und babylonischen Inschriften und in den Asmarnabriefen erwähnt. Jos 11; Ri 4; 1Kö 9,15; 2Kö 15,29

HEBRÄER Ein Brief an Judenchristen aus dem ersten Jahrhundert. Sie waren anscheinend in Gefahr, ihren christlichen Glauben aufzugeben.

Der Briefschreiber will ihren Glauben stärken. Er zeigt ihnen Jesus als den, in dem sich Gott wahrhaftig den Menschen offenbart hat.

Er zeigt, daß Jesus viel öfter als die Engel und die großen Männer des AT, Mose und Josua, ist (1,1-4,13). Jesus ist »Priester in Ewigkeit« (4,14-7,28). Jesus ist ein besserer Mittler zwischen Gott und den Menschen. Er ist das Opfer ein für allemal, auf das das AT hinweist (Kap. 8-10). Christus ist der wahre Hohepriester, der das wahre Opfer bringt und Gott und die Menschen versöhnt.

Der Schreiber erinnert an die großen Männer und Frauen Israels als strahlende Vorbilder des Glaubens (Kap. 11). Er fordert nicht zur Umkehr auf, sondern zum Ausharren im Glauben an Christus trotz Leiden und Verfolgungen (Kap. 12-13). Wir wissen nicht, wer der Schreiber dieses Briefes war.

HEBRON Eine Stadt hoch im Bergland Judäas (935 m). Ihr alter Name war Kirjat-Arba. Abraham und seine Familie hielten sich oft in die Nähe Hebrons auf. Dort (in Machpela, s. d.) kaufte er eine Höhle von den Hetitern. Die Kundschafter Moses kamen durch Hebron, das später

Kaleb zufiel. Hebron war eine der Levitenstädte und eine der Freistädte, d.h. Zufluchtorte für Menschen, die ohne Vorsatz jemand getötet hatten. Vor der Eroberung Jerusalems war es Hauptstadt Davids. Von Hebron aus machte Absalom seinen Aufstand. Nach dem Exil wurde es wieder von Juden besiedelt. 1Mo 13,18; 23; 35,27; 37,14; 4Mo 13,22; Jos 14,6-15; 2Sam 2,1-4; 15,9-10; Neh 11,25

HEIDEN Im Alten Testament sind dies Völker oder Menschen, die nicht Jahwe, den alleinigen Gott, kennen und nicht zum Volk des Bundes gehören, den Gott mit Abraham geschlossen hat. Auf der anderen Seite berichtet das AT vielfach von der Offenheit einzelner unter den Heiden für Gott und davon, daß der »Rest« aus den Heiden einst zum Volk Gottes gehören wird. Durch Jesu Kreuzestod ist der »Zaun« zwischen Juden und Nichtjuden (Heiden, »Griechen«) beseitigt; alle können ohne Unterschied als an Jesus Christus Glaubende zu seiner Gemeinde gehören. Zuerst in Antiochien gab es viele, die nicht auf dem Weg über das Judentum, sondern unmittelbar zum Glauben an Jesus Christus gelangt waren, die ersten Heidenchristen. Paulus, der Heidenapostel schlechthin, bemühte sich darum, Heiden zu gewinnen, trotz aller anfänglichen Probleme im Miteinander von Juden- und Heidenchristen.
S. auch *Ernährung: Speisevorschriften.* 1Mo 12,3; Jer 10,25; 1Kö 17; 2Kö 5; Jes 45,20; Jon 3,5ff; Apg 11; 13; 15; Rö 11,13; Gal 3,28; 1Thess 4,5

HEIL s. *Erlösung; Frieden; Rettung; Versöhnung*

HEILAND s. *Jesus; Rettung*

HEILIGER s. *Heiligkeit*

HEILIGER GEIST Der Geist Gottes ist eins mit Gott dem Vater und Jesus Christus (s. *Dreieinigkeit*). Er wirkt in der Geschichte und in Gottes Volk. Doch nicht erst seit der Zeit des NT und der »Zeit des Geistes« können wir sein Wirken sehen. Der Geist Gottes war schon bei der Schöpfung der Welt tätig. Wie Gott ist er allgegenwärtig. Es gibt nichts in der ganzen Schöpfung, was außerhalb seines Bereiches läge. Immer wieder lesen wir, daß der Geist Gottes Menschen Kraft für einen bestimmten Dienst gibt. Er gab den Propheten Eingebungen und verkündete durch sie das Wort Gottes. Doch das AT blickte auch voraus auf den Tag, an dem der Geist Gottes über alle Menschen ausgegossen werden sollte.

Im Leben Jesu spielte der Heilige Geist eine besondere Rolle. Er wurde schon aus der Kraft des Heiligen Geistes geboren. Der Heilige Geist kam bei seiner Taufe im Jordan auf ihn herab. Vom Geist wurde er zur Versuchung in die Wüste geführt. Am Anfang seiner öffentlichen Wirksamkeit erklärte er, daß er alles in der Kraft des Geistes tue. Johannes der Täufer sagte über Jesus, daß er Menschen mit dem Heiligen Geist taufen würde. Jesus selbst versprach seinen Jüngern, daß er ihnen nach seinem Weggang den Heiligen Geist schicken werde, der alle Zeit bei ihnen sein sollte. Wenn Jesus wieder beim Vater sein würde, würde der Heilige Geist seine Nachfolger lehren, führen und ihnen Kraft geben. »Derselbe (Geist) wird mich verherrlichen; denn von dem meinen wird er's nehmen und euch verkündigen.«
Die Jünger wurden, wie Jesus es ih-

nen zugesagt hatte, am Pfingsttag mit dem Heiligen Geist getauft. Das war für jeden sichtbar, weil sie auf eine neue Art Gott lobten. Außerdem redeten sie in anderen Sprachen und predigten machtvoll. Die Prophetie Joels war eingetroffen. Gott hatte seinen Geist auf alle Gläubigen ausgegossen.

Wenn ein Mensch Christ wird, empfängt er die Gabe des Heiligen Geistes. Der Heilige Geist lebt in Christen und hilft ihnen, Gottes Willen zu erkennen. Er schenkt ihnen die Gewißheit, daß sie Kinder Gottes sind und treibt sie zum Gebet.

Durch den Heiligen Geist wird die Einheit der Christen in Jesus Christus verwirklicht. Er will das Leben eines jeden Christen Jesus immer ähnlicher machen und gibt den Christen die Kraft und Gaben, die sie brauchen, um Gott zu dienen. S. *Dreieinigkeit, Gemeinde.* 1Mo 1,2; Ps 139,7-12; Ri 3,10; 14,6 und viele andere Stellen; Jes 11,1-3; 2Sam 23,2-5; Hes 36,26-27; Joe 2,28-29; Mi 3,8; Lk 1,35; 3,22; 4,1-18; 3,16; Jo 14,16-17; 16,7-15; Apg 2; Rö 8; 1Ko 12; Gal 5,22-23; 2Tim 3,16

HEILIGKEIT »Heiligkeit« bedeutet »für Gott ausgesondert sein«. Im AT wurden Orte, Gegenstände, Menschen und Feste heilig genannt, wenn sie von allen anderen ausgesondert für Gott waren. Deshalb war auch der siebte Tag, der Sabbat, heilig.

An Gott selbst wird offenbar, was Heiligkeit ist. Er ist der, der vollkommen anders als die Schöpfung und abgesondert von allem Bösen ist. Nichts ist ihm vergleichbar. Er ist anders als wir, er ist heilig. Deshalb sollen wir ihn fürchten. Wenn jemand wie Jesaja erkennt, wie heilig Gott ist, wird er sich ganz deutlich seiner eigenen Sünde bewußt, die ihn von Gott trennt.

Die Menschen sollen die Heiligkeit Gottes widerspiegeln. Darum ist die übliche Bezeichnung für die Christen im NT »Heilige«. Damit waren nicht besonders fromme Christen gemeint, vielmehr bezeichnet es alle Christen, denn alle sind ausgesondert und zu Gottes Dienst bestimmt. Die Heiligen, die Christen, sollen in der Heiligkeit Gottes wachsen – ein Vorgang, der als »Heiligung« bezeichnet wird. 1Mo 2,3; 2Mo 20,8; 30,22-33; 3Mo 19,1.2; Jes 6,1-5; 40,18-28; 10,20; Ps 33,21; Jes 8,13; 6; Hbr 12,10; Eph 5,25-27

HEILUNGEN Eine Folge des Bösen in der Welt sind die Krankheiten. Die Menschen werden krank, altern und sterben als Folge der Sünde.

Doch man kann nicht sagen, daß ein Mensch für seine Sünden mit Krankheit gestraft wird. Zu Jesu Zeiten dachten viele Menschen so, doch er selbst sagte, daß das nicht stimme.

Jesus kam, um eine vollkommen neue Schöpfung anzukündigen, in der Sünde, Krankheit und Tod nicht mehr sein werden. Diese neue Schöpfung hat mit der Auferstehung Jesu begonnen, doch ihre Vollendung liegt in der Zukunft. Die Christen werden an ihr teilhaben. Durch die Macht Jesu, Krankheiten zu heilen und Sünden zu vergeben, wurde gezeigt, wie das neue Reich sein wird. Jesus bezog die Prophetie Jesajas auf sich selbst: »Der Geist des Herrn ist bei mir, darum weil er mich gesandt hat, zu verkündigen das Evangelium den Armen; er hat mich gesandt, zu predigen den Gefangenen, daß sie los sein sollen, und den Blinden, daß sie sehend werden.« Seine Heilungen an Seele und Leib waren ein Vorgeschmack des kommendes Reiches.

Seine Jünger haben die Heilungen fortgesetzt. Paulus schrieb, daß in den Gemeinden die Gabe des Heilens vorhanden sei, und für Jakobus war es selbstverständlich, die Christen zu ermahnen: »Bekennt einer dem anderen seine Sünde und betet füreinander, daß ihr gesund werdet.« Die Heilung durch Christus ist Heilung für den ganzen Menschen. Doch bis alle Dinge neu werden am Ende der Zeit, kann die Kirche den Prozeß des Krankseins, Sterbens und Alterns nicht aufhalten. Heilungen werden immer nur ein Vorgeschmack auf das neue Leben sein, bis das Reich Gottes vollkommen da sein wird. 1Mo 3,14-19. *Heilungen im AT*: 4Mo 21,4-9; 1Kö 17,17-24; 5Mo 7,12-15; 28,20-23; 2Kö 4,18-37; 5. *Heilungen durch Jesus*: Mt 8,5-13.28-34; 9,32-33; 17,14-18; Mk 7,31-37; 10,46-52; Lk 4,18-19; 7,11-15; 8,41-42.49-56; 17,11-19; Jo 9; 11; Apg 3,1-10 u.a.; 1Kor 15; Jak 5,14-16; Offb 21,1-5; 22,1-2

HEIRAT UND EHE Die Schöpfungsgeschichte in 1. Mose 1 und 2 zeigt uns, wie Gott die Ehe wollte: ein Mann und eine Frau für ein ganzes Leben. Doch bald schon wurden Gesetze nötig, weil der Maßstab verlorengegangen war.

VORSCHRIFTEN UND BRÄUCHE Der Gesetzeskodex des Hammurabi von Babylon (ca. 1700 v. Chr.) besagt:

»Ein Mann soll keine zweite Frau nehmen, außer wenn die erste keine Kinder bekommen kann. Der Mann darf eine zweite Frau (Konkubine) nehmen, oder seine Frau darf ihm ihre Dienerin geben, um von ihr Kinder zu bekommen.

Die Kinder der Dienerin sollen nicht weggeschickt werden.«

Abraham hielt sich an diese Vorschriften, deshalb wollte er Hagar nicht fortschicken, obwohl Sara dies forderte (1Mo 16,1-6; 21,10ff).

Zu Jakobs und Esaus Zeit waren die Sitten weniger streng und erlaubten mehr als eine Ehefrau. Zur Zeit der Richter und Könige durfte ein Mann mehrere Frauen haben. Doch die Ehe mit mehreren Frauen brachte allerlei Probleme mit sich. Eins dieser Probleme scheint 5. Mose 21,15 zu berühren, wo es heißt, daß ein Mann dem Erstgeborenen nicht das Erbe entziehen soll, um es dem Kind der Lieblingsfrau zu geben. Ohne Zweifel brachte es wirtschaftliche Vorteile, mehr als eine Frau zu haben, da Kinder Arbeitskräfte waren. Doch es kam die Zeit, in der der Unterhalt der vielen Frauen mehr kostete, als die Familie durch die Kinder gewann. In der Praxis hatten die meisten Israeliten nur eine Frau. Treue und Liebe zu dieser einen wurden hochgeachtet. Auch in neutestamentlicher Zeit war es üblich, nur eine Frau zu haben (Herodes der Große, der gleichzeitig neun Frauen hatte, war eine Ausnahme).

Es war nicht üblich, daß Männer nicht heirateten – es gibt kein hebräisches Wort für Junggeselle. Man heiratete in Israel sehr jung. Das Mindestalter für Jungen war 13, für Mädchen 12 Jahre. Vielleicht lag es an der Jugend der Partner, daß die Ehen meistens von den Eltern ausgehandelt und vermittelt wurden. In alttestamentlicher Zeit kamen die Eheleute in der Regel aus demselben Stamm, gelegentlich waren sie Cousin und Cousine. Ehen mit

Menschen aus anderen Völkern, die anderen Göttern dienten, waren verboten. Ebenso waren Eheschließungen zwischen engen Verwandten untersagt (3Mo 18,16ff). Es war nicht unbedingt so, daß die Betroffenen bei der Wahl ihres Partners nicht mitreden durften: Sichem (1Mo 34,4) und Simson (Ri 14,2) baten beide ihre Eltern, für sie um ein bestimmtes Mädchen anzuhalten. Ehen mit Dienern oder Kriegsgefangenen waren erlaubt.

Die Eheschließung war eher ein zivilrechtlicher als ein religiöser Akt. Bei der Verlobung wurde im Beisein zweier Zeugen ein Vertrag geschlossen und manchmal tauschte das Paar Ringe und Armreifen aus. Die Verlobung war so bindend wie die Heirat. In der Verlobungszeit war der Bräutigam vom Kriegsdienst freigestellt (5Mo 20,7).

An den Vater der Braut mußte ein Brautpreis gezahlt werden, der *Mohar*, der auch durch Arbeit geleistet werden konnte. Der Vater der Braut durfte mit dem Brautpreis arbeiten, ihn aber nicht ausgeben. Die verheiratete Tochter erhielt den *Mohar* nach dem Tod ihrer Eltern oder wenn ihr Mann starb. Jakobs Schwiegervater Laban scheint jedoch den Brautpreis seiner Töchter verbraucht zu haben (1Mo 31,15). Der Vater des Mädchens war verpflichtet, seiner Tochter oder deren Mann eine Mitgift zu geben. Sie konnte aus Dienern (wie bei Rebekka und Lea), Land oder Geld bestehen.

DIE HOCHZEIT Sie fand statt, wenn der Bräutigam das Heim für sich und seine Frau fertig hatte. Mit seinen Freunden zog er am Abend zum Haus der Braut. Sie wartete verschleiert und im Hochzeitskleid.

Den Schmuck, den sie trug, hatte der Bräutigam ihr gegeben. Manchmal trug sie ein Stirnband aus Münzen (vielleicht geht es um eine dieser Münzen in der Geschichte vom verlorenen Groschen – Lk 15,8). In einer schlichten Zeremonie wurde der Schleier vom Gesicht der Braut genommen und auf die Schulter des Bräutigams gelegt. Danach führte der Bräutigam mit seinen besten Freunden die Braut ins Haus seiner oder ihrer Eltern, wo ein großes Hochzeitsfest gefeiert wurde. Später ging es im Fackelzug zum neuen Heim.

Das Gesetz Mose gestattete den Männern die Scheidung. Sie mußten einen Scheidebrief schreiben, in dem sie der Frau ihre Freiheit wiedergaben. In neutestamentlicher Zeit diskutierten die jüdischen Gelehrten oft über die Gründe, die eine Scheidung rechtfertigten. Die Pharisäer befragten auch Jesus danach, Mt 19. Manche erlaubten die Scheidung schon aufgrund von Kleinigkeiten – sogar wegen schlechten Kochens! Andere meinten, es müsse ein ernster moralischer Grund vorliegen, z.B. Ehebruch. Doch bezeichnenderweise gab es einen anderen Maßstab für Frauen. Eine Frau konnte sich nie von ihrem Mann trennen. Sie konnte ihn bestenfalls unter bestimmten Umständen dazu zwingen, ihr einen Scheidebrief zu schreiben. Jesus wendet sich grundsätzlich gegen die Ehescheidung, weil sie die Absicht des Schöpfers unterläuft, daß Mann und Frau »ein Fleisch« sein sollen (Mk 10,1-12; Lk 16,18; vgl. aber auch Mt 5,32; 19,9). Paulus bekämpft die Ehescheidung (Röm 7,2; vgl. 1Kor 7,10).

HELIOPOLIS s. *On Heliopolis*

HENOCH Ein Nachkomme von Adams Sohn Set. Er lebte so gottgefällig, daß er nicht starb, sondern Gott ihn hinwegnahm. 1Mo 5,22; Hbr 11,5

HERMON Ein Berg (2759 m) an der libanesisch-syrischen Grenze. Sein Gipfel ist das ganze Jahr über mit Schnee bedeckt. Sein Schmelzwasser speist die wichtigste Quelle des Jordan. Der Hermon liegt nahe bei Cäsarea Philippi. Vielleicht ist er der Berg, auf dem die Jünger die Herrlichkeit Jesu sahen. Jos 12,1; Ps 42,7; 133,3; Mt 17,1

HERODES 1. Herodes der Große, Sohn des Antipater (47 v. Chr. von Julius Cäsar zum Prokurator von Judäa ernannt). Antipater machte Herodes zum Statthalter von Galiläa. Nach dem Tod seines Vaters und seines Bruders Josef, des Statthalters von Jerusalem, gaben die Römer Herodes den Titel »König der Juden«. Er regierte von 37-4 v. Chr. Er war den Juden, obwohl er den Tempel wieder instand setzte, verhaßt. Von Geburt war er kein Jude. Die jüdische Familie der Hasmonäer ließ er ausrotten, weil er sie als Bedrohung für seinen Thron sah. Er war es auch, der den Mord der Kleinkinder in Betlehem anordnete. Nach seinem Tod wurde das Reich unter drei seiner Söhne aufgeteilt: Archelaus, Antipas und Philip. Mt 2; Lk 1,5

2. Archelaus, genannt Herodes, der Ethnarch, regierte Judäa von 4 v.Chr bis 6 n.Chr. Als Maria und Josef auf der Rückkehr von Ägypten erfuhren, daß er Herrscher von Judäa war, ließen sie sich in Galiläa nieder. Archelaus regierte so hart, daß die Römer ihn ins Exil schickten. Mt 2,22

3. Antipas, Tetrarch von Galiläa und Peräa von 4 v. bis 39 n.Chr. Er nahm Johannes den Täufer gefangen und ließ ihn, auf Wunsch seiner Frau und seiner Tochter, enthaupten. Pilatus übersandte ihm Jesus zur Gerichtsverhandlung, weil Jesus aus Galiläa kam. Antipas verspottete Jesus und schickte ihn zurück zu Pilatus. Mt 14; Mk 6; Lk 23,7ff

4. Agrippa I., genannt Herodes der Tetrach, war Sohn des Aristobul und Enkel Herodes des Großen. Er regierte über Galiläa, Judäa und Samaria. Um den Juden einen Gefallen zu tun, ließ er die Christen verfolgen. Er war es, der Jakobus, den Sohn des Zebedäus, hinrichten und Petrus gefangen nehmen ließ. Lukas, der Verfasser der Apostelgeschichte, verstand den Tod des Agrippa im Jahre 44 n.Chr. als Folge seines Stolzes. Apg 12

5. Agrippa II., Sohn des Agrippa I., besuchte Festus in Cäsarea und hörte dort Paulus. Sein Urteil war, daß Paulus freigelassen werden könnte, wenn er sich nicht auf den Kaiser berufen hätte. Apg 25,13-26,32

HERODIAS Die Frau des Herodes Antipas. Er heiratete sie, als ihr erster Mann, Philip, noch lebte. Weil Johannes die Heirat verurteilte, ließ sie ihn enthaupten. Mt 14; Mk 6; Lk 3,19

HERR s. Gott; Jesus

HERRLICHKEIT Wenn das Wort »Herrlichkeit« in der Bibel auf Menschen bezogen wird, meint es meistens deren Reichtum oder Stellung. Doch mit »Herrlichkeit Gottes« ist immer seine Allmacht und Größe gemeint: »Der König aller Könige und Herr aller Herren, der allein Unsterblichkeit hat, der da wohnt in einem Licht, da niemand zukommen kann, welchen kein Mensch gesehen hat noch sehen kann.« Obwohl wir Gott nicht sehen können, dürfen wir manchmal einen Schimmer seiner Herrlichkeit erblicken.

Im AT zeigt sich die Herrlichkeit Gottes in der Geschichte, ganz besonders im Geschehen des Auszugs und in der Verbannung. Gott zeigte sich seinem Volk, und sie sahen seine Herrlichkeit. Die Israeliten wurden von der Herrlichkeit Gottes in Gestalt der Wolke und des Feuers duch die Wüste begleitet. Als Mose auf dem Sinai die Gesetze Gottes erhielt, bedeckte die Wolke der Herrlichkeit Gottes den Berg. Während des Exils hatte Hesekiel Visionen, in denen er die Herrlichkeit Gottes sah.

Das NT sagt, daß Jesus die sichtbare Herrlichkeit Gottes auf Erden war. Die Hirten sahen Gottes Herrlichkeit, als Jesus geboren wurde. Wer Jesus kannte, sah in ihm diese Herrlichkeit. »Wir sahen seine Herrlichkeit«, sagt der Apostel Johannes (s. *Verklärung*). Jesu Leben und seine Wunder »offenbaren seine Herrlichkeit«. Doch in Jesu Tod am Kreuz offenbarte sich die Herrlichkeit Gottes am meisten. Jesus starb nicht als gebrochener Mann, sondern als Sieger über die Sünde und als Retter der Welt. Seine Auferweckung war der lebende Beweis. Deshalb gibt es eine »zukünftige Herrlichkeit«, die dem Volk Gottes verheißen ist, denn es wird teilhaben an der Herrlichkeit, mit der Christus zur Erde zurückkehren wird. 1Tim 6,15-16; 2Mo 16,7-10; 24,15-18; 40,34-38; 2Chro 7,1-3; Hes 1,26-28 u.a.; Lk 2,8-14; 9,28-36; Jo 1,14; 2,11; 17; Rö 8,18-30; Mk 8,38; 13,26

HESEKIEL (EZECHIEL) Einer der großen Propheten des AT. Er war der Sohn eines Priesters namens Busi und lebte bis zur Invasion Nebukadnezars 597 v.Chr. in Jerusalem. Mit Jojachin und anderen hochgestellten Bürgern wurde er gefangen nach Babylon geführt. Dort lebte er in einem eigenen Haus in der jüdischen Siedlung Talabib am Fluß Kebar. Nach vier Jahren berief Gott ihn zum Propheten. Bis zur Zerstörung Jerusalems 586 v.Chr. predigte er Buße und forderte das Volk auf, die Vergebung Gottes zu suchen. Nach dem Untergang Jerusalems blickte er voraus auf die Zeit, in der die Juden die Stadt und den Tempel Gottes wieder aufbauen sollten.

SEIN BUCH Mit 30 Jahren wurde Hesekiel zum Propheten berufen. Seine Botschaft richtete er sowohl an die in Babylon im Exil Lebenden als auch an die, die noch in Jerusalem waren. Seine Berufung verband sich mit einer Vision, in der er Gott in seiner Heiligkeit sah (Kap. 1-3). Dieses Erlebnis bestimmte sein ganzes weiteres Leben.

Kapitel 4-24 enthalten Gerichtsankündigungen Gottes an Israel: Jerusalem wird zerstört werden.

Dazu verkündet Hesekiel auch den Völkern, die Israel bedrohten, Gericht (Kap. 25-32).

Als Jerusalem 587 v.Chr. zerstört wurde, wandelte sich die Botschaft Hesekiels (Kapl. 33-39). Er predigte jetzt Trost und Hoffnung für die Zukunft. Gott wird sein Volk wiederherstellen.

Zuletzt beschreibt Hesekiel seine Visionen einer Zeit, die kommen und in der das Volk seinen Gott in einem neuen Tempel in Wahrheit anbeten wird (Kap. 40-48).

Hesekiel betont, daß jeder Mensch Gott gegenüber verantwortlich ist. Er fordert deshalb, daß die Menschen von innen her erneuert werden sollen. Als Priester war sein Hauptthema Heiligkeit. In seiner Verkündigung benutzt er mehr als andere Propheten Zeichen und Bilder.

HETITER Schon vor der Zeit der Israeliten und Aramäer wurde Syrien von den Hetitern aus der Türkei beherrscht. Sie waren Indoeuropäer, die von 1600 bis 1300 v.Chr. ein mächtiges Reich besaßen. Ihre Hauptstadt war Hattusa (heute Bogazköy), in der Nähe Ankaras (Hauptstadt der Türkei). In ihren Ruinen hat man die königlichen Archive gefunden. Sie enthielten kleine Lehmtäfelchen, die mit babylonischer Keilschrift, doch in der Sprache der Hetiter, beschrieben waren. Unter den wichtigen Dokumenten sind auch viele Verträge mit Untertanenstaaten. Sie sind alle nach einem bestimmten Schema abgefaßt – nach demselben Schema wie der Bund Gottes mit seinem Volk in 1 und 5Mo.

Die Hetiter hatten eine eigene Hieroglyphenschrift. 1286 v.Chr. fand die Schlacht von Kadesch zwischen den Hetitern und den Ägyptern statt. Keine der Parteien siegte. Die vertraglich festgelegte Grenze folgte ungefähr der Nordgrenze des Verheißenen Landes (s. Jos 1,4). Ca. 1200 v.Chr. ging das hetitische Reich unter den Angriffen der Seevölker zugrunde (s. *Philister*). Ihre Kultur verschwand bis auf einige Orte in Nordsyrien (Karkemisch und Hamat), wo die Nachkommen der Hetiter sich mit anderen Völkern vermischten. Hetiter werden noch unter Salomo und sogar noch bei Elisa erwähnt (1Kö 10,28ff; 11,1; 2Kö 7,6). (Die Hetiter in 1Mo 23 waren vielleicht Einwanderer aus dem Norden oder eine ganz andere Volksgruppe mit ähnlichem Namen.)

HIERAPOLIS Eine Stadt in der römischen Provinz Asia in der westlichen Türkei. Paulus erwähnt in seinem Brief an die Kolosser die Christen aus Laodizea und Hierapolis. Im Laufe der Jahrhunderte sind die heißen Quellen in Hierapolis (heute Pambuk Kalesi) versteinert. Kol 4,13

HILKIA Am bekanntesten ist der Hilkia, der zur Zeit des Königs Josia von Juda Hoherpriester war. Bei den Reparaturarbeiten am Tempel fand er eine alte Schriftrolle mit dem Gesetz Gottes. Diese Entdeckung führte zu einer josianischen Reform in Juda. 2Kö 22-23; 2Chro 34

HIMMEL Das hebräische Wort für »Himmel« bezeichnet einmal den »Himmel« als Gegenpol zur Erde und Teil des Universums.

Es kann auch die Wohnung Gottes bezeichnen. So lehrte Jesus seine Jünger beten: »Vater unser im Himmel . . .« Gott ist nicht allein im Himmel, er ist umgeben von den Engeln des Himmels, die ihm dienen. Den Christen ist nach ihrem Leben auf Erden ein Platz im Himmel verheißen. Jesus versprach seinen Jüngern, daß er sie verlasse, um ihnen dort einen Platz zu bereiten. Im »Himmel« werden alle Engel und Gläubigen, die einst auf der Erde gelebt haben, mit Gott ohne Ende Gemeinschaft haben.

Wie ist der »Himmel«? Er ist die »Heimat«, wo wir ruhen und doch mit Gott wirken werden. Im Himmel sind wir sicher, glücklich in Gottes Gegenwart und ohne Gram, Schmerz und irgend etwas Zerstörendes. Im Himmel werden wir alle treffen, die Jesus vertraut haben.

Wir werden sie erkennen, so wie die Jünger Jesus nach seiner Auferstehung erkannt haben. Der Himmel ist ein »Schatzhaus«, in dem wichtigere Dinge als Geld für uns aufbewahrt werden. Im Himmel gibt es keine Tränen, keinen Schmerz, keine Krankheit, keine Nacht und keine Müdigkeit. In Gottes Gegenwart ist Freude für immer.

S. *Engel, Leben nach dem Tod, Auferstehung, Wiederkunft Christi.* Mt 6,9; Neh 9,6; Mk 13,32; Lk 6,21-23; 1Pt 1,4; Jo 14,2; Rö 8; 1Ko 15; Phil 1,21-23; 3,12-21; 1Pt 1,3-5; Offb 4; 21-22

HIMMELFAHRT In den vierzig Tagen nach seiner Auferstehung erschien Jesus oft seinen Jüngern. Danach kehrte er zu seinem Vater zurück. Auf dem Ölberg gab Jesus seinen Jüngern letzte Anweisungen. Dann sahen die Jünger, daß er aufgehoben wurde in den Himmel, »und eine Wolke nahm ihn auf vor ihren Augen weg«. Dieses Ereignis nennen wir Himmelfahrt.

Obwohl Jesu Himmelfahrt das Ende seiner sichtbaren Tätigkeit auf Erden war, war sie doch nicht das Ende seines Wirkens. Während die Jünger Jesus nachsahen, redeten zwei himmlische Boten sie an: »Ihr Männer von Galiläa, was steht ihr und sehet gen Himmel? Dieser Jesus, welcher von euch ist aufgenommen gen Himmel, wird so kommen, wie ihr ihn habt gen Himmel fahren sehen.« Der Rest des NT macht deutlich, daß Jesus zwischen seiner Himmelfahrt und seiner Wiederkunft (am Ende der Zeit) bei Gott, seinem Vater, in der Herrlichkeit des Himmels ist. Er regiert die ganze Welt, vertritt die Gläubigen vor Gott und schickt ihnen den Heiligen Geist. Lk 24,50-53; Apg 1,6-11; Hbr 1,3; Jo 16,5-15

HIN s. *Maße und Gewichte*

HINNOM Ein Tal südlich von Jerusalem, die Grenze zwischen den Stammesgebieten von Juda und Benjamin. Hier errichteten die Könige Ahas und Manasse ein Heiligtum für den Gott Moloch und opferten ihm Kinder. Josia zerstörte das Heiligtum. Später wurde der Abfall der Stadt im Hinnomtal verbrannt. So wurde das Tal zum Bild für die Hölle und das Wort »Gehenna«, das eigentlich Hinnomtal heißt, wurde das Wort für Hölle. Jos 15,8; 18,16; 2Kö 23,10; 2Chro 28,3; 33,6; Jer 7,31; 19,2; 32,35

HIOB Das Buch Hiob handelt von dem frommen und gerechten Hiob, dem das Schlimmste zustößt.

Das Buch Hiob ist im AT einzigartig. Wir wissen nicht, wer es schrieb, noch wann es entstand. Anfang und Ende des Buches sind Prosa, der lange Mittelteil ist Poesie.

Hiob, ein reicher und wirklich guter Mann, verliert alle seine Kinder und seinen ganzen Besitz und wird mit einer heimtückischen Krankheit geschlagen. Er und seine drei Freunde (Elifas, Bildad, Zofar) versuchen, sein Leiden zu verstehen (Kap. 3-31). Die Freunde vermuten, daß er für heimlich oder unbemerkt begangene Sünden bestraft wird. Der junge Elihu betont in seinen Reden die Gerechtigkeit und Majestät Gottes (Kap. 32–37). Hiob jedoch kann nicht verstehen, wie Gott zuläßt, daß ein guter Mensch so leidet. Schließlich antwortet Gott auf Hiobs Frage, indem er ihm in Macht und Weisheit erscheint. Hiob demütigt sich vor ihm (Kap. 38-42). Er erkennt, daß Gott größer ist, als er jemals dachte. Wer kann ihn zur Rechenschaft ziehen? Die Geschichte endet so, daß Hiob wieder gesund wird und seinen Reichtum zurück erhält.

HIRAM 1. Ein mit David und Salomo befreundeter König von Tyrus. Er lieferte das Zedernholz für den Palast Davids und später für den Tempel Salomos. 2Sam 5,11; 1Kö 5; 9-10

2. Ein Handwerker, den König Hiram Salomo für die Bauarbeiten an Palast und Tempel schickte. 1Kö 7

HIRSE s. *Getreide*

HISKIA König von Juda von 716-687 v.Chr. (Mitregent schon seit 729). Sein Vater war Ahas. Hiskia ließ den Tempel reparieren und alle Götzenbilder aus Juda entfernen. Er rebellierte gegen die Assyrer und wollte ihnen keinen Tribut mehr zahlen. Das Nordreich wurde zu seiner Zeit endgültig zerstört, und Hiskia erkannte, daß auch sein Land bedroht war. Um Jerusalem gegen eine Belagerung abzusichern, ließ er einen Wasserkanal durch den Felsen hauen. Sanherib von Assyrien eroberte viele Städte in Juda und belagerte Jerusalem. Durch eine plötzlich eintretende Seuche im Heer der Assyrer wurde Juda gerettet. Kurz darauf wurde Hiskia schwer krank, doch Gott erhörte sein Gebet und gab ihm noch 15 Jahre zu leben. 2Kö 18-20; 2Chro 29-32; Jes 36-39

HÖLLE Jesus lehrte deutlich, daß die Hölle die ewige Strafe für die Bösen ist. Jesus beschreibt sie mit plastischen Bildern – ewige Finsternis, unauslöschliches Feuer, ein Ort, an dem Heulen und Zähneklappern sein wird, der Ort, an dem Gott Leib und Seele zerstört.

Diese Worte dürfen nicht wörtlich verstanden werden. Sie sind als Warnungen gemeint und betonen die Endgültigkeit des Gerichts Gottes, und es ist falsch, sie als Beschreibungen der Hölle zu nehmen. Ebenso falsch ist es, die Hölle abzutun als mittelalterliche Erfindung von Teufeln mit Mistgabeln. Die Hölle ist wesentlicher Bestandteil der Warnungen Jesu vor der Sünde und ihrer Macht. Jesus sagte, daß er selbst am Tag des Gerichts das Urteil sprechen wird: »Geht hin von mir, ihr Verfluchten, in das ewige Feuer, das bereitet ist dem Teufel und seinen Engeln!«

In der alten Form des apostolischen Glaubensbekenntnisses wird das Wort Hölle in einem anderen Sinn gebraucht: Es meint nicht den Ort der Strafe, sondern das Totenreich. S. *Tod, Leben nach dem Tod, Gericht.* Mt 18,8-9; 3,12; 13,42; Mk 9,48; Mt 10,38; 25,41; Offb 20,10-15

HOFFNUNG Die Hoffnung der Christen besteht im Vertrauen auf eine Zukunft jenseits dieser Welt, die von Gott verheißen ist. Diese macht sie auch in Ängsten froh.

Christen wissen, daß die Verheißungen Gottes wahr sind. Deshalb sind sie zuversichtlich in bezug auf die Zukunft. »Denn ich weiß wohl, was ich für Gedanken über euch habe«, sagte Gott zu Jeremia in den dunklen Tagen des Exils, »Gedanken des Friedens und nicht des Leidens, daß ich euch gebe das Ende, auf das ihr wartet.«

Die Auferstehung Jesu ist der Grund der christlichen Hoffnung. »Gelobt sei Gott, der Vater unsres Herrn Jesus Christus, der uns nach seiner großen Barmherzigkeit wiedergeboren hat zu einer lebendigen Hoffnung durch die Auferstehung Jesu Christi von den Toten«, schrieb Petrus. Diese Hoffnung wird durch den Heiligen Geist besiegelt. S. *Leben nach dem Tod.* Rö 4,18; 5,1-

5; 8,24-25; 12,12; 15,4; Jer 29,11; 1Ko 15,19-20; Kol 1,15; 1Pt 1,3-6; 2Ko 5

HOFNI UND PINHAS Die beiden Söhne Elis, des Priesters in Silo. Weil sie Gott mißachteten, kündigte Gott Eli ihren Tod an. Als Hofni und Pinhas in einer Schlacht gegen die Philister die Lade trugen, wurden sie getötet, und die Lade wurde geraubt. 1Sam 2,12ff; 4

HOHERPRIESTER s. *Priester und Leviten*

HOHER RAT (SYNEDRION) Seit der babylonischen Gefangenschaft das höchste Regierungs- und Richterkollegium der Juden, dessen Befugnisse allerdings durch die Römer eingeschränkt worden waren. Unter dem Vorsitz des amtierenden Hohenpriesters befaßten sich seine 71 Mitglieder im wesentlichen mit Religionsangelegenheiten. Die Gesamtheit des Hohen Rates wird im NT öfter als »die Hohenpriester (d.h. Glieder der herrschenden und früherer Hohenpriesterfamilien), Ältesten und Schriftgelehrten« (meist aus der Gruppe der Pharisäer) bezeichnet. Esr 7,25f; Joh 18,31; Mt 26,57ff; Apg 23,6

HOHESLIED Es ist eine Sammlung von Liebesliedern, die der hebräische Text Salomo zuschreibt.
Den Hintergrund für die Lieder bildet die Natur im Frühling. Sie sind voller leidenschaftlicher und freudiger menschlicher Liebe und reden unbefangen von der erotischen Anziehung der Geschlechter.
Sowohl die Juden als auch die Christen faßten das Hohelied als Bild für die Liebe Gottes zu seinem Volk bzw. für die Liebe Jesu zu seiner Gemeinde auf. Dafür finden sich weder im Text selbst noch anderswo in der Bibel Anhaltspunkte.

HOMER s. *Maße und Gewichte*

HOREB Ein anderer Name für den Berg Sinai.

HORITER Das Volk der Horiter gehörte später zum Hetiterreich. Um 2500 v.Chr. lebten sie in Babylon. Ihre Herkunft ist jedoch unsicher, und ihre Sprache, die uns in Keilschrifttexten überliefert ist, können wir bis heute nicht verstehen. Teile dieses Volkes ließen sich im Fruchtbaren Halbmond nieder. Sie tauchen in Edom auf (Horiter, 1Mo 14,6), in Sichem und in Gilgal (Hewiter, 1Mo 34,2 und Jos 9,3-7). Horitische Namen finden sich auf Keilschrifttafeln aus der Zeit um 1400 v.Chr. in Kanaan, und ägyptische Texte erwähnen eine in Kanaan lebende Volksgruppe mit dem Namen Churri. Damals gab es einen wichtigen Horiterstaat im oberen Mesopotamien: Mitanni. Seine Könige korrespondierten mit den Pharaonen, und unter ihren Göttern befanden sich Mithras und andere bekannte persische Gottheiten. Sie beeinflußten die Hetiter stark.

HORN 1. Symbol der Stärke und Macht, oft Sinnbild für die dem Reich Gottes feindlichen Mächte. Mi 4,13; Jer 48,25; Am 6,13; 1Sam 2,1; Ps 89,18.25; Offb 13,1ff
2. Die Vorsprünge an den vier Ecken des Brandopfer- und des Räucheraltars. 2Mo 27,2; 30,2ff
3. S. *Musik*

HOSEA 1. Der Prophet Hosea lebte ungefähr gleichzeitig wie Jesaja, im 8. Jh. Er predigte jedoch im Nordreich, in Israel, in den letzten 40 Jahren vor dem Fall Samarias. Damals hatte Israel in nur wenig mehr als 20 Jahren sechs Könige und hing oft heidnischen Göttern an.
So richtete sich auch Hoseas Predigt hauptsächlich gegen die Götzen-

dienst. Er heiratete eine Prostituierte, um so Israels Untreue gegen Gott darzustellen (Kap.1-3). Doch trotz Gericht sollte Gottes Liebe am Ende das Volk zurückgewinnen. Kapitel 4-13 enthalten Prophetensprüche an Israel. Sie zeigen Gottes Zorn und stellen dar, wie er aus Liebe wieder vergibt. Das Volk wird angehalten, sich wieder Gott zuzuwenden, um dann die Verheißung neuen Lebens zu empfangen.
2. Der letzte König des Nordreiches. Um an die Macht zu kommen, ermordete er König Pekach. Salmanasser V. von Assyrien besiegte ihn und machte ihn tributpflichtig. Als Hosea sich dagegen auflehnte, wurde er gefangen genommen. Drei Jahre später wurde Samaria zerstört und das Volk weggeführt. 2Kö 17

HOSIANNA Griechische Form des hebräischen Gebetsrufs aus Psalm 118,25: »Hilf doch«, mit dem die Volksmenge Jesus beim Einzug in Jerusalem als den erhofften Messias begrüßte. Die Fortsetzung »in der Höhe« umschreibt den Namen Gottes, an den sich die Bitte richtet. Mt 21,9.15; Mk 11,9f; Joh 12,13

HULDA Eine Prophetin, die zur Zeit des Königs Josia von Juda lebte. Als der Priester Hilkia im Tempel die Rolle mit dem Gesetz Gottes gefunden hatte, fragte Josia sie um Rat. 2Kö 22,14ff; 2Chro 34,22ff

HUREREI Sexuelle Ausschweifungen und insbesondere Prostitution. Beides gehörte zum Kult bestimmter Götter, daher meint der Ausdruck oft auch im übertragenen Sinn Götzendienst.

HUSCHAI Ein treuer Freund Davids. Während Absaloms Aufstand lief er zum Schein auf dessen Seite über. Durch seinen falschen Rat und seine Informationen konnte David

entkommen. 2Sam 15,32-17,15

HYMENÄUS Ein Mann, den Paulus aus der Gemeinde ausschloß, weil er Irrlehren verkündigte. 1Tim 1,20; 2Tim 2,17

HYMNEN s. *Bekenntnisse und Lieder*

IDUMÄA Der griechische Name für das Edom des AT. In neutestamentlicher Zeit wohnten viele Idumäer im Westjordanland, im trokkenen Gebiet Südpalästinas. Dieses Gebiet wurde nach ihnen benannt. König Herodes war Idumäer. Aus diesem weit im Süden gelegenen Gebiet zogen sogar Menschen bis nach Galiläa, um Jesus zu sehen. Mk 3,8

IKONION Das moderne Konya in der südlichen Türkei. Als Paulus dort predigte, war es eine Stadt in der römischen Provinz Galatien. Er stieß dort auf heftigen Widerstand. Apg 13,51; 14,1-6; 19-22; 2Tim 3,11

ILLYRIEN Die römische Bezeichnung für das Land an der Ostküste des adriatischen Meeres. Es war ungefähr identisch mit dem heutigen Jugoslawien; der südliche Teil wurde auch Dalmatien genannt (s. *Dalmatien*). Im Brief an die Römer sagte Paulus, daß er das Evangelium von Jerusalem bis nach Illyrien verbreitet habe. Sonst wird Illyrien von Paulus nicht erwähnt. Rö 15,19

INSTRUMENTE s. *Musik*

ISAAK Der Sohn, den Gott Abraham und Sara versprochen hatte. Er wurde geboren, als seine Eltern schon sehr alt waren. Nur wenig später stellte Gott den Glauben Abrahams auf die Probe. Er sollte seinen Sohn opfern. Doch als Abraham Isaak gerade töten wollte, hielt ein Engel ihn auf. Gott erneuerte daraufhin sein Versprechen, daß Abrahams Nachkommen zu einem großen Volk werden sollten. Mit vierzig Jahren heiratete Isaak Rebekka, ein Mädchen aus Abrahams Sippe. Sie gebar ihm Zwillinge, Esau und Jakob. Als Isaak alt und fast erblindet war, erschlich sich Jakob den Segen, der eigentlich Esau, dem älteren Bruder, zugestanden hätte. Jakob verließ danach seine Heimat. Nach vielen Jahren kehrte er jedoch wieder zurück, noch bevor sein Vater starb. 1Mo 21–22; 24–28,9; 35,27–29

ISAI Ein Enkel Ruts und Boas, der Vater Davids. 1Sam 16–17

ISASCHAR 1. Ein Sohn Jakobs und Leas. Nach ihm ist ein Stamm Israels benannt. 1Mo 35,23
2. Das Land, das demm Stamm Isaschar gehörte, südlich des Sees Genezareth, westlich des Jordan. Jos 19,17–23

ISCH-BOSCHET/ESCHBAAL Einer der Söhne Sauls. Er wurde von Abner, dem Heerführer Sauls, zum König gekrönt. Zwei Jahre lang regierte er Israel; zwischen ihm und David (Juda) herrschte Krieg. Dann wurde er von zwei seiner Heerführer ermordet, und David wurde auch über Israel König. 2Sam 2–4

ISEBEL Eine Prinzessin aus Sidon, die Frau Ahabs von Israel. Sie diente den Wetter- und Fruchtbarkeitsgöttern Baal und Aschera. Sie überzeugte ihren Mann Ahab von ihrem Glauben und zwang seine Untertanen, auch ihre Religion anzuneh-

men. Die Propheten Gottes ließ sie töten und holte dafür Baalspropheten. Doch der Prophet Elia entkam und machte auf dem Karmel den Baalspropheten ein Ende. Vor dem Zorn Isebels mußte er sich verstecken. Durch den Mord an Nabot sprach sich Isebel selbst ihr Todesurteil. Elia sagte ihr gewaltsames Ende voraus, und nur wenig später wurde sie aus einem Fenster gestoßen. 1Kö 16,31; 18,4.13.19; 19,1–2; 21; 2Kö 9,30ff

ISMAEL Der Sohn Abrahams und Hagars (s. *Hagar*). 1Mo 16; 21

ISRAEL Der Name, den Gott Jakob nach dem Kampf mit dem fremden »Mann« am Jabbok gab. Israel bedeutet: »der Mann, der mit Gott kämpft«. Die 12 Stämme werden auch »Kinder Israels« genannt. 1Mo 32,22ff; 35,9

ISRAEL (Nordreich) s. *Israel: Geschichte*

ISRAEL: GEOGRAPHIE Das Land Israel ist sehr klein. Vom Norden bis zum Süden – »von Dan bis Beerscheba«, wie die Bibel sagt – sind es kaum 230 km. Der nördliche Zipfel des Toten Meeres liegt nur 80 km von der Küste entfernt (jedoch 400 m unter dem Meeresspiegel). Das Land ähnelt einem Hausdach: Es steigt vom Mittelmeer allmählich an bis zu einer Höhe von 1000 m über dem Meeresspiegel und fällt dann steil ab in den tiefen Einschnitt des Jordangrabens. Die Erdoberfläche ist dort aufgebrochen und eingesunken und hat einen Graben gebildet, den wir bis nach Ostafrika verfolgen können. Östlich des Jordan, im Norden Galiläas, erheben sich die Berge auf mehr als 3000 m im Libanon und am Hermon; im Süden in Edom, am Ostrand der Wüste, bis auf 2000 m.

Den benachbarten Völkern erschienen die Bewohner Israels daher als Gebirgsstämme. »Die Götter Israels sind Berggötter«, sagten Beamte des Königs Ben Hadad. Das Zentrum der israelitischen Königreiche lag auf dem Gebirgsrücken zwischen der Küste und dem Jordangraben. In diesen Bergen konnte Israel die Angriffe der Philister von der Küste abwehren. Doch es hat nie das Küstengebiet erobert. Einige Male, besonders unter David dehnte sich das Reich im Norden bis nach Syrien aus und im Osten über den Jordan, wo es zeitweise Moab und Edom besetzte. Sein erster und letzter Stützpunkt waren die judäischen Berge.

GEOLOGIE Fast alle Gesteine dieses Gebiets stammen aus jungen geologischen Formationen. Kalk und Kreide machen einen großen Teil der Oberfläche aus. Ihre Struktur zu kennen, ist wichtig für das Verständnis bestimmter biblischer Berichte.

Wo immer Kalkgestein auftaucht, finden sich einige charakteristische Eigenschaften. Das Wasser versikkert in ihm (es ist durchlässig), und es bleibt wenig Oberflächenfeuchtigkeit. Doch meistens bilden sich unterirdische Flüsse. Durch Brunnen gelangt man an das Wasser. Kalkgestein hat viele Höhlen und bildet an der Oberfläche einen steinigen Belag, der die Urbarmachung nur an wenigen Stellen zuläßt. Diese Eigenheiten findet man überall in Palästina. Sie spielen in der Bibel eine wichtige Rolle.

Auch das Wüstenklima beeinflußt die Landschaft und ihre Strukturen. In der Wüste besteht die Oberfläche in der Regel aus Sand, Kiesel oder Salz. Weite Teile des südlichen Landes sind mit diesen unfruchtbaren Ablagerungen bedeckt. Durch Wind und Wasser werden die Felsen in der Wüste geformt. Der Wind schneidet sie in fantastische Formen; das Wasser, das durch sein seltenes aber heftiges Auftreten noch stärker wirkt, höhlt steil abfallende Täler und überhängende Klippen aus. Gelegentlich füllen plötzlich auftretende Fluten in wenigen Minuten ein trockenes Tal mehrere Meter hoch mit Wasser.

DER JORDANGRABEN. Das lange, gerade Tal des Jordangrabens, der im Toten Meer seinen Tiefpunkt hat, ist ein Zeichen für die Unbeständigkeit der Erdoberfläche. Die Landschaft verändert sich immer noch. Der Jordangraben ist durch einen geologischen Einbruch entstanden und bildet die tiefste natürliche Landsenke der Welt. Die Küste des Sees Genezareth liegt 200 m unter dem Meeresspiegel, der tiefste Punkt des Toten Meeres mehr als 800 m, und das trotz des Gerölls, das der Jordan in Jahrtausenden angeschwemmt hat. Heiße Quellen und von Mineralien gefärbte Felsen am Rand des Grabens zeigen, daß diese Gegend geologisch noch aktiv ist.

KLIMA Die Mittelmeerländer liegen zwischen der gemäßigten und der tropischen Klimazone. Die Winter sind feucht, wie die der nördlichen Länder, die Sommer heiß und trocken, denn sie werden von den tropischen Wüstengebieten beeinflußt, die südlich des Mittelmeeres liegen. So sind die Küstengebirge schneebedeckt, während in den Ebenen tropische Früchte reifen.

Trotz starker klimatischer Unterschiede in den verschiedenen Gebieten des Nahen Ostens gibt es einige Gemeinsamkeiten.

NIEDERSCHLAG Die Niederschlagsmenge hängt von der Höhenlage ab. Das Gebirge erhält mehr Regen als das Flachland. Die Berge fangen die regenbringenden Winde ab und hindern sie daran, das Inland zu erreichen. Daher sind die hohen Berge im Norden Galiläas regenreicher (750–1500 mm pro Jahr) als die Hügel Judäas (500–750 mm). Der Niederschlag nimmt weiter nach Süden deutlich ab. Im Gebiet von Beerscheba liegt er unter 200 mm. Im Süden zur Sinaihalbinsel hin herrschen Wüstenbedingungen vor.

Das Nachlassen der Niederschläge ist noch deutlicher im Inland, besonders im Jordantal. Die durchschnittlichen Niederschläge in Jerusalem betragen 500 mm, in Jericho dagegen, das nur 25 km östlich, aber 1000 m tiefer liegt, nur noch 100 mm. Auf der Ostseite des Jordan steigen die Niederschläge wieder, so daß sich nur ein schmaler Wüstenstreifen vom Toten Meer aus durch das Jordantal nach Norden erstreckt. Weiter östlich des Jordan findet sich ein gut bewässerter Streifen Hügelland, der vom Libanon bis nach Edom reicht. Kein Wunder, daß zweieinhalb der ursprünglichen zwölf Stämme dieses Land ebenso gut für ihr Vieh fanden wie das westliche und darum baten, sich dort ansiedeln zu dürfen und nicht erst den Fluß überqueren wollten, um ins Verheißene Land zu gelangen (4Mo 32). Später wurde dieses Land – das Land Gilead – berühmt für seine Fruchtbarkeit. In den Bergen Gileads fällt ebensoviel Regen wie in den Bergen Judäas, das zwar näher an der Küste, aber nicht so hoch liegt.

Obwohl im nördlichen Teil Palästinas viel Niederschlag zu fallen scheint, ist der Durchschnitt irreführend, da der tatsächliche Niederschlag von Jahr zu Jahr sehr unterschiedlich ist. In Jerusalem, wo der Durchschnitt 500 mm beträgt, gab es Jahre mit nur 250 mm Regen und während des letzten Jahrhunderts solche mit 1075 mm. Das bedeutet, daß der Rand der Wüste nicht genau festliegt. Es gibt Jahre, in denen sie sich nach Osten und Süden zurückzieht und Jahre, in denen sie über ihr Gebiet hinausreicht und Hungersnot entsteht. Diese ausgesprochen feuchten und trockenen Jahre spielten eine große Rolle in der Bibel. Sie erinnerten das Volk Gottes immer wieder daran, daß es von Gott abhängig war.

TAU In Gegenden, wo nicht viel Regen fällt, kann der Tau eine große Rolle bei der Bewässerung des Landes spielen. Die meisten Gebiete mit viel Tau liegen an der Küste. Die Feuchtigkeit kommt an Sommertagen vom Mittelmeer herüber und sinkt auf den Boden, wenn es nachts kühl wird. Manche Küstengegenden haben in 200 Nächten pro Jahr Tau; das ist oft etwa ein Viertel der Feuchtigkeit. So wird klar, warum der Tau für die Menschen in der Bibel so wichtig ist. Der Prophet Elia z.B. sagte eine Trockenheit voraus mit den Worten: »Es soll diese Jahre weder Tau noch Regen kommen« (1Kö 17,1).

WINTERREGEN Im Nahen Osten und im nördlichsten Afrika fällt der meiste Niederschlag im Winter. Von Mitte Juni bis September ist es normalerweise trocken. Die Wetterbedingungen sind stabil und vorhersagbar, sie werden von einer Luftströmung aus dem Osten bestimmt.

In Tel Aviv, an der Küste, wurden z.B. über 30 Jahre hinweg im Juni, Juli und August nie Niederschläge registriert.

Nach solch einem trockenen Sommer ist der Regen für die Bauern besonders wichtig. Er sollte Mitte September einsetzen, kommt jedoch oft zu spät. Dadurch bleibt den Bauern weniger Zeit zum Pflügen, und auch die Brunnen können sich nicht wieder ganz auffüllen. Darum werden die Bauern in der Bibel geschildert, wie sie auf den Herbstregen warten, um mit ihrer Arbeit beginnen zu können (Jak 5,7).

Hat der Regen eingesetzt, sind die folgenden Wintermonate feucht. Dezember und Januar haben den meisten Niederschlag. Vom Mittelmeer her kommt für jeweils 2 oder 3 Tage Regen, danach ist es wieder einige Tage trocken. So geht es, bis Ende März oder Anfang April endgültig trockenes Wetter einsetzt. Diese Zeit ist für die Bauern äußerst wichtig. Die Pflanzen beginnen im Frühjahr zu wachsen. Daher ist es lebensnotwendig, daß es weit in den Frühling hinein regnet, damit die Pflanzen und die Saat der ersten Wachstumsperiode genügend Wasser haben. Die Bauern warten sehnsüchtig auf den »Spätregen« im April wie auch auf den »Frühregen« im Oktober.

TEMPERATUR Die Temperaturschwankungen sind oft sehr groß. Es gibt große Unterschiede etwa zwischen einem Sommertag am Toten Meer mit Temperaturen um 40 Grad C und einem nassen Wintertag 150 km nördlich im oberen Galiläa, wo eisiger Regen fällt. Das Winterwetter im Hochland kann sehr ungemütlich sein. 45–60 Tage regnet es, in Jerusalem fällt sogar oft Schnee im Winter. Auch die Temperaturunterschiede können an einem Tag sehr groß sein. In Jericho beträgt die Durchschnittstemperatur im Januar 15 Grad C; sie ergibt sich aus einer hohen Tagestemperatur und Frost in der Nacht.

Die Sommertemperaturen an der Küste und im Hochland ergeben einen Durchschnitt von 22–25 Grad C. Diese Temperatur ändert sich jedoch je nach Höhenlage und durch den Wind. An Sommertagen mildert ein kühler Wind vom Mittelmeer die Hitze. Der überaus trockene und heiße *Kamsin* jedoch, der aus Süden, Arabien, bläst und die Luft der Wüste über das Land trägt, bewirkt das Gegenteil. Er ist unangenehm und den Bewohnern Israels gut bekannt. »Und wenn ihr seht den Südwind wehen«, sagt Jesus, »so sprecht ihr: Es wird heiß werden. Und es geschieht also« (Lk 12,55).

Das Klima Israels scheint sich seit der Zeit, als Israel das Verheißene Land einnahm oder als Jesus dort lebte, nicht verändert zu haben. Die Landschaft hat sich zwar geändert (s.u.), doch lag das nicht an einem Klimawechsel.

VEGETATION In einem Land mit solch einem Klima erwartet man folgende Vegetation – von der Wüste ausgehend zur Küste und zu den Bergen –: Wüstengestrüpp, Steppe mit Büschen und Gras, Grasland, Übergangswald, Wald in höheren Gebieten. Wir erwarten außerdem Pflanzen, die besonders darauf eingerichtet sind, in der feuchten Jahreszeit Wasser für die trockene zu speichern – Pflanzen mit einer glatten Oberfläche, die keine Feuchtigkeit verdunsten läßt. Diese Vegetationsarten treffen wir alle im Land der Bibel und den umliegenden Ländern an, im Libanon in den Wäldern nordwärts, die Wüstensträucher in der Wüste südwärts. Steppe und Grasland bilden einen schmalen Streifen um das judäische Hochland und finden sich in mittleren Höhen östlich des Jordan. Der größte Teil des Graslands an der Küste ist schon seit langer Zeit in Ackerland verwandelt. Auch einige Wüstengebiete wurden zu römischen Zeiten wie auch heute durch künstliche Bewässerung zu fruchtbarem Land.

VERÄNDERUNGEN Im Lauf der Jahrhunderte haben große Veränderungen stattgefunden. Als Israel das Verheißene Land betrat, war fast das ganze Hochland mit Wald bedeckt. Sogar zur Zeit Jesu scheint der Baumbestand noch erheblich gewesen zu sein. Viele Arten Hart- und Weichhölzer werden im Alten Testament genannt, und die Römer haben aufgeforstet. Heute ist die Landschaft verändert, vor allem der Wald ist fast vollständig verschwunden.

Das Roden von Wäldern führte zur Erosion des Bodens. Wiederaufforstung war nicht mehr möglich, und so wurde der Wald nach und nach durch ein dorniges Gestrüpp ersetzt, das in allen lange besiedelten Mittelmeerländern wächst. Es zerstört den Boden und ist so gut wie nutzlos. Dazwischen wachsen nur noch wenige Bäume. Im Sommer stellt es eine ständige Feuergefahr dar. Das ist der einzige Überrest eines einst prachtvollen Waldes. Große Waldgebiete wurden in den häufigen Kriegen vorsätzlich zerstört, viel Buschwerk wurde von Ziegenherden vernichtet. Dasselbe ist mit den jetzt kahlen Hügeln Moabs östlich des Jordan vor sich gegangen, die einst reich bewaldet waren.

Erst in den letzten 50 Jahren hat man begonnen, den Prozeß der Abholzung aufzuhalten. Das war gerade noch rechtzeitig, um einige wenige der berühmten Zedern des Libanon und ein paar Gebirgswälder im Norden zu retten. Seitdem haben sich in kurzer Zeit einschneidende Veränderungen in der Landschaft vollzogen. Sümpfe sind trocken gelegt und kultiviert worden, Obstpflanzungen sind an die Stelle von alten Eichenwäldern getreten. Und das Bewässerungssystem ist bis in die Wüste hinein ausgedehnt worden, in manchen Fällen bis in die Gebiete, die einst unter römischer Herrschaft zur Zeit Jesu bebaut waren. Manche Bodenarten in der Wüste sind fruchtbar, wenn sie bewässert werden. Der Südrand des Landes – zusammen mit dem unteren Jordantal, z.B. bei Jericho und En-Gedi – ist ein Gebiet mit Oasenlandschaft.

BODENSCHÄTZE Gott hatte Israel ein fruchtbares Land versprochen. Außerdem »ein Land, in dessen Steinen Eisen ist, wo man Kupfererz aus den Bergen haut« (5Mo 8,9). Kupferminen gab es schon lange, der Eisenerzbergbau entstand erst später, nachdem die Hetiter ein Bearbeitungsverfahren entdeckt hatten, das die Philister verbreiteten. Doch bis zur Zeit Davids und Salomos waren die Israeliten noch nicht in der Lage, ihre eigenen Eisenwerkzeuge herzustellen. Die Kupferminen unmittelbar nördlich des Golfes von Akaba waren jedoch damals schon voll in Betrieb.

Die wichtigsten anderen Bodenschätze des Landes sind Steine, Pech, Sand, Ton und verschiedene mineralische Salze (bes. im Toten

Meer). Heute wird auch das Phosphatgestein ausgenutzt. Das Wasser des Toten Meeres enthält Pottasche, Brom und Magnesium.

DIE REGIONEN ISRAELS Die Juden zur Zeit Jesu hatten eine ganz präzise Vorstellung davon, was »das Land« war und was nicht. Sie teilten das Land in verschiedene Gebiete auf, vom heiligsten bis zum unheiligsten Gebiet. Das Allerheiligste in Jerusalem stand an oberstr Stelle dieser Liste, und am Ende stand der verunreinigende Staub der Gebiete außerhalb des Landes. Die Kerngebiete sind Judäa und Galiläa im Westjordanland, die, getrennt durch Samaria (das nicht zum Land gehört), doch auf der Ostseite des Jordan durch Peräa miteinander verbunden sind. Wer das Land durchqueren wollte, benutzte die vereinbarte Nord-Süd-Route, ohne das Land zu verlassen (also unter Umgehung Samarias) und mußte somit den Jordan zweimal überqueren. Das Kerngebiet wurde von einigen Ländern umgeben, die früher einmal zu Israel gehört hatten. Sie wurden den vollkommen heidnischen Ländern vorgezogen.

Die geläufige Gebietseinteilung jedoch geht von den sieben eher natürlichen Landeseinheiten aus.

DAS ZENTRALE HOCHLAND Das Kerngebiet der jüdischen Königreiche lag am Hügelland entlang der Wasserscheide. Auf der einen Seite fiel das Land zur Küste ab, auf der anderen zum Jordan. Dieses Hochland erreicht in der Nähe von Hebron eine Höhe von weit mehr als 1000 m. Nach Westen fällt es sanft, nach Osten abrupt ab. Der Wald ist schon lange verschwunden; geblieben sind nackte Kalksteinflächen und schlechte Erde. Ackerbau kann nur auf Terrassen oder auf ganz schmalen Feldern betrieben werden, ein großer Teil des Gebietes ist mit Schonungen bepflanzt. Die befestigten Städte in diesem Hügelland waren gute Verteidigungspunkte. Die Hauptstädte der Reiche Juda und Israel lagen beide in diesem Gebiet. Die Könige des Nordreichs residierten zuerst in verschiedenen Festungen, bevor sie die Hauptstadt Samaria bauten.

Im Norden grenzt dieses Gebiet an die Ebene von Jesreel. Das Hügelland erstreckt sich in nordwestlicher Richtung zur Küste bis zum Vorgebirge des Karmel. Der 600 m hohe Bergrücken schneidet die Ebene in zwei Teile und bricht so mit der üblichen Nord-Süd-Lage der Gebiete. An seinem Nordende liegt die moderne Hafenstadt Haifa.

Auch heute gibt es im Hügelland nur wenige Straßen, abgesehen von der wichtigen Autobahn nach Jerusalem, Hebron und Nablus (früher Sichem). Die großen Straßen, sowohl der alten als auch der modernen Welt, gehen nördlich an den Bergen entlang und verlaufen parallel zu ihnen an der Küste. So liegt dieses Gebiet, obwohl Jerusalem sich dort befindet, abseits vom alltäglichen Kommen und Gehen.

DIE EBENE JESREEL Etwas von der Küste entfernt zieht sich eine Gebirgskette vom Libanon bis zum Sinai. Es gibt jedoch eine Stelle, an der eine Veränderung im Felsuntergrund eine Senkung zwischen den Bergen verursacht hat, die bis auf knapp 100 m hinunterreicht. Dieser Einbruch trennt das zentrale Hochland von Galiläa und den Bergen im Norden. Er erstreckt sich in der Bucht von Haifa im Norden des Karmel bis zum Tal des Harod, eines

Nebenflusses des Jordan. Auch die Wasserscheide wird vom Tal Jesreel durchschnitten.

Das Tal hat die Form eines Dreiecks, dessen Seiten je ungefähr 24 km lang sind. Ursprünglich war der Erdboden des Tales sumpfig. Hier verlor Sisera seine Streitwagen und mußte zu Fuß fliehen (Ri 4,15). Doch mittlerweile ist es trockengelegt und eins der fruchtbarsten Gebiete des modernen Israel geworden.

Obwohl die Ebene viele Jahrhunderte lang unfruchtbar war, bevor sie 1911 von jüdischen Siedlern wieder besetzt wurde, hatte sie immer große strategische Bedeutung. Die wichtige Nord-Süd-Route der alten Welt (die die Römer *via maris*, »Meeresstraße«, nannten) von Ägypten nach Damaskus und Mesopotamien führte durch dieses Gebiet. Sie war der nächste Weg für den Handel und eindringende Völker. Das erklärt die vielen Kriege, die bis heute in diesem Tal stattgefunden haben (israelischer Unabhängigkeitskrieg, 1949). Megiddo liegt am Westrand der Ebene; so wurde der »Berg von Megiddo« oder »Harmagedon« zum Symbol für die große Schlacht in Offb 16,16.

GALILÄA Im Norden der Ebene Jesreel geht die Gebirgskette weiter. Sie erstreckt sich nach Norden bis zu den hohen Bergen des Libanon. Die Berge werden immer höher. Steile Bergkämme erheben sich stufenartig und sind in der Regel nach Süden oder Südosten gerichtet. Die unteren Stufen sind fruchtbares Ackerland, durch karge Kalksteinfelsen voneinander getrennt. Zur Zeit Jesu waren diese fruchtbaren Bekken bekannt für ihr Getreide, ihr Obst und ihre Oliven. So waren die Menschen, die hier lebten, oft sehr

wohlhabende Leute. Die höheren Stufen führten zu einem öden und sturmgepeitschten Hochland, es ist unfruchtbar und waldlos.

Diese Gebiete bilden Galiläa, das oft in Ober- und Untergaliläa geteilt wird. Die Süd- und Ostgrenze des Gebiets ist klar bestimmt; im Norden jedoch verlieren sich die Grenzen in den Bergen. In der Vergangenheit waren in dieser nördlichen Region die fremden Einflüsse am stärksten. Selten hatten die Israeliten sie wirklich unter Kontrolle. Auch die großen Handelsstraßen brachten viele Fremde ins Land. In diesem Gebiet wuchs Jesus auf. Es herrschte ein reges Leben. Die Bevölkerung war sehr unterschiedlich. Durch die Handelsstraßen kam sie in Kontakt mit der Umwelt und der nichtjüdischen Gedankenwelt. Die Bevölkerung lebte von dem fruchtbaren Land und der Süßwasserfischerei. Sie war den Gegebenheiten des Landes im römischen Reich gegenüber viel aufgeschlossener als die gesetzesstrengen Juden in Jerusalem, die ihre nördlichen Nachbarn verachteten.

DIE KÜSTENEBENE Als Israel das Verheißene Land besetzte, eroberte es zuerst nur das zentrale Hochland und machte von da aus von Zeit zu Zeit in Versuch, seinen Einflußbereich bis zur Mittelmeerküste auszudehnen. Dieses Gebiet wurde jedoch von den mächtigen Philistern bewohnt. Und obwohl Israel es unter David eine Zeit lang beherrschte, wurden die Israeliten im Hochland weit häufiger von den Philistern bedroht.

Das Küstenland war zu jener Zeit kein besonders anziehendes Gebiet. Es bestand aus Sand, Wald, Lagunen und Sumpf. Südlich des Karmel gab es keine natürlichen, großen Häfen mehr; die Philister waren keine Seefahrer. Der erste wichtige Hafen an dieser Küste war der künstliche Hafen von Caesarea, den der König Herodes der Große nicht lange vor Jesu Geburt anlegen ließ.

Die Ebene im Süden des Karmel war bekannt als die Ebene von Philistäa und die Ebene Saron. Im Norden des Karmel hieß sie Ebene von Asser. Nach Norden zu wird sie schmaler, hat jedoch mehr natürliche Häfen. Von dort aus trieben die seefahrenden Phönizier Handel.

DIE SCHEFELA – DAS GEBIRGSVORLAND Zwischen der Küste und dem Hochland liegt ein Gebiet mit niedrigen Hügeln, die früher von Maulbeerfeigenbäumen bedeckt waren. Während der Kämpfe zwischen Philistern und Israeliten war dieses Gebiet eine Art Niemandsland, in dem ständig Scharmützel stattfanden. Der Angreifer mußte jeweils die Schefela durchqueren. Sie war weitgehend befestigt oder bewacht. Heute ist sie zum großen Teil in Ackerland umgewandelt.

DAS JORDANTAL Der Jordan entspringt am Fuß des Hermon und fließt nach Süden durch den Hule-See (heute weitgehend trockengelegt) in den See Genezareth. Am Südende des Sees tritt er wieder aus in das Tal El Gor. Die Hänge des Tales fallen nicht nur steil nach unten ab, sondern der Fluß hat zudem ein sich windendes, steiles »Tal ins Tal« gegraben, das von einer dschungelartigen Vegetation bewachsen ist. Das erschwerte Flußüberquerungen, bevor die ersten modernen Brücken gebaut waren.

Die Ränder des Jordantals folgen zwei parallel verlaufenden Verwerfungen der Erdkruste. Zwischen ihnen verläuft das Tal weiter bis zum Toten Meer, von da durch das Wadi El Araba, das südlich des Toten Meeres liegt, bis zum Golf von Akaba. Die beiden Verwerfungen sind der Grund für die große Tiefe des Tales. Das Ufer des Toten Meeres liegt 388 m unter dem Meeresspiegel. Die Entfernung der Bergkämme von einer Seite des Tals zur andern beträgt 15–20 km. Trotz dieser Breite führt keine wichtige Straße durch das Tal. Dazu ist der Boden durch die Ablagerungen des Jordans und seiner Nebenflüsse zu schwer zu bearbeiten, und zum andern schrecken die enorm hohen Sommertemperaturen in Gor die Reisenden ab.

DAS OSTJORDANLAND Auch hier finden wir Hochland, nur höheres als im Westen. Das Land ist wasserreich und hat gute Weiden für die riesigen Schaf- und Rinderherden, die früher in Moab gezüchtet wurden. Einst zahlte der König von Moab jährlich 100 000 Lämmer und die Wolle von 100 000 Schafen als Tribut an Israel (2Kö 3,4). Die Berge erreichten östlich von Galiläa Höhen von 600–700 m und im Süden und Osten des Toten Meeres nahezu 2000 m. Der Niederschlag steigt mit der Höhe und macht dieses Gebiet zu einem fruchtbaren Streifen zwischen dem trockenen Tal auf der einen und der Arabischen Wüste auf der anderen Seite. Wegen der Fruchtbarkeit Basans und Gileads, wegen des Reichtums der Schafzüchter Moabs und des Erfolgs der Kaufleute Edoms wurde dieses Land zu einem gefährlichen Konkurrenten Israels. Vielleicht war es gut für die Israeliten, daß der Jordan ein Eindringen dieser Völker in ihr Land erschwerte. Er trennte zwei Gebiete, die nur einen Katzensprung voneinander entfernt lagen.

ISRAEL: GESCHICHTE Im Nahen Osten gab es noch vor 3000 Jahren v.Chr. zwei Zentren der Zivilisation. Jedes hatte seine eigene Kultur, seine eigene Kunst und seine eigene Schrift. Das eine Zentrum war Mesopotamien, das Land an Tigris und Eufrat, ein Teil des Fruchtbaren Halbmondes; das andere war Ägypten. Die Geschichte der Menschheit beginnt im Garten Eden, der irgendwo in Mesopotamien gelegen haben, ag. Abraham stammte aus der in Südmesopotamien liegenden Stadt Ur. Ein Teil seiner Familie ließ sich später in Haran nieder, während er weiterwanderte nach Kanaan.

Die Welt, in der die Vorfahren Israels lebten, wurde von zwei großen und mächtigen Königreichen, Ägypten und Mesopotamien dominiert. Zwischen diesen Reichen gab es viele befestigte Städte und kleine Königreiche. Diese Festungen beschützten jeweils die Siedler, die um sie herum lebten. Außer den seßhaften Bauern gab es noch nomadische Stämme, die auf der Suche nach Weideland für ihre Herden von Ort zu Ort zogen. Zu ihnen gehörten auch Abraham und seine Sippe.

So sah es in Kanaan aus, als Abraham dort ankam und in der Nähe von Sichem sein Lager aufschlug. Das fruchtbare Land in der Küstenebene und im Jordantal war schon besiedelt. Abrahams Neffe Lot gefiel das fruchtbare Land, und er zog in die Nähe Sodoms. Doch das Leben dort hatte auch seine Gefahren, und Lot war nur einer von vielen, die für den Aufstand abhängiger Könige gegen ihre Herren büßen mußten (1Mo 14).

In Kanaan gab es oft Dürren und Hungersnöte; die Nomaden zogen dann ins fruchtbare Ägypten. Auch Abraham tat das einmal (1Mo 12). Später zog ein Urenkel Abrahams, Josef, nach Ägypten. Ihm folgte die ganze Familie Israels (Jakobs zwölf Söhne); mit ihrer Ansiedlung in

Semiten bei der Ankunft in Ägypten. Teil einer Wandmalerei aus Beni-Hasan, Ägypten; ca. 1890 v.Chr.

Ägypten endet das 1. Buch Mose.
DER AUSZUG Fast 400 Jahre blieben die Nachfahren Jakobs in Ägypten, und in dieser Zeit wuchsen sie zu einem Volk. Ägypten wurde nun von einer neuen Pharaonendynastie regiert, die dieses fremde Volk als Bedrohung empfand und versuchte, es durch Fronarbeit unter Kontrolle zu bekommen. Um es an weiterem Nachwuchs zu hindern, sollten alle männlichen Kinder im Nil ertränkt werden. In ihrer Not riefen die Hebräer zu Gott, und er schickte ihnen einen Führer: Mose.

Erst nach einer Reihe schrecklicher Plagen erlaubte der König von Ägypten den Israeliten, das Land zu verlassen. Doch er änderte seine Meinung noch einmal und ließ sie von seiner Armee verfolgen. Die Israeliten entkamen jedoch durchs Schilfmeer in die Wüste Sinai. Damit hatte der Auszug begonnen. s. *Exodus.* 2Mo 1–14

DIE EROBERUNG KANAANS Vor dem Durchzug durch den Jordan hatte Josua die Führung übernommen. Vor ihnen lag die befestigte Stadt Jericho. Gott hatte ihnen versprochen, daß sie dieses Land besitzen sollten. Kanaan bestand zu der Zeit aus vielen voneinander unabhängigen kleinen Staaten, die von befestigten Städten aus regiert wurden.

Josua nahm Jericho ein und versetzte die Kanaanäer in Furcht. Bald darauf fiel auch Ai. Das veranlaßte die Gibeoniter, einen Friedensvertrag mit Josua zu schließen. Josua siegte mehrfach im Süden des Landes und wandte sich dann nach Norden, um den König von Hazor zu schlagen. Die Philister jedoch blieben in der Küstenebene wohnen, und auch viele Kanaanäerstädte wurden nicht erobert. Doch die Israeliten konnten anfangen, das Land zu besiedeln.

Das Land wurde durch Los unter die Stämme verteilt. Zweieinhalb Stämme siedelten östlich des Jordan, und der Rest verteilte sich auf Kanaan. Die Leviten hatten kein eigenes Stammesgebiet, bekamen aber Orte zugeteilt, in denen sie wohnten. Sechs Städte wurden zu Freistädten erklärt, in denen Totschläger vor Rache sicher waren. Jos

DIE RICHTER Die Stämme ließen sich in den Gebieten nieder, die ihnen zugeteilt wurden. Sie waren dadurch über das Land verstreut und von feindlichen Nachbarn umgeben. Josua war tot, und es schien unmöglich, die Herrschaft über das ganze Land zu bekommen. Allmählich verloren die Israeliten die Tatsache aus den Augen, daß Gott für sie kämpfen wollte. Sie gingen Kompromisse mit den fremden Völkern ein und beteten um des lieben Friedens willen sogar deren Götter an. Ihre Feinde nutzten diese Schwäche aus. Das Buch der Richter erzählt diese traurige Geschichte.

Nachbarvölker griffen die Israeliten an: von Norden her der König von Mesopotamien, vom anderen Ufer des Jordan her die Moabiter und Ammoniter, aus dem Osten die Midianiter. In Hazor griffen die Kanaanäer erneut die Israeliten an, und die Philister drängten sie von der Küste her immer weiter in die Berge zurück.

Wieder rief das Volk zu Gott, und er half ihnen und schickte die Richter. Die bekanntesten sind Debora, Barak, Gideon, Jeftah und Simson.

ISRAELS ERSTE KÖNIGE Der letzte und größte Richter war Samuel – er war der Prophet, der den ersten

König salbte. Als Samuel alt geworden war, verlangte das Volk nach einem König, wie ihn die anderen
Völker hatten. Samuel warnte sie,
daß einen König zu haben auch bedeuten würde: Wehrpflicht, Fronarbeit und Unterdrückung. Doch das
Volk beharrte auf seinem Wunsch,
und Samuel gab schließlich nach.
Der erste König war ein großer,
starker Benjaminit namens Saul.
Anfangs ging alles gut, doch die
Macht stieg Saul zu Kopf, und er begann, Gottes Anweisungen ungehorsam zu werden. Wegen dieses
Ungehorsams folgte ihm sein Sohn
Jonatan nicht auf den Thron. Statt
dessen befahl Gott Samuel, bereits
zu Lebzeiten Sauls einen neuen König zu salben – den Hirtenjungen
David.
Als Hirtenjunge besiegte David den
Philisterhelden Goliat. Seine Be-
liebtheit beim Volk machte Saul eifersüchtig, und David wurde dadurch gezwungen, einige Jahre als
Flüchtling zu leben. Nachdem Saul
und Jonatan in einer Schlacht gegen
die Philister gefallen waren, wurde
David König.
Er einte das Reich und machte die
eroberte Jebusiterfestung Jerusalem
zur Hauptstadt. Er war ein Solda-
tenkönig und erweiterte ständig das
Reich durch Eroberungen. Er hinterließ seinem Sohn Salomo Frieden und Sicherheit.
David hatte vorgehabt, in Jerusalem
einen Tempel für Gott zu bauen,
doch erst Salomo konnte sein Vor-
haben ausführen. Außer dem Tempel baute er noch vieles andere.
Durch Handelsverträge vergrößerte
er den Reichtum des Landes. Salomo wurde durch seine Weisheit berühmt. Sein Palast war berühmt für
seine Pracht.

Doch gleichzeitig begann das Reich
zu zerfallen. Schuld daran waren die
hohen Steuern, Fronarbeit und
Götzendienst. 1Sam 8–1Kö 11
DIE ZWEI REICHE: ISRAEL UND
JUDA Unter König Salomo war Israel zwar noch reich und mächtig,
doch das Volk wurde unterdrückt
und litt unter hohen Steuern und
Fronarbeit. Als dann Salomos Sohn
Rehabeam an die Macht kam, baten
die nördlichen Stämme ihn, ihre Lasten zu erleichtern. Doch er weigerte sich, das zu tun. Daraufhin setzten nördliche Stämme Jerobeam I.
zum König ihres eigenen Reiches
ein, des Reiches Israel. Die Hauptstadt Jerobeams war Sichem. Rehabeam regierte von Jerusalem aus
das Südreich (die Stämme Juda und
Benjamin).
Jerobeam mußte für das Nordreich,
das nun von Jerusalem abgeschnitten war, ein neues Zentrum für den
Gottesdienst einrichten. Er wählte
dazu im Norden Dan und im Süden
Bethel, einen wichtigen Kultort aus
der Zeit Samuels. Doch schon bald
drangen heidnische Praktiken in
den Gottesdienst ein. Die Schreiber
der Bücher Könige und Chronik be-
urteilten die Könige danach, ob sie
dem Gott Israels oder heidnischen
Göttern dienten.
Die Könige Josia und Hiskia führten
in Juda Reformen des religiösen Lebens durch, darum wurden sie gut
beurteilt. König Ahab von Israel jedoch, der eine heidnische Frau heiratete und den Baalen diente, galt
als schlechter König. Die Reste seines »Elfenbeinhauses« haben Archäologen in Samaria freigelegt.
Aus assyrischen Berichten geht hervor, daß Ahab mit 10 000 Mann und
2 000 Streitwagen an der Schlacht
von Karkar gegen den assyrischen

König Salmanasser III. teilnahm (853 v.Chr.).

DAS ASSYRISCHE GROSSREICH
Da Israel zwischen den großen Mächten Ägypten und Mesopotamien lag, wurde es zum Ziel vieler Angriffe. Die Erfolge Davids und Salomos waren zum Teil darin begründet, daß die großen Staaten zu dieser Zeit schwach waren. Sofort nach der Spaltung des Reiches begannen die Nachbarstaaten – Syrien, Ammon und Moab – Israel und Juda anzugreifen und in ständige Unruhe zu versetzen. Doch die größte Gefahr bedeutete die langsam sich ausdehnende Großmacht im Norden.

Das assyrische Reich hatte eine kurze Blütezeit unter Tiglat-Pileser I. erlebt. Doch es wurde erst wirklich gefährlich zwischen 880 und 612 v.Chr. Das Reich hatte drei große Städte: Assur, Kala und Ninive.

Von der Mitte des 9. Jh. v.Chr. an griffen die Könige Assyriens wiederholt Israel und Juda an. Jehu von Israel mußte an Salmanassar III. Tribut zahlen. Hundert Jahre später

König Jehu von Israel huldigt Salmanassar III. von Assyrien. Ausschnitt aus Salmanassars »Schwarzem Obelisken«.

bat Ahas von Juda Tiglat-Pileser III. von Assyrien um Hilfe gegen Syrien und Israel (Jes 7; 2Kö 16). Tiglat-Pileser besiegte beide Völker, doch Juda mußte ihm als Gegenleistung Tribut zahlen.

Der nächste König Assyriens eroberte Samaria, weil Israel sich geweigert hatte, den jährlichen Tribut zu zahlen. Er verbannte die Bevölkerung und zerstörte das Nordreich völlig (722/21 v.Chr.; 2Kö 17). Kurz darauf unterlag auch Ägypten den Assyrern. 701 v.Chr. belagerte Sanherib Jerusalem, und nur weil König

Dieses Relief von den Wänden des Palastes Sanheribs von Ninive zeigt zwei israelitische Gefangene.

Hiskia auf Gott vertraute, wurde die Stadt noch einmal gerettet (2Kö 19).

Die Verteidigung ihres Reiches kostete die Assyrer viel Kraft, und im folgenden Jahrhundert gewannen mehrere Provinzen ihre Unabhängigkeit zurück. Das assyrischr Reich ging unter, als Assur 614 v.Chr. an die Meder und Ninive 612 v.Chr. an die Meder und Babylonier fiel.

BABYLONISCHE INVASION UND EXIL ist in der Bibel gleichbedeutend mit Unterdrückung, Babylon mit Macht. Nabopolassar, Statthalter des Gebietes um den Persischen Golf, befreite Babylon von den Assyrern und wurde 626 v.Chr. König. Er war weiterhin siegreich und eroberte 612 v.Chr. zusammen mit den Medern Ninive, die Hauptstadt der Assyrer. Danach begann er, das ganze assyrische Reich zu erobern.

Die Assyrer zogen sich nach Haran zurück, wurden aber auch dort vertrieben. Die Ägypter, die sich darüber klar waren, daß auch ihr Land bedroht war, zogen nach Norden, um sie zu unterstützen. Bei dem Versuch, sich ihnen in den Weg zu stellen, kam Josia von Juda bei Megiddo ums Leben. Juda wurde Ägypten untertan (2Kö 23,29). 605 v.Chr., also vier Jahre später, besiegte die babylonische Armee unter Nebukadnezar die Ägypter bei Karkemisch (Jer 46,1–2). Das babylonische Reich breitete sich beständig aus. König Jojakim von Juda war nur einer von vielen Königen, die Nebukadnezar Tribut zahlen mußten.

601 v.Chr. ermutigten die Ägypter Juda zum Aufstand. Daraufhin schickte Nebukadnezar Truppen nach Juda, und 598 v.Chr., kurz nachdem Jojachin König geworden war, mußte Juda kapitulieren. Die Babylonier plünderten und zerstörten nicht nur, sondern schwächten die unterworfenen Völker durch die Verbannung wichtiger Persönlichkeiten. Deshalb führten sie auch den König von Juda und viele angesehene Bürger ins Exil nach Babylon (2Kö 24,10–17).

Trotzdem bat zehn Jahre später Zedekia, der König, den Nebukadnezar auf den Thron Judas gesetzt hatte, die Ägypter um Hilfe. Die Babylonier fielen daraufhin in Juda ein und griffen Jerusalem an. Achtzehn Monate lang belagerten sie die Stadt; dann gelang es ihnen, eine Bresche in die Mauern zu schlagen. 586 v.Chr. wurde die Stadt erobert. Zedekia wurde gefangen genommen und geblendet, die Schätze wurden geraubt und Tempel und Stadt zerstört. Die Menschen mußten ins Exil. Nur die Ärmsten durften bleiben (2Kö 25,1–21). S. *Exil.*

RÜCKKEHR NACH JERUSALEM In der ersten Hälfte des 6. Jh. v.Chr. schien Babylon noch allmächtig zu sein. Doch die Propheten sprachen von einem Gott, für den Könige wie Marionetten sind, und der auch heidnische Mächte dazu gebrauchen kann, seinen Willen auszuführen.

Cyrus der Perser vereinigte die Reiche der Meder und der Perser. Dann unterwarf er den Osten bis nach Indien. Danach griff er Babylon an. Die Stadt fiel 539 v.Chr., und Cyrus übernahm das ganze Reich.

Das Reich der Perser wurde größer als das der Babylonier. Sie eroberten Ägypten und die ganze heutige Türkei. Nach dem Sturz Babylons organisierte Cyrus das Reich neu. Er teilte es in Provinzen auf, die jeweils von einem »Satrapen« regiert wurden. Diese Satrapen waren Perser, doch unter ihnen behielten auch einheimische Herrscher einige Macht. Die verschiedenen Völker wurden dazu ermutigt, ihre eigenen Sitten und Religionen beizubehalten.

Im Rahmen dieser toleranten Politik schickte der Perser Cyrus die Juden wieder nach Jerusalem, mit dem Auftrag, die Stadt und den Tempel wieder aufzubauen. Die Bücher Esra und Nehemia berichten darüber. Auch in anderen Gebieten es Reiches lebten Juden. In Susa, einer der Königsstädte, heiratete ein späterer König, Xerxes I., sogar eine jüdische Frau, wie im Buch Ester erzählt wird.

Die Juden, die nicht im eigenen Land lebten, lebten in der »Zerstreuung« (Diaspora). Die Diaspora war vor allem während der Zeit des NT charakteristisch. Weil die Juden zu weit vom Tempel entfernt waren, wurde für sie die örtliche Synagoge zum Mittelpunkt für Lehre und Gottesdienst. Dadurch wurde das Christentum später schnell verbreitet.

Darius I. (522–486 v.Chr.), der Erbauer der neuen Hauptstadt Persepolis und Eroberer eines Teils von Indien, dehnte das Reich auch nach Westen hin aus. 513 eroberte er Mazedonien in Nordgriechenland. Doch den Vormarsch der Perser konnten die Griechen 490 bei Marathon stoppen. Damit begann eine der größten Epochen in der Geschichte Griechenlands. Xerxes I. (486–465) marschierte zwar in Griechenland ein, eroberte sogar Athen, wurde jedoch in der Seeschlacht bei Salamis geschlagen. Artaxerxes, Darius II. und die folgenden Könige griffen Griechenland immer wieder an, einmal war die eine, einmal die andere Seite unterlegen, bis schließlich im Jahr 333 v.Chr. der mazedonische Feldherr Alexander von Mazedonien den Hellspont überschritt und seinen großen Siegeszug antrat.

Alexander war erst 22 Jahre alt, als er seinen großen Feldzug begann. Er eroberte Ägypten (und gründete Alexandria) und zog von dort nach Osten. Bald hatte er das ganze persische Reich erobert und überall griechische Stadtstaaten gegründet. Im Jahre 323 v.Chr. starb er mit 33 Jahren.

Nach seinem Tod wurde das Reich unter vier Generäle aufgeteilt. Die Seleukiden regierten von Antiochien aus Palästina und die Ptolemäer von Alexandria aus Ägypten. Seitdem war Griechisch eine Weltsprache

ISRAEL ZUR ZEIT DES NEUEN TESTAMENTS Zur Zeit des NT hatte das jüdische Volk mehr als 500 Jahre unter fremden Herren gelebt. Unter griechischer Herrschaft hatten sie Tribut an die Ptolemäer in Ägypten zahlen müssen und die griechische Sprache als Reichssprache angenommen. 198 v.Chr. besiegte der seleukidische Herrscher Syriens, Antiochus der Große, die Ptolemäer und nahm Palästina ein. 190 v.Chr. wurde er bei Magnesia von den Römern besiegt.

Die Römer belegten das Seleukidenreich mit hohen Steuern, und die Seleukiden plünderten deshalb Städte und Tempel. Antiochus Epiphanes nahm die Opposition einer Gruppe strenger Juden zum Vorwand, den Tempel in Jerusalem zu plündern. Später ließ er einen heidnischen Kult im Kern der Stadt einrichten und einen Zeusaltar im Tempel bauen, auf dem Schweine (was nach dem jüdischen Reinheitsgesetz verboten war) geopfert wurden.

Das war der letzte Anstoß zum Makkabäeraufstand. Die Juden erlangten dadurch für eine kurze Zeit ihre Unabhängigkeit. Sie reinigten den Tempel und weihten ihn 165 v.Chr. neu. Der Hohepriester Aristobulos, ein Mitglied der Hasmonäerfamilie, die den Aufstand angeführt hatte, machte sich 104 v.Chr. zum König. Bald tauchten Streitigkeiten unter den Juden auf. Diese gaben den Römern die Möglichkeit, einzugreifen. Der letzte Hohepriesterkönig wurde 37 v.Chr. hingerichtet.

Judäa kam unter die Herrschaft des Gouverneurs der römischen Provinz Syrien. Doch die Juden behielten Religionsfreiheit und bekamen einen eigenen Herrscher: einen idumäischen Juden namens Herodes, der von 37 v.Chr. bis 4 n.Chr. regierte. Obwohl er viele Bauwerke errichten ließ, u.a. auch einen neuen Tempel in Jerusalem, haßten die Juden Herodes den Großen, weil er ein grausamer Tyrann war.

Zu dieser Zeit wurde Jesus geboren. Damals regierte in Rom der erste römische Kaiser Augustus Octavian. Ihm folgte 14 n.Chr. Tiberius auf den Thron. Als Herodes der Große starb, wurde sein Königreich unter seine drei Söhne aufgeteilt. Einer von ihnen regierte so grausam, daß die Römer ihn seines Amtes enthoben und einen Statthalter für Judäa einsetzten. Pontius Pilatus, der Jesus zum Tode verurteilte, war von 26 bis 36 n.Chr. Statthalter von Judäa.

Der jüdische Hohe Rat wollte den Frieden mit den Römern erhalten, um seine eigene Position zu schützen. Andere, wie die verhaßten Zöllner, profitierten finanziell von der römischen Oberherrschaft. Viele Menschen hofften auf den Tag, an dem sie befreit werden sollten – wie Simeon, der bei der Darbringung Jesu im Tempel war, warteten sie »auf den Trost Israels«.

Jesus mußte vorsichtig sein, nicht als der Messias und Befreier mißverstanden zu werden, der einen Aufstand gegen die Römer anführen würde. Der Widerstandsgeist war am stärksten unter den Zeloten (einer Guerillagruppe). Ihre Aktivitäten führten schließlich zu dem schrecklichen Jüdischen Krieg und zur Zerstörung des Jerusalemer Tempels im Jahre 70 n. Chr.

70 n. Chr. zerstörten die Römer Jerusalem und plünderten den Tempel. Szene aus dem Triumphbogen des Titus in Rom. Der siebenarmige Leuchter wurde aus dem Tempel geraubt.

Neben der Zerstörung des Tempels steht ein Neuanfang. Der Tod und die Auferstehung Jesu machten es den Aposteln klar, daß das Reich Gottes nicht nur für die Juden, sondern für alle, die an Christus glaubten bestimmt war. Dieses Reich bedeutete nicht nur Befreiung von Sünde, Schuld und dem Gesetz der

Juden, sondern damit auch neues Leben aus Gottes Geist für Juden und Nicht-Juden. Die Kraft dieser Botschaft sollte das ganze Reich auf den Kopf stellen und die Welt verändern.

ISRAEL: RELIGION

ABRAHAM Der Glaube Israels begann an dem Tag, als Gott zu Abraham sprach und ihm befahl, sein Land und seine Sippe zu verlassen und in ein neues Land zu ziehen. An diesem Tag versprach Gott Abraham, ihn zu einem großen Volk zu machen. Abraham nahm Gott beim Wort. »Er setzte sein Vertrauen auf den Herrn, und der Herr war mit ihm.«

So besteht der allererste und grundlegende Glaube Israels und des Christentums in der Gewißheit, daß Gott eine reale Person ist, und daß Menschen – einzeln oder als Gruppe – ihn erkennen können. Abraham, so hören wir, tat, was Gott ihm befahl. Er zog nach Kanaan und errichtete an seinen Lagerplätzen Altäre, um anzubeten.

Abrahams Glaube an Gott wurde manchmal erschüttert. Aber er wußte, daß Gott sich ihm und seiner Familie, dem späteren Israel, zugewendet hatte. 1Mo 15,6

JAKOB Israels Geschichte als Volk beginnt mit Abrahams Enkel Jakob (später genannt: Israel) und seinen zwölf Söhnen, von denen die zwölf Stämme abstammen. »Ich bin der Herr, der Gott Abrahams und Isaaks«, sagte Gott zu Jakob. »Ich will dir und deinen Nachkommen dieses Land geben . . . Ich bin mit dir und will dich behüten, wo du hinziehst, und ich will dich wieder herbringen in dieses Land. Denn ich will dich nicht verlassen, bis ich alles tue, was ich dir zugesagt habe.« Eine Hungersnot kam. Jakob und seine Söhne folgten Josef nach Ägypten. Ihre Nachkommen blieben jahrhundertelang dort. Aber Gottes Versprechen galt immer noch. Dies war sein Volk. Er erhörte es, als es von den Ägyptern versklavt wurde.

MOSE Eines Tages redete Gott in der Wüste mit Mose. »Ich will dich zum Pharao senden«, sagte er, »damit du mein Volk aus Ägypten führst.« Damit Mose dem Volk Gott beschreiben konnte, erklärte Gott, wer er war. Er offenbarte seinen eigenen Namen, Jahwe (der Herr), den er selbst übersetzte als »Ich bin« bzw. »Ich werde sein, der ich sein werde«. Dieser Name wies auf zweierlei: Gott ändert sich nicht, und Gott ist ganz und gar verläßlich. Dazu ist er auch lebendig, aktiv, kreativ. Dieses Wissen von Gott überbrachte Mose dem Volk.

Aber Gott gab nicht einfach nur Informationen über sich. Durch das, was er tat, bewies er, was für ein Gott er ist.

Als er Israel aus Ägypten rettete, um die Verheißungen zu halten, die er ihren Vorfahren gegeben hatte, zeigte er seine Vertrauenswürdigkeit. Zugleich aber, auf dem Weg durch die unbekannte Wüste, zeigte er sich als der lebendige Gott, der den Ungehorsam des Volkes strafte und es doch mit allem versorgte. 2Mo 3,10.14–15

DER AUSZUG UND DER SINAI Zur Zeit Moses offenbarte sich Gott als der Gott, der handelt und spricht. Beim Auszug aus Ägypten erwies er sich als Verteidiger seines unterdrückten Volkes und als Feind seiner Feinde. Dadurch enthüllte er sein Wesen. Am Sinai gab er sich noch weiter zu erkennen. Er offenbarte Mose, daß er »barmherzig und gnädig, geduldig und von großer Gnade und Treue« ist. In den Geboten offenbarte er seinem Volk seinen Willen. Das Gesetz ordnete das Leben des Volkes und legte das Verhältnis zu Gott fest. Daran konnte man Gottes Volk erkennen, wer und wie Gott ist und was er von den Seinen erwartet. 2Mo 34,6

DIE ZEIT DAVIDS UND SALOMOS Unter Davids Regierung wurde Israel zum ersten Mal ein unabhängiger Staat. Die Israeliten ließen sich beeindrucken von der Pracht und dem Glanz des Königtums. Aber sie erkannten, daß die Würde ihrer irdischen Könige nur ein Schatten der Größe Gottes war, des Königs der Könige. Ein neues Gefühl für die Erhabenheit Gottes zeigt sich im Tempel, den Tempelgottesdiensten und in den dort gesungenen Psalmen, in denen Gott gepriesen wird als »großer Gott, ein großer König über allen Göttern«. Daneben war ein starkes Gefühl der Freude: »Der Herr ist König; des freue sich das Erdreich und seien fröhlich die Inseln . . .!« Freude und Anbetung stehen in vielen Psalmen nebeneinander.

Zur Zeit Davids und Salomos schenkte Gott eine neue Verheißung: Er werde Davids Dynastie nie enden lassen. Deshalb blieb Israel den Königen der Dynastie Davids treu, auch wo sie es nicht verdienten. Und hieraus entwickelte sich später die Hoffnung, daß Gott einen neuen David senden werde, einen Nachkommen Davids, der gerecht herrschen werde. In dieser Verheißung lag der Same der Hoffnung auf den Messias. Ps 95,3; 97,1; 2Sam 7

DIE PROPHETEN Über das Wirken der Propheten wird später ausführlicher gesprochen. Ihr wichtigster Beitrag zu Israels Glauben war nicht eine neue Offenbarung Gottes, sondern eine neue Herausforderung an das Volk, auf das zu hören, was Gott schon mitgeteilt hatte, und sich in Reue zu ihm zurückzuwenden. Die Propheten hörten nicht auf, ihren Hörern einzuprägen, daß Religion in Wirklichkeit nicht nur eine Sache von Ritualen, nicht einmal von Glauben allein, sondern auch eine Frage des täglichen Verhaltens ist. Sie griffen die Religiosität ihrer Mitmenschen erbarmungslos an, nicht weil sie nicht den im Gesetz (z.B. 3Mo) vorgeschriebenen Regeln folgten, sondern weil ihr Verhalten den Regeln nicht entsprach. Die Propheten warnten vor dem drohenden Unglück der Verbannung. Und als diese Strafe über Israel gekommen war, brachten sie Hoffnung und Gottes Zusage einer neuen Zukunft. Am 5,21–24

DAS EXIL Das Exil war nicht eine unselige Erfahrung in der Geschichte Israels, die man möglichst schnell vergessen sollte. Es war eine Zeit voller Elend für viele tausend Israeliten, aber zugleich war es eine der schöpferischsten Zeiten in Israels Geschichte. Hier fand das Volk Israel wieder zu sich selbst und seinem Gott. Im Exil lernte es wie niemals vorher erkennen, wie eng diese beiden Dinge miteinander verknüpft sind. Israel hatte keinen anderen Grund weiterzuleben, als die Wahrung des Schatzes der Erkenntnis Gottes. Wenn es sich selbst nicht mehr als Volk Gottes verstand, gab es zwischen Israel und allen anderen Völkern auf der Welt keinen Unterschied mehr. Dann könnte es so leicht wie viele andere Völker im Laufe der Geschichte von der Landkarte verschwinden. Viele Israeliten hielten das Exil nur für eine Katastrophe. Aber die, die darin Gottes Züchtigung erblickten, verstanden es als Zeit der Läuterung und Erneuerung.

Die Juden, die in das Land zurückkehrten, »deren Geist Gott erweckt hatte, machten sich auf, hinaufzuziehen und das Haus des Herrn zu Jerusalem zu bauen«. Sie konnten nur abseits von den übrigen Völkern überleben. Diese einzig realistische Haltung verführte einige zur Gesetzlichkeit, brachte aber auch eine erstaunliche Frömmigkeit hervor. Esr 1,5

NACH DEM EXIL Die Juden, die nach Israel zurückkehrten, hatten keinen König mehr. Die oberste Macht kam wie von selbst dem Hohenpriester zu. Neben ihm standen die Schriftgelehrten (»Schreiber«), die das Gesetz auslegen konnten. So gründlich hatte man die eigene Erfahrung begriffen, daß die nachexilischen Propheten keinen Götzendienst mehr erwähnen, obwohl sie über Trägheit beim Tempelbau und Zurückhaltung bei der Bezahlung der Steuern klagen.

Die Gemeinde der Heimkehrer war nicht groß, wahrscheinlich weit weniger als 75 000 Menschen. Sie war sich bewußt, daß sie anders als die umliegenden Völker war. Dreierlei wurde jetzt betont: die strenge Gesetzesbeachtung, die Beschneidung und die Speisevorschriften.

Den Mittelpunkt des religiösen Lebens bildete nicht mehr so sehr der Tempel, sondern die Synagoge, die örtliche Versammlungs- und Lehrstätte, die während des Exils bedeutsam geworden war. Hag 1; Mal 3,7–11; Neh 13,15–27; Jes 56,6–7; 1Mo 17; 3Mo 11 (s. Da 1)

ZWISCHEN DEN TESTAMENTEN

Schon vor Jahrhunderten hatten Propheten das Ende des israelitischen Staates angesagt. Diese Prophezeiung erfüllte sich durch die Verbannung. Andere Weissagungen würden sich erst in ferner Zukunft erfüllen, wenn Gott »Himmel und Erde erschüttern« (Hag 2,21) und eine völlig neue Zeit anbrechen wird.

Vom 2. Jh. v.Chr. an breitete sich eine neue Art Schriften aus, die Apokalypsen oder »Offenbarungen«. Die Schreiber dieser Schriften waren sicher, daß das Ende der Welt unmittelbar bevorstand. Gott würde demnächst eingreifen, die fremden Herrscher vertilgen, sein Volk erlösen und eine neue Zeit beginnen lassen. Eine »apokalyptische« Gruppe war die Gemeinde von Qumran am Toten Meer, der wir die reichen Handschriftenfunde zu verdanken haben. (S. *Essener*)

DER MESSIAS Viele damit verbundene Vorstellungen kreisen um den Messias. Das hebräische Wort Messias bedeutete »der Gesalbte« und konnte auf Könige, Priester und Propheten, bezogen werden. Einige Propheten darunter Jesaja, sprachen von einem zukünftigen König aus der Nachkommenschaft Davids, der gerecht regieren und auf dem der Geist des Herrn ruhen wird.

In den Jahrhunderten vor Jesu Kommen wurde ein solcher König immer sehnlicher erwartet. Die Sekte vom Toten Meer erwartete zwei »Messiasse«: einen als Priester, den anderen als König. Die Liedersammlung der *Psalmen Salomos* aus dem 1. Jh. v.Chr. ist die erste Schrift, in der der Ausdruck »der Herr Christus« (also »Messias«) oder »der Christus des Herrn« für diesen zukünftigen Herrscher auftaucht. Vgl. Lk 2,11

Meistens erwartete man den Messias als Krieger, der die Juden von der verhaßten Fremdherrschaft befreien würde. Es ist deshalb nicht überraschend, daß Jesus, dessen Reich »nicht von dieser Welt« war, sich nicht gerne »Messias« nennen ließ. Dadurch wäre ein falscher Eindruck entstanden. Als die Jünger endlich begriffen hatten, was für ein König er war, benutzten sie meistens den Titel: »Jesus der Christus«. Jes 9,1–6; 11,1–9; Jo 18,36; Mk 8,29–30; Lk 22,67

AUFERSTEHUNG In alttestamentlicher Zeit glaubte Israel, daß nach dem Tod alle Menschen in die *Scheol* kämen. Der Scheol ist ein Dasein in der Unterwelt, das nur ein Schatten des wirklichen Lebens ist und von dem es keine Rückkehr gibt. Gelegentlich äußerten die Propheten die Hoffnung auf eine Auferstehung – freilich des Volkes (Hes 37). Daniel 12,2 spricht am deutlichsten von der Hoffnung auf die Auferstehung einzelner: »Und viele, die unter der Erde schlafen liegen (*Scheol*), werden aufwachen, die einen zum ewigen Leben, die anderen zu ewiger Schmach und Schande.«

Zur Zeit Jesu glaubten viele Juden an die Auferstehung, mit Ausnahme der *Sadduzäer*. Die Gerechten sollten »zum ewigen Leben auferstehen« (Psalmen Salomos 3,16), in den »Garten des Lebens« (1.Henoch 61,12) oder in »Abrahams Schoß«. Die Bösen dagegen sollten in die Gehenna hinabgeworfen werden, in die Unterwelt, das Tal Hinom, der Müllhaufen Jerusalems, wo ständig Feuer brannte. Hiob 7,9–10; Da 12,2; Lk 16,22

GLAUBE AN ENGEL UND DÄMONEN Das AT sieht Gott als einen König, der von seinem Hofstaat, den Engeln, umgeben ist. Gottes Entscheidungen werden in seinem Rat kundgemacht. Die Propheten kamen sich gelegentlich wie Zuhörer in Gottes Rat vor. »Böse Engel« werden manchmal erwähnt; da auch sie eindeutig unter Gottes Herrschaft stehen, werden sie nicht ausführlich beschrieben. Das verdienen die Dämonen nicht.

In der Zeit zwischen AT und NT machte man sich Gedanken über Wesen, Namen und Befugnis von Engeln und Dämonen.

Die bösen oder gefallenen Engel und ihre Helfer, die Dämonen und unreinen Geister, wurden für das Böse in der Welt verantwortlich gemacht. Im Alten Testament ist Satan der Versucher, der Menschen vor Gott verklagt. Jetzt zeigt er sich auch als Dämonenfürst, der gegen Gott kämpft. Man nennt ihn auch Belial oder Beelzebub. Hiob 1–2; Jer 23,18.21–22; 1Sam 16,14; Da 10,13; 8,16; Mt 12,24; 1Pt 5,8

ANDERE ENTWICKLUNGEN Neben diesen Weiterführungen des Glaubens standen zwei weitere wichtige Entwicklungen. Wie nie zuvor wurde das Gesetz studiert. Zugleich bildeten sich verschiedene religiöse und politische Gruppen. Im NT begegnen wir den Pharisäern, Sadduzäern und Schriftgelehrten. Sie und andere nicht genannte Gruppen gestalteten das geistliche »Klima« der neutestamentlichen Zeit.

S. auch *Feste, Gesetz, Gottesdienst, Opfer, Priester und Leviten, Stiftshütte, Synagoge, Tempel.*

ITAMAR Der jüngste Sohn Aarons. Er überwachte den Bau der Stiftshütte. Von ihm stammt eine wichtige Priesterfamilie ab. 2Mo 6,23; 38,21; 4Mo 3ff; 1Chro 24,1

ITURÄA Dieser Name wird nur im Evangelium des Lukas erwähnt, und zwar im Rahmen der sorgfältigen Datierung des Beginns der Predigt Johannes' des Täufers. Herodes Philippus war damals Herrscher von Ituräa und Trachonitis. Die Ituräer waren wahrscheinlich die Nachkommen des Volkes, das im AT Jetur genannt wird. Sie wohnten im Bergland westlich von Damaskus. S. *Trachonitis.* Lk 3,1; vgl. 1Chro 5,19

JABBOK Heute Nahr ez-Zerka, ein Fluß, der zwischen dem Toten Meer und dem See Genezareth von Osten her in den Jordan mündet. Am Jabbok kämpfte Jakob mit dem Engel. Adam – der Ort, an dem Gott den Jordan staute (s. *Adam*) – liegt an der Mündung des Jabbok in den Jordan. Der Jabbok war oft Grenzfluß. 1Mo 32,22–30; 4Mo 21,24; 5Mo 3,16; Ri 11,13

JABESCH IN GILEAD Eine Stadt östlich des Jordan. Als die Benjaminiter zur Zeit der Richter in Folge eines Bürgerkrieges keine Frauen bekommen konnten, raubten sie die Mädchen von Jabesch und heirateten sie. Saul half Jabesch, als es von den Ammonitern belagert wurde, und Männer aus Jabesch setzten später ihr Leben aufs Spiel, um Sauls Leiche von der Mauer Bet-Scheans zu entfernen. Ri 21; 1Sam 11; 31

JABIN 1. Ein König von Hazor, den

Josua besiegte und tötete. Jos 11,1–11

2. Ein kanaanäischer König, auch aus Hazor, der Israel 20 Jahre bedrängte. Er wurde von Barak und Debora besiegt. Ri 4

JAEL Eine Frau aus dem Stamm der Keniter. Sisera, der Befehlshaber der kanaanäischen Armee, floh nach seiner Niederlage und versteckte sich in ihrem Zelt. Als er schlief, tötete sie ihn; Debora besingt sie in ihrem Lied. Ri 4–5

JAFET Einer der drei Söhne Noahs. Er überlebte die Flut und wurde Vater vieler Völker. 1Mo 5,32; 9,18ff; 10,1ff

JAGD Esau, hören wir, jagte Wildbret (Rotwild). Die Israeliten hatten Vorschriften für die Jagd, insbesondere welche Tiere und Vögel eßbar waren und wie sie getötet werden mußten. Vielleicht haben die Könige Israels die Jagd als Sport betrieben wie die Ägypter und Mesopotamier, denn man brachte »Hirsche, Gazellen, Rehböcke und Geflügel« auf Salomos Tisch. Das Volk ging auf die Jagd, wenn Hunger oder Angriffe wilder Tiere auf ihre Herden sie dazu trieben. Wir wissen jedoch nicht, ob es Leute gab, die ganz von der Jagd lebten. Das Alte Testament spricht selten über das Fangen von Tieren.

Das Land liegt jedoch an einer Hauptstrecke des Vogelzugs, und deshalb ist es nicht überraschend, wie oft der Vogelsteller, seine Netze und Fallen erwähnt werden. 1Mo 25,57; 5Mo 14,4–5; 3Mo 17,13; 1Kö 4,23; Spr 1,17; Hos 7,11–12; Spr 6,5; Ps 124,7

JAHWE s. *Gott*

JAIRUS Der Synagogenvorsteher aus Kapernaum, der Jesus bat, seine zwölfjährige Tochter zu heilen. Als

Jesus ankam, war das Mädchen tot, doch er erweckte es wieder zum Leben. Mk 5,22ff

JAKOB Der Sohn Isaaks und Rebekkas, Esaus jüngerer Zwillingsbruder. Als Esau eines Tages müde von der Jagd nach Hause kam, kaufte ihm Jakob sein Erstgeburtsrecht für einen Teller Linsen ab. Später erlistete er sich auch noch den Segen des Vaters. Esau haßte ihn dafür und wollte ihn töten. Jakob floh nach Haran zu seinem Onkel Laban. Auf dem Weg dorthin hatte er einen Traum: Er sah eine Leiter, die bis in den Himmel reichte, auf der Engel auf- und abstiegen; Gott versprach

Ein assyrischer Jäger; aus einem Relief im Palast König Sargons II. in Khorsabad, 8. Jh. v. Chr.

ihm und seinen Nachkommen das Land, auf dem er schlief: »Denn ich will dich nicht verlassen, bis ich alles tue, was ich dir zugesagt habe.« Jakob arbeitete zwanzig Jahre als Schafhirt für Laban. Er liebte dessen Tochter Rahel, wurde jedoch hintergangen und zuerst mit ihrer Schwester Lea verheiratet. Noch in Haran wurde er Vater von elf Söhnen und einer Tochter; doch auf das erste Kind von Rahel, Josef, mußte er lange warten. Bei der Geburt ihres zweiten Sohnes, Benjamin, starb Rahel. Laban wollte Jakob ausnützen, wurde aber zum Schluß selbst überlistet. Nach einiger Zeit hatte Jakob selbst große Schaf- und Ziegenherden und machte sich auf den Weg in seine Heimat. Auf der Reise hatte er einen langen Ringkampf mit einem unbekannten »Mann«, den er nicht gehen ließ, bevor er ihn gesegnet hatte. Danach gab Gott Jakob den Namen Israel, der bedeutet: »der Mann, der mit Gott kämpft«. Zu Jakobs Erleichterung begrüßte Esau ihn freundlich; dann ging aber jeder wieder seine eigenen Wege. Jakob starb in Ägypten. 1Mo 25; 21–34; 27–35; 37,1; 42–49

JAKOBUS 1. Der Sohn des Zebedäus und ein Jünger Jesu. Jakobus war, wie sein Bruder Johannes, Fischer. Als Jesus ihn aufforderte, ihm nachzufolgen, ging er sofort. Jakobus war bei der Auferweckung der Tochter des Jairus und bei der Verklärung Jesu dabei. Herodes Agrippa I. ließ ihn seines Glaubens wegen töten. Mt 4,2ff; 17,1ff; Mk 5,37; 10,35ff; Apg 12,2

2. Ein anderer Apostel, der Sohn des Alphäus. Er ist wahrscheinlich mit der Bezeichnung »Jakobus der Jüngere« gemeint. Mt 10,3; Mk 15,40; Apg 1,13

3. Einer der Brüder Jesu. Er hatte so lange nicht geglaubt, daß Jesus der Messias war, bis er ihn nach der Auferstehung gesehen hatte. Er wurde später Führer der Gemeinde in Jerusalem und schrieb wahrscheinlich den Jakobusbrief. Der jüdische Geschichtsschreiber Josephus berichtet, daß er 62 n.Chr. gesteinigt wurde. Mt 13,55; Apg 12,17; 1Kor 15,7; Jak

JAKOBUS (BRIEF) Ein Brief voll praktischer Anweisungen für Christen. Als Verfasser gilt Jakobus, der Bruder Jesu. Die Abfassung könnte sehr früh geschehen sein.

Der Schreiber benutzt eindrückliche Bilder, um das von Christen erwartete Verhalten eindrücklich zu beschreiben. Dabei lehnt er sich oft an die Bergpredigt Jesu an. Zum Christsein gehört die Anfechtung, zum Glauben die Weisheit, zum Hören das Tun. Christen hüten sich vor der Welt und planen im Blick auf Gott. Glaube ohne Werke ist gar kein Glaube. Wahrer Glaube verändert das Leben und zieht unweigerlich Werke und Taten nach sich.

JAWAN Einer der Söhne Jafets und Stammvater einer Gruppe von Menschen, zu denen wahrscheinlich auch die frühen Einwohner von Griechenland und Kleinasien gehörten. Möglicherweise besteht ein Zusammenhang mit dem griechischen Jonien in der westlichen Türkei. In den späten Teilen des AT steht Jawan für Griechenland oder die Griechen. 1Mo 10,2; 1Chro 1,5; Jes 66,19; Hes 27,13

JEBUS Alte Bezeichnung für Jerusalem. Erst David hat die Stadt und Burg erobert, die Einwohner (Jebusiter) jedoch nicht vertrieben. Jos 15,63; Ri 19,10; 2Sam 5,6–9

JEFTAH Einer der Richter im frühen Israel. Bevor er in die Schlacht gegen die Ammoniter zog, gelobte er, daß er den, der ihm bei seiner Rückkehr aus seinem Haus entgegenkam, opfern wollte. Nach dem Sieg begrüßte ihn seine einzige Tochter. Trotz seiner Traurigkeit hielt Jeftah sein Gelübde. Er war sechs Jahre lang Richter in Israel. Ri 11–12

JEHU Ein Befehlshaber des Heeres Jorams von Israel. Von 841–814 v.Chr. war er König. Elisa hatte ihn zum König gesalbt und ihn beauftragt, alle Nachkommen Ahabs und Isebels als Strafe für deren Schlechtigkeit auszurotten. Das tat er. Später marschierte Hasael von Syrien in Israel ein, und Jehu bat wahrscheinlich Assyrien um Hilfe (in einer Vasallenliste Salmanassars III. ist er genannt). 2Kö 9–10

JEREMIA Der Prophet Jeremia lebte rund 100 Jahre später als Jesaja. Er wurde 627 v.Chr. zum Propheten berufen und starb kurz nach 578 v.Chr. Er lebte in der Zeit, als das große assyrische Reich zerfiel. Babylon hieß die neue Bedrohung für das Königreich Juda.

Vierzig Jahre lang predigte Jeremia seinem Volk Gottes Gericht, weil sie Götzen dienten und sündigten. Schließlich traf seine Warnung ein. 578 v.Chr. zerstörte die babylonische Armee unter Nebukadnezar Jerusalem und den Tempel. Das Volk wurde ins Exil geführt. Jeremia selbst lehnte ein bequemes Leben am babylonischen Hof ab. Seine letzten Lebensjahre verbrachte er wahrscheinlich in Ägypten.

Die Kapitel des Buches sind nicht zeitlich geordnet. Das Buch beginnt mit der Berufung Jeremias. Es folgen Botschaften, die Gott während der Regierungszeit der Könige Josia,

Joahas, Jojakim, Jojachin und Zedekia an Juda sandte (Kap. 2–25). Kapitel 26–45 berichten Ereignisse aus dem Leben Jeremias und einzelne Prophetien.

In den Kapiteln 46–51 finden wir Botschaften von Gott an Fremdvölker. Die letzten Kapitel erzählen den Fall Jerusalems und die Verbannung nach Babylon.

Jeremia wurde immer unbeliebter. Er galt als Verräter, weil er das Volk drängte, sich den Babyloniern zu ergeben. Doch er liebte sein Volk und verkündete ihm nicht gerne Gericht. Obwohl er wenig Selbstvertrauen hatte, milderte er nie die Botschaft Gottes. Doch Jeremia hat, obwohl man ihn einen Pessimisten nannte, auch Hoffnung gebracht. Er versprach, daß Gott sein Volk nach der dunklen Zeit des Exils in seine Heimat zurückbringen würde.

Jeremia ist der Prophet, der unter der Schwere seiner Aufgabe zutiefst leidet und fast daran zerbricht.

Das Buch enthält verschiedene literarische Gattungen – Poesie, Prosa, Gleichnisse, Zeichenhandlungen, Historie und Jeremias eigene Lebensgeschichte.

JERICHO Eine Stadt westlich des Jordan, 250 m unter dem Meeresspiegel und ungefähr 8 km vom Nordende des Toten Meeres entfernt. Eine Quelle macht Jericho zu einer Oase in der Wüste – zur Stadt der Palmen. Die Stadt kontrollierte die Furten durch den Jordan. Sie war gut befestigt und das erste Hindernis, das sich den einwandernden Israeliten entgegenstellte. Die Eroberung Jerichos war der erste Sieg Josuas in Kanaan.

Zur Zeit der Richter tötete Ehud den König Eglon von Moab in Jericho; und zur Zeit Elias und Elisas war die Stadt Heimat einer großen Prophetengruppe. Nach dem Exil halfen auch Männer aus Jericho beim Wiederaufbau der Stadtmauern Jerusalems.

Jesus machte in Jericho den Bartimäus sehend, und der Zöllner Zachäus wurde dort vollkommen verändert. Das Gleichnis vom Barmherzigen Samariter spielt auf der Straße von Jerusalem nach Jericho. Jericho hat eine Geschichte, die über mehrere tausend Jahre geht. Die erste Stadt gab es dort schon vor 6000 v.Chr. Zur Zeit Abrahams, Isaaks und Jakobs gab es in Jericho schon eine entwickelte Zivilisation. In Gräbern von 1600 v.Chr. hat man Töpferarbeiten, hölzerne Möbel, Körbe und Kästchen mit eingelegten Verzierungen gefunden. Danach wurde Jericho zerstört und nur zu einem Teil wiederbesiedelt. Jos 2; 6; Ri 1,16; 3,13; 2Kö 3,2; Mk 10,46; Lk 19,1–10; 10,30

JEROBEAM I. Ein Efraimit, der nach dem Abfall des Nordreichs zum ersten König des Nordreichs Israels wurde (931–910 v.Chr.). Schon zur Zeit Salomos hatte ihm der Prophet Ahia vorhergesagt, daß er Herrscher über zehn Stämme werden sollte. Nach dem Tod Salomos kam dessen Sohn Rehabeam auf den Thron, doch außer Benjamin und Juda wandten sich alle Stämme von ihm ab und machten Jerobeam zu ihrem König. Jerobeam ließ zwei goldene Stierbilder machen und sie in Dan und Bethel aufstellen, um seine Untertanen von Pilgerreisen nach Jerusalem abzuhalten. Sein schlechtes Beispiel, dem die Könige nach ihm folgten, führte zum völligen Untergang des Reiches. 1Kö 11–14

JEROBEAM II. Er wurde nach seinem Vater Joas König von Israel und regierte 41 Jahre (793–753 v.Chr.). Er eroberte verlorenes Land wieder, und Israel blühte unter seiner Herrschaft auf. Die Menschen wurden sorglos, und weder sie noch der König hörten auf die Warnungen der Propheten Hosea und Amos. Sie trieben weiter Götzendienst und mißachteten Gottes Bund. 2Kö 14,23–29; Am

JERUBBAAL Ein anderer Name Gideons.

JERUSALEM war unter David und Salomo die Hauptstadt ganz Israels, später die Hauptstadt des Südreichs Juda. Es ist eine der berühmtesten Städte der Welt. Jerusalem liegt 770 m hoch im Bergland von Judäa ohne direkten Zugang zum Meer oder zu einem Fluß. Der Boden fällt an allen Seiten, außer im Norden, steil ab. Im Osten liegt zwischen der Stadt (mit dem Tempel) und dem Ölberg das Kidrontal. Im Süden und Westen zieht sich das Hinnomtal um die Stadt. Ein drittes Tal verläuft mitten durch die Stadt und trennt den Tempelbezirk und die Davidsstadt von der Oberstadt im Westen. Jerusalem ist wahrscheinlich das Salem, dessen König Melchisedek war. Es gab die Stadt mit Sicherheit schon um 1800 v.Chr. Als David sie eroberte und zu seiner Hauptstadt machte, war sie eine Jebusiterfestung mit Namen Jebus. David kaufte das Grundstück für den Tempel und ließ die Bundeslade nach Jerusalem bringen. Salomo baute dann den Tempel. Seitdem war Jerusalem die »heilige Stadt« der Juden und später auch der Christen und Moslems. Salomo baute außerdem Paläste und öffentliche Gebäude. Jerusalem wurde so zu einem politischen und religiösen Zentrum, in dem die Menschen aus dem ganzen Land zu den großen jährlichen Festen zusammenströmten.

Nach der Reichsteilung setzte für die Stadt ein gewisser Niedergang ein. Unter Hiskia (zur Zeit Jesajas) wurde sie von den Assyrern belagert. Für solch einen Fall hatte der König den Kanal zum Teich Siloah bauen lassen, damit die Stadt immer Wasser hatte. Mehrmals mußten starke Nachbarkönige durch hohe Abgaben aus den Schätzen der Stadt und des Tempels besänftigt werden. Jerusalem konnte an sich aufgrund seiner Lage hervorragend verteidigt werden; trotzdem belagerte König Nebukadnezars babylonische Armee 597 v.Chr. die Stadt. 587 v.Chr. zerstörte er sie mitsamt dem Tempel. Die Bevölkerung wurde ins Exil geführt. (S. *Exil*) Die Soldaten Nebukadnezars rissen die Stadtmauern nieder. Alle Schätze des Tempels wurden nach Babylon gebracht. »Wehe, wie sitzt so einsam da die einst volkreiche Stadt«, schrieb der Verfasser der Klagelieder. »Verstoßen hat der Herr seinen Altar, entweiht sein Heiligtum; er hat die Mauern ihrer Paläste der Hand des Feindes preisgegeben.« Fünfzig Jahre lang lag Jerusalem in Schutt und Asche.

538 v.Chr. kehrten die ersten Verbannten aus dem Exil zurück und begannen unter der Leitung Serubbabels, den Tempel wieder aufzubauen. Eine andere Gruppe unter Nehemia baute später die Mauern wieder auf. Im Jahre 198 v.Chr. kam Jerusalem unter die Herrschaft der hellenistischen Seleukidenkönige. Einer von ihnen, Antiochus IV. Epiphanes, beraubte und entweihte den Tempel. Nach dem Aufstand unter Judas Makkabäus wurde der

Tempel neu geweiht (165 v.Chr.). Nach einer kurzen Periode der Unabhängigkeit kam Jerusalem unter die Herrschaft der Römer. Sie setzten Herodes den Großen zum König ein, der in Jerusalem viel baute, u.a. einen prächtigen neuen Tempel.

In diesen Tempel wurde Jesus als Kind gebracht, und dorthin kam er als zwölfjähriger Junge. Auch später besuchte er häufig den Tempel. Seine Gefangennahme, sein Prozeß, seine Kreuzigung und Auferstehung fanden in Jerusalem statt.

In Jerusalem empfingen die Jünger den Heiligen Geist, und dort entstand die erste christliche Gemeinde. Deren Glaube verbreitete sich von da aus in die ganze Welt. Die Gemeinde in Jerusalem spielte in der ersten Zeit eine führende Rolle. Das Konzil zur Frage der Heidenchristen fand in Jerusalem statt.

66 n.Chr. unternahmen die Juden einen Aufstand, und die Antwort war die Zerstörung der Stadt und des Tempels im Jahre 70 n.Chr. durch die Römer. Bis zum 4. Jh. war es Juden nicht erlaubt, in der Stadt zu wohnen. Die Stadt wurde unter Kaiser Konstantin christlich, danach wurden viele Kirchen errichtet.

Jerusalem in neutestamentlicher Zeit

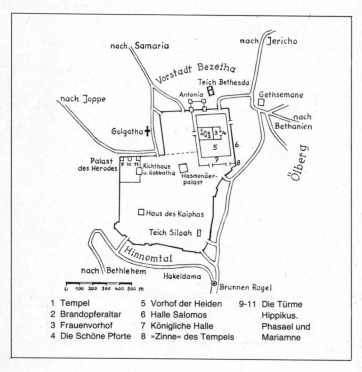

1 Tempel
2 Brandopferaltar
3 Frauenvorhof
4 Die Schöne Pforte
5 Vorhof der Heiden
6 Halle Salomos
7 Königliche Halle
8 »Zinne« des Tempels
9-11 Die Türme Hippikus. Phasael und Mariamne

637 n.Chr. eroberten die Mohammedaner die Stadt. Abgesehen von kurzen Perioden während der Kreuzzüge blieb Jerusalem unter ihrer Herrschaft, bis 1948 der moderne Staat Israel gegründet wurde. Zuerst war Jerusalem zwischen Jordanien und Israel geteilt. 1967 eroberten die Israelis auch den anderen Teil der Stadt. 1Mo 14,18; Jos 15,63; 2Sam 5; 1Kö 6; Ps 48; 122; 125; 1Kö 14,25–26; 2Kö 12,18; 18,13–19,36; 20,20; 25; Esr 5; Neh 3–6; Lk 2; 19,28–24,49; Jo 2,23–3,21; 5; 7,10–10,42; Apg 2; 15

JESAJA Er lebte im 8 Jh. v.Chr. in Jerusalem. Das nach ihm benannte Buch ist eins der machtvollsten Prophetenbücher des AT. Es zeichnet ein beeindruckendes Bild der Macht Gottes und bringt dem Volk eine Botschaft des Gerichts und der Hoffnung. Jesajas Berufung zum Propheten wird in Kapitel 6 berichtet. Er war mehr als 40 Jahre Prophet. Die Kapitel 1–39 gehören in die Zeit, als Juda durch Assyrien, die große Macht jener Zeit, bedroht wurde. Jesaja erklärte dem Volk, daß sein Unglaube und Ungehorsam gegen Gott die eigentliche Gefahr ist. Es vertraute nicht mehr auf Gott; deshalb rief Jesaja es zur Umkehr. Es sollte wieder Gerechtigkeit üben und recht handeln. Wenn sie nicht gehorchten, würde ihr Reich zerstört. Jesaja blickt in eine Zukunft, in der Gott seinen Frieden in dieser Welt aufrichtet unter einem Nachkommen Davids, der als wahrer König Gottes Willen tun würde. Kapitel 40–55 beziehen sich auf das Exil in Babylon. Die Menschen hatten die Hoffnung aufgegeben. Doch der Prophet spricht von einer Zeit, in der Gott sein Volk befreien und nach Jerusalem zurückbringen wird.

Er erinnert daran, daß Gott die Geschichte bestimmt und durch Israel allen Völkern Hoffnung bringen will. In diesem Teil des Buches nehmen die Abschnitte über das Leiden des Gottesknechtes, der Hoffnung für das Volk bringt, weiten Raum ein.

In Kapitel 56–66 versichert der Prophet dem Volk, daß Gott sein Wort hält. Er ermahnt sie aber auch zu einem gerechten und guten Leben nach Gottes Willen, in Wahrheit und Barmherzigkeit, und verheißt, daß die Botschaft von Gottes Tun auch die fernsten Enden der Erde erreichen soll. 2Kö 19–20; Jes

JESREEL Eine Stadt im Norden Israels und die Ebene, in der sie lag. Saul lagerte vor der Schlacht am Gebirge Gilboa in der Ebene Jesreel. König Ahab von Israel hatte hier einen Palast, bei dem sich die traurige Geschichte mit Nabots Weinberg zutrug. Königin Isebel wurde aus einem Fenster dieses Palastes gestürzt. Der verwundete Joram von Israel ging nach Jesreel. S. auch *Israel: Geographie.* 1Sam 29,1; 1Kö 18,45–46; 21; 2Kö 8,29; 9

JESUS Der Name (im AT Josua) bedeutet Retter. Als Herodes König von Juda war und das ganze Land unter römischer Oberherrschaft stand, kam der Engel Gabriel zu Maria nach Nazareth. Gott hatte sie zur Mutter des verheißenen Messias ausersehen. Ihr Verlobter Josef erfuhr durch einen Traum, daß sie das Kind Jesus nennen sollten, »denn er wird sein Volk retten von seinen Sünden«. Wegen einer Volkszählung mußten Maria und Josef nach Betlehem ziehen, wo Jesus dann zur Welt kam. Sie flohen vor der Verfolgung durch Herodes nach Ägypten und kehrten erst nach dessen Tod wieder zurück. Sie ließen sich in ihrer Heimatstadt Nazareth nieder. Dort wuchs Jesus auf und arbeitete wahrscheinlich als Zimmermann.

Als er 30 Jahre alt war, ließ er sich von Johannes im Jordan taufen, suchte sich zwölf Jünger und begann zu lehren. Drei Jahre zog er so durchs Land, lehrte, tat Wunder und heilte viele Kranke: Menschenmengen scharten sich um ihn. Doch die Führer der Juden fürchteten seine Macht und seinen Anspruch auf die Gottessohnschaft; sie wollten ihn beseitigen. Für ein Bestechungsgeld verriet Judas, einer der zwölf Jünger, seinen Herrn. Soldaten nahmen Jesus daraufhin im Garten Gethsemane gefangen. Er wurde von einem jüdischen Gerichtshof verhört und noch vor dem Morgen verurteilt. Pilatus, der als römischer Landpfleger alle Todesurteile überprüfen mußte, hielt Jesus für unschuldig, wagte aber aus Furcht vor einem Aufruhr nicht, ihn freizulassen. Jesus wurde gekreuzigt und im Grab Josefs von Arimatia beigesetzt.

Im Morgengrauen des dritten Tages fanden einige Frauen das Grab leer. Ein Engel sagte ihnen, daß Jesus auferstanden ist. In den nächsten 40 Tagen erschien er den Jüngern und vielen anderen. Jetzt erkannten sie, daß er wahrhaftig Gottes Sohn war. Schließlich fuhr Jesus auf in den Himmel. Als die Jünger noch standen und ihm nachsahen, sagten Engel ihnen, daß er auf die selbe Weise wiederkommen würde. Mt; Mk; Lk; Jo; Apg 1,1–11

Was die Bibel über ihn sagt, ist in den verschiedenen Titeln zusammengefaßt, die die Bibel für Jesus gebrauchte.

Jesus, der »Knecht Gottes«. Matthäus gibt Jesus diesen Titel. Er entnimmt ihn der Prophetie Jesajas. Der demütige, geduldige Knecht Gottes wurde von Jesus gelobt. Als Jesus von sich sagte, er sei gekommen, »daß er diene und gebe sein Leben zur Erlösung für viele«, führte er das Werk des Gottesknechtes aus, der leidet und die Sünde der Welt auf sich nimmt. Mt 12,15–21; Jes 42,1–4; 52,13–53,12; Mk 10,45

Jesus, der »Sohn Davids«. Der Engel, der die Geburt Jesu ankündigte, verhieß seiner Mutter, daß Gott ihren Sohn zu einem König machen werde, wie sein Vorfahr David es war. Dieser Titel zeigt Jesus als die Erfüllung der Hoffnungen des jüdischen Volkes. Schon im ersten Satz des Matthäus-Evangeliums, des jüdischsten aller Evangelien, wird Jesus so genannt. Diesen Titel legten die Juden Jesus auch bei, als sie ihn als Messias willkommen hießen: »Hosianna dem Sohn Davids! Gelobt sei, der da kommt in dem Namen des Herrn! Hosianna in der Höhe!« Lk 1,32; Jo 7,42; Mt 1,1; 21,9

Jesus, der »Menschensohn«. Dies ist der Titel, den Jesus meistens für sich selbst gebrauchte. Er ist einer Vision Daniels entnommen, in der er jemanden sah »wie eines Menschen Sohn«, aber mit ewiger, göttlicher Autorität. »Und sein Reich«, sagt Daniel, »hat kein Ende.« Die Bibel läßt keinen Zweifel daran, daß Jesus wirklich Mensch war. Als Menschensohn kam er, um den Menschen zu dienen und sein Leben zu ihrer Rettung hinzugeben. »Des Menschen Sohn muß viel leiden . . . und wird getötet werden und nach drei Tagen auferstehen.« Als Menschensohn hat Jesus die Sünde besiegt und wird er in Macht und

Herrlichkeit wiederkommen. Da 7,13–14; Mk 10,45; 9,31–32

Jesus, der »Sohn Gottes«. Bei der Taufe Jesu im Jordan erklärte eine Stimme vom Himmel: »Du bist mein lieber Sohn, an dir habe ich Wohlgefallen.« Bei der Verklärung Jesu war dieselbe Stimme wieder zu hören: »Dieser ist mein auserwählter Sohn; den sollt ihr hören!« Das Johannes-Evangelium erklärt die Bedeutung dieses Satzes. Jesus ist Gottes »einziger« Sohn. Sein Leben ist darauf ausgerichtet, den Willen des Vaters zu tun. »Ich und der Vater sind eins«, sagt Jesus. Er war schon beim Vater, bevor die Welt war. Sie sind für immer eins. Weil Jesus teilhat am Wesen Gottes und frei ist von Sünde, war es ihm möglich, für die Sünden der ganzen Welt und aller Zeiten zu bezahlen. »So haben wir einen Fürsprecher beim Vater, Jesus Christus, der gerecht ist.« Mk 1,11; Lk 9,35; Jo 1,14; 10,30; 17; Rö 1,3–4; Hbr 1

Jesus, der »Herr«. In den Evangelien wird Jesus oft mit »Herr« angeredet. Es ist die damals übliche Anrede. Doch nach der Auferstehung bekommt sie eine andere Bedeutung. »Mein Herr und mein Gott«, sagte Thomas, als er den auferstandenen Herrn mit eigenen Augen sah. Die Juden redeten Gott oft so an, und das öffentliche Glaubensbekenntnis der ersten Christen lautete: »Jesus Christus ist Herr.« Paulus blickt im Brief an die Philipper voraus in die Zeit, in der Jesus als der Herr wiederkommen wird »und alle Zungen bekennen« werden, »daß Jesus Christus der Herr sei, zur Ehre Gottes des Vaters«. Lk 5,8; Jo 20,28; 1Ko 12,3; Phil 2,6–11

S. *Dreieinigkeit, Gericht, Rechtfertigung, Reich Gottes, Messias, Erlösung, Rettung, Auferstehung, Wiederkunft Christi und Verklärung.*

JESUS: SEINE BOTSCHAFT Viele denken bei der Botschaft Jesu hauptsächlich an die Bergpredigt, zusammengefaßt in der »Goldenen Regel«: »Alles nun, was ihr wollt, daß euch die Leute tun sollen, das tut ihnen auch« (Mt 7,12). Aber der Kern von Jesu Botschaft war die Ankündigung, daß das »Reich Gottes« gekommen war.

DAS REICH GOTTES »Reich Gottes« bedeutet zunächst die Herrschaft Gottes im Leben eines Menschen, die sich verwirklicht, wenn jemand Gott als den Herrn der Welt erkennt. Ferner ist das Reich auch die Gemeinschaft derer, die sich unter Gottes Wort und Herrschaft stellen.

Die Juden warteten schon lange darauf, daß Gott mit Macht komme und König über sie werde, sein Volk befreie und die fremden Völker richte. »Kein König außer Gott« war der kennzeichnende Wahlspruch der Zeloten (s. oben), die die Römer mit Gewalt aus dem Land vertreiben wollten. Aber das Reich, das Jesus ankündigte und mit sich brachte, war »nicht von dieser Welt« und ließ sich nicht mit Gewalt aufbauen. Die Herrschaft Gottes begann mit der Ankunft Christi, weil er als erster dem Willen Gottes ganz gehorchte. Deshalb konnte er den Pharisäern sagen: »Das Reich Gottes ist mitten unter euch.« Es war gegenwärtig in dem, was Jesus sagte und tat.

In anderer Beziehung ist das Reich Gottes noch nicht gekommen. »Dein Reich komme«, lehrte Jesus seine Nachfolger beten. Das Reich Gottes ist nur zum Teil angebrochen. Doch das kommende Reich wird nicht für alle ein freudiges Ereignis sein. Nur wer umkehrt und die gute Botschaft vom Reich jetzt glaubt, wird gerettet und erhält neues Leben. Die anderen werden gerichtet.

Jesus gebrauchte viele Gleichnisse, um zu erklären, was das Reich Gottes ist. Es stellt die Ordnung der Welt auf den Kopf. Die Demütigen, Armen und Trauernden sind die wirklich Glücklichen; denn das Reich Gottes gehört ihnen. Die Wohlhabenden können sich keinen Platz mit Geld kaufen, ihr Besitz ist ihnen im Weg. Bettler werden eingeladen und nehmen die Einladung an, während die Angesehenen ablehnen und sich ausgeschlossen finden.

Die Gleichnisse Jesu zeigen, wie Gott leise, fast heimlich am Werk ist. Und doch wächst »das Reich« weiter und breitet sich aus, wie das winzige Senfkorn, aus dem ein Baum wird, oder wie Hefe, die Teig aufgehen läßt.

Der »Sämann« geht aus, um Gottes Botschaft überall auszustreuen. Viel »Saatgut« wird vergeudet, denn Menschen verschließen sich dem Wort, das sie hören. Oder andere Dinge drängen sich dazwischen, und die Menschen vergessen, was sie gehört haben. Aber einige hören zu, und ihr Leben ändert sich. Dann reift die Frucht. Jo 18,36; Lk 17,21; Mt 3,2; Mk 1,15; Mt 6,10; Mk 9,1; 14,25; Lk 13,23–30; 14,15–24; Mt 20,1–16; 19,23–24; 13,31–33; Mk 4,3–8

TUT BUSSE UND GLAUBT »Das Reich Gottes ist nahe!« sagte Jesus. »Tut Buße, und glaubt an das Evangelium!« Menschen müssen »Buße tun«, müssen sich ganz und gar ändern, wenn sie Gott in ihrem Leben herrschen lassen wollen. Und sie müssen die gute Nachricht von Jesus *glauben.*

Allen, die glauben und sich von ihrem alten Leben abwenden, bietet Gott ein neues Leben an. Dieses ist mehr wert als alles, was Menschen besitzen. Wer es findet, gleicht einem, der einen vergrabenen Schatz in einem Feld findet und alles verkauft, um dieses Feld erwerben zu können. Es bedeutet, alle Sicherheiten aufzugeben und auf Gott zu vertrauen. Es bedeutet auch, daß wir unsere Sünden bereuen. Eigene Anstrengung vermag das nicht. Gott sucht den Sünder, wie im Gleichnis vom verlorenen Schaf. Mk 1,15; Mt 13,44–46; Lk 15,1–7.11–32

JESU LEHRE ÜBER SICH SELBST Jesus wußte, daß er Gott sehr nahe war. Seine Jünger sollten Gott ihren Vater nennen, aber er war auf einzigartige Weise Gottes Sohn. Darauf weist das Johannesevangelium immer wieder hin. Jesus sagte sogar: »Ich und der Vater sind eins.« An Gott glauben heißt deshalb an Jesus glauben. Auf Jesus kann man sich so gut wie auf Gott verlassen. Er erhob sich nie über Gott. Er war der »Weg« zu Gott. Nichts tat er von sich aus, sondern tat nur das, was sein Vater wünschte. Er ist das »Brot« der Menschen, das der Vater geschickt hat.

Der Weg zum »ewigen Leben« – zum Leben Gottes, an dem Menschen teilhaben können – ist der Glaube an und das Vertrauen in Jesus, den Sohn Gottes. Das ist dasselbe wie die Glaube an den Vater, der ihn gesandt hat, und durch den man vom »Tod« zum »Leben« kommt. Jo 10,30; 14,1; 14,6; 5,19–20.30; 6,32–33; 3,16.18.36; 5,24

FREUDE Freude durchzieht die

ganze Botschaft Jesu. Die Herrschaft Gottes befreit die Menschen und hilft ihnen, ein echtes Leben zu leben. Sogar das Fasten seiner Jünger macht Jesus zum Fest: Sie sollen sich mit Öl salben und nicht mit gequälten Gesichtern herumlaufen wie die meisten Menschen. Für die Juden zur Zeit Jesu war es eine düstere Sache, Gottes Gebot zu gehorchen. Die religiösen Oberhäupter mißtrauten Jesus, weil er sich freute, und waren wütend, als er mit Freuderufen in Jerusalem empfangen wurde. Sie waren wie der ältere Bruder im Gleichnis vom verlorenen Sohn, dem der Vater entgegenhält: »Du solltest aber fröhlich und guten Muts sein, denn dein Bruder war tot und ist wieder lebendig geworden, er war verloren und ist wiedergefunden.« Gott selbst freut sich über jeden Mann und jede Frau, die zu ihm zurückkehren, über jeden Sünder, der Buße tut. Jo 10,10; Mt 6,16–18; 11,19; 21,15; Lk 15,11–32

DIE SELIGPREISUNGEN Jesus segnete die Demütigen, die zugaben, daß sie geistlich arm und somit hilfsbedürftig waren. Alle, die in den Seligpreisungen erwähnt sind, sind in gewisser Hinsicht geistlich arm und demütig. Diese Menschen nennt Gott »glücklich« (= selig), denn sie werden Gottes Verheißung empfangen, und sein Reich gehört ihnen. Weil sie nichts haben, erwarten sie alles von Gott. Die »hungert und dürstet nach Gerechtigkeit«, nur »Gottes Willen tun wollen«, haben Gott zum Mittelpunkt ihres Lebens gemacht. Ohne ihn können sie nicht leben. Die »Barmherzigen« handeln anderen gegenüber, wie Gott an ihnen gehandelt hat. Die für den Frieden arbeiten, haben keine Macht auf der Welt. Sie bauen auf die Liebe Gottes, die Feinde in Freunde verwandeln kann.

Solchen gehört das Reich Gottes. Solche Menschen wird Gott beschenken, und Jesus preist sie glücklich. Die Seligpreisungen stellen damit die Vorstellungen der Welt vom »Glück« auf den Kopf und setzen ein neues Maß. Sie sind die Herausforderung des Reiches Gottes an Gottes Volk; an erster Stelle bleibt die der geistlichen Armut und Hilfsbedürftigkeit. Mt 5,1–12; Lk 6,20–26

DIE NACHFOLGER JESU Es war ein Vorrecht, ein »Jünger« (wörtlich: »Schüler«) Jesu zu sein. Er legte seinen Nachfolgern nicht, wie andere Lehrer, schwere Lasten auf. »Mein Joch ist sanft, und meine Last ist leicht«, sagte er ihnen. Dennoch lehrte er, daß die Pforte zum Leben eng und der Weg dahin schmal ist. Seine Jünger mußten wie er selbst bereit sein, sich und ihre Sorgen hintenan zu setzen. Sogar Familienbande durften niemanden daran hindern, Jesus von ganzem Herzen zu gehorchen.

Jesus kündigte seinen Jüngern an, daß Verfolgungen kommen würden. Aber sie brauchten sich nicht zu fürchten, denn Gott würde ihnen beistehen. Jesus berief seine Nachfolger zu einem Leben im Dienst für andere. Wie Freunde teilten sie seine Leiden. Sie würden also auch an seinem Leben, seiner Freude und seiner künftigen Herrlichkeit teilhaben. Mt 13,16–17; 11,30; 7,13–14; Mk 8,34; Lk 9,57–62; Mt 10,16–25; Jo 13,4–17; 14–17

GOTT UND GOTTESDIENST Jesus sprach von Gott als einem »Vater« in einer neuen, persönlicheren Art, als irgend jemand zuvor. Gott war in besonderer Weise sein Vater, und doch lehrte er die Jünger beten: »Unser Vater in dem Himmel«. Sie dürfen zu Gott kommen, wie Kinder zu ihrem liebenden, vergebenden und weisen Vater; denn er hatte ihnen das Recht gegeben, »Gottes Kinder zu werden«. Das war neu und für manche revolutionär. Für viele bedeutete Religion nur Vorschriften und Zeremonien. Aber Jesus zeigte, daß die Grundlage des Glaubens die liebevolle persönliche Beziehung zu Gott ist. Gott kümmert sich als Vater um alle Einzelheiten des Lebens. Das schafft eine neue Gebetshaltung.

Was Jesus sagte und tat, sollte noch größere Veränderungen nach sich ziehen. Als die Frau am Brunnen fragte, wo man Gott anbeten solle, antwortete er: »Es kommt die Zeit, in der ihr weder auf diesem Berge noch in Jerusalem den Vater anbeten werdet ... Aber es kommt die Zeit ... in der die wahren Anbeter den Vater im Geist und in der Wahrheit anbeten werden; denn auch der Vater will Menschen haben, die ihn so anbeten.« Das nimmt in der Apostelgeschichte seinen Anfang, wenn die Gute Nachricht den Juden wie den Nicht-Juden gepredigt wird.

Jesus selbst ging regelmäßig in die Synagoge und zu den großen Festen nach Jerusalem. Er führte keine neuen religiösen Bräuche ein. Seine Nachfolger sollten darin seinem Beispiel folgen, gemeinsam Gottes Wort zu lesen und zu beten. Außerdem befahl er ihnen, Menschen, die zum Glauben kommen, zu taufen. Sie sollten seines Sterbens für sie gedenken, indem sie in der Weise ein Mahl mit Brot und Wein hielten, wie er das letzte Mahl mit seinen Jüngern gefeiert hatte. Mt 6,6–18.31–32; 7,7–11; Jo 1,12–13; Mt 9,14–17; Jo 4,19–24; Mt 28,19; 1Ko 11,23–25

JIBLEAM Eine kanaanäische Stadt im Norden Israels, 14 km südöstlich von Megiddo. Dort tötete Jehu König Ahasja von Juda. Jos 17,11–12; 2Kö 9,27; 15,10

JITRO/REGUEL Priester in Midian und Schwiegervater Moses. Er brachte seine Tochter und deren Kinder zu Mose, als er am Sinai war. Er riet Mose dazu, fähige Männer als Richter einzusetzen. 2Mo 2,16; 3,1; 4,18–19; 18

JOAB Ein Neffe König Davids und der Befehlshaber seiner Armee. Er war furchtlos, aber grausam. Er war David treu und half ihm, König aller Stämme Israels zu werden und den Aufstand Absaloms niederzuschlagen. Doch kurz vor Davids Tod unterstützte er den Putschversuch Adonias. Als Salomo König war, ordnete er die Hinrichtung Joabs an, weil er sich an Adonias Aufstand beteiligt und die Heerführer Abner und Amasa ermordet hatte. 2Sam 2–3; 10–11; 14; 18–20; 24; 1Kö 1–2; 1Chro 11ff

JOAHAS 1. König von Israel, 814 bis 789 v.Chr., Sohn Jehus. Er verführte seine Untertanen zum Götzendienst. Hasael und Benhadad von Syrien besiegten ihn. 2Kö 13,1ff 2. Sohn Josias, regierte im Jahre 609 v.Chr. drei Monate über Juda. Er wurde als Gefangener des Pharao Necho nach Ägypten verschleppt. 2Kö 23

JOAS 1. Ein Sohn König Ahasjas, der mit sieben Jahren König von Juda wurde. Der Priester Jojada hatte dem kleinen Jungen das Leben gerettet und führte zuerst für ihn die Regierungsgeschäfte. Joas befolgte das Gesetz Gottes und setzte den Tempel instand; doch nach dem Tod Jojadas führte er den Götzendienst wieder ein, ermordete den Sohn Jojadas und besänftigte die angreifenden Syrer mit Gold aus dem Tempel. Joas wurde von seinen eigenen Beamten ermordet (s. *Jojada*). 2Kö 11–12; 2Chro 24

2. Ein Sohn Joahas', des Königs von Israel (798–782), 2Kö 13–14

JOCH Das Querholz, mit dem zwei Tiere vor den Pflug oder Wagen zusammengespannt wurden; auch Ausdruck für das Gespann selbst. Zugleich Bild für Sklaverei, Unterdrückung und Fremdherrschaft.

JOEL Ein Prophet, Sohn des Petuel. Sein Buch beschreibt eine Heu-

Joel benutzt das Bild einer Heuschreckenplage, um das Gericht Gottes zu beschreiben.

schreckenplage und eine Dürre. Beide weisen hin auf den Tag des Herrn, das kommende Gottesgericht über diejenigen, die nicht auf Gott hören. Joel ruft zur Umkehr zu Gott, der alles neu machen und

über allen Menschen seinen Geist ausgießen will.

JOHANAN Ein jüdischer Führer, der nach der Eroberung Jerusalems durch Nebukadnezar in der Stadt blieb. Er warnte Gedalja, den Statthalter von Juda, vor dem auf ihn geplanten Mordanschlag. Danach führte er die restliche Bevölkerung gegen den Rat Jeremias nach Ägypten. Jer 40–43

JOHANNA Die Frau eines Beamten des Herodes Antipas. Jesus hatte sie geheilt, und sie unterstützte ihn und seine Jünger mit Geld. Sie war unter den Frauen, die das leere Grab fanden. Lk 8,1–3; 24,10

JOHANNES (APOSTEL) Johannes war wie sein Vater Zebedäus und sein Bruder Jakobus Fischer. Wahrscheinlich hatte er zu den Jüngern Johannes des Täufers gehört, bevor er Jesus nachfolgte. Petrus, Jakobus und Johannes standen Jesus besonders nahe. Sie waren bei der Auferweckung der Tochter des Jairus bei ihm, sahen seine Herrlichkeit in der Verklärung und waren ihm nahe im Garten Gethsemane. Im Evangelium des Johannes wird der Name Johannes nicht erwähnt, doch er ist wahrscheinlich gemeint mit dem »Jünger, den Jesus liebte«, mit dem, der Jesus beim letzten Mahl nahe war und den er noch vom Kreuz herab anwies, für seine Mutter zu sorgen. Nach der Himmelfahrt Jesu wurde Johannes, zusammen mit Petrus, Leiter der Gemeinde in Jerusalem. Er war mit Sicherheit noch 14 Jahre nach der Bekehrung des Paulus in Jerusalem. Bis ins hohe Alter, so sagt eine Überlieferung, lebte er in Ephesus. Falls er derselbe Johannes ist, der die Offenbarung geschrieben hat, muß er auch einige Zeit auf die Insel Patmos verbannt gewesen sein. Das Johannes-Evangelium wurde mit der Absicht geschrieben, Menschen zum Glauben zu bringen. Außerdem gibt es im NT drei Briefe, die den Namen des Johannes tragen. Mt 4,21ff; 10,2; 17,1ff; Mk 3,17; 5,37; Apg 3–4; Gal 2,9

JOHANNES DER TÄUFER Der Prophet, den Gott als Wegbereiter Jesu schickte. Seine Eltern, Zacharias und Elisabet, erfuhren in ihrem Alter von einem Engel, daß sie die Eltern dieses Mannes werden sollten. Johannes war mit Jesus verwandt und nur wenige Monate älter als er. Bis Gott ihn zum Propheten berief, lebte er in der Wüste Juda; dann scharten sich die Menschen um ihn, um seine feurige Predigt zu hören. »Tut Buße, denn das Himmelreich ist nahe herbeigekommen!« Obwohl Jesus ohne Sünde war, bat er Johannes, ihn zu taufen, um damit seinen Gehorsam gegenüber Gott zu zeigen.

König Herodes ließ Johannes, der ihn wegen eines Ehebruchs kritisiert hatte, ins Gefängnis werfen. Von dort aus schickte Johannes einige seiner Jünger zu Jesus und ließ ihn fragen, ob er wirklich der erwartete Messias sei. Jesus antwortete: ». . . berichtet Johannes, was ihr gesehen und gehört habt: Blinde sehen, Lahme gehen, Aussätzige werden rein . . ., Armen wird das Evangelium gepredigt.« Zu denen, die dabeistanden, sagte Jesus, daß Johannes mehr als ein Prophet sei. Lk 1; 3; 7,18ff; Mt 3,11; 11,2–19; 14,1–12; Mk 1; 6

JOHANNES-BRIEFE
1. JOHANNES Der Brief wurde am Ende des 1. Jh. n.Chr. geschrieben, vielleicht von dem Apostel Johannes, der damals in Ephesus lebte. Er wollte Christen in ihrem Leben mit Jesus ermutigen und vor Irrlehrern warnen.

Er wollte verhindern, daß eine Gruppe ihr »besonderes Wissen über Gott« verbreiten konnte. Diese Gruppe meinte, alles Leibliche sei schlecht, und Jesus, der Sohn Gottes, könne deshalb nicht wirklich ein Mensch mit Fleisch und Blut gewesen sein.

Johannes schreibt als einer, der Jesus persönlich als Sohn Gottes und als wirklichen Menschen kannte. Jeder, der behauptet, Gott zu kennen, muß leben, wie Jesus gelebt hat (Kap. 1–2). Christen sind Kinder Gottes, sie haben sein Wesen und können nicht unbefangen weiter sündigen (Kap. 3). »Gott ist Liebe«, sagt Johannes, deshalb: »Laßt uns lieben, denn Gott hat uns zuerst geliebt.« Kapitel 5 redet vom Sieg über die Welt und von Gottes Geschenk des ewigen Lebens in seinem Sohn.

2. JOHANNES Dieser Brief stammt auch vom Apostel Johannes. Die »Herrin«, an die er sich richtet, ist vielleicht eine Gemeinde.

Der Verfasser fordert die Christen zu gegenseitiger Liebe auf und warnt sie vor Irrlehrern.

3. JOHANNES Dieser Brief des »Ältesten« (Johannes) ist ein Privatbrief an einen Kirchenführer namens Gajus. Der Schreiber lobt Gajus, daß er anderen Christen geholfen hat, warnt ihn aber vor dem herrschsüchtigen Diotrephes in der Gemeinde.

JOHANNES–EVANGELIUM Das Johannes-Evangelium – der 4. Bericht über das Leben Jesu im NT – unterscheidet sich sehr von den drei anderen. Es ist wahrscheinlich als letztes entstanden, ca. 90 n.Chr.

Dem Verfasser ging es vor allem um die Bedeutung der Ereignisse.

Johannes beginnt mit Jesus als dem »Wort« Gottes, das schon vor der Zeit war, doch jetzt als Mensch geboren wurde.

Durch Jesus (das Wort) spricht Gott zu den Menschen. Das Evangelium wurde geschrieben, damit »ihr glaubet, Jesus sei der Christus, der Sohn Gottes, und daß ihr (die Leser) durch den Glauben das Leben habet in seinem Namen« (20,31).

Das Evangelium enthält die Erinnerungen des Johannes, des Bruders des Jakbus, eines der engsten Jünger Jesu. Im Evangelium selbst wird Johannes nicht mit Namen genannt, er taucht nur unter der Umschreibung »der Jünger, den Jesus liebhatte« auf. Niedergeschrieben wurde das Evangelium wohl von einem Sekretär.

Nachdem eingangs Jesus als »Wort« Gottes dargestellt wurde (1,1–18), zeigt der Evangelist an Hand einiger Wunder, daß Jesus der wahre Erlöser ist (Kap. 2–11). Jesu Predigten sind so angeordnet, daß auf jedes Wunder eine Erklärung oder Diskussion folgt. Während einige an Jesus glaubten, wandten sich andere ab. Johannes erzählt keine Gleichnisse.

Kapitel 12–18 handeln von Jesu letzten Tagen mit seinen Jüngern in Jerusalem. Hier wird vor allem die Bedeutung des Todes und der Auferstehung und des Kommens des Heiligen Geistes erläutert. Kapitel 18–21 berichten von Jesu Tod und Auferstehung und den darauffolgenden Begegnungen mit den Jüngern.

Johannes versteht die Wunder als Zeichen, die uns sagen, wer Jesus ist. Dinge des normalen Lebens bekommen tiefen Sinn über Jesu Wesen: Wasser, Brot, Licht, Hirt und Wein.

Die berühmten »Ich bin«-Worte stehen hier. Johannes zeigt uns Jesus als den Weg, die Wahrheit und das Leben.

JOJACHIN König von Juda im Jahr 597 v.Chr. Er regierte nur drei Monate, dann nahm ihn Nebukadnezar als Gefangenen mit nach Babylon. Später wurde er aus dem Gefängnis befreit und an den Königshof geholt. 2Kö 24,8–16; 25,27ff; 2Chro 36,9–10; Jer 52

JOJADA Der wichtigste Mann dieses Namens war ein Hoherpriester in Jerusalem zur Zeit Ahasjas, Ataljas und Joas'. Er war verheiratet mit Joscheba, der Schwester König Ahasjas. Als Atalja durch einen Putsch an die Macht kam, ließ sie die ganze Königsfamilie töten. Doch Joscheba versteckte Joas, einen der Söhne Ahasjas. Nach sechs Jahren rief Jojada Joas zum König aus, und Atalja wurde getötet. Bis Joas erwachsen war, führte Jojada selbst die Regierungsgeschäfte. 2Kö 11–12; 2Chro 23–24

JOJAKIM Sohn Josias, König über Juda von 609–597 v.Chr. Pharao Necho hatte ihn zum König gemacht. Er machte alles zunichte, was sein Vater Gutes getan hatte. Er verbrannte die Schriftrolle mit den Worten Jesajas. Als er sich gegen Babylon auflehnte, wurde Juda angegriffen. 2Kö 24,1–7; 2Chro 36,4–8; Jer 22,18ff; 26; 36

JOM KIPPUR s. *Feste: Versöhnungstag*

JONA Anders als die übrigen Prophetenbücher ist Jona eine Erzählung über die Abenteuer des Propheten Jona, der versucht, dem Auftrag Gottes zu entfliehen. Gott hatte ihm befohlen, nach Ninive, der Hauptstadt Assyriens, zu gehen und die Bewohner anzuklagen. Zuletzt erfüllt Jona diesen Auftrag, wird jedoch unzufrieden, als Gott, da das Volk Buße tut, seine Drohung, Ninive zu zerstören, nicht wahr macht. Hier wird deutlich, daß Gott lieber vergibt als straft. Jon; 2Kö 14,25; Mt 12,39f; Lk 11,29ff.

JONATAN Der älteste Sohn König Sauls und ein guter Freund Davids. Er zeichnete sich in vielen Schlachten gegen die Philister durch seine Tapferkeit aus. Obwohl er wußte, daß David an seiner Stelle König werden sollte, war er ihm ein treuer Freund und rettete ihn vor den Mordanschlägen Sauls. Jonatan und Saul fielen beide in einer Schlacht gegen die Philister. David war traurig und sang ein Klagelied um Jonatan. 1Sam 13–14; 18–20; 23,16–18; 31,2; 2Sam 1

JOPPE Der einzige natürliche Hafen an der Küste Israels südlich von Haifa, das heutige Jaffa in der Nähe von Tel-Aviv. Joppe war der Hafen Jerusalems, doch 56 km von der Stadt entfernt. Die Stadt hat eine lange Geschichte und wird schon 1400 v.Chr. in den Amarnabriefen erwähnt. Jona bestieg in Joppe ein Schiff nach Tarsis (Spanien). Tabita, die Frau, die von Petrus auferweckt wurde, wohnte in Joppe, und dort hatte Petrus seine Vision von den reinen und unreinen Tieren. Er reiste darauf zu Kornelius und taufte ihn und seine Familie. 2Chro 2,15; Jon 1,3; Apg 9,36–43; 10

JORAM 1. Ein Sohn Ahabs. Er war von 852–841 v.Chr. König von Israel, nachdem sein Bruder Ahasja gestorben war. Er räumte zwar mit dem Baalsdienst auf, führte jedoch keine grundlegende Reform durch. Jehu tötete ihn. 2Kö 3; 8–9
2. Nach Josafat König von Juda, 848–841 v.Chr. (Mitregent schon seit 853). Elia kündigte ihm einen schrecklichen Tod an, weil er seine sechs Brüder ermordet und seine Untertanen zum Götzendienst angestiftet hatte. 2Kö 8,16ff; 2Chro 21

JORDAN Der größte Fluß Israels, in der Bibel oft erwähnt. Der Jordan fließt vom Hermon im Norden durch den Hule-See und den See Genezareth ins Tote Meer. Vom Hule-See bis zum Toten Meer sind es nicht mehr als 120 km, doch durch seine vielen Windungen hat der Jordan mehr als die doppelte Länge. S. auch *Israel: Geographie.*

Der Name »Jordan« bedeutet »der Herabsteigende«. Der Jordan fließt durch den tiefsten Senkungsgraben der Erde. Der Hule-See liegt 68 m über dem Meeresspiegel, der See Genezareth bereits 212 m *unter* dem Meeresspiegel, und das Tote Meer liegt noch 180 m tiefer.

Der nördliche Teil des Jordantales ist fruchtbar. Im Süden fließt der Jordan durch Wüste, seine Uferzone ist aber mit dichtem Dschungel bewachsen. Die wichtigsten Nebenflüsse sind der Jabbok und der Jarmuk, die beide von Osten her in den Jordan fließen. Viele kleine Nebenflüsse trocknen im Sommer vollkommen aus.

Josua führte das Volk Israel vom Osten her über den Jordan ins Verheißene Land. David floh vor Absalom auf die andere Seite des Jordan. Elia und Elisa überquerten den Jordan, kurz bevor Elia in den Himmel entrückt wurde. Elisa befahl dem Syrer Naaman, sich im Jordan zu waschen, um geheilt zu werden. Johannes der Täufer taufte die Menschen, darunter auch Jesus, im Jordan. Jos 3; 2Sam 17,20–22; 2Kö 2,6–8.13–14; 5; Jer 12,5; 49,19; Mk 1,5.9 usw.

JOSCHAFAT Ein Sohn König Asas, der von 870–848 v.Chr. über Juda herrschte (Mitregent seit 873). Er zerstörte die Götzenbilder und kümmerte sich darum, daß seine Untertanen die Gebote Gottes lernten. Er verbesserte das Recht und setzte in großen Städten Richter ein. Er machte jedoch den Fehler, ein Bündnis mit König Ahab einzugehen und wurde dadurch in die Kriege Israels verwickelt. 1Kö 22; 2Kö 3; 2Chro 17–21,1

JOSCHEBA Die Schwester König Ahasjas von Juda. Sie war mit dem Priester Jojada verheiratet (s. *Jojada*). 2Kö 11,1–3; 2Chro 22,11–12

Statuette eines hohen ägyptischen Beamten aus Josefs Zeit

JOSEF 1. Jakobs und Rahels erster Sohn. Er war der Liebling Jakobs und bekam von seinem Vater einen besonders schönen Rock geschenkt. Seine Brüder waren eifersüchtig auf ihn, und das wurde noch schlimmer, als er ihnen Träume erzählte, in denen sie sich vor ihm verneigt hatten. Sie beschlossen, ihn zu töten, verkauften ihn aber schließlich als Sklaven und erzählten Jakob, daß wilde Tiere ihn getötet hätten.

In Ägypten kaufte Potifar, ein hoher Beamter, Josef und machte ihn zu seinem Verwalter. Doch die Frau Potifars behauptete, Josef habe versucht, sie zu vergewaltigen, und Josef wurde ins Gefängnis geworfen. Dort legte er dem Mundschenk und dem Bäcker des Pharao ihre Träume aus. Als der Pharao zwei Jahre später Träume hatte, die er nicht verstand, erinnerte sich der Mundschenk an Josef, und man ließ ihn holen. Josef sagte dem Pharao, daß er sich auf eine siebenjährige Dürrezeit einrichten müsse, und der Pharao beauftragte Josef mit den Vorbereitungen.

Als dann die Brüder Josefs in der Hungersnot nach Ägypten kamen, um Getreide zu kaufen, sah Josef sie

Ein ägyptischer Beamter wiegt Korn zu Steuerzwecken. Ägyptische Grabmalerei, um 1400 v.Chr.

wieder. Er tat so, als hielte er sie für Spione und zwang sie, ihren jüngsten Bruder Benjamin mitzubringen, um ihm das Gegenteil zu beweisen. Als er merkte, daß sie nicht mehr so grausam waren wie früher und sich wirklich Sorgen um Benjamin machten, sagte er ihnen, wer er war.

Dann holte er seinen Vater und dessen ganze Familie nach Ägypten. Ihre Nachkommen lebten dort ungefähr vier Jahrhunderte. 1Mo 30,24; 37–50

2. Der Mann Marias und Pflegevater Jesu. Obwohl Josef nicht der leibliche Vater Jesu war, war er es doch im rechtlichen Sinne. Vor der Geburt Jesu hatte ein Engel ihm gesagt, daß das Kind der Maria Gottes Sohn sei. Als Josef in einem Traum erfuhr, daß König Herodes das Kind töten lassen wollte, floh er mit Maria und dem Kind nach Ägypten. Nach dem Tod des Herodes kehrte er zurück und ließ sich in Nazareth, wo er als Zimmermann arbeitete, nieder. Als Jesus zwölf Jahre alt war, brachten seine Eltern ihn in den Tempel nach Jerusalem. Mehr wissen wir nicht über Josef; vielleicht ist er gestorben, bevor Jesus erwachsen war. Mt 1–2; Lk 1,27; 2

3. Josef von Arimatia. Er war Mitglied des Hohen Rates, folgte jedoch im geheimen Jesus nach. Nach der Kreuzigung bat er Pilatus um den Leichnam Jesu und legte ihn in das Grab, das er für sich selbst hatte machen lassen. Lk 23,50ff; Jo 18,38

JOSIA wurde mit acht Jahren zum König über Juda gekrönt, nachdem sein Vater Amon 640 v.Chr. ermordet worden war. Er wuchs heran zu einem starken, guten König, der das Volk wieder zu Gott führte. Er ließ den Tempel wieder instand setzen, und dabei wurde eine Schriftrolle mit den Gesetzen, die Gott Mose gegeben hatte, entdeckt. Josia studierte diese Gesetze und ließ sie dem Volk verlesen. Nach ihnen führte er weitreichende Reformen durch. Mit 39 Jahren fiel Josia in einer Schlacht gegen die Ägypter; der Prophet Jeremia trauerte um ihn. 2Kö 21,24–23,30; 2Chro 33,25–35,27; Jer 22,15–16

JOSUA 1. Der Nachfolger Moses als Führer der Israeliten. Sein Name bedeutet »Gott ist Rettung«. Schon in der Wüste war Josua der Führer des israelitischen Volkes. Er war einer der zwölf Kundschafter, die Mose ins Land Kanaan schickte. Nur er und Kaleb glaubten, daß die Israeliten mit Gottes Hilfe das Land erobern könnten. Diesen Glauben belohnte Gott; Kaleb und Josua waren die einzigen in Ägypten geborenen Israeliten, die das Land Kanaan betreten durften, alle anderen starben vorher. Josua führte die Israeliten ins Land Kanaan und verteilte es nach der Eroberung unter die zwölf Stämme. Vor seinem Tod ermahnte er die Israeliten noch einmal, Gott zu lieben und ihm zu gehorchen: »Ich aber und mein Haus wollen dem Herrn dienen«, und das Volk antwortete: »Darum wollen wir auch dem Herrn dienen, denn er ist unser Gott.« 2Mo 17,9ff; 4Mo 13–14; Jos

2. Ein Hoherpriester, der nach der Rückkehr aus dem Exil am Wiederaufbau des Tempels beteiligt war. Hag; Sach 3

JOSUA (BUCH) Es berichtet von der Landnahme Israels unter Josua, dem Nachfolger Moses. Es ist das erste der zwölf Geschichtsbücher im AT.

Die Kapitel 1–12 erzählen die Eroberung Kanaans, die wahrscheinlich nach 1240 v.Chr. anzusetzen ist. Einzelne Erzählungen wurden schon zu Lebzeiten Josuas aufgeschrieben; das Buch als Ganzes jedoch ist Teil des großen »deuteronomistischen Geschichtswerks«, das von Josua bis zu 2. Könige reicht. Die ersten zwölf Kapitel berichten von der Überquerung des Jordan, der Eroberung Jerichos und der Schlacht um Ai.

Die Kapitel 13–22 beschreiben die Aufteilung und Besiedelung des eroberten Landes durch Israel. Am Ende steht Josuas Abschied und der Bundesschluß in Sichem (Kap. 23–24).

JOTAM Von 750–732 v.Chr. König von Juda; sein Vater war König Usia. Er regierte schon zu Lebzeiten seines Vaters, der an Lepra erkrankt war. Jotam diente Gott. 2Kö 15,32–38; 2Chro 27,1–6

JUBELJAHR s. *Feste: Erlaßjahr*

JUDA Der vierte Sohn von Jakob und Lea. Er überredete seine Brüder dazu, Josef als Sklaven zu verkaufen und ihn nicht zu töten. Die letzten Worte Jakobs verhießen seinem Stamm ein Königreich. 1Mo 29,35; 37; 26–27; 38; 49,9–10

JUDA (LAND) Das judäische Bergland im Süden Jerusalems und die Wüste am Toten Meer. Das Gebiet gehörte dem Stamm Juda. Später war Juda der Name für das Südreich mit der Hauptstadt Jerusalem. S. *Israel: Geschichte* Jos 15; 1Kö 12,21.23 usw.

JUDÄA Die griechische und römische Bezeichnung für Juda. Sie meint normalerweise den Südteil des Landes mit Jerusalem; manchmal bezieht sie sich auf das ganze Land, einschließlich Galiläa und Samaria. Die Wüste von Judäa liegt westlich des Toten Meeres. Lk 3,1; 4,44 usw. (S. 301–B6)

JUDAS Es gibt mehrere Männer dieses Namens im NT. Die bekanntesten sind:

1. Judas, der Sohn des Jakobus. Er war einer der zwölf Jünger und war auch nach der Himmelfahrt Jesu unter ihnen. Lk 6,16; Apg 1,13

2. Einer der Brüder Jesu. Er glaubte nicht, daß Jesus der Messias war, bis er ihn nach seiner Auferstehung sah. Er hat vielleicht den Judasbrief geschrieben. Mt 13,55; Jo 7,5; Apg 1,14

3. Judas Iskariot. Er war es, der Jesus verriet. Unter den Jüngern hatte er die Aufgabe, das Geld zu verwalten. Vielleicht hatte er gehofft, daß Jesus einen Aufstand gegen die Römer anführen würde. Als er merkte, daß Jesus etwas anderes wollte, verriet er ihn für 30 Silberstücke an seine Feinde. Judas führte die Soldaten in den Garten Gethsemane, wo sich Jesus in der Nacht aufhielt. Als er erkannte, was er getan hatte, gab er den Priestern das Geld zurück und beging Selbstmord. Mt 10,4; 26,14ff; 27,3; Jo 12,4–6; 13,21–30; Apg 1,18–19

JUDAS (BRIEF) Der Schreiber dieses Briefes ist wohl ein jüngerer Bruder Jesu, der nur noch in Mk 6,3 kurz erwähnt wird. Der Grund für den Brief waren alarmierende Nachrichten über Irrlehrer. Judas beschreibt deren Tun und Gottes Gericht über sie. Er bezieht sich immer wieder auf das AT und andere jüdische Schriften. Dieser Brief ist fast vollständig und wortwörtlich in 2Pt 2,1–3,3 wiedergegeben.

JÜNGER S. *Jesus: Seine Botschaft* (Nachfolger); *Apostel*

JÜNGSTES GERICHT S. *Gericht*

JULIUS Der römische Hauptmann, der Paulus auf seiner Fahrt nach Rom bewachte. Apg 27,1.3.42–44

Rechts: Ein römischer Zenturio

K

KADESCH Eine Oase in der Wüste im Süden von Beerscheba. Sie wird beim Angriff Kedor-Laomers zur Zeit Abrahams erwähnt. In der Nähe von Kadesch erschien Hagar ein Engel. Nach der Flucht aus Ägypten verbrachten die Israeliten die meiste Zeit der Wüstenwanderung im Gebiet um Kadesch. Mirjam starb dort, und Mose ließ Wasser aus einem Felsen bei Kadesch fließen. Von Kadesch aus gingen auch die Kundschafter nach Kanaan. Später wird es als ein Ort an der Südgrenze Israels genannt. 1Mo 14,7; 16,14; 4Mo 20; 13; 33,36; 5Mo 1,19–25.46; Jos 10,41; 15,23

KAIN Der älteste Sohn Adams und Evas. Er war Bauer. Aus Zorn darüber, daß Gott das geopferte Lamm seines Bruders Abel annahm, jedoch seine Erntegabe ablehnte, tötete er Abel. Zur Strafe war er für den Rest seines Lebens Nomade. 1Mo 4; 1Jo 3,12

KAIPHAS Er war Hoherpriester von 18–36 n.Chr. Bei der Gerichtsverhandlung sprachen er und sein Schwiegervater Hannas Jesus der Gotteslästerung schuldig. Unter Kaiphas fanden auch die in der Apg erwähnten Christenverfolgungen statt. Mt 26,3.57ff; Lk 3,2; Jo 18,13ff; Apg 5,17ff

KALEB Einer der Kundschafter, die Mose ins Land Kanaan schickte. Von den zwölf Kundschaftern, die berichteten, was sie gesehen hatten, glaubten nur Kaleb und Josua, daß Gott ihnen helfen würde, das Land zu erobern. Wegen ihres Vertrauens kamen sie ins gelobte Land; alle anderen Israeliten ihrer Generation starben in der Wüste. 4Mo 13–14; Jos 14,6ff

Einhöckerige arabische Kamele

KAMELE Im AT sind damit wohl die einhöckrigen arabischen Dromedare gemeint. Sie kommen mit wenig Nahrung aus und können Tage ohne Wasser auskommen. Ein Dromedar kann 180 kg und einen Reiter tragen. Kamele kommen bei Abraham, Jakob und Hiob vor. Den Israeliten war es nicht erlaubt Kamelfleisch zu essen. S. auch *Nadel-*

öhr. 1Mo 12,16; 30,43; Hiob 1,3; Mt 19,24

KANA Das Dorf, in dem Jesus auf einer Hochzeit Wasser in Wein verwandelte. Bei einem anderen Besuch dort heilte er den Sohn eines Beamten aus Kapernaum. Der Jünger Nathanael kam aus Kana. Jo 2,1–12; 4,46–53; 21,2

KANAAN Ein Sohn Hams. Wegen seiner Respektlosigkeit verfluchte sein Großvater Noah ihn und seine Nachkommen (die Kanaanäer). 1Mo 9,18–27

KANAAN: RELIGION Am Sinai hatte Gott den Israeliten verboten, andere Götter neben ihm zu haben. Die Israeliten sollten bei der Eroberung Kanaans jeden Kontakt mit der kanaanäischen Religion vermeiden. Doch bevor sie Kanaan erreichten, hatten sie begonnen, den kanaanäischen Gott Baal zu verehren. Nachdem sie sich im Verheißenen Land niedergelassen hatten, wurde Baal ein ernsthafter Rivale für Israels Gott. Das Buch der Richter beschreibt die Schwierigkeiten, die dadurch entstanden, und wie Leute wie Gideon die Baalsverehrung bekämpften. Wir erfahren wenig über die kanaanäische Religion zur Zeit Davids und Salomos. Doch später, als Ahab König über das Nordreich Israel wurde, verdrängte der Baalskult fast den Glauben an Jahwe, den Gott Israels. Dies war Isebels Werk, die aus der kanaanäischen Stadt Sidon stammte und viele Baal-Priester mitbrachte. 2Mo 20,3; 23,23.24; 1Kö 16,29ff und die folgenden Kapitel

DIE GÖTTER KANAANS Die Götter und Göttinnen dieses Landes verkörperten die Kräfte der Natur. Baal heißt Herr. Es war der Titel des Wettergottes Hadad (der Name klingt vermutlich wie Donner). Er war zuständig für Regen, Nebel und Tau; von ihm hing das Gedeihen der Ernte und damit das Überleben der Kanaanäer ab.

Die Frau Baals war Astarte, auch Anat genannt, die Göttin der Liebe und des Krieges. Baals Vater war El, der oberste Gott; aber zur Zeit der israelitischen Landnahme war er nur noch eine schattenhafte Figur. Die Frau Els war Aschera, die Muttergottheit und Göttin des Meeres. Sowohl Aschera wie Astarte wurden oft nur »Herrin« (Baalat) genannt.

Andere wichtige Gottheiten waren Schamasch, der Sonnengott, Reschef, der Gott über Krieg und Totenreich, und Dagon, der Gott über das Getreide. Die vielen kleineren Götter galten als die Familien der größeren. Dieses allgemeine Bild änderte sich von Ort zu Ort, da jeder Ort seinen eigenen Schutzgott hatte.

GÖTTERLEGENDEN Aus kanaanäischen, genauer ugaritischen und

Baal war der kanaanitische Gott des Wetters und der Fruchtbarkeit.

anderen Quellen wissen wir einiges über diese Götter. Sie waren roh und blutrünstig, freuten sich an kleinen Kriegen untereinander und ausschweifenden sexuellen Beziehungen. Grundlos mischten sie sich ins Leben der Menschen ein, ohne Rücksicht auf dadurch entstehendes Leid. Gleichzeitig konnten sie aber auch großzügig und freundlich sein. Sie waren nur als Götter verkleidete Spiegelbilder ihrer Anbeter.

Diese Legenden blieben nicht ohne Einfluß auf den Gottesdienst der Kanaanäer. Die religiösen Feste Kanaans führten zum Ausbruch der triebhaften Natur im Menschen. Sogar die griechischen und römischen Schriftsteller waren entsetzt über das, was die Kanaanäer im Namen der Religion taten. Kein Wunder, daß die Bibel dies verurteilt. 5Mo 18,9; 1Kö 14,22–24; Hos 4,12–14

TEMPEL UND PRIESTER Die wichtigen Götter hatten reich ausgestattete Tempel in den Hauptstädten mit Priestern, Chören und Tempeldienern. An Festtagen nahm der König an der Opferprozession teil. Einige Opfer wurden vollständig verbrannt, andere zwischen dem Gott und seinen Verehrern geteilt. An den höchsten Feiertagen nahm das Volk an den Prozessionen teil und beobachtete die Vorgänge aus der Entfernung. Die Tempel selbst waren klein und ermöglichten nur wenigen Menschen zugleich den Zutritt.

Für den König war es eine Prestigesache, den Tempel möglichst groß zu machen, Standbilder und Wände mit kostbaren Metallen zu verkleiden und den Göttern goldene Eßgeschirre hinzustellen. Im Tempel gab es außer dem Standbild des Gottes

oder des ihm geweihten Tieres (für Baal war es ein Stier, für Aschera ein Löwe) einen Brandopferaltar, einen Weihrauchaltar, sowie eine Anzahl Säulen, die man sich als Wohnung von Göttern oder Geistern dachte. Solche Steinsäulen, Altäre und Holzpfähle oder ein Baumstumpf fanden sich auch in den einfacheren Kultstätten, den »Höhen«, unter freiem Himmel. Hier opferte und betete das Volk. Die Säulen standen manchmal für Baal, der Holzpfahl für Aschera (s. 5Mo 12,3). Beim Opfern begutachtete der Priester oft die Eingeweide des Tieres, um hieraus dem Gläubigen die Zukunft vorherzusagen (s. *Assyrer und Babylonier: Religion*). Die Zukunft konnte man auch mittels Beobachtung der Sterne, Verbindung zu den Toten und »prophetische« Trancezustände erkunden. Daneben mußten die Priester zur Krankenheilung Gebete und Beschwörungen sprechen.

OPFER Die Götter erhielten gewöhnlich Tier- und Nahrungsopfer. Da den Israeliten Menschenopfer verboten wurden, ist anzunehmen, daß es welche gab. Griechische und römische Schriftsteller bestätigen es. Unsicher ist, wie verbreitet sie waren. Wahrscheinlich waren sie ein letzter Ausweg, wenn nur das größte Opfer den Gott besänftigen konnte. Der Gott Moloch, der damit in Verbindung gebracht wird, scheint Gott der Unterwelt gewesen zu sein.

Die kanaanäische und hebräische Sprache haben einige Worte des Opfer- und Priesterwesens gemeinsam. Trotz sprachlicher Gemeinsamkeiten lagen die damit verbundenen Vorstellungen weit auseinander. Israel hatte einen anderen Gott und einen anderen Glauben. 3Mo 18,21; 5Mo 12,31; 2Kö 3,27

KANAANÄISCHE UND ISRAELI-TISCHE RELIGION Die Religion der Kanaanäer unterschied sich von Grund auf von der der Israeliten. Bei den Kanaanäern fand man keine Belege für Verhaltensregeln wie die Zehn Gebote. Nirgendwo ist die Rede von einer Liebe zu einem Gott; und der Glaube der Kanaanäer scheint insgesamt wenig Freude und Glück gebracht zu haben. Andererseits wissen wir nicht viel, lediglich, daß sich der König um Witwen und Waisen zu kümmern hatte.

Für die einwandernden Israeliten war die Versuchung groß, sich einheimischen Göttern zuzuwenden, da sie für die Fruchtbarkeit des Landes zu garantieren schienen. Hinzu kam, daß die Götter Kanaans viel weniger verlangten als die strengen Gesetze der Israeliten. Viele aus dem Volk Gottes erlagen der Versuchung. Die Folge sieht man in den Königsbüchern: den langsamen Weg in den Abgrund.

KANAANÄER Ungefähr 1300 v.Chr. war »Kanaan« eine ägyptische Provinz, die den Libanon, Syrien und das spätere Israel umfaßte. Der Name mag zuerst nur für die Küstenebene gegolten haben, wurde aber bald auf die Bewohner der bewaldeten Berge ausgedehnt – die Amoriter (4Mo 13,29; 35,10; Jos 5,1). Außer Kanaanäern und Amoritern lebten noch andere Völker im Land (5Mo 7,1). So bezeichnete der Name »Kanaanäer« eine Gruppe verschiedener Völker.

HANDEL Die Küstenbewohner trieben Handel. Der Handel war ein so fester Bestandteil ihres Lebens, daß das Wort Kanaanäer im Hebräischen die Bedeutung »Kaufmann« bekam (so z.B. in Spr 31,24). Die wichtigsten Häfen waren Tyrus, Sidon, Beirut und Byblos im Landstrich Kanaan (die Küste des heutigen Libanon). Sie exportierten Zedernholz, Krüge mit Öl und Wein und andere Waren nach Ägypten, Kreta und Griechenland. Die Schiffe kehrten zurück mit ägyptischen Luxusgütern und Papyrus, mit griechischer Töpferei und metallischen Erzen. Nördlich Kanaans lag die große Stadt Ugarit (in der Nähe des heutigen Latakia). Auch sie war ein reiches Handelszentrum.

Da Kanaan wie eine Brücke zwischen Asien und Ägypten lag und viel Handel trieb, war das Land für kulturelle Einflüsse aller Art offen. In der einen Stadt baute man im ägyptischen Stil Tempel und Paläste für den Statthalter oder für eine Garnison, in einer anderen Stadt im syrischen Stil. Ägyptische Schmuckstücke waren ebenso modern wie babylonische und hetitische. Die verschiedenen Einflüsse sind besonders deutlich an der Schrift der Kanaanäer zu erkennen: Sie benutzten sowohl ägyptische Hieroglyphen als auch die babylonische Keilschrift.

ALPHABET Kanaans großes Vermächtnis an die Welt ist das Alphabet, das hier zwischen 2000 und 1600 v.Chr. erfunden wurde. Durch ägyptischen Einfluß wurde Papier (Papyrus) allmählich zum üblichen Schreibmaterial; weil es die Jahrhunderte aber nicht überdauert hat, kennen wir von diesem ältesten Alphabet nur, was auf haltbarere Gegenstände geritzt wurde, wie z.B. Namen auf Bechern.

STÄDTE UND HERRSCHER Die kanaanäischen Städte waren zum Schutz gegen Plünderer und wilde

Tiere von einem Verteidigungswall aus Erde und Steinen umgeben. Innerhalb des Walls standen die Häuser eng beieinander, wie es heute noch in alten Städten des Orients der Fall ist. Das gewöhnliche Volk betrieb Landwirtschaft für den Eigenbedarf oder war im Dienst des Königs, der Landbesitzer und Kaufleute. Außerhalb der Städte lagen Bauern- und Viehzüchterdörfer. Die Könige der einzelnen Städte führten fast immer Krieg gegeneinander. Außerdem wurden einige Städte oft von Räubern und Gesetzlosen aus den Wäldern angegriffen. Die ägyptischen Amarnatafeln belegen das um 1360 v.Chr. Die biblischen Bücher Josua und Richter zeigen, daß die Verhältnisse ein oder zwei Jahrhunderte später noch ziemlich die gleichen waren. Das erleichterte den Israeliten die Eroberung dieses Gebiets. Ein einiges Kanaan wäre schwerer zu überwinden gewesen.

KANAANÄER UND ISRAELITEN Die Sprache der Kanaanäer war eng mit dem Hebräischen verwandt, vielleicht sogar fast gleich. Das Leben der kanaanäischen Bauern unterschied sich auch nicht sehr vom Leben der Israeliten. Daher fiel es letzteren leicht, sich im Verheißenen Land anzusiedeln. Sie waren immer in Gefahr, andere Bräuche der Kanaanäer – vor allem religiöse – zu übernehmen. Die Religion der Kanaanäer war mit der Liebe zu Gott und dem Gehorsam gegenüber seinen Geboten unvereinbar. Darum durften sich die Israeliten nicht mit diesem Volk vermischen, besonders nicht durch Heirat. Alles was mit der Religion Kanaans zu tun hatte, mußte zerstört werden. 5Mo 7; 12,1–3

KAPERNAUM (Kafarnaum) Ein wichtiger Ort am Nordwestufer des Sees Genezareth zur Zeit Jesu. Während Jesus am See Genezareth predigte, war Kapernaum sein Wohnort. Der Zöllner Levi (Matthäus) wohnte in Kapernaum, ebenso ein römischer Offizier, dessen Diener von Jesus geheilt wurde. Vielleicht lag in Kapernaum eine römische Garnison. In Kapernaum tat Jesus viele Wunder, er heilte z.B. die Schwiegermutter des Petrus. Er lehrte auch in der Synagoge, doch trotz allem glaubten die Menschen der Botschaft Gottes nicht, und Jesus mußte sie vor dem kommenden Gericht warnen. Mk 1,21–34; 2,1–17; Lk 7,1–10; 10,13–16 usw.

KAPPADOZIEN Eine römische Provinz im Osten Kleinasiens (Türkei). Unter den Zuhörern des Petrus am Pfingsttag waren Juden aus Kappadozien. Der erste Brief des Petrus ist u.a. an die dort lebenden Christen gerichtet. Apg 2,9; 1Pt 1,1

KARIEN Im Südwesten der Türkei lag Karien. Die indoeuropäischen Karier sind noch weitgehend unbekannt. Ihr Alphabet ist noch nicht entziffert. Sie dienten als Söldner in Ägypten, wo Grabinschriften entdeckt wurden, und in Juda 2Kö 11,4.19

KARKEMISCH Eine wichtige alte Hetiterstadt am Eufrat. Ihre Ruinen liegen an der Grenze zwischen der Türkei und Syrien. Als der ägyptische Pharao Necho einen Angriff auf Karkemisch unternahm, versuchte Josia von Juda, ihn aufzuhalten. Er wurde besiegt und getötet. Im Jahre 605 v.Chr. wurde Necho bei Karkemisch von Nebukadnezar, dem König von Babylonien, geschlagen. 2Chro 35,20; Jes 10,9; Jer 46,2

KARMEL Ein Gebirgszug, der bei der heutigen Stadt Haifa bis ans Mittelmeer reicht. Die alte Stadt Megiddo beherrschte etwas weiter im Inland einen der wichtigsten Wege durch dieses Hügelland. Auf dem Karmel (535 m am höchsten Punkt) forderte der Prophet Elia die Baalspropheten zum Wettstreit heraus. Sein Nachfolger Elisa hat dort wahrscheinlich eine Zeitlang in einer Höhle gelebt. 1Kö 18,19–46; 2Kö 2,25; 4,25

KEBAR Ein Kanal, der vom Fluß Eufrat in Babylonien gespeist wird. Dort hatte der Prophet Hesekiel einige seiner großen Visionen. Hes 1; 3; 10; 43

KEDESCH Eine kanaanäische Stadt in Galiläa, die Josua eroberte und dem Stamm Naftali gab. Sie war die Heimat Baraks. Kedesch war eine der ersten Städte, die Tiglat-Pileser III. in Israel eroberte (734–732 v.Chr.). Jos 12,22; 19,37; Ri 4; 2Kö 15,29

KEDOR-LAOMER König von Elam. 1Mo 14

KEHAT Ein Sohn Levis und Vorfahre Moses, der Stammvater einer der drei levitischen Abteilungen. 2Mo 6,16ff; 4Mo 3,17ff

KELACH Eine sehr alte Stadt in Mesopotamien am Tigris; später wurde sie eine wichtige Stadt des assyrischen Reiches. Heute heißt sie Nimrud (im Irak). Bei Ausgrabungen wurden Inschriften und Elfenbeinschnitzereien aus der Zeit der Könige Israels gefunden. 1Mo 10,11–12

KENCHREÄ Der Osthafen von Korinth in Südgriechenland. Apg 18,18; Rö 16,1

KEPHAS s. *Petrus*

KIDRON Das Tal, das Jerusalem vom Ölberg trennt. Die meiste Zeit im Jahr ist das Tal trocken. Die Gihon-Quelle, aus der Hiskia Wasser in den Teich von Siloah leitete, liegt an der Westseite des Kidrontales. David durchquerte auf seiner Flucht vor Absalom das Tal. Asa, Hiskia und Josia, die den Gottesdienst des Volkes reformierten, zerstörten Götzenbilder im Kidrontal. Jesus und seine Jünger gingen auf ihrem Weg zum Garten Gethsemane oft durch dieses Tal. 2Sam 15,23; 1Kö 15,13; 2Chro 29,16; 2Kö 23,4; Jo 18,1

KINDER s. *Erziehung; Familienleben*

KINNERET Der alttestamentliche Name für den See Genezareth, nach einem Ort dieses Namens am Westufer des Sees. Der Name taucht im Zusammenhang der Grenzziehung des Landes Israel und der umliegenden Reiche auf. S. *Galiläa*. 4Mo 34,11; 5Mo 3,17; Jos 11,2

KIR/KIR-HARESETH Ein Ort, an den die Aramäer verbannt wurden. Eine wichtige Festung in Moab. 2Kö 16,9; Am 1,5; 2Kö 3; Jes 16,7–12

KIRJAT-ARBA Ein alter Name für Hebron.

KIRJATAJIM Eine Stadt im Osten des Toten Meeres, die der Stamm Ruben in Besitz nahm. Später wurde sie moabitisch. Jos 13,19; Jer 48; Hes 25,9

KISON Ein kleiner Fluß, der durch die Ebene von Jesreel fließt und nördlich des Karmel ins Mittelmeer mündet. In der Geschichte von Barak trat der Fluß über seine Ufer und verwandelte die Ebene in Schlamm. Die Streitwagen Siseras wurden darin bewegungsunfähig, und die Israeliten konnten siegen. Elia tötete die Baalspropheten nach dem Gottesurteil auf dem Karmel am Bach Kison. Ri 4; 5,21; 1Kö 18,40

KITTIM Einer der Söhne Jawans nach der »Völkertafel« in 1. Mose, der Name für Zypern und eine alte Stadt auf der Insel (Larnaka). S. *Zypern*. 1Mo 10,4; 1Chro 1,7; 4Mo 24,24; Jes 23,1.12; Jer 2,10; Hes 27,6

KLAGELIEDER Sie sind eine Sammlung von fünf Gedichten. Sie beklagen den Fall Jerusalems 587 v.Chr. Die Zerstörung des Tempels faßte das Volk als Zeichen dafür auf, daß Gott es seinen Feinden ausgeliefert hatte. Der Prophet beklagt die Sünde des Volkes.

Trotzdem finden wir hier auch die Verbreitung einer neuen Hoffnung. Den Verfasser kennen wir nicht. Die Klagelieder, die mit dem Namen Jeremia verbunden sind, werden heute noch zur Erinnerung an die Zerstörung des Tempels (587 v.Chr. und 70 n.Chr.) in den Synagogengottesdiensten gelesen.

KLAUDIUS Der vierte römische Kaiser (41–54 n.Chr.). Zu seiner Zeit kam die Hungersnot, die der Prophet Agabus vorhergesagt hatte. Klaudius wies alle Juden aus Rom aus. Apg 11,28; 18,2

KLAUDIUS LYSIAS Oberster der römischen Garnison in Jerusalem, der Paulus vor der wütenden Volksmenge rettete. Er nahm ihn gefangen und erlaubte dem Hohen Rat, ihn zu verhören. Doch das Verhör endete in einem Chaos. Als Klaudius Lysias hörte, daß Paulus ermordet werden sollte, schickte er ihn nach Cäsarea zum römischen Statthalter Felix. Apg 21,31–23,30

KLEIDUNG Die Bibel umspannt eine Zeit von ca. 2000 Jahren. Doch die Kleidung in Israel hat sich wegen des gleichbleibenden heißen Klimas und der begrenzten Auswahl an Stoffen nur wenig verändert (S. *Stoffe*).

Zwischen der Kleidung Reicher und Armer gab es Unterschiede. Der arme Bauer hatte nur ein Kleidungsstück aus Wolle oder Ziegenfell, das er immer trug. Ein Reicher dagegen hatte Kleider für den Winter, für den Sommer, für die Arbeit und für die Freizeit – Kleider aus verschiedenen Materialien: aus feinem Leinen und sogar aus Seide. Manche wandten soviel Geld und Mühe an die Kleidung, daß Jesus fragte: »Warum sorgt ihr euch um die Kleidung?« (Mt 6,28); er erinnerte daran, daß Gott für die Menschen sorgt.

Weil die Bezeichnungen sich geändert haben, können wir heute nicht mehr genau sagen, welches Kleidungsstück jeweils gemeint ist. Wir müssen Vermutungen anstellen.

Das erste, was ein Mann anzog, war ein Lendenschurz oder ein kurzer Rock, der von der Taille bis in die Knie reichte. Schwere Arbeit wurde nur im Lendenschurz getan.

Darüber trugen die Männer ein Hemd oder eine Tunika aus Wolle oder Leinen. Sie war wie ein großer Sack gearbeitet: ein langes, in der Mitte gefaltetes Stück Stoff, das an den Seiten zugenäht wurde. Für die Arme blieben Schlitze, und an der Faltstelle wurde ein Loch für den Kopf gemacht. Die Männertunika war halblang und rot, schwarz, gelb oder gestreift. Eine Frauentunika war knöchellang und meistens blau. Oft hatte sie eine Passe mit Muster; jedes Dorf hatte ein besonderes Bordürenmuster. Sonst glich diese Tunika der des Mannes.

In der Taille wurde die Tunika mit einer Kordel oder einem Gürtel zusammengehalten. Dieser Gürtel war ein Stoffstreifen, der so gefaltet war, daß man ihn als Tasche für

Münzen und andere Dinge benutzen konnte. Reiche Männer konnte sich Ledergürtel leisten, an denen auch Dolch oder Tintenfaß befestigt werden konnten. Um bei der Arbeit mehr Bewegungsfreiheit zu haben, verkürzten die Männer die Tunika, indem sie den Saum in den Gürtel steckten. Das nannte man »die Lenden gürten«. Es bedeutete, daß man sich zum Handeln bereit machte. Die Frauen benutzten die hochgeschürzten Kleider als Tragebeutel für Getreide und ähnliches.

Im Freien trugen Reiche über der Tunika leichte Mäntel, die bis zu den Knien reichten und oft gestreift oder kariert waren. Solche Mäntel gab es auch für das Haus, dann waren sie aus Seide. Zu Josefs Zeit trug der zukünftige Stammesälteste einen langärmeligen Mantel aus vielen Stoffstücken (1Mo 37,3).

Außerdem gab es noch einen dicken wollenen Mantel oder Umhang, der zur Zeit des NT *Himation* genannt wurde. Er bestand aus zwei, oft dunkel- und hellbraun gestreiften, aneinandergenähten Stoffstücken. Die Nähte lagen auf den Schultern. An den Seiten befanden sich Schlitze für die Arme. Die Hirten lebten in diesen Mänteln. Nachts dienten sie ihnen als Decke und tags, zusammengefaltet, als bequemer Sitz. Für einen Armen war dieser Mantel lebenswichtig und mußte ihm, auch wenn er ihn verpfändet hatte, bei Sonnenuntergang zurückgegeben werden.

KOPFBEDECKUNGEN Die Sonne scheint in Israel so heiß, daß ein Schutz für Kopf, Nacken und Augen unbedingt nötig ist. Normalerweise war er ein übereck gefaltetes viereckiges Tuch, das mit der Faltstelle nach vorn über den Kopf gelegt wurde. Ein Kreuz aus geflochtener Wolle hielt es auf dem Kopf fest. Beim Gebet trugen Männer oft eine Kappe und darüber einen Wollschal (*Tallith*).

FUSSBEKLEIDUNG Obwohl die armen Menschen meistens barfuß gingen, waren Sandalen die übliche Fußbekleidung. Die einfachste Sandale bestand aus einem Stück Fell in der Größe des Fußes, das mit einem langen Lederband zwischen der großen und der zweiten Zehe und um den Knöchel befestigt wurde. Sandalen waren angenehm zu tragen,

Israeliten mit Zipfelmützen und Fransenkleid, dargestellt auf dem »Schwarzen Obelisken« Salmanassars III. von Assyrien.

Fußbekleidung in biblischer Zeit

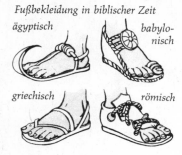

ägyptisch   babylo-
nisch

griechisch   römisch

schützten aber die Füße nicht vor
Schmutz. Deshalb ließ man sich die
Schuhe ausziehen, bevor man ein
Haus betrat und die Füße waschen.
Der niedrigste Diener mußte diese
Arbeit verrichten. Auch vor dem
Betreten heiliger Orte wurden die
Sandalen ausgezogen. Es war üb-
lich, die rechte Sandale zuerst an-
und auszuziehen. Wenn jemand ein
Stück Land verkaufte, zog er seine
Sandalen aus und gab sie dem Käufer, als Zeichen dafür, daß er den
Anspruch auf das Land aufgab (wie
der Verwandte des Boas in Rt 4,7).
Trotz des strengen Verbots, daß die
Juden am Sabbat keine Arbeit verrichten durften, war es ihnen erlaubt, bestimmte Kleidungsstücke
aus einem brennenden Haus zu retten, u.a. Unterwäsche, Kopftücher,
Strümpfe und Hosen. Weil die meisten Menschen nur wenige Kleidungsstücke hatten, mußten sie sie
schonen. Sie wuschen sie vorsichtig
mit Seife aus Olivenöl und spülten
sie unter fließendem Wasser, damit
die Strömung den Schmutz löste.
Wenn jemand aus Trauer seine
Kleider zerriß, war das ein Zeichen
echten Kummers.
Besondere Kleider für die Nacht gab
es nicht. Die Menschen schliefen in
den Tageskleidern.

Die Mode veränderte sich unter
dem Einfluß anderer Länder, doch
nur sehr geringfügig. Auf einer
Zeichnung an einem Grab (ca. 1890
v.Chr.) in Ägypten sind Nomaden
abgebildet. Wahrscheinlich war Abraham wie sie in Umhänge aus Wolle gekleidet.
KLEOPAS Am Tag der Auferstehung Jesu gingen Kleopas und ein
Freund von Jerusalem nach Emmaus. Sie hatten geglaubt, daß Jesus
der Messias sei und waren verwun-
dert über seinen Tod und über die
Nachricht, daß er auferstanden sei.
Ein Mann gesellte sich zu ihnen. Als
er ihnen die alttestamentlichen
Stellen über den Messias erklärte,
war es ihnen, als brenne ihnen das
Herz. Sie luden ihn zum Essen ein,
und als Jesus betete und das Brot
brach, erkannten sie ihn. Sie gingen
sofort nach Jerusalem und erzählten
es den anderen. Lk 24,13–53
KLIPPDACHSE sind kleine, scheue
Tiere, etwa so groß wie Hasen. Sie
haben zierliche Ohren und keinen
Schwanz. Sie leben in Kolonien in
felsigen Gegenden. 3Mo 11,5; Spr
30,26
KNECHT GOTTES s. *Jesus*
KOCHEN Normalerweise wurde
das Essen in einem Topf über dem
Feuer gekocht. Einige Nahrungsmittel buk man in Öl, und natürlich
wurde Brot gebacken. Es gab verschiedene Methoden, Brot zu bak-
ken. Die einfachste war folgende: In
einem Loch in der Erde wurde ein
Feuer entfacht. Später entfernte
man die Asche und legte die Brotfladen an die Seiten der Mulde.
Manchmal erhitzte man Steine
über dem Feuer, nahm sie heraus
und buk auf ihnen die Fladen. Weiter konnte man eine große irdene
Schüssel umgekehrt über ein Feuer

stülpen und den Teig darauf legen. In reicheren Häusern hatte man Backöfen aus Ton. Das waren bienenstockförmige Trichter, in denen unten ein Feuer entzündet und die Brotfladen oben daraufgelegt wurden. Erst in römischer Zeit baute man Öfen, bei denen das Feuer vom Backgut getrennt war.

Gemüse aß man häufig roh (Gurken). Bohnen und Linsen kochte man in Wasser oder Öl. Mit Wasser, Salz und Butter machte man Getreidebrei. S. *Ernährung; Wohnen: Hausrat*

1. UND 2. KÖNIGE Diese Bücher behandeln den Zeitraum vom Tod Davids bis zur Zerstörung Jerusalems 587 v.Chr. (etwa 400 Jahre der Geschichte Israels).

Wir wissen nicht, wer die Bücher geschrieben hat, doch sie enthalten wie 2Sam Teile aus Protokollen und Berichten königlicher Schreiber, die die Ereignisse unmittelbar nach ihrem Geschehen schriftlich festhielten. Die Bücher wurden wahrscheinlich mehrmals überarbeitet und verändert, bis sie während des Exils (587–539 v.Chr.) ihre endgültige Form erhielten.

1Kö gliedert sich in zwei Teile: Kapitel 1–11: Salomo als König über Israel und Juda. Bau des Tempels in Jerusalem.

Kapitel 12–22: Teilung des Reiches in Nord- und Südreich. Abwechselnder Bericht über die Könige beider Reiche: Jerobeam (Israel), Rehabeam (Juda), Ahab (Israel), Josafat (Juda), Ahasja (Israel).

Propheten erschienen als Gottes Warner, wenn das Volk sich anderen Göttern zuwandte. Elia ist der größte Prophet. Sein Streit mit den Baalpropheten auf dem Karmel wird in 1Kö 18 erzählt.

2Kö führt die Geschichte der beiden Königreiche weiter, es ist auch in zwei Abschnitte geteilt.

Kapitel 1–17 enthalten die Geschichte beider Reiche von der Mitte des 9. Jh. bis zur Zerschlagung des Nordreichs durch die Assyrer und die Eroberung Samarias im Jahr 722 v.Chr. Elisa, Elias Nachfolger, ist jetzt Prophet Gottes.

Kapitel 18–25 berichten die Geschichte des Königreichs Juda vom Untergang des Nordreichs bis zur Zerstörung Jerusalems durch Nebukadnezar von Babylon 587 v.Chr. Es regieren u.a. Hiskia und Josia.

Die Königsbücher beurteilen die Herrscher Israels und Judas nach ihrer Gottesfürchtigkeit. Das Volk erlebt gute Zeiten, wenn der König Gott treu ist; wenn er sich anderen Göttern zuwendet, scheitert er. Die Könige des Nordreichs versagen alle, und nur wenige Könige Judas machen es besser. Der Untergang Jerusalems und die Wegführung vieler Israeliten ins Exil nach Babylon bedeutete für das Volk und die Geschichte Israels eine große Wende.

KÖNIGSSTRASSE Die Straße, über die Mose friedlich durch das Land Edom und das Land Sihons, des Königs von Hesbon, ziehen wollte. Beide verweigerten den Durchzug, und so mußten die Israeliten Edom umgehen und gegen Sihon kämpfen. Die Königsstraße war wohl die wichtigste Straße von Norden nach Süden, sie führte an den Höhen im Osten des Jordan entlang, von Damaskus bis zum Golf von Akaba. 4Mo 20,17; 21,22; 5Mo 2,27

KOHELET s. *Prediger*

KOLOSSÄ Eine Stadt im Tal des Lykos in der römischen Provinz

Asien (Südwesttürkei). Es lag nur wenige Meilen von Laodizea entfernt an einer wichtigen Straße östlich von Ephesus. Die christliche Botschaft kam wahrscheinlich während des Aufenthalts des Paulus in Ephesus nach Kolossä; s. den Brief an die Kolosser. Kol 1,2

KOLOSSER Paulus schrieb den Brief an die Kolosser aus dem Gefängnis – wahrscheinlich aus Rom um 60/61 n.Chr. Obwohl er die Gemeinde in Kolossae nicht gegründet hatte, war er um sie besorgt. Ihr Gründer war Epaphras, der sich bei Paulus bekehrte. In Rom hatte Paulus einen aus Kolossae entlaufenen Sklaven getroffen (s. Phlm). Er hatte von Irrlehrern gehört, die lehrten, daß man, um Gott kennen zu lernen, Sternenmächte anbeten und bestimmte Riten und Vorschriften einhalten müsse. Hier wurde fremdes Gedanken- und Glaubensgut mit dem Evangelium vermischt. Paulus erklärte darum ganz deutlich die christliche Botschaft (1,1–2,19). Nur Jesus – und Jesus allein – kann Menschen retten und neues Leben schenken. Gott hat die Welt durch ihn erschaffen. Paulus zeigt dann, was das neue Leben praktisch bedeutet (2,20–4,6). Es verändert alles, was wir tun und sagen, Gefühle und Beziehungen – zu Hause, bei der Arbeit und in der Gemeinde. Paulus schließt mit persönlichen Grüßen (4,7–18).

KORAH 1. Ein Levit, der sich gegen Mose und Aaron auflehnte. Ihm ging die Wanderung nach Kanaan nicht schnell genug, und er bezweifelte Moses Anrecht auf die Führerschaft. Er und seine Anhänger starben, weil sie sich gegen Gottes erwählten Führer aufgelehnt hatten. 4Mo 16

2. Ein Sohn Levis. Seine Nachkommen waren die Tempelsänger. 1Chro 6,37; Ps 44–49

KORINTH Eine alte griechische Stadt, die 146 v.Chr. von den Römern zerstört und hundert Jahre später wieder aufgebaut wurde. Korinth lag auf dem flachen Verbindungsstück zwischen dem griechischen Festland und der südlichen Halbinsel, zwischen dem ägäischen und dem adriatischen Meer. Die Lage war sehr günstig für Handwerk und Handel.
Die Stadt zog Menschen aller Nationalitäten an. Sie wurde überragt von der »Akrokorinth«, dem steilen Felsen, auf dem die Akropolis und ein Tempel der Aphrodite (Göttin der Liebe) standen. Tempelprostitution und starke Fluktuation in der Bevölkerung trugen dazu bei, daß Korinth in moralischer Hinsicht einen äußerst schlechten Ruf hatte.
Paulus lebte 18 Monate in Korinth und schrieb mindestens zwei Briefe an die dortige Gemeinde. Apg 18; 1Ko; 2Ko

1. KORINTHER Dies ist ein Brief des Paulus an die Christen in Korinth. Korinth war eine griechische Stadt, die von Menschen aller Nationalitäten wimmelte. Sie war berühmt wegen ihres Handels, ihrer Kultur, ihrer vielen Religionen und der verkommenen Moral.
Die Gemeinde hatte Paulus während seines 18monatigen Aufenthalts in Korinth auf der 2. Missionsreise gegründet. Jetzt hatte er schlechte Nachrichten über sie erhalten. Als ihn einige Glieder der Gemeinde besuchten, um bei ihm Rat zu holen, schrieb er einen Brief. Er äußerte sich darin zu den wichtigsten Problemen, den Spaltungen (Kap. 1–4) und zu Fragen der Moral

und des Familienlebens (Kap. 5–7). Es gab sogar Berichte über einen Fall von Unzucht und daß sich Christen gegenseitig vor Gericht anklagten.

Paulus befaßt sich auch mit der Gewissensfrage, die Christen bezüglich des Essens hatten (Kap. 8–10). Das meiste Fleisch, das man kaufen konnte, war Götzen geopfert worden. War es Sünde, es zu essen?

Kapitel 11–14 enthalten Hinweise für den Gottesdienst, besonders für das Abendmahl und beschreiben besondere Gaben, die Gott seiner Gemeinde schenkt. Der Brief zeichnet ein klares, wenn auch nicht immer eindrucksvolles Bild davon, wie die frühen Christen sich verhielten und miteinannder umgingen.

Schließlich legt Paulus die Bedeutung der Auferstehung Jesu für die Welt und alle, die im Glauben an ihn sterben, dar (Kap. 15).

Im letzten Kapitel legt er den Korinthern eine Geldsammlung für bedürftige Christen in Judäa ans Herz. Kapitel 13 über die wahre Liebe ist einer der schönsten Texte, die Paulus schrieb. Er schließt mit persönlichen Grüßen.

2. KORINTHER Ungefähr ein Jahr nach dem ersten Brief schrieb Paulus seinen zweiten an die Korinther (ca. 56 n.Chr.). Die Beziehungen zwischen ihm und der Gemeinde befanden sich in einer Krise. Einige Korinther hatten ihn hart angegriffen. Er selbst hatte der Gemeinde anscheinend einen kurzen Besuch abgestattet. Der Brief macht deutlich, wie sehr ihn danach verlangte, in gutem Einverständnis mit der Gemeinde in Korinth zu leben.

In den Kapiteln 1–7 versucht Paulus, seine Beziehung zu den Korinthern klarzustellen. Er erklärt seine strengen Worte und wie dankbar er für den Wandel ihrer Herzen ist.

Kapitel 8–9: Wieder bittet er um Spenden für Judäa.

In den letzten Kapiteln (10–12) verteidigt sich Paulus, daß er den Anspruch erhebt, ein Apostel zu sein. Christen aus Korinth hatten in Frage gestellt, daß er ein Recht auf diesen Titel habe.

KORNELIUS Ein römischer Hauptmann (centurio) in Cäsarea. Er diente Gott und half den Armen. In einem Traum forderte Gott ihn auf, nach Petrus zu schicken, der gerade in Joppe war (s. *Petrus*). Als Petrus kam, fand er schon viele ungeduldig wartende Freunde und Verwandte des Kornelius vor. Sie glaubten und wurden – als erste Nicht-Juden! – getauft. Apg 10 und 11

KRANICHE kommen jeden Winter nach Israel. Sie sind große, graue Vögel mit einer Flügelspannweite von 2,5 m und ernähren sich hauptsächlich von Larven und Samen.

Kranich

KRANKHEITEN Auch wenn in der Bibel Erscheinungsbilder von Krankheiten beschrieben sind, kann man nicht immer bestimmen, um welche Krankheiten es sich handelte. Eine Art von Aussatz war weit verbreitet. Lebensmittelknappheit bei Trockenheiten, Hitze und schlechte Wasserversorgung führten oft zur Ruhr, Cholera, Typhus und Wassersucht. Die staubreiche Luft machte Blindheit häufig. Dann gab es taube und verkrüppelte Menschen, und die Kindersterblichkeit war sehr hoch.

Geisteskrankheiten waren nicht selten. Oft unterscheidet die Bibel nicht zwischen Krankheit und Besessenheit. Auch glaubte man wohl, der Mond könne die »Anfälle« verursachen. (S. Mt 4,24; gemeint ist die Epilepsie, »Fallsucht«.) 2Sam 12,15; 2Kö 4,20; 1Kö 17,17; 2Kö 5,1–14; 1Sam 19,9; Da 4,33

EINSTELLUNG ZUR KRANKHEIT Israel hatte immer eine deutlich andere Einstellung zur Krankheit als seine Nachbarn. Die Bewohner des Zweistromlandes wie die Ägypter jener Zeit hielten Krankheiten grundsätzlich für das Werk böser Geister. Die Behandlung lag deshalb in den Händen des Exorzisten und Priesters, der u.a. Beschwörungen und Magie verwendete. Auch für die Israeliten hatte Krankheit etwas mit Religion zu tun, doch nur wegen ihres Glaubens an Gottes Allmacht. Gesundheit war ein Segen Gottes, Krankheit dagegen ein Zeichen, daß die Beziehung zu Gott gestört war. Für magische Beschwörungen war kein Platz, obwohl das einfache Volk sicher manchmal Zuflucht dazu suchte. (Diese Vermutung wird durch zahlreiche Funde kleiner Figuren bestätigt, die als Glücksbringer gemeint waren.)

Diese Einstellung zur Krankheit hatte ihre Rückwirkungen. Gott allein konnte wirklich heilen. Er hatte seinem Volk eine Anzahl Gesetze gegeben; vom Gehorsam gegen sie hing ihr Wohlergehen ab. Manch-

mal schickte Gott Heilung durch die Propheten. Das waren jedoch Ausnahmen. So gab es im alten Israel keinen besonderen Beruf des Arztes, Krankheitsursachen ging man kaum nach und chirurgische Eingriffe wurden selten vorgenommen. Um das Jahr 1750 v.Chr. hatte der babylonische König Hammurabi ein Gesetzbuch vorgelegt, in dem Arztgebühren und Strafgelder für ärztliche Kunstfehler festgelegt wurden. Auch in Ägypten vollzog man bereits chirurgische Eingriffe, studierte Anatomie anhand von Leichen und schrieb medizinische und chirurgische Kenntnisse auf. In Israel ist uns Vergleichbares nicht bekannt. Die Ärzte wurden gelegentlich auch getadelt: »Und Asa wurde krank an seinen Füßen ... und seine Krankheit nahm sehr zu; aber er suchte auch in seiner Krankheit nicht den Herrn, sondern die Ärzte.« Das Buch Hiob verneint, daß Krankheit die Folge der Sünden eines Menschen sei.

Im 2. Jh. v.Chr. wuchs das Ansehen der Ärzte. Im Buch Jesus Sirach steht, daß Gott, obwohl er selbst heilt, den Menschen Heilkräfte und Heilmittel gegeben hat. Jesus selbst hat sich gegen die Meinung gewandt, daß sei Krankheit jeweils die Folge einer bestimmten Verfehlung sei. Für ihn war Krankheit ein Zeichen für die Macht des Bösen in der Welt überhaupt. Er griff die Macht des Bösen an, indem er Krankheiten heilte; damit schloß er aber die Arbeit der Ärzte nicht aus. Die allgemeine Einstellung änderte sich langsam, wie jüdische Sprichwörter es überlieferten: »Arzt, heile dich selbst.« »Noch der beste Arzt verdient die Gehenna (Hölle)« ... 3Mo 26,14–16; 5Mo 7,12–15; 2Chro

16,12; Jo 9,3; Lk 13,16; Mk 2,17; Lk 4,23

BEHANDLUNG VON KRANK-HEITEN Es ist erstaunlich, wie der Mangel an hygienischen Kenntnissen durch Israels Gesetze ausgeglichen wird. Zwar war der Gehorsam gegen sie Teil ihrer religiösen Verpflichtungen, aber er trug offenbar auch zu ihrer Gesundheit bei.

Zum einen mußte es wöchentlich einen Ruhetag zur körperlichen wie geistigen Erholung geben.

Dann gab es bestimmte Lebensmittel, deren Verzehr verboten war. Dazu gehörte Schweinefleisch, das im warmen, subtropischen Klima leicht zu Lebensmittelvergiftungen führen kann. Auch das Wasser mußte frei von Verunreinigung sein. Jedes männliche Kind mußte beschnitten werden.

Man durfte keine Mitglieder der eigenen Familie heiraten.

Man mußte genau auf Sauberkeit achten, im täglichen Leben wie in geschlechtlichen Beziehungen.

Hier finden wir zum ersten Mal eine vorbeugende, präventive Medizin. Die Priester hatten die Einhaltung dieser Gesetze zu überwachen und im Fall von »Aussatz« besondere Maßnahmen zu ergreifen (es handelte sich möglicherweise um eine andere Art von Aussatz, als wir sie heute kennen).

Gelegentlich griffen die Propheten ein. Elisa machte giftige Kräuter unschädlich, reinigte die Brunnen von Jericho, half Naeman und dem Sohn der Sunamitin. In 2Kö 20,1-7 rät Jesaja dem Hiskia, eine Beule mit einem Brei von Feigen zu behandeln – es ist das einzige richtige »Rezept« im Alten Testament.

Verschiedene Salben und Geruchsstoffe wurden zur Schönheitspflege verwendet, darunter Myrthe, Saffran, Myrrhe und Nardenöl. Olivenöl und »Salbe aus Gilead« (ein würziges Harz) schluckte man oder trug es auf Wunden oder Entzündungen auf. Aus Jesajas Worten über Juda hört man heraus, wie Wunden behandelt wurden: ». . . Beulen und Striemen und frische Wunden, die nicht gereinigt noch verbunden noch mit Öl gelindert sind.« Bestimmte Pflanzen setzte man zur Schmerzlinderung ein, so den »Wein mit Myrrhe«, den man Jesus am Kreuz geben wollte. Neben den wirksamen Heilmitteln gab es auch Aberglauben, wie etwa, daß Frauen durch den Genuß von Alraun leichter Kinder empfingen. Gebrochene Arme und Beine wurden geschient, und vermutlich benutzte man auch Krücken. Es gibt aber keine Zeugnisse für tiefgreifende chirurgische Eingriffe in Israel, mit Ausnahme dreier Schädel aus dem 8. Jh. v.Chr. in Lachisch, in die Löcher gebohrt worden waren. Diese Operation wurde oft zur Erleichterung des Drucks (oder zur Freilassung von Dämonen) angewandt.

Es gab von Anfang an Hebammen in Israel. Schon vor dem Auszug bildeten sie eine Gruppe mit eigenen Verhaltensregeln und anerkannten Zunftvorsteherinnen (zwei davon sind in 2Mo 4,15 genannt). Frauen starben zwar hin und wieder im Kindbett, aber die Hebammen müssen sehr geschickt gewesen sein (s. 1Mo 38,27-30, wo eine schwierige Zwillingsgeburt vorkommt). Hesekiels Bild in Hes 16,4 läßt erkennen, wie man bei einer Geburt verfuhr. Der Hebammenberuf war vermutlich der einzige ehrbare Beruf für Frauen. 2Mo 20,8; 3Mo 11,13-23; 2Kö 4,41; 2,19-22; 5; 4,18-37; Jer

8,22; Lk 10,34; Jes 1,6; Mk 15,23; 1Mo 30,14; Hes 30,21; 16,4

DIE ZEIT DES NT In Griechenland hatte sich die Medizin und die Operationstechnik zu einer hohen Kunst entwickelt, obwohl immer noch ein wenig Magie mitspielte. Der Grieche Hippokrates legte fest, daß für einen Arzt Leben und Wohlergehen des Kranken vor allem anderen zu stehen habe; daß männliche Ärzte ihre weiblichen Patienten nicht mißbrauchen und keine Abtreibungen vornehmen sollten; daß Ärzte keine vertraulichen Informationen weitergeben dürfen. Eine Zeitlang waren die Ärzte vom Staat angestellt und erhielten ein festes Gehalt, so daß die Kranken nichts zahlen mußten.

Einiges hiervon übernahmen später die Römer. Man hat chirurgische Instrumente und Rezepte gefunden, und in Alexandria gab es eine medizinische Schule. Der Begleiter des Paulus, Lukas, war Arzt. Er gebraucht manchmal griechische medizinische Fachausdrücke. Der Jakobusbrief nennt neben der Fürbitte für Kranke auch deren Salbung.

In Palästina sollte nach dem Willen der Rabbiner jede Stadt einen Arzt und möglichst einen Chirurgen haben. Es gab immer einen Arzt unter dem Tempelpersonal. Er kümmerte sich um die Priester, die, da sie barfuß lebten, anfällig für bestimmte Krankheiten waren.

Übrigens war die Zahnheilkunde schon im alten Ägypten verbreitet (einige Mumien haben Goldfüllungen!), und der griechische Geschichtsschreiber Herodot teilt mit, daß die Phönizier um 500 v.Chr. künstliche Zähne herstellen konnten. Über solche Arbeiten in Israel ist nichts bekannt. Kol 4,14; Lk 5,12; 13,11; 14,2; Apg 12,23; Mk 5,26; Jak 5,14

KRETER Kreta, eine gebirgige Insel im östlichen Mittelmeer, ist im Alten Testament und in anderen alten Texten als Kaftor bekannt. Von 2000 v.Chr. an hatte die minoische Kultur dort ihre Blütezeit. Die Kreter trieben damals Handel mit den Mykenern. Die kretischen Schriften, Linearschrift A und B, gab es nur auf Kreta. B wurde von den Griechen übernommen und zu einer frühen Form der griechischen Schrift entwickelt. Aus Kaftor kamen wahrscheinlich die Philister. Spätere Bewohner dieser Insel stellten wahrscheinlich die kretische Leibgarde Davids.

Am Pfingsttag hörten die Kreter in Jerusalem die Predigt des Petrus. Das Schiff des Paulus legte auf dem Weg nach Rom an der Insel an. Schon früher hatte Paulus Kreta besucht und Titus als Stütze für die neue Gemeinde dort zurückgelassen. 1Mo 10,14; 5Mo 2,23; Jer 47,4; Am 9,7; Apg 2,11; 18,28; 28,7–14; Tit 1,5.12

KREUZ Die Römer haben die grausame Todesstrafe der Kreuzigung von den Karthagern übernommen und nur bei Sklaven und gemeinen Verbrechern, nicht bei römischen Bürgern angewendet. Man band oder nagelte Hände und Füße an einen Pfahl mit Querholz. Das Sterben eines Gekreuzigten konnte sich über Stunden, ja Tage hinziehen.

Das Kreuz ist zum Symbol des christlichen Glaubens geworden, weil es uns an das erstaunliche und wichtigste Ereignis der Geschichte Jesu von Nazareth erinnert. Es war deshalb erstaunlich, weil Jesus, der Messias, der Erwählte Gottes, wie ein gewöhnlicher Verbrecher hingerichtet wurde. Für die Juden war es unmöglich zu glauben, daß solch ein Mensch wirklich der Sohn Gottes sein konnte – und viele Menschen konnten nicht verstehen, daß die Welt von einem Menschen gerettet wurde, der auf so anstößige Art starb.

Für die ersten Christen hatte das Kreuz die tiefste Bedeutung. Es war Kernpunkt des Planes, den Gott für sein Volk hatte. Das Gekreuzigtwerden Jesu ist Zeichen dafür, daß er den Fluch der Sünde trug. Paulus war sich ganz sicher, daß das Kreuz das war, wovon alles abhing. Darum schrieb er an die Korinther: »Ich hatte mir vorgenommen, euch nichts anderes zu bringen als Jesus Christus, den Gekreuzigten.«

Im NT steht deutlich, daß Jesus nicht wegen eigener Verfehlungen am Kreuz starb (die Anklagen gegen ihn waren falsch), sondern anstelle der sündigen Menschen. Er erlitt die Trennung von Gott, die die Menschen verdienten. Durch seinen Tod und seine Auferstehung brachte er Vergebung und neues Leben allen, die sich ihm ganz anvertrauen.

In Jesu Tod am Kreuz wird die große Liebe Gottes offenbar. Die Menschen wurden durch seinen Tod mit Gott und untereinander versöhnt. Am Kreuz besiegte Gott alle Mächte des Bösen.

Das Kreuz ist auch Symbol für das Leben der Christen. Jesus forderte die Menschen auf, »ihr Kreuz« auf sich zu nehmen und ihm nachzufolgen. Sie sollten die selbstsüchtigen Ziele für ihr Leben aufgeben und in der Kraft des neuen Lebens leben, das Gott ihnen gibt. Paulus verstand, was das für ihn selbst bedeutete: »Ich bin mit Christus gekreuzigt. Ich lebe; doch nun nicht

ich, sondern Christus lebt in mir.« S. *Schöpfer, Versöhnung, Erlösung.* 1Ko 1,18–2,5; Rö 5,6–11; Eph 2,16–18; Kol 2,14–15; Gal 2,20; 3,13; 1Jo 4,7–10

KRIEG Im Alten Testament ist immer wieder von Krieg die Rede, ungeachtet dessen, daß Gottes Gesetz das Leben beschützt und jeden Mord ächtet. Der Grund liegt darin, daß sich Gott ganz und gar auf ein Volk einließ, Israel. Dieses Volk lebte in einer unruhigen Zeit. »Der Herr ist der rechte Kriegsmann«, sang Mose beim Auszug aus Ägypten. Vor dem Einzug ins Land Kanaan sagte Gott dem Volk erneut, daß der Kampf seine Sache sei: »Der Herr, euer Gott, geht mit euch, daß er für euch streite mit euren Feinden.« Alle Einwohner des Landes sollten erschlagen (gebannt) werden, denn es war ein »Heiliger Krieg«. Sein Ziel aber war Frieden und Wohlergehen. Die Botschaft des Richterbuchs an Israel war, daß nur Vertrauen und Gehorsam gegen Gott es vor seinen Feinden schützen könnte.

Die Propheten nahmen diese Einsicht wieder auf. Die Könige führten ihre Kriege und verließen sich dabei auf ihre Wagen, Pferde und Reiter. Die Propheten erkannten in der Niederlage die Strafe Gottes für diesen Mangel an Glauben.

Mit der Rückkehr aus der Verbannung änderte sich das alles. Die Juden hatten die Erfahrung vieler Niederlagen hinter sich. Sie setzten ihre Hoffnung darauf, daß Gott seinen Gesalbten zu einer letzten Schlacht schicken würde, sei es in dieser oder in der nächsten Welt. Die jüdische Hoffnung kreiste um das Kommen des Messias.

Diese Vorstellung vom Messias

konnte Jesus nicht akzeptieren. Er kam, um Gottes Frieden zu bringen. Es mußte Streit geben zwischen denen, die an ihn glaubten und den anderen, aber niemand sollte mehr ein »Feind« sein. Nur in den Bildern der Offenbarung, die sich auf das letzte Gericht und die endgültige Überwindung des Bösen beziehen, wird Jesus als Kriegsmann gesehen. Aber die Christen sind Soldaten in einem geistigen Kampf gegen das Böse. Der Sieg ist sicher in diesem Kampf, denn Jesus hat durch seinen Tod und seine Auferweckung die Macht des Bösen gebrochen. 2Mo 15,3; 5Mo 20,4; Jes 31,1; 5,25–30; und viele andere Stellen; Offb 19,11; Eph 6,10–17

DAS HEER Von Anfang an konnte in Israel jeder Mann zum Wehrdienst eingezogen werden, etwa durch das Oberhaupt eines Stammes, wie Abraham es zur Befreiung Lots tat. Jeder der Stämme war selbst für die Besetzung des ihm zugeteilten Landes verantwortlich. Die Stämme halfen einander gelegentlich dabei, und sie organisierten den Widerstand gegen die Kanaanäer und Philister unter einem gemeinsamen Oberbefehl. So schützten sie sich auch gegen die ständigen Überfälle der Wüstenstämme. Hier und da taten sich Ausgestoßene zu Banden zusammen, inszenierten Überfälle und verdingten sich zum Schutz von Siedlungen. Als Gegenleistung erwarteten sie Verpflegung und Nachschub. Bis zur Zeit Sauls gab es kein stehendes Heer. Er stellte ein Berufsheer von 3000 Mann auf, die unter seinem Oberbefehl standen, mit Abner an der Spitze. König David war ein militärisches Genie. Sein Generalstabschef Joab eroberte Je-

rusalem und brachte den Israeliten neue Arten der Kriegsführung bei. David war der erste König mit einer eigenen, ausgesuchten Leibwache. Diese Männer waren schon bei ihm gewesen, als er noch verfolgt wurde; ihre Zuverlässigkeit war erwiesen. Die Bibel erwähnt eine Einteilung in Gruppen zu 50 und zu 100, aber wir wissen über den Aufbau der Armee sehr wenig. Sie bestand lange Zeit nur aus Fußvolk. Einige Soldaten waren mit Bogen oder Wurfschleudern ausgerüstet, die restlichen für den Nahkampf. Die Reitertruppen und Wagen, die die Ägypter, die Philister und Kanaanäer einsetzten, wurden zwar unter Salomo auch in Israel eingeführt, aber da meist in gebirgigem Gelände gekämpft wurde, ließ sich damit nicht viel gewinnen. »Die Götter Israels«, sagten die Beamten König Ben-Hadads von Syrien, »sind Berggötter.« Die späteren Könige von Juda bezogen immer noch Wagen und Reiter aus Ägypten. Der König Ahab von Israel unterhielt dagegen eine riesige Streitmacht von Wagen. Seine Stallungen hat man in Megiddo ausgegraben.

Nach dem Exil gab es kein jüdisches Heer mehr, abgesehen von einer kurzen Zeitspanne, als sowohl jüdische wie nicht-jüdische Soldaten eingezogen und bezahlt wurden. Herodes der Große hatte ein eigenes Heer, zu dem auch Söldner gehörten. Es stand unter römischem Befehl. 1Mo 14; Ri 1; 5,15–17; 1Sam 23,1–5; 25; 13,1–2; 17,55; 2Sam 23,8–39; 1Kö 10,26; 20,23–25; 2Kö 18,24

KRIEGSFÜHRUNG IM ALTEN TESTAMENT Man gebrauchte im Kampf drei verschiedene Arten von Waffen. Im Nahkampf benutzte man Keulen, Äxte, kurze und lange Schwerter. Zum Werfen gab es Wurfpfeile, Speere und Wurfspieße. Und es gab eine Vielzahl von Geschossen, von Stein und Geröll bis zu Pfeil und Bogen.

Zum eignen Schutz trug der Soldat Rüstung und Schild. Aus Israel kennen wir zwei Formen von Schilden. Klein und rund war der der Fußsoldaten, größer und rechteckig war dagegen der Schild der Stoßtruppen in den vorderen Reihen, deren Schlachtaufstellung wie ein fester Block ausgesehen haben muß. Die Schilde bestanden aus einem Holzoder Korbrahmen, der mit Leder bespannt war. Das Leder mußte regelmäßig gefettet werden. Die Schilde wurden an einem Griff auf der Innenseite gehalten. Über die Rüstung wissen wir allerdings wenig. König Saul versuchte, David vor dem Kampf mit Goliat mit einem Helm und Kettenpanzer auszurüsten. Dieser war aber so schwer, daß David nicht laufen konnte! Es gab wohl auch Beinschienen zum Schutz der Beine und kurze Kettenröcke.

Die Könige bauten Festungen zur Verteidigung des Landes. Saul befestigte seine Hauptstadt, Gibea. David errichtete neben Jerusalem die Festungen Libna, Lachisch, Geser und Bet-Horon im Vorgebirge als Verteidigung gegen die Philister. Salomo baute viele Städte aus, besonders Geser, Hazor und Megiddo, das den wichtigen Paß über das Karmelgebirge beherrschte. Nach der Reichsteilung gab es in Geba und Mizpa Grenzfestungen (s. auch *Bautechnik*). 1Sam 17,4–7; 37–40

KAMPFMETHODEN Israel hatte unter Überfällen durch die Wüstenstämme zu leiden, besonders in der Richterzeit. Ihre Angriffe waren schnell und unvorhersehbar. Oft hatten sie Kamele als Reittiere. Sie plünderten die Dörfer, vernichteten die Ernten, raubten das Vieh und machten Gefangene.

In einer offenen Schlacht gab eine Trompete das Zeichen zum Angriff. Außerdem gab es oft einen vereinbarten Schlachtruf, wie Gideons: »Für den Herrn und für Gideon!« Männer mit rechteckigen Schilden und großen Lanzen rückten in einer Reihe vor, und die Bogenschützen gaben durch Schwärme von Pfeilen Feuerschutz. Sobald die gegnerischen Reihen zusammentrafen, begann der Nahkampf. Unter Umständen fiel die Entscheidung durch Einzelkämpfe zwischen zwei oder mehr Vorkämpfern. Das Heer wurde häufig aufgeteilt, um den Feind von der Flanke her anzugreifen und möglichst auch zu umzingeln. Erst unter David fing man an, die Strategie und Taktik offener Feldschlachten sorgfältiger zu planen.

Ein Sturmangriff auf eine Stadt fand meist gerade vor dem Morgengrauen statt, um die Verteidiger vollständig zu überrumpeln. Eine beliebte List war es, nur die halbe Streitmacht angreifen zu lassen und bald deren Rückzug zu befehlen. Gingen dann die Einwohner zur Verfolgung der Angreifer über, stürmte derweil die zweite Heeresabteilung die Stadt. Zur Zeit Davids übernahmen die Israeliten auch die Technik der Belagerung einer Stadt. Sie waren jedoch meist die Opfer, seltener die Urheber dieser Art von Kriegsführung.

Hierin waren die Assyrer Meister. Zuerst kamen Kundschafter, um die besonderen Schwächen einer Stadt herauszufinden, und wenn bei ei-

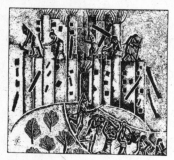

Assyrische Soldaten plündern die Stadt Hamaan.

nem Feldzug schon mehrere Städte besiegt waren, eine Gesandtschaft, um die Stadt zur Unterwerfung zu überreden. Alle Verbindungen nach außen wurden unterbrochen, und man bemächtigte sich aller Wasservorräte des Gebiets. Um ebendies zu verhindern, hatte Hiskia den Tunnel graben lassen, der Wasser in die Stadt leiten sollte. Die Angreifer richteten sich auf einen längeren Aufenthalt ein, während das Leben in der Stadt allmählich schwerer wurde. Um die Niederlage zu beschleunigen, bauten die Assyrer Dämme zu den Stadtmauern. Mit Rammböcken wurde versucht, eine Bresche in die Mauer zu schlagen. Schließlich erfolgte der Großangriff. Unter Deckung durch die Bogenschützen versuchten die Angreifer, mit Leitern die Mauern zu ersteigen. Ri 6,1–6.11; 2Chro 13,12; Ri 7,20; 20,29–36; 2Sam 12,27; 2Kö 18–19; 6,24–7,20

NACH DER SCHLACHT Nach der Einnahme einer Stadt war es üblich, alle männlichen Einwohner zu töten, zu verstümmeln oder zu versklaven. Frauen und Kinder wurden als Gefangene weggeführt. Die Mauern wurden geschleift, die Gebäude verbrannt, und die Soldaten hatten freie Hand zu plündern. Allerdings beanspruchte der König alle kostbareren Dinge für sich. Hatte eine Stadt sich ergeben, mußte sie Geiseln stellen und hohen Tribut zahlen.

DAS RÖMISCHE HEER In neutestamentlicher Zeit herrschte unter der römischen Herrschaft im ganzen Mittelmeerraum Frieden. Kein Buch des Neuen Testaments ist angesichts eines Krieges entstanden, obwohl gelegentlich die römische Armee erwähnt wird. Die Juden versuchten mehrfach Aufstände, die von den Römern unnachsichtig erstickt wurden. Da Palästina zu der Grenzprovinz Syrien gehörte, war es ein möglicher Gefahrenherd. Syrien unterstand daher unmittelbar dem Kaiser, und mehrere Heereseinheiten waren dauernd in Syrien stationiert.

Die römischen Soldaten spielten sich oft den Juden gegenüber auf, aber einige, besonders unter den Offizieren, wurden vom Volk geachtet. Eine Gruppe römischer Soldaten, die dazu abgestellt war, während des Passafestes für Ruhe zu sorgen, beteiligte sich an der Festnahme Jesu und folterte ihn. Im allgemeinen standen die Römer jedoch im Ruf, einen Sinn für Gerechtigkeit zu haben. Römische Soldaten verhinderten es, daß Paulus in Jerusalem von der Menge erschlagen wurde, und durch ihren Begleitschutz kam er nach Cäsarea, als sein Leben bedroht war.

Der Kaiser besaß eine eigene Leibwache, die Prätorianer. Sie hatten in Rom und in einigen Provinzhauptstädten wie Ephesus ihre Standorte. Als Paulus im Gefängnis war, wußte es »die ganze Palastwache«, daß er um Jesu willen gefangen war. Lk 13,1; Mt 5,41; Lk 7,1–10; Apg 10; Jo 18,3; Mk 15,16–20; Apg 21,30–36; 23,16–24; Eph 6,14–17; Phil 1,13

KRISPUS Vorsteher der Synagoge in Korinth. Er und seine Familie wurden von Paulus bekehrt und getauft. Apg 18,8; 1Kor 1,14

KRIT Ein Wüstenbach östlich des Jordan; hier versorgte Gott Elia während der Zeit der Dürre und der Hungersnot, bis der Bach selbst austrocknete. Wir wissen nicht genau, wo dieser Bach war. 1Kö 17,3–7

KRUG S. *Töpferei*

KÜMMEL UND DILL Kümmel wurde zum Würzen von Fleisch und als Augenmedizin benutzt. Dill würzte Brot oder Kuchen. Die Pharisäer gaben Gott ein Zehntel von allem, sogar von ihren Gewürzkräutern – Minze, Kümmel und Dill. Doch Jesus warf ihnen vor, daß

Kümmel und Dill

sie die wichtigeren Dinge vernachlässigten: Recht, Barmherzigkeit und Glauben. Jes 28,25–27; Mt 23,23

KUPFER S. *Bergbau*

KUSCH (SUDAN) Südlich von Ägypten liegt der Sudan (im Alten Testament Kusch; manchmal mit Äthiopien übersetzt. In der Lutherbibel steht für Kuschiter manchmal »Mohr«). Der Pharao Tirhaka kam aus Kusch (s.o.). Doch in der Regel dominierte Ägypten, und kuschitische Soldaten dienten in seiner Armee. Ebed-Melech, der Jeremia aus der Zisterne befreite (Jer 38,7), war ein Kuschit. Es war in hellenistischer und römischer Zeit ein unabhängiges Reich (Hauptstadt Meroe), dessen Königinnen den Titel Kandake trugen. Es war ein Kanzler einer dieser Königinnen, den Philippus auf seinem Weg von Jerusalem nach Hause traf. 1Mo 10,6–8; 2Kön 19,9; Jes 11,11; 18,11; Jer 38,7; Apg 8,27

KYRENE Eine griechische Stadt an der Nordküste Afrikas, im heutigen Libyen. Ein Mann aus Kyrene, Simon mit Namen, mußte Jesu Kreuz tragen. Am Pfingsttag waren Juden aus Kyrene in Jerusalem. Kyrener wirkten auch bei der frühen Missionsarbeit unter Nichtjuden in Antiochien mit. Mt 27,32; Apg 2,10; 6,9; 11,20

L

LABAN Der Bruder Rebekkas, der Frau Isaaks. Er lebte in Haran und nahm seinen Neffen Jakob, der seine Heimat verlassen hatte, bei sich auf. Laban hatte zwei Töchter – Lea und Rahel. Jakob erklärte sich bereit, sieben Jahre lang für ihn zu arbeiten, wenn er danach Rahel zur Frau bekäme. Doch Laban hinterging ihn und verheiratete ihn zuerst mit Lea; für Rahel mußte Jakob noch einmal sieben Jahre dienen. Doch später hinterging Jakob Laban ebenso und schaffte sich auf dessen Kosten riesige Schaf- und Ziegenherden an. Als Jakob dann heimlich nach Kanaan aufbrach, verfolgte Laban ihn, doch Gott verbot ihm, Jakob zurückzuhalten. 1Mo 24,29ff; 29–31

LACHISCH Eine wichtige befestigte Stadt im Bergland, ungefähr 50 km südwestlich von Jerusalem. Lachisch war schon vor dem 16. Jh. v.Chr. eine ausgebaute Festung.

Der König von Lachisch verbündete sich mit vier anderen Amoriterkönigen gegen Josua. Doch sie wurden besiegt, Lachisch wurde erobert und die Bewohner getötet. Salomo baute Lachisch später als Festung gegen die Philister und Ägypter aus.

Die Stadt war von einer äußeren und einer inneren Mauer umgeben, 6 m dick. Diese Mauern wurden von Wachtürmen überragt, ebenso das Eingangstor. Ein 44 m tiefer Brunnen versorgte die Stadt mit Wasser. In Lachisch standen ein Palast und ein Lagerhaus, zu denen eine Basarstraße führte.

König Amasja von Juda floh nach Lachisch, doch seine Feinde folgten ihm und töteten ihn dort.

Als König Sanherib von Assyrien Juda angriff, belagerte er Lachisch und schnitt Jerusalem damit von möglicher Hilfe aus Ägypten ab. Als Lachisch besiegt war, sandte Sanherib Boten nach Jerusalem, die die Stadt zur Kapitulation aufforderten. Den Sieg über Lachisch ließ der König in einem seiner Paläste in Ninive darstellen. Archäologen haben in Lachisch auch ein Massengrab aus jener Zeit entdeckt, in dem etwa 1500 Menschen beerdigt wurden.

König Sanheribs Angriff auf Lachisch. Relief in seinem Palast in Ninive zur Erinnerung an seinen Sieg.

Die babylonische Armee belagerte gleichzeitig Jerusalem und Lachisch (589–586 v.Chr.). Aus dieser Zeit sind die »Lachisch-Briefe«, die ein Offizier an seinen Vorgesetzten schrieb. Lachisch wurde erobert und niedergebrannt. Nach dem Exil wurde es wiederbesiedelt, erlangte jedoch nie mehr die alte Größe. Jos 10; 2Chro 11,5–12; 2Kö 14,19; 18,14–21; Jes 36–27; Jer 34,7; Neh 11,30

LAMECH 1. Ein Nachkomme Kains. 1Mo 4,18ff

2. Sohn Metuschelachs und Vater Noahs. 1Mo 5,28–31

LAMPE S. *Wohnen*

LANDVERKAUF s. *Handel*

LANDWIRTSCHAFT Die wirtschaftliche Grundlage Israels war die Landwirtschaft, obwohl die Bodenbeschaffenheit und das Klima das Leben der Bauern erschwerten. Ein großer Teil des Landes konnte nicht bebaut werden, weil der Boden zu trocken oder zu felsig war. Als die Israeliten sich im Land niederließen, erhielt jede Familie ein Stück Land und das Recht, ihr Vieh auf dem gemeinsamen Weideland zu weiden. Nach und nach versuchten Wohlhabendere, die armen Bauern »auszukaufen« (s. Jes 5,8), und die Armen mußten sich anstrengen, um ihr Land zu behalten. Im allgemeinen lebten die Bauern nicht auf ihrem Land, sondern in einer Siedlung, die oft nahe bei einer befestigten Stadt lag. Wenn sie von Feinden überfallen wurden, war es lebenswichtig, daß sie Wasser und eine befestigte Stadt in Reichweite hatten. Die Bauern besaßen nur soviel Land, wie sie und ihre Familie bewältigen konnten. Jedes Mitglied der Familie beteiligte sich an der anfallenden Arbeit. Man baute Oliven und Wein an. Daneben wurden Schafe und Ziegen gehalten.

Für den Bauern gab es viele Gefahren: Trockenheit, starker Ostwind (Schirokko), der die Krume abtrug, Heuschrecken und feindliche Heere. Es wurden vorwiegend Getreide, Trauben (zur Weinherstellung) und

Die Arbeit des Bauern folgt der Ordnung der Jahreszeiten

Oliven (zur Ölgewinnung) angebaut. Diese drei kommen immer wieder in der Bibel vor (z.B. 5Mo 7,13; Neh 5,11; Hos 2,8). Aber es wurde noch vieles andere angebaut. GETREIDE In den wenigen fruchtbaren Tälern, in der Philisterebene, dem Jordangraben und der Jesreelebene ließ sich guter Weizen anbauen. Verbreiteter war Gerste, weil sie schneller wuchs und geringere Ansprüche an den Boden stellte. Daneben wurden Hirse und Dinkel angebaut. Brot war das Grundnahrungsmittel, und wo immer es möglich war, wurde Getreide angebaut. Aus den vielen Feldsteinen und Felsenbrocken wurden Terrassen gebaut, um an den Hängen die Erosion des Bodens zu verhindern.

GEMÜSE Beim Haus oder in den Weinbergen wurde Gemüse angebaut, vor allem Linsen, Erbsen, Bohnen, Zwiebeln, Gurken, Knoblauch und Kräuter.

FRÜCHTE Aus den Weintrauben gewann man Wein und Rosinenkuchen. Zu den übrigen Früchten gehörten Melonen, Feigen, Datteln, Granatäpfel und Nüsse. Einige davon lieferten in der sechsmonatigen sommerlichen Trockenzeit von Mai bis Oktober Wasser. Olivenöl

Pflügen

Säen

Ernten

Dreschen

brauchte man zum Kochen, zur Beleuchtung und zu Heilzwecken. Trauben und Oliven gediehen besonders an den Hängen der Berge.
FLACHS In geringem Maß wurde Flachs für die Leinenherstellung angebaut.

Das Hochland diente meist als Weideland oder war mit Wald bewachsen.

JAHRESLAUF
Vor einiger Zeit wurde in Geser eine Kalksteintafel aus der Zeit Salomos gefunden, auf der eine Art Merkvers stand. Man nennt ihn den »Bauernkalender von Geser«.

Worfeln

Zwei Monate für die (Oliven-) Ernte
Zwei Monate für die (Getreide-) Aussaat
Zwei Monate für die späte Aussaat
Ein Monat zum Hacken des Flachses
Ein Monat zur Gerstenernte
Ein Monat für Ernte und Feste
Zwei Monate für die Pflege des Weinberges

Ein Monat für die Sommerfrüchte

Der Ablauf des bäuerlichen Jahres erscheint hier auf einen Blick.
OLIVENERNTE Zwischen September und November wurden die Oliven geerntet und zu Öl verarbeitet. Olivenbäume vertragen längere Trockenzeiten und wachsen auf flachem Boden. Die Bäume tragen nach zwei Jahren die ersten Früchte. Die Früchte reifen langsam, und der Bauer konnte sie neben anderen Arbeiten ernten.

Die Oliven wurden mit Körben zu den Bottichen getragen, wo sie anfangs durch Treten oder Stampfen mit einem Stößel ausgepreßt wurden. Später erfand man einen Mühlstein. Die Oliven kamen auf einen Mühlstein mit Abflußrinne, darüber lag ein zweiter Stein, der von einem Balken bewegt wurde. Der Brei wurde durch Gewichte ausgepreßt.

Aus der Zeit Davids hat man große Pressen gefunden, die mittels eines Hebels arbeiteten. Das Öl lief in Steinbottiche, wo sich Fremdstoffe absetzen konnten.

PFLÜGEN UND AUSSAAT Im Oktober/November gab es den kostbaren »Frühregen« nach der langen sommerlichen Trockenheit. Bis zum Januar war danach Zeit zum Bestellen der Felder. Der Pflug bestand aus einem einfachen Holzpflock mit Handgriff und einer Spitze aus Eisen (vor Davids Zeit: Bronze). Ein bis zwei Ochsen zogen diesen Pflug mit einem Joch. Der Bauer konnte mit einer Hand den Pflug halten, mit der anderen einen Stock, um die Ochsen anzutreiben. Der leichte Pflug ließ sich über alle Steine heben. Die Furche wurde 8–10 cm tief. Das Saatgut (Weizen, Gerste, Flachs) wurde mit der Hand verstreut, und manchmal wurde das Saatgut noch mit dem Pflug zugedeckt. Gelegentlich wurde der Boden durch mitgeschleifte Zweige geglättet. Mit einer Hacke beseitigte man das Unkraut.

DIE SPÄTE SAAT Während des Winterregens von Januar bis März wurde weiter gesät, nämlich Hirse, Erbsen, Linsen, Melonen und Gurken.

FLACHS- UND GETREIDEERNTE Im März und April gab es den Spät-regen. Der brachte das Getreide so weit, daß die Ernte beginnen konnte.

Im März und April wurde Flachs geerntet. Mit einer Hacke wurden die Pflanzen dicht über dem Boden abgehauen. Die Stengel wurden getrocknet, um sie zu Seil und Leinen weiterverarbeiten zu können.

Im April, Mai und Juni schloß sich die Weizen- und Gerstenernte an. Die Halme wurden mit Sicheln (einem kleinen Holzgriff mit gekrümmter Eisen- oder Kupferklinge) geschnitten und zu Garben gebunden. Auf Eseln oder Karren brachte man sie zur »Dreschtenne«. Die Tenne war wohl Gemeinbesitz und in dieser Jahreszeit das Zentrum des dörflichen Lebens. Meist war es ein Stück Felsgrund oder fester Boden an einem windigen Ort außerhalb des Dorfes. Ringsherum legte man Steine, und dann wurden die Garben auf dem Boden ausgebreitet.

Gedroschen wurde oft mit Stöcken. Manchmal ließ man auch Tiere darüberstampfen oder benutzte einen Dreschschlitten. Dieser war einfach ein Brett, manchmal auch ein Brett mit Rädern, an dem Eisenstücke und Steinbrocken befestigt waren. Durch das Klopfen der Halme lockerte sich das Korn.

Der Bauer »sichtete« anschließend, indem er die Halme mit einer Schaufel oder Gabel hochwarf. Der Wind blies die Spreu heraus, mit der im Winter die Tiere gefüttert wurden. Das schwere Korn fiel zu Boden. Nach dem Worfeln wurde das Getreide in Steingefäßen, trockenen Zisternen oder Scheunen gelagert. Es gab staatliche Getreidelager, und Getreide war Zahlungsmittel.

WEIN Im Juni, Juli und August wurden die Weinstöcke beschnitten. Jesaja 5 und Markus 12 zeigen, wie Weingärten angelegt wurden. Ein Begrenzungsgraben wurde ausgehoben, und Pflöcke wurden eingeschlagen, um eine Hecke oder einen Zaun zu stützen. Die jungen Pflanzen wurden in Reihen gepflanzt und ihre Zweige hochgebunden. Dann folgte das Beschneiden. Sobald sich Trauben ansetzten, errichtete man Hütten oder Türme, um das Feld vor Dieben, Füchsen und Schakalen zu bewahren.

OBSTERNTE Im August und September erntete man die Sommerfrüchte – Feigen, Maulbeerfeigen, Granatäpfel und Trauben. Die Trauben wurden in Bottiche geschüttet, dann mit den Füßen gestampft. Aus dem Bottich floß der Traubensaft in Weinkrüge. Eine große Zahl solcher Keltern hat man in der Schefela, dem niedrigen Hügelland Judas, gefunden.

Die Traubenernte und das Stampfen der Trauben geschah in Ferienlaune, denn man durfte von der Ernte essen. »Wenn du in deines Nächsten Weinberg gehst, so darfst du Trauben essen nach deinem Wunsch, bis du satt bist, aber du sollst nichts in dein Gefäß tun« (5Mo 23,25). Vierzig Tage dauerte es, bis sich der Bodensatz gesetzt hatte. Zur Gärung wurde der Wein in frische Säcke aus Ziegenleder oder in Tongefäße gefüllt.

An manchen Orten wurde die Weinherstellung im großen Stil betrieben. Man fand in Gibeon 56 Handgriffe von Krügen, die den Namen der Stadt und des Weinbergbesitzers trugen. Dort fand man auch 63 glockenförmige Bottiche, die zur Königszeit als Weingefäße benutzt

wurden, sowie Gärbottiche und Pressen.

TIERHALTUNG »Vieh« meint im Hebräischen Schafe, Ziegen, Rinder und Esel, aber nicht Schweine. Die Esel brauchte man als Lasttiere, die Rinder zum Pflügen. Nur bei besonderen Anlässen wurden Rinder geschlachtet. Schafe und Ziegen wurden zusammen gehalten. Schafe hielt man vor allem wegen der Wolle. Sie wurden gelegentlich geschlachtet, wobei man in Israel ihren eigentümlichen Fettschwanz für eine besondere Delikatesse hielt. Besonders die Ärmsten aßen eine Art Quark aus Schafsmilch. Die Ziegen schätzte man wegen des Fleisches und der Milch. Aus ihrem Fell webte man grobes Tuch, und aus dem Leder webte man Gefäße. Das Leben der Hirten scheint sich von Abraham bis zur Zeit Jesu wenig geändert zu haben. Der Hirte führte die Schafe, kannte jedes einzelne und bewachte sie Tag und Nacht (s. Jo 10,1–6). Obwohl man innerhalb von Einfassungen aus Stein oder Dornen lagerte, waren Diebe und wilde Tiere zu befürchten – Löwen, Leoparden, Bären (bis sie ausstarben) Wölfe, Hyänen, Schakale, Schlangen und Skorpione. Der Hirt trug meist einen Knüppel als Waffe. Gestohlene Tiere mußte er ersetzen, wurde ein Tier zerrissen, mußte er Nachweis bringen (s. 2Mo 22,12–13).

ZUR ZEIT DES NT Die Landwirtschaft veränderte sich in Israel in biblischer Zeit wenig, obgleich in anderen Mittelmeerländern bemerkenswerte Fortschritte erzielt wurden. Die Pharisäer nannten die religiös Ungebildeten »Volk des Landes«, woraus man schließen kann, daß die Bauern wenig Ansehen genossen. Das Land wurde jedoch intensiver bebaut als früher. Ein zeitgenössischer Beobachter schrieb, daß die Früchte Israels besser seien als die der Nachbarländer. Das fruchtbare Galiläa lieferte mehr Flachs, und man machte auch Versuche mit künstlicher Bewässerung. Die Geflügelhaltung war allgemein üblich.

LAODIZEA Eine Stadt im Lykostal in der heutigen westlichen Türkei (in neutestamentlicher Zeit die römische Provinz Asia). Laodizea lag an der Kreuzung zweier wichtiger Straßen. Es wurde durch Handel und Geldgeschäfte wohlhabend. In dem Gebiet um Laodizea wurden Kleider aus glänzender schwarzer Wolle sowie Medikamente hergestellt. Das Wasser kam von einer heißen Quelle in der Nähe der Stadt und erreichte sie handwarm. Einer der Briefe in der Offenbarung ist an die Gemeinde in Laodizea gerichtet, und der Kolosser-Brief des Paulus richtet sich u.a. auch an sie. Die Gemeinde dort ist wahrscheinlich während des Aufenthalts des Paulus in Ephesus entstanden. Kol 2,1; 4,13–16; Offb 1,11; 3,14–22

LAUBHÜTTENFEST s. *Feste*

LAZARUS 1. Der Bruder Martas und Marias aus Betanien. Als Lazarus krank wurde, schickten seine Schwestern nach Jesus. Doch obwohl er sie liebte, wartete Jesus, bis Lazarus tot war (s. *Marta*). Zusammen mit den weinenden Frauen ging er ans Grab – und auch er weinte. Dort befahl er den Umstehenden, den Stein vom Eingang wegzurollen und rief mit lauter Stimme: »Lazarus, komm heraus!« Lazarus kam heraus, noch in die Leichentücher gewickelt. Viele glaubten daraufhin an Jesus, doch

die Oberen der Priester und Pharisäer fürchteten sich und beschlossen, ihn und Lazarus zu töten. Jo 11–12,11

LEA Die ältere Tochter Labans, die durch einen Betrug mit Jakob verheiratet wurde. Sie hatte sechs Söhne und eine Tochter. 1Mo 29,16–33,7

LEBEN Gott »blies den Odem des Lebens in seine Nase. Und so ward der Mensch ein lebendiges Wesen.« Gott steht hinter allen natürlichen Vorgängen, die uns am Leben erhalten; und er bestimmt, wann unser Leben enden soll. Das Leben ist das Wertvollste, was ein Mensch hat. Eine der größten Bitten des Menschen an Gott ist die um langes Leben.

Doch Leben ist mehr als physische Existenz. Die Beziehung zu Gott versetzt Menschen in die Lage, neues Leben zu haben, das volle, überreiche Leben, das Jesus schenkt. Es ist »ewiges Leben«, das er uns umsonst anbietet; Leben in einer neuen Dimension. »Wer den Sohn hat«, sagt Johannes, »der hat das Leben.« Es beginnt, wenn ein Mensch Christ wird und dauert über den Tod hinaus. Es ist ewige Gemeinschaft mit Gott.

S. *Tod, Auferstehung.* 1Mo 2,7; Ps 104,29; 91,16; Hiob 2,4; 5Mo 8,3; 30,15–20; Jo 10,10–28; 11,25–26; Rö 6,4–13

LEBEN NACH DEM TOD Die Bibel sagt außer über die Gewißheit des Gerichts bei der Wiederkunft Christi sehr wenig über das, was nach dem Tod sein wird.

In alttestamentlicher Zeit glaubte man, daß die Toten in die *Scheol* kämen. Das war ein Ort der Ruhe und des Schweigens, wenn die Segnungen des Lebens zu Ende waren.

Doch allmählich begannen die Menschen zu verstehen, daß Gott eine herrliche Zukunft für sie bereithält. Gott wird sein Volk nicht dem Tod überlassen. Hiob und Daniel drücken beide ihre Zuversicht für die Zukunft aus. Hiob ist sicher, daß er Gott sehen wird, und Daniel spricht von Toten, die wieder leben. Der *Hades* ist im NT die Entsprechung zu *Scheol*. Petrus sagt, als er vom Tod Jesu spricht, daß schon David wußte, daß Christus »nicht bei den Toten (im Hades) gelassen ist und sein Fleisch die Verwesung nicht gesehen hat«. In einem anderen Zusammenhang redet er davon, daß Jesus den Toten predigte, »den Geistern im Gefängnis«, und zwar in der Zeit zwischen seiner Kreuzigung und seiner Auferweckung. Das NT redet oft vom Tod als Schlaf. Als »Paradies« bezeichnet Jesus das zukünftige Leben derer, die im Frieden mit Gott sterben. Paulus vertraute darauf, daß die Christen nach ihrem Tod in Christi Gegenwart kommen. Es ist für uns unmöglich, uns eine Existenz außerhalb der Zeit vorzustellen. Doch die Verfasser des NT waren gewiß, daß Christen tot oder lebendig ihrem Herrn begegnen und in die Herrlichkeit seines Himmels eingehen werden und ihre auferweckten Körper nicht mehr sterben können. S. *Tod, Himmel, Hölle, Gericht, Wiederkunft Christi.* Ps 94,17; 16,9–11; Hiob 19,25–27; Da 12,2.3; Apg 2,31; 1Pt 3,19–20; Mt 9,24; 1Ko 15,20.35–58; Lk 23,43; 1Th 4,13–17; Offb 20,11–22,5

LEDER s. *Handwerk*

LEHREN s. *Erziehung; Familienleben*

LEIB In der Bibel bedeutet »Leib« oft die ganze Person. So kann es manchmal mit »selbst« übersetzt werden. Z.B.: »daß ihr eure Leiber (euch selbst) gebet zum Opfer, das da lebendig ... sei«.

Das NT spricht auch vom »Auferstehungsleib«, dem neuen Leib, den wir bekommen werden, wenn Gott uns vom Tod auferweckt. Damit ist das wirkliche zukünftige Leben des ganzen Menschen gemeint, nicht nur ein körperloses Weiterleben, etwa als Geist.

Für Paulus ist der Leib mit seinen verschiedenen Gliedern und Funktionen Bild für die Gemeinde. Christen sind wie die einzelnen Glieder eines Leibes. Jeder hat einen bestimmten Platz in der Gemeinde, in der Arbeit, die Christus selbst verteilt.

Der Körper ist, dem NT zufolge, nicht unwichtig. Denn der »Leib« ist Tempel des Heiligen Geistes, und wir sollen Gott mit unserem Leib preisen. Rö 12,1; 1Ko 15,35–49; Rö 12,4–5; 1Ko 12,12–30; Eph 4,15–16; 1Ko 6,15–20

LEIDEN Leiden ist in der Bibel immer ein *Unglück*. Es kam als Folge der Sünde in die Welt. Jesus kam, um die Menschen von Leiden und Tod zu befreien. In seinem Leben auf der Erde zeigte sich seine Liebe und Sorge besonders in Krankenheilungen. Im neuen Himmel und auf der neuen Erde wird es kein Leiden mehr geben.

Leiden ist für die Bibel ein *Problem*. Wenn Gott über allem herrscht, muß auch das Leiden von ihm kommen. Doch wie kann der Gott der Liebe es zulassen, daß Unschuldige leiden? Leiden als Strafe ist verständlich, doch das Buch Hiob stellt die Frage nach dem Leiden Unschuldiger. Hiob weist alle Vorschläge seiner Freunde über den Ursprung seines Leidens zurück und akzeptiert sein Leiden schließlich doch. Er kann keine verstandesmäßige Erklärung dafür finden, doch in Gott findet er eine Sicherheit, die alle seine Zweifel und Ängste überwindet.

In Jesu Leben und Wirken wird das Leiden als eine Lebensweise vorgestellt. Er lebt das Leben des leidenden Gottesknechts, wie es in Jes 53 beschrieben ist. Er ist unschuldig. Er leidet nicht um seiner eigenen Sünde willen, sondern um die sündige Menschheit von ihrer Sünde zu befreien. Die Bibel gibt uns keine verstandesmäßige Antwort auf die Fragen nach dem Leid, doch dafür eine praktische: Gott nahm im Tod seines Sohnes die Sünde der Welt und das Leiden in der Welt auf sich. 1Mo 3,15–19; 2Ko 12,7; Rö 5,3–8; Rö 8,21; Offb 21,4; Am 3,6; Ps 39,11; Hbr 12,3–11; Hiob; Jes 53

LEINEN s. *Stoffe*

LEOPARDEN Jesaja und Jeremia erwähnen sie. Ihr getupftes Fell macht es ihnen möglich, sich ungesehen an ihr Opfer anzuschleichen. Jes 11,6; Jer 13,23

LESEFEST s. *Feste*

LEVI 1. Der dritte Sohn Jakobs und Leas. Seine Nachkommen bildeten den Stamm Levi. Die Leviten waren zum Dienst Gottes in der Stiftshütte und später im Tempel bestimmt. 1Mo 29,34; 34,25ff; 49,5ff; 4Mo 3,5–20

2. Siehe *Matthäus*

LEVIATAN Drachenartiges Ungeheuer, bildliche Verkörperung der gegen Gott gerichteten Mächte Ps 74,13f; Jes 27,1; Hiob 40,25–41,26

LEVITEN s. *Priester und Leviten*

LEVITIKUS s. *Mosebücher*

LIBANON Gebirge nördlich des Heiligen Landes; Nachbarland Israels. Im AT war der Libanon berühmt für seine Wälder, besonders für die großen Zedernwälder. Die Bibel erwähnt auch den Schnee auf dem Libanon und die Fruchtbarkeit des Landes. Alle möglichen Obst- und Gemüsearten wachsen in der Küstenebene und im Hügelland: Oliven, Zitrusfrüchte, Äpfel, Feigen, Aprikosen, Datteln und viele andere Früchte.

Die großen phönizischen Häfen Tyrus, Sidon und Byblos lagen an der Küste des Libanon und wurden durch den Export der Güter des Landes reich. Salomo bezog das Holz für den Bau des Tempels und der Paläste aus dem Libanon. 1Kö 5,15–25; Hos 14,8; Esr 3,7; Ps 16,72; Jes 2,13; 14,8; Hes 31 usw.

LIBNA Eine befestigte Stadt nicht weit von Lachisch, die Josua eroberte. Unter Joram von Juda machte Libna einen Aufstand. Die Stadt hielt einer Belagerung von Sanherib von Assyrien stand, weil in dessen Heer eine Seuche ausbrach. Jos 10,29–30; 2Kö 8,22; 19,8.35

LICHT In der Bibel soll der Kontrast von Licht und Dunkelheit den absoluten Unterschied zwischen Gott und allen Mächten des Bösen verdeutlichen. Gott ist Licht, »und in ihm ist keine Finsternis«. Gottes Heiligkeit ist so, daß von ihm gesagt wird, er wohne in »einem Licht, da niemand zukommen kann«. Im Gegensatz dazu werden die Mächte des Bösen als Finsternis bezeichnet. Johannes schildert einen geistlichen Kampf zwischen dem Licht (Gott und das Gute) und der Dunkelheit (Satan und alles Böse). Durch Jesu Leben, Tod und Auferstehung hat das Licht über die Finsternis gesiegt. Jesus nennt sich selbst »das Licht der Welt« und verheißt »das Licht des

Lebens« allen, die an ihn glauben. Die Menschen müssen nicht länger in der Finsternis wandeln, ohne die Wahrheit zu erkennen, von Gott getrennt und von der Sünde verblendet. Sie können im Licht wandeln, »wie er im Licht ist«. Christen sollen Licht für die ganze Welt sein. Zuletzt, im neuen Himmel und auf der neuen Erde, wird das Licht der Gegenwart Gottes immer da sein. Es wird dort keine Dunkelheit, keine Nacht, keine Lampen, nicht einmal Sonnenlicht geben – die Menschen werden bei Gott sein, und er wird ihr Licht sein. 1Jo 1,5; 1Tim 1,16; Eph 6,12; Jo 1,4–9; 8,12; 1Jo 1,7; Mt 5,14–16; Offb 21,23–24; 22,5

LIEBE »Gott ist Liebe.« Das war immer Gottes Wesen. Es ist falsch zu meinen, daß der Gott des AT anders war. Eins der bewegendsten Zeugnisse von Gottes Liebe in der Bibel ist das des Propheten Hosea. Gottes Liebe war der Grund dafür, daß er das Volk Israel erwählte und für es sorgte. Als Antwort soll sein Volk ihn mit ganzem Herzen lieben. Ebenso soll es auch seine Mitmenschen lieben.

Im NT gibt es zwei Worte für Liebe, *philia* (Freundschaft) und *agape*. Das letzte ist wichtiger, es bezeichnet die selbstaufopfernde Liebe, die vor allem Christus hatte. An seinem Tod erkennen wir die wahre Tiefe seiner Liebe.

Sie ist größer als jede menschliche Liebe. Es ist die Liebe, die der Vater und den Sohn verbindet, die Liebe, die Gott für seine Welt hat. Durch die Gnade Gottes wird sie Teil des Lebens eines jeden Christen. Jesus gibt seinen Jüngern das Gebot, sich untereinander so zu lieben, wie er sie geliebt hat: »Daran wird jeder-

mann erkennen, daß ihr meine Jünger seid, so ihr Liebe untereinander habt.« So ist die Liebe das Zeichen der Gegenwart Gottes in jedem Christen. 1Jo 4,8; Hos 11,1–4; 7–9; 5Mo 7,7–8; 6,5; 3Mo 19,18; Rö 5,5.8; Jo 3,16.35; 1Ko 13; Gal 5,22; Jo 13,34.35; 14,15.21–24; 15,9–14; 1Jo 4,7–5,3

LIEDER s. *Bekenntnisse und Lieder*; *Psalmen*

LILIE Im Alten Testament bezeichnete Lilie wahrscheinlich die wilde, blaue Hyazinthe oder die Madonnenlilie (deren Knolle als Delikatesse gegessen wurde). Als Jesus von den »Lilien auf dem Felde« sprach, dachte er eher an wilde Blumen im allgemeinen als an eine besondere. Im Frühling sind die Hügel Galiläas voll von bunten Blumen: Anemonen, Krokussen, Mohnblumen, Narzissen und gelben Chrysanthemen. Hhl 5,13; 6,2; Mt 6,28

LINSEN s. *Bohnen*

LOBPREIS Die Freude an Gott findet ihren Ausdruck im »Lobpreis«. Gottes Volk preist ihn als den Schöpfer und Erretter (Erlöser).

Der Gottesdienst der Israeliten fand unter viel freudigem Rufen, Singen und den Klängen von Instrumenten statt. Wir sehen das immer wieder in den Psalmen, die als Hymnen im Tempel in Jerusalem gesungen wurden.

Derselbe Lobpreis Gottes ist Kennzeichen der christlichen Gemeinde. Christen freuen sich an allem, was in dem großen Erlösungswerk Christi, durch sein Leben, Sterben und in der Auferstehung Jesu geschah. Lobpreis ist ein fester Bestandteil des Gebets der Christen – Freude, Anrufung Gottes aus dankbarem Herzen. Selbst der Himmel schallt vom ewigen Lobpreis Gottes wider.

S. *Gottesdienst*. Ps 136; 135; 150; 34,2; 35,18 u.a.; Lk 2,13–14; Phil 4,4–8; Offb 4,6–11

LOD s. *Lydda*

LÖWE In der Bibel oft erwähnt, war aber schon zur Zeit Jesu selten geworden. Die assyrischen Könige hielten Löwen in Gruben und gingen mit ihren Adligen auf Löwenjagd. Die Löwen lebten in den Dickichten des Jordantals und waren besonders für Hirten gefährlich. Die Stärke und der Mut des Löwen machte ihn zu einem Symbol der Macht, so daß Jesus selbst als »der Löwe, der da ist vom Geschlecht Juda« bezeichnet wird. Da 6,16–24; Offb 5,5

LOT 1. Abrahams Neffe. Er ging mit Abraham von Haran nach Kanaan; doch nach einem Streit ihrer Hirten trennten sich die beiden. Lot zog in eine fruchtbare Ebene in die Stadt Sodom. Als diese Stadt später wegen ihrer Schlechtigkeit zerstört wurde, entkam er. Doch seine Frau, die zurückblickte, kam um. 1Mo 11,31–14,16; 19

2. S. *Maße und Gewichte*

LUD Ein Sohn Sems; er war der Vater der Lydier. Sie lebten im Westen Kleinasiens in der Gegend um Sardes. S. *Lydier*.

LUKAS Ein griechisch sprechender Arzt, der das Lukas-Evangelium und die Apostelgeschichte schrieb. Er war ein Freund des Paulus und begleitete ihn auf einigen seiner Reisen, so daß er vieles, was Paulus tat und sagte, aus erster Hand berichten konnte. Über das Leben Jesu berichteten ihm wahrscheinlich die Apostel und andere Christen. Lukas reiste mit Paulus nach Rom und blieb dort bei ihm. Kol 4,14; 2Tim 4,11; Phlm 24

LUKAS-EVANGELIUM Dieser dritte Bericht über Jesu Leben im NT erzählt am meisten Einzelheiten. Derselbe Autor berichtet in der Apostelgeschichte über die Ausbreitung des Christentums, nachdem Jesus zum Vater zurückgekehrt war. Beide Bücher sind für einen römischen Beamten namens Theophilus geschrieben.

Der Evangelienschreiber bemüht sich besonders um korrekte Darstellung der Fakten. Deshalb nennt er zu Anfang Ereignisse, die zur Zeit Jesu in Palästina geschahen. Nach der Überlieferung ist Lukas der Autor, der Arzt, der Paulus auf einigen Missionsreisen begleitete.

Das Lukas-Evangelium schildert Jesus als verheißenen Erlöser Israels und als Retter aller Menschen. Es betont, daß Jesus den Armen die frohe Botschaft brachte.

Lk beginnt mit der Geburtsgeschichte Johannes' des Täufers und der Geburts- und Kindheitsgeschichte Jesu (Kap. 1–2). Viele dieser Einzelheiten stehen nur in Lukas. Kapitel 3–9 berichten über Taufe und Versuchung Jesu und sein Wirken in Galiläa.

Jesu Reise von Galiläa nach Jerusalem erstreckt sich bei Lukas über die Kapitel 9,51–19,46. Einige Gleichnisse aus diesen Kapiteln stehen nur in Lukas, z.B. die vom Barmherzigen Samariter und vom Verlorenen Sohn.

Kapitel 19,47–24 berichten über die letzten Tage in Jerusalem, Auferstehung und Himmelfahrt.

Das Lukas-Evangelium ist voller Freude, betont vor allem die Notwendigkeit des Gebets, die Kraft des Heiligen Geistes und Gottes Vergebung.

LYDDA Eine Stadt ungefähr 15 km von Joppe entfernt. Hier heilte Petrus den gelähmten Äneas, als er die dortigen Christen besuchte. Heute heißt der Ort (wie im AT) Lod. 1Chr 8,12; Esr 2,33; Neh 7,37; Apg 9,32ff

LYDIA Eine Purpurhändlerin aus Thyatira in Kleinasien; sie hörte Paulus in Philippi und wurde Christ. Apg 16,14–15.40

LYDIEN An der Westküste Kleinasiens lebten die indoeuropäischen Lydier. Aus Inschriften und Gegenständen, die in ihrer Hauptstadt Sardes ausgegraben wurden, zeigt sich langsam ein Bild ihrer Kultur und Geschichte. Gog, der um 650 v.Chr. König von Lydien war, wird vom Propheten Hesekiel erwähnt. Obadja nennt Sardes (Sepharad) einen Ort des Exils. Lydien hatte reiche Goldvorräte, und hier gab es auch die ersten Münzen. Sein reicher König Krösus wurde 546 v.Chr. von Cyrus dem Perser besiegt. Bei Hesekiel wird Lydien (Lud) als Verbündeter Ägyptens und Tyrus' genannt. Von 133 v.Chr. an gehörte es zur römischen Provinz Asien. (Hes 38,2; Ob 20; Hes 27,10; 30,5

LYSTRA Eine Stadt in der römischen Provinz Galatia. Paulus und Barnabas gingen, nachdem sie in Ikonion schlecht behandelt worden waren, auf ihrer ersten Missionsreise nach Lystra. Dort heilte Paulus einen Krüppel, und die Menschen hielten ihn daraufhin für den Götterboten Hermes und Barnabas für Zeus selbst. Doch die Juden hetzten das Volk auf. Man steinigte Paulus und ließ ihn, im Glauben, er sei tot, liegen. Einige wurden jedoch Christen, und Paulus besuchte sie auf der zweiten Missionsreise. Lystra oder Derbe war die Heimatstadt des Timotheus. Apg 14,6–20; 16,1–5

LYZIEN Ein kleines gebirgiges Land im Südwesten Kleinasiens mit den Häfen Myra und Patara, wo das Schiff des Paulus anlegte. Apg 27

MAACHA 1. Ein kleiner aramäischer Staat südöstlich des Hermon. Er wird im Rahmen der Feldzüge Davids erwähnt. Jos 12,5; 2Sam 10; 23.34
2. Frauenname, z.B. der Mutter des Absalom. 2Sam 3,3

MACHPELA Als Sara in Hebron starb, besaß Abraham dort noch kein Land. Deshalb kaufte er von dem Hetiter Efron die Höhle von Machpela. Dort wurden außer Sara auch Abraham selbst und Isaak, Rebekka und Jakob begraben.
Viel später ließ Herodes der Große ein Monument an der Stelle errichten, an der sich die Gräber befunden haben sollen; es steht heute noch. 1Mo 23; 25,9; 49,30; 50,13

MAGOG s. *Gog*

MAHANAJIM Ein Ort in Gilead im Osten des Jordan in der Nähe des Jabbok. Hier kämpfte Jakob mit dem Engel, bevor er seinem Bruder Esau begegnete. Für kurze Zeit war es Hauptstadt Ischboschets, des Sohnes Sauls; während des Putschversuchs Absaloms hatte David hier sein Hauptquartier. Einer der Amtsleute Salomos hatte seinen Sitz in Mahanajim. 1Mo 32,3; 2Sam 2,8–10; 17,24–29; 1Kö 4,14

MAHLZEITEN In armen Haushalten waren die Mahlzeiten einfach. Es gab kein Frühstück, bestenfalls einen kleinen Imbiß auf dem Weg zur Arbeit. Das Mittagessen bestand fast immer aus Brot, Oliven und u.U. Obst. Am Abend gab es einen Gemüseeintopf, der mit einem Stück Brot, das auch als Löffel diente, aus einem gemeinsamen Topf gegessen wurde. Zu dieser Mahlzeit war die ganze Familie versammelt. Wenn Gäste da waren, wurde dem Essen Fleisch zugefügt. Man saß beim Essen auf dem Fußboden. In reichen Häusern sah es anders aus. Das Essen war aufwendiger, und es gab öfter Fleisch. In neutestamentlicher Zeit lagen die Gäste auf Sofas an quadratischen Tischen. Statt eines gemeinsamen Topfes hatte jeder sein Geschirr.

Ein römisches Gastmahl oder eins im römischen Stil lief folgendermaßen ab: Zuerst gab es ein Hors d'Oeuvre und Wein (gemischt mit Honig), danach wurden auf Tabletts drei Hauptgänge serviert. Man aß mit den Fingern, nur für Suppen nahm man Löffel. Dann wurden Essensbrocken als symbolisches Opfer ins Feuer geworfen. Das war eine Art »Tischgebet«. Zuletzt wurden Getränke und feine Backwaren gereicht. Das religiöse Element, das Opfer für die Götter, war ein Grund, weshalb Juden nicht mit Heiden zusammen essen durften. Die strengen jüdischen Speisevorschriften machten es weiter unmöglich. Doch Gott ließ Petrus in einer Vision erkennen, daß die alten Schranken zwischen Juden und Nichtjuden gefallen waren. Christen gehören, welche Nationalität sie auch haben mögen, zu einer Familie.

Bei nomadischen Stämmen waren Gäste immer willkommen – für drei Tage und vier Stunden, wie es hieß. Das alltägliche Essen bestand aus Brotfladen und Milch. Für die Zeit seiner Anwesenheit gehörte der Gast praktisch zum Stamm. Sowohl das AT als auch das NT weisen auf die Wichtigkeit der Gastfreundlichkeit hin. Der Schreiber des Hebräerbriefes sagt: »Vergeßt nicht, gastfrei zu sein« (Hebr 13,2).

MALEACHI Der letzte Prophet im AT (um die Mitte des 5. Jh. v.Chr.). Der Tempel war zwar nach der Rückkehr aus dem Exil wieder aufgebaut worden, doch die Menschen dienten Gott nicht von ganzem Herzen. Maleachi rief das Volk zur Umkehr. Sein Name bedeutet »mein Bote«; als Gottes Bote sagte er auch das Kommen des Messias und den Tag des Gerichts Gottes voraus.

MALTA Der Name einer Insel im Mittelmeer zwischen Sizilien und der Nordküste Afrikas. Das Schiff des Paulus erlitt auf seiner Fahrt nach Rom bei Malta Schiffbruch. Doch alle, die an Bord waren, erreichten sicher das Land und wurden freundlich aufgenommen. Den Winter über blieben sie dort. Apg 28,1–10

MAMMON Aramäische Bezeichnung für Geld und Gut. Mt 6,24; Lk 16,9.11.13

MAMRE Ein Ort in der Nähe Hebrons. Abraham und auch Isaak rasteten oft beim Eichenhain bei Mamre. Dort wurde Abraham ein Sohn verheißen; und dort bat er Gott, Sodom zu schonen. 1Mo 13,18; 14,13; 18; 23,17; 35,27

MANASSE 1. Josefs ältester Sohn, der von Jakob adoptiert und gesegnet wurde. Seine Nachkommen bildeten den Stamm Manasse. 1Mo 41,51; 48,1ff

2. Ein König, der 55 Jahre über Juda herrschte (696–642 v.Chr.). Sein Vater war Hiskia. Manasse verführte

sein Volk zu Götzendienst aller Art. Für kurze Zeit war er Gefangener in Babylon; nach seiner Rückkehr änderte er sich und wandte sich Gott zu. 2Kö 21,1ff; 2Chro 33

3. Das Gebiet des Stammes Manasse. Westmanasse war das Bergland Samarias bis zum Mittelmeer, Ostmanasse lag östlich des Jordan. Jos 13,29–31; 17,7–13

MANDELBAUM Der Mandelbaum war der Baum, der in Israel am frühesten im Jahr blühte. Die Nuß ist eine Delikatesse, und sie gibt auch gutes Öl. Aus der Bibel kennen wir den berühmten Aaronstab, einen Mandelstab, der über Nacht blühte und Frucht brachte. 4Mo 17,8

MANN UND FRAU Mann und Frau sind Teil der Schöpfung. Sie sind »Lebewesen« – und doch anders als alle anderen Lebewesen, weil Gott sie »nach seinem Bilde« machte und mit ihnen in Freundschaft leben wollte. Sie sind die Krone der ganzen Schöpfung.

Die Geschichte von Adam und Eva in 1. Mose 2 zeigt, wie wichtig Mann und Frau in Gottes Schöpfung waren. Adam wird in den Garten Eden gestellt, um ihn zu pflegen und zu bearbeiten. Arbeit ist nicht in sich schlecht; sie ist Teil des Plans Gottes. Gott machte die Frau als ideale Partnerin Adams, die mit ihm arbeitete und sein Leben teilte. Die Beziehung zwischen Mann und Frau, Erotik und Sexualität, ist Teil der vollkommenen Schöpfung Gottes. Sie ist von Gott für die Ehe bestimmt.

Als Adam und Eva sich gegen Gott auflehnten, verloren sie die unbeschwerte Beziehung zu Gott und zueinander. Die Folgen ihrer Sünde betreffen jeden Lebensbereich. Die Arbeit des Mannes wird zur Last, und die Beziehung der Frau zu ihrem Mann bringt ihr auch Schmerz. Der Rest der Bibel denkt sowohl über die Herrlichkeit als auch über das Gefallensein der Menschen nach. Sie kommen direkt nach Gott, sorgen für alles, was Gott gemacht hat und haben teil an seiner Schöpferkraft. Doch gleichzeitig sehen wir sie als verschwenderische, perverse und abgesunkene gewalttätige und böse Wesen.

Das NT kündigt den Beginn einer neuen Zeit an. Die Menschheit in Adam ist so wie immer, doch Männer und Frauen können eins sein in Christus. Sie sind neu geworden und haben als gleichwertige Partner an der neuen Schöpfung Anteil. So wollte Gott es von Anfang an.

S. *Familienleben; Heirat und Ehe; Sündenfall; Leben nach dem Tod; Leben.* 1Mo 1,26–28; 2; 3; 5Mo 5; 8; Ps 8; Rö 1–3; 5,12–19; 8,18–25; 2Ko 5,17; Gal 3,28

MANNA Wunderbare Speise für die Israeliten während ihrer Wüstenwanderung, kleine, leichtverderbliche Körner, die wie Honig schmeckten. Manche meinen, es handele sich um Absonderungen einer Schildlaus. 2Mo 16; Ps 78,23–25; vgl. Joh 6,31

MARANATA s. *Gebet*

MARDOCHAI Esters Vetter und Beschützer. Er war Jude und lebte in Susa, der Hauptstadt Persiens. Als er von dem Plan einiger Perser erfuhr, alle Juden zu töten, überredete er Ester, die Frau des Königs, mit dem König darüber zu sprechen. Später wurde Mardochai Minister des Königs (s. *Ester*). Est

MARESCHA Eine Stadt in der Schefela, etwa 30 km südwestlich von Jerusalem. Rehabeam ließ sie befestigen; Asa besiegte hier ein großes Heer der Kuschiter. Jos 15,44; 2Chro 11,8; 14,9–12; 20,37; Mi 1

MARIA 1. Die Mutter Jesu. Als sie mit Josef, einem Zimmermann, verlobt war, kündigte ein Engel ihr an, daß sie durch den Heiligen Geist die Mutter Jesu, des Messias und Sohnes Gottes, werden sollte. Vor der Geburt Jesu besuchte sie ihre Kusine Elisabet und sang bei ihr den Lobgesang, den wir als das *Magnifikat* kennen. Wegen einer Volkszählung mußten Maria und Josef nach Betlehem ziehen. Dort wurde Jesus geboren. Bei der Darstellung Jesu im Tempel, acht Tage später, sagte Simeon zu Maria: »Durch deine Seele wird ein Schwert dringen.« Dann mußten Maria und Josef nach Ägypten fliehen, weil Herodes das Kind töten wollte. Nach seinem Tod kehrten sie nach Nazareth zurück. Als Jesus zwölf Jahre alt war, nahmen seine Eltern ihn mit zum Passafest in den Tempel. Als er nach dem Fest allein dort zurückblieb, um mit den Schriftgelehrten zu reden, waren sie sehr besorgt um ihn. Maria war bei Jesu erstem Wunder auf der Hochzeit zu Kana dabei; sie stand bei seiner Kreuzigung unter dem Kreuz und war bei den Jüngern, als diese nach der Himmelfahrt zum Gebet zusammenkamen. Mt 1,18–25; 2,11; 13,55; Lk 1–2; Jo 2,1ff; 19,25–27; Apg 1,14

2. Die Schwester Martas. Sie lebte mit ihrer Schwester und ihrem Bruder Lazarus in Betanien und hörte Jesus oft zu. Kurz vor Jesu Tod salbte sie ihn mit kostbarem Öl und trocknete seine Füße mit ihren Haaren (s.a. *Marta, Lazarus*). Lk 10,38–42; Jo 11; 12,3ff

3. Maria Magdalena wurde eine Jüngerin Jesu, nachdem er sie geheilt hatte. Sie sah Jesus nach seiner Auferstehung als erste und lief, um es den Jüngern zu sagen. Mk 16,9; Lk 8,2; 24,10; Jo 20,1ff

4. Maria, die Mutter des Jakobus und des Josef. Sie war bei Jesu Kreuzigung dabei und war auch unter den Frauen, die am Auferstehungsmorgen das leere Grab fanden. Sie ist wahrscheinlich identisch mit der »anderen Maria« und Maria, der Mutter des Kleopas. Mt 27,56.61; 28,1; Jo 19,25

5. Maria, die Mutter des Johannes Markus. In ihrem Haus in Jerusalem trafen sich die ersten Christen. Apg 12,12

MARKUS (JOHANNES MARKUS) Der Verfasser des zweiten Evangeliums. Johannes Markus lebte in Jerusalem. Das Haus seiner Mutter Maria war ein Treffpunkt der ersten Christen. Markus begleitete Paulus und seinen Vetter Barnabas auf der ersten Missionsreise nach Zypern. Doch da er sie auf dem halben Weg verlassen hatte, weigerte sich Paulus, ihn ein zweites Mal mitzunehmen. Darüber stritten sich Barnabas und Paulus, bis sie sich trennten. Später in Rom nennt Paulus ihn einen treuen Helfer. Petrus sprach von Markus als »mein Sohn Markus«, und nach einer Tradition erzählt er ihm auch die Geschichte Jesu. Mk 14,51; Apg 12,12.25; 13,13; 15,36ff; Kol 4,10; 2Tim 4,11; Phlm 24; 1Pt 5,13

MARKUS-EVANGELIUM Das 2. der vier Evangelien, ist das Evangelium der Ereignisse. Es ist voller Bewegung und Leben. Der Verfasser des Markus-Evangeliums konzentriert sich mehr auf die Taten und Reisen Jesu als auf das, was er sagte und lehrte.

Mk ist das kürzeste der Evangelien, es hat nur 16 Kapitel. Wahrscheinlich ist es auch das älteste, zwischen 65 und 70 n.Chr. entstanden. Schriftsteller der ersten Jahrhunderte n.Chr. hielten Johannes Markus für seinen Verfasser. Er soll es nach Berichten des Apostels Petrus aufgeschrieben haben. Johannes Markus wird in der Apostelgeschichte und in den Briefen des NT erwähnt. Er begleitete Paulus auf der ersten Missionsreise und war später Gehilfe des Petrus. Mk ist vermutlich an nichtjüdische Leser gerichtet.

Nach einer kurzen Einleitung über Johannes den Täufer, Jesu Taufe und Versuchung berichtet er in den ersten neun Kapiteln über die Heilungen und Predigten Jesu in Galiläa. Die Kapitel 11–15 berichten über die letzte Woche Jesu in Jerusalem und münden in den Auferstehungsbericht (Kap. 16). Die letzten Verse (16,9–20) sind nicht in allen Handschriften bezeugt.

Markus zeigt uns Jesus als einen Mann von Tatkraft und Autorität. Jesus predigt kraftvoll, hat Macht über böse Geister und vergibt Sünden. Er ist ohne Zweifel mehr als ein Mensch. Trotzdem machte er sich uns gleich und gab sein Leben, damit Menschen frei von Sünde werden können.

MARTA Die Schwester der Maria und des Lazarus. Sie lebte in Betanien in der Nähe Jerusalems, und Jesus besuchte sie oft. Als ihr Bruder krank wurde, ließen die Schwestern Jesus holen, doch er kam erst, als Lazarus schon tot war. Marta ging Jesus entgegen und sagte: »Herr, wärst du hier gewesen, wäre mein Bruder nicht gestorben.« Doch Jesus sagte: »Ich bin die Auferstehung und das Leben ... Glaubst du das?« Marta glaubte und Lazarus wurde auferweckt. Lk 10,38ff; Jo 11–12

MASSE UND GEWICHTE Es gab zwar Standardgewichte für trockene und flüssige Produkte, dazu Längenmaße, die aber ungenau waren. Die üblichen Längenmaße orientierten sich an den ungefähren Maßen des menschlichen Armes und der Hand. Entfernungsmaße richteten sich in alttestamentlicher Zeit nach der Strecke, die in einem Tagesmarsch zurückzulegen war und nach der Weite eines Pfeilschusses. Lebensmittel wurden nach Volumen, nicht nach Gewicht gemessen. Die Bezeichnung für die Maße sind oft die Namen der Behälter, die die Lebensmittel enthielten. Ein *Homer* war eine Eselslast. Dies war das größte Getreidegewicht. Ein *Efa* war ein Behälter, der ungefähr ein Zehntel eines *Homers* faßte. Ein *Bat* entspricht einem *Efa*, gilt jedoch für flüssige Stoffe. Ein *Hin* war sechsmal so viel, wie ein Mensch an einem Tag trinkt, ein *Log* war ein anderes kleines Flüssigkeitsmaß.

Wertvolle Materialien und Metalle wurden nach Gewicht gemessen. Kleinere Gegenstände wog man auf Balkenwaagen mit Waagschalen. Die Gewichte trug man in einem Beutel bei sich. Kaufleute wogen oft mit verschiedenen Gewichten und betrogen so ihre Kunden. Das war nach dem Gesetz verboten: »Du sollst nicht zweierlei Gewicht, groß und klein, in deinem Beutel haben ... Du sollst ein volles und rechtes Gewicht und ein volles und rechtes Maß haben« (5Mo 25,13.15). »Wiegen« heißt auf Hebräisch *schakal*, nach diesem Wort ist auch das wichtigste Gewicht benannt, der *Schekel*.

LÄNGENMASSE

Elle, 45 cm, gemessen vom Ellbogen bis zur Fingerspitze; die lange Elle war eine Handbreite länger, 52 cm; die neutestamentliche Elle hat 55 cm. 6 Ellen = 1 Rute

Finger, 19 mm, Breite des Zeigefingers; 1/4 Handbreit

Handbreit, 7,5 cm, Breite der Hand am Fingeransatz

Spanne, 22,5 cm. Gemessen an der gespreizten Hand zwischen Daumen und kleinem Finger. 1 Spanne = 3 Handbreit = 1/2 Elle

WEGMASSE

Stadion (nach der Länge des Stadions in Olympia) = 185 m

Römische **Meile** (1000 Doppelschritte nach römischem Maß) = 1478 m

Ein **Sabbatweg,** die größte Entfernung, die das jüdische Gesetz am Sabbat zu gehen erlaubte, war festgelegt auf 2000 Ellen (etwa 1 km).

GEWICHTE IM AT

1 **Gramm** (gera) = ungefähr 0,5 g

10 Gramm (gera) = 1 halbes Lot (beka) (ungefähr 6 g)

2 halbe **Lot** (beka) = 1 Lot (schekel) (ungefähr 11 g)

50 Lot (schekel) = 1 Pfund (mina) (ungefähr 500 g)

60 **Pfund** (mina) = 1 Zentner (talent) (ungefähr 30 kg)

Das schwere königliche Lot wog 13 kg

Der schwere Doppelzentner wog 60 kg

GEWICHTE IM NT

Pfund (litra) = ungefähr 327 g

Zentner (talent) = 20–40 kg

FLÜSSIGKEITSMASSE IM AT

Kab = 1,2 Liter

Hin (»Kanne«) = 3,66 Liter

Bat (»Eimer«) = 22 Liter

10 Bat = 1 Homer (»Faß«)

TROCKENMASSE IM AT

Log (»Becher«) = 0,3 Liter

Kab = 1,2 Liter

Omer = 2,2 Liter

Sea (»Maß«) = 7,3 Liter

Efa (»Tonne«) = 22 Liter

10 Efa = 1 **Homer** (»Sack«) = 220 Liter

MATTHÄUS Einer der zwölf Jünger und der Überlieferung nach der Schreiber des ersten Evangeliums. Er hieß auch Levi. Mt 9,9; 10,3; Lk 5,27–32

MATTHÄUS-EVANGELIUM Es gibt vier Evangelien, die alle vom Leben und von der Lehre Jesu erzählen. Jedes der Evangelien sieht Jesus und sein Leben aus einem anderen Blickwinkel. Das Matthäus-Evangelium wurde hauptsächlich für Juden geschrieben. Es verkündet die frohe Botschaft, daß Jesus der verheißene Erlöser ist, der Messias oder Christus, auf den die Juden schon lange gewartet hatten. In Jesus sind alle Verheißungen, die Gott seinem Volk im AT gegeben hatte, in Erfüllung gegangen.

Das Evangelium gibt uns keinen Aufschluß über den Verfasser. Doch seit frühester Zeit gilt Matthäus als Autor. Er ist einer der zwölf Jünger Jesu, ein ehemaliger Zöllner. Von ihm stammt auf jeden Fall eine Sammlung von Jesusworten, die in Mt aufgenommen worden sind. Das Evangelium wurde zwischen 50 und 80 n.Chr. geschrieben. Es überschneidet sich weitgehend mit dem Markus-Evangelium, enthält jedoch 10 Gleichnisse und einige Berichte, die kein anderes Evangelium hat.

Mt beginnt mit dem Stammbaum und der Geburt Jesu (Kap. 1–2), berichtet über Johannes den Täufer, die Taufe Jesu und seine Versuchung in der Wüste (Kap. 3–4). Der größte

Teil des Evangeliums handelt von Jesu Wirken, seinen Predigten und Heiligungen in Galiläa. Mt stellt Jesus als großen Lehrer dar, der viel über das Reich Gottes zu sagen hat. (Kap. 4; 12–18). Die Lehre Jesu ist in fünf Abschnitte geordnet:
Kapitel 5–7: Die Bergpredigt. Sie behandelt vor allem Fragen der Lebensgestaltung und der rechten Frömmigkeit.
Kapitel 10: Jesu Anweisungen an seine Jünger vor der Aussendung.
Kapitel 13: Die Gleichnisse vom Reich Gottes.
Kapitel 18: Anweisung für das Gemeindeleben.
Kapitel 23–25: Gerichts- und Endzeitrede Jesu.
In den letzten Kapiteln geht es um die Reise Jesu von Galiläa nach Jerusalem und um die Ereignisse der letzten Wochen dort einschließlich des Berichts von Jesu Tod und Auferstehung (Kap. 19–28).
MATTHIAS Die Jünger wählten ihn an Stelle von Judas Iskariot zum zwölften Apostel. Apg 1,21–26
MAULBEERFEIGEN s. *Feigen*
MAULTIER s. *Esel*
MAZEDONIEN Ein Gebiet im nördlichen Griechenland mit der Hauptstadt Thessalonich. Die römische Provinz Mazedonien umfaßte auch noch Philippi und Beröa.
Paulus segelte von Troas aus nach Mazedonien, nachdem er im Traum einen Mann aus Mazedonien gesehen hatte, der ihn bat, ihm zu helfen. Das war der erste Schritt zur Verbreitung des Evangeliums in Europa. Drei der Briefe des Paulus (Phil; 1 und 2Th) richten sich an Christen in Mazedonien. Diese Gemeinden beteiligten sich großzügig an der Sammlung für die Christen in Judäa. Einige ihrer Mitglieder

wurden ständige Mitarbeiter des Paulus. Apg 16,8–17,15; 20,1–6; 2Kor 8,1–5; 9,1–5 usw.
MEDER Im Nordwesten Persiens begegneten den Assyrern schon vom 9. Jh. v.Chr. an medische Volksstämme. Zweihundert Jahre lang hatten sie friedlichen Kontakt zu ihnen. Dann verbündeten sich die Meder mit den Skythen und den Babyloniern, um die Macht der Assyrer zu stürzen (612 v.Chr.). Ihr König, Kyaxares, war mittlerweile so stark geworden, daß er sein Reich bis zur lydischen Grenze in der Türkei und über die persische Grenze im Süden hinaus ausdehnen konnte.

Kopf eines medischen Adligen. Schnitzerei am Treppenaufgang im Palast des Darius in Persepolis.

Astyages, der nächste König der Meder, wurde 549 v.Chr. von seinem Schwiegersohn, Kyros von Persien, besiegt. Medien wurde Provinz des persischen Reiches. Die ehemals medische Hauptstadt, Ekbatana (das heutige Hamadan), wurde auch Hauptstadt des persischen Reiches. Medische Offiziere und Beamte hatten Stellen am persischen Hof inne, und viele medische Wörter wurden in die persische Sprache aufgenommen. Der Einfluß Mediens auf das persische Reich war so stark, daß wir heute noch die Redewendung »Perser und Meder« kennen.

Ein Stamm der Meder, die Magi, hatten eine besondere religiöse Funktion, der der Leviten in Israel vergleichbar. Jer 25,25; 51,11.28; Da 5,28

MEDIZIN s. *Krankheiten*

MEFIBOSCHET Der Sohn Jonatans, des Freundes Davids, ein Enkel Sauls. Als David König war, holte er ihn zu sich an den Hof und gab ihm Diener, die sich um ihn kümmern sollten. 2Sam 4,4; 9; 16,1ff; 19,24–30; 21,7

MEGIDDO Eine wichtige Stadt zur Zeit des AT, die in der Jesreelebene lag und den wichtigsten Paß durch das Karmelgebirge beherrschte. Sie lag ungefähr 30 km vom heutigen Haifa entfernt. Bei Megiddo fanden so viele Schlachten statt, daß das NT (Offb 16,16) den »Berg von Megiddo«, »Harmagedon«, als Ort der letzten großen Schlacht nennt.

Dieses Siegel, gefunden in Megiddo, zeigt einen brüllenden Löwen. Die Inschrift lautet: »Shema, Diener Jerobeams«.

Bei der Eroberung Kanaans unter Josua wurde der König von Megiddo besiegt. Die Stadt wurde dem Stamm Manasse zugeteilt. Der machte sich die dort lebenden Kanaanäer fronpflichtig, vertrieb sie jedoch nicht. König Salomo machte Megiddo, neben Hazor und Geser, zu einer Festung. Er ließ große Ställe für die Pferde der Streitwagen bauen. König Ahasja von Juda starb in Megiddo nach einer Verwundung durch die Männer Jehus, ebenso Josia, als er versuchte, den Vormarsch Pharao Nechos zu stoppen.

Archäologen haben in dem 21 m hohen Tell 20 Besiedlungsschichten gefunden. Die älteste Siedlung stammt aus der Zeit vor 3000 v.Chr. Die Ausgrabungen haben u.a. eine kanaanäische »Höhe«, das Wasserversorgungssystem der Stadt, einen befestigten Torweg (ähnlich denen in Geser und Hazor), eine Menge Elfenbeinschnitzereien und Stallungen (wahrscheinlich aus der Zeit König Ahabs) freigelegt. Jos 12,21; Ri 1,27–28; 5,19; 1Kö 9,15; 2Kö 9,27; 23,29

MEILE s. *Maße*

MELCHISEDEK Ein König und Priester Gottes in Salem (Jerusalem), der Abraham nach einer Schlacht segnete. Der Hebräerbrief bezeugt, daß Jesus »ein Priester ewiglich nach der Ordnung Melchisedeks« ist. Wie Melchisedek ist Jesus sowohl König als auch Priester – König im Reich Gottes und Priester, weil er sein eigenes Leben opferte. 1Mo 14,18–20; Ps 110,4; Hbr 5,6–10

MEMPHIS Die alte Hauptstadt Ägyptens am Nil, nicht weit entfernt vom heutigen Kairo. Die Pyramiden von Gizeh sind nahe bei Memphis. Die Stadt blieb bis zur

Zeit Alexanders des Großen wichtig. Verschiedene Propheten des AT bezogen sich auf Memphis, als sie das Vertrauen Israels auf Ägypten verurteilten. Jes 19,13; Jer 2,16; 46,14; Hes 30,13

MENAHEM Einer der letzten Könige Israels (752–742 v.Chr.). Nach einem Attentat auf Schallum hatte er sich selbst zum König gemacht. Er regierte grausam und diente den Götzen. Während seiner Regierungszeit drang Tiglat-Pileser III. (Pul) von Assyrien in Israel ein. Um an der Macht zu bleiben, zahlte Menahem ihm eine große Summe Geld. 2Kö 15,14–22

MENSCHENSOHN s. *Jesus*

MERAB Eine Tochter Sauls. Saul hatte sie David versprochen, sie aber trotzdem an einen anderen Mann verheiratet. 1Sam 14,49; 18,17ff

MERARI Einer der Söhne Levis. Er wurde Stammvater einer der drei levitischen Abteilungen. 2Mo 6,16ff; 4Mo 3

MERODACH–BALADAN Ein König von Babylon (Marduk-apla-iddin II.), der Boten zu König Hiskia nach Jerusalem sandte. Merodach-Baladan hoffte, mit Hiskia ein Bündnis gegen die Assyrer schließen zu können. Jes 39

MESCHACH s. *Abed-Nego*

MESOPOTAMIEN Das Land zwischen dem Tigris und dem Eufrat. Hier war das Zentrum einiger der frühesten Zivilisationen wie der Sumerer, Babylonier und Assyrer; hier lagen die berühmten Städte Ur, Babylon und Ninive. Die Stadt Haran, in der sich die Familie Abrahams niederließ, lag in Mesopotamien. Es war die Heimat Bileams, des Propheten, der die Israeliten verfluchen sollte. Zur Zeit der Richter wurde

Mesopotamien von Kuschan-Rischatajim regiert.

Auch Menschen aus Mesopotamien waren am Pfingsttag in Jerusalem und hörten die Apostel in ihrer Sprache reden. 1Mo 24,10; 4Mo 22;

König Merodach-Baladan (links), der einem Beamten Land überträgt; babylonischer Grenzstein.

5Mo 23,5; Ri 3,8.10; Apg 2,9 vgl. *Paddan-Aram*

MESSIAS Die Titel »Messias« und »Christus« bedeuten beide dasselbe – »der Gesalbte«; Messias ist das hebräische, Christus das griechische Wort.

In der bewegten Geschichte des Volkes Israel wuchs die Hoffnung, die Gott geweckt hatte, daß er eines Tages einen König senden würde, der ein ewiges Königtum errichten sollte. Zur Zeit Jesu warteten viele Juden besonders sehnlich darauf. So fragten sie, als sie von seiner Lehre und seinen Wundern hörten: »Ist er der Messias?«

Die ersten Christen waren überzeugt, daß Jesus der Messias ist: »Wie Gott angefangen hat in Galiläa nach der Taufe, die Johannes predigte, und diesen Jesus von Nazareth gesalbt hat mit heiligem Geist und Kraft.« Jesus bezog die Prophetie Jesajas, daß die Zeit der Rettung da sei, auf sich selbst. Doch meistens vermied er es, sich als Messias zu bezeichnen, weil die Juden darunter einen politischen Befreier verstanden. Nur einmal bezeichnete er sich selbst als Messias – im Gespräch mit einer Sünderin an einem Brunnen. Als Petrus zu Jesus sagte: »Du bist der Christus!«, befahl Jesus ihm zu schweigen. Jesus wollte aufrichtige Jünger; er war kein Volksaufwiegler, der nur sich selbst einen Namen machen wollte.

Im Prozeß gegen Jesus interessierte die jüdischen Ankläger am meisten die Frage, ob Jesus wirklich der Messias war. Der Hohepriester fragte ihn: »Bist du der Christus, der Sohn des Hochgelobten?« »Ich bin's«, antwortete Jesus, und der Hohepriester, über diese vermeintliche Gotteslästerung erzürnt, sprach ihn schuldig. Jesus wurde zum Tode verurteilt.

Das NT stellt klar, daß dieses Urteil falsch war. Jesus *war* tatsächlich der Messias. Gott offenbarte das in seiner Auferweckung von den Toten. So sagte auch Petrus am Pfingsttag: »So wisse nun das ganze Haus Israel gewiß, daß Gott diesen Jesus, den ihr gekreuzigt habt, zum Herrn und Christus gemacht hat.«

S. *Christus; Israel: Religion.* 5Mo 18,15–22; Ps 2; 72; 110; Jes 11; 42,1–9; 49,1–6; 52,13–53,12; 61,1–3; Jer 23,5–6; 33,14–16; Hes 34,22–25; Mt 1,18.22–23; 16,16–20; 26,68; Mk 8,27–30; 14,61–64; s. Lk und Jo; Apg 2,36; 3,20–21; 4,26–28; 10,38; 18,28; 26,22.23

METALLVERARBEITUNG
s. *Bergbau*

METUSCHELACH (METHUSALEM) Der Mensch, der nach der Bibel am längsten lebte. Er starb im Jahr der Sintflut im Alter von 969 Jahren. 1Mo 5,22–27

MICHA 1. Der Prophet Micha lebte im 8. Jh. v.Chr., zur Zeit Jesajas, Amos' und Hoseas. Seine Botschaft erging sowohl an Israel als auch an Juda. Wie Amos klagte er die Führer, Priester und Propheten an, Ausbeuter der Armen und Hilflosen, Betrüger in Geschäften und Heuchler im Glauben zu sein. Deshalb würde Gottes Gericht über Samaria und Jerusalem kommen. Doch er predigte auch Hoffnung. Gott wird der ganzen Welt unter einem König aus dem Geschlecht Davids seinen Frieden schenken. Er faßte die Botschaft des Gesetzes so zusammen: »Es ist dir gesagt, Mensch, was gut ist, und was der Herr von dir fordert, nämlich Gottes Wort halten und Liebe üben und demütig sein vor deinem Gott« (6,8).
2. Micha, der Sohn Jimlas, ein Prophet, der zur Zeit König Ahabs lebte. Als Ahab in eine Schlacht gegen die Syrer ziehen wollte, ließ er Propheten darüber befragen. 400 sagten ihm Sieg voraus, nur Micha prophezeite eine Niederlage. Aus Zorn darüber ließ Ahab ihn ins Gefängnis werfen, doch die Vorhersage Michas traf ein. 1Kö 22

MICHAEL Ein Erzengel, der im Buch Daniel als Beschützer des jüdischen Volkes genannt wird. Da 10,21; 12,1; Jud 9; Offb 12,7

MICHAL Sauls jüngste Tochter, die Frau Davids. Sie half David, vor

Saul zu fliehen und rettete so sein Leben. Saul verheiratete sie dann mit einem anderen Mann. 1Sam 14,49; 18; 25; 2Sam 3; 6

MICHMAS Ein Ort ungefähr 10 km nordöstlich von Jerusalem. Er war von Geba durch ein tiefes Tal getrennt, doch an einer nicht so steilen Stelle führte eine wichtige Straße durch das Tal hindurch. Als die Philister in Israel einfielen und Gibea, die Hauptstadt Sauls bedrohten, lagerten sie bei Michmas. Jonatan und sein Waffenträger kletterten über eine steile Felsklippe zu den Philistern, und in der Panik, die sie dadurch auslösten, konnte Saul die Philister besiegen. Auf ihrem Weg nach Jerusalem eroberten die Assyrer auch Michmas; nach dem Exil wurde die Stadt wiederbesiedelt. 1Sam 13–14; Jes 10,28; Esr 2,27; Neh 7,31; 11,31

MIDIAN Die Midianiter lebten im Süden Edoms an der Küste des Roten Meeres. Sie trieben Handel und überfielen auf ihren Kamelen seßhafte Völker. Mose stieß in der Wüste Sinai auf sie und heiratete eine midianitische Frau. Die Midianiter waren Nachkommen Abrahams und seiner zweiten Frau, Ketura. 1Mo 25,1–6; 37,28; Ri 6–8; 2Mo 2,16ff; 3,1; 1Mo 25,1–6

MILET Ein Seehafen an der Westküste der heutigen Türkei. Am Ende seiner dritten Missionsreise blieb Paulus auf dem Weg nach Jerusalem eine Weile dort. Die Ältesten aus Ephesus besuchten ihn in Milet und verabschiedeten sich von ihm. An Timotheus schrieb Paulus, daß er seinen Helfer Trophimus wegen einer Krankheit in Milet zurücklassen mußte. Apg 20,15–38; 2Tim 4,20

MIRJAM Die Schwester Moses und Aarons. Sie paßte auf den kleinen ausgesetzten Mose im Schilfkörbchen auf und wartete, bis er in Sicherheit war. Nach dem Durchzug des Volkes Israel durch das Rote Meer führte sie den Reigen der singenden und tanzenden Frauen. Als sie sich später gegen Mose auflehnte, wurde sie für eine kurze Zeit mit Aussatz geschlagen. Mirjam starb in Kadesch, noch bevor die Israeliten das Verheißene Land erreichten. 2Mo 2,4.7–8; 15,20–21; 4Mo 12; 20,1

MITTLER Ein »Mittler« bringt zwei Menschen, die sich voneinander entfernt haben, wieder zusammen (versöhnt sie miteinander).

Als Adam Gott ungehorsam wurde, zerstörte seine Sünde die Gemeinschaft zwischen Gott und ihm. Im AT werden deshalb immer wieder Mittler zwischen Gott und den Menschen gebraucht. Die Propheten predigten im Namen Gottes und übermittelten so ihren Hörern Gottes Wort. Die Priester, die Gott Opfer darbrachten, vertraten die Menschen vor Gott. Mose vereinte beide Mittlerrollen in seiner Person. Doch, so wichtig Mose auch war, er konnte nie der wahre Mittler zwischen Gott und den Menschen sein, weil er selbst an der sündigen Natur aller Menschen teil hatte. Nur Jesus, der Mensch und Sohn Gottes war, konnte dieser Mittler sein, der den neuen Bund in Kraft setzte (s. Hebräerbrief).

S. *Versöhnung.* 2Mo 32,30–32; 33,11; 3Mo 16; 4Mo 12,6–8; 5Mo 5,4–5; Gal 3,19–20; 1Tim 2,5; Hbr 7,24–25; 8,6; 9,15; 12,24

MITYLENE Die wichtigste Stadt auf der griechischen Insel Lesbos vor der Westküste der heutigen Türkei. Paulus übernachtete dort auf seiner letzten Reise nach Jerusalem. Apg 20,14

MIZPA Der Name (er bedeutet
»Spähort«) mehrerer Orte. Als Jakob und Laban ihre friedliche Über-
einkunft schlossen, nannten sie den
Ort Mizpa. Ein Mizpa in Gilead
(vielleicht identisch mit Ramot-Gi-
lead) ist zur Zeit der Richter Schauplatz der Jeftageschichte.

Das wichtigste Mizpa ist eine Stadt
nicht weit nördlich von Jerusalem.
Zur Zeit der Richter und Samuels
war sie Versammlungsort der Israeliten. Samuel hielt dort regelmäßig Gericht. Den ersten König
Israels, Saul, stellte er dem Volk
auch in Mizpa vor. König Asa ließ
die Stadt befestigen und nach dem
Fall Jerusalems lebte der Statthalter der Babylonier, Gedalja, dort.
1Mo 31,44–49; Ri 10,17; 11; 20,1;
1Sam 7,5–16; 10,17; 1Kö 15,22;
2Kö 25,23

MOAB Südlich des Arnon lag das
Land der Moabiter. Dieses Volk, obwohl mit Israel und Ammon verwandt – durch Lot (1Mo 19,37) –,
wollte Israel nicht durch sein Gebiet
hindurch ins Land Kanaan ziehen
lassen. Es bedrängte Israel oft, und
die Propheten sagten ihm Gericht
an. Moab ist auch in der Liste der
Völker aufgeführt, die Ramses II.
von Ägypten um 1283 v.Chr. angriff. Die Stadt Dibon wurde dabei
erobert. Hier ließ viel später König
Mesa den Bericht über seinen Sieg
über Israel in Stein ritzen (die Mesa-
Inschrift). Die Moabiter glaubten,
daß ihr Gott, Kemosch, in der Geschichte handelte; darin kamen sie
dem Glauben Israels sehr nahe.
Moab war die Heimat Ruts. 4Mo
21; Ri 3,12–30; 11,17; Rut; 1Sam
14,47; 2Sam 8,2.12; 2Kö 1,1; 3,4.27;
13,20; 24,2; Jes 15

MOLOCH Eigentlich Melech =
König, eine heidnische Gottheit.

Zum Molochsdienst der Kanaanäer
gehörte das Verbrennen von Kindern. 5Mo 12,31; 1Kö 11,7; 2Kö
23,10

**MORESCHET/MORESCHET-
GAT** Die Heimatstadt des Propheten Micha. Sie lag wahrscheinlich in
der Nähe Mareschas südwestlich
von Jerusalem. Mi 1,1.14; Jer 26,18

MORIJA Das Gebirge, auf dem Abraham seinen Sohn Isaak opfern
sollte. Der Verfasser von 2Chro
sagt, daß der Tempel Salomos auf
dem Berg Morija errichtet wurde.
Doch die Samariter behaupteten,
daß der Garizim der Berg Morija
war. 1Mo 22,2; 2Chro 3,1

MOSE Der große Führer, der die Israeliten aus der Sklaverei in Ägypten durch die Wüste bis an die
Grenzen Kanaans führte. Er war in
Ägypten geboren und von einer
Tochter des Pharao als Ägypter erzogen worden. Nachdem er aber im
Zorn über die Grausamkeit gegen
die hebräischen Arbeiter einen
ägyptischen Aufseher erschlagen
hatte, mußte er aus Ägypten fliehen. Von da an lebte er in der Wüste
als Schafhirt und heiratete die
Tochter Jetros, des Mannes, der ihn
aufgenommen hatte.

Nach 40 Jahren sah er in der Wüste
einen Busch, der brannte, sich dabei
aber nicht verzehrte. Gott sprach
aus dem brennenden Busch zu ihm
und gab ihm den Auftrag, wieder
nach Ägypten zu gehen und den
Pharao darum zu bitten, sein Volk
ziehen zu lassen. Der Pharao weigerte sich, und bevor er seine Meinung änderte, mußte Gott erst zehn
Plagen senden. Endlich konnten die
Israeliten Ägypten verlassen. Doch
bald ließ sie der Pharao verfolgen.
Auch diesmal half Gott seinem Volk
wieder. Es entkam in die Wüste. Das

Heer des Pharao jedoch ertrank im Schilfmeer.

Nach drei Monaten erreichte das Volk den Sinai. Dort erhielt es die Zehn Gebote Gottes und die Anweisungen für den Bau der Stiftshütte. Dann zog das Volk weiter zur Oase Kadesch. Zwölf Spione wurden ins Land Kanaan ausgeschickt, von denen zehn mit entmutigenden Berichten zurückkehrten. Das Volk jammerte und lehnte sich gegen Mose auf. Gottes große Macht schien es vergessen zu haben. Zur Strafe für seinen Ungehorsam mußte es so lange durch die Wüste wandern, bis alle, die gemurrt hatten, gestorben waren. Der neuen Generation las Mose noch das Gesetz Gottes vor, dann übergab er Josua die Führung. Zum Schluß segnete Mose das Volk und stieg auf den Nebo, um das Land Kanaan zu sehen, das er wegen seines eigenen Ungehorsams nicht betreten durfte. Mose war 120 Jahre alt, als er auf dem Nebo starb.

In der Verklärung Jesu sahen die Jünger Mose und Elia, die beiden großen Männer des AT, bei Jesus stehen. 2Mo 2–5Mo 34; Lk 9,28ff

MOSEBÜCHER Die ersten fünf Bücher der Bibel werden als die »Gesetzbücher« bezeichnet. Sie sind unterschiedlichen Inhalts und enthalten Geschichte, Gesetzestexte, Anweisungen für Gottesdienste und religiöse Zeremonien, Predigten und Stammbäume.

Alle fünf Bücher haben ein gemeinsames Thema. Nach der Geschichte über den Anfang der Welt und der Menschheit, 1Mo 1–11, erzählen die Gesetzbücher die Geschichte des Gottesvolkes von der Berufung Abrahams bis zum Tod Moses – eine Zeitspanne von mehr als 600 Jahren

(von ca. 1900 v.Chr. bis 1250 v.Chr.). 1Mo enthält die Geschichten der Erzväter Israels und Josefs. Die anderen vier Bücher sind bestimmt von Mose, dem großen Führer Israels.

Das Zentralthema dieser Bücher ist die Schaffung eines Volkes, das Gott zur Verfügung steht. Der hebräische Name für die Gesetzbücher 1.-5. Mose ist *Tora*, der griechische Pentateuch.

Alte Schriftrolle mit dem Pentateuch, den ersten fünf Büchern der Bibel.

1. MOSE (GENESIS) Das erste Buch der Bibel ist ein Buch der Anfänge: »Genesis«, wie es auch genannt wird, heißt »Ursprung«.

Das Buch berichtet von der Schöpfung; Gott schuf das Universum sowie Mann und Frau. Genesis erzählt, welche guten Absichten Gott mit seiner Schöpfung hatte und wie alles anfing, einen falschen Lauf zu nehmen.

Das Buch besteht aus zwei Teilen. Die Kapitel 1–11 erzählen von der Schöpfung der Welt und der Menschen, von Adam und Eva, Kain und Abel, Noah und der Flut und dem Turmbau zu Babel.

Gottes gute Schöpfung wurde durch Rebellion, Selbstsucht, Stolz und Bösartigkeit des Menschen verdorben. Das Buch berichtet vom Beginn der Sünde und des Leidens – und von Gottes Verheißung.

Die Kapitel 12–50 handeln nur noch von der Geschichte eines Menschen: Abraham, seiner Familie und seinen Nachkommen. Abraham vertraute und gehorchte Gott, der ihn zum Vater seines Volkes Israel erwählte. Die Verheißung läuft weiter über seinen Sohn Isaak, seinen Enkel Jakob (auch Israel genannt) und dessen 12 Söhne, von denen die 12 Stämme Israels abstammen.

Dann folgt die Geschichte Josefs, eines Sohnes von Jakob. Er wird nach Ägypten verschleppt und läßt später seine ganze Familie nachkommen. Das Buch endet mit Gottes Versprechen, für sein Volk zu sorgen. In diesem ganzen Geschehen ist Gott der Handelnde, der das abfällige Volk straft und es führt und bewahrt und seine Geschichte lenkt.

2. MOSE (EXODUS) Das Wort Exodus bedeutet »Auszug«. Es wird berichtet, wie Gott das Volk Israel aus Ägypten führte, wo es in Sklaverei gelebt hatte und zu einer Nation herangewachsen war und zu seinem Volk machte.

Die Hauptperson des Buches ist Mose, der von Gott berufene und zubereitete Führer Israels.

Das Buch ist in drei Teile gegliedert. Kapitel 1–19: Gott befreit Israel aus der Sklaverei in Ägypten und führt es durch Mose durch die Wüste zum Berg Sinai.

Kapitel 20–24: Gott schließt am Sinai einen Bund mit seinem Volk. Er gibt ihm Gebote, nach denen es jetzt in der Wüste und später im Verheißenen Land leben soll. Die Grundlage des Gesetzes sind die 10 Gebote in Kapitel 20. Das Gesetz erfaßt das ganze Leben des einzelnen und der Gemeinschaft und stellt es vor Gott. Es ist Ausübung des Herrschaftsrechts Gottes.

Kapitel 25–40: Gott gibt dem Volk Anweisungen für den Bau der Stiftshütte und Vorschriften für das Priestertum. Dazwischen wird von dem Bundesbruch des untreuen Volkes (Tanz um das goldene Kalb) berichtet (1Mo 12–34).

3. MOSE (LEVITICUS) Es besteht fast nur aus Gesetzen: Gesetze für religiöse Riten, den Gottesdienst und das tägliche Leben. Sie sollten dem Volk helfen, recht vor Gott zu leben.

Das Buch hat seinen Namen von dem Stamm Levi (Leviticus), dem der Gottesdienst anvertraut war. Immer wieder geht es um Gottes Heiligkeit und seine vollkommene Güte, die so ganz anders als die der Menschen ist. Als Jesus das Gesetz zusammenfaßte, zitierte er unter anderem aus 3. Mose: »Du sollst deinen Nächsten lieben wie dich selbst, denn ich bin der Herr!« (19,18).

3. Mose ist wie folgt gegliedert:
Kapitel 1–7: Opfergesetze.
Kapitel 8–10: Priestergesetze.
Kapitel 11–15: Reinheitsgesetze für das tägliche Leben.
Kapitel 16: Der große Versöhnungstag, das jährliche Opfer, das das Volk von Sünde reinigte.
Kapitel 17–27: Heiligkeitsgesetze, die Leben und Gottesdienst vor dem heiligen Gott ordnen, gepaart mit Verheißungen und Drohungen.

4. MOSE (NUMERI) erzählt die Ge-

schichte Israels auf der 40jährigen Wanderschaft durch die Wüste. Der Bericht beginnt zwei Jahre nach der Flucht aus Ägypten und endet kurz vor dem Einzug in Kanaan.

Der Name »Numeri«, Zählung, kommt von den zwei Volkszählungen am Berg Sinai und in der Ebene von Moab, auf dem Jordanufer gegenüber Jericho. Zwischen diesen beiden Zählungen lagerte das Volk zuerst in der Oase Kadesch und zog dann ins Ostjordanland.

4. Mose ist eine lange traurige Geschichte der Unzufriedenheit und Klagen Israels. Sahen sich die Israeliten Schwierigkeiten gegenüber, so fürchteten sie sich, wurden mutlos und lehnten sich gegen Gott und Mose auf. Doch trotz des Ungehorsams sorgte Gott weiter für sein Volk. Von denen, die den Auszug aus Ägypten mitgebracht hatten, kamen jedoch nur Kaleb und Josua ins Verheißene Land.

5. MOSE (DEUTERONOMIUM) enthält eine Reihe von Reden, die Mose in der Ebene von Moab vor Israel hielt, kurz vor dem Einzug ins Verheißene Land.

Die Bezeichnung »Deuteronomium« bedeutet übersetzt zweite Gesetzgebung. Eigentlich werden hier nur die Gesetze wiederholt, die Gott seinem Volk am Sinai gegeben hatte (s. 2., 3. und 4. Mose). Sie sind auf das seßhafte Leben im Land Kanaan ausgerichtet.

In diesem Rahmen erzählt Mose die Ereignisse der letzten 40 Jahre, wiederholt die 10 Gebote und bestimmt Josua zu seinem Nachfolger als Führer des Volkes. Das wichtigste Thema ist, daß Gott sein Volk gesegnet und gerettet hat. Das soll es nie vergessen und dafür Gott lieben und gehorchen.

Das höchste Gebot, das Jesus in Mt 22,37 nennt: »Du sollst lieben Gott, deinen Herrn, von ganzem Herzen, von ganzer Seele und von ganzem Gemüte«, steht in 5Mo 6,5.

MÜHLE s. *Wohnen: Hausrat*

MUSIK Musik und Tanz sind seit frühester Zeit fester Bestandteil aller Kulturen. Israel bildete keine Ausnahme.

Blinder Harfenspieler in Ägypten

Es gab in Israel drei Arten von Instrumenten: Saiten-, Blas- und Schlaginstrumente. Weil die Beschreibung der einzelnen Instrumente ungenau ist, können wir sie nicht alle identifizieren. Doch über die folgenden wissen wir Bescheid:

SAITENINSTRUMENTE Das Wort *Kinnor* wird in der Bibel normalerweise mit »Harfe« übersetzt, es kann aber ebensogut »Leier« bedeuten. Auf jeden Fall war es ein kleines, transportables, acht- oder zehnsaitiges Instrument mit einem hölzernen Rahmen. Wir wissen nicht, ob es durch Zupfen gespielt oder ob dazu ein Bogen benutzt wurde.

Davids Harfe war eine »Kinnor«, das erste in der Bibel erwähnte Instrument. Rekonstruktion aus dem Musik-Museum in Haifa.

Die *Näbäl*, übersetzt mit »Psalter«, war ein anderes Saiteninstrument, das durch Zupfen gespielt wurde. Das Wort *Näbäl* bedeutet »Ledertasche« und meint vielleicht einen gewölbten Resonanzraum. David spielte sowohl *Kinnor* als auch *Näbäl*.

BLASINSTRUMENTE Die *Halil* war eine einfache Pfeife aus Rohr,

Ein altertümlicher »Psalter« (Näbäl) Rekonstruktion aus dem Musik-Museum in Haifa, Israel.

Holz oder Knochen. *Halil* bedeutet »aushöhlen« und beschreibt die Herstellung des Instruments. Zum Spielen wurde ein dünnes Rohr gebraucht, von denen der Musiker immer mehrere bei sich hatte.

Das *Keren* (Kornett, Horn) war eine Art Trompete aus einem Tierhorn. Wenn es aus einem Widderhorn war, nannte man es *Schofar* (oft mit »Trompete« übersetzt). Das *Schofar*

Ägyptische Trommel aus Holz und bemaltem Fell

Zwei ägyptische Sistren sowie Rasseln aus Schilfrohr

wurde bei religiösen und anderen öffentlichen Ereignissen geblasen. Die *Hazozra* war eine Metalltrompete, in biblischer Zeit aus Silber. Sie rief die Menschen zu Versammlungen zusammen.

SCHLAGINSTRUMENTE Die *Menaanim* waren ein Schlaginstrument, wahrscheinlich aus Scheiben bestehend, die an Metallstangen befestigt waren, die aufeinanderschlugen.

Frauen, die tanzen und Handtrommeln schlagen. Mädchen spielen dazu Klappern. Ägypten, 1550–1200 v.Chr.

Meziltaim waren Kupferbecken. Sie wurden von den Leviten im Gottesdienst geschlagen.

Die *Toph* war ein mit einer Haut bespanntes Schlaginstrument. Luther übersetzt es mit »Pauke«. Es war ein Begleitinstrument bei Gesang und Tanz. Während des Exodus nahm Mirjam, die Schwester Aarons, »eine Pauke in ihre Hand, und alle Frauen folgten ihr nach mit Pauken im Reigen« (2Mo 15,20).

Da es den Israeliten untersagt war, Bilder von Menschen zu malen, wissen wir leider nicht, wie die Instrumente gespielt wurden. Nur nach ägyptischen, assyrischen und babylonischen Bildern können wir uns eine ungefähre Vorstellung machen. Die Instrumente bestanden aus verschiedenen Materialien – aus Zedern- und Sandelholz, Leder, Darm, Elfenbein, Muscheln, Gold und Silber.

Im Tempelgottesdienst spielte Musik eine große Rolle. 1Chro 15,16–24 berichtet von der Einsetzung des Tempelchores und Orchesters, »daß sie laut sängen und mit Freuden«. Der Tempelgesang war oft im Wechsel. Eine Gruppe sang eine Zeile, und die andere antwortete mit der nächsten. Tanzen im Gottesdienst war Ausdruck überquellender Freude. So tanzten »David und ganz Israel mit aller Macht vor Gott her«, als die Bundeslade nach Jerusalem überführt wurde (1Chro 13,8).

MYRA Ein Hafen in Lyzien im Südwesten der heutigen Türkei. Dort bestiegen Paulus und seine Mitreisenden auf der Fahrt nach Rom ein anderes Schiff. Myra war Zwischenstation für die römischen Getreidetransporte aus Ägypten. Apg 27,5

MYRRHE ist das fahle, gelbe Harz eines Strauches, der in Somalia, Äthiopien und Arabien wächst. Myrrhe war Bestandteil des Öls im Stiftszelt und im Tempel. Myrrhe wurde Jesus von den Weisen gebracht und war in das Getränk gemischt, das man ihm am Kreuz als schmerzstillendes Mittel geben wollte. Nach Jesu Tod balsamierten Josef und Nikodemus seinen Körper mit Myrrhe und Aloe. 2Mo 30,23–24; Mt 2,11; Mk 15,23

MYRTHE Ein Immergrün mit duftenden Blättern und süß riechenden weißen Blüten, aus denen Parfum hergestellt wird.

MYSIEN Ein Gebiet im Nordwesten Kleinasiens, Teil der römischen Provinz Asia. Paulus kam auf seiner zweiten Missionsreise in dieses Gebiet, doch Gott hinderte ihn daran, nach Bithynien weiterzureisen. So reiste Paulus weiter nach Westen bis nach Troas, wo es ihm klar wurde, wohin er gehen sollte. Apg 16,7–8

NAAMAN Ein syrischer General, den der Prophet Elisa vom Aussatz heilte. 2Kö 5

NABAL Ein reicher Schafzüchter in Südjuda, der David nicht zu unterstützen bereit war. Seiner Frau Abigail gelang es, David von einem Rachefeldzug abzuhalten. 2Sam 25

NABATÄER Nach Alexander dem Großen ließ sich ein anderer arabischer Stamm, die Nabatäer, auf dem ehemals edomitischen und midianitischen Gebiet nieder und errichtete eine starke Königsherrschaft mit der Hauptstadt Petra. Sie überwachten die Handelswege nach Damaskus und Gaza. Kurze Zeit beherrschten sie auch Damaskus (2Ko 11,32), bis sie 106 n.Chr. von Trajan besiegt wurden.

NABOT Der Besitzer eines Weinbergs in Jesreel, in der Nähe des Palastes König Ahabs. Ahab wollte den Weinberg kaufen, doch Nabot gab ihn nicht her. Daraufhin bestach Isebel falsche Zeugen, die aussagten, daß Nabot Gott und den König gelästert habe. Nabot wurde verurteilt und zu Tode gesteinigt. Jetzt hatte Ahab zwar den Weinberg, doch Gott ließ ihm durch Elia sagen, daß zur Strafe für diesen Mord seine ganze Familie ausgerottet werden sollte. 1Kö 21

NACHTWACHE Im AT war nach militärischem Brauch die Nacht in drei (18–22, 22–2, 2–6 Uhr), im NT nach griechisch-römischer Sitte in vier Nachtwachen (Abend, Mitternacht, Hahnenschrei, Morgen) unterteilt. Ps 90,4; Klgl 2,19; Mk 6,48; Lk 12,38

NADAB Aarons ältester Sohn. Er wurde Priester, starb jedoch, als er und sein Bruder Abihu Gottes Gebot mißachteten. 2Mo 6,23; 3Mo 10

NADELÖHR Jesus erwähnt zur Erläuterung einer schieren Unmöglichkeit in seinem Gleichnis vom Kamel und dem Nadelöhr betont zwei extrem verschiedene Dinge aus dem Alltagsleben seiner Zuhörer: das größte Lebewesen und die kleinste bekannte Öffnung. Andere Erklärungsversuche (Kamel als Hörfehler: ein ähnliches Wort für Tau, Seil sei gemeint; oder Nadelöhr als Bezeichnung einer kleinen Mauerpforte) schwächen das Bild ab. Mt 19,24

NAEMI s. *Noomi*

NAFTALI Der fünfte Sohn Jakobs, Vater des Stammes Naftali. 1Mo 30,8; 49,21

NAHOR 1. Der Vater Tarahs und Großvater Abrahams. 1Mo 11,22–25
2. Der Bruder Abrahams. 1Mo 11,26ff; 22,20ff

NAHRUNGSMITTEL s. *Ernährung*

NAHUM Ein Prophet aus Elkosch, wahrscheinlich in Juda. Sein Name bedeutet »Tröster«. Das Buch Nahum ist ein Gedicht. Der Prophet sagt den Untergang Ninives, der Hauptstadt Assyriens, voraus. Er freut sich, daß Gott das grausame Volk richten wird.
Ninive fiel 612 v.Chr. in die Hände der Babylonier und Meder, und wahrscheinlich ist das Buch Nahum ungefähr zu der Zeit geschrieben.

NAIN Eine Stadt in der Nähe Nazareths in Galiläa, wo Jesus den Sohn einer Witwe auferweckte. Lk 7,11

NARDE Aus der Nardenpflanze, die in Indien wächst, wurde die süß riechende Nardensalbe gemacht. Sie wurde in versiegelten Alabaster-

Die wohlriechende Nardenpflanze

krügen nach Israel importiert, damit der Geruch erhalten blieb. Das war das kostbare Geschenk, das Maria über Jesus ausgroß. Hhl 4,13; Mk 14,3; Jo 12,3

NATHAN Prophet am Hof Davids. Als David Gott einen Tempel bauen wollte, sagte ihm Nathan, daß Gott dazu seinen Sohn ausersehen hätte, nicht ihn. Nach Davids Ehebruch mit Batseba und dem Mord an ihrem Mann konfrontierte Nathan David mit seiner Schuld. Als David alt war, beauftragte er Nathan und den Priester Zadok damit, Salomo zum König zu salben. 2Sam 7; 12; 1Kö 1; 1Chro 17

NATHANAEL Einer der zwölf Jünger Jesu. Er wird nur im Evangelium des Johannes erwähnt, ist aber vielleicht mit dem Bartholomäus der anderen Evangelien identisch. Jo 1,45ff; 21,2

NAZARETH Eine Stadt in Galiläa, der Heimatort der Eltern Jesu, Maria und Josef. Jesus wuchs in Nazareth auf, wirkte aber später von Kapernaum aus. Eine Predigt in der Synagoge erzürnte die Bewohner Nazareths so, daß sie versuchten, Jesus zu töten.
Nazareth lag nahe an einigen wichtigen Handelsstraßen und hatte dadurch immer Beziehungen zur weiteren Umwelt. In Nazareth gibt es Felsengräber aus neutestamentlicher Zeit, denen die Beschreibung des Grabes Jesu in den Evangelien sehr nahekommt. Lk 1,26; Mt 2,22–23; Lk 2,39.51; Mk 1,9; Mt 4,13; Lk 4,16–30; Jo 1,45–46 usw.

NAZORÄER (Nazarener) Beiname Jesu, der die Herkunft Jesu von Nazareth bezeichnen soll, aber wohl auch auf den »Zweig« (hebräisch *nezer*) in Jes 11,1 anspielt. Später auch Bezeichnung für die Christen. Mt 2,23; Apg 24,5

NEAPOLIS Der Hafen Philippis in Mazedonien (Nordgriechenland). Hier betrat Paulus zum ersten Mal europäischen Boden. Er antwortete damit auf den Hilferuf aus Mazedonien, den er im Traum empfangen hatte. Von hier aus segelte er das letzte Mal nach Jerusalem. Heute heißt der Ort Kavalla. Apg 16,11; 20,6

NEBO Ein Berg östlich des Nordzipfels des Toten Meeres in Moab. Vor seinem Tod stieg Mose auf den Nebo und sah von dort aus das Verheißene Land. Vom Berg Nebo (808 m) aus hat man einen weiten Ausblick auf das Land Israel. 5Mo 32,48–52; 34,1–5

NEBUKADNEZAR Von 605–562 v.Chr. König von Babylon. Er war ein Sohn Nabopolassars, der das assyrische Reich erobert hatte. Nebukadnezar führte das Heer seines Vaters gegen die Ägypter und besiegte sie 605 v.Chr. bei Karkemisch. Dadurch bekam er Macht über die Gebiete, die Ägypten vorher kontrolliert hatte, darunter auch Juda. Drei Jahre lang zahlte Juda ihm Tribut, doch 597 v.Chr. machte König Jojakim einen Aufstand. Nebukadnezar griff Jerusalem an und nahm Jojachin, der gerade König geworden war, und andere bedeutende

Bürger als Gefangene mit nach Babylon. Zedekia setzte er als neuen König ein. Als der später auch einen Aufstand machte, belagere Nebukadnezar Jerusalem, zerstörte es 586 v.Chr. und führte alle Vornehmen ins Exil nach Babylon. Daniel war einer von den bei der ersten Wegführung verschleppten Juden. Er wurde am Hof Nebukadnezars ausgebildet und, weil er die Träume des Königs deuten konnte, zu dessen oberstem Ratgeber gemacht. Der Erfolg machte Nebukadnezar stolz: »Das ist das große Babel, das ich erbaut habe zur Königsstadt durch meine große Macht zu Ehren meiner Herrlichkeit.« Doch Gott demütigte ihn durch eine Geisteskrankheit. Als der König wieder gesund wurde, lobte er Gott. 2Kö 24–25; Jer 21–52; Hes 26,7ff; 29,18; 30,10; Da 1–4

NEBUSARADAN Befehlshaber der Leibwache Nebukadnezars. Er war nach der Eroberung Jerusalems für die Wegführung der Juden ins Exil verantwortlich. Er ließ auch den Tempel niederbrennen und die Stadt bis auf die Grundmauern zerstören. Auf Befehl Nebukadnezars behandelte er den Propheten Jeremia freundlich und ließ ihn in Juda bleiben. 2Kö 25; Jer 39ff

NECHO s. *Pharao*

NEGEV/SÜDLAND Ein trockenes Steppen- und Wüstengebiet ganz im Süden Israels. Die Wüste Negev geht schließlich in die Wüste Sinai über. Abraham und Isaak zogen durch die Wüste Negev und ebenso die Israeliten vor ihrer Landnahme. 1Mo 20,1; 24,62; 4Mo 13,17; 21,1; Jes 30,6

NEHEMIA Nehemia, ein Jude im Exil, bekam von dem Perserkönig Artaxerxes I. 445 v.Chr. die Erlaubnis, eine Gruppe Israeliten nach Jerusalem zurückzuführen. Das Buch Nehemia, abgefaßt als seine Memoiren, zeigt ihn als geborenen Führer und als einen Mann, der Gott wirklich vertraut.

Das Buch kann in drei Abschnitte geteilt werden:

Kapitel 1–7: Nehemia kommt nach Jerusalem. Er überzeugt das Volk trotz hartnäckigen Widerstands davon, daß die Mauern Jerusalems wieder aufgebaut werden müssen, und führt wichtige religiöse Reformen durch.

Kapitel 8–10: Esra verliest das Gesetz Gottes. Das Volk bekennt seine Sünden und bekehrt sich zu Gott.

Kapitel 11–13: Nehemias Amtszeit als Statthalter von Juda. Er wurde vom persischen König dazu eingesetzt.

NEUES TESTAMENT Beim AT haben wir kaum genug alte Textzeugen, beim NT haben wir fast schon zu viele! Die Wissenschaftler müssen sich mit vielen Tausenden alten Handschriften des NT auseinandersetzen und die glaubwürdigste heraussuchen.

Das NT war ursprünglich in Griechisch verfaßt. Es gibt Tausende von griechischen Manuskripten, daneben aber auch früher Übersetzungen: lateinische, syrische, ägyptische (koptische) und andere. Ferner findet man Zitate aus dem NT bei frühen christlichen Schriftstellern und Theologen (manchmal sind sie jedoch nicht ganz genau).

Viele griechische Handschriften überliefern den Text, der im 5. Jh. n.Chr. für maßgeblich erklärt wurde. Die erste gedruckte Ausgabe des griechischen Textes erschien 1516 – herausgegeben von dem holländischen Wissenschaftler Erasmus von

Rotterdam. Bis dahin hatte niemand die Genauigkeit dieses Textes angezweifelt.

In den nächsten zwei Jahrhunderten erschienen Bibeln, die in Anmerkungen darauf hinwiesen, wo bestimmte andere griechische Handschriften vom damaligen Standardtext des NT abwichen. Besonders wichtige Beispiele enthält der Text des Stephanus, der bei der Übersetzung der englischen King-James-Version benutzt wurde, und die Ausgabe von Elzevir (1633), die die Grundlage für weitere Übersetzungen des NT in Europa wurde (er ist bekannt als »überlieferter Text« – oder *textus receptus*).

Doch im 18. und 19. Jh. begannen die Wissenschaftler, sich tiefer in die Geschichte des NT einzuarbeiten. Wegweisend war die Textforschung des württembergischen Pietisten Joh. A. Bengel. Sie entdeckten, daß viele ältere Manuskripte des NT von der Standardversion des 5. Jh. abwichen und daß es wichtiger war, danach zu fragen, wie alt und wie gut ein Manuskript war, statt wie viele Exemplare einer Schrift es gab. Andere Wissenschaftler fanden heraus, daß sich Handschriften, die einer bestimmten Textvorlage folgten, zu »Familien« zusammenstellen ließen. Man weiß heute, daß alte Textfamilien, wie der »alexandrinische« oder der »westliche« Text, dem Urtext näher kommen als die Ausgabe des 5. Jh.

WIE DIE MANUSKRIPTE ABGESCHRIEBEN WURDEN Vor der Erfindung des Buchdrucks im 15. Jh. mußten alle Schriftstücke von Hand vervielfältigt werden. Oft diktierte ein Oberschreiber, während andere Schreiber den Text nach seinem Diktat schrieben. Wenn ein Schreiber sich verhörte oder seine Konzentration nachließ, entstanden Fehler. Auch ein Schreiber, der unmittelbar von einer Handschrift abschrieb, konnte durch Verlesen oder Mißverstehen, aber auch aus Zufall, Fehler machen.

Solche handgeschriebenen Originale waren teuer. Die christlichen Kirchen besaßen in der Regel wenige Handschriften, die sich die Glieder teilen mußten. Zuerst hat man die Bücher des NT auf Rollen aus Papyrus oder Pergament geschrieben. Doch seit dem 2. Jh. benutzten die Christen vermutlich die Buchform, die wir auch heute noch haben (genannt *Codex*). Bücher waren leichter zu handhaben als die unhandlichen Rollen.

EIN ZUVERLÄSSIGER TEXT DES NEUEN TESTAMENTS Zwei der wichtigsten Handschriftengruppen für unser NT sind die Bodmer-Papyri (eines davon stammt aus dem späten 2. Jh.) und die Chester-Beatty-Papyri (wahrscheinlich aus dem frühen 3. Jh.). Doch sie enthalten nicht das ganze NT. Der *Codex Sinaiticus*, der aus dem 4. Jh. stammt, enthält das ganze NT; und der *Codex Vaticanus* umfaßt alles bis zu Hebr 9,13. Diese beiden Manuskripte sind wahrscheinlich von Berufsschreibern in Alexandrien (Ägypten) angefertigt worden.

Die beiden zuletzt genannten Kodexe bilden die Hauptquellen für den Text des griechischen NT, den die Gelehrten Westcott und Hort im 19. Jh. herstellten. Dieser Text ist zuverlässiger als der Standardtext des 5. Jh., der den vielen älteren Übersetzungen zugrunde liegt. Die beiden oben genannten Papyrussammlungen wurden erst nach der Zeit Westcotts und Horts gefunden. Sie und andere Handschriften sind Grundlage einer noch urtextgetreueren Ausgabe des NT. Seitdem sind weitere Papyrusfunde gemacht worden. Es gibt keine einzelne Handschrift, die eindeutig die beste wäre. Zuverlässigkeit und Genauigkeit einer jeden muß sorgfältig überprüft werden.

In den letzten 250 Jahren haben viele Wissenschaftler sorgfältig daran gearbeitet, einen Text des NT herzustellen, der dem Urtext so nahe wie möglich kommt. Die kleinen Unsicherheiten, die noch bleiben, betreffen meistens nur einzelne Wörter oder Endungen. Es besteht jedoch kein Zweifel über die Grundaussagen des NT.

WIE DAS NT ZU EINEM BUCH WURDE Obwohl wir kaum authentische Berichte über die Frühstgeschichte der Schriften des NT haben, können wir die Entstehung des NT in seiner heutigen Gestalt mit ziemlicher Gewißheit rekonstruieren. Die ersten christlichen Versammlungen glichen wahrscheinlich den Gottesdiensten der Juden. Bestimmte Abschnitte des AT wurden verlesen. Da die Christen Jesus Christus verehrten, war es natürlich, daß in ihren Gottesdiensten zusätzlich etwas über ihn vorgetragen wurde. Anfänglich waren es wohl mündliche Berichte derer, die Jesus noch gekannt hatte. Später, als die Gemeinden mehr und die Augenzeugen weniger wurden, schrieb man diese Erzählungen auf. So entstanden die vier Evangelien (Matthäus, Markus, Lukas und Johannes), die einen wichtigen Platz im Gottesdienst einnahmen.

Die Apostel und andere Führer hatten eine ganze Reihe Briefe an Gemeinden und Einzelpersonen geschrieben. Da diese Briefe die Bedeutung des Evangeliums für das Leben der Christen und den Inhalt des Glaubens darlegten, wurden sie in den Gemeinden weiter verbreitet (Kol 4,16). Die Apostelgeschichte wurde als Fortsetzung des Lukas-Evangeliums aufgenommen. Sie bildet den einzigen vollständigen Bericht über die Anfänge der christlichen Gemeinde.

Schon vor 150 n.Chr. benutzten die Gemeinden die vier Evangelien. Die märchenhaften, legendarischen Jesuserzählungen, die vor allem nach 150 n.Chr. entstanden, fanden keinen Zugang zu den Gottesdiensten. Die Evangelien nach Matthäus, Markus, Lukas und Johannes galten als Autorität über Leben und Lehre Jesu. Auch die Paulusbriefe waren seit frühester Zeit (ca. 120 n.Chr.) allgemein verbreitet und standen den Evangelien gleichwertig zur Seite.

Die übrigen Bücher des NT waren auch von frühester Zeit an bekannt, wurden aber nicht in allen Gemeinden gelesen. Die Offenbarung wurde bereits im 2. Jh. gelesen, erhielt jedoch erst im 3. Jh. allgemeine Verbreitung. Der Hebräerbrief wurde gegen Ende des 1. Jh. gelesen, doch bis ins 4. Jh. war er im Westen nicht in allen Gemeinden angenommen. Die allgemeine Anerkennung des 2. Petrus-, des Judas- und Jakobusbriefs, sowie des 2. und 3. Johannesbriefs zog sich noch länger hin. Die Schriften des NT wurden zu Anfang hauptsächlich im Gottesdienst verlesen. Eigneten sie sich dafür nicht, hielt man sie auch sonst nicht für besonders nützlich.

Kein Konzil entschied willkürlich darüber, aus welchen Büchern sich das NT zusammensetzen sollte.

Vielmehr orientierten sich die Gemeinden an dem, was apostolischen Ursprungs war, und an dem, was vom Geiste Jesu geprägt war. Erst nachdem diese Schriften schon lange die Gemeinde genährt und geprägt hatten, kamen auf dem Konzil von Laodicea (363 n.Chr.) und auf dem Konzil von Karthago (397 v.Chr.) die Bischöfe überein, eine Liste von Büchern, identisch mit unserem NT, für maßgeblich zu erklären, nur daß in Laodicea die Offenbarung nicht dazu gerechnet wurde. Hinter allem stand bei den Gemeinden die Frage, ob die Schriften, die das NT bilden, wahrheitsgetreu das Zeugnis und die Erfahrung der Apostel wiedergaben – der Männer, die am engsten mit Jesus zusammengelebt hatten.

NEUJAHR s. *Feste*

NEUMOND s. *Feste*

NIKODEMUS Pharisäer und Mitglied des Hohen Rates, des Synedrions. Er kam eines Nachts heimlich, um mit Jesus zu sprechen. Jesus sagte ihm: »Es sei denn, daß jemand von neuem geboren werde, so kann er das Reich Gottes nicht sehen.« Nikodemus verstand nicht, was damit gemeint war, doch er setzte sich später für Jesus ein, als die Pharisäer ihn verhaften lassen wollten. Jo 3,1–20; 7,50ff; 19,39–42

NIL Der große Fluß, von dem die Wirtschaft Ägyptens abhängig ist. Der Nil fließt aus dem Herzen Afrikas ungefähr 6500 km bis zum Mittelmeer. Das fruchtbare Tal des Nil (in Oberägypten ist es nie mehr als 19 km breit) grenzt an beiden Seiten an die Wüste. Jedes Jahr im Frühling trat der Nil über seine Ufer und ließ dabei eine Schicht fruchtbaren Schlammes zurück. Auf dem überfluteten Gebiet säte man Getreide.

Eine zu hohe Flut bedeutete Zerstörung, eine zu niedrige Hungersnot. Der Fluß war auch ein wichtiger Transportweg. Ungefähr 20 km nördlich des heutigen Kairo teilt sich der Nil in den westlichen und den östlichen Arm, dazwischen liegt flaches Marschland, das Nildelta. Der Nil spielt in den Träumen von Josefs Pharao eine Rolle. Zur Zeit Moses sollten alle männlichen Kinder der Hebräer im Nil ertränkt werden. Mose selbst wurde von seinen Eltern in einem Körbchen im Schilf am Ufer des Nil versteckt. Der Nil wurde auch von den Plagen in Mitleidenschaft gezogen, die Gott sandte, um den Pharao zu zwingen, die Israeliten ziehen zu lassen. Auch die Propheten erwähnen den Nil oft. S. *Ägypten.* 1Mo 41,1–36; 2Mo 1,22; 2,3–10; 7,17–25; 8,1–15; Jes 18,2 usw.

NINIVE Eine wichtige Stadt in Assyrien, besonders zur Zeit Sanheribs. Die Bibel berichtet, daß Ninive von Nimrod dem Jäger gegründet wurde. Der Ort hat auf jeden Fall eine sehr lange Geschichte, die bis in die Zeit um 4500 v.Chr. zurückreicht. Seit 2300 v.Chr. gab es in der Stadt einen Tempel für die Göttin Ischtar.

Um 1250 v.Chr., als die Macht Assyriens wuchs, gewann auch Ninive an Bedeutung. Mehrere Assyrerkönige hatten ihre Paläste dort, und Sanherib ließ vieles wieder instandsetzen bzw. neu bauen.

Reliefs an den Wänden seines neuen Palastes zeigen Sanheribs Siege, darunter auch die Belagerung von Lachisch in Juda. In Ninive haben Archäologen auch einen auf Ton geritzten Text gefunden, der beschreibt, wie König Hiskia in Jerusalem »wie ein Vogel eingeschlossen war«.

König Assurbanipal und seine Frau in ihrem Garten in Ninive. Ausschnitt eines assyrischen Reliefs aus dem 7. Jh. v.Chr.

Assurbanipal, der übernächste König, ließ eine Bibliothek einrichten, in der unzählige Schriften auf Tontafeln gesammelt waren. Darunter befanden sich das Gilgamesch-Epos (mit dem Bericht von einer Sintflut) und das Enuma Elisch, eine Schöpfungserzählung. 612 v.Chr. fiel Ninive an die Babylonier.

Jona wurde nach Ninive gesandt, und Nahum prophezeite gegen die Stadt. 1Mo 10,11; 2Kö 19,36; Jon, Nah, Lk 11

NOAH Noah war ein frommer Mann, der in einer bösen Zeit lebte. Gott konnte die Schlechtigkeit der Menschen nicht länger ertragen und schickte eine furchtbare Flut. Nur Noah und seine Familie überlebten sie. Er befolgte die Anweisungen Gottes genau und baute ein großes Boot, ungefähr 133 m lang. Die anderen Menschen sahen, was er tat, hörten aber nicht auf seine Warnungen. Als der Regen anfing, gingen Noah, seine Frau, seine drei Söhne und deren Frauen in die Arche, außerdem von jedem Lebewesen ein Paar. Als das Wasser nach der Flut wieder sank, lief die Arche auf einem Berg auf Grund. Gott gab Noah das Versprechen, daß er nie mehr eine solche Flut senden wollte; zum Zeichen dafür setzte er den Regenbogen. Noah starb in hohem Alter. 1Mo 6–9; 1Pt 3,20

NO/NO-AMON Die alte ägyptische Hauptstadt Theben, die am Nil in Oberägypten liegt, ungefähr 500 km südlich des heutigen Kairo. Dort stehen zwei große Tempel des Gottes Amon (Karnak und Luxor). Von ca. 1500–1000 v.Chr. an, als Amon zum Hauptgott des ägyptischen Reiches wurde, flossen Reichtum und Schätze in die Stadt. Doch auch sie wurde 663 v.Chr. von Assurbanipal von Assyrien erobert. Die Propheten Jeremia und Hesekiel sagten Gericht für Theben (No-Amon) und andere ägyptische Städte an. Nah 3,8–10; Jer 46,25; Hes 30,14–19

NOOMI Die Schwiegermutter Ruts. Noomi und ihr Mann Elimelech waren wegen einer Hungersnot mit ihren beiden Söhnen, Machlon und Kiljon, nach Moab gezogen. Machlon und Kiljon hatten dort Moabiterinnen geheiratet. Nach dem Tod ihres Mannes und ihrer Söhne zog Noomi wieder in ihre Heimat Bethlehem. Rut ging mit ihr. Rut heiratete dort Boas, einen Verwandten der Noomi. Ihr Sohn war der Großvater Davids. Noomi sorgte sich um das Kind wie um ihren eigenen Sohn. Rut

NUMERI (4. Mose) s. *Mosebücher*

OBST s. *Ernährung; Landwirtschaft*

ÖL s. *Krankheiten; Oliven; Salbung*

ÖLBERG Ein bis 812 m hoher Berg im Osten Jerusalems jenseits des Kidrontales. Zur Zeit Jesu war er mit Olivenhainen bepflanzt.

König David passierte ihn auf seiner Flucht vor Absalom, und Salomo errichtete einen Götzenaltar auf dem Ölberg. Später, während des Exils, sah Hesekiel, wie die Herrlichkeit Gottes den Tempel verließ und sich auf den Ölberg zu bewegte. Der Prophet Sachaja sah in einer Vision Gott am Tag des Gerichts auf dem Ölberg stehen, der sich in zwei Teile spaltete.

Als Jesus im Triumph in Jerusalem eintritt, kam er vom Ölberg. Dort hatte er beim Anblick der Stadt geweint, weil er ihr Schicksal kannte. Immer, wenn Jesus von Betanien aus nach Jerusalem ging, mußte er über den Ölberg. Der Garten Gethsemane lag am Fuß des Berges. Vom Ölberg aus ereignete sich die Himmelfahrt Jesu.

2Sam 15,30; 2Kö 23,13; Hes 11,23; Sach 14,4; Lk 19,29.37.41–44; 21,37; 22,39; Apg 1,12 usw.

OFFENBARUNG Menschen können nen Gott nicht erkennen, es sei denn, er offenbart sich selbst. In seiner Reinheit und Majestät lebt er »in einem Licht, da niemand zukommen kann«. Gottes Wirken wird in der von ihm geschaffenen Welt sichtbar. Das ist in gewissem Sinn Offenbarung. Doch wer und wie er selbst ist, können wir nicht wissen, es sei denn, er zeigt es uns. Ein Beispiel dafür ist, wie sich Gott beim brennenden Dornbusch dem Mose offenbart; Mose selbst hätte Gott nie von sich aus erkennen können.

In der Geschichte Israels offenbarte sich Gott durch sein Handeln, besonders durch die Befreiung seines Volkes aus der Knechtschaft in Ägypten. Doch immer wieder erkannte das Volk das Handeln Gottes nicht. Deshalb schickte Gott Propheten, durch die er zu seinem Volk redete.

»Nachdem Gott in früheren Zeiten vielfach und auf verschiedene Weise zu den Vätern geredet hat durch die Propheten, hat er jetzt am Ende dieser Tage zu uns geredet durch den Sohn«, schrieb der Verfasser des Briefes an die Hebräer. Jesus Christus selbst ist letzte und vollständige Offenbarung Gottes. Er ist Gott – in einer Gestalt, die wir verstehen können: Er kam als Mensch auf die Erde.

Die Bibel selbst ist »Offenbarung«. Sie ist der schriftliche Bericht dessen, was Gott in der Geschichte und durch Jesus Christus gesagt und getan hat – seine Botschaft an die Menschen, von der Berufung Abrahams bis zu den Aposteln des NT. Aufgeschrieben wurde sie jedoch von Menschen. Pred 5,1; Jes 58,8–9; 1Tim 6,16; 2Mo 3; 6,7; Jes 1,3; Am 3,7; Hbr 1,1–2; Jo 1,14; 2Pt 1,21; 2Tim 3,16; Jo 14,26; 16,13

OFFENBARUNG DES JOHANNES Die Offenbarung wurde für Christen in der Verfolgung geschrieben. Als Verfasser wird Johannes genannt. Das Buch ist zwischen 90 und 95 n.Chr., zur Zeit der Christenverfolgungen unter Domitian, entstanden, als Johannes auf der Insel Patmos (vor der Westküste der Türkei) im Exil war.

Der Verfasser wollte die Leser in ihrem Leiden ermutigen. Er beschrieb eine Reihe von Visionen oder »Offenbarungen« in Bildersprache. (Diese spezielle Literaturgattung heißt »Apokalyptik«, ein Beispiel im AT ist das Buch Daniel.) Christliche Leser verstanden ihre Bedeutung, andere aber nicht.

Die Botschaft des Buches ist, daß Gott Herrscher ist. Jesus ist der Herr der Geschichte. Am Ende der Zeit wird Gott alle Feinde durch Christus besiegen. Den Gläubigen wird ein neuer Himmel und eine neue Erde bereitet ohne Leid und Sünde.

Kapitel 1–3: Briefe an die sieben Gemeinden Kleinasiens.

Kapitel 4 beginnt mit einer großen Vision über den Himmel.

Johannes sah, »was nach diesem geschehen soll« (4,1): Die sieben Siegel, die das Lamm öffnet, die sieben Engel mit den Posaunen, die Frau, den Drachen und die zwei Tiere, die sieben Zornesschalen, die Zerstörung Babylons, das Hochzeitsfest des Lammes und das Ende des Teufels, gefolgt vom großen Gericht (Kap. 4–20).

Das Buch endet mit dem herrlichen Bild der neuen Erde, des neuen Himmels und des neuen Jerusalem (Kap. 21–22), »und Gott wird abwischen alle Tränen von ihren Augen, und der Tod wird nicht mehr sein, noch Leid noch Geschrei noch Schmerz wird mehr sein; denn das erste ist vergangen«.

OFIR Ein Land, das für seine Goldvorkommen berühmt war; es mag in Südarabien, Ostafrika (Somalia) oder Indien gelegen haben. 1Kö 9,28

OG König von Basan, dem Land im Osten des Jordan. Die Israeliten besiegten ihn unter der Führung Moses und eroberten 60 befestigte Städte. Das Land Basan erhielt später der halbe Stamm Manasse. 1Mo 21,32ff; 5Mo 3; Jos 22,7

OLIVEN gehörten zu den wichtigsten Fruchtbäumen Israels. Die Oliven wurden im November geerntet, indem man die Äste schüttelte oder mit Ruten schlug. Einige wurden eingelegt, die meisten jedoch zur Ölgewinnung ausgepreßt. Olivenöl nahm man zum Kochen, als Brennstoff für die Lampen und als Feuchtigkeitslotion für die Haut. Im alten Israel wurden mit diesem Öl auch Könige und Priester gesalbt. Olivenbäume können mehrere hundert Jahre alt werden. Das Holz ist zum Schnitzen geeignet und wurde auch in Salomos Tempel verwendet. 5Mo 24,20; Ri 9,8; 1Kö 17,12–16; 1Sam 10,1; 1Kö 6,23

Olivenbaum

OMER s. *Maße und Gewichte*

OMRI Der Befehlshaber des Heeres König Elas von Israel. Die anderen Offiziere machten ihn zum König, als sie hörten, daß Simri Ela ermordet hatte. Omri war ein starker, geschickter Herrscher. Er regierte zwölf Jahre (885–874 v.Chr.). Als neue Hauptstadt gründete er Samaria. Es lag auf einem steilen Hügel und war leicht zu verteidigen. Omri verlor einige Städte an Syrien, eroberte dafür aber Moab. Er betete Götzen an, wie auch sein Sohn Ahab. 1Kö 16,15–28; 20,34

ON (HELIOPOLIS) Eine alte Stadt in Ägypten, mit einem berühmten Tempel für den Sonnengott Re. Josef heiratete die Tochter eines Priesters aus On. Sie hatten zwei Söhne, Efraim und Manasse. On wird auch von den Propheten erwähnt, einmal mit ihrem griechischen Namen »Heliopolis« (Sonnenstadt; hebräisch Bet-Schemesch). 1Mo 41,45.50; 46,20; Hes 30,17; vgl. Jes 19,18; Jer 43,13

ONESIMUS Ein Sklave des Philemon, eines christlichen Freundes des Paulus aus Kolossä. Paulus hatte Onesimus wahrscheinlich in Rom getroffen, nachdem dieser seinem Herrn davongelaufen war. Durch Paulus wurde er Christ. In einem Brief an Philemon bat Paulus ihn, seinem Sklaven zu vergeben und ihn als einen Bruder in Christus wieder anzunehmen. Mit Tychikus reiste Onesimus nach Kolossä zurück. Kol 4,9; Phlm

ONESIPHORUS Ein Christ, der Paulus in Ephesus zur Seite stand und ihn später in Rom im Gefängnis ermutigte. 2Tim 1,16; 4,19

OPFER Seit frühester Zeit wurden Tiere geopfert. In 1. Mose 4 wird erzählt, wie Abel eins seiner Lämmer tötete und Gott als Opfer darbrachte. Noah opferte nach der Flut Tiere und Vögel. Der Bund zwischen Gott und Abraham wurde durch ein Opfer besiegelt.
Einzelheiten über die Opfer finden sich vor allem im 3. Buch Mose. Dort lernen wir bestimmte Grundbegriffe über die Bedeutung des Opfers.

1. Ein Opfer wird immer vor Gott selbst dargebracht. Deshalb ist nur das Beste gut genug.

2. Das Opfer eröffnet eine Möglichkeit der Gemeinschaft mit Gott, die von ihm selbst geschaffen wurde. Er hat selbst die Opferregeln aufgestellt. Sie sind nicht ein willkürlicher menschlicher Versuch, sich Gott gewogen zu machen; sondern sie sind der von Gott vorgegebene Weg zur Versöhnung. Trotzdem muß der Mensch sich aus freien Stücken entschließen, sich der von Gott verordneten Riten zu bedienen.

3. Jeder kann opfern. In den meisten Religionen sind die Opferriten das Geheimnis der Priester, die dank dieses Wissens ihre privilegierte Stellung erhalten. In Israel gehörten die Opfergesetze (also das 3. Buch Mose) zu den Schriften, die jeder kannte. In der Tat wurden in Israel die meisten Opfer von den Gläubigen selbst dargebracht und nicht von den Priestern.

4. Die Wirkung des Opfers ist begrenzt. Im allgemeinen können Opfer nur zufällige oder unwissentliche Sünden sühnen. Im Blick auf absichtlichen Ungehorsam konnten sie nur Buße ausdrücken. Wenn ein Sünder Vergebung sucht, muß er sich direkt an Gott wenden. Das NT macht es unmißverständlich klar, daß das Blut von Stieren oder Bökken keine Sünde wegnimmt.

5. Das Opfer ist stellvertretend. Bei bestimmten Opfern nimmt das Opfertier die Stelle der Person ein, die das Opfer darbringt. Ein unter Todesstrafe stehendes Vergehen konnte nicht durch ein Opfer gesühnt werden. Oft geschah es aber, daß jemand, der seine Sünde bereute und dem Gott vergeben hatte, ein Opfer

als Zeichen der Reue und des Dankes darbrachte. Das NT versteht Jesu Sterben als stellvertretendes Opfer für die vielen, die durch ihre Sünde ihr Leben verwirkt hatten. 1Mo 4; 8,20; 15; 3Mo 1–7; 16–17; 5,2.13.22.27; Ps 51,16–17; Hebr 10,4; 9,11–12; 10,12

BRANDOPFER Das ganze Tier mit Ausnahme des Fells, das die Priester erhielten, wurde Gott geopfert. Der Gläubige legte seine Hände auf das Tier, um zu zeigen, daß es ein Opfer für seine eigenen Verfehlungen sei. Das Tier mußte bei guter Gesundheit sein (nur das Beste ist gut genug für Gott). Das Blut des Tieres wurde auf den Altar gesprengt als ein weiteres Zeichen dafür, daß das Leben des Tieres Gott gegeben worden war. 3Mo 1

SPEISEOPFER Es bestand aus Mehl, gebackenem Kuchen oder rohem Getreide, zusammen mit Öl und Weihrauch. Es zeigt den Dank und die Hingabe des Opfernden an. Ein Teil wurde als »Gedenkopfer« auf dem Altar verbrannt. Man bat Gott, des Opfernden zu gedenken. Zugleich war es ein Beitrag zum Unterhalt der Priester. Und wieder bestand das Opfer aus dem Besten, was zur Verfügung stand. 3Mo 2

FRIEDENSOPFER Man verfuhr ähnlich wie beim Brandopfer. Allerdings wurde nur das Fett, das für den Israeliten das Beste war, auf dem Altar verbrannt; das Fleisch wurde von dem Opfernden und seiner Familie und seinen Freunden verzehrt. Bei der Mahlgemeinschaft war Gott selbst gegenwärtig. Es war also ein Gemeinschaftsmahl mit Gott. 3Mo 3

SÜNDOPFER Dieses Opfer wurde gebracht, wenn jemand gegen Gott oder einen anderen schuldig geworden war. Die Sünde verunreinigte das Heilige der Stiftshütte oder des Tempels; deshalb mußte es gereinigt werden. Das Blut des Opfers wurde versprengt als Zeichen dafür, daß die Entweihung durch den Tod des Opfertieres weggenommen worden ist. Ein Teil des Opfers wurde von den Priestern verzehrt. Wenn der Anbeter sah, daß der Priester das Fleisch ohne Schaden verzehrte, dann konnte er sicher sein, daß Gott seine Buße angenommen hatte. 3Mo 4; 5; 7

Anders war das Opferritual am Versöhnungstag (3Mo 16). Neben anderen Opfern wurden hier zwei Böcke dargebracht. Einer wurde als übliches Sündopfer geschlachtet, der andere wurde in die Wüste gejagt als Zeichen dafür, daß die Sünden weggenommen waren. S. *Sühnopfer*

TRANKOPFER Das Trankopfer ist im Gesetz kein selbständiges Opfer, sondern ein Beiopfer zu anderen Opferarten. Dabei wird Wein, starkes Getränk oder Wasser ausgegossen.

ORNAN s. *Arawna*

ORPA Eine Moabiterin, die mit einem der Söhne Noomis verheiratet war (s. *Noomi*). Rt 1

OSTERN s. *Auferstehung; Feste: Passafest*

OTNIEL Der erste Richter Israels. Er machte dem Götzendienst in Israel ein Ende und besiegte mit Gottes Hilfe Kuschan-Rischatajim von Mesopotamien. Jos 15,16–17; Ri 3,7–11

Papyrus

PADDAN-ARAM Das Gebiet um Haran im Norden Mesopotamiens (in einigen deutschen Übersetzungen nur mit Mesopotamien wiedergegeben; so auch in der Lutherbibel). Dorthin schickte Abraham seinen Diener, eine Frau für Isaak zu suchen. Jakob floh vor Esau zu seinem Onkel Laban, der in Paddan-Aram lebte. 1Mo 25,20; 28,2

PAMPHYLIEN Ein Gebiet im Südwesten der heutigen Türkei. Die Stadt Perge, die Paulus besuchte, lag in Pamphylien. Juden von dort waren auch am Pfingsttag in Jerusalem und hörten Petrus. Apg 2,10; 13,13

PAPHOS Eine Stadt auf der Insel Zypern. Paulus kam auf seiner ersten Missionsreise nach Paphos. Er traf dort den Zauberer Elymas. Der Statthalter der Insel, Sergius Paulus, bekehrte sich zu Christus. Apg 13,4–13

PAPPELN Jakob schälte Pappeltriebe, um Laban zu überlisten. Die weiße Pappel wächst sehr schnell und gibt dichten Schatten. Die »Weiden« Babylons, an die die Israeliten ihre Harfen hängten, waren wahrscheinlich eine Pappelart. 1Mo 30,37; Ps 137,2

PAPYRUS Der Papyrus ist eine Schilfart, die in den Sumpfgebieten des Nildeltas wuchs; aus ihr wurde das Papier der Alten Welt hergestellt. Seine Blütenköpfe sitzen auf einem 3 m hohen glatten Stiel. Die dreieckigen Stiele wurden in Streifen geschnitten; zwei Lagen von diesen Streifen wurden quer übereinander gelegt und zusammengehämmert. Diese Papierstücke wurden dann zu Rollen zusammengefügt. Große Teile der Bibel waren auf Papyrus geschrieben.

PARADIES s. *Eden; Leben nach dem Tod*

PARAN Ein Wüstengebiet in der Nähe von Kadesch; dort wuchs Hagars Sohn Ismael auf. Nach dem Auszug aus Ägypten durchquerten die Israeliten Paran und schickten von dort aus Kundschafter nach Kanaan. 1Mo 21,21; 4Mo 10,12; 12,16; 13,1–26 usw.

PASSAFEST s. *Feste*

PATMOS Eine Insel vor der Westküste der Türkei. Dort hatte Johannes die Visionen, die er im Buch der Offenbarung aufschrieb. Offb 1,9

PAUKE s. *Musik*

PAULUS (SAULUS) Der große Apostel und Missionar, dessen Briefe einen großen Teil des NT ausmachen. Paulus war Jude, in Tarsus geboren und bei Rabbi Gamaliel in Jerusalem ausgebildet worden; er hatte das römische Bürgerrecht. Als Pharisäer ließ er die Christen verfolgen und war selbst bei der Steinigung des Stephanus dabei. Auf einer Reise nach Damaskus, wo er Christen verhaften wollte, blendete ihn plötzlich ein helles Licht, und er hörte Jesus sagen: »Saul, Saul, was verfolgst du mich?« Geblendet von diesem Licht wurde er nach Damaskus gebracht. Dort machte Hananias ihn wieder gesund, und Paulus ließ sich taufen. Sofort begann er, in Damaskus von Jesus zu predigen. Als ihn die Juden töten wollten, ging er nach Jerusalem. Die Christen empfingen ihn zuerst mit Mißtrauen, doch Barnabas stellte ihn den Aposteln vor. Vor einer neuen Verschwörung floh er nach Tarsus. Jahre später bat Barnabas ihn, in der Gemeinde in Antiochien zu helfen. Die beiden Männer reisten danach gemeinsam nach Zypern und Kleinasien und brachten vielen Völkern das Evangelium. Seit seinem Besuch auf Zypern wurde Saulus Paulus genannt (ein lateinischer Name, den er als römischer Bürger als Zweitnamen trug). Paulus bemühte sich darum, den Judenchristen in Jerusalem klar zu machen, daß Jesus Christus der Retter aller Völker war, nicht nur der Juden.

Auf seiner zweiten Reise nahm Paulus Silas mit. Sie besuchten die Gemeinden in Galatien. In Lystra nahmen sie Timotheus als Mitarbeiter mit. Von Troas aus segelten sie nach Griechenland, wo sie Lukas, den Verfasser eines der Evangelien und der Apostelgeschichte, kennenlernten. In Philippi, Athen, Korinth und vielen anderen Orten entstanden durch ihre Predigt Gemeinden. Schließlich kehrten sie mit Gaben für die Armen nach Jerusalem zurück.

Nur für kurze Zeit blieb Paulus in Syrien und reiste dann nach Ephesus, wo er fast drei Jahre lang predigte. Nach einem Besuch in Korinth reiste er über Griechenland und Kleinasien nach Jerusalem. Dort wurde er verhaftet und zum Prozeß zum Statthalter Felix nach Cäsarea geschickt. Zwei Jahre verbrachte er dort im Gefängnis, ohne daß sein Fall zur Verhandlung kam. Erst als Felix durch einen neuen Landpfleger, Festus, abgelöst worden war, wurde er vor Gericht gestellt. Doch da er sich auf den Kaiser berufen hatte, mußte er nach Rom reisen. In der Nähe Maltas ging das Schiff, auf dem Paulus fuhr, unter, aber niemand kam ums Leben. In Rom wurde er nach einem zweijährigen Hausarrest wahrscheinlich freigelassen. Ob er noch nach Spanien reisen konnte, bleibt fraglich. Wahrscheinlich machte er eine weitere Reise zu den Gemeinden im Osten. In Rom wurde er wohl unter Nero hingerichtet (ca. 67 n.Chr.). Apg 7; 9–28; Paulusbriefe

PEKACH Ein Hauptmann im Heer des Königs Pekachja, der gewaltsam auf den Thron Israels kam (740–732 v.Chr.). Er trieb Götzendienst. Gemeinsam mit Rezin von Aram griff er Juda an. Ahas von Juda bat deshalb Tiglat-Pileser III. von Assyrien um Hilfe. Der marschierte in Israel ein und eroberte viele Städte. Bald darauf wurde Pekach von Hosea ermordet. 2Kö 15,25–16,5; 2Chro 28,5–6

PEKACHJA König von Israel nach seinem Vater Menahem, 742–740 v.Chr. Er war Götzendiener wie sein Vater. Nach zweijähriger Regierungszeit wurde er von Pekach, einem seiner Hauptleute, ermordet. 2Kö 15,22–26

PERGAMON Die Hauptstadt der römischen Provinz Asia (westliche Türkei). Hier entstand 29 v.Chr. der erste Tempel, der Rom und dem Kaiser Augustus geweiht war. Pergamon war auch ein Kultzentrum des Zeus, der Athene und des Dionysos. Der Tempel des Asclepius war als Ort der Heilung bekannt.

Pergamon ist eine der sieben Gemeinden, an die die Briefe in der Offenbarung gerichtet sind. Der Ausdruck »des Satans Thron« kann sich auf die Kaiseranbetung beziehen. Offb 1,11; 2,12–16

PERGE Eine Stadt in Pamphylien, nicht weit entfernt von Adalia (Attalia), an der Südküste der heutigen Türkei. Paulus kam auf seiner ersten Missionsreise von Zypern aus nach Perge. Apg 13,13; 14,25

PERSER Als Volk erscheinen die Perser zum ersten Mal in Farsistan, einem Gebiet östlich des Persischen Golfs. Obwohl niemand weiß, wo sie herkamen, läßt ihre Sprache sie als eines der indoeuropäischen Völker erkennen. Sie ist eng verwandt mit Sanskrit und anderen indischen Sprachen, aber auch mit Griechisch, Latein, Französisch, Deutsch und Englisch.

CYRUS DER GROSSE Die erste Erwähnung der Perser in der Bibel bezieht sich auf die dramatische Zeit, als Cyrus II. (der Enkel Cyrus' I.) in Babylon einmarschierte.

550 v.Chr. hatte Cyrus die Hauptstadt der Meder, Ekbatana, bezwungen. Er eroberte das Gebiet der heutigen Türkei und zog dann zum Nordwesten Indiens. 540 v.Chr. griff er das mächtige babylonische Reich an.

DER FALL BABYLONS Der »Cyrus-Zylinder«, der im Fundament eines Gebäudes in Babylon gefunden wurde, enthält den Bericht des Königs über seine Eroberung der Stadt. Sie fiel kampflos 539 v.Chr. Der Flußlauf des Eufrat war umgeleitet worden, so daß die Angreifer durch das ausgetrocknete Flußbett in die Stadt eindringen konnten.

Nichts wurde zerstört. Vielmehr setzte Cyrus Tempel und andere Gebäude instand.

RELIGIONSPOLITIK Unter Cyrus wurden alle Götterbilder, die in der Stadt Babylon gehortet worden waren, an ihre ursprünglichen Besitzer in anderen babylonischen Städten zurückgegeben. Teil dieser friedfertigen Politik war es auch, daß die Juden 538 v.Chr. die Erlaubnis bekamen, nach Israel zurückzukehren. Sie nahmen die Schätze mit, die in den Tempel von Jerusalem gehörten, und durften mit Genehmigung des Königs den Tempel wieder aufbauen.

DAS PERSISCHE REICH Die Bücher Esra, Nehemia, Ester und ein Teil des Buches Daniel berichten vor dem Hintergrund des persischen Reiches unter Cyrus und seinen Nachfolgern.

Die persischen Könige dehnten die alten Grenzen ihres Reiches weiter aus. Ihr Land erstreckte sich im Osten bis nach Indien; die Türkei und Ägypten gehörten auch zu ihrem Machtbereich. König Darius I. (522–486), der in Persepolis einen großartigen Palast erbauen ließ, nahm 513 Mazedonien in Nordgrie-

Bärtige Sphinx aus dem Treppenaufgang des Palasts in Persepolis

chenland ein. Nach einem Rück-
schlag bei Marathon drang sein
Sohn Xerxes I. (486–465) im Süden
bis nach Athen vor, verlor aber
dann die Seeschlacht von Salamis
(480).

Trotz einiger Angriffe der Griechen
und Aufstände in Ägypten konnten
die Perser ihr Reich 200 Jahre lang
halten. Dann überquerte 333 v.Chr.
Alexander den Hellespont und
schlug die Perser; er drang bis nach
Indien vor und verbreitete überall
die griechische Kultur.

EINE KLUGE REGIERUNG Eine
umsichtige Regierung und Verwaltung ermöglichte es den Persern,
auch über weit entfernte Völker zu
herrschen. Cyrus der Große teilte
sein Reich in Provinzen, die ihre eigenen Herrscher oder »Satrapen«
hatten. Dies waren persische oder
medische Adlige; einige der ihnen
untergebenen einheimischen Beamten erhielten begrenzte Macht-
befugnisse. Die Völker wurden ermutigt, ihre eigenen Bräuche und
Religionen zu bewahren – dadurch
wurde viel Unruhe vermieden. Darius I. (siehe Esra 6) verbesserte das
Regierungssystem noch, nicht zuletzt durch eine geregelte Recht-
sprechung. Außerdem führte er
Münzgeld ein, und sein neues Post-
System war unersetzlich für die
Kommunikation.

Darüber hinaus einte die Einführung
des Aramäischen als Diplomaten-
sprache das Reich. Aramäisch war
schon aus assyrischer Zeit in Juda bekannt: »Sprich mit uns Aramäisch«,
sagte ein Beamter König Hiskias zu
dem assyrischen Boten, »denn das
verstehen wir.« Nun wurden königliche Erlässe meist in Aramäisch geschrieben. Die Briefe in Esra 4,8–6,18
spiegeln diese Praxis wider.

KUNST UND KULTUR Das Reich
kam zu großem Wohlstand, und
die Künste florierten. Aus dem
ganzen Reich wurden Handwerker
nach Persepolis, Pasargadae und
Susa gebracht, um die dortigen Paläste mit ihren Künsten zu ver-
schönern. Noch heute erkennt
man in den Ruinen die frühere
Pracht. Große Mengen Goldge-
schirr und Juwelen (der berühmte
Oxus-Schatz) beweisen die Fertig-
keiten der Kunsthandwerker und
die Schönheit der Luxusgüter. Das
Buch Ester läßt uns das glanzvolle
Leben in den persischen Palästen
erahnen.

RELIGION Der alte persische Glau-
be läßt seine Prägung durch das Leben der damaligen Hirten erkennen:
Die Götter waren teilweise Natur-
götter; oder sie bestanden in zu
Gottheiten erhobenen Idealen wie
»Vertrag« (Mitra) und »wahre Rede«
(Varuna). Man opferte Tiere und be-
rauschte sich an Getränken wie
haoma oder *soma*. Irgendwann trat
der Prophet Zarathustra im Osten
Persiens auf und forderte die Verehrung der höchsten Gottheit Ahura-
Mazda durch Feuer-Riten. Ahura-
Mazda war ein Gott, mit dem die
Menschen reden konnten. Zarathustra sprach ebenfalls vom Kampf
zwischen Gut und Böse – ein
Kampf, an dem der Mensch beteiligt war. Zarathustras Gedanken beeinflußten die persischen Könige
und verbreiteten sich weit – sie
drangen selbst ins jüdische Gedankengut ein.

PETRA s. *Aretas; Sela*

PETRUS Der Führer der Apostel
und der ersten Gemeinden. Wie sein
Vater und sein Bruder Andreas war
er Fischer gewesen. Jesus hatte ihm,
der eigentlich Simon hieß, den (ara-

mäischen) Namen *Kephas*, griechisch Petrus, gegeben, das heißt »Fels«. Als Jesus die Jünger gefragt hatte, wer er sei, hatte Petrus geantwortet: »Du bist Christus, des lebendigen Gottes Sohn!«, und Jesus hatte ihm verheißen: »Du bist Petrus, und auf diesen Felsen will ich meine Gemeinde bauen.« Petrus war einer der Jünger, der Jesus am nächsten stand. Er war bei der Verklärung dabei, und kurz vor der Kreuzigung war er bei Jesus im Garten Getsemani. Doch nach der Gefangennahme Jesu bekam er Angst und verleugnete ihn dreimal. Als er merkte, was er getan hatte, bereute und weinte er. Jesus, der das wußte, erschien dem Petrus nach seiner Auferstehung deshalb noch einmal und gab ihm den Auftrag, seine Schafe, die Christen, zu weiden. Am Pfingsttag predigte Petrus in Jerusalem mit Macht von Jesus. Ungefähr 3000 Menschen bekehrten sich an diesem Tag zu Christus. In Joppe zeigte Gott dem Petrus in einem Traum, daß sein Evangelium auch den Nicht-Juden galt. Herodes inhaftierte Petrus, doch durch das Gebet der Gemeinde wurde er befreit. Zwei Briefe des NT sind wahrscheinlich von Petrus, man nimmt an, daß er sie in Rom geschrieben hat. Markus hat vermutlich viele Informationen für sein Evangelium von Petrus erhalten. Wahrscheinlich wurde Petrus zur Zeit der Christenverfolgungen unter Nero in Rom gekreuzigt, doch mit dem Kopf nach unten. Mt 4,18–19; 10,2; 14,28–33; 16,13–23; 17,1–9; 26,30ff; Mk 1,16–18.29–31; 5,37; Jo 1,40–42; 18,10f; 20,2–10; 21; Apg 1–15; Gal 1–2; 1Pt; 2Pt

PETRUS-BRIEFE
1. PETRUS Ein Brief an verstreute Christengruppen in fünf römischen Provinzen, die in der heutigen Türkei lagen. Vermutlich wurde er von Petrus zur Zeit der Christenverfolgungen (64 n.Chr.) durch Nero geschrieben. Seine Absicht war es, die Christen angesichts des Leidens zu ermutigen und zu stärken.
Petrus erinnert seine Leser an die gute Botschaft von Christus. Gott der Vater hat uns wiedergeboren »zu einer lebendigen Hoffnung durch die Auferstehung Jesu Christi von den Toten«. Er bittet sie, ihre Leiden als Prüfung ihres Glaubens aufzufassen. Der Brief ist voller Trost und ermutigt, ein wahres christliches Leben zu führen. Was auch geschehen mag, Gott ist der Herrscher über allem: »Er sorgt für euch« (5,7).

2. PETRUS Dieser Brief richtet sich an eine große Gruppe von Christen, die sich um Simon Petrus scharten. Dieser Brief wurde geschrieben, als Irrlehren die Christen verwirrten, Irrlehren über rechtes Verhalten und Jesu Wiederkunft.
Der Verfasser betont, daß er die rechte Lehre hat – er gehört zu denen, die Jesus selbst gesehen und gehört haben (Kap. 1). Die Irrlehrer werden bestraft werden (Kap. 2). Daß Jesus wiederkommt, ist gewiß. Jeden Tag kann das geschehen, darum müssen die Christen bereit sein (Kap. 3).

PFERDE In biblischer Zeit hielten nur Reiche Pferde. Bis zur Zeit Davids gab es sie in Israel überhaupt nicht, doch die geographische Lage des Landes machte Salomo zu einem Zwischenhändler, der Streitwagen aus Ägypten und Pferde aus der Türkei (Cilicien) einführte. Das Pferd war ein Symbol der Macht. 2Mo 14,23; Jos 11,4; Est 6,8.10.11

PFINGSTEN s. *Feste: Wochenfest; Heiliger Geist*
PFLÜGEN s. *Landwirtschaft*
PFUND s. *Maße und Gewichte*
PHARAO Titel der ägyptischen Könige. Im AT werden mehrere Pharaonen erwähnt, darunter:
1. Der Pharao, den Abraham aufsuchte. 1Mo 12
2. Der Pharao, unter dem Josef Minister wurde. 1Mo 40ff
3. Der Pharao, unter dem Mose und die Israeliten aus Ägypten fortzogen. Wahrscheinlich war es Ramses II., der große Städte bauen ließ. 2Mo 5ff
4. Der Pharao, der Hadad aufnahm, nachdem David die Edomiter besiegt hatte. 1Kö 11
5. Der Pharao, dessen Tochter Salomo heiratete. 1Kö 9,16
6. Schischak. Er ermutigte Jerobeam dazu, den Aufstand der Nordstämme gegen Salomos unbeliebten Sohn Rehabeam anzuführen. Später plünderte er Jerusalem und nahm dabei den Tempelschatz mit. 1Kö 11,40; 14,25–26
7. So, mit dem König Hosea von Israel ein Bündnis gegen Assyrien eingehen wollte. 2Kö 17,4
8. Tirhaka griff zur Regierungszeit Hiskias die Assyrer an. Die assyrische Armee war dadurch gezwungen, ihren Angriff auf Jerusalem abzubrechen, um dem ägyptischen Heer entgegenzuziehen. 2Kö 19,9; Jes 37,9
9. Necho; er regierte von 610–595 v.Chr. In der Schlacht bei Megiddo tötete er König Josia von Juda. Vier Jahre lang mußte das Land Juda ihm daraufhin Tribut zahlen, dann wurde er von Nebukadnezar von Babylon in der Schlacht bei Karkemisch, 605 v.Chr., besiegt. Juda kam damit unter die Herrschaft der Babylonier.

In seinen letzten Regierungsjahren versuchte Necho, Ägypten zu verteidigen und den Staat wieder zu festigen. 2Kö 23,29ff; 24,7; 2Chro 35,20–36,4
10. Hofra, 587–570 v.Chr., der Zedekias Aufstand gegen Nebukadnezar unterstützte. Jer 37,5; 44,30; Hes 17,15ff; 29,2
S. *Ägypten; Ägypten: Religion*
PHARISÄER Das Wort bedeutet ursprünglich vielleicht »die Abgesonderten«, d.h. die Heiligen. Die Pharisäer waren eine strenge religiöse Gemeinschaft, deren Anfänge ins 2. Jh. v.Chr. zurückreichen. Sie umfaßte einfache Juden, aber auch Priester, die sich streng an das Gesetz hielten. Oft verschärften sie die Gesetze, bis sie kaum noch zu halten waren. Ein krasses Beispiel ist das Verbot, am Sabbat zu arbeiten. Aber was ist Arbeit? Ein Fußweg von über einem Kilometer, das Tragen einer Last, das Anzünden eines Feuers ... Alles wollte man »regeln«! Mit den Regeln verlor man den Geist des Gesetzes, die Liebe aus dem Auge. Man wollte das Gesetz schützen und machte deshalb »einen Zaun um das Gesetz«. Wer sich an die Regeln hielt, entging der Gefahr, das Gesetz Gottes zu verletzen. Aber tat er damit Gottes Willen?
Die Pharisäer, wohl die größte jüdische Gruppe zur Zeit Jesu, zählten ca. 6000 Mann. Viele Pharisäer waren sehr fromm. Aber sie neigten dazu, die zu verachten, die die Regeln nicht halten konnten. Sie galten als »Sünder«. Jesus stritt oft mit den Pharisäern. Er verurteilte ihre Selbstgerechtigkeit und Gesetzlichkeit und stellte sich auf die Seite der gewöhnlichen Leute, die die Pharisäer abgeschrieben hatten. Nikode-

mus, der ein heimlicher Jünger Jesu wurde, war – wie Paulus – Pharisäer. Mt 12,1–42; 22,34–23,36; Mk 7,1–23; Lk 18,9–14; Jo 18,3; Apg 23,6–10

PHILADELPHIA Eine Stadt in der römischen Provinz Asia (heute Alaschehir, im Westen der Türkei). Philadelphia war eine der sieben Städte in Asien, an die die Briefe in der Offenbarung gerichtet sind. Offb 1,11; 3,7–13

PHILEMON Ein Privatbrief von Paulus an Philemon, einen christlichen Freund in Kolossä. Philemon hatte einen Sklaven mit Namen Onesimus gehabt, der ihm entlaufen war. Dieser Onesimus hatte Paulus wahrscheinlich im Gefängnis kennengelernt und war Christ geworden. Paulus bat nun Philemon, seinem Sklaven zu vergeben und ihn als einen Bruder in Christus wieder aufzunehmen. Wahrscheinlich brachte Onesimus den Brief selbst nach Kolossä und zur Gemeinde.

PHILIPPER Paulus gründete die Gemeinde in Philippi – die erste in Europa – um 50 n.Chr. Diesen Brief schrieb er aus dem Gefängnis, vielleicht aus Rom um 60/61 n.Chr. oder aus Ephesus um 54 n.Chr. Paulus schildert den Christen in Philippi seine Situation und dankt für ihre Geschenke. Er fordert sie auf, ihren Stolz zu vergessen und dem Beispiel Christi zu folgen, der sich selbst erniedrigte und gehorsam war, bis zum Tod. Er betont, wie groß die Freude und der Frieden sind, wenn man Christus vertraut. Obwohl Paulus wegen Irrlehren in der Gemeinde in Philippi besorgt war, ist seine Zuneigung zu diesen Christen unverkennbar. Trotz des dunklen Hintergrunds des Gefängnisses ist dieser Brief voller Freude, Vertrauen und Hoffnung für das christliche Leben.

PHILIPPI Eine Stadt an der Küste Mazedoniens (Nordgriechenland), 12 km von Neapolis (Kavalla) entfernt. Sie war nach Philipp von Mazedonien benannt. 168 v.Chr. wurde Philippi von den Römern annektiert. In ihrer Nähe fand die berühmte Schlacht von Antonius und Oktavian (Augustus) gegen Brutus und Cassius im Jahre 42 v.Chr. statt. Einige Jahre später machte Oktavian Philippi zur römischen Kolonie, wodurch seine Bewohner dieselben Rechte und Privilegien bekamen wie die Bewohner Italiens. Auf seiner zweiten Missionsreise wurde Paulus vom Heiligen Geist nach Philippi geführt. Dort entstand die erste Christengemeinde in Europa. Paulus und Silas wurden ungerechtfertigter Weise ins Gefängnis geworfen, doch als man erfuhr, daß sie römische Bürger waren, wieder freigelassen. Apg 16,6–14; 20,6; Phil; 1Th 2,2

PHILIPPUS 1. Einer der zwölf Jünger. Er kam aus Betsaida in Galiläa, der Heimatstadt des Petrus und des Andreas. Sobald er Jesus kennengelernt hatte, ging er zu Natanael und sagte es ihm weiter. Angesichts einer Menge von 5000 hungrigen Menschen stellte Jesus den Glauben des Philippus auf die Probe. »Wo kaufen wir Brot, daß diese essen?« fragte Jesus ihn, und Philippus konnte sich nicht vorstellen, woher das viele Geld dafür kommen sollte. Doch Jesus speiste alle mit fünf kleinen Broten und zwei Fischen. Beim letzten Mahl sagte Jesus: »Niemand kommt zum Vater denn durch mich.« Darauf bat Philippus, er möge ihnen den Vater zeigen. Die Ant-

wort Jesu war: »Wer mich sieht, der
sieht den Vater!« Mt 10,3; Jo 1,42–
46; 6,5–7; 12,21–22; 14,8–9; Apg
1,13

2. Ein Sohn Herodes' des Großen.
Seine Frau, Herodias, verließ ihn,
um seinen Halbbruder Herodes Antipas zu heiraten. Weil Johannes der
Täufer diese Heirat verurteilte,
wurde er enthauptet. Mk 6,17

3. Ein anderer Sohn Herodes' des
Großen, ein Bruder des Antipas und
des Archelaus. Er wurde Herrscher
von Ituräa. Lk 3,1

4. Philippus der Evangelist. Er war
einer der sieben Diakone, die in der
Gemeinde von Jerusalem gewählt
worden waren. Vor den Verfolgungen in Jerusalem floh er nach Samaria, dort predigte er und heilte viele
Menschen. Ein Engel schickte Philippus zu einem Schatzmeister aus
Äthiopien, der auf der Reise von Jerusalem nach Gaza war. Dieser
Mann wurde Christ und ließ sich
taufen. Philippus zog an der Küste
entlang und predigte überall, wo er
hinkam. Auch seine vier Töchter
verkündigten das Evangelium. Ungefähr 20 Jahre später besuchte
Paulus ihn in seinem Heim in Cäsarea. Apg 6,1–6; 8; 21,8–9

PHILISTER Die Philister lebten in
fünf Städten im Südwesten des Landes Israel: in Asdod, Askalon,
Ekron, Gat und Gaza. Sie überwachten die Küstenstraße von
Ägypten nach Palästina. Deshalb
führte Gott sein Volk »nicht den
Weg durch das Land der Philister,
der am nächsten war« (2Mo 13,17).

KRIEGE MIT DEN ISRAELITEN
Zu der Zeit der Richter, Samuels,
Sauls und Davids gab es ständig
Kämpfe zwischen den Philistern
und Israel. Beide Völker erhoben
Anspruch auf dasselbe Land. Aus

*Philistäische Soldaten, die Ramses III.
gefangen genommen hat. Sie tragen
mit Federn besetzte Helme und mit
Quasten verzierte Röcke.*

diesem militärischen Druck heraus
entstand Israels Wunsch nach einem König (». . . daß uns unser König richte und vor uns her ausziehe
und unsere Kriege führe!« 1Sam
8,20).

Erst nach langen Kämpfen wurden
die Angriffe der Philister durch David beendet, der sie »von Gibeon
an bis hin nach Geser« schlug (2Sam
5,25). Die Philister blieben aber unabhängig und verursachten später
noch manche Unruhen. Sie erwei-
terten nach Norden ihren Machtbereich an der Küste und ins Inland,
wann immer sie konnten. Obwohl
sie niemals lange große Teile des
Landes beherrschten, ist doch das
ganze Land westlich des Jordan
nach den Philistern benannt: Palästina.

FÜRSTEN Jede Philisterstadt wurde
von einem »Fürsten« regiert. Dieser
Titel *(seren)* kommt nicht aus einer
der semitischen Sprachen.
Wahrscheinlich entstammt er dem
indogermanischen Sprachraum
rund um die Ägäis. Das Wort für
Helm, das in Berichten über die Philister vorkommt (z.B. in der Goliat-

geschichte 1Sam 17,5), und die Namen Goliat und Achis gehören vielleicht zu derselben Sprachfamilie. Dieser Hinweis kann in Zusammenhang gebracht werden mit einer Information aus Ägypten. Pharaonen aus dem 13. und 12. Jahrhundert v.Chr. berichten, wie sie das Eindringen von »Seevölkern« durch Schlachten verhindert haben. Nach der Niederlage der Seevölker machten die Ägypter sie teilweise zu Soldaten und erlaubten den anderen, sich an der Küste Kanaans, das damals ägyptische Provinz war, anzusiedeln.

»SEEVÖLKER« Während die Seevölker Ägypten zu Schiff erreichten und zu Wasser gegen die Ägypter kämpften, zogen ihre Familien mit dem ganzen Hausrat langsam an der Küste Syriens und Kanaans entlang. So berichtet es ein ägyptischer Text, der die Seevölker als Eindringlinge in das Gebiet des Nahen Ostens beschreibt. Nach Amos 9,7 kamen sie aus Kreta (Kaftor). 5Mo 2,23 gibt Kreta als Herkunftsort der Bewohner von Gaza an. Philistäische Töpferarbeiten, die in Israel gefunden wurden, scheinen diese Angaben zu bestätigen. Die Arbeiten weisen mykenischen Stil auf, wie er in Griechenland, Kreta und Zypern verbreitet war. Sie sind besonders in Küstennähe in Siedlungsschichten gefunden worden, die von 1200 bis 1100 v.Chr. reichen. Daneben gibt es keine Funde, die als spezifisch »philistäisch«, im Unterschied zu kanaanäisch oder israelitisch, bezeichnet werden könnten.

RELIGION UND KULTUR Das Alte Testament gibt den Philistergöttern semitische Namen: Dagon, dessen Tempel in Gaza und Asdod waren; Baalsebub, dem in Ekron gedient wurde, und Astarte. Wir wissen zu wenig über die Philister, um feststellen zu können, ob sie für Haus- und Tempelbau einen eigenen Stil hatten. Die Metallbearbeitung, insbesondere Eisenbearbeitung war ein Spezialgebiet der Philister. Goliats Rüstung war beeindruckend. Die Israeliten bezahlten die Philister dafür, daß sie ihre Werkzeuge schärften.

DIE FRÜHEN PHILISTER Lange bevor Israel sich im Verheißenen Land niederließ, begegneten ihre Vorfahren den Philistern in Südkanaan (1Mo 21,32.34; Ri 16,23ff; 1Sam 5; 13,19–22; 17; 31,9.10; 1Kö 1,2). Gelegentlich sagt man, diese Geschichten seien später entstanden, nachdem die Philister sich im 13. Jahrhundert v.Chr. dort angesiedelt hatten, oder aber die Bezeichnung »Philister« sei nachträglich für einen älteren Namen eingesetzt worden. Es gibt freilich Funde aus philistäischem Gebiet, die zeigen, daß schon um 1900 v.Chr. Beziehungen zu Griechenland bestanden haben müssen.

PHOEBE Christin aus Kenchreä, Dienerin der dortigen Gemeinde; sie überbrachte vermutlich den Römerbrief. Rö 16,1–2

PHÖNIZIER Die Israeliten eroberten nie alle Teile des Landes, das Gott ihnen eigentlich versprochen hatte. Die Kanaanäer, deren Heimat es seit Jahrhunderten gewesen war, konnten einige Gebiete für sich behalten, besonders an der Küste im Nordwesten, im heutigen Libanon. Eine ihrer Städte war das alte Byblos, wo vermutlich das Alphabet erfunden wurde. Die Griechen übernahmen mit dem Alphabet auch den Namen *biblos* als Bezeichnung für Buch.

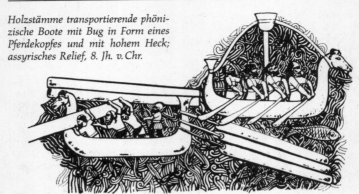

Holzstämme transportierende phöni-
zische Boote mit Bug in Form eines
Pferdekopfes und mit hohem Heck;
assyrisches Relief, 8. Jh. v.Chr.

HANDEL Byblos hatte seit dem 18. Jh. v.Chr. eine blühende Handelsflotte. In der Bibel werden zwei andere Häfen in der Nähe von Byblos öfter erwähnt. Tyrus und Sidon gewannen immer mehr Einfluß, bis sie schließlich, nach 1000 v.Chr., die Vorrangstellung hatten. Zu dieser Zeit schlossen David und Salomo ihre Handelsverträge mit König Hiram von Tyrus ab. Er sandte im Austausch gegen 20 Städte in Galiläa Edelhölzer, Gold und erfahrene Handwerker für den Bau des Tempels und der Paläste in Jerusalem (1Kö 9,10ff). Hiram und Salomo hatten eine gemeinsame Flotte im Roten Meer. Diese Schiffe brachten ihnen Gold und Juwelen.

Die wichtigsten Exportgüter aus Tyrus und Sidon waren Zedernhölzer und Purpurfarbstoff vom Tintenfisch. Die Menschen lebten vom Handel. Sie waren Zwischenhändler, die Leinen aus Ägypten, Silber, Eisen und Zinn aus Spanien, Elfenbein und Ebenholz aus den Küstenländern weiterverkauften (Hes 27). Ihre Handelsniederlassungen befanden sich überall im Mittelmeerraum, in Nordafrika, Italien und Spanien, wo sie als Phönizier bekannt waren. Sie sprachen eine Art Kanaanäisch, das dem Hebräischen ähnlich war. Ihre Literatur ist uns jedoch nur aus zweiter Hand überliefert. Auch ihre Religion hing eng mit der kanaanäischen zusammen (s. *Kanaan: Religion*). Diese Religion kam durch die Heirat König Ahabs mit Isebel, der Tochter des Königs von Sidon, nach Israel. Ahab baute Baal einen Tempel, und Isebel und Baals Propheten bedrohten Elias Leben (1Kö 18).

PHRYGIEN Im Osten Lydiens lag Phrygien, die Heimat eines indoeuropäischen Volkes. In assyrischen Berichten und im Alten Testament wird es Meschech genannt. Laut Hesekiel war es ein kriegerisches Volk, das mit Kupfer und Sklaven handelte. Seine Könige wurden Midas genannt; die Hauptstadt war Gordium, das vor kurzem ausgegraben wurde. Nach der Mitte des 7. Jh. v.Chr. geriet Phrygien unter lydische Herrschaft. 116 v.Chr. wurde es dann Teil der Provinz Asien, und von 25 v.Chr. an wurde der östliche Teil Phrygiens zur römischen Provinz Galatien gerechnet. Die wichtigsten Städte dort waren Antiochia in Pisidien und Ikonion. Noch drei andere phrygische Städte werden im NT erwähnt: Laodizea, Kolossä und Hierapolis. Hes 32,26; 38,2.3; 39,1; 27,13; Apg 16,6; 18,23; Kol 1,1; 4,13; Offb 3,14–22

PILATUS Der römische Statthalter von Judäa 26–36 n.Chr. Er war grausam und bei den Juden unbeliebt. Nachdem er Jesus verhört hatte, wußte er genau, daß dieser unschuldig war, doch er fürchtete einen Aufstand und seine Amtsenthebung und verurteilte Jesus deshalb zum Tode. Mt 27; Mk 15; Lk 3,1; 13,1; 23; Jo 18–19

PINHAS 1. Der Sohn Eleasars und Enkel Aarons. Als die Israeliten sich midianitische Frauen nahmen und deren Göttern dienten, tötete Pinhas zwei, die es ganz besonders schlimm trieben. Sein Einschreiten beendete eine Epidemie, die schon viele Menschenleben gefordert hatte. Gott versprach ihm, daß seine Nachkommen immer Priester sein sollten. 2Mo 6,25; 4Mo 25; 31,6; Jos 22,13ff; Ri 20,28
2. Einer der Söhne Elis (s. *Hofni und Pinhas*). 1Sam 2,12ff; 4

PISGA Berg im Land der Moabiter, wo Bileam weissagte. Wahrscheinlich identisch mit dem oder in der Nähe des Nebo. 4Mo 21,20; 23,14; 5Mo 34,1–5

PISIDIEN Gebirgige Gegend nördlich der Südküste der heutigen Türkei. Paulus durchquerte dieses abgelegene und gefährliche Gebiet auf seiner ersten Missionsreise. Apg 13,14; 14,24

PITOM Eine der zwei Vorratsstädte, die die Israeliten in Zwangsarbeit bauten. Sie lag im Nildelta. S. *Ramses*. 2Mo 1,11

PLAGEN S. *Exodus*

PNUEL Der Ort am Jabbok, nahe seiner Mündung in den Jordan, an dem Jakob mit dem Engel kämpfte. 1Mo 32,22–32

PONTUS Die alte Bezeichnung für das Schwarze Meer und das Gebiet an seiner Südküste. Dieser Landstrich, der sich über die Nordküste Kleinasiens erstreckt, wurde römische Provinz. Der erste Petrusbrief richtet sich u.a. an die dort lebenden Christen. Juden aus Pontus hatten am Pfingsttag in Jerusalem die Predigt des Petrus gehört. Apg 2,9; 18,2

POSAUNENFEST S. *Feste*

POTIFAR Der ägyptische Beamte, der den Sklaven Josef kaufte (s. *Josef*). 1Mo 37,36; 39

PREDIGER Das Buch enthält die »Weisheit« – weise Betrachtungen, Gedanken und Sprüche – des »Predigers« (hebräisch: Kohelet). Es handelt sich um eine Schrift nach der Art der zeitgenössischen Weisheitsliteratur des Vorderen Orients. Die Offenbarung Gottes bleibt dabei unberücksichtigt, doch wird die Bindung der Welt an Gott ernstgenommen.

Der Verfasser betrachtet das Leben der Menschen. Aus seiner Kürze und Vergänglichkeit schließt er, daß das Leben, menschlich betrachtet, keinen Sinn hat.

Trotzdem rät er, hart zu arbeiten und die Annehmlichkeiten des Lebens zu genießen, solange es möglich ist. Weil der Prediger das Leben nur vom menschlichen Standpunkt aus betrachtet, erscheint vieles bedrückend und zerstörend. Dem Leben ohne Gott fehlt jedes Ziel und jeder Sinn, auch wenn Weisheit und Gerechtigkeit dem menschlichen Leben wenigstens eine gewisse Würde zu geben scheinen.

Leviten beim Opfer vor der Stiftshütte (nach einem Modell)

PRIESTER UND LEVITEN Die Leviten waren ursprünglich einer der zwölf Stämme. Sie erhielten ihre besondere Stellung im Volk Gottes, weil sie für seine Ehre eintraten, als das übrige Volk das goldene Kalb anbetete. Deshalb wurden sie ausgesondert, um Gott zu dienen. Sie waren in besonderer Weise sein Stamm.

Wegen ihrer religiösen Aufgaben waren sie von den anderen Stämmen getrennt. Da sie kein eigenes Land besitzen durften, mußten sie von den anderen Stämmen versorgt werden. Zu diesem Zweck gab man Gott ein Zehntel der Ernte und des Viehbestands. Von den Städten waren 48 für die Leviten bestimmt.

Levi hatte 3 Söhne (Gerson, Kehat und Merari). Ihre Nachkommen bildeten die Sippen der Leviten. Während der Wüstenwanderung waren die Kehatiter verantwortlich für den Transport der Einrichtung der Stiftshütte, die Gersoniter für die Decken und Vorhänge, die Nachkommen Meraris für Transport und Aufbau der Stiftshütte selbst. Unter den Familien der Kehatiter war eine für besondere Aufgaben ausgesondert, nämlich die Familie Aarons, Moses Bruder. Er und seine Nachkommen waren als Priester berufen, denen allein es zustand, Opfer zu vollziehen. Die anderen levitischen Familien hatten die gröberen Arbeiten zu verrichten, sie waren eigentlich Diener der Priester. Diese Priester waren die »heiligste« Gruppe in Israel. Womit natürlich nicht gesagt ist, daß sie immer fromm waren; viele waren das nicht (zum Beispiel die Söhne Elis, s. 1Sam 2,22–25). »Heilig« heißt hier soviel wie »Gott zugehörig«. Diese Männer waren die offiziellen Verwalter der Stiftshütte und des Tempels. Wegen ihrer hohen Stellung unterlagen sie strengen Vorschriften. Ein Mann aus dieser Familie wurde mit dreißig Jahren Priester. Der Mann, der für die Priester und ihren Dienst verantwortlich war, war der »Hohepriester«. Er besaß ein einzigartiges Vorrecht. Er durfte am Versöhnungstag das »Allerheiligste« betreten.

Leviten: 2Mo 32,25–29; 4Mo 3,12–14; 18,21–24; 32,2–8

Priester: 2Mo 28–29; 3Mo 8–10; 16; 21–22

Die Aufgaben der Priester und Leviten betrafen vorwiegend die Stiftshütte und den Tempel, den Gottesdienst und die Opfer. Aber sie hatten noch einige andere Pflichten. Männer aus allen drei levitischen Sippen bildeten den Tempelchor, und sie durften auch einige Psalmen komponiert haben (z.B. Ps 85 und 87).

Die Priester und Leviten mußten auch Fragen in Gottes Namen entscheiden, die anders nicht beantwortet werden konnten (zum Beispiel vor einem Krieg). Hierzu benutzten sie die heiligen Steine Urim und Thummim, die der Hohepriester in einem Beutel auf der Brust trug. Wenn der Priester den Urim-Stein herauszog, hieß das Nein, zog er den Thummim-Stein, hieß das Ja. Wichtiger war aber ihre Aufgabe, das Volk im Gesetz Gottes zu unterrichten. Als Mose die Israeliten segnete, sagte er, daß die Leviten zuerst »eure Kinder den Gehorsam gegen das Gesetz lehren« sollten und danach »Opfer auf dem Altar darbringen«. Das Buch Nehemia berichtet davon, wie Esra und die Leviten das Gesetz dem ganzen Volk vorlasen. Der Prophet Maleachi faßt ihre Rolle so zusammen: »Des Priesters Lippen sollen die Lehre bewahren, daß man aus seinem Munde die Weisung suche; denn er ist ein Bote des Herrn Zebaot.« Leider mußten die Propheten die Priester und Leviten oft zur Einhaltung ihrer Aufgaben rufen, da sie nachlässig waren. Daneben mußten Priester über »rein« und »unrein« entscheiden und übernahmen dadurch auch eine ärztliche Funktion (s. *Reinheit*). 1Chro 6,33–48; 3Mo 13; 5Mo 33,8–11; Neh 8,1–12; Mal 2,7; Jer 23,11–32; Hes 34

PRISCILLA (PRISCA) s. *Aquila*

PROPHETEN Die Propheten, deren Botschaft das Alte Testament überliefert, erschienen nur an den entscheidenden Punkten der Geschichte des Volkes. Sie waren Gottes Boten in einer bestimmten Situation. Ihre Botschaft bezog sich gewöhnlich auf eine bestimmte Zeit und einen bestimmten Ort, bleibt aber bedeutsam, weil vergleichbare Situationen immer wieder in der Geschichte vorkommen.

DIE FRÜHEN PROPHETEN Die Propheten traten zuerst zur Zeit Samuels auf. Samuel gilt als »letzter Richter und erster Prophet Israels«. Zu der Zeit stellten die Philister die große Bedrohung für Israel dar. Diese frühen Propheten stärkten den Willen Israels, damit es um seines Gottes willen frei und unabhängig bliebe. Als der junge Saul ihnen begegnete, wurde er von Gottes dynamischer Kraft überwältigt. Er schloß sich ihnen an, und Gottes Macht wurde in ihm wirksam. Samuel selbst scheint nicht zu einer ekstatischen Prophetengruppe gehört zu haben. Als Richter des Volkes strafte er es wegen des Götzendienstes und erbat Gottes Vergebung für sie und schaffte Frieden. Die ersten beiden Aspekte finden sich auch bei den späteren Propheten. Samuel verfügte offenbar über weitere Gaben. Als Saul die verlorenen Eselinnen seines Vaters suchte, konnte er ihm sagen, wo sie zu finden seien. Er sagte ihm auch, was auf dem Weg geschehen würde. Aber das ist ziemlich unwichtig. Wichtig ist, daß Gott durch Samuel – wie später durch viele Propheten – seine Berufung kundtat, indem er zuerst Saul und später David als Gottes erwählte Herrscher zum König salbte.

Während Davids Herrschaft spielte der Prophet Natan eine ähnliche Rolle bei der Wahl des neuen Königs. Doch die ersten wirklich großen Propheten waren Elia und Elisa, die Mitte des 9. Jh. auftraten.

Eine Krise im nördlichen Königreich Israel war der Hintergrund für die Arbeit dieser beiden Propheten. Isebel, die Frau des Königs Ahab, hatte die Verehrung fremder Götter in Israel eingeführt. Sie hatte aus ihrer Heimatstadt Sidon 850 Propheten Baals und der Aschera, zweier kanaanäischer Gottheiten, mitgebracht. Gegen diese Herausforderung stand Elia auf.

Er forderte die kanaanäischen Propheten zum Wettstreit auf dem Berg Karmel heraus, wo Gott durch das Feuer bewies, daß »der Herr Gott ist, der Herr allein«. Elisa setzte den Auftrag Elias fort. Er vollbrachte wunderbare Heilungen und salbte später Jehu zum König über Israel. Er sammelte eine Schar von Jüngern – Prophetenschüler –, die das Andenken an seine Taten bewahrten. 1Sam 7,3–17; 9–10; 2Sam 7; 1Kö 1,11–40; 17–19; 2Kö 1–9

DIE SPÄTEREN PROPHETEN Keiner der frühen Propheten hinterließ ein Buch mit seinen Worten oder Taten. Aus den Geschichtsbüchern, die die Königszeit behandeln, wissen wir immerhin, was sie sagten und taten. In der »klassischen« Zeit der Prophetie, vom 8.–5. Jh. v.Chr., wurden dann viele Botschaften der Propheten aufgeschrieben und in den nach ihnen genannten Büchern des AT zusammengefaßt: Jesaja, Jeremia, Hesekiel, den Büchern der zwölf sogenannten »kleinen« Propheten (Hosea bis Maleachi) und auch dem Buch Daniel.

Die Krise hinter dieser neuen prophetischen Epoche war in den neuen politischen Verhältnissen begründet, die zunächst zur Verbannung Israels (Nordreich) im Jahre 721 und dann zur Vertreibung Judas (Südreich) nach der Zerstörung Jerusalems im Jahre 587 v.Chr. führten.

Die Botschaft dieser Propheten beschäftigt sich mit dem Bruch des Bundes, der zum Exil führte. Und die späteren Propheten ermutigten Israel, nach der Katastrophe des Exils den Tempel wieder aufzubauen.

VOR DEM EXIL Die Propheten warnten immer wieder vor dem unausweichlichen Gericht – Amos und Hosea im 8. Jh. im Nordreich, Jeremia im Südreich im ausgehenden 7. Jh. Sie riefen zur Umkehr – noch war es nicht zu spät, noch konnte Gott seinen Willen ändern. Die Propheten mußten sich mit der Unbußfertigkeit des Volkes abfinden. Von den vielen Gelegenheiten zur Umkehr hatte es keine ergriffen. Für alle Propheten ruft Amos dem Volk Gottes Botschaft zu: »Bereite dich, Israel, und begegne deinem Gott!«

Worin bestand die Schuld Israels? Die Propheten hoben jeweils bestimmte Punkte hervor: Amos die soziale Ungerechtigkeit, Hosea Israels Untreue Gott gegenüber, Micha die Sünden der Herrscher Israels, Jeremia die Götter und die ungehemmte Verdorbenheit Judas. Um dieser Sünden willen mußte Gott Israel gegen seinen Willen strafen. Am 9,1–4; Hos 11,5–7; Jer 25,8–11; Am 5,14–15; 4,6–12

EXIL UND NEUBEGINN Nachdem sowohl Juda wie auch Israel in die

Verbannung geführt worden waren, erkannten wenigstens einige, daß sie diese Strafe verdient hatten. Von dieser Zeit an konnten die Propheten Hoffnung wecken. Hesekiel sah einen Tag voraus, an dem das Volk, bis dahin leblos wie ein Haufen toter Knochen, neu zu leben beginnen würde, da der Geist Gottes neues Leben in das Volk atmen würde. Er erwartete die Wiederherstellung des Tempels und eine neue Besiedlung des Landes. Auch die Botschaft von Jesaja 40–55 richtete das Volk auf. Gott steht im Begriff, das Volk durch die Wüste von Babylon nach Jerusalem zurückzuführen.

Nach der Rückkehr einer ersten Gruppe, als auch die Begeisterung zum Wiederaufbau des Tempels ein wenig nachgelassen hatte, brauchte es eine neue Generation von Propheten, um die Enttäuschung und Verzweiflung zu überwinden. Ohne die Ermutigung Haggais und Sacharjas hätte man die Arbeit am Tempel nie zu Ende gebracht. Damit wäre die Rückkehr mißlungen gewesen, denn es hätte keinen richtigen Gottesdienst mehr gegeben. Hes 37; 40–48; Jes 40,1.9–10

DIE ROLLE DER PROPHETEN Die Propheten versteht man am besten als Boten. Ihre Verkündigung beginnt oft mit »So spricht der Herr«, oder »Gott sprach«. Mit dieser »Botenformel« begann ein Bote der Zeit die Übermittlung einer ihm aufgetragenen Botschaft. Die Propheten waren von Gott dazu berufen, seine Pläne und Botschaften zu hören. Diese Botschaften hatten sie dann Israel und den Völkern zu bringen. Manchmal hatten die Propheten Visionen, manchmal predigten sie, manchmal gebrauchten sie Gleichnisse, Dichtung oder dramatische Darstellungen, um das Volk anzureden. Wir erfahren nur wenig darüber, wie sie ihre Botschaft erhalten haben. Aber sie waren zutiefst davon überzeugt, diese Botschaft von Gott empfangen zu haben.

Die Propheten vertraten meistens eine ganz andere als die öffentliche Meinung. Wenn alles gut aussah, griffen sie die Mißstände ihrer Gesellschaft an und sagten dem Volk Gericht voraus. Wenn das Volk niedergedrückt war, sprachen sie von Hoffnung. Sie brachten diese beunruhigenden Worte von Gott, weil Gottes Ruf sie erreicht und ihr eigenes Leben umgekehrt hatte.

Die Propheten waren auch Lehrer, die Israel im Gesetz Gottes unterrichteten. Sie predigten keine neue Religion, sondern wandten das Wort Gottes auf ihre eigene Zeit an. Für die Entstehung des AT sind die Propheten von erheblicher Bedeutung. Nicht allein die prophetischen Bücher, auch die sogenannten Geschichtsbücher (besonders Josua bis 2. Könige) sind von Propheten verfaßt oder von Männern, die viel von ihnen gelernt haben. Sie schrieben Geschichte, wie Gott sie sieht. Jer 23,18.21–22; Am 7,1–2; Sach 1,7–21; Jer 7; 18; 19; Jes 1; Hes 5,17; 1Kö 18,19; Am 7,14–16; Jes 6; Jer 1

FALSCHE PROPHETEN In der Geschichte Israels gab es immer wieder falsche Propheten, deren Botschaften angeblich von Gott kamen. Ein Prophet konnte seine Verkündigung mit den Worten »so spricht der Herr« beginnen – aber das war keine Garantie dafür, daß es sich um ein echtes Wort Gottes handelte. Das konnte nur mit der Einsicht des von Gott geschenkten Glaubens entschieden werden. Das 5. Buch Mose gibt uns zwei hilfreiche Regeln: Wenn ein Prophet etwas ankündigt, und es tritt nicht ein, ist er ein falscher Prophet. Und wenn seine Botschaft Menschen von Gott und seinem Gesetz wegführte, war er auch ein falscher Prophet. 1Kö 22; Jer 28; Mi 3,5-7; Jer 23,13-32; 5Mo 13; 18,21-22

DIE BOTSCHAFT DER PROPHETEN Für Jeremia war das Exil das Ende von Gottes Bund mit Israel. »So hat das Haus Israel und das Haus Juda meinen Bund gebrochen, den ich mit ihren Vätern geschlossen habe.«

Dennoch glaubten die Propheten, daß Gott Israel nicht verlassen werde, obwohl es keinen Anspruch mehr gegen ihn geltend machen konnte. Deshalb konnten sie über die Schrecken der Zukunft hinaus eine Zeit der Hoffnung sehen. Für Amos ist es die Wiedereinsetzung der Davidsfamilie, für Hosea die Verheißung, daß Gott die Untreue des Volks überwinden wird, und Jeremia hofft auf einen neuen Bund mit Gott.

Die Botschaft der Propheten blickte zurück und erinnerte Israel an den geforderten Gehorsam; sie wandte sich zugleich an die jeweilige von Glaubenskrisen gezeichnete Gegenwart, und sie nahm die Zukunft in den Blick, denn die Propheten waren von der Treue Gottes zu Israel überzeugt. Sein Bund bleibe bestehen, auch über die zeitweilige Zerstörung Israels hinaus. Sowohl die Zeit des Gerichtes als auch der endgültigen Wiederherstellung wird häufig »Tag des Herrn« genannt. Die Hoffnung auf die Wiederherstellung durch den Messias hat ihre Wurzeln im AT, aber erst in den letzten Jahrhunderten vor Christus wurde sie bestimmend. Jer 11,10;

Am 9,11-12; Hos 14,4; Jer 31,31-34; Am 9,9; Sach 13,8-9; Jes 2,12-17; Ze

PROPHETIE IM NEUEN TESTAMENT Seit der Ausgießung des Heiligen Geistes auf alle Gläubigen können alle, Männer und Frauen, Gottes Wort verkündigen. Doch auch jetzt gibt es noch die besondere Gabe der Prophetie, die im NT erwähnt wird. Es ist eine der Gaben Gottes, die zum Bau seiner Gemeinde dient.

Die Prophetie der Offenbarung gehört wie die des Buches Daniel einer besonderen literarischen Gattung an, der Apokalyptik. Sie hat besonderen Bilder- und Symbolgehalt, der nur dann verstanden werden kann, wenn wir ihn zunächst auf die Zeit beziehen, in der die Bücher geschrieben wurden. Apg 2,17; 1Ko 11,5; 12,10.29; 14,24.29

S. *Bibelauslegung*

PSALMEN Das Buch der Psalmen ist eine Sammlung von Liedern, Gebeten und Gedichten. Sie stammen von verschiedenen Verfassern und sind nach und nach gesammelt worden. Die Israeliten lasen und sangen sie in ihren Gottesdiensten. Es ist schwierig, einzelne Psalmen genau zu datieren. Gesammelt wurden sie seit der Zeit Davids bis in die Zeit nach dem Exil.

Die Psalmen enthalten Dichtungen verschiedener Gattungen: Klagelieder einzelner und des Volkes, Loblieder über erfahrene Errettung, Königslieder, Wallfahrtslieder, Schöpfungspsalmen, Lieder über die Herrlichkeit und Macht Gottes u.a. Einige Psalmen geben Gefühle einzelner wieder, in anderen geht es um das ganze Volk. Oft wiederkehrende Themen sind Gottes Schöpfermacht und Gottes liebende Fürsorge für sein Volk Israel.

Die Psalmen geben die Gefühle, den Glauben und die Erfahrungen vieler in sehr vielfältigen Situationen wider. Das ist wohl ein Grund dafür, daß sie über die Jahrhunderte hin als Gebete der Gemeinden in lebendigem Gebrauch blieben.

Die Psalmen reden, wie andere Dichtung auch, oft in Bildern. Eine besondere Eigenart biblischer Poesie ist es, daß der Gedanke einer Zeile in der nächsten Zeile nochmals aufgenommen wird. Das kommt in den Psalmen oft vor.

Das Buch der Psalmen besteht aus fünf Teilen: Ps 1–41, Ps 42–72, Ps 73–89, Ps 90–106, Ps 107–150.

PSALTER s. *Musik*

PTOLEMAIS Der griechische Name einer Stadt an der Küste Nordisraels; im AT heißt sie Akko. Paulus segelte bei seinem letzten Besuch in Jerusalem von Tyrus nach Akko und verbrachte einen Tag bei den Christen dort. Heute heißt die Stadt Akka. Ihre Bedeutung hat sie verloren, weil ganz in ihrer Nähe die große Stadt Haifa entstanden ist. Ri 1,31; Apg 21,7

PUL s. *Tiglat-Pileser*

PURIM s. *Feste*

PUT Ein afrikanisches Land, vielleicht ein Teil Libyens (in neuen Übersetzungen oft einfach »Libyen«). 1Mo 10,6; Jer 46,9; Hes 27,10.

PUTEOLI Ein Hafen in der Nähe Neapels in Italien, in dem Paulus auf der Fahrt nach Rom an Land ging. Heute Pozzuoli. Apg 28,13

QUASTEN Nach dem Gesetz trugen die Israeliten an den vier Zipfeln des Mantels (Umhangs) Quasten oder Troddeln. Diese sollten sie an den Gehorsam gegen die Gebote Gottes erinnern. Auch Jesus trug solche Quasten (Lutherübersetzung: *Säume*). 4Mo 15,38–41; 5Mo 22,12; Mt 9,20; 14,36; 23,5

QUIRINIUS (CYRENIUS) Der römische Statthalter von Syrien zur Zeit der Volkszählung, die Josef und Maria nach Betlehem brachte. Lk 2,2

QUMRAN Die aufregendste Entdeckung aus neutestamentlicher Zeit sind die Schriftrollen aus Qum-

Schriftrolle

ran. Niemand hatte damit gerechnet, daß alte Schriftstücke in Palästina die Zeiten überdauert haben könnten. Doch 1947 fand ein Hirtenjunge in einer Höhle am Nordwestufer des Toten Meeres Krüge, die alte Lederrollen enthielten. Er wußte nicht, um was es sich handelte, und verkaufte sie für wenig mehr als nichts. Schließlich erfuhren Archäologen von dem Fund. Beduinen und Archäologen haben inzwischen Stücke von mehr als 400 Rollen gefunden.

Diese Rollen waren Teile der Bibliothek einer religiösen Gemeinschaft, die ihren Sitz in Qumran am Ufer des Toten Meeres hatte. Ihre Besitzer hatten sie beim Einmarsch der Römer im Jahre 68 n.Chr. in Höhlen versteckt. Sie sind für das Verständnis des Textes des NT nicht so wichtig wie die Papyri, enthalten dafür aber eine Menge Informationen über das religiöse Leben der Juden damals.

Wichtigster Bestandteil der Bibliothek waren die Bücher des AT (außer Ester alle). Die Abschriften zeigen, daß der überlieferte hebräische Text, der uns bis dahin nur in Abschriften aus dem 9. Jh. n.Chr. bekannt war, schon im 1. Jh. n.Chr. und früher in Umlauf war. Aber man hat auch in geringerer Zahl Handschriften mit abweichenden Lesarten gefunden; diese stehen manchmal der griechischen Übersetzung (Septuaginta) näher bzw. kommen in die Nähe alttestamentlicher Zitate im NT (so ein Zitat aus 5Mo 32,43 in Hbr 1,6).

DIE GEMEINSCHAFT VON QUMRAN Andere Bücher sind Kommentare zu Teilen des AT. Die Ausleger erklärten alte Personen- und Ortsnamen auf dem Hintergrund der Geschehnisse ihrer Gegenwart. Sie glaubten, daß die Propheten über sie gesprochen hatten, nicht über ihre eigene Zeit. Aus diesen Erklärungen und anderen Schriften erfahren wir etwas über den Begründer der Gemeinschaft, den Lehrer der Gerechtigkeit. Er war anderer Meinung als die Mehrheit der Juden, was die großen Feste und Tempelgottesdienste anging, und zog sich aus Jerusalem zurück, um diese streng geführte Gemeinschaft am Toten Meer zu gründen.

Ihre Gegner bezeichneten sie als Söhne der Dunkelheit, sich selbst als Söhne des Lichts. Sie hofften auf den Tag, an dem Gottes Messias sie zu einem großen Sieg über ihre Gegner führen würde, dann könnten sie so im Tempel anbeten, wie sie es für richtig hielten.

Ihre Hoffnungen wurden enttäuscht. Ihr Messias kam nicht, und die Römer zerstörten ihre Gemeinschaft. Diese Gemeinschaft und die frühe Kirche waren grundverschieden. Die Besitzer der Schriftrollen fühlten sich durch und durch als Juden, sie hatten keine direkte Beziehung zu den frühen Christen. Manche Ideen waren zwar beiden gemeinsam, z.B. die Gegenüberstellung von Gut und Böse, von Licht und Finsternis, doch das war allgemeinjüdisches Gedankengut. Wie weit man in Qumran überhaupt von den üblichen jüdischen Vorstellungen abwich, können wir nicht sagen, da wir zu wenig über andere jüdische Gruppen der damaligen Zeit wissen. Die Leute von Qumran verstanden das AT wesentlich anders als Jesus.

Jesus warf den Juden vor, daß sie das Gesetz zwar bis ins Detail befolgen wollten, es aber nicht verstanden. In den Schriftrollen tritt uns eine jüdische Sekte entgegen, die genauso streng, wenn nicht noch strenger war. Um immer an Gottes Taten zu denken, banden sie sich Gebetsriemen an die linke Hand und an die Stirn (s. 2Mo 13,9.16). Teile der Schrift wurden auf winzige Pergamentstückchen geschrieben, in Lederbehälter gebunden und zur Gebetszeit angelegt. Ein in Qumran gefundener Gebetsriemen war 20 mal 13 mm groß, das auseinandergefaltete Pergament ca. 40 mal 27 mm. Darauf stand in 26 Zeilen 5Mo 5,22–6,9. Jesus warf den Pharisäern das Tragen von Gebetsriemen als Heuchelei vor (Mt 23,5).

Land wieder trocken war. Raben versorgten Elia während der Hungersnot. 1Mo 8,7; 1Kö 17,4

Rabe

R

RABBA Die Hauptstadt der Ammoniter (s. *Ammon*), die manchmal auch Rabbat-Ammon genannt wird. Die Israeliten besiegten Og, den König von Basan, dessen »steinerner Sarg« in Rabba stand. Dieses Gebiet östlich des Jordan wurde dem Stamm Gad zugeteilt, doch die Ammoniter lebten noch dort, bis Davids General Joab Rabba eroberte. Als David später vor Absalom floh, erhielt er aus Rabba Hilfe. Nach dem Tod Salomos wurde Ammon wieder unabhängig und bekämpfte Israel. Die Propheten verurteilten die Schlechtigkeit Rabbas und sagten seine Zerstörung voraus. Die Stadt erhielt später den griechischen Namen Philadelphia und war eine der zehn Städte der Dekapolis (s. *Dekapolis*). Der Name der Urbevölkerung, der Ammoniter, hat sich im modernen Namen Amman erhalten; es ist die heutige Hauptstadt von Jordanien. 5Mo 3,11; Jos 13,25; 2Sam 11,1; 12,26–31; 17,27; 1Chro 20,1–3; Jer 49,2; Hes 21,25; 25,5; Am 1,14

RABBI/RABBUNI »Mein Herr«; ehrende Anrede der Schriftgelehrten. Mt 23,7.8; Jo 1,38; 20,16

RABE Das hebräische Wort faßt Krähen und Raben zusammen. Nach der Flut schickte Noah einen Raben aus, um festzustellen, ob das

RABSCHAKE Der Titel eines assyrischen Beamten, den Sanherib zu Hiskia schickte, um ihn zur Übergabe der Stadt während der Belagerung zu überreden. 2Kö 18–19; Jes 36–37

RÄUCHERALTAR s. *Stiftshütte*; *Tempel.*

RAHAB Eine Hure, die in einem Haus an der Mauer Jerichos lebte. Sie versteckte die Spione Josuas, weil sie glaubte, daß Gott Kanaan den Israeliten geben wollte. Zum Lohn versprachen ihr die Kundschafter, sie und ihre Familie bei der Eroberung der Stadt zu schonen. Jos 2; 6; Jak 2,25

RAHEL Die schöne Tochter Labans. Jakob arbeitete sieben Jahre für Laban, um sie heiraten zu dürfen. Doch Laban verheiratete ihn dann mit List zuerst mit Lea. Da diente er noch einmal sieben Jahre um Rahel. Sie blieb lange kinderlos, bis sie Jakob endlich einen Sohn schenkte: Josef. Bei der Geburt ihres zweiten Sohnes, Benjamin, starb sie. 1Mo 29–30; 35,18–20

RAMA Ein hebräischer Name für viele Städte, die auf Hügeln lagen, er bedeutet »Höhe«. Zwei Städte dieses Namens spielen eine wichtige Rolle im AT.
Eine von ihnen lag beim heutigen Er-Ram, ungefähr 8 km nördlich

von Jerusalem. In ihrer Nähe lebte die Prophetin Debora. Später war sie Grenzstadt zwischen Juda und Israel. Baesa von Israel eroberte sie und baute sie zur Festung aus; doch bald wurde sie von Asa von Juda zurückerobert. Jesaja sah die Assyrer sich von Rama her Jerusalem nähern. Als die Babylonier Jerusalem erobert hatten, ließen sie Jeremia in Rama frei. Nach dem Exil wurde auch Rama wiederbesiedelt. Nach einer Erzählumg ist Rahel in der Nähe von Rama begraben; und Jeremia hörte in einer Vision Rahel in Rama um ihre Kinder weinen. Matthäus zitiert diese Jeremiastelle in seinem Bericht über den Kindermord in Betlehem. Ri 4,5; 19,13; 1Kö 15,17.22; 2Chro 16,1.6; Jer 31,15; 40,1; Jes 10,29; Neh 11,33; Mt 2,18

Das andere Rama lag 19 km weiter im Nordwesten. Es war wahrscheinlich der Geburtsort des Propheten Samuel; vielleicht ist es identisch mit dem Arimathäa des NT. Es wurde auch Ramatajim-Zofin genannt. 1Sam 1,1; 2,11 usw.

RAMOT IN GILEAD Eine Freistadt östlich des Jordan, die in den Kriegen zwischen Israel und Syrien oft den Besitzer wechselte. Vielleicht war sie identisch mit Mizpa in Gilead und also die Heimat des Richters Jefta. Einer der zwölf Amtsleute Salomos hatte seinen Sitz in Ramot. König Ahab von Israel fiel in einer Schlacht bei Ramot; Jehu wurde hier zum König gesalbt. Jos 20,8; Ri 11; 1Kö 4,13; 22; 2Kö 9,1–10

RAMSES Eine ägyptische Stadt nahe der Küste im Ostteil des Nildeltas. Pharao Ramses II. hatte dort einen Palast. Früher war sie (unter dem Namen Avaris) die nördliche

Pharao Ramses II.

Hauptstadt der Hyksosdynastie. Laut 2Mo bauten die Israeliten für den Pharao die Städte Pitom und Ramses. Von Ramses aus flohen sie aus Ägypten. 2Mo 1,11

REBEKKA Die Frau Isaaks und die Mutter Esaus und Jakobs. Sie kam aus Haran, aus der Stadt, in der Abraham eine Zeitlang gelebt hatte. Ihr Vater war ein Neffe Abrahams. Als Abraham meinte, es sei nun Zeit für Isaak zu heiraten, schickte er seinen Diener Elieser nach Haran, um dort eine Frau für ihn zu suchen. Das erste Mädchen, das er sah, war Rebekka. Isaak liebte sie auf den ersten Blick. Nach zwanzig Jahren des Wartens wurden die Zwillinge Esau und Jakob geboren. Jakob war der Liebling Rebekkas, Isaak mochte Esau lieber. Als Isaak alt und fast blind war, half Rebekka Jakob, sich durch eine List den Segen des Vaters zu erschleichen, der eigentlich Esau, dem Älteren, gebührt hätte. Um ihn vor der Rache Esaus zu schützen, schickte sie Jakob dann zu ihrem Bruder Laban nach Haran. 1Mo 24; 25,19–26,16; 27

REBHUHN Es gibt drei Rebhuhnarten, das Felsenrebhuhn, das Wüstenrebhuhn und das schwarze Rebhuhn. Fleisch und Eier aller drei Arten geben schmackhafte Mahlzeiten ab. Das Felsenrebhuhn versteckt sich so gut, daß es öfter gehört als gesehen wird. 1Sam 26,20

Rebhuhn

RECHTFERTIGUNG Menschen können nichts tun, um vor Gott gerecht zu werden. Die Sünde trennt uns vom heiligen Gott. Wie »gut« wir auch sein mögen, ihrem Zugriff entgehen wir nicht.

Deshalb kann ein Mensch nur durch Gottes Gnade gerecht werden. Darum geht es in der Rechtfertigungslehre. Gott nimmt uns als seine Kinder an, weil Jesus für uns am Kreuz gestorben ist. »Denn er hat den, der von keiner Sünde wußte, für uns zur Sünde gemacht, auf daß wir würden in ihm die Gerechtigkeit, die vor Gott gilt.« Christus nahm die Strafe für unsere Sünde auf sich, so daß wir freigesprochen sind und die Kraft erhalten haben, selbst gehorsam zu sein.

Christen sind aus Gnade gerechtfertigt durch den Tod Jesu Christi. Sie erhalten diese Rechtfertigung, indem sie an Christus glauben.

S. *Sühnopfer, Gnade.* 2Kor 5,21; Rö 3,24; 5,1.9

REFAIM Die Ebene südwestlich von Jerusalem, in der König David die Philister besiegte. Außerdem ist es der Name eines der Völker, die vor den Israeliten in Kanaan lebten. 2Sam 5,18; Jos 15,8 usw.

REGIERUNG Die Bibel nennt keine Regierungsform, die die allein richtige wäre, um eine Gesellschaft zu organisieren, sondern berichtet von verschiedenen. Die Patriarchen Abraham, Isaak und Jakob lebten in Sippen. Das Volk Israel wurde zuerst von Richtern, dann von Königen regiert. Die Christen im NT akzeptierten das römische Regierungssystem, in dem sie lebten.

Von Anfang an war Israel als »Theokratie« gedacht – als eine Nation, deren Herrscher Gott ist. Doch weil die Menschen sündigten, zeigte es sich bald, daß menschliche Führer nötig waren, die das Volk leiten und sich durchsetzen konnten. Israel wurde sich dessen in der Richterzeit bewußt, denn »zu der Zeit war kein König in Israel; jeder tat, was recht war in seinen Augen«.

Gott autorisiert die Regierungen, Gerechtigkeit zu üben. »Jedermann sei untertan der Obrigkeit, die Gewalt über ihn hat. Denn es ist keine Obrigkeit ohne Gott; wo aber Obrigkeit ist, die ist von Gott verordnet.« Gottes Volk soll für die Regierungen beten und sie in ihren Bemühungen, gerecht zu regieren, unterstützen.

Doch die Bibel sagt auch, daß Gott von den Herrschern erwartet, daß sie Gerechtigkeit üben und das Recht nicht verdrehen. Die Propheten des AT – besonders Amos – redeten oft gegen die ungerechte und tyrannische Herrschaft mancher Könige Judas und Israels. Christen sollen zum Unrecht der Regierenden nicht schweigen. Wenn Christen zwischen den Anordnungen der Regierung und dem Willen Gottes wählen müssen, sollen sie »Gott mehr gehorchen als den Menschen«. Ri 21,25; Rö 13,1–7; 1Tim 2,2; 1Pt 2,11–25; Jes 56,9–12; Jer 21,11–22,19; Da 3; Am u.a. Propheten; Mt 22,15–21; Apg 5,27–29

REGIUM Ein Hafen in Süditalien, an der Straße von Messina gegenüber von Sizilien; heute heißt er Reggio di Calabria. Auf der Reise nach Rom legte das Schiff des Paulus hier an. Apg 28,13

REGUEL Ein anderer Name für Jitro.

REH, HIRSCH UND GAZELLE Mit diesen grazilen Tieren verbindet die Bibel die Vorstellung von Schnelligkeit und Sanftmut. Damhirsche und Rehe, Gazellen und Steinböcke, die man wegen ihres sandfarbenen Fells nur schwer erkennen kann, waren wichtige Fleischlieferanten. 5Mo 12,15; Hhl 2,8–9

REHABEAM Ein Sohn König Salomos. Er kam nach seines Vaters Tod auf den Thron, regierte jedoch so ungeschickt, daß das Volk rebellierte. Wie der Prophet Ahia es vorausgesagt hatte, machten die zehn Nordstämme Jerobeam zu ihrem König. Nur die Stämme Juda und Benjamin blieben Rehabeam. Seitdem gab es das Nordreich unter dem Namen Israel und das Südreich unter dem Namen Juda. Rehabeam wurde von den Ägyptern besiegt und lag die meiste Zeit im Krieg mit dem Nordreich Israel. 1Kö 11,43–14,31; 2Chro 9,31–12,16

REICH GOTTES »Gott ist König«, ist eins der großen Themen des AT. Doch es war klar, daß Gott noch ganz anders als im AT würde handeln müssen, damit das, was durch die Sünde der Menschen zerstört worden war, wieder heil wurde. Gott versprach, daß es einst so weit sein würde.

»Die Zeit ist erfüllt, und das Reich Gottes ist herbeigekommen«, erklärte Jesus am Anfang seines Wirkens in Galiläa. »Tut Buße, und glaubt an das Evangelium!« Gott hatte Jesus gesandt, um seine Herrschaft aufzurichten und der bösen Zeit, in die die Welt geraten war, ein Ende zu setzen, um einen neuen Anfang zu machen und eine neue Zeit herbeizuführen. Reich Gottes bedeutet »Herrschaft« Gottes. Die Gegenwart des Reiches Gottes wurde in den Wundern Jesu und den Dämonenaustreibungen sichtbar. Jesus heilte körperliche und seelische Gebrechen, um die Macht dieses neuen Reiches zu zeigen, in dem das Böse und seine Macht ganz und gar vernichtet sein würden.

Jesu Leben und Lehre zeigen, daß dieses Reich schon da ist. Er starb für die Sünde der alten, sündigen Schöpfung und wurde auferweckt zum ewigen Leben in der neuen Schöpfung, zum Leben im Reich Gottes. Doch vollkommen wird das Reich erst am Ende der Zeiten, bei der Wiederkunft Jesu sein, wenn alle Dinge neu werden.

Jesus beschrieb dieses Reich in den Gleichnissen vom »Gottesreich« bzw. »Himmelreich«. Die Juden glaubten, daß sie dann von den Römern befreit würden. Doch Jesus sagte deutlich, daß das Reich langsam wachsen würde, bis es schließlich die ganze Welt umfaßt. Es ist mehr wert als alles, was wir haben und haben können. Es ist für die, die demütig sind vor Gott – für Sünder, die Buße tun. S. *Jesus: Botschaft.*

Menschen, die an Christus glauben, haben schon jetzt teil an diesem neuen Leben und an diesem neuen Reich und werden in der Zukunft den neuen Himmel und die neue Erde ererben. Mi 4,6–7; Mk 1,15; 4; 9,45–47; Lk 7,18–23; 8; 14,16–24; Mt 5,1–20; 6,10; 13

REINHEIT Nach dem Gesetz Moses ist kultische Reinheit nötig, um im Gottesdienst oder Gebet vor Gott erscheinen zu können. Unreinheit entsteht durch das Essen bestimmter Tiere, durch Aussatz, bestimmte Körperausflüsse oder die Berührung von Toten. Für die Reinigung werden genaue Vorschriften genannt. Zur Zeit des NT waren die Bestimmungen auf das ganze Alltagsleben ausgedehnt worden. So galt die Tischgemeinschaft mit Sündern und Heiden als verunreinigend. Auch war aus religiösen Gründen das Essen mit ungewaschenen Händen verboten. Jesus hat die Unterscheidung rein – unrein radikal anders bewertet: Nicht was von außen her geschieht, sondern was aus dem Herzen kommt, verunreinigt den Menschen. Petrus mußte lernen, daß er keinen Menschen unrein nennen soll. Paulus betont, daß für Christen nichts an und für sich unrein ist. Durch den Opfertod Jesu ist ihnen Reinheit geschenkt. 3Mo 11–15; Mk 7,1–4.15; Lk 7,22; 15,1; Apg 10,9ff; Rö 14,14; Gal 2,12f

RETTUNG Gottes Rettungstat. Die Menschen können sich selbst nicht aus der Lage erretten, in die die Sünde sie gebracht hat. Nur Gott kann erretten.
Rettung wird im NT als vergangene, gegenwärtige und zukünftige Rettung verstanden. Gott hat Jesus in die Welt gesandt, damit er sein Volk aus der Sünde errette. Die Sünde ist von Jesus durch seinen Tod und seine Auferstehung besiegt worden. Durch den Glauben an ihn können wir gerettet werden. Das ist ein Geschenk, das allen Menschen angeboten wird, egal aus welcher Religion, Rasse oder welchem sozialen Milieu sie kommen. »Denn wer den Namen des Herrn anrufen, soll gerettet werden.« Christen sind gerettet, weil sie Vergebung und neues Leben haben. Doch die letzte Bedeutung ihrer Rettung werden sie erst verstehen, wenn Christus am Ende der Zeit wiederkommt.
Im AT ist Rettung mehr als nur geistliche Befreiung. Die wichtigste Rettungstat Gottes war seine Befreiung der Israeliten aus der Sklaverei in Ägypten. Auch das NT lehrt, daß Rettung viel mehr betrifft als nur das geistliche Leben eines Menschen. Sie bezieht sich auf den ganzen Menschen. Fast ein Drittel der Stellen im NT, in denen von Rettung die Rede ist, beziehen sich auf die Befreiung aus besonderen Nöten – z.B. Gefangenschaft, Krankheit und Besessenheit. Wenn ein Mensch Christ wird, dann umfaßt Christi Rettungstat Leib, Seele und Geist. Doch vollkommen »heil« wird er erst am Ende der Zeit, wenn Jesus wiederkommt.
S. *Sühnopfer, Freiheit, Erlösung.* Mt 1,21; Eph 2,8–9; Rö 10,13; 13,11; 1Ko 1,18; Phil 2,12; Mt 9,21–22; Lk 8,36

REZIN Der letzte König von Syrien (Aram). Zusammen mit Pekach von Israel griff er Juda an. Doch auf Bitten Ahas' von Juda schritt Tiglat-Pileser III. ein. Er eroberte Damaskus, die Hauptstadt Syriens, und tötete Rezin. 2Kö 15,37–16,9; Jes 7,1ff

RIBLA Eine Stadt am Orontes in Syrien. Pharao Necho brachte den gefangenen Joahas von Juda nach

Ribla. Später richtete sich Nebukadnezar von Babylon hier eines seiner Hauptquartiere ein. In dies wurde Zedekia, der letzte König von Juda, nach seinem Aufstand zur Verurteilung gebracht. 2Kö 23,33; 25,6–7

RICHTER Das Buch Richter ist eine Sammlung von Geschichten aus den zwei führerlosen Jahrhunderten von der Zeit der Landnahme bis zum Beginn des Königtums (Saul), ca. 1200 bis 1050 v.Chr.

Die Richter waren lokale Helden der Stämme Israels, gewöhnlich militärische Führer. Zu ihnen gehören Gestalten wie Debora, Gideon und Simson. Nur der gemeinsame Glaube an Gott hielt die Stämme Israels zusammen. Wenn sie sich anderen Göttern zuwandten, stritten sie sich und wurden schwach; es entstanden Spaltungen, und die Kanaanäer konnten sie leicht besiegen. Wandte sich das Volk dann Gott zu, so war er bereit, zu retten, indem er ihnen einen Führer, einen Richter sandte.

RIND Lange bevor Abraham nach Kanaan kam, wurden dort Rinderherden gehalten, um die Menschen mit Milch, Fleisch und Leder zu versorgen. Ochsen zogen die Pflüge, Dreschschlitten und Lastkarren. Rinder wurden bei den Opfern in der Stiftshütte und im Tempel geschlachtet. Der Reichtum eines Mannes wurde nach den Rindern und Schafen, die er besaß, berechnet. Basan, östlich des Jordan, war berühmt für seine guten Rinder. 1Mo 1,24; 13,2; 3Mo 1,2

ROM (RÖMER) Über den Ursprung der Stadt Rom wissen wir nur aus Legenden etwas. Es geht die Sage, daß Rom nach seinem Gründer Romulus benannt wurde, dessen Vorfahren aus dem von den Griechen zerstörten Troja geflohen

waren. Die Gründung geschah um 753 v.Chr. Den späteren Römern galt dieses Datum als der Beginn ihrer Geschichte.

FRÜHGESCHICHTE Jahrhunderte lang war Rom ein kleiner Stadtstaat, der um sein Dasein kämpfte. Doch es lag an einer günstigen Stelle, an einer Furt durch den Tiber, mitten in Italien. Zuerst wurde es von Königen regiert, von denen einige wahrscheinlich dem rätselhaften Volk der Etrusker entstammten. Dann wurden die Könige abgesetzt,

Das Forum, politisches und wirtschaftliches Zentrum des alten Rom.

und Rom wurde Republik, geführt von zwei »Konsuln«, die jeweils für ein Jahr gewählt wurden, und einem Rat, dem »Senat«. In einer Zeit von Kämpfen, Armut und Kriegen gewann Rom allmählich Land, bis es schließlich, um 275 v.Chr., ganz Italien beherrschte.

Der Herrschaftsbereich Roms erweiterte sich teilweise durch Kriegszüge, aber auch eine geschickte Bündnispolitik, bei der z.B. den Bündnispartnern das römische Bürgerrecht und andere Privilegien verliehen wurden.

Die Römer zeigten von Anfang an Organisationstalent. Sie bauten Straßen und festigten so den Zusammenschluß ganz Italiens. In ihrem Charakter waren die Römer völlig anders als die Griechen. Sie waren nicht sehr originell, dafür aber praktisch veranlagt, dem Staat gegenüber loyal, arbeiteten hart und waren streng diszipliniert.

KRIEGE Es dauerte nicht lange, und Rom stand einem neuen Feind gegenüber – Karthago. Karthago lag an der Küste des heutigen Tunesien und überwachte über ein Jahrhundert lang die Handelswege im westlichen Mittelmeergebiet. Der Führer der Karthager, Hannibal, ist wegen seiner kühnen Alpenüberquerung auf Elefanten berühmt geworden. Er marschierte in Italien ein und schlug Rom, ohne die Stadt Rom zu erobern. Da er keine Unterstützung erhielt, mußte er sich zurückziehen. 146 v.Chr. zerstörten die Römer Karthago.

Damals war Rom bereits in östliche Angelegenheiten verwickelt, wo Hannibal sich mit Roms Feinden verbündet hatte. Die Römer besiegten Antiochus III. von Syrien und gaben seine Gebiete in Kleinasien an ihren Verbündeten Eumenes II. von Pergamon. 146 v.Chr. zerstörten sie Konrith und beherrschten so auch Griechenland. 133 v.Chr. mußte auch der letzte König Pergamons sein Land den Römern überlassen; daraus wurde die Provinz »Asia«.

WELTMACHT Rom war Weltmacht geworden. Die Griechen beeinflußten ihre Eroberer bemerkenswert. Die Römer lernten Griechisch und ahmten griechische Kunst und Schreibart nach. In Asia

jedoch, das sehr reich war, nutzten römische Beamte ihre Stellung aus und bereicherten sich durch Beraubung ihrer Untertanen. Der Senat in Rom konnte nichts machen. Es war nicht möglich, ein Weltreich wie eine kleine Stadt zu regieren. Dazu waren große Heere und eine funktionierende Verwaltung nötig. Ehrgeizige Männer stritten sich um die Macht. Die Folge davon waren mehrere Bürgerkriege im ersten Jahrhundert v.Chr.

63 v.Chr. nahm der römische General Pompejus Jerusalem ein. Von da an beobachteten die Römer Palästina sehr genau. Später wurde Pompejus gegen den ehrgeizigen Julius Cäsar Führer der Republikaner. Cäsar schlug ihn jedoch und machte sich zum »Diktator«. Dieser Titel gab ihm besondere Macht in schnellen Entscheidungen. Er war ein begabter und energischer Führer, wurde jedoch 44 v.Chr. von den Republikanern Brutus und Cassius ermordet. Cäsars Freund Antonius und Oktavian, sein Erbe, besiegten die Republikaner 42 v.Chr. bei Philippi in Mazedonien. Darauf bekämpften sich die Sieger gegenseitig, und Antonius und seine Verbündete Kleopatra, Königin von Ägypten, unterlagen. Der Sieger Oktavian wurde Herrscher des Reiches.

DAS REICH UND SEINE KAISER Das Volk war die langen Kriegsjahre leid; Oktavian brachte ihm Frieden. 27 v.Chr. bekam er den Titel »Augustus«. Er behauptete von sich, die Republik wiederhergestellt zu haben, und verbarg seine tatsächliche Macht. Er war Führer des Heers und wurde der erste Herrscher des Kaiserreichs, ohne sich Kaiser zu nennen. Er einte das ganze Mittelmeergebiet unter einer friedlichen Herrschaft. Man konnte wieder unbeschwert reisen, jedermann war Augustus dankbar. 14 n.Chr. starb er. Jesus wurde zur Zeit des Augustus geboren (Lk 2,1). Seine Wirkungszeit, sein Tod und seine Auferstehung fielen in die Regierungszeit des nächsten Kaisers – Tiberius (14– 37 n.Chr.). Paulus machte seine Missionsreisen unter Claudius (41– 54) und Nero (54–68), dem Kaiser, auf den er sich in seinem Prozeß auch berief (Apg 25,11).

RÖMER UND JUDEN Palästina war zur Zeit Jesu von den Römern besetzt. Sie versuchten zuerst, das Land durch Könige aus der Herodianischen Familie regieren zu lassen. Als dieser Versuch in Judäa fehlschlug, entsandten sie einen »Prokurator«. Obwohl die ersten Kaiser sich bemühten, die Sitten ihrer Untertanen zu respektieren, konnten sie nur schwer mit der Religion und dem Nationalismus der Juden fertig werden. Pontius Pilatus (26–36 n.Chr.) und seine Nachfolger verärgerten diese außerdem durch ihre schlechte Regierung, so daß es 66 n.Chr. zu einem erbitterten Aufstand gegen Rom kam. Nach dem Tod Neros kämpften in Rom mehrere Generäle um den Thron; Vespasian siegte schließlich und wurde Kaiser (69–79). Sein Sohn Titus beendete den Aufstand der Juden. Er zerstörte Jerusalem und den Tempel im Jahr 70 n.Chr.

In der Vergangenheit hatte Rom die Juden oft begünstigt und beschützt. Paulus war römischer und jüdischer Bürger. Er erwartete von daher Recht und Schutz von Rom. Die römische Herrschaft hatte Reisen und die Verbreitung des Evangeliums ermöglicht. Als Paulus ungerecht behandelt wurde, wandte er sich an die römischen Statthalter.

LEBEN IN ROM Rom war Mittelpunkt der Welt, eine Stadt mit über einer Million Einwohner. Die Kaiser und die reichen Familien lebten trotz des großen Luxus in Furcht. Freie und Sklaven aller Rassen drängten sich in den Straßen. Die Kaiser versuchten, den Frieden zu halten, indem sie Getreide aus Ägypten holten und blutige, öffentliche Schauspiele veranstalteten, in denen Tiere oder Menschen bis zum Tod miteinander kämpften. Als 64 n.Chr. ein großes Feuer in Rom ausbrach, machte Nero die Christen dafür verantwortlich und folterte viele von ihnen zu Tode.

In Rom lebte Paulus zwei Jahre lang in leichter Haft und schrieb in dieser Zeit wahrscheinlich einige Briefe an andere Gemeinden.

Nach der Überlieferung kam auch Petrus nach Rom und starb zusammen mit Paulus dort den Märtyrertod.

GUTES UND SCHLECHTES Neben allen Vorteilen brachte die römische Kultur auch Schlechtes mit sich. Rom war in den besetzten Ländern Palästinas verhaßt. Statthalter wie Pilatus, Felix und Festus waren an den Glaubensfragen uninteressiert, die zwischen Juden und Christen diskutiert wurden. Und doch lobte Jesus einmal den Glauben eines Römers (Lk 7,1ff), und Petrus lernte einen römischen Offizier kennen, der aufrichtig nach Gott suchte (Apg 10,11).

Nach dem Fall Jerusalems standen die Christen vor neuen Problemen. Der Kaiser Domitian (81–96) verlangte, als Gott verehrt zu werden. Ein gläubiger Christ gehorchte diesem Befehl nicht. Rom wurde damit zum Feind. Die Offenbarung wurde geschrieben, als die Christen Kraft brauchten, um die Verfolgung auszuhalten. Rom auf sieben Hügeln (Offb 17,9) wurde wie das alte Babylon als luxusliebende Prostituierte dargestellt.

RÖMER (BRIEF) Paulus schrieb diesen Brief etwa 55 n.Chr. auf der dritten Missionsreise an Christen in Rom. Er selbst war noch nicht dort gewesen, plante aber, nach Rom zu reisen. Er schrieb den Brief, um die Gemeinde, aus der er einige Christen kannte (s. Kap. 16), auf diesen Besuch vorzubereiten.

Der Brief macht deutlich, wie Paulus die christliche Botschaft versteht. Er kann als »Manifest des Paulus« bezeichnet werden, denn er erklärt ausführlich die Grundlagen des christlichen Glaubens.

Paulus beginnt den Brief mit einem Gruß an die Römer. Unmittelbar danach folgt das Thema seines Briefes: »Denn darin (im Evangelium) wird offenbart die Gerechtigkeit, die vor Gott gilt, welche kommt aus Glauben in Glauben; wie denn geschrieben steht: Der Gerechte wird aus Glauben leben« (Hab 2,4; Rö 1,17).

Danach zeigt er, wie sehr alle Menschen die Vergebung ihrer Sünden durch Gott brauchen, sowohl Juden als Heiden. Sie können vor Gott nur gerecht werden durch den Glauben an Jesus Christus (Kap. 2–4).

Paulus beschreibt die Vergebung und das neue Leben in Christus, erklärt die Bedeutung des Gesetzes Gottes und des Werks des Heiligen Geistes im Leben des Christen (Kap. 5–8).

In den Kapiteln 9–11 denkt er über die Rolle Israels im Plan Gottes nach. Er glaubt, daß die Juden Christus nicht immer zurückweisen werden.

Paulus redet darüber, wie sich Christen verhalten sollen – in der Gemeinde, der Regierung gegenüber, untereinander, in einer nichtchristlichen Welt. Er befaßt sich mit schwierigen Gewissensfragen.

Er schließt wie üblich mit persönlichen Grüßen und einem Lobpreis (Kap. 16).

RÖMER UND GRIECHEN: RELIGION Das römische Reich erstreckte sich über ein großes Gebiet und vereinigte Völker mit den unterschiedlichsten Religionen. Die ersten Christen begegneten zunächst den im östlichen Reich angesiedelten Römern. Diese hatten oft Gedankengut älterer Religionen in sich aufgesogen, die lange vor der griechischen Zivilisation bestanden hatten.

Die Minoer auf Kreta und die Ureinwohner Griechenlands verehrten eine Furchtbarkeitsgöttin. Wie Baal in den kanaanäischen Mythen, so sollte auch ihr Göttergemahl sterben und wieder auferstehen, und so die Jahreszeiten schaffen. Einzelheiten waren örtlich verschieden, aber die Grundvorstellung war im ganzen östlichen Mittelmeerraum verbreitet, besonders in ländlichen Gegenden, wo das Leben der Menschen von der Ernte abhing.

DIE GÖTTER GRIECHENLANDS UND ROMS Die ersten griechischen Einwanderer brachten neue Götter mit. Der wichtigste war Zeus. Er herrschte über die übrigen Götter, die auf dem Olymp lebten, dem höchsten Berg Griechenlands. Die Griechen versuchten, die vollständige Familiengeschichte ihrer Götter zusammenzustellen und fügten alle älteren Überlieferungen in diesen Rahmen ein. Dadurch wurden die Götter lebendig und menschlich belebt. Sie waren eifersüchtig, rachsüchtig und unmoralisch – nur eben viel mächtiger.

Die römische Religion war ganz anders. Aber als die Römer Griechenland eroberten, übernahmen sie die Götter und gaben ihnen lateinische Namen. Aus Zeus wurde Jupiter, aus Hera, seiner Frau, Juno. Sein Bruder Poseidon, Gott des Meeres, erhielt den Namen Neptun. Unter den anderen Göttern waren Ares (Mars), der Kriegsgott; Hermes (Merkur), der Götterbote; Hades oder Pluto (Dis), der Gott der Toten; Hephaistos (Vulkan), der lahme Schmied; schließlich Apollo, der Gott der Weisheit. Die bekanntesten anderen Götter waren Artemis (Diana), Jägerin und Schwester Apollos; Athene (Minerva), Schützerin der Kunst und des Kriegs; Aphrodite (Venus), Göttin der Liebe; und Demeter (Ceres), Erntegöttin. Diese Namen bestanden auch dann noch, als das Volk nicht mehr an die Götter glaubte.

FESTE Die griechische Religion feierte große Feste, an denen jedermann teilnahm. Das gesamte gesellschaftliche Leben gründete auf der Religion. Die olympischen Spiele waren zuerst ein religiöses Fest zu Ehren von Zeus. Das Theater in Athen wurde zur Feier des Dionysos gespielt. Und die bedeutendsten Werke griechischer Kunst hatten religiösen Sinn. Trotzdem genügte diese Religion dem Volk nicht. Sie gab keine Antworten auf die Fragen nach Gut und Böse, Leben und Tod. Diese Götter konnten die Städte nicht vor plötzlichem Unheil retten. Die Menschen suchten nach dem Sinn des Lebens.

DIE PHILOSOPHEN Viele nachdenkliche Leute wandten sich der Philosophie zu. Plato schrieb die Gespräche seines Lehrers Sokrates über Themen wie Gerechtigkeit und Leben nach dem Tod auf, und errichtete ein anspruchsvolles Gedankengebäude. Später rieten die Stoiker den Menschen, in Eintracht mit der Vernunft zu leben. Und die Epikureer glaubten, die Welt sei zufällig durch das Zusammentreffen von Atomen entstanden. Sie rieten zu einem Genußleben ohne Furcht. Andere erteilten Morallehren aufgrund alter Göttergeschichten. Aber viele waren fast verzweifelt. Sie beteten Tyche an (»Glück«, »Zufall«) und hofften, das Lebensglück würde es gut mit ihnen meinen. Andere wandten sich der Astrologie und Magie zu.

NEUE RELIGIONEN Einige fanden Hoffnung durch neue Religionen, die aus dem Osten kamen. Sie versprachen den Gläubigen »Heil«. Das war wichtig, konnte aber das Verschiedenste bedeuten: Rettung vor Unglück, Tod, Problemen und Gefahr, oder aber Erfolg im Leben, »Rettung«, »Heil«, ein Modewort, wie man heute von »Sicherheit« spricht. Ein siegreicher König konnte sich »Retter«, »Heiland« nennen lassen. Er vermochte zu geben, was sie brauchten. Es war nur eine Frage der Zeit, bevor die schlichteren Gemüter ihn als Gott anbeteten.

DIE RÖMER Die früheste Geschichte der römischen Religion ist kaum bekannt, sie war jedoch deutlich anders als die griechische. Die älteren Römer fühlten die göttlichen Kräfte (*numen*) in der Natur, die sie für ihre Zwecke bändigen wollten. Deshalb gab es »Götter« für jedes Gebiet des Lebens: Götter des Hauses und des Eingangs, Götter der Felder und so weiter. Über die meisten von ihnen wissen wir kaum etwas. Nur die wichtigsten Götter wurden als Personen dargestellt. Dann kam der griechische Einfluß, unter dem die alten römischen Götter dem griechischen System angepaßt wurden. Der römische Glaube vermischte sich so mit dem griechischen, daß er kaum mehr herauszulösen ist.

RELIGION UND DIE MENSCHEN Zwischen den Griechen und den Römern gab es immer viele Gemeinsamkeiten. Beide hatten eine Unzahl Götter, aber ihre Religion hatte kaum Einfluß auf das Leben der Gläubigen. Weder Glaube noch Verhalten war wirklich entscheidend. Man konnte glauben, was man wollte, solange man tat, was von jedem guten Staatsbürger erwartet wurde, und dem Staat gegenüber treu blieb. Man suchte nicht nach der Wahrheit. Es gab auch keine mächtige Priesterklasse. Die Götter waren fern; man ehrte sie. Aber sie waren nicht an menschlichen Angelegenheiten interessiert.

Zur Zeit Cäsars (1. Jahrhundert v.Chr.) konnten gebildete Römer mit diesen Göttern nichts mehr anfangen. Sie nutzten die Götterverehrung in wirtschaftlicher oder politischer Hinsicht für eigene Zwecke. Wenn sie sich ernsthaft Gedanken über ihr Leben machten, wandten sie sich wie die Griechen der Philosophie oder den neuen Religionen zu.

DER KAISER Augustus (27 v.Chr. bis 14 n.Chr.) versuchte die Religion neu zu beleben. Er wollte die Religion dazu benutzen, die Menschen an sein Regiment zu binden. Im Osten wurde er schon zu Lebzeiten

als Gott verehrt, denn er hatte einer vom Krieg zerrissenen Welt Frieden und Ordnung gebracht. In Pergamon errichtete man ihm und Roma einen großartigen Tempel.

DIE MYSTERIENKULTE Wer einen persönlicheren Glauben suchte, kam zu den Mysterienreligionen. Hier wurde der Gläubige Stufe für Stufe zu innerem, geistlichem Wissen geführt. Die Mysterien von Eleusis in Griechenland waren seit langem bekannt. Viele fremde Kulte breiteten sich im 1. Jh. n.Chr. in der griechisch-römischen Welt aus. Die ägyptische Göttin Isis hatte viele Priester und eindrucksvolle Feiern. Sie sollte Gebete erhören. Der persische Mithraskult war im Heer verbreitet. Eine Zeitlang war dieser Kult eine ernsthafte Konkurrenz zum Christentum. Die Mysterien versprachen ewiges Leben.

ROM UND DIE CHRISTEN In Rom waren all diese Religionen geduldet. Nur Kulte, die dem Staat nicht ergeben waren, wurden verboten. Das Judentum genoß besonderen Freiraum, und anfangs auch das Christentum, das eine Abart des Judentums zu sein schien. nach und nach gewannen die Römer die Staatstreue der Untertanen durch die Kaiseranbetung. Der Kaiser Domitian (81–96 n.Chr.) verlangte, daß man ihn als »Herr und Gott« verehrte. Damit änderte sich die Lage der Christen. Sie mußten jetzt bereit sein, für ihren Glauben zu leiden. In jener Zeit schrieb Johannes die Offenbarung.

Soweit das NT andere Religionen erwähnt, begegnen wir ihnen im Osten, besonders im Raum der heutigen Türkei. In Lystra wurden Paulus und Barnabas für Hermes und Zeus gehalten (Apg 14,12–13). Der

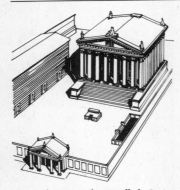

Römischer Tempel in Baalbek, Syrien

berühmte Tempel der Artemis in Ephesus war eines der »sieben Weltwunder« (Apg 19). Die Artemis war eigentlich eine orientalische Fruchtbarkeitsgöttin mit griechischem Namen (s. Apg 14,15–17).

GNOSIS Die meisten dieser Religionen vermischten sich. In der Spätzeit des NT oder danach kam die sogenannte »Gnosis«, eine Mischreligion, auf. Die »Gnostiker« glaubten, nur der Geist sei gut, alles Leibliche sei schlecht. Die Gnosis berührte sich mit dem Christentum und anderen Religionen. Aber sie leugnete die besondere Stellung Jesu Christi, des fleischgewordenen Sohnes Gottes. Der Weg zu Gott wurde wie bei den Mysterienreligionen durch ein Geheimwissen (*gnosis*) geöffnet, das besser sein sollte als das einfache christliche »Vertrauen«. Paulus wehrte sich im Brief an die Kolosser wohl gegen dieses Denken. Es wurde ein schweres Problem für die Kirche des 2. Jh.

ROSEN Wo Luther im AT »Rose« übersetzt hatte, handelt es sich um die Lilie. Hhl 2,1; Jes 35,1

ROTES MEER Die Bedeutung des hebräischen Wortes, das oft mit »Rotes Meer« übersetzt wird, ist »Schilfmeer«. In 2Mo ist damit das Seen- und Sumpfgebiet zwischen dem Ende des Golfes von Suez und dem Mittelmeer (das Gebiet des heutigen Suezkanals) gemeint. Manchmal bezieht es sich auch auf den Golf von Suez selbst und auf den Golf von Akaba (also die nördlichen Ausläufer des Roten Meeres). 2Mo 13 usw.; 4Mo 33,10; 5Mo 1,40

RUBEN Der älteste Sohn Jakobs und Leas. Er versuchte, das Leben Josefs zu retten, als seine Brüder ihn töten wollten. Ein Stamm ist nach ihm benannt. 1Mo 29; 37; 42; 49

RUT Die Geschichte Ruts steht im Gegensatz zu der rauhen Zeit der Richter, in der sie spielt.

Die Moabiterin Rut heiratet einen Israeliten. Als er stirbt, beweist sie ungewöhnliche Treue zu ihrer israelitischen Schwiegermutter Noomi und großes Vertrauen in den Gott Israels. Schließlich findet sie unter den Verwandten ihres verstorbenen Ehemanns einen zweiten Mann, Boas. Durch diese Heirat wird sie zur Urgroßmutter Davids und damit zu einer Vorfahrin Jesu. Dieses Buch zeigt, wie eine gewöhnliche Frau, die Ausländerin Rut, sich zum Gott Israels bekehrt.

S

SABA Ein Land in Südwestarabien, heute Jemen. Saba wurde durch den Handel mit Gewürzen, Gold und Edelsteinen reich. Im 10. Jh. v.Chr. reiste eine Königin von Saba mehr als 1600 km mit einer Kamelkarawane, um König Salomo zu sehen und seine Weisheit zu prüfen. Wahrscheinlich wollte sie außerdem Handelsverträge abschließen. In Marib, der alten Hauptstadt von Saba, hat man Reste eines großen Dammes und eines Tempels für den Mondgott ausgegraben. Ps 72,15; Jes 60,6; 1Kö 10,1–10.13

SABBAT/SABBATJAHR s. *Feste*

SACHARJA 1. Ein König Israels; er regierte nur sechs Monate. Schallum ermordete ihn (752 v.Chr.). 2Kö 14,29; 15,8–12
2. Ein Prophet und Priester, der während des Exils in Babylon geboren wurde. Seine Botschaft (um 520 v.Chr.) ist im Buch Sacharja aufgeschrieben. Die Juden waren schon aus dem Exil zurückgekehrt, hatten jedoch den Mut verloren und den Wiederaufbau des Tempels aufgegeben. Sacharja ermutigte sie, die Arbeiten wieder aufzunehmen und verhieß ihnen eine große Zukunft. Esr 5,1–2; Neh 12,16; Sach
Kapitel 1–8 des Buches enthalten Visionen vom Wiederaufbau Jerusalems, von der Wiederherstellung des Tempels, von der Heiligung des Volkes und der Verheißung eines kommenden Messias.
Kapitel 9–14 sind eine Sammlung von Botenworten vom letzten Gericht und dem kommenden Messias.

SACK s. *Maße und Gewichte*

SACK UND ASCHE Sack meint ein dunkles Kleidungsstück aus Ziegen- oder Kamelhaar, das zum Zeichen der Trauer, Buße oder Unterwerfung getragen wurde. Bei Trauer oder tiefer Erschütterung streute man sich außerdem häufig auch Asche aufs Haupt oder setzte sich in die Asche. Der Ausdruck »in Sack und Asche« für Reue oder Trauer ist

sprichwörtlich geworden. 2Sam 13,19; Jes 58,5; 61,3; Ps 30,12; Hio 2,8; Ps 30,12; Mt 11,21

SADDUZÄER Diese Gruppe war kleiner, aber einflußreicher als die der Pharisäer. Sie stammte aus Priesterfamilien. Sie unterstützte die hohenpriesterlichen Könige der Hasmonäer und später die römischen Herrscher. Wir wissen wenig Zuverlässiges über die Sadduzäer, da das meiste aus dem Mund ihrer Gegner stammt. Wir wissen jedoch, daß sie mit der Erweiterung des Gesetzes durch die Pharisäer nicht einverstanden waren. So glaubten sie auch nicht an die Auferstehung, da sie nicht ausdrücklich im Gesetz (1.–5. Mose) erwähnt ist. Mt 16,1–2; Mk 12,18–27; Apg 4,1–2; 5,17–19; 23,6–10

SALAMIS Ein Handelszentrum an der Ostküste Zyperns. Paulus besuchte die Stadt und predigte in den Synagogen. Apg 13,5

SALBEN/SALBUNG Wohlriechende Salben, meist mit Duftstoffen versehenes Olivenöl, wurden zur täglichen Körper- und Schönheitspflege benutzt. Die Salbung galt als Zeichen der Freude, ihre Unterlassung als Zeichen der Trauer und Buße. Darüberhinaus weihte man Gegenstände (den Stein in Bethel, die Stiftshütte, den Altar) oder Menschen durch Salbung für bestimmte Aufgaben: Könige, Priester, Propheten, um ihre Begabung mit dem Geist Gottes auszudrücken. S. auch *Krankheiten; Messias; Schönheitspflege.* Spr 27,9; Hhl 1,3; Rut 3,3; 1Mo 31,13; 2Mo 30,30; 39,36; 1Sam 10,1; 16,1.13; 24,7; 1Kö 19,16; Ps 2,2

SALEM s. *Jerusalem*

SALMANASSAR Der Name mehrerer assyrischer Könige. Salmanassar V. (727–722 v.Chr.) besiegte Hosea von Israel und machte ihn tributpflichtig. Als Hosea rebellierte, eroberte er Samaria und führte die Bevölkerung ins Exil. 2Kö 17

SALOME 1. Tochter der Herodias, Stieftochter des Herodes Antipas; auf ihren Wunsch hin wurde Johannes der Täufer enthauptet. Mk 6,17–28

2. Eine der Frauen, die für Jesus und seine Jünger sorgten. Salome war bei der Kreuzigung Jesu dabei, und am Auferstehungsmorgen war sie unter den Frauen, die Salben zum Grab trugen, um den Leichnam Jesu einzubalsamieren. Viele nehmen an, daß sie die Frau des Zebedäus und also die Mutter des Johannes und des Jakobus war (Mt 27,56). Mk 15,40; 16,1

SALOMO Der Sohn Davids und Batsebas. Er wurde Israels berühmtester König. David hatte viele Kriege geführt, um ein großes und starkes Reich zu gründen. Salomo regierte in Frieden. Er schützte sein Land durch ein großes Heer und starke Festungen, und durch Heiraten ging er verwandschaftliche Beziehungen zu Nachbarkönigen ein. Durch ausgedehnten Handel mit Kupfer, Pferden, Gold und Juwelen wurde das Land reich. Salomo selbst war berühmt für seine Weisheit. Sogar die Königin von Saba (Südwestarabien) kam, um ihn zu hören.

Salomo baute den ersten Tempel Gottes in Jerusalem. Das Baumaterial und die Handwerker wurden von König Hiram von Tyrus gestellt, der dafür Weizen und Öl erhielt. Dieser Tempel stand 400 Jahre, bis Nebukadnezar ihn 586 v.Chr. zerstörte. Salomo baute auch Paläste für sich und die Tochter des Pharao, die er zur Frau genommen hat-

te. Doch er beging zwei schwere Fehler. Er behandelte seine Untertanen schlecht, legte ihnen schwere Fronarbeit auf und zwang sie, für seine großen Bauvorhaben zu zahlen. Die vielen heidnischen Frauen, die er geheiratet hatte, verführten ihn schließlich zum Götzendienst. Als Salomo starb, fielen die zehn Nordstämme von seinem Sohn Rehabeam ab und krönten ihren Führer Jerobeam zum König. 2Sam 12,24; 1Kö 1–11; 1Chro 22–23,1; 2Chro 9

SALZMEER Die Bezeichnung für das Tote Meer im AT. S. *Araba.*

SAMARIA Die Hauptstadt des Nordreichs Israel. Die Stadt lag an der wichtigen Nordsüdstraße durch Israel, auf dem Gipfel eines Berges, so daß sie leicht verteidigt werden konnte. Um 875 v.Chr. hatte König Omri mit dem Bau der Stadt begonnen; sein Sohn Ahab führte die Arbeiten zu Ende und errichtete einen neuen Palast. Dessen Wände waren so mit Elfenbeinschnitzereien verziert, daß er als das »Elfenbeinhaus«

Eine der schönen Elfenbeinschnitzereien, die einst den Palast König Ahabs in Samaria schmückten.

bekannt wurde. Archäologen haben mehr als 500 Stücke geschnitztes

Elfenbein, einige davon mit Blattgold überzogen, in den Ruinen gefunden.

Von der Reichsgründung an diente die Bevölkerung Samarias heidnischen Göttern. Viele Propheten des AT verurteilten ihren Götzendienst und warnten sie vor der Zerstörung der Stadt.

Die Syrer belagerten Samaria mehrmals, doch erobert wurde die Stadt schließlich 722/1 v.Chr. von den Assyrern. Die Bevölkerung wurde nach Syrien, Assyrien und Babylonien verschleppt und durch fremde Siedler aus anderen Teilen des assyrischen Reiches ersetzt. Als Samaria fiel, hörte das Königreich Israel auf zu existieren. Sein ganzes Gebiet, nicht nur die Stadt, wurde später Samaria genannt.

In neutestamentlicher Zeit ließ Herodes der Große Samaria wieder aufbauen und nannte es Sebaste (griechische Form von Augustus). Einige wenige Juden waren noch in Samaria und dienten dort Gott, doch diese »Samariter« wurden von den Juden in Judäa verachtet und gehaßt. Jesus kümmerte sich auch um sie; er reiste durch ihr Land und redete mit ihnen. Nach der Auferstehung Jesu predigte Philippus in Samaria.

Kleine Gruppen von Samaritern gibt es heute noch. Sie leben in Nablus und Jaffa und beten Gott auf dem Garizim an. 1Kö 16,24.32; Jes 8,4; Am 3,9; 2Kö 6,8–7,17; Lk 17,11; Jo 4,1–42; Apg 8,5–25

SAMUEL Der Sohn Elkanas und Hannas, der letzte große Richter Israels und einer der ersten Propheten. Mit der Geburt Samuels ging die sehnlichste Bitte Hannas in Erfüllung. Sie hielt ihr Gelübde und brachte Samuel ins Heiligtum nach Silo zu dem Priester Eli. Eines Nachts erhielt Samuel von Gott die Botschaft, daß Elis Familie bestraft werden sollte, weil seine Söhne Böses taten. Nach dem Tod Elis war Israel in einer schlimmen Lage: Die Philister hatten Israel besiegt, und das Volk glaubte, daß Gott es verlassen hätte. Samuel ermahnte sie, sich von ihren Götzen weg zu Gott zu wenden. Solange er Israel richtete, war Frieden. Als er alt wurde, übergab er seinen Söhnen das Richteramt, doch das Volk war nicht zufrieden, es wollte einen König. Samuel war zuerst nicht damit einverstanden, salbte aber dann auf Anweisung Gottes Saul; nach dessen Verwerfung salbte er auch den neuen König, David. Jeder in Israel trauerte, als Samuel gestorben war. 1Sam 1–4; 7–16; 19,18ff; 25,1

SAMUELBÜCHER 1. und 2. Samuel berichten die Geschichte Israels vom letzten Richter bis zum Ende Davids. Sie sind nach Samuel, dem letzten Richter, benannt, nicht, weil er sie geschrieben hat, sondern weil er die Hauptperson der ersten Kapitel ist.

Samuel salbte die beiden ersten Könige Israels, Saul und David, als die von Gott erwählten Führer des Volkes. Die Erzählungen spielen in der Zeit von 1075 bis 960 v.Chr. Der Geschichtsschreiber bezieht sich oft auf das Südreich Juda; die Bücher können also in ihrer heutigen Form nicht vor 900 v.Chr., der Reichsteilung, abgeschlossen worden sein. Viele Erzählungen sind jedoch wesentlich älter, z.B. die Erzählung von der Thronnachfolge Davids, 2Sam 9–20, die viele Wissenschaftler für das Werk von Hofschreibern halten, die aufschrieben, was sie selbst erlebt hatten.

1Sam schildert den Wechsel von der Richter- zur Königszeit:
Kapitel 1–8: Das Richteramt Samuels.
Kapitel 9–15: Das Königtum Sauls, des ersten Königs Israels.
Kapitel 16–30: Die Beziehung zwischen David und Saul.
Das Buch endet (Kap. 31) mit dem Tod Sauls und seiner Söhne. Obwohl das Volk jetzt einen König hatte, blieb Gott der eigentliche Herrscher über das Volk und über den König.
2Sam erzählt die Geschichte der Regierung Davids, zuerst nur über Juda im Süden (Kap. 1–4), dann über das ganze Volk. Es zeigt, wie König David sein Reich vergrößert und ein mächtiger Herrscher wird. Er war ein Mann großen Glaubens und war im Volk angesehen. Daneben konnte er skrupellos ein Ziel verfolgen und dabei in Sünde fallen, z.B. als er Batseba, die Frau eines seiner Generäle, für sich haben wollte. Deshalb kam über seine Familie viel Elend, was David läuterte. Im Zentrum steht Gottes Verheißung, daß aus Davids Geschlecht sein Sohn als ewiger König kommen soll (2Sam 7).

SANBALLAT Ein Gouverneur von Samaria, der Nehemia am Bau der Stadtmauer hindern wollte. Neh 2,10.19; 4; 6; 13,28

SANHERIB König von Assyrien 705–681 v.Chr. Er festigte die assyrische Herrschaft. Nach dem Aufstand Hiskias griff er Juda an, eroberte viele Städte und belagerte schließlich Jerusalem. Jesaja ermutigte Hiskia zum Durchhalten, und Jerusalem wurde noch einmal gerettet. Die ägyptische Armee rückte von Süden her an, und eine Epidemie brach im Lager der Assyrer aus.

Relief: König Sanherib betet den Gott Assur an.

Sanherib kehrte nach Ninive zurück und wurde dort von zweien seiner Söhne ermordet. 2Kö 18–19; 2Chro 32; Jes 36–37

SAPHIRA s. *Hananias*

SARA/SARAI Die Frau Abrahams und Mutter Isaaks. Abraham heiratete sie, als er noch in Ur lebte. Sara war sehr schön, und deshalb gab Abraham sie zweimal als seine Schwester aus, um sein eigenes Leben zu retten. Als Sara glaubte, sie würde keine Kinder mehr bekommen, gab sie Abraham ihre Magd Hagar, die ihm Ismael gebar. Abraham und Sara waren beide schon alt, als ein Engel ihnen den verheißenen Sohn ankündigte. Zuerst lachte Sara darüber, doch dann wurde Isaak geboren. Er war der von Gott verheißene Erbe. Sara schickte darauf Hagar und ihren Sohn Ismael weg. Als Sara starb, kaufte Abraham ihr ein Grab in der Nähe Hebrons. 1Mo 11–12; 16–18,15; 20–21

SARDES Eine Stadt in der römischen Provinz Asia an der Kreuzung zweier wichtiger Handelsstraßen. In römischer Zeit gab es dort blühende Färbereien und Wollverarbeitung. Einer der sieben Briefe der Offenbarung ist an die Christen in Sardes gerichtet. Das Leben der Gemeinde war erlahmt, sie lebte nur noch aus der Vergangenheit. Das war eine für die ganze Stadt kennzeichnende Haltung. Einst war sie unter Krösus die Hauptstadt Lydiens gewesen: Ihr Reichtum war legendär, Gold fand man in dem Fluß, der nicht weit von der Stadt floß. In Sardes wurden die ersten Gold- und Silbermünzen geprägt. Offb 1,11; 3,1–6

SAREPTA s. *Zarpat*

SARON Die Küstenebene Israels. Sie erstreckt sich von Joppe bis nach Cäsarea – ungefähr 80 km lang und 16 km breit. Heute ist die Ebene eins der reichsten Anbaugebiete in Israel. In biblischen Zeiten lebten nur wenige Menschen dort. Das Land diente als Weide für Schafe, war aber meist Buschland. Der Verfasser des Hohenliedes erwähnt die »Blume von Saron«, eine der schönen, wilden Blumen, die in der Ebene wuchsen. S. *Israel: Geographie.* 1Chro 27,29; Hhl 2,1

SATAN Satan ist das hebräische, Teufel das griechische Wort für das Wesen, das alles Böse personifiziert und sich Gott entgegenstellt. Beide Bezeichnungen bedeuten »Widersacher, Ankläger«. Satan führt Menschen in Versuchung und Sünde, damit er sie bei Gott verklagen kann.

Der Streit zwischen Gott und dem Bösen ist kein Kampf unter gleichen

Bedingungen. Gott ist allmächtig und ewig. Oft scheint es zwar, als habe Satan die Macht, doch seine Kraft wird durch Gott begrenzt. In der Welt allerdings ist er so mächtig, daß er sich fälschlich als ihr Herrscher bezeichnet.

Jesus kam, um dem Teufel seine Macht zu nehmen. Durch seinen Sieg über das Böse am Kreuz und in der Auferstehung hat Jesus den Satan überwunden. Satan ist besiegt. Obwohl er jetzt noch wirksam ist, wird seine Niederlage am Ende der Zeit offenbar werden.

Im Leben Jesu versuchte der Satan immer wieder, sich Gottes Wirken in den Weg zu stellen. So wurde Jesus in der Wüste vom Teufel versucht, und auch der Verrat des Judas war ein Werk Satans. Doch Jesu Dämonenaustreibungen zeigen, daß seine Macht viel größer ist als die Satans. 2Ko 11,14; Eph 6,11; Jo 14,30; 1Jo 3,8; Jo 12,31; 1Pt 5,8; Offb 20,10; Mt 4,1–11; 16,23; Lk 22,3; Mt 12, 22–28

SAUL Der erste König des Volkes Israel. Er war der Sohn des Kis, eines Mannes aus dem Stamm Benjamin. Die Israeliten hatten von ihrem Führer, dem Richter und Propheten Samuel, verlangt, daß er einen König einsetze, wie andere Völker ihn auch hatten. Gott war zwar ihr eigentlicher König, doch er beauftragte Samuel, Saul, den größten und mutigsten Mann in Israel, zum König zu salben. Nachdem Saul sich in einer Schlacht bewährt hatte, wurde er zum König ausgerufen.

Anfangs war Saul noch demütig, doch er wurde immer stolzer und ungehorsam gegen Gott. Samuel sagte ihm schließlich, daß Gott einen anderen mann zum König erwählt hatte. Weil Saul oft an Depressionen litt, kam David, der Harfe spielen konnte, an seinen Hof, um ihn durch die Musik aufzuheitern.

Saul wurde eifersüchtig auf David, und er mußte fliehen. Saul verlor immer mehr an Macht, und zuletzt fielen er und seine Söhne im Kampf gegen die Philister. 1Sam 8–31; 2Sam 1ff

SAULUS s. *Paulus*

SAUM s. *Quasten*

SCHADRACH s. *Abed-Nego*

SCHAFRAN Der bekannteste Träger dieses Namens war ein Beamter König Josias, der die Tempelreparaturen überwachte und dem König Bericht von der Auffindung der Gesetzesrolle gab. 2Kö 22

SCHAF UND ZIEGE Schon lange bevor es seßhafte Bauern gab, lebten die Nomaden von ihren Schaf- und Ziegenherden, die ihnen Milch, Käse, Fleisch und Kleidung lieferten. Wasserflaschen wurden aus Ziegenfell gemacht, schwarzes Ziegenhaar wurde zu Stoffen für Zelte gewoben. Aus gesponnener Schafswolle machte man warme Mäntel und Hemden. Sowohl Schafe als auch Ziegen wurden als Opfer dargebracht. Sie waren an das kärgliche Weideland in den Bergen gewöhnt. Schafe und Ziegen wurde oft gemeinsam geweidet. Der Hirt hielt wilde Tiere von der Herde fern und führte sie auf gute Weide. 1Mo 27,9; 4,2; 2Mo 26,7; 3Mo 1,10; Mt 25,32; Jo 10,1–12

SCHAKAL s. *Fuchs*

SCHALLUM 1. Der Sohn des Jabesch. Er tötete König Sacharja und machte sich selbst zum König Israels, 752 v.Chr. Schon nach einem Monat wurde er von Menahem ermordet. 2Kö 15,10–15

2. Ein Sohn König Josias, der nor-malerweise unter dem Namen Joahas bekannt ist (s. *Joahas*). 1Chro 3,15; Jer 22,11

SCHAMGAR Ein Richter Israels; er besiegte die Philister. Ri 3,31; 5,6

SCHAUBROTTISCH s. *Stiftshütte*

SCHEBNA Einer der wichtigsten Beamten Hiskias, den er den Boten Sanheribs entgegenschickte. 2Kö 18–19; Jes 22,15–25; 36–37

SCHEFELA s. *Israel: Geographie*

SCHEFFEL s. *Maße und Gewichte*

SCHEIDUNG s. *Heirat und Ehe*

SCHEKEL s. *Geld, Maße und Gewichte*

SCHESCHBAZAR Nach der Erlaubnis des Cyrus, den Tempel wieder aufzubauen, führte Scheschbazar eine Gruppe Exilierter zurück nach Jerusalem. Cyrus gab ihm den Tempelschatz, den Nebukadnezar geraubt hatte, wieder mit. Scheschbazar legte das Fundament des neuen Tempels. Esr 1,8ff; 5,14ff

SCHIFFAHRT In biblischen Zeiten waren Seereisen umständlicher als Reisen zu Land. Das Mittelmeer ließ sich nur im Sommer sicher befahren. Zwischen November und März liefen Schiffe nur in Notfällen aus. Die großen Seefahrernationen der alttestamentlichen Zeit waren die Ägypter und die Phönizier. Sie bauten Kriegs- und Handelsschiffe, die sowohl durch Segel wie durch Ruder angetrieben werden konnten. Israel machte nur einen erfolgreichen Versuch, eine Flotte aufzubauen, nämlich in der goldenen Zeit der salomonischen Herrschaft, als die befreundeten Phönizier über das Mittelmeer herrschten.

Israels Grenze war nach Süden bis ans Rote Meer vorgeschoben worden, und Salomos Bündnis mit Hiram, dem König des phönizischen Tyrus, verhalf ihm zu dem notwendigen Fachwissen zum Aufbau einer Handelsflotte. Deren Heimathafen war Ezjon-Geber am Golf von Akaba. Ezjon-Geber entwickelte sich zu einer wichtigen Handelsstadt. Von hier aus brachten Salomos Schiffe Kupfer und Eisen nach »Ofir« (wahrscheinlich in Südarabien, am anderen Ende des Roten Meeres), und von dort brachten sie Luxusgüter. Der ganze Weg – hin und zurück je 2000 km – dauerte drei Jahre.

Ein Jahrhundert später, um das Jahr 850 v.Chr., versuchte König Josafat, diesen Handel neu zu beleben, aber seine Flotte wurde in einem heftigen Sturm zerstört, und damit war Israels Geschichte als Seefahrernation zu Ende.

In den Evangelien des NT finden sich mehrere Berichte, wie Jesus den See Genezaret überquerte. Diese Überfahrten wurden wahrscheinlich in einem der Fischerboote gemacht, die man auf diesem Binnensee (etwa 12 km breit) findet. Von den umgebenden Bergen fällt der Wind wie durch einen Trichter auf das Wasser, wo es dadurch zu plötzlichen und heftigen Stürmen kommt.

Bei seinen Missionsreisen ging Paulus zu Fuß, benutzte aber, wo es möglich war, auch Schiffe. Der Bericht von seiner Reise nach Rom liest sich wie das Logbuch eines Schiffes, mit Einzelheiten über das Wetter, die Seemannskunst und sogar einer Passagierliste. Es ist eine der lebhaftesten Beschreibungen einer Reise in der ganzen antiken Literatur.

Zur Zeit Jesu wurde das Mittelmeer von Rom beherrscht. Getreide, das in Ägypten angebaut wurde und über Alexandria im Nildelta ver-

Römisches Handelsschiff. Es konnte große Ladungen Getreide transportieren.

schifft wurde, war für die wirtschaftliche Lage des Reiches entscheidend wichtig. Der Staat unterhielt Getreidefrachter, manche an die 60 m lang, die das Getreide nach Italien brachten. Während des Sommers brachte der Wind die Schiffe quer über das Meer von Ägypten nach Italien; zu den anderen Jahreszeiten war es sicherer, nur über kürzere Entfernungen zu reisen oder entlang der Küste. Paulus segelte auf einem Getreideschiff, das Ende September/Anfang Oktober auf dieser sicheren Route unterwegs war. Als das Schiff in Seenot geriet, wurden zuerst alle übrigen Güter und sogar die Aufbauten entfernt, bevor man an das wertvolle Getreide ging. Nach dem Schiffbruch setzte Paulus seine Reise mit einem zweiten Getreideschiff aus Alexandria fort.

Bis in neutestamentliche Zeit war der Hafen von Puteoli, an der Bucht von Neapel, der für Rom wichtigste. Später wurde Ostia, das näher bei Rom ist, ausgebaut und so zum Haupthafen der Reichshauptstadt.

1Kö 9,26–28; 10,11–12.22; 22,48; Mk 4,35–39; Apg 27–28,15

S. *Verkehr*

SCHILFMEER s. *Rotes Meer*

SCHITTIM Ein Ort in der Ebene von Moab auf dem Jericho gegenüberliegenden Ufer des Jordan, auch bekannt als »Abel-Schittim«. Vor der Durchquerung des Jordan lagerten die Israeliten dort. Wahrscheinlich waren sie auch in Schittim, als der König von Moab Bileam bat, das Volk zu verfluchen. Hier wurden die Vorbereitungen für die Eroberung Kanaans getroffen; die kampffähigen Männer wurden gezählt, Josua zum Nachfolger Moses eingesetzt und zwei Kundschafter nach Jericho gesandt. 4Mo 25,1; 22–24; 26; 27,12–23; Jos 2; 3,1

SCHLANGE Im Land Israel sind verschiedene Schlangenarten verbreitet, von denen viele in der Bibel erwähnt werden, aber nicht immer genau zu bestimmen sind. Die Schlange ist auch häufig Bild für Hinterlist und Bosheit, Gefährlichkeit oder Schläue. In Gestalt einer Schlange tritt die Versuchung an Adam und Eva heran. An einer hohen Stange richtete Mose in der Wüste eine »eherne Schlange« (aus Kupfer oder Bronze) auf; der Blick auf sie rettete die von Schlangen Gebissenen. Jesus verglich seinen Kreuzestod und dessen Heilswirkung damit. 4Mo 21,1–9; Jo 3,14

SCHMUCK Die Israeliten waren in der Schmuckherstellung nicht so geschickt wie ihre Nachbarn – besonders die Ägypter. Trotzdem gab es seit frühester Zeit Schmuck, der auch als wichtige Geldanlage galt. Er war ein anerkanntes Zahlungsmittel und eine beliebte Kriegsbeute, bevor es Münzen gab.

Man hatte Armbänder, Halsketten, Anhänger, Ringe für Nasen, Ohren und Finger. Sie waren aus Gold, Silber oder anderen Metallen hergestellt und mit Edel- und Halbedelsteinen, manchmal auch mit buntem Glas besetzt. Die Steine wurden geschliffen und poliert, mit Gravuren versehen oder zu Figuren geschnitzt. Elfenbein wurde in Holzmöbel eingelegt, zu Kämmen, Broschen, Schalen, Vasen und Flaschen für Schönheitsmittel verarbeitet.

Einige der schönsten Schmuckstücke, die die Welt je gesehen hat, wurden von ägyptischen Goldschmieden und Juwelieren gemacht. Verzierte Anhänger aus Gold und Silber (Brustplatten), die an Perlenketten hingen, waren mit Halbedelsteinen – dunkelblauem Lapislazuli, Türkis, rotem Karneol, Quarz – und gefärbtem Glas besetzt. Ursprünglich sollten diese Anhänger vor bösen Geistern schützen. Der geschnitzte Skarabäus, der ägyptische Ringe und Armbänder ziert, spiegelt die Vorstellung wider, daß der Sonnengott Re die Gestalt eines Käfers annahm. Er ist Symbol für ewiges Leben.

Als die Israeliten Ägypten verließen, nahmen sie Gold, Silber und Kleidung mit sich. Die Goldohrringe wurden am Sinai für das goldene Kalb eingeschmolzen. Doch bald bereuten die Menschen ihre Untreue Gott gegenüber: »Es brachten aber Männer und Frauen freiwillig Spangen, Ohrringe, Ringe und Geschmeide und allerei goldenes Gerät, ein jeder das Gold, das er zur Gabe für den Herrn bestimmt hatte« (2Mo 35,20ff). Israelitische Handwerker verzierten mit diesem Schmuck die Stiftshütte. Auch die geheiligte Brustplatte, die der Hohepriester trug, war mit Edelsteinen besetzt, einem für jeden der zwölf Stämme.

Die Juweliere stellten auch Siegel

Römischer Schmuck: goldene Kette aus dem 1. Jh. v. Chr.

her, die manchmal als Ringe getragen wurden. Sie wurden auf Wachs oder Ton gedrückt und garantierten so die Rechtsgültigkeit eines Dokuments. Arme Leute hatten nur einfache in Terrakotta gravierte Siegel. Doch die Siegel der Reichen waren aus Karneol, Achat, Jaspis, Felskristall und anderen Halbedelsteinen. In Israel wurde zu besonderen Anlässen Schmuck getragen – etwa auf Hochzeiten. Doch es war falsch und zeugte von Hochmut, wenn Schmuck und Kleidung die Gedanken beherrschten. AT und NT verurteilen diese Haltung (Jes 3,16–24; 1Tim 2,9).

SCHÖNHEITSPFLEGE Seit frühester Zeit benutzten die Frauen Schönheitsmittel. Im alten Palästina, Ägypten und Mesopotamien legten die Frauen einen dunklen Lidschatten um die Augen. Zuerst war er als Schutz vor der starken Sonneneinstrahlung gedacht, wurde aber bald Mode. Mineralien wurden pulverisiert und mit Öl vermischt und dieser Lidschatten dann

mit den Fingern, kleinen Spateln oder Bürsten aufgetragen. In glänzend polierten Metallspiegeln wurde das Ergebnis überprüft. Bleisulfid (*galena*) wurde untergelegt, und Kupfersalz (*kohl*) verlieh ihm einen grünlichen Schimmer. Bei den Römern wurde Antimon dafür bevorzugt. Ägyptische Frauen benutzten auch Lippenstift und Puder und färbten Fuß- und Fingernägel mit dem Saft der Hennapflanze rot. Eisenoxyd scheint als Rouge gedient zu haben.

Öl, das man zum Kühlen auf dem ganzen Körper verteilte, war in der Hitze unentbehrlich. Nur während der Trauerzeit rieb man sich nicht damit ein. Doch wie der Lidschatten kam auch das Öl in Mode und wurde parfümiert. Starker Duft sollte den Körpergeruch verbergen, wenn es nicht genug Wasser zum Waschen gab! Duftöl wurde aus Blumen, Samen oder Früchten durch Einweichen in Öl oder Wasser hergestellt. Manchmal wurde daraus der reine Duftextrakt gewonnen. Andere Parfüme machte man aus Gummi oder Harzen. Sie wurden in

Griechische Parfumflasche und Krug aus buntem Glas.

Form von Puder, Salbe oder gelöst in Öl verwendet. Die meisten Parfums mußten nach Israel eingeführt werden und waren deshalb sehr teuer. Ihres Wertes wegen wurden sie in kostbaren Behältern transportiert und aufbewahrt. S. auch *Narde*.

SCHÖPFUNG Die Bibel lehrt, daß alles von Gott geschaffen wurde. Er ist der Schöpfer und Erhalter seiner Schöpfung. Als solcher greift er auch gelegentlich direkt handelnd in seine Schöpfung ein. In der Bibel finden wir keine Hinweise darauf, welche wissenschaftliche Theorie von der Entstehung der Welt stimmen könnte. Allerdings sind alle »Zufallstheorien« mit der Bibel nicht zu vereinbaren. Die Bibel wollte nie ein wissenschaftliches Buch sein, sondern sie will uns von Gott berichten, von seinem Handeln mit den Menschen und der Welt, in der sie leben.

In 1. Mose 1 erfahren wir, daß Gott die Welt vollkommen erschuf. Er schuf Pflanzen und Tiere, die in der Lage waren, sich fortzupflanzen. Und er stellte den Mann und die Frau in den Mittelpunkt der Schöpfung und gab ihnen den Auftrag, für die Schöpfung zu sorgen. Nach 1. Mose 2 war die Welt, die Gott geschaffen hatte, ein herrlicher Ort, besonders weil die Menschen in freier, unbelasteter Beziehung zu Gott lebten.

Diese erste Vollkommenheit der Schöpfung ist verschwunden, weil die Menschen sich für den Ungehorsam gegen Gott entschieden haben. Doch die Bibel redet weiter von Gott als dem Schöpfer. Wiederholt erinnert sie uns an Gottes Größe und daran, wie klein die Menschen, verglichen mit ihm, sind. Er kümmert sich um die Menschen und sorgt für seine Schöpfung. Darum: »Alle Welt fürchte den Herrn, und vor ihm scheue sich alles, was auf dem Erdboden wohnt. Denn wenn er spricht, so geschieht's; wenn er gebietet, so steht's da.«

Paulus redet von einer »neuen Schöpfung«. Durch Jesu Tod und Auferstehung können die Menschen am neuen Leben in der neuen Schöpfung teilhaben. Die Christen kennen schon etwas von dieser neuen Schöpfung, und eines Tages werden sie ganz in ihr leben. Dann werden alle Dinge neu sein. 1Mo 1–3; Hiob 38–42,6; Ps 8; 33,6–22; 104; Jes 40,21–26; Mt 6,25–33; Apg 14,15–18; Rö 1,18–23; 8,18–23; Kol 1,15–20; Hbr 1,1–3; Offb 21–22

SCHRIFT Die informativsten Entdeckungen der Archäologen im Nahen Osten sind Schriftstücke. Sie nennen Namen von Orten, Königen und anderen Menschen. Sie berichten von Invasionen und Kriegen, von Hungersnöten und Inflationen. Sie beschreiben Sitten und Bräuche oder erwähnen sie beiläufig. Manche enthalten Lieder und Gebete, die Aufschluß über die Religion geben, andere überliefern magische Formeln. Häufig findet man Erzählungen über Götter und Helden der Vergangenheit.

Viele Texte wurden zerstört, viele wohl noch nicht entdeckt. Berichte aus der Sicht von Siegern eines Krieges sind häufiger erhalten als solche von seiten der Besiegten. Aus einem Jahrhundert haben wir viele Texte, aus einem anderen gar keine. Daher sind auch Informationen aus alten Schriftstücken einseitig und müssen sorgfältig interpretiert werden.

KEILSCHRIFT Die Schrift wurde zwischen 3500 und 3000 v.Chr. in

Babylonien erfunden (s. *Babylonier*). Die erste Sprache, die auch geschrieben wurde, war wahrscheinlich die sumerische. Man benutzte Bilder als Wortzeichen. Die akkadische Sprache (Assyrisch und Babylonisch) löste sie bald ab. Sie unterschied sich von der sumerischen Sprache, man benutzte häufig die

Die älteste Bibelschrift, auf einem Stein aus Sumer, um 3500 v.Chr.

sumerischen Wortsymbole als Zeichen für die einzelnen Silben des Akkadischen.

Außer dem Akkadischen wurden auch andere semitische Sprachen in Syrien und Palästina in Keilschrift geschrieben, ebenso die indogermanischen Dialekte im Gebiet der heutigen Türkei – Hetitisch – und das Elamitische in Persien. In Babylonien war die Keilschrift bis ins 1. Jh. n.Chr. in Gebrauch.

ÄGYPTISCHE SCHRIFT Die Idee, Gesprochenes aufzuschreiben, erreichte von Babylonien aus bald Ägypten. Ägyptische Schreiber entwickelten eine eigene Bilderschrift, die Hieroglyphen. Einige ihrer Zeichen wurden für einzelne Laute bzw. Silben benutzt, aber im Vergleich mit der Keilschrift spielten Wortzeichen in ihr immer eine grö-

ßere Rolle. Deswegen konnten andere Sprachen nur schwer in Hieroglyphen geschrieben werden.

Die Ägypter behielten diese Bilderschrift bis ins 5. Jh. n.Chr. für Inschriften an Gebäuden und anderen Monumenten bei, danach gerieten die Hieroglyphen in Vergessenheit. Für normale Aufzeichnungen, Briefe, Berichte und Bücher hatte man eine einfachere Schrift entwickelt, die hieratische. Nach 1000 v.Chr. entstand daraus eine noch einfachere Schrift, die demotische.

Bücher, Aufzeichnungen und Briefe wurden in Ägypten auf Papyrus geschrieben. Lange, dünne Streifen dieses Sumpfgrases wurden nebeneinander gelegt und mit einer zweiten Schicht, quer zur ersten, zusammengepreßt. So entstand ein beschreibbares Blatt. Es war rauher als unser heutiges Papier, doch ebenso fest und flexibel. Im fast niederschlagslosen Klima Ägyptens haben viele Papyrusdokumente in Gräbern und alten Gebäuden bis heute überdauert. Doch Papyrus war teuer, und deshalb schrieb man weniger wichtige Dinge, wie kurze Notizen oder Schullektionen, auf Steine oder Tonscherben (die Ostraka). Man schrieb mit Pinseln aus Riedgras und schwarzer Tinte aus Ruß. Wo auch immer Ägypter herrschten oder Handel trieben, brachten

Tintenfaß römischer Art

sie ihre Schrift mit. Ägyptische Schriftstücke hat man in Palästina, Syrien und bis weit in den Sudan hinein gefunden.

ANDERE SCHRIFTEN Zwischen 2000 und 1000 v.Chr. wurden in verschiedenen Teilen des Nahen Ostens auch andere Schriften benutzt. Die Hetiter in der Türkei hatten ihre eigene Hieroglyphenschrift, die aus ungefähr 70 Zeichen für Silben und 100 und mehr für Worte bestand. Ein ähnliches System gab es auf Kreta, wo man drei verwandte Schriftformen entdeckt hat. Die letzte von ihnen, Linearschrift B, bestand aus ca. 85 Silben- und einigen Wortzeichen. In ihr hat man Tontafeln mit Aufzeichnungen von Behörden in einem frühen griechischen Dialekt gefunden. Es gab sie auch auf Zypern. Einige wenige Beispiele hat man in Syrien gefunden.

Alle diese Schriften waren schwer zu erlernen, und nur wenige, die Berufsschreiber, konnten schreiben und lesen. Die meisten Menschen, die etwas schreiben wollten, mußten sich an die dafür ausgebildeten Männer wenden. Die Dienste der Schreiber wurden ebenso zum Lesen von Briefen usw. benötigt. Manche dieser Schreiber hatten hohe Stellungen am Hof inne, andere saßen an den Straßenecken und warteten auf Kunden.

DAS ALPHABET Die Archäologie ermöglicht es uns, die Entwicklung des Alphabets bis in sehr frühe Stadien zurückzuverfolgen, doch vieles in seiner Entstehung ist für uns noch dunkel. Ein Schriftkundiger in Kanaan scheint es erfunden zu haben. Er überprüfte seine Sprache und schrieb für jeden Konsonanten ein Zeichen. Das machte er nach dem Schema »Tür steht für T«. Diese Zeichen waren Lautzeichen, keine Wortzeichen. Für die Vokale gab es keine Zeichen. Das macht das Lesen hebräischer und arabischer Texte auch heute noch schwierig.

Beispiele für dieses frühe Alphabet hat man in Israel gefunden. Es handelt sich um kurze Wörter, wahrscheinlich Namen, die auf Keramik, Stein und Metall geschrieben sind. Kanaanäer, die in den ägyptischen Türkisminen auf der Sinaihalbinsel arbeiteten, haben Gebete in Felsen und Steine geritzt. Sie benutzten dazu die Buchstaben ihres Alphabets und haben uns so die besten Proben einer frühen Form des Alphabets hinterlassen (ca. 1500 v.Chr.).

Die Entwicklung in den nächsten 500 Jahren können wir nur an wenigen Beispielen verfolgen. In dieser Zeit entwickelten sich feste Formen für Briefe. Schreiber aus Ugarit in Syrien, die sich in der babylonischen Tradition auskannten, sahen die Vorteile des Alphabets. Sie entwarfen ein eigenes Alphabet mit 30 Buchstaben in Keilschrift und schrieben damit ihre Sprache.

Um 1000 v.Chr. hatte sich das Alphabet endgültig durchgesetzt. In Kanaan und Syrien wurde es von den neuen Siedlern, den Aramäern und Israeliten, Moabitern und Edomitern übernommen. Bald darauf übernahmen die Griechen es von den Phöniziern. Sie paßten es ihrer Sprache an, und sie waren die ersten, die Vokalzeichen einführten.

Die aramäischen Völker Syriens verbreiteten sich über ganz Assyrien und Babylonien. Dabei nahmen sie ihr Alphabet mit sich. Die Juden lernten es in der babylonischen Gefangenschaft kennen und verbreiteten es später in Jerusalem, wo es die alte phönizisch-hebräische Form ablöste. Auch arabische Stämme, die Nabatäer, übernahmen es. Die heutige arabische Schrift hat sich aus den Buchstaben entwickelt, die sie übernahmen.

Das Alphabet machte Lesen und Schreiben für jeden möglich. Die Schreiber wurden zwar nicht überflüssig, doch lernten viel mehr Menschen als vorher die Buchstaben. Das wird z.B. daraus ersichtlich, daß im Juda des 7. Jh. viele Menschen Siegel mit ihrem Namen, doch ohne andere Kennzeichen hatten. Sie wären wertlos gewesen, wenn nicht die Besitzer und andere sie hätten lesen können.

Die Schreiber in Babylonien, Assyrien und Ägypten arbeiteten sehr sorgfältig. Es wurden viele Proben durchgeführt, um zu gewährleisten, daß Bücher korrekt abgeschrieben wurden. Die Anzahl der Zeilen wurde gezählt und mit dem Original verglichen. Manchmal überprüfte ein zweiter Schreiber die ganze Kopie. Die israelitischen Schreiber folgten ohne Zweifel demselben Schema, als sie die Bücher des AT abschrieben.

SCHRIFTGELEHRTE Die Schriftgelehrten bildeten einen Berufsstand. Sie studierten das Gesetz, legten es aus und fungierten als Rechtsanwälte oder Lehrer (Rabbis). Sie wandten das Gesetz auf das tägliche Leben an. Jesus selbst war nicht in einer Schule für Schriftgelehrte gewesen, aber seine Jünger, wie auch viele gelehrte Rabbis, nannten ihn Rabbi. Sie waren von seinem Verständnis des Gesetzes beeindruckt. Paulus hat unter dem berühmten Rabbi Gamaliel in Jerusalem studiert. Mk 7,28–29; Lk

Gamaliel war ein berühmter Rabbi.

2,41–47; Apg 4,5–7.18–21; 6,12–14; 22,3

SCHUR Ein Wüstengebiet im nordwestlichen Teil der Sinaihalbinsel. Händler reisten über die »Straße von Schur« durch die Wüste nach Ägypten. Hagar floh auf diesem Weg, als Sara sie hart behandelte. Auf der Flucht aus Ägypten klagten die Israeliten in der Wüste Schur bitter über Wassermangel. 1Mo 16; 2Mo 15,22–25

SEA s. *Maße und Gewichte*

SEBULON 1. Ein Sohn Jakobs und Leas, Vater eines der Stämme Israels. 1Mo 30,19–20; 49,13

2. Das Land des Stammes Sebulon in Galiläa. Jos 19,10–16

SEE GENEZARETH Er wird im AT Kinnereth »Harfe«, im NT Galiläisches Meer oder See (Meer bei) Tiberias genannt. Die Länge des Sees beträgt 21 km, die größte Breite 12 km und seine Oberfläche 170 qkm. Seine größte Tiefe schwankt zwischen 42 und 48 m, während sein Spiegel 212 m unter dem des Mittelmeeres liegt. Durch die tiefe Lage des Gebietes ist es hier im Sommer außerordentlich warm, und die Temperaturschwankungen zwischen Tag und Nacht sind sehr gering. Daher ist eine Übernachtung im Freien nichts Ungewöhnliches. Gefährlich sind die auf dem See Genezareth plötzlich aufkommenden Stürme. Sie können zu jeder Jahreszeit unerwartet losbrechen. Die aufgepeitschten Wellen

See Genezareth. Hier tat Jesus viele Wunder, und hielt viele seiner Predigten. Die Abbildung zeigt die nord-östliche Biegung des Sees, von Tiberias aus gesehen.

werden hier besonders hoch, da die engen Küsten kein Ausrollen der See gestatten. Für die Fischerei ist der See seit dem Altertum von großer Bedeutung gewesen. Zur Zeit Jesu waren die Ufer des Sees dichter besiedelt als heute. In der Nähe der schützenden Hügel lagen ummauerte Städte und kleinere Siedlungen. 4Mo 34,11; Mt 4,18; Jo 21,1; Mk 8,2; 4,37; 5,24

SEELE Die Bibel sieht den Menschen als Einheit. Sie redet nie von einer unsterblichen Seele, die in einem sündigen Leib gefangen ist. Das sind Gedanken griechischer Philosophie, die allerdings viele Christen übernommen haben.

Wenn wir im AT das Wort Seele lesen, bezeichnet es immer die Ganzheit der Person. Wenn der Psalmist sagt: »Lobe den Herrn, meine Seele«, dann fordert er damit sich selbst als ganze Person auf, Gott zu loben. Das NT gebraucht das Wort »Seele« gleich, aber es spricht auch davon, daß der Mensch aus Geist, Seele und Leib bestehe. Wenn das NT auch nicht die Unsterblichkeit der Seele lehrt wie die Griechen es ta-

ten, so bleibt doch deutlich, daß der Mensch nach dem Tode weiterlebt. S. *Leib, Fleisch*. Ps 103,1; Mt 10,28; 1Th 5,23 u.a.

SEFHARWAJIM Eine Stadt, deren Lage man noch nicht kennt. Ein Teil ihrer Bewohner wurde in Samaria angesiedelt. 2Kö 17,24.31; 18,34

SEGEN UND FLUCH Segen ist die Zuwendung von Heilsgütern und von Gütern überhaupt durch Gott selbst oder durch in der Macht Gottes handelnde Menschen; Fluch ist das Entziehen des Segens. Der Vater (z.B. Isaak; Jakob) segnet seine Kinder, der Priester (z.B. Aaron) und der König (z.B. David) kraft ihres Amtes das Gottesvolk, von Gott dazu bestimmte oder genötigte Personen (z.B. Bileam) Israel. Immer wacht Gott über Segen und Fluch. Gott sagt zu Abraham: »Ich will dich zum großen Volk machen und will dich segnen und dir einen großen Namen machen, und du sollst ein Segen sein. Ich will segnen, die dich segnen, und verfluchen, die dich verfluchen; und in dir sollen gesegnet werden alle Geschlechter auf Erden.« Jesus segnet die Kinder und seine Jünger; diese sollen auch ihre Feinde segnen und in keinem Falle fluchen. 1Mo 12,2.3; 27; 48; 4Mo 6,22–27; 22–24; 2Sam 6,18; Mk 10,16; Lk 24,50; Rö 12,14; Jak 3,10

SEIR Ein anderer Name für Edom.

SELA 1. Die Hauptstadt Edoms. Der Name bedeutet »Stein« oder »Felsen«; die Stadt wurde so benannt, weil sie, an einem Knotenpunkt von Karawanenstraßen, auf einem Felsenplateau hoch in den Bergen Edoms errichtet war. Um 300 v.Chr. eroberten die Nabatäer Sela und schmückten die Stadt mit Felsgräbern, Tempeln, Theatern und Ther-

men. Ihr Name ist Petra (Fels). 2Kö 14,7; Jes 16,1; 42,11

2. Ein in den Psalmen häufiges hebräisches Wort unbekannter Bedeutung. Vielleicht ein Pausenzeichen oder ein anderer Hinweis für Musiker.

SELEUZIA Der Hafen von Antiochia in Syrien. Die Stadt wurde vom ersten Seleukidenkönig erbaut und auch nach ihm benannt. Paulus und Barnabas begannen hier ihre erste Missionsreise. Apg 13,4

SELIGPREISUNGEN s. *Jesus: Botschaft*

SEM Der älteste Sohn Noahs. Er überlebte die Flut und wurde der Vater der semitischen Völker, zu denen die Israeliten gehörten. 1Mo 6–10

Blüten und Blätter der Senfpflanze

SENF Jesus sagte, das Reich Gottes sei wie ein Senfkorn, das zu einer großen Pflanze wird. Er dachte dabei sicher an den schwarzen Senf. Obwohl diese Pflanzen normalerweise nur 1,20 m hoch werden, können sie doch eine Höhe bis zu 4,60 m erreichen. Mt 13,31–32

SENIR Ein anderer Name für den Berg Hermon. Er kann auch den ganzen Gebirgszug bezeichnen.

SERGIUS PAULUS Römischer Statthalter von Zypern. Er geriet

unter den Einfluß des Zauberers
Elymas (s. *Elymas*). Apg 13,7ff

SERUBBABEL Ein Enkel König Jojachins, der Führer einer 537 v.Chr.
aus Babylon zurückkehrenden
Gruppe von Juden. Er wurde Statthalter von Juda und arbeitete mit
dem Hohenpriester Josua zusammen. Unter ihrer Leitung wurden
die Grundmauern des Tempels gebaut. Doch dann stockten die Arbeiten, bis die Propheten Haggai und
Sacharja das Volk ermutigten, wei-
terzubauen. Esr 2,2; 3–5; Hag;
Sach 4

SET Der dritte Sohn Adams und
Evas. Er wurde nach dem Tod Abels
geboren. 1Mo 4,25ff

SICHEM 1. Ein Sohn des Hewiter-
königs Hemor. Er vergewaltigte Di-
na, die Tochter Jakobs. 1Mo 34
2. Eine alte kanaanäische Stadt, die
zu einem wichtigen religiösen und
politischen Zentrum der Israeliten
wurde. Sie lag im Bergland von
Efraim, nahe beim Berg Garizim.
Abraham machte auf seiner Reise
von Haran nach Kanaan zuerst bei
Sichem Station; dort verhieß Gott
ihm für seine Nachkommen das
Land, in dem er sich nun befand.
Auch Jakob besuchte Sichem, er lagerte draußen vor der Stadt.
Als die Israeliten Kanaan erobert
hatten, versammelte Josua alle
Stämme in Sichem. Hier erneuerten
sie ihr Versprechen, dem Gott zu
dienen, der sie aus Ägypten befreit
hatte, und sich nicht heidnischen
Göttern zuzuwenden. Doch schon
in der Richterzeit wurden in Sichem
kanaanäische Götter angebetet. Die
Einwohner Sichems gaben Abimelech, dem Sohn Gideons, Geld aus
dem Tempel Baal-Berits, damit er
Mörder für seine 70 Brüder anheu-
ern lassen könnte. Danach machte

Abimelech sich selbst zum König
von Sichem, doch bald wandte sich
die Stadt gegen ihn, und aus Rache
zerstörte er sie.
Nach dem Tode Salomos sagten sich
in Sichem die zehn Stämme Israels
vom Sohn Salomos, Rehabeam, los.
Jerobeam, der erste König des
Nordreiches, baute Sichem wieder
auf und machte es für kurze Zeit zur
Hauptstadt seines Reiches.
Sichem überlebte den Fall Israels. Es
wurde zur wichtigsten Stadt der Samariter, und sie errichteten hier einen Tempel. In Nablus, der modernen Stadt nordwestlich des alten Sichem, leben immer noch einige Samariter. 1Mo 12,6–7; 33–35; 37; Jos
24; Ri 9; 1Kö 12

SIDON Ein phönizischer (kanaanäischer) Hafen an der Küste des Libanon. Sidon war bekannt für seine
guten Handwerker. Geschnitztes
Elfenbein, Gold- und Silber-
schmuck und schöne Glaswaren kamen aus Sidon. Jede der Phönizier-
städte war praktisch unabhängig.
Bei der Eroberung Kanaans konnten die Israeliten Sidon nicht einnehmen. In der Zeit der Richter griffen die Bewohner Sidons die Israeliten an. Nach und nach vermischten
sich die Kulturen, und schließlich
beteten auch Israeliten die Götter
Sidons – Baal und Astarte – an. Isebel, die den Baalskult in Israel einführte, war eine Tochter des Königs
von Sidon. Weil Sidon sich Israel
und dem Gott Israels entgegenstellte, sagten die Propheten des AT den
Untergang der Stadt voraus. Sidon
geriet nacheinander unter assyrische, babylonische und persische
Herrschaft; später gehörte es zum
griechischen und dann zum römischen Reich.
Zur Zeit Jesu waren die meisten

Einwohner Sidons Griechen. Viele von ihnen reisten nach Galiläa, um Jesus predigen zu hören. Er verglich die galiläischen Orte Chorazin und Betsaida mit Tyrus und Sidon und sagte, daß die heidnischen Städte seine Worte eher befolgen würden als die jüdischen. Auf seiner Fahrt nach Rom machte Paulus in Sidon Zwischenstation und besuchte Bekannte. Ri 1,31; 10,6.12; 1Kö 16,31; Jes 23,1–12; Hes 28,20–23; Lk 6,17; Mk 7,24–31; Mt 11,20–22; Apg 27,3

SIF Eine Stadt im Gebiet Judas, südlich von Hebron. In der Nähe von Sif versteckte sich David vor Saul, und Jonatan kam dorthin, um ihn zu ermutigen. Doch die Bewohner Sifs verrieten David an Saul, und er floh weiter nach Maon und En-Gedi. Rehabeam baute Sif später zur Festung aus. Der Ort heißt heute Ez-Sif. Jos 15,55; 1Sam 23,14–29; 2Chro 11,8

SILAS Ein Christ aus Jerusalem, der Paulus auf seiner zweiten Missionsreise begleitete. In Philippi (in Griechenland) wurden er und Paulus geschlagen und ins Gefängnis geworfen. Nach einem Erdbeben predigte Paulus im Gefängnis, und der Kerkermeister wurde Christ. Silas blieb dann eine Zeitlang in Beröa, während Paulus nach Athen ging. In Korinth trafen sie sich wieder. Silas ist wahrscheinlich identisch mit Silvanus, der in einigen Briefen des NT erwähnt wird. Silvanus half Petrus beim Schreiben seines ersten Briefes und hat sicher auch Paulus bei seinen Briefen geholfen. Paulus bestellt in den Briefen an die Thessalonicher Grüße von ihm. Apg 15,22–17,15; 18,5; 1Kor 1,19; 1Th 1,1; 2Th 1,1; 1Pt 5,12

SILBER s. *Bergbau*

SILO Die Stadt, in der nach der Eroberung Kanaans die Stiftshütte aufgestellt wurde. Silo wurde dadurch zum Zentrum des israelitischen Gottesdienstes, und das Zelt wurde durch ein festeres Gebäude ersetzt. Jedes Jahr fand ein besonderes Fest in Silo statt. Dieses Fest besuchten auch Hanna und Elkana regelmäßig. Einmal betete Hanna dabei um einen Sohn und versprach, ihn Gott zu weihen. Als Samuel geboren wurde, hielt sie ihr Versprechen und brachte ihn nach Silo in den Tempel, wo er von dem Priester Eli erzogen wurde.

Archäologische Forschungen haben ergeben, daß Silo um 1050 v.Chr. zerstört wurde, vielleicht von den Philistern. Der Prophet Jeremia sagte, daß der Tempel in Jerusalem ebenso zerstört werden würde wie der Tempel in Silo. Silo war bis zur Zeit des Exils noch bewohnt. Jos 18,1; Ri 21,19; 1Sam 1–4; Jer 7,12; 41,5

SILOAH Ein Teich, ursprünglich unter der Erde, der eine der Hauptwasserquellen Jerusalems war. Das Wasser kam durch einen Tunnel von der Gihon-Quelle außerhalb Jerusalems in den Teich. Als Hiskia eine Belagerung durch die Assyrer fürchtete, ließ er zur Sicherung der Wasserversorgung der Stadt diesen Tunnel bauen. Er ist 538 m lang und in massives Felsgestein gehauen. Jesus heilte einen Blinden am Teich Siloah. Der »Turm von Siloah«, der einstürzte und dabei 18 Menschen unter sich begrub, hat wahrscheinlich am Hang des Zion, oberhalb des Teiches, gestanden. 2Kö 20,20; Jo 9,1–12; Lk 13,4

SILPA Leas Magd, die gleichzeitig Jakobs Frau war. Sie war die Mutter von Gad und Asser, zweien seiner zwölf Söhne. 1Mo 29,24; 30,9–13

SIMEON 1. Der zweite Sohn Jakobs und Leas. In Ägypten blieb er bei Josef als Geisel zurück, damit seine Brüder auf der nächsten Reise auch wirklich Benjamin mitbrächten. Nach ihm ist ein Stamm Israels benannt. 1Mo 29,33; 34,25ff; 42,24ff; 49,5

2. Ein alter Mann, dem Gott verheißen hatte, daß er nicht sterben würde, bevor er den Messias gesehen hatte. Im Tempel nahm er Jesus in seine Arme und lobte Gott. Sein Gebet ist unter der Bezeichnung *Nunc dimittis* (so der Beginn im Lateinischen) bekannt. Lk 2,22–35

3. Ein Lehrer in der Gemeinde von Antiochien, vielleicht Simon von Kyrene, der Jesu Kreuz trug. Apg 13,1–2

4. Das Gebiet des Stammes Simeon; es lag im Negev, dem südlichsten Teil Israels. Simeon scheint als Teil des Gebietes des Stammes Juda gegolten zu haben. Jos 19,1–9; vgl. Jos 15,20–32

SIMON 1. Simon Petrus (s. *Petrus*).

2. Einer der Jünger. Er hatte zu den Zeloten, einer extrem nationalistischen jüdischen Gruppe, gehört, die die Römer mit Gewalt vertreiben wollte. Mt 10,4; Apg 1,13

3. Ein Bruder Jesu. Mt 13,55

4. Ein Aussätziger, der Jesus in sein Haus nach Betanien einlud. Während Jesus dort war, salbte eine Frau sein Haupt mit teurem Duftöl. Mt 26,6; Mk 14,3

5. Ein Pharisäer, bei dem Jesus zu Gast war. Als sie aßen, wusch eine Frau Jesu Füße mit ihren Tränen, trocknete sie mit ihrem Haar ab und salbte sie mit Öl. Lk 7,40ff

6. Simon von Kyrene, der Jesu Kreuz trug. Mt 27,32

7. Simon Magus, ein Zauberer in Samaria, der den Aposteln ihre gottgegebene Kraft abkaufen wollte. Apg 8,14–24

8. Ein Gerber in Joppe, bei dem Petrus wohnte. Apg 9

SIMRI Ein Befehlshaber des israelitischen Heeres. Er tötete König Ela und regierte sieben Tage über Israel, bis Omri ihn absetzte (885 v.Chr.).1Kö 16

SIMSON Ein Richter Israels, der berühmt war für seine große Kraft. Vor seiner Geburt hatte ein Engel seiner Mutter gesagt, daß ihr Sohn Nasiräer sein sollte. Damit war er Gott auf eine besondere Art geweiht. Das Zeichen dafür war, daß er sein Haar nie schneiden durfte. Er kämpfte allein gegen die Philister, befreite aber sein Volk nie ganz von ihnen. Seine Schwäche für Frauen brachte ihn schließlich zu Fall. Er verriet der Philisterin Delila das Geheimnis seiner Stärke. Die Philister schnitten ihm sein Haar ab, blendeten ihn und warfen ihn ins Gefängnis. Doch als sein Haar wieder länger wurde, kam auch seine Kraft zurück. An einem Festtag holten die Philister Simson zur Belustigung des Volkes in den Tempel. Er umfaßte die beiden Hauptsäulen, betete und riß mit ihnen den ganzen Tempel ein: Simson starb mit den Philistern. Ri 13–16

SINAI Ein Berg auf der Sinaihalbinsel im gleichnamigen Wüstengebiet. Drei Monate nach dem Auszug aus Ägypten erreichten die Israeliten diesen Berg und schlugen dort ihr Lager auf. Hier, am Sinai, gab Gott Mose die Zehn Gebote und andere Gesetze. Wir wissen nicht genau, welcher Berg der Sinai ist, doch wahrscheinlich ist es der Dschebel Musa im Süden der Halbinsel. 2Mo 19–32

SINEAR Ein anderer Name für Babylonien.

SINIM s. *Syene*

SINTFLUT Die Sintflut war eine schreckliche Katastrophe, in der nur die Familie Noahs mit den Vögeln, Säugetieren und Reptilien in der Arche (das Boot, das Noah auf Anweisung Gottes gebaut hatte) überlebten. Gott sandte die Flut, weil die Menschen so verdorben waren, daß es ihn gereute, sie geschaffen zu haben. Die Wasser der Flut bedeckten ein ganzes Jahr lang die Erde.

Vierzig Tage lang fiel Regen, dazu quoll Wasser aus unterirdischen Quellen. Fünf Monate lang (150 Tage) stieg das Wasser. Es dauerte dann noch fast acht Monate, bis wieder trockenes Land zu sehen war. Die Zivilisation, die in den Kapiteln davor beschrieben ist, wurde vollständig zerstört.

Noah, seine Frau, seine drei Söhne und deren Frauen wurden in der Arche gerettet. Gott hatte Noah den Plan für das riesige Boot gegeben, das auf der Flut schwimmen sollte. Die angegebenen Maße sind erstaunlich: 137 × 23 × 14 m.

Die Arche war aus Tannenbalken konstruiert. Teer diente als Dichtung. Unterhalb des Daches lief eine Öffnung rundum, die Licht einließ. Die Menschen und Tiere gingen durch eine Öffnung an der Seite in die Arche. Sie hatte drei Decks und wahrscheinlich einige Unterteilungen für Tiere und Menschen. Noah nahm von allen Tieren ein Paar mit – aber sieben Paare von Opfertieren und Haustieren – und belud die Arche mit Nahrung für alle. Als die Flut zu sinken begann, setzte die Arche auf einem Berg im Land Ararat (Urartu) im Osten der Türkei auf. Doch das Land trocknete nur langsam; es dauerte noch über zwei Monate, bis Noah die Berggipfel sehen konnte. Vierzig Tage später schickte er einen Raben aus, der aber nicht mehr zurückkehrte, dann eine Taube, die von ihrem zweiten Flug ein grünes Blatt mitbrachte. Die Pflanzen wuchsen wieder. Eine Woche darauf kehrte die Taube nicht mehr zurück. Noah wartete noch. Nach einem weiteren Monat war das Wasser verschwunden. Doch Gott erlaubte ihm erst nach zwei Monaten, die Arche zu verlassen.

Als erstes baute Noah einen Altar und dankte Gott mit Opfern. Gott versprach, die Erde und ihre Bewohner nie wieder durch eine Flut zu strafen. Den Regenbogen machte er als Zeichen für sein Versprechen. »Und wenn es kommt, daß ich Wetterwolken über die Erde führe, so soll man meinen Bogen sehen in den Wolken. Alsdann will ich gedenken an meinen Bund«, sagte Gott. 1Mo 6–9

ANDERE GESCHICHTEN Außer dem biblischen Bericht von der Flut gibt es andere faszinierende Geschichten von einer großen Flut aus vielen Teilen der Welt.

In einer babylonischen Erzählung schicken die Götter eine Flut, um Ruhe vom Lärm der Menschheit zu bekommen. Der Gott, der die Menschen erschuf, warnte den Helden der Geschichte, und der baute ein Boot, in dem er, seine Familie und viele Tiere gerettet wurden. Nach sieben Tagen vermißten die Götter jedoch die Nahrung der menschlichen Opfer und stoppten die Flut. In Anbetracht mancher Ähnlichkeiten dieser Geschichte zu dem Bericht in 1. Mose kann es sein, daß sich beide auf dasselbe Ereignis beziehen.

Archäologen haben deutliche Flutspuren im Süden Mesopotamiens entdeckt, doch ist es schwer, sie zu datieren.

SISERA Ein Hauptmann des Heers König Jabins von Hazor. Er befehligte 900 Streitwagen. Zwanzig Jahre lang unterdrückte er die Israeliten. Debora und Barak besiegten ihn. Er versuchte, zu Fuß zu fliehen, wurde jedoch von Jael, in deren Zelt er sich versteckte, getötet. Ri 4–5

SKLAVEN UND ZWANGSARBEIT Unternehmungen wie die Bergwerke, die Bauten der alttestamentlichen Könige oder die Bauwerke Herodes des Großen benötigten ungeheuer viele Arbeiter. Zur Zeit des AT war die Sklaverei zwar legal, aber sie war nicht sehr verbreitet. Wer seine Schulden nicht bezahlen konnte, wurde mitsamt seiner Familie Sklave des Gläubigers; ebenso wurden Kriegsgefangene zu Sklaven gemacht. Die alttestamentlichen Gesetze über die Sklaverei waren großzügig für damalige Zeiten, aber diese Vorschriften wurden vermutlich nicht immer befolgt. Die Israeliten sollten nie vergessen, daß sie selbst einmal Sklaven gewesen waren in Ägypten. Darum sollten sie ihre Sklaven alle sieben Jahre freilassen.

König David zwang die Kriegsgefangenen zur Arbeit. Salomo weitete die Fronarbeit auf Israeliten aus. Sie mußten jeden dritten Monat für den König arbeiten. Diese Männer bauten zusammen mit den Sklaven die Straßen, Festungen und Tempel, durch die Salomo berühmt wurde. Sie versorgten die königliche Landwirtschaft und arbeiteten an seinen Bergwerken. Der Prophet Samuel hatte, bevor er Saul zum ersten König einsetzte, Israel gewarnt, daß die Könige Kriegsdienst und Fronarbeit verlangen würden.

In neutestamentlicher Zeit gab es in Palästina jüdische und nicht-jüdische Sklaven. Sie wurden nicht zur Schwerarbeit gebraucht. Größtenteils dienten sie in den Häusern der Reichen und der Angehörigen des Hofes. Die Arbeiter für die großen Bauten waren meist Tagelöhner (wie im Gleichnis von den Arbeitern im Weinberg, Mt 20,1–16). Als der unter Herodes dem Großen angefangene Tempel in den Jahren 62–64 n.Chr. vollendet wurde, verloren 18000 Arbeiter ihr Brot.

Petrus und Paulus gehen in verschiedenen Briefen auf das Problem der Sklaverei ein. Sie wenden sich damit an die Sklaven in anderen Teilen des Römischen Reiches, die

Römische Sklavenmarke mit der Inschrift: »Ergreife mich, wenn ich zu entfliehen versuche, und schicke mich zurück zu meinem Herrn . . .«

oft unter viel schlimmeren Umständen leben mußten als die Sklaven in Palästina. Paulus nennt sich selbst Knecht, wörtlich Sklave Jesu Christi. 5Mo 15,12–18; 2Sam 12,31; 1Kö 5,27–32; 1Sam 8,11–18; Rö 1,1; Phil

1,1; Eph 6,5–9; Kol 3,22–25; 1Tim 6,1–2; Phlm; 1Pt 2,18–25

SKYTHEN Die berittenen Skythen (»Aschkenas«, Jer 51,27) kamen im 7. Jh. v.Chr. aus Zentralasien. Einige Gruppen der Skythen brachen auch im Nahen Osten ein. Sie zerstörten Urartu und gingen Bündnisse mit den Medern und Babyloniern ein, um Assyrien zu überwältigen. Im richtigen Augenblick stellten sie Truppen für die persische Armee. Eine skythische Truppe marschierte durch Syrien nach Ägypten. Um 630 v.Chr. erreichten sie Askalon (Jer 51,17).

SMYRNA Ein Hafen an einer der wichtigsten Handelsstraßen ins Innere Asiens. Es ist das moderne Izmir in der Türkei. In neutestamentlicher Zeit war Smyrna eine schöne Stadt mit prachtvollen öffentlichen Gebäuden. Eins von ihnen war ein Tempel für den Kaiser Tiberius. Von den sieben Briefen in der Offenbarung ist einer an die Christen in Smyrna gerichtet. Offb 1,11; 2,8–11

SODOM Die Stadt, in der Lot sich niederließ. Sie war berüchtigt für ihre Unmoral. Sodom wurde, zusammen mit Gomorra, durch eine plötzliche Katastrophe zerstört. Nur Lot entkam dem Untergang. Heute liegt Sodom wahrscheinlich im Südteil des Toten Meeres unter Wasser. 1Mo 13,8–13; 14; 19; Hes 16,48

SOHN DAVIDS/GOTTES s. *Jesus*

SOSTHENES 1. Er wurde zum Synagogenvorsteher in Korinth hernannt, nachdem Krispus, der frühere Vorsteher, Christ geworden war. Als der römische Statthalter Gallio dem Wunsch der Juden, Paulus zu verurteilen, nicht nachgegeben hatte, ergriff man Sosthenes und schlug ihn. Falls er noch Christ

wurde, ist er identisch mit 2. (s.u.). Apg 18,17

2. Ein Christ, der mit Paulus als Absender des ersten Briefes an die Korinther genannt ist. 1Ko 1,1

SPANNE s. *Maße und Gewichte*

SPEISEOPFER s. *Opfer*

SPEISEVORSCHRIFTEN s. *Ernährung; Reinheit*

SPERLING Das Wort wird gebraucht für alle Arten kleiner Vögel, die gegessen werden, manchmal jedoch ist damit speziell die Heckenbraunelle gemeint. Auch Lerchen und Finken wurden ebenso wie der Sperling oft gefangen oder geschossen und gegessen. Jesus erwähnte den Sperling, um zu erklären, wie sehr Gott seine Geschöpfe liebt. Wenn er für den kleinsten Vogel sorgt, wieviel mehr dann für den Menschen. Mt 10,29–31; Lk 12,6–7

SPIELE Die Spiele der Kinder haben sich fast nicht verändert. Wir wissen, daß die Kinder in biblischer Zeit Spielzeuge hatten, die Geräusche machten, wie Rasseln und Pfeifen. Solche Spielzeuge sind an vielen Ausgrabungsstätten gefunden worden. Manche Rasseln waren Kästchen mit kleinen Löchern in den Seiten, andere waren wie Puppen oder Vögel geformt.

Die Mädchen spielten u.a. auch mit Puppenhäusern. Man hat winzige Kochtöpfe und Möbel aus Ton aus der Zeit von 900 bis 600 v.Chr. ausgegraben. Einige dieser Puppen hatten bewegliche Arme und Beine, Haare aus Perlen und in den Schultern Löcher für Marionettenfäden. Es ist nicht ganz klar, ob sie zum Spielen oder bei religiösen Zeremonien benutzt wurden.

Israelitische Kinder spielten, wie alle Kinder, auch Spiele, in denen sie die Erwachsenen imitierten, z.B. indem sie Hochzeit und Beerdigung spielten (Mt 11,16–17).

Bei einem unter Soldaten beliebten Spiel bewegte man einen Kegel von Position zu Position, wo er »angekleidet«, »gekrönt« und »mit einem Zepter versehen« werden konnte. Der Soldat, dessen Zug die »Krönungszeremonie« beendete, rief »König« und sammelte alle Einsätze ein. Das Verhalten der Soldaten bei Jesu Gerichtsverhandlung geht auf dieses Spiel zurück (Mt 27,28–29). Obwohl Würfelspiele weit verbreitet und sehr beliebt waren, lehnten die religiösen Führer sie ab und sprachen Spielern das Recht ab, vor dem Gericht als Zeugen auszusagen.

Mit der Zeit fanden die Menschen heraus, daß sich auch von der Unterhaltung anderer leben ließ. Diese Art von Unterhaltung, die Paulus in 1Ko 4,13 als »Schauspiel« bezeichnet, kam unter den Griechen in Mode. Die Sadduzäer, die sie genossen, und die Pharisäer, die sie für falsch hielten, stritten sich lange darüber. König Herodes ließ in Jerusalem ein Stadion für Gladiatorenkämpfe (Gladiatoren waren besonders trainierte Kriegsgefangene oder Verbrecher) und für Kämpfe zwischen Mensch und Tier sowie ein Amphitheater für Wagenrennen bauen.

». . . und jage nach dem vorgesteckten Ziel, dem Siegespreis . . .«: Paulus hat dabei wohl einen Athleten oder ein römisches Wagenrennen vor Augen.

Auch in Cäsarea und Sebaste baute er Theater, die heute noch stehen. Im Stadion und im Gymnasium wurde Sport zur Körperertüchtigung nach Art der Griechen betrieben. Für Juden war dieser Sport beleidigend, weil er nackt betrieben wurde. Ein anderer Grund ihrer Abneigung war die Verbindung des Sports mit der griechischen Religion. Die sportlichen Ereignisse, die Paulus in seinen Briefen erwähnt, gehören alle zum griechischen Sport. Das strenge Training der Sportler nimmt er als Beispiel (1Ko 9,24–27) und schreibt von Wettläufern, die um einen Siegerkranz kämpfen. Phil 3,13–14 beschreibt ein Rennen, und in Hebr 12,1–2 spielt auf einen Langstreckenlauf an bei dem man von hinderlichen Lasten und Kleidung frei sein mußte.

SPINNEN s. *Stoffe*

SPRÜCHE Die Sprüche sind eine Sammlung von Weisheitsreden und Sprichworten, die einen jungen Mann zu einem guten und gottgefälligen Leben führen wollen. Ein großer Teil sind gute Ratschläge, die volkstümlich niedergeschrieben wurden, wie es auch in den Nachbarländern Israels üblich war.

Teile des Buches stammen aus der Zeit der ersten Könige Israels. Die abschließende Überarbeitung geschah viel später. König Salomo – berühmt für seine Weisheit – wird im Titel des Buches erwähnt, ohne daß ersichtlich ist, ob die Sammlung auf ihn zurückgeht.

Inhaltlich geht das Buch von dem Grundsatz aus, daß »die Furcht des Herrn . . . der Anfang der Erkenntnis« ist. Dieses Wissen wird auf alle Lebensbereiche übertragen: Ehe, Heim, gerechtes Handeln, Entscheidungen treffen und auf das ganze

Verhalten, auf alles, was ein Mensch tut, sagt oder denkt. Hier begegnen wir der Erkenntnis der israelitischen Lehrer, die das Leben von Gottes Offenbarung her beobachten. Sie betonen die Wichtigkeit von Eigenschaften wie Demut, Geduld, Treue, Sorge für die Armen, harte Arbeit, Treue gegenüber Freunden und Respekt innerhalb der Familie.

Das Buch beginnt mit einem Lob der Weisheit (Kap. 1–9), es folgen sechs Spruchsammlungen (Kap. 10,1–31,9) und ein Gedicht über die ideale Ehefrau (Kap. 31,10–31).

STADION s. *Maße und Gewichte*

STÄDTE/STADTLEBEN In biblischer Zeit unterschieden sich Städte und Dörfer nicht durch ihre Größe, sondern dadurch, ob sie befestigt waren oder nicht. Dörfer waren unbefestigte Siedlungen, Städte waren durch Mauern geschützt. Sie wurden auf Hügeln errichtet, damit sie besser verteidigt werden konnten. Das erforderte eine gute Wasserversorgung. In Megiddo legte man einen Tunnel von der Stadt zu einer Quelle, damit die Stadt auch während einer Belagerung Wasser hatte. Städte lagen meist in fruchtbaren Gegenden oder an Handelsstraßen und waren besonders von räuberischen Überfällen bedroht.

IM FRÜHEN ISRAEL Die Städte waren sehr klein – oft nicht größer als 12–20 Hektar – also nicht viel größer als ein Marktplatz heute. Innerhalb der Stadtmauern standen etwa 150–250 Häuser, in denen rund 1000 Menschen lebten. Aus der Ferne sahen die Kanaanäerstädte wie Burgen aus. Die Kundschafter der Israeliten berichteten von Städten, die »bis an den Himmel ummauert« waren (5Mo 1,29). Seßhaft gewordene Nomaden hatten

diese Städte gegründet und ihren Stammesältesten zum König gemacht. Eine Zentralregierung gab es nicht, und die einzelnen Könige führten oft Krieg gegeneinander.

Zu Anfang besserten die Israeliten die Häuser in den Kanaanäerstädten, die sie erobert hatten, notdürftig aus. Erst später lernten sie von ihren Nachbarn die Kunst des Bauens. In Friedenszeiten waren die Städte überbevölkert, und die Menschen zogen im Sommer aufs Land, um es zu bebauen und ihre Herden zu weiden.

Das Leben in den Städten war sehr eng. Die Häuser waren schlecht gebaut und standen dicht nebeneinander. An Hängen war fast eines auf das andere gebaut. Richtige Straßen gab es nicht, sondern nur schmale Gassen zwischen den Häusern. Sie waren ungepflastert; am Rand floß in offenen Kanälen das Abwasser. Schmutz und Abfall häuften sich auf ihnen, so daß sie oft höher lagen als die Fußböden der Häuser. Regen verwandelte diesen Unrat in Morast. Im Winter waren die Menschen in diesem Dunst und Schmutz gefangen. Im Sommer war es etwas besser, wenn auch die Gerüche blieben. Doch dann lebten die meisten Menschen sowieso auf dem Land. In Friedenszeiten verbrachten sie zwei Drittel des Jahres außerhalb und nur ein Drittel innerhalb der Städte.

Der befestigte Torweg war Zentrum des öffentlichen Lebens in jeder Stadt. Tagsüber war er voller Leben. Kaufleute kamen und gingen, Menschen kauften und verkauften, die Ältesten trafen sich hier zur Beratung, manche klärten Streitigkeiten und hörten Klagen an. Bettler, Hausierer, Arbeiter, Schreiber, Schaulustige, Händler und Geschäftsleute mit ihren Eseln, Kamelen und Rindern hielten sich im Stadttor auf. In größeren Städten hatte oft jeder Handelszweig sein eigenes Gebiet. Doch Ladengeschäfte gab es nicht. Jeder Händler hatte für seine Waren einen kleinen Stand am Straßenrand. Abends wurde alles weggeräumt und die Stadttore geschlossen und verriegelt.

WICHTIGE BAUWERKE Die meisten Städte hatten ein oder zwei größere Bauwerke. Von Salomos Zeit an, als die Regierung zentralisiert wurde, kam den Städten eine neue Bedeutung als Verwaltungszentren der einzelnen Gebiete zu. In der Hauptstadt Jerusalem hatte Salomo sein Kabinett. Das Land teilte er in zwölf abgabepflichtige Gebiete ein, die die Nahrungsmittel für den Hof liefern mußten. Das bedeutete, daß in jedem Bezirk Gebäude für die Lagerung der Lebensmittel und Unterkünfte für die Diener und Beamten des Königs gebaut werden mußten.

Einige der wichtigsten Gebäude waren dem Glauben gewidmet. Wichtige religiöse Zentren gab es nicht nur in Jerusalem, sondern auch in Dan und Betel.

Salomo führte Sklaven- und Zwangsarbeit ein, damit er seine großen Pläne ausführen konnte. In Jerusalem baute er einen Tempel, Paläste für sich und seine Frauen und andere Gebäude, wahrscheinlich auch ein Waffenlager und eine Gerichtshalle. Diese Gebäude müssen eindrucksvoll gewesen sein, besonders prachtvoll war der Tempel. Er hatte geschnitzte Türen aus Olivenholz, die ganz mit Goldplatten beschlagen waren. Seit der Wüstenwanderung hatten die Israeliten von Fachleuten aus Tyrus viel gelernt, obwohl sie auch schon vorher einiges konnten, wie der Bau der Stiftshütte zeigt.

Salomo ließ u.a. die Festungen Geser, Megiddo und Hazor wieder ausbauen. Die doppelten Mauern und die massiven Torwege waren bei allen drei Städten nach demselben Schema gebaut. In ihnen gab es Lagerhäuser und Ställe für Pferde und Streitwagen.

Während des Exils in Babylon konnten die Juden nicht mehr die üblichen Tempelgottesdienste abhalten. Statt dessen trafen sie sich jeweils am Sabbat, um das Gesetz zu hören und es ausgelegt zu bekommen. Nach der Rückkehr in ihr Land bauten sie zu diesem Zweck Versammlungshäuser. Das waren die ersten Synagogen (das griechische Wort *synagein* bedeutet »sich versammeln«).

NEUTESTAMENTLICHE ZEIT Unter den Griechen und Römern wurden die Städte sorgfältiger geplant. Die großen Städte dieser Zeit unterschieden sich wesentlich von den Festungen des frühen Israel. Antiochia in Syrien, von wo aus Paulus seine Reisen begann, hatte breite Straßen, einige mit Marmor gepflastert, Bäder, Theater, Tempel und Marktplätze. Es gab dort sogar Straßenbeleuchtung. In vielen Städten gab es jetzt mehrstöckige Häuser, die in engen Reihen standen.

König Herodes der Große baute Samaria (er nannte es Sebaste) und Cäsarea im römischen Stil aus. Eine große Straße mit Geschäften, Bädern und Theatern führte durch das Zentrum der Stadt; kleine Straßen stießen im rechten Winkel auf sie. Die Häuser waren in Viererblocks gebaut. Die Römer leiteten über

Aquädukte Wasser in die Städte, richteten öffentliche Bäder ein und sorgten für ein besseres Abwassersystem. Dadurch wurde das Leben in den Städten, zumindest für die Reichen, viel bequemer und angenehmer. Die Armen jedoch und die Bevölkerung in abgelegenen Orten spürten nicht viel davon.

Zur Zeit Jesu war das schönste Gebäude in Jerusalem der Tempel, den Herodes aus weißem Marmor mit Goldverzierungen hatte bauen lassen. Er zog Pilger aus dem ganzen Mittelmeerraum an. Wahrscheinlich lebten in Jerusalem fünfundzwanzig- bis dreißigtausend Menschen. In den Geschäften der Stadt konnte man alles kaufen, von den Bedarfsartikeln des täglichen Lebens, Nahrung und Kleidung, bis zu Luxusgütern wie Schmuck und Parfum. Es gab sieben Marktplätze, und zweimal in der Woche war Markttag. In Jerusalem gab es Restaurants und Weinstuben für einfache Bürger, aber auch Paläste und vornehme Gebäude – das römische Amphitheater und die Burg Antonia.

STEINIGUNG war die übliche Art der Todesstrafe und des Ausschlusses aus dem Gottesvolk. Sie wurde außerhalb der Stadt vollzogen. Der Verurteilte wurde von einem Abhang hinuntergeworfen; war er noch nicht gestorben, so warf ein weiterer Zeuge einen Stein auf das Herz, andere schlossen sich an. 3Mo 24; 5Mo 17; Lk 4,29; 20,6; Jo 8,7; 10,31; Apg 7,58

STEPHANAS Stephanas und seine Familie gehörten zu den ersten Christen in Achaja (Südgriechenland). Paulus selbst hatte sie in Korinth getauft. 1Ko 1,16; 16,15ff

STEPHANUS Ein griechischspre-chender Jude, einer der ersten Christen, der um seines Glaubens willen starb. Er gehörte zu den sieben Diakonen, die sich um die Armen in der Jerusalemer Gemeinde kümmern sollten. Neben dieser Arbeit predigte er und tat Wunder. Er wurde verhaftet und dem Hohen Rat vorgeführt. Am Ende seiner großen Rede beschuldigte er seine Zuhörer des Mordes an Gottes Sohn. Bei seiner Steinigung bat er Gott um Vergebung für seine Mörder. Paulus, der zu der Zeit noch die Christen verfolgte, sah Stephanus sterben. Apg 6–7

STEUERN Das Einziehen der Steuern war vermutlich während der ganzen Königszeit ein eigener Beruf. In einem Lagerhaus in Samaria fand man 63 »Ostraka« (Scherben, die als Schreibmaterial gebraucht worden waren) aus der Zeit des Amos. Die meisten vermerken die Ablieferung von Wein und Öl an den königlichen Haushalt.

Steuereinnehmer kommen auch in den Evangelien vor. Die Römer verpachteten die Steuerrechte an einheimische Unternehmer (Zöllner). Diese Steuerpächter wurden verachtet, weil sie mit den verhaßten Römern zusammenarbeiteten und oft Geld für sich selbst eintrieben. Sie durften weder öffentliche noch religiöse Ämter übernehmen und auch nicht als Zeugen vor einem jüdischen Gericht auftreten. 2Mo 30,11–16; 2Kö 15,20; Lk 19,1–9

STIER Der Stier galt im Alten Orient als Inbegriff von Kraft und Fruchtbarkeit. Die weit verbreiteten und im AT erwähnten Stierbilder galten als Thron für Gottheiten, nicht eigentlich als Götzenbilder. Aber der damit verbundene Kult wird als Götzendienst gebrandmarkt, sowohl im Zusammenhang mit dem »Goldenen Kalb«, das Aaron auf Wunsch des Volkes anfertigte, als auch im Blick auf die zwei Stierbilder, die Jerobeam I. in Betel und Dan aufstellen ließ. 2Mo 32; 1Kö 12,28.29

STIFTSHÜTTE Die Stiftshütte war ein großes Zelt, das die Israeliten nach einem Plan machten, den Mose am Sinai erhalten hatte. An diesem Ort beteten sie auf ihrem Zug von Ägypten nach Kanaan Gott an. An jedem Lagerplatz bauten die Leviten die Stiftshütte auf (s. 4Mo 1,50–2,31). Sie stand in der Mitte des Lagers, umgeben von den Zelten der Leviten. Dahinter standen die Zelte der zwölf Stämme, je drei auf einer Seite. Die Stiftshütte war der Mittelpunkt des israelitischen Glaubens. Sie war ein Zeichen der Anwesenheit Gottes. Obwohl die Israeliten wegen ihres Ungehorsams vierzig Jahre lang nicht ins Verheißene Land durften, war Gott immer noch bereit, mit ihnen zu gehen und sie zu schützen. Deshalb heißt die Stiftshütte auch »Zelt der Begegnung« und »Wohnung« (nämlich Gottes).

DIE STIFTSHÜTTE UND IHRE EINRICHTUNG Das Zelt wurde durch einen Rahmen aus Akazienholz gehalten. Es war etwa 14 m lang, 4 m breit und 5 m hoch. Dieser Rahmen war vierfach überdeckt: Zuunterst lagen leinene Vorhänge, verziert mit blauer, purpurfarbener und scharlachroter Stickerei, die auf der Innenseite des Zelts sichtbar war.

Darüber lagen Teppiche aus Ziegenhaar, die etwas länger als die Leinenvorhänge waren. Einer davon diente als Zelteingang.

Über diesen Vorhängen lag eine Decke aus wetterfesten Widderfellen, die rot gefärbt waren.

Zuoberst lag eine weitere wetterfeste Lederdecke (gewöhnlich als Dachsfell übersetzt).

Im Innern war das Zelt in zwei Räume geteilt: Der kleinere, hintere Raum hieß »das Allerheiligste«. Nur der Hohepriester durfte diesen Raum einmal im Jahr betreten. Ein leinener Vorhang trennte das Allerheiligste vom größeren Raum, der »das Heilige« genannt wurde. Der Eingang hierzu wurde durch einen weiteren Vorhang aus besticktem Stoff gebildet. 2Mo 25–27; 30,1–10.17–21

DIE BUNDESLADE Hierbei handelte es sich um einen rechteckigen Kasten (ca. 115 x 70 x 70 cm), der wie der Rahmen der Stiftshütte aus

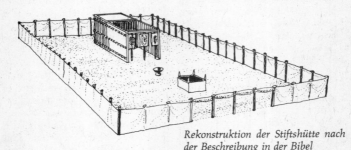

Rekonstruktion der Stiftshütte nach der Beschreibung in der Bibel

Akazienholz gefertigt war, einem sehr dauerhaften Holz aus der Sinaiwüste. Das Holz war mit Gold überzogen. Der Kasten wurde mit Hilfe von Tragstangen transportiert, die durch die Ringe an den vier unteren Ecken geschoben wurden. Er enthielt die beiden Tafeln mit den Zehn Geboten, einen goldenen Krug mit Manna und Aarons Stab, der über Nacht gegrünt hatte. Der Deckel war aus massivem Gold, und an seinen Seiten standen zwei Geschöpfe (Cherubim) mit ausgebreiteten Flügeln als Zeichen für Gottes Schutz.

Modell des Siebenarmigen Leuchters, der in der Stiftshütte stand. Der Leuchter wurde zum Symbol für religiöse Freiheit.

Die Bundeslade stand im »Allerheiligsten«. Sie galt als der unsichtbare Thron Gottes, weil er gesagt hatte: »Dort will ich dir begegnen, und . . . mit dir alles reden, was ich dir gebieten will für die Kinder Israel.« Sie wurde manchmal als Zeichen für Gottes Schutz in die Schlacht mitgeführt. Als die Lade einmal von den Philistern erbeutet wurde, sah man, daß sie keine selbständige Kraft hatte. 2Mo 25,10–22; 5Mo 10,1–5; Hbr 9,4–5; Jos 6,6.8; 1Sam 4,3

DER RÄUCHERALTAR Im Heiligen stand ein kleiner Altar vor dem Vorhang, der das Allerheiligste abtrennte. Darauf wurde morgens und abends Weihrauch verbrannt. Der Altar war aus Akazienholz, überzogen mit Gold. An jeder Ecke befand sich ein Horn, und zum Tragen waren Ringe an zwei Seiten. 2Mo 30,1–10

DER GOLDENE LEUCHTER Der siebenarmige Leuchter war aus einem Stück Gold gehämmert, mindestens 30 kg schwer und verziert mit Blumen und Knospen, die wie Mandelblüten aussahen. Dies war die einzige Lichtquelle in der Stiftshütte. 2Mo 25,31–39

SCHAUBROTTISCH An jedem Sabbat wurden zwölf frische Brotfladen, einer für jeden Stamm, als Opfer auf den goldüberzogenen Tisch im Heiligen gelegt. 2Mo 25,23–30

DER VORHOF Die Stiftshütte selbst stand im westlichen Teil eines Vorhofs von 50 x 25 m. Dieser Hof wurde durch leinene Vorhänge abgeschirmt. Ein bestickter Vorhang diente als Eingang. 2Mo 27,9–19

DAS BECKEN Das Becken war eine große kupferne Schale auf einem kupfernen Gestell. Hier wuschen sich die Priester jedesmal, bevor sie die Stiftshütte betraten oder ein Opfer darbrachten. 2Mo 30,17–21

BRANDOPFERALTAR Hier wurden die Lämmer, Stiere, Ziegen und anderen Tiere geopfert. (S. *Priester, Leviten und Opfer.*) Dieser Altar war, wie verschiedene andere Dinge in der Stiftshütte, aus kupferüberzogenem Holz. Er war etwa 2,5 m lang und 1,5 m hoch. Auf halber Höhe befand sich ein Sims, auf dem die Priester standen, um die Opfer dar-

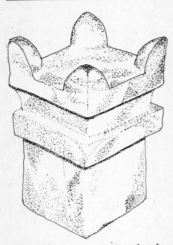

Dieser kleine steinerne Räucheraltar mit vier »Hörnern« wurde in Megiddo, Israel, gefunden.

zubringen. Der Altar war vielleicht mit Erde gefüllt oder aber leer. 2Mo 27,1–8

STOFFE Um Kleidung herzustellen, standen hauptsächlich folgende Stoffe zur Verfügung: Leinen (aus Flachs), Schafwolle, Ziegenhaar und Tierfelle (s. *Handwerk; Kleidung*). Baumwolle wurde nicht verwendet, bis man anfing, sie zu importieren, vermutlich nach dem Exil. Beliebt war die Verzierung durch bunte Fransen, Säume und Quasten. Für besondere Gewänder gab es Goldfäden (s. 2Mo 39,3).

LEINEN In Israel gedieh Flachs nur in der südlichen Küstenebene, bei Jericho und in Galiläa; allerdings wurde in neutestamentlicher Zeit in Galiläa viel Flachs geerntet. Die Ägypter bauten viel Flachs an, den sie durch Wässern in fließendem Wasser zu weichem Leinen verarbeiten konnten. Die Bibel nennt das »kostbare Leinwand« (s. 1Mo 41,42). Außer Kleidungsstücken machte man aus Leinen auch die Segel von Schiffen. In Jericho verbarg Rahab die Kundschafter unter dem Flachs, der auf ihrem Dach zum Trocknen ausgebreitet war (Jos 2,6).

Nachdem der Flachs getrocknet und geschnitten war, entfernte man die Samen. Er wurde darauf gewässert und in einem Ofen getrocknet. Die Fasern wurden voneinander getrennt, dann konnte das Spinnen und Weben anfangen. Leinen wurde gewöhnlich nicht gefärbt, aber gelegentlich wurden blaue Fäden eingewebt. (Das Gewand des Hohenpriesters aus blauer Leinwand war etwas ganz Besonderes, s. 2Mo 28,31.) Mit bunten Kleidern sind in der Bibel meist wollene gemeint.

WOLLE Im Frühjahr wurden die Schafe geschoren. Die Wolle wurde gewaschen oder zum Walker geschickt, um die natürlichen Fette zu entfernen. Der Walker trat die Wolle auf einem Steinblock unter Wasser. Dann breitete er sie an der Sonne zum Trocknen und Bleichen aus. Ein »Acker des Walkers« wird in 2Kö 18,17 erwähnt, in der Nähe eines Gewässers, und – wie gewöhnlich wegen des Geruchs – außerhalb der Siedlung. Der Walker bearbeitete auch das frisch gewebte Tuch, und manchmal färbte er es auch.

FÄRBEN Die Herde Labans hatte nach 1Mo 30,32 schwarze und weiße, gestreifte und gefleckte Schafe. Wolle kommt also in vielen natürlichen Farben vor. Dadurch lassen sich mit wenigen Grundtönen viele Farbschattierungen erzielen. In der Bibel werden die Farben Blau, Scharlach und Purpur am meisten erwähnt. Purpur war ein Zeichen königlicher Würde und großen

Reichtums. Ein einfaches Purpur ließ sich durch Überlagerung einer blauen durch eine rote Färbung erreichen. Der echte, teure Purpur wurde aus Tyrus eingeführt; man gewann ihn aus Mollusken (Seeschnecken) an der östlichen Mittelmeerküste.

Bestimmte Orte in Israel, wo es genug Wasser und Weideflächen für die Schafe gab, waren Zentren der Färberei. Dazu gehörten Geser, Bet-Schemesch, Bet-Zur und Debir. In Debir wurden dreißig Häuser ausgegraben, die besondere Räume zum Färben enthielten. Jeder Raum enthielt zwei steinerne Bottiche mit kleinen Öffnungen auf der Oberseite. Zuerst kam wohl Pottasche und gelöschter Kalk in den Bottich, dann die Farbe, und im zweiten Bottich war noch mehr Farbe. Die Wolle wurde zweimal gefärbt. Durch Pottasche und Kalk wurde die Farbe haltbar, und die Wolle konnte getrocknet und anschließend gesponnen werden. In fast jedem Haus in Debir stand ein Webstuhl.

SPINNEN UND WEBEN Nach dem Auskämmen wurde die Wolle zu Garn versponnen. Dies war meist Frauenarbeit. Man benutzte einfache Handspindeln, von denen man allerdings nur die steinernen, tönernen und knöchernen Schwungräder gefunden hat. Bei den Webstühlen gab es waagerechte und senkrechte. Bei dem senkrecht arbeitenden Modell stand der Weber davor. Die Fäden waren an einem oben darüber gelegten Balken befestigt, der durch Gewichte niedergehalten wurde (Goliats Speer war so breit wie ein Weberbaum. 1 Sam 17,7). Der Weber schlug die querlaufenden Fäden nach oben. Da gleichzeitig mit fünf oder sechs Schußfäden gearbeitet

werden konnte, ließen sich Muster herstellen. Der Weber stand und konnte sich bewegen. So ließ sich breites Gewebe herstellen. Später entwickelte man einen Drehbalken für die Unterseite des Webstuhls. Das Gewebe wurde unten begonnen und der fertige Stoff aufgerollt, so daß Stücke von großer Länge hergestellt werden konnten.

Der waagerechte Webstuhl hatte zwei Balken, die durch ein Gerüst aus vier Pfosten festgehalten wurden, und der Weber saß davor. Hier konnte nur so breit gewebt werden, wie es die Armlänge des Webers erlaubte, obwohl es die Ägypter anscheinend zu einem Verfahren gebracht hatten, bei dem der Webstuhl von zwei Leuten bedient wurde. Sowohl Leinen als auch Wolle wurden hier verarbeitet, und manchmal auch das gröbere Ziegen- oder Kamelhaar für Hirtenmäntel oder Zelte.

Wo die Bibel von gestickten Kleidern spricht (s. Ri 5,30; Hes 26,16), könnte es sich um Kleider aus verschiedenem Tuch handeln. Die Israeliten kannten jedoch auch die Stickerei.

DER »ZUSCHNITT« Wenn die Breite des Webstuhls es erlaubte, konnte das ganze Kleidungsstück in einem Arbeitsgang hergestellt werden (Jesus hatte ein ungenähtes Gewand – Jo 19,23). Der Weber begann dabei an einem Ärmel und arbeitete sich durch bis zum anderen Ärmel. Für den Kopf sparte er eine Öffnung aus.

Die Ärmel konnten so lang oder kurz sein, wie man es sich wünschte, und das Streifenmuster war einfach herzustellen. Beim Abschneiden wurden die losen Fäden zusammengedreht, um die Seiten zu verstärken, und an den unteren Ecken ließ man sie manchmal als Quasten hängen.

Bei einem schmalen Webstuhl wurde das Kleidungsstück in drei Teilen gewebt: das Oberteil mit den Ärmeln, vorderer und hinterer Rock. Die Halsöffnung wurde durch eine Webkante verstärkt.

STOIKER Anhänger der Stoa, einer philosophischen Richtung der Griechen, die die Menschen durch Erziehung zu rechtem Handeln anleiten und sie so das Glück finden lassen wollte. Apg 17,18

STORCH Sowohl die weißen als auch die schwarzen Störche passieren Israel jedes Jahr, wenn sie von ihren Winterquartieren in Arabien und Afrika nach Norden fliegen. Die weißen Störche sind größer und kommen öfter vor. Störche ernähren sich von kleinen Tieren wie Schlangen, Fischen, Mäusen, Würmern und Insekten. Jer 8,7

STRASSEN Es gab fast keine gepflasterten Straßen, bevor die Römer begannen, ein Netz von Allwetterstraßen anzulegen. Sie verbanden die Provinzen des Reiches mit Rom – aber nicht untereinander.

In vorrömischer Zeit waren vor allem die Eroberungszüge, weniger der Handel, Anlaß zum Bau von Straßen. Die Römer brauchten ihr Straßennetz, um das Reich zusammenzuhalten. Sie konnten Truppen, Material und kaiserliche Botschaften sehr schnell über große Entfernungen befördern. Ein Eilbote legte täglich etwa 120 km zurück.

Diese Straßen waren vorzüglich angelegt, und Teile von ihnen sind bis heute erhalten geblieben. Die Straßenbauer wurden mit jedem Hindernis fertig. Sie bauten Brücken

Männer beim Bau der berühmten Römerstraßen

über die Flüsse, Dämme durch die Sümpfe und schlugen Tunnel durch Felsgestein. Insgesamt legten die Römer ein Straßennetz von 80000 km an.

Trotzdem gab es nur dort Straßen, wo sie für die Römer vorteilhaft waren. Viele Reisen aber mußten immer noch auf den alten »Straßen« zurückgelegt werden.

SÜDLAND s. *Negev*

SÜHNOPFER Die Schreiber der Bibel beschäftigten sich alle mit der Frage: Wie können Menschen versöhnt und im Frieden mit Gott leben? Durch die Sünde sind sie von Gott getrennt. Diese Trennung muß aufgehoben werden. Das bedeutet »Sühne«.

Wie sehr wir Menschen uns auch bemühen, wir können uns selbst nie vor Gott gerecht machen, da wir schon sündig geboren wurden.

In alttestamentlicher Zeit wurden Opfer als Sühne für die Sünden dargebracht. Doch das konnte nicht die letzte Lösung sein. Einige Schreiber des AT erkannten, daß Gott selbst das Problem der Sünde würde lösen müssen. Jesaja schrieb vom Kommen des Gottesknechtes, der die Lösung bringen sollte: »Wir gingen alle in die Irre wie Schafe, ein jeder sah auf seinen Weg. Aber der Herr warf unser aller Sünde auf ihn.« Das NT berichtet, wie Gott Jesus, seinen Sohn, sandte, eben dies zu tun. Sein Tod war das einmalige Sühnopfer für alle Menschen. Als Jesus am Kreuz starb, tat er es an unserer Stelle und erlitt die Todesstrafe für unsere Sünden. Am Kreuz erlitt er den Schmerz der Trennung von Gott und schrie: »Mein Gott, mein Gott, warum hast du mich verlassen?« Matthäus berichtet weiter, daß der Vorhang im Tempel von oben bis unten zerriß – und das bedeutet, daß wir nicht länger von Gott getrennt sein müssen. Jesus hatte die Sünde der Welt gesühnt. S. unter *Kreuz*, *Versöhnung*, *Erlösung*. 1Mo 3; 3Mo 16; Jes 53; Jo 3,14–17; Mk 10,45; 15,34.38; 2Ko 5,14–21; Eph 2,14; Hbr 7,26–9,28; 10,19–20

SÜNDE Die Bibel benutzt viele Worte, um die Sünde zu benennen. Sie ist Auflehnung gegen Gott, wie es die Geschichte von Adam und Eva zeigt. Deshalb sind die Menschen Feinde Gottes. Sünde wird auch oft als Verfehlen des rechten Weges und als Nichterfüllen der Anforderungen Gottes beschrieben. Ein Mensch kann schuldig werden, wenn er sich absichtlich gegen die Anweisungen Gottes stellt, aber auch, wenn er, ohne es zu wissen, gegen den Willen Gottes handelt. Das Wesen der Sünde ist Entfremdung und Feindschaft gegen Gott. Deshalb stehen die Menschen unter seinem Gericht. Als Folge der Sünde sind Leid und Tod in die Welt gekommen.
Satan ist die Quelle des Bösen. Doch die Menschen dürfen ihn nicht für ihren eigenen Fall verantwortlich machen, wie es Adam und Eva versuchten. Sie sind selbst verantwortlich für ihre Sünden. Doch keiner muß mehr unter der Last seiner Sünden leiden, denn Jesus hat durch seinen Tod Vergebung geschaffen. S. *Tod*, *Sündenfall*, *Vergebung*, *Hölle*, *Gericht*, *Leiden*. 1Mo 3; Ps 5; Jes 1,18–20; 59; Rö 1,18–2,11; 3,9–26; 5–8; Offb 20–21

SÜNDENFALL Die Sünde ist in der Welt, weil die Menschen sich gegen Gott aufgelehnt haben. Es lebte nie ein Mensch – außer Jesus – der kein Sünder war. Nach der Bibel wurzelt die Sünde in den Anfängen der Menschheit. Die Geschichte von Adam und Eva beschreibt, wie die ersten Menschen von der hohen Stellung, die sie als Freunde Gottes und als Krone seiner Schöpfung hatten, abfielen.
Adam und Eva lebten ursprünglich in Gemeinschaft mit Gott und untereinander. Es gab keine Sünde, die das Leben zerstört hätte. So hatte es Gott gewollt. Doch die Menschen hörten auf die Schlange und beschlossen, Gott ungehorsam zu werden, indem sie sich gegen sein Gebot auflehnten. Als Folge dieses Ungehorsams wurden Adam und Eva aus Gottes Gegenwart verbannt. Von nun an war ihr Leben geprägt durch harte Arbeit, Schmerz und Tod.
In Adams und Evas Auflehnung gegen Gott wurde die ganze Schöpfung hineingezogen. »Deshalb, wie durch einen Menschen die Sünde in die Welt gekommen ist und der Tod durch die Sünde, so ist der Tod zu allen Menschen durchgedrungen, weil sie alle gesündigt haben.«
Alles in der Welt ist durch die Sünde verseucht, Mensch und Natur. Obwohl wir immer noch viel vom We-

sen Gottes an uns haben und ihn immer noch erahnen und suchen, sind wir von Haus aus der Sünde verfallen.

S. *Tod, Gericht.* 1Mo 1–3; Rö 1,18–32; 5,12–19 und 7,14–25

SÜNDOPFER s. *Opfer*

SUKKOT 1. Eine ägyptische Stadt. In ihrer Nähe machten die Israeliten die erste Rast auf der Flucht aus Ägypten. 2Mo 12,37; 13,20; 4Mo 33,5–6

2. Eine Stadt im Jordantal, die zum Gebiet des Stammes Gad gehörte. Jakob blieb nach seiner Trennung von Esau eine Zeitlang in Sukkot. Zur Zeit der Richter weigerten sich die Bewohner von Sukkot, Gideon und seine Männer, die die Midianiter verfolgten, mit Nahrungsmitteln zu versorgen. Auf dem Rückweg bestrafte Gideon sie dafür. Jos 13,24.27; 1Mo 33,12–17; Ri 8,4–16

SUNEM Ein Ort in der Ebene Jesreel im Norden Israels. Heute heißt er Solem. Hier lagerten die Philister vor der Schlacht am Berg Gilboa, in der Saul und seine Söhne getötet wurden. Elisa war eine Zeitlang Gast einer Frau in Sunem, deren Sohn er später vom Tod auferweckte. Das Mädchen Abisag, das den alten David pflegte, war Sunamiterin. Im Hohenlied ist mit Sulamit vielleicht auch eine Frau aus Sunem gemeint. Jos 19,18; 1Sam 28,4; 1Kö 1–2; 2Kö 4,8–37; Hhl 7,1

SUSA Die Hauptstadt des Elamiterreiches; 645 v.Chr. zerstörte Assurbanipal von Assyrien die Stadt und verschleppte die Bewohner nach Samaria. Unter den Persern und Medern gewann die Stadt wieder an Bedeutung; Darius I. baute dort einen großen Palast. Die Ruinen kann man heute noch im Iran sehen.

SYCHAR Eine Samariterstadt in der Nähe des Jakobsbrunnens. Jesus traf dort eine Samariterin, die Wasser holen wollte. Viele Menschen aus Sychar glaubten an Jesus, als sie hörten, was die Frau über ihn sagte. Die genaue Lage der Stadt ist unbekannt. Jo 4,1–42

SYENE/SINIM Ein Ort an der Süd-

Geflügelter Stier aus dem Palast Darius' I. in Susa; 6. Jh. v. Chr.

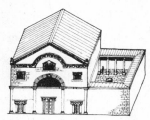

Rekonstruktion der im 3. Jh. v. Chr. in Kapernaum erbauten Synagoge.

grenze Ägyptens, das heutige Assuan. Jesaja beschreibt die Rückkehr von Juden nach Jerusalem sogar aus dem weit entfernten Syene. Die Elephantine-Papyri erwähnen jüdische Siedler um 450 v.Chr. Jes 49,12; Hes 29,10; 30,6

SYNAGOGE Synagogen entstanden vermutlich während der Zeit des Exils, als es keinen Tempel gab und Jerusalem weit weg war. Zur Zeit Jesu trafen sich die meisten Juden am Sabbat in der örtlichen Synagoge. Im Synagogengottesdienst wurde ein Abschnitt aus dem Gesetz und einer aus den Propheten gelesen und ausgelegt. Dazu kamen Gebete und Psalmen.

Der Gottesdienst begann mit dem *Sch'ma*: »Höre, Israel, der Herr ist unser Gott, der Herr allein. Und du sollst den Herrn, deinen Gott, liebhaben von ganzem Herzen, von ganzer Seele und mit aller deiner Kraft.« Die biblischen Texte wurden auf hebräisch vorgelesen. Da aber die meisten Juden in Palästina zur Zeit Jesu aramäisch sprachen, übersetzte jemand versweise und gab Erläuterungen. Die aramäischen Übersetzungen nennt man *Targum.* Jede Synagoge hatte einen Kasten (»Lade«), in der die Rollen des Gesetzes aufbewahrt wurden. Die Vorsteher der Gemeinde saßen vor der

Lade, der Gemeinde gegenüber. Männer und Frauen saßen getrennt. Jesus ging regelmäßig in die Synagoge, er las und lehrte dort. Auf seinen Missionsreisen suchte Paulus in jeder Stadt zuerst die Synagoge auf.

Daneben diente die Synagoge als örtliche Schule und Sitz der örtlichen jüdischen Verwaltung. 5Mo 6,4–5; Lk 4,16–30; 6,6; Apg 13, 14–18; 14,1 und andere Hinweise in Apg

SYRAKUS Eine alte Stadt auf Sizilien, in der Paulus auf seiner Fahrt nach Rom das letzte Mal Station machte. Apg 28,12

SYRIEN Im AT ist Syrien das Land der Aramäer (Aram) nördlich und nordöstlich von Israel. Die Hauptstadt war Damaskus. Zur Zeit des Neuen Testaments war Syrien eine römische Provinz, deren Hauptstadt Antiochia am Orontes lag. S. *Aramäer*

TABITA (TABEA) Eine Christin in Joppe, die Kleider für die Armen machte. Als sie starb, riefen ihre Freunde Petrus, der sie wieder zum Leben erweckte. Apg 9,36–41

TABOR Ein 562 m hoher, steil ansteigender Berg in der Jesreelebene. Bei ihm sammelte der Richter Barak sein Heer. Ri 4; Ps 89,13; Hos 5,1

TACHPANCHES Eine ägyptische Stadt im Ostteil des Nildeltas. Jeremia wurde nach der Zerstörung Jerusalems nach Tachpanches gebracht und starb wahrscheinlich auch dort. Jer 43,5–10; Hes 30,18

TALENT s. *Geld*

TAMAR 1. Die Schwiegertochter Judas und später die Mutter seiner Zwillinge. 1Mo 38

2. Davids Tochter, die von ihrem Halbbruder Amnon vergewaltigt wurde. 2Sam 13

TARAH Der Vater Abrahams. Er zog mit Abraham nach Haran, wo er bis zu seinem Tode lebte. 1Mo 11,27–32

TARSIS Die weitentfernte Stadt, zu der Jona vor dem Befehl Gottes fliehen wollte. Sie lieferte Silber, Zinn, Eisen und Blei. Sie lag wahrscheinlich in Spanien. Jon 1,3; Jes 23,6; Jer 10,9; Hes 27,12

TARSUS Eine Stadt in der zilizischen Ebene, nur 16 km von der Südküste der heutigen Türkei entfernt. In neutestamentlicher Zeit war Tarsus eine berühmte Universitätsstadt, in der viele Menschen lebten. In Tarsus trafen sich Ost und West, Griechenland und der Orient. Paulus war stolz darauf, daß er in Tarsus geboren war. Kurz nach seiner Bekehrung kehrte er nach Tarsus zurück, doch Barnabas rief ihn nach Antiochia. Apg 9; 11; 21; 22

TARTAN s. *Rabschake*

TAUBEN sind die am häufigsten erwähnten und wichtigsten Vögel in der Bibel. Manche Arten leben das ganze Jahr in Israel, andere überwintern nur dort. Sie wurden viel im Gehöft gehalten und gern gegessen. Arme Leute, die kein Schaf und keine Ziege opfern konnten, opferten statt dessen zwei Tauben. Eine Taube brachte Noah nach der Flut auch das erste grüne Blatt. 1Mo 8,8–12; Ps 55,6; Mt 3,16; 21,12

TAUFE In neutestamentlicher Zeit wurden die Menschen getauft, wenn sie Christen wurden. So hatte es Jesus selbst befohlen. Sie bekannten sich öffentlich zu ihrem neuen Glauben, indem sie sich ins Wasser »untertauchen« ließen. Paulus erklärt es u.a. als Bild dafür, daß Christen am Tod Jesu teilhaben und mit ihm zu neuem Leben auferstehen. Es bedeutet Bruch mit der Vergangenheit, Vergebung der Sünden und Anfang eines neuen Lebens in der Kraft, die Christus selbst schenkt.

Die Taufe hat jüdische Wurzeln. Neu zum Judentum Bekehrte (»Proselyten«) mußten als Zeichen der Reinigung ein Tauchbad nehmen. Das geschah meist in einem nahegelegenen Fluß. Ob diese Praxis in vorchristliche Zeit zurückreicht, ist fraglich. Eine neue, Aufsehen erregende Praxis hatte Johannes der Täufer vollzogen. Er hatte begonnen, die Menschen auf das kommende Reich Gottes vorzubereiten, und sie dazu aufgefordert, Buße zu tun und sich taufen zu lassen. Viele gehorchten und wurden im Jordan getauft.

Am Pfingsttag betonte Petrus, daß die christliche Taufe mehr bedeutet: »Tut Buße und lasse sich ein jeglicher taufen auf den Namen Jesu Christi zur Vergebung der Sünden, so werdet ihr empfangen die Gabe des heiligen Geistes.« Mk 1,1–8; Mt 28,19–20; Apg 2,38–41; 8,26–39; Rö 6,3–11

TEKOA Eine Stadt im judäischen Bergland, ungefähr 10 km südlich von Bethlehem. Eine kluge Frau aus Tekoa bat David, Absalom die Rückkehr nach Jerusalem zu gestatten. Der Prophet Amos kam aus Tekoa. 2Sam 14,2; Am 1,1

TEMAN Ein Gebiet in Edom. Die Menschen aus Teman waren berühmt für ihre Weisheit. Hiobs

Freund Elifas kam von dort. Jer 49,7; Hiob 2,11

TEMPEL

SALOMOS TEMPEL Nachdem die Israeliten Kanaan erobert hatten, wurde die Stiftshütte nicht mehr ständig an neue Orte transportiert, sondern blieb lange Zeit in Silo. Die Bundeslade wurde allerdings in Schlachten mitgeführt. Einmal erbeuteten die Philister sie. Aber sie wurde ihnen zum Fluch; deshalb schickten sie sie zurück.

Später brachte König David die Lade nach Jerusalem. Er hatte ein Stück Land nördlich der Stadt gekauft, wo er einen ständigen Tempel für Gott bauen wollte. Doch Gott ließ ihm sagen, daß er es nicht tun sollte: »Denn du bist ein Kriegsmann und hast Blut vergossen.« Er mußte sich damit begnügen, Material für den Tempel zu sammeln. Salomo, sein Sohn, wurde der Erbauer des ersten Tempels in Jerusalem.

Nach heutigem Maß war dieser Tempel nicht groß, aber er muß das größte Bauwerk gewesen sein, das die Israeliten bis dahin errichtet hatten. Er maß etwa 9 x 27 m und war 13,5 m hoch. Bisher ist kein Tempel gefunden worden, der diesem in der Anlage entspricht, obwohl ein kanaanäischer Tempel in Hazor und ein syrischer Schrein aus dem 9. Jh. v.Chr. die gleiche Einteilung in drei Räume zeigen. Der Tempel glich hierin der Stiftshütte. Die Priester betraten den Tempel durch einen großen Torbogen. Daran schloß sich der Hauptraum an, »das Heilige«. Hier standen der Räucheraltar, der Schaubrottisch und fünf Paare von Leuchtern.

Der innerste Raum war, wie in der Stiftshütte, das »Allerheiligste«. Man erreichte es vermutlich über Stufen vom »Heiligen« aus. Hier standen zwei Cherubim aus Olivenholz, überzogen mit Gold. Sie waren das Zeichen von Gottes Schutz für das Wichtigste im Allerheiligsten: die Bundeslade (s. *Stifthütte*). Die Wände eines jeden Raumes waren mit Zedernholz getäfelt, mit geschnitzten Palmen, Blumen und Cherubim verziert, mit Gold überzogen. Von innen war kein Mauerwerk mehr zu sehen. Das Heilige war schwach erhellt von hoch gelegenen Fenstern und den Leuchtern. Das Allerheiligste aber, der Ort der Anwesenheit Gottes, hatte keine Fenster und war also vollständig dunkel.

Im Tempel selbst wurde nur Weihrauch verbrannt, die Opfer fanden im äußeren Vorhof statt. Innerhalb des Tempels durften sich nur Priester und Leviten aufhalten.

Einen Bericht über Bau und Einrichtung des Tempels findet man in 1Kö 5–7. Für den Bau und die Verzierung des Tempels verwandte Salomo alle Mittel, die er hatte. Die Steine wurden sogar schon im Steinbruch zugehauen, »so daß man weder Hammer noch Beil noch irgendein eisernes Werkzeug beim Bauen hörte«. Als der Tempel fertig war, hielt Salomo einen feierlichen Einweihungsgottesdienst. Die Wolke der Anwesenheit Gottes füllte den Tempel, und König Salomo selbst leitete den Gottesdienst ein mit den Worten:

»Die Sonne hat der Herr an den Himmel gestellt; er hat aber gesagt, er wolle im Dunkeln wohnen. So habe ich nun ein Haus gebaut dir zur Wohnung, eine Stätte, daß du ewiglich da wohnest.«

Von dieser Zeit an war der Tempel in Jerusalem der Mittelpunkt der

Gottesanbetung, obwohl die zehn Stämme (Nordreich Israel)sich später trennten und an anderen Orten eigene Tempel errichteten.

Der salomonische Tempel wurde durch Nebukadnezar von Babylon bei der Einnahme der Stadt im Jahre 587 v.Chr. zerstört. Die verbleibenden Gerätschaften aus Gold, Silber und Kupfer wurden nach Babylon gebracht. 2Sam 6; 7; 24,18–25; 1Chro 28,2–3; 1Kö 5–8; 12; 2Kö 16,5–9; 24,10–13; 25,8–17

SERUBBABELS TEMPEL (DER ZWEITE TEMPEL) Als Cyrus den Israeliten im Jahre 538 v.Chr. die Rückkehr von Babylon nach Jerusalem gestattete, befahl er ihnen zugleich, den Tempel wieder aufzubauen. Er gab ihnen auch alle silbernen und goldenen Gegenstände zurück, die Nebukadnezar aus Salomos Tempel genommen hatte. Die Arbeit wurde unter der Leitung Serubbabels sofort aufgenommen, aber sie stockte bald wieder. Erst nachdem Haggai und Sacharja die Israeliten neu aufgefordert hatten, wurde der Tempelbau im Jahre 515 beendet.

Der Tempel des Herodes, umgeben vom Vorhof der Heiden. In der Festung Antonia im Nordwesten standen römische Soldaten in Garnison.

Obwohl dieser Tempel fast 500 Jahre lang stand, wissen wir sehr wenig über ihn. Er entsprach sicherlich im Aufbau dem salomonischen Tempel, ohne annähernd so prächtig gewesen zu sein.

Als der syrische Herrscher Antiochus IV. die Opfer im Tempel 168 v.Chr. verbot und ihn durch ein heidnisches Opfer schändete, brach der makkabäische Aufstand aus. Drei Jahre später wurde der Tempel von neuem geweiht – an dieses Ereignis erinnert das *Chanukkafest* heute noch (s. *Feste: Tempelweihfest*). Der Tempel wurde 63 v.Chr. von dem römischen General Pompejus betreten und das Allerheiligste entheiligt. 2Chro 36,22–23; Esr 1,3–6

DER TEMPEL DES HERODES Im Jahre 19 v.Chr. begann Herodes der Große den Bau eines neuen Tempels in Jerusalem. Damit wollte er sich einerseits beim Volk beliebt, andererseits den Römer Eindruck machen. Das Hauptgebäude war 9 v.Chr. vollendet, aber die Bauarbeiten dauerten noch viele Jahre. Dieser Tempel, nach dem gleichen Plan wie der salomonische gebaut, war bei weitem der großartigste. Er war doppelt so hoch wie der Tempel Sa-

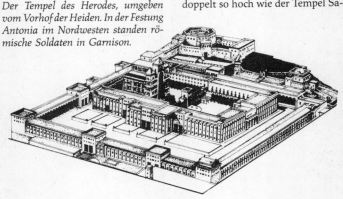

lomos und mit soviel Gold bedeckt, daß der Tempel im Sonnenlicht blendete.

Am eindrucksvollsten war der große Tempelplatz, der heute noch existiert. Hier versammelten sich die Pilger, und hier wurden die Opfer dargebracht. Die Wände dieses Platzes erstreckten sich über die Hügelkuppe hinaus, um eine Fläche von 35 Morgen zu umschließen. Die Südseite erhob sich 30–45 m über das Bodenniveau. Eine der südlichen Ecken ist vermutlich die »Zinne«, wo der Teufel Jesus versuchte, indem er ihn aufforderte, sich hinunterzustürzen.

Ein überdachter Umgang mit vielen Hallen lief rund um die äußeren Vorhöfe (hier lehrten Petrus und Johannes das Volk). Der Haupteingang lag auf der Südseite und führte in den Vorhof der Heiden. Bis hierher konnte jeder den Tempel betreten. Aber Verbotstafeln in Latein und Griechisch drohten jedem Nicht-Juden mit schlimmen Strafen bis zum Tod, der den inneren Vorhof betrat. Beim Bericht von der Festnahme des Paulus in Apg 21 ist zu spüren, wie heftig man auf die Vorstellung reagierte, das Heilige könnte entweiht worden sein. Der nächste Innenhof war der Vorhof der Frauen. Soweit durften Frauen den Tempel betreten. Männer durften in den Vorhof der Juden gehen, und beim Laubhüttenfest konnten sie sogar für eine Prozession um den Altar zum Vorhof der Priester kommen.

Der Tempel wurde von den Römern zur Zeit des jüdischen Aufstands im Jahre 70 n.Chr. zerstört und seine Schätze nach Rom abtransportiert. Mt 4,5–6; Mk 13,1; Apg 3,11

IM TEMPEL Zur Zeit des NT war der Tempel die Mitte des religiösen Lebens in Israel. In Scharen kamen die Pilger zu den großen Festen (s. *Feste*). Daneben war er Zentrum der religiösen Unterweisung. Und wie in alttestamentlicher Zeit vollzogen die Priester im Tempel die vorgeschriebenen Riten und Opfer.

Jeder Tag begann mit Lesen von Abschnitten aus dem Gesetz und mit Gebeten. Die Hauptfeiern waren das Morgen- und das Abendopfer. Dabei wandten sich die Priester den Anbetenden zu mit dem bekannten Segen:

»Der Herr segne dich und behüte dich; der Herr lasse sein Angesicht leuchten über dir und sei dir gnädig; der Herr erhebe sein Angesicht über dich und gebe dir Frieden.«

Gewöhnlich sangen levitische Tempelchöre, gelegentlich stimmte das Volk mit ein, besonders bei der Fakkelprozession während des Laubhüttenfestes.

Das Lukasevangelium beschreibt, wie Jesus beim Passafest zum ersten Mal als Junge in den Tempel kommt. Das Johannesevangelium berichtet, daß Jesus später oft zu den Festen nach Jerusalem ging und daß viele seiner Gespräche im Vorhof des Tempels stattfanden. Nach Jesu Himmelfahrt trafen sich seine Anhänger zunächst noch im Tempel und lehrten. Lk 2,41–49; Jo 2,13–25; 5,7–8; 10,22–38; 12,12ff; Apg 2,46; 3; Mk 14,58

TEMPELWEIHFEST s. *Feste*

TEREBINTHEN Terebinthen sind Bäume mit einem breiten Wipfel. Sie werden aber nicht mehr als 7 m hoch.

TEUFEL s. *Satan*

THEBEN s. *No/No-Amon*

THEOPHILUS Der Mann, für den Lukas sein Evangelium und die

Apostelgeschichte schrieb. Er wußte wohl etwas über das Christentum, doch Lukas wollte ihn besser informieren. Der Name bedeutet »Freund Gottes«. Lk 1,3; Apg 1,1

THESSALONICH Die Hauptstadt Mazedoniens (Nordgriechenlands) an der großen römischen Straße nach Osten. Thessalonich (heute Saloniki) ist immer noch eine große Stadt. Paulus besuchte sie auf seiner

Paulus ermutigt und stärkt die Christen dort. Er dankt Gott für die guten Nachrichten über sie und erinnert an seinen früheren Besuch (Kap. 1–3). Er fordert sie zu einem gottgefälligen Leben auf (4,1–12) und geht auf Fragen über die Wiederkunft Christi ein (4,13–5,11). Wann wird er wiederkommen? Was wird mit den Christen geschehen, die vorher sterben? Der Brief endet

Die Via Egnatia mit ihren Wagenspuren. Auf dieser Straße wanderten Paulus und seine Begleiter von Philippi nach Thessalonich.

zweiten Missionsreise, doch die Feindseligkeit der Juden zwang ihn, sie wieder zu verlassen. Kurz danach schrieb er seine beiden Briefe an die Christen in Thessalonich. Apg 17,1–15; 20,4; 27,2; Phil 4,16; 1Th 1,1; 2Th 1,1; 2Tim 4,10

THESSALONICHER
1. THESSALONICHER Thessalonich, eine freie Stadt, war Hauptstadt der römischen Provinz Mazedonien (Nordgriechenland). Paulus hatte die Gemeinde auf seiner 2. Missionsreise gegründet. Wieder in Korinth hörte er von Timotheus, seinem Mitarbeiter, daß die Juden immer noch Unruhen verursachten, weil auch Nicht-Juden sich für die Botschaft des Paulus interessierten. Paulus schrieb diesen Brief als Antwort. Er ist einer der ältesten Briefe, um das Jahr 50 n.Chr. entstanden, also nur 20 Jahre nach dem Tod Jesu.

mit Anweisungen, einem Gebet und Grüßen (5,12–28).
2. THESSALONICHER Trotz des ersten Briefs von Paulus (s.o.) blieb die Wiederkunft Christi für die Thessalonicher ein Problem. Manche dachten, der Tag der Wiederkunft sei schon da. Andere gaben ihre Berufsarbeit auf, die sich nun nicht mehr lohne. Paulus warnte sie, daß es eine lange, böse Zeit geben würde, bevor Jesus wiederkommen würde (Kap. 2). Am Ende ermahnt er die Christen, sich nicht beirren zu lassen und ihre Arbeit zu tun (Kap. 3).

THEUDAS Der Anführer von 400 Rebellen gegen die Römer. Nach seinem Tod zerstreuten sie sich. Ga-

maliel zitierte dieses Beispiel, als die
Apostel vor Gericht standen. Wenn
ihre Sache nicht von Gott war, würden sie ebenso enden. Apg 5,34ff

THOMAS Einer der zwölf Jünger
Jesu. Sein Name bedeutet »Zwil-
ling«. Als Jesus nach dem Tod des
Lazarus nach Judäa ging, ging Thomas, obwohl er wußte, daß die Juden Jesus vielleicht festnehmen
würden, mit ihm und war auch bereit, mit ihm zu sterben. Zu Thomas
sagte Jesus beim letzten Mahl: »Ich
bin der Weg und die Wahrheit und
das Leben.« Bei der ersten Erscheinung des Auferstandenen war Thomas nicht bei den anderen Jüngern,
und er wollte ihrem Bericht nicht
glauben, bis er nicht selbst Jesus gesehen und seine Wunden berührt
hätte. Als Jesus ihm dann erschien,
bekannte er: »Mein Herr und mein
Gott.« Jo 11,16; 14,5–7; 20,24ff;
21,1–14; Apg 1,12–14

THORA s. *Gesetz*; *Mosebücher*

THYATIRA Eine Stadt in der römischen Provinz Asia (heute Akhisar
im Westen der Türkei). Thyatira
war ein Zentrum der Färberei,
Kleiderherstellung, Töpferei und
Messingbearbeitung. Lydia, die sich
bei einer Begegnung mit Paulus in
Philippi zum Christentum bekehrte, war eine Purpurhändlerin aus
Thyatira. Einer der sieben Briefe in
der Offenbarung ist an die Gemeinde in Thyatira gerichtet. Apg 16,14–
15; Offb 1,11; 2,18–29

TIBERIAS Ein Heilbad an der
Westküste des Sees Genezareth,
von Herodes Antipas gegründet
und nach dem römischen Kaiser Tiberius benannt. Es war eine nichtjüdische Stadt, und es gibt keinen Bericht über einen Besuch Jesu dort.
Tiberias hat seine Bedeutung bis
heute behalten. Jo 6,23

TIBERIUS Zu Jesu Lebzeiten Kaiser von Rom. Er regierte von 14–37
n.Chr. In den Evangelien wird er
einfach als »der Kaiser« bezeichnet.
Lk 3,1

*König Tiglat-Pileser III. in seiner
zweirädrigen Staatskarosse mit Son-
nenschutz*

TIGLAT-PILESER Tiglat-Pileser
III. (Pul) war von 745–727 v.Chr.
König von Assyrien. Durch Kriege
gegen kleinere Völker vergrößerte
er seinen Machtbereich. Dabei marschierte er auch in Israel ein. König
Menahem zahlte ihm eine große
Summe, um auf dem Thron Israels
bleiben zu können. Nach dem Angriff Syriens und Israels auf Juda eroberte Tiglat-Pileser auf Bitten
Ahas' von Juda Damaskus und einige Städte im Nordreich. Doch auch
Ahas von Juda wurde Untertan Ti-
glat-Pilesers. 2Kö 15,29; 16,7ff;
2Chro 28,16ff

TIGRIS Der zweite große Fluß Mesopotamiens. Er entspringt in den
Bergen der östlichen Türkei, mündet nach mehr als 2000 km in den
Eufrat und erreicht nach weiteren
64 km schließlich den Persischen
Golf. Der Tigris tritt im Frühjahr
und im Herbst über seine Ufer. Die
großen assyrischen Städte Ninive,
Kala und Assur lagen alle am Tigris.
Da 10,4

**TIMNAT-SERACH/TIMNAT-
HERES** Die Stadt, die Josuas Eigen-

tum wurde. Dort wurde er auch begraben. Der Ort lag im Bergland Efraims, nordwestlich von Jerusalem. Jos 19,50; 24,30; Ri 2,9

TIMOTHEUS Ein Christ aus Lystra, Freund und Mitarbeiter des Paulus. Seine Mutter war Judenchristin, sein Vater Grieche. Paulus nahm ihn auf seiner zweiten Missionsreise mit. Timotheus kehrte später nach Thessalonich zurück, um den verfolgten Christen dort beizustehen. Danach schickte Paulus ihn von Ephesus nach Korinth, wo er die Gemeinde unterweisen sollte. Schließlich wurde er Gemeindeleiter in Ephesus. Timotheus hatte oft wenig Selbstvertrauen und brauchte die Ermutigung des Paulus, doch war er immer treu und zuverlässig. Die beiden Briefe, die Paulus an ihn schrieb, enthalten viele kluge Ratschläge für die Gemeindeleitung. Apg 16,1–3; 17,13–15; 1Ko 4,17; 1Th 1,1; 3,1–6; 1 und 2 Tim

TIMOTHEUS-BRIEFE
1. TIMOTHEUS Als Paulus an Timotheus schrieb, betreute dieser die Gemeinde in Ephesus. Der Brief gibt Hilfen in Gemeindeangelegenheiten. Er warnt vor Irrlehren, besonders vor einer Mischung aus jüdischen und gnostischen Ideen über das Heil und die Beschaffenheit der physischen Welt. Timotheus erhält außerdem Anweisungen für die Gemeindeleitung (Kap. 1–3). Der Brief schließt mit persönlichen Ratschlägen für Timotheus (Kap. 4–6). Dieser Brief, wie auch 2Tim und Tit, läßt sich nur mit der (unvollständigen) Biographie des Paulus vereinbaren, wie wir sie aus der Apostelgeschichte kennen. Es ist aber nicht nötig, sie einem Schüler des Paulus zuzuschreiben, wie es manche Wissenschaftler tun. Es spricht vieles

dafür, daß Paulus nach seiner Gefangenschaft in Rom wieder frei kam und weitere Reisen unternahm, auf denen er diese Briefe schrieb.

2. TIMOTHEUS Dieser Brief enthält fast nur persönliche Ratschläge des Paulus an Timotheus. Er ermutigt ihn, treu zur frohen Botschaft von Jesus Christus zu stehen und seine Aufgaben als Lehrer und Evangelist trotz Widerstand und Verfolgungen zu erfüllen. Paulus warnt vor unnötigen Wortstreitereien und stärkt Timotheus durch das Beispiel seines eigenen Glaubens, der nach vielen Leiden noch stark ist. »Ich habe den Lauf vollendet, ich habe den Glauben gehalten; hinfort liegt für mich bereit die Krone der Gerechtigkeit« (4,7–8).

TIRHAKA s. *Pharao*

TIRZA Eine Stadt in Nordisrael, für ihre Schönheit berühmt. Sie war eine der Städte, die Josua eroberte. Sie war auch die Heimat Jerobeams I. und die erste Hauptstadt des Nordreichs. König Omri gründete die neue Hauptstadt Samaria. Das ehemalige Tirza liegt unter dem Tell el-Farah ungefähr 10 km nordöstlich von Sichem (Nablus). Jos 12,24; 1Kö 14–15; 2Kö 15,14.16; Hhl 6,4

TISBE Der Ort, aus dem vermutlich Elia »der Tisbiter« kam. Er lag in Gilead östlich des Jordan, doch die genaue Lage ist nicht bekannt. 1Kö 17,1

TITUS Ein Heidenchrist, der mit Paulus befreundet war. Er reiste wahrscheinlich oft mit Paulus und war bei einem Besuch in Jerusalem mit dabei. Lange Zeit war Titus in Korinth; er versuchte dort u.a., die Streitigkeiten zwischen der Gemeinde in Korinth und Paulus zu schlichten. Er überbrachte Paulus auch die Nachricht, daß sich die Lage in Korinth verbessert hatte, und nahm den zweiten Brief des Paulus an die Korinther mit. Als Paulus seinen Brief an ihn schrieb, arbeitete Titus auf Kreta. Es gab dort ähnliche Probleme, wie sie Timotheus in Ephesus erlebte: Irrlehren und sinnlose Wortstreitereien.

Der Brief weist Titus darauf hin, daß Gemeindeleiter bewährte Christen sein sollten (Kap. 1), und gibt Ratschläge für das Verhalten gegenüber den verschiedenen Altersgruppen in der Gemeinde (Kap. 2 und 3). 1Ko 16,10; 2Ko 2,13; 7,13ff; 8; 12,18; Gal 2; 2Tim 4,10; Tit

TOB Ein Gebiet südlich von Damaskus. Der Richter Jefta floh vor seinen Brüdern dorthin. Die Leute aus Tob kämpften mit den Ammonitern gegen David. Ri 11,3; 2Sam 10

TOBIA Ein Ammoniter, der den Mauerbau Nehemias verhindern wollte. Neh 2,10ff; 4; 6; 13

TOD Als Paulus den Tod erwartete, konnte er an die Philipper schreiben: »Christus ist mein Leben, und Sterben ist mein Gewinn . . . ich habe Lust, abzuscheiden und bei Christus zu sein.« Er wußte, daß die Christen nach dem Tod das Leben bei Gott erwartet, das ihnen Tod und Auferstehung Jesu Christi ermöglicht hat. Israel hatte nicht immer klare Vorstellungen über das Leben nach dem Tod.

ANSICHTEN IM JUDENTUM In der Frühzeit glaubten die Israeliten, daß die Toten in ein Schattenreich unter der Erde kämpften, in die *Scheol*. Bald stellte sich die Frage, wie ein gerechter Gott, Menschen, die mit ihm gelebt hatten, einfach sterben lassen könne. Die *Scheol* konnte nicht das Ende sein; es mußte eine

Auferstehung geben. Der Prophet Daniel schreibt: »Und viele, die unter der Erde schlafen liegen, werden aufwachen, die einen zum ewigen Leben, die anderen zu ewiger Schmach und Schande« (Da 12,2). In neutestamentlicher Zeit glaubten die Pharisäer an eine Auferstehung, die Sadduzäer verneinten sie.

BEGRÄBNISBRÄUCHE Jedes Volk hat seine eigenen Begräbnisriten. War jemand gestorben, schloß man seine Augen, wusch den Körper und wickelte ihn in Leinentücher. Die Bestattung mußte wegen des heißen Klimas bald geschehen. Die Leiche kam nicht in einen Sarg, sondern wurde auf einer hölzernen Bahre zum Grab getragen. Familie und Freunde veranstalteten ein großes Trauerspektakel, weinten, jammerten, trugen unbequeme Sackkleider, gingen barfuß, streuten Asche auf ihre Häupter, zerrissen ihre Kleider und rasierten sich die Bärte ab. Manchmal waren auch professionelle *Klageweiber* bestellt. Die Trauerzeit betrug sieben Tage, bei wichtigen Verstorbenen mehr (70 Tage für Josef, 30 Tage für Mose). Während der Trauerzeit wurde gefastet. Nur bei der Beerdigung fand am Grab ein großes Festmahl statt. In manchen Ländern, besonders in Ägypten, wurden die Leichen einbalsamiert. Eingeweide und Gehirn wurden entfernt und die leeren Räume mit einer gummiartigen Masse gefüllt.

BEGRÄBNIS Die Israeliten begruben ihre Toten normalerweise in Höhlen. Manche Höhlen waren so groß, daß eine ganze Familie darin Platz fand (1Mo 50,13). Doch wenn nötig konnten die Höhlen auch durch lange Gänge, die in den Felsen gehauen wurden, erweitert werden. Die Leichen wurden auf Steinbänke gelegt, die in die Seitenwände gehauen wurden. Reiche Leute ließen sich besondere Gräber bauen, bei denen eine Treppe durch den Felsen nach unten in die Grabkammer führte. Eine Steinplatte und ein schwerer Stein verschlossen den Eingang. Später wurde ein runder Stein vor die Öffnung gerollt. Da die

Zahl der Gräber begrenzt war, wurden die Knochen nach einiger Zeit eingesammelt und in Knochenurnen aus Stein oder Holz gelegt.

Die Armen wurden in der Erde beigesetzt. Um den Leichnam herum legte man eine Reihe Steine und füllte den Zwischenraum mit Erde und kleinen Steinen. Darauf kam eine Steinplatte. Alle Gräber wurden weiß angestrichen, um die Menschen auf sie aufmerksam zu machen. Sie durften sie nicht berühren: Kontakt mit Toten machte kultisch unrein.

CHRISTLICHE SICHT In der Bibel sind Tod und Sünde eng miteinander verbunden. Der Tod ist ein Teil der Strafe, die Adam wegen seines Ungehorsams erhielt. Für Paulus ist der Tod die Folge der Sünde in der Welt. Gott ist »heilig« und kann das Böse nicht dulden. Wenn wir mit unvergebener Sünde sterben, ist unser Tod auch geistlicher Tod, Trennung von Gott. Das NT redet oft von Menschen, die zwar körperlich

Ein in Felsen gehauenes Grab in Nazareth, 1. Jh. v.Chr.; Blick nach draußen. Der Stein vor dem Eingang ist zur Seite gerollt.

Eine verzierte Kalksteinurne, in der die Knochen eines Toten aufbewahrt wurden. Sie stammt aus der Zeit Jesu und wurde in Jerusalem gefunden.

leben, doch geistlich aufgrund von Ungehorsam und Sünde tot sind.

Als Jesus am Kreuz starb, nahm er die letzte Konsequenz der Sünde auf sich. Seine Auferstehung war der Sieg über den Tod. So können wir, obwohl unser menschliches Ende der Tod ist, durch den Glauben an Christus ewiges Leben bekommen. Am Ende der Zeit wird auch der physische Tod besiegt sein. Auf diese Zeit warten die Christen jetzt schon voll Hoffnung.

S. *Auferstehung, Himmel, Hölle, Gericht, Leben nach dem Tod, Wiederkunft Christi.* Ps 144,4; 5Mo 30,15.19; Ps 55,5; 1Mo 3,19; Rö 6,23; Mt 7,23; Eph 2,1; Hbr 2,14–15; 1Ko 15,21.26; 2Ko 5,1–10

TÖPFEREI Vergleicht man die Keramik Israels mit der der Nachbarn, dann erscheint sie armselig und kunstlos. Es ist ein erstaunlicher Unterschied zwischen der bemalten Töpferware der Kanaanäer und Philister und der Keramik Israels mit ihren wenigen Mustern. Offenbar stellten die Israeliten ihre Gefäße schmucklos her, dafür zweckmäßig. Die Gefäße waren gut geformt und sorgfältig gearbeitet.

Zur Zeit König Davids verbesserten sich die handwerklichen Kenntnisse. Neue Formen und Verzierungen tauchten auf. Dieser Fortschritt ging weiter, und in der Königszeit entwickelte sich daraus eine Art Industrie von kleinen »Fabriken« mit Massenfertigung. Es gab sogar Markenzeichen, und die Keramik war wirklich Qualitätsware.

In neutestamentlicher Zeit scheint viel feine Keramik importiert worden zu sein.

DIE TÖPFER Möglicherweise haben schon in der späten Königszeit mehrere Töpfer zusammengearbeitet, zusammen mit ihren jeweiligen Lehrlingen, oft den eigenen Söhnen. In Jerusalem gab es Töpfer, die die Pilger mit Töpfen versorgten, in denen sie Opfermahlzeiten im Tempelvorhof zubereiten konnten.

Es scheint auch eine Zunft von Töpfern im Dienst des Königs gegeben zu haben (1Chro 4,23). Sie stellten vermutlich große Behälter her, in denen die Erträge der königlichen Ländereien aufbewahrt werden konnten. Man hat Krüge von etwa 45 l Inhalt gefunden, deren Henkel die Aufschrift trugen: »Besitz des Königs«. Darunter steht jeweils der Name einer von vier Siedlungen: Hebron, Sif, Socho oder Memschat. Entweder gab es dort königliche Weingärten, oder es waren Zentren der Steuererhebung in Naturalien.

DIE WERKSTATT Die gesamte Arbeit eines Töpfers spielte sich wahrscheinlich an ein und demselben Ort ab. Es mußte genug Wasser geben (Bach oder Zisterne), Töpferscheiben und Brennöfen. Auf dem Hof wurde der Ton zubereitet, und dorthin wurden die Scherben geworfen, wenn ein Brand nicht ganz gelungen war.

In Jer 19,2 hören wir von einem »Scherbentor« nahe beim Hinnom-Tal. Wahrscheinlich lebte dort ein Töpfer. In Neh 3,11 und 12,38 ist die Rede vom »Ofenturm«, was sich auf Brennöfen innerhalb Jerusalems beziehen könnte.

VORBEREITUNG DES TONS Zur Töpferei benutzte man den überall vorhandenen roten Ton. Der Töpfer benutzte den Ton so, wie er war, mischte nur gelegentlich gemahlenen Kalkstein unter, der für ihn leicht erhältlich war. Kalkstein machte den Ton feuerfest, was besonders für die Kochtöpfe wichtig war. Aber weil sich sonst der Kalk zersetzte, mußte der Töpfer mit einer niedrigeren Temperatur brennen.

Den rohen Ton setzte man der Witterung aus, um ihn aufzubrechen und Unreinheiten zu entfernen. Dann wurde er mit Wasser zu Brei gestampft (s. Jes 41,25).

DIE BEARBEITUNG DES TONS

Sobald der Ton vorbereitet war, standen dem Töpfer drei Möglichkeiten offen:

1. Er konnte den Ton in eine Form hineinpressen. So wurden kanaanäische Anhänger hergestellt und in neutestamentlicher Zeit die meisten Lampen gemacht. In Hiob 38,14 ist vom Abdruck eines Siegels in Ton die Rede.

2. Der Ton konnte freihändig modelliert werden. In Israel machte man auf diese Art nur Spielzeuge, Öfen und gelegentlich einmal einen Topf.

3. Der Ton konnte auf einer Töpferscheibe geformt werden. Dies war die übliche Arbeitsmethode.

Jeremia bezeichnete Gottes Volk als Ton in den Händen eines Töpfers.

Die ältesten Töpferscheiben, die man gefunden hat, bestehen aus einer runden Scheibe, die sich auf einer senkrechten Achse drehte. Um die Zeit des Auszugs kam eine neue Form auf. Unter der oberen war jetzt eine zweite, größere Scheibe angebracht. Dadurch erhöhte sich die Geschwindigkeit der Scheibe. In Bewegung gehalten wurden die Scheiben vermutlich durch die Helfer des Töpfers. Solche Scheiben gab es überall, aber die Bibel erwähnt sie nur ein einziges Mal (als Jeremia das Haus des Töpfers aufsuchte, Jer 18,3), und bei Ausgrabungen werden sie selten gefunden – vielleicht, weil sie gewöhnlich aus Holz oder Ton waren und so nicht erhalten geblieben sind. Steinerne Scheiben wurden in Megiddo, Lachisch und Hazor gefunden. Erst ab 200 v.Chr. finden sich pedalgetriebene Töpferscheiben, die um die Zeit des Neuen Testaments weit verbreitet sind.

Wenn das Gefäß geformt war, ließ man es hart werden. Dann kam es ein zweites Mal auf die Töpferscheibe, damit die feineren Formen herausgearbeitet werden konnten. In der späteren Königszeit wurde die Herstellung auf verschiedene Weise beschleunigt: Entweder man fertigte die Gefäße nacheinander aus einem riesigen Tonklumpen, wobei das jeweils fertige von oben weggenommen wurde, oder man ließ den Ton von Hilfskräften vorformen.

DAS BRENNEN

Das Brennen der Gefäße war die letzte Probe auf die Geschicklichkeit des Töpfers. Die verschiedenen Sorten von Ton erforderten unterschiedliches Brennen, aber über die angewendeten Verfahren wissen wir nichts. Viele Öfen sind gefunden worden, doch ist es schwer zu entscheiden, ob es sich um Brennöfen für Keramik handelt oder um Schmelzöfen für Kupfer.

DIE VERZIERUNGEN Die Israeliten glasierten ihre Keramik nicht, verzierten sie jedoch auf verschiedene Art und Weise:

1. Manchmal wurde Ton mit hohem Eisengehalt verdünnt und auf die Stellen aufgetragen, die der Töpfer verzieren wollte.

2. Manchmal zog der Töpfer eine schwarze oder rote Linie um den Bauch oder die Schulter des Kruges oder Topfes.

3. Oft wurden die Töpfe poliert, entweder von Hand oder auf der Scheibe. Hierzu rieb man das Gefäß mit einem Stück Stein, Knochen oder Holz ein, bevor es gebrannt wurde. Diese Stellen glänzten nach dem Brennen.

Man hat einige schwarze Salbentöpfe gefunden. Wie sie hergestellt wurden, ist unbekannt, vielleicht durch Eintauchen in Öl oder Milch vor dem Brennen.

Glasuren wurden von Römern und Griechen verwendet.

TÖPFERWAREN Bei den Töpferwaren lassen sich zwei Grundformen unterscheiden.

DIE SCHALE Hierzu zählen Gefäße von großen Tischschüsseln mit vier Griffen bis zu kleinen Tassen (meist ohne Griff). Schalen dienten zum Weinmischen, Servieren, Kochen, als Kohlebecken usw. Der Haushaltsofen war eigentlich eine umgestürzte Schüssel ohne Boden. Der Ton wurde einfach in die Form gedrückt. Beim Gebrauch als Ofen wurde er von selber hart. Um die Hitze zu mäßigen, wurden von außen Topfscherben in den Ton gesteckt.

Wie Schüsseln wurden auch Lampen gefertigt, nur daß man den Rand eindrückte, solange der Ton feucht war. Das Aussehen der Lampen änderte sich sehr im Laufe der Zeit, aber das Grundmuster blieb erhalten. Diese Veränderungen erlauben Fachleuten die Altersbestimmung von Funden.

DER KRUG Es gab Krüge für Wein, Wasser und Öl. Krüge dienten auch zur Aufbewahrung von Schriftstücken. Für Salböle stellte man besondere kleine Krüge her.

Zu den übrigen Dingen, die man aus Ton herstellen konnte, gehörten

Töpferware aus Israel

Wasserflaschen für Reisen, Artikel für Handwerker (Brennkammern, Tonformen, Spindelräder, Webstuhlgewichte), Spielzeuge (Puppen, Pferde, Kamele) und einige kanaanäische Kultgegenstände.

Zerbrochene Gefäße wurden manchmal mit Nieten oder Draht geflickt. Die Scherben wurden zum Aufschreiben von Notizen und als Briefe gebraucht, wie zum Beispiel die »Lachisch-Briefe«, die auf Tonscherben (Ostraka) geschrieben sind. Es sind Schreiben eines Kommandanten einer kleinen Garnison an seinen Vorgesetzten in Lachisch während des Krieges Nebukadnezars gegen Juda.

TOFET Die Stelle im Tal Hinnom,

an der Kinder geopfert wurden. Josia zerstörte das Heiligtum. 2Kö 23,10; Jer 7,31; 19,6.11–14

TON s. *Töpferei*

TONNE s. *Maße und Gewichte*

TOTENREICH s. *Tod*

TOTES MEER s. *Salzmeer; Araba*

TRACHONITIS Dieses Gebiet und Ituräa wurden zur Zeit Johannes des Täufers von Herodes Philippus regiert. Trachonitis war ein Lavagebiet östlich von Galiläa und südlich von Damaskus; dort versteckten sich Geächtete. Lk 3,1

TRANKOPFER s. *Opfer*

TROAS Ein Hafen ungefähr 15 km von Troja entfernt, im Nordwesten der heutigen Türkei. Paulus kam auf seinen Reisen mehrmals in diesen Hafen. In Troas hatte er auch die Vision von dem mazedonischen Mann, der ihn um Hilfe bat. Daraufhin reiste er zum ersten Mal nach Europa. Bei einem anderen Besuch erweckte er Eutychus zum Leben, der während einer Predigt des Paulus aus einem Fenster gestürzt war. Apg 16,8–12; 20,5–12; 2Ko 2,12; 2Tim 4,13

TROMPETE s. *Musik*

TROPHIMUS Ein Christ aus Ephesus, der mit Paulus reiste. Apg 20,4; 21,29; 2Tim 4,20

TYCHIKUS Ein Freund und Mitarbeiter des Paulus, wahrscheinlich aus Ephesus. Mit ziemlicher Sicherheit reiste er mit Paulus nach Jerusalem, denn die Gemeinden in Kleinasien hatten ihn dazu ausgewählt, das für die bedürftigen Christen in Judäa gesammelte Geld zu überbringen. Tychikus war bei Paulus im Gefängnis. Der vertraute ihm und schickte ihn mit seinen Briefen nach Kolossä und später nach Ephesus. Aus Rom schickte Paulus ihn zu den Christen nach Ephesus. Apg 20,4; Eph 6,21–22; Kol 4,7–9; 2Tim 4,12; Tit 3,12

TYRUS Ein wichtiger Hafen und Stadtstaat an der Küste des Libanon. Tyrus hatte zwei Häfen, der eine von ihnen lag auf dem Festland, der andere auf einer nahen Insel. Um 1200 v.Chr. plünderten die Philister Sidon, den anderen Phönizierhafen, 32 km nördlich. Von da an war Tyrus die wichtigste Stadt an der Küste.

Das »goldene Zeitalter« Tyrus' war zur Zeit Davids und Salomos. König Hiram von Tyrus lieferte Holz und stellte Handwerker für den Bau des Tempels in Jerusalem. Die Spezialitäten von Tyrus waren Glas und eine besonders gute Purpurfarbe, die aus Seeschnecken hergestellt wurde.

Die Stadt wird in den Psalmen und bei den Propheten oft erwähnt. Ihr Stolz und ihre Ausschweifung werden verurteilt. Im 9. Jh. v.Chr. kam Tyrus unter assyrische Herrschaft und mußte für ein gewisses Maß an Unabhängigkeit hohe Tribute zahlen. Im selben Jahr wie Samaria wurde Tyrus von Sargon II. erobert. Als Assyrien an Macht verlor, wurde Tyrus wieder unabhängig und reich. Dreizehn Jahre lang (587–574 v.Chr.) belagerte Nebukadnezar von Babylon die Stadt; doch erst Alexander dem Großen gelang es 332 v.Chr., den Inselhafen durch den Bau eines Dammes zu erobern. Jesus hat das Gebiet von Tyrus und Sidon besucht. S. *Phönizier.* 2Sam 5,11; 1Kö 5; 9,10–14; 16,31; Ps 45,12; Jes 23; Hes 26; Mt 15,21; Lk 6,17; Apg 21,3

U

UNBESCHNITTENER
s. *Beschneidung*

UNKRAUT s. *Disteln*

UNREIN s. *Reinheit*

UNZUCHT Verkehr mit Prostituierten, sexuelle Ausschweifungen, also unkeusches Verhalten, und andere Zügellosigkeiten sind wie Ehebruch nach der Bibel Sünde. S. *Heirat und Ehe; Hurerei.* Rö 13,13; 2Kor 12,21; Gal 5,19

UR Eine berühmte Stadt am Eufrat in Südbabylon (heute Irak). Hier lebte die Familie Abrahams, bevor sie nach Haran zog. Ur war mehrere tausend Jahre bewohnt, bevor es 300 v.Chr. endgültig verlassen wurde. Ausgrabungen haben Tausende von Tontafeln ans Licht gefördert, die die Geschichte der Stadt und das Leben in ihr beschreiben. Die Königsgräber (um 2600 v.Chr.) enthalten viele Kostbarkeiten: Goldwaffen, ein Mosaikspielbrett, einen Mosaikpfeiler, auf dem Szenen aus Krieg und Frieden abgebildet sind, und anderes mehr. Die Ruine des großen Stufentempels ist noch zu sehen. 1Mo 11,28–31

URARTÄER Die Urartäer lebten östlich Kleinasiens im späteren Armenien. Vielleicht waren sie verwandt mit den Horitern oder mit den Armeniern. Das dortige Gebirge ist nach ihnen benannt. Der höchste Berg ist der Ararat. Auf einem Teil dieses Gebirgszuges landete die Arche Noah. Zwischen 750 und 650 v.Chr. versuchten starke urartäische Könige, Macht über Nordsyrien zu bekommen, um so den Vormarsch der Assyrer zu bremsen. Sie gewährten den Söhnen, die Sanherib ermordeten, Asyl. Ihre Tempel und Paläste sind mit eigenwilligen Dekors verziert. Zum Schreiben benutzten sie die Keilschrift. Sie verehrten einen Gott namens Haldi. 1Mo 8,4; 2Kö 19,37

URIA 1. Ein hetitischer Soldat im Heer König Davids, der Mann Batsebas. Weil David in Batseba verliebt war, ließ er Uria in die erste Kampflinie stellen, damit er umkäme. 2Sam 11

2. Ein Priester in Jerusalem. Er baute nach den Anweisungen König Ahas' den Altar und den Tempel nach heidnischem Vorbild um. 2Kö 16,10ff

3. Ein Prophet zur Zeit Jeremias. König Jojakim ließ ihn töten, weil er gegen das Volk von Juda geweissagt hatte. Jer 26,20ff

USA Einer der Männer, die König David beim Transport der Lade von Kirjat-Jearim nach Jerusalem halfen. Als die Ochsen stolperten, wollte er die Lade festhalten und starb. 2Sam 6,3–7

UZ Die Heimat Hiobs, vielleicht ein Teil des Landes Edom. Hiob 1,1

Zeichnung der Teilrekonstruktion der großen Ziggurats von Ur, erbaut um 2100 v.Chr. als Tempel des Mondgottes Nannar.

VASTI Die Königin, von der sich Ahasveros scheiden ließ, weil sie ihm nicht gehorchte. Est 1

VATERUNSER s. *Gebet*

VERGEBUNG Es ist erstaunlich, daß Gott sündige Menschen liebt und ihnen gerne vergibt. »So du willst, Herr, Sünden zurechnen, Herr, wer wird bestehen? Denn bei dir ist die Vergebung, daß man dich fürchte.«

Die ganze Bibel sagt uns deutlich, daß Gott uns vergibt, wenn wir bereuen und uns von unserer sündigen Vergangenheit zu Gott wenden. Als Christen bekommen wir ein neues Leben. Wir werden Kinder Gottes. Wir erfahren Vergebung. Christen vergeben anderen Menschen, weil ihnen selbst vergeben worden ist; es gibt zwar noch Zeiten, in denen wir in die Sünde zurückfallen. Sie brauchen sich dann nur reuevoll bittend Gott zuzuwenden, er vergibt ihnen und richtet sie wieder auf. S. *Buße*. 2Mo 34,6–7; Ps 51; 130,3.4; Jes 1,18; 55,6–7; Hos 14; Mt 6,12–15; 26,26–28; Lk 7,36–50; Apg 2,38; Eph 4,32; 1Joh 1,9

VERKEHR Die Bibel erzählt von vielen Reisen: Abraham zieht von Ur in seine neue Heimat Kanaan; Jakob reist nach Ägypten; die Israeliten durchqueren die Wüste; die Königin von Saba kommt zum Hof Salomos. Und dies sind nur die berühmtesten. Die Apostelgeschichte verzeichnet ausführlich die Reisen des Paulus, und auch Jesus selbst muß in der Zeit seiner öffentlichen Wirksamkeit erhebliche Entfernungen überwunden haben.

ZU FUSS In biblischer Zeit machte man die meisten Reisen zu Fuß. Nicht jeder hatte ein Lasttier, und sogar wenn ein Esel da war, mußten die meisten Familienmitglieder nebenher gehen.

LAST- UND REITTIERE Obwohl die Nomaden in der Wüste Kamele hielten, blieb der Esel, der lange vor Kamel und Pferd gezähmt worden war, immer das wichtigste Last- und Reittier.

Abraham besaß Kamele, allerdings hat er sie wohl erst erworben, nachdem er Haran verlassen hatte. In Jakobs Besitz tauchen sie allerdings nicht auf, als er nach Ägypten zieht. Sein Sohn Josef schickt ihm Verpflegung auf Eseln. Durch die Entwicklung des Fernhandels, besonders des arabischen Gewürzhandels, wurden Kamele vom Jahr 1000 v.Chr. an in Israel immer häufiger.

Pferde gab es nur für kriegerische Zwecke. Ihre Fütterung und Pflege war vergleichsweise teuer und aufwendig, und sie trugen weniger als Esel oder Kamel. In neutestamentlicher Zeit verwendete man sie auch für friedliche Zwecke, nachdem auch Wagen für Privatleute gebaut wurden.

KARAWANEN Die Händler reisten zusammen in einer »Karawane« – einem Zug von Kamelen und Eseln – zum gegenseitigen Schutz und zur Verteidigung gegen Diebe. Josef wurde an solch eine Gruppe reisender Kaufleute verkauft.

Die Karawanenstraßen durchquerten Israel in allen Richtungen. Zwischen dem Mittelmeer im Westen und der syrischen Wüste im Osten blieb ein etwa 120 km breiter Korridor als Verbindung zwischen dem Zweistromland und Arabien, Ägypten und dem übrigen Afrika.

An wichtigen Punkten auf diesen

Wegen entstanden große Städte, wie das von Salomo befestigte Palmyra (»Tadmor in der Wüste«).

FAHRZEUGE In alttestamentlicher Zeit war der Gebrauch von Fahrzeugen begrenzt. Pferdewagen gab es als Streitwagen im Heer und als Fahrzeuge für die Vornehmen des Landes. Josef durfte im königlichen Wagen fahren; seine Familie reiste in Wagen nach Ägypten, während die Lasten von Eseln getragen wurden. Ohne richtige Straßen ließen sich Wagen nur auf trockenem Boden einsetzen. Die ägyptischen Wagen blieben bei der Verfolgung der Israeliten im Schlamm des Seebodens stecken, und Ahab mußte zusehen, daß er mit seinem Wagen vor dem Regen zurück nach Jesreel kam.

In der Landwirtschaft verwendete man Karren, die von Eseln oder Rindern gezogen wurden. Sogar die heilige Bundeslade scheint zweimal auf einem gewöhnlichen Bauernkarren transportiert worden zu sein.

Ochsen ziehen diesen römischen Bauernkarren mit Holzrädern.

Amos beschreibt das Volk Israel als »schwankend wie ein Wagen voller Garben«.

Zur Zeit des Neuen Testaments hatten die Römer erstklassige Straßen gebaut, auf denen Wagen verschiedener Art fahren konnten, leichte Rennwagen wie auch schwere Wa-

gen mit Sitzplätzen für zwei oder mehr Personen.

In den Städten waren die Straßen sehr eng, und wer es sich leisten konnte, reiste in einer Sänfte. Das waren Liegen mit einem Aufbau, von dem Vorhänge herabhingen. Sie wurden an Tragstangen von Menschen oder gelegentlich von Pferden getragen. 1Mo 41,43; 45,19; 2Mo 14,23–25; 1Kö 18,44–45; 1Sam 6,7–8; 2Sam 6,3; Apg 8,29–31

BINNENSCHIFFAHRT Außer dem Nil, dem Tigris und dem Eufrat gab es in den biblischen Ländern kaum schiffbare Flüsse. Auf dem Nil gab es Lastkähne mit Segeln, die das Getreide zum Seehafen brachten, aber ansonsten kaum wesentlichen Schiffsverkehr. Obwohl die römischen Kaiser oft die Anlage von Kanälen planten (Nero etwa wollte die Ägäis und die Adria durch einen Kanal bei Korinth verbinden), wurden nur wenige gebaut.

S. *Straßen; Schiffahrt*

VERKLÄRUNG Die Verklärung kennzeichnet einen Wendepunkt in Jesu Leben. Petrus hatte erkannt, daß Jesus der Messias war, und Jesus hatte begonnen, seinen Jüngern seinen Tod und seine Auferstehung anzukündigen. Dann stieg er mit Petrus, Johannes und Jakobus auf einen Berg (man nimmt an, daß es der Hermon war). Dort sahen die Jünger Jesus im himmlischen Licht verklärt, Elia und Mose an seiner Seite. Die Erscheinung endete wie bei der Taufe Jesu mit einer Stimme aus dem Himmel: »Das ist mein lieber Sohn; den sollt ihr hören!«

Mose und Elia verkörperten die beiden großen Abschnitte des AT, das Gesetz und die Propheten. Ihre Gegenwart zeigte an, daß beides in Jesus erfüllt war. Petrus wollte dort

Zelte aufrichten, weil er wünschte, daß die Erscheinung von Dauer wäre. Doch darum ging es nicht. Jesu Verklärung bestätigte, daß Jesus den richtigen Weg ging, und wies auf seine zukünftige Herrlichkeit hin. Doch vorher mußte er am Kreuz sterben. Das war das Thema des Gesprächs mit Mose und Elia. Die Jünger verstanden das erst nach seiner Auferstehung. Mt 17,1–8; Mk 9,2–8; Lk 8,28–36

VERLOBUNG s. *Heirat und Ehe*

VERSCHNITTENER Zeugungsunfähig gemachte Männer (Eunuchen) wurden im Orient als Haremswächter oder für andere Aufgaben an Fürstenhöfen (Lutherübersetzung: Kämmerer) eingesetzt. In Israel war eine solche körperliche Verstümmelung verboten. Verschnittene konnten auch nicht in die Gemeinde aufgenommen werden. Die Propheten kündigten für die Heilszeit ihre Annahme durch Gott an, wie sie in der Taufe des Kämmerers (wörtlich: Eunuchen) der Kandake durch Philippus im Neuen Testament dann bezeugt ist. Est 2,3.13; 4,5; 5Mo 23,2; Jes 56,3–5; Jer 39,15–18; Apg 8,27–39

VERSÖHNUNG Wenn sich zwei Menschen miteinander »versöhnen«, bedeutet das, daß sie aus Feinden zu Freunden geworden sind. Die Geschichte der Menschen in der Bibel beginnt mit dem Bruch zwischen Mensch und Gott. Die unmittelbare Folge davon ist die Feindschaft der Menschen untereinander (Kain erschlägt Abel). Nur wenn die Beziehung zu Gott wiederhergestellt ist, können auch die Beziehungen der Menschen untereinander heil werden. Das bewirkt die Versöhnung, die Gott allen Menschen anbietet.

Es ist unmöglich, daß die Menschen sich selbst mit Gott versöhnen. Darum hat Gott selbst, sagt Paulus, alle Menschen zu Freunden gemacht in Christus.

Das geschah durch Jesu Leben, Tod und Auferstehung. Deshalb können Menschen Freunde, ja Kinder Gottes sein. Die Sünde, der Grund für die Entfremdung, ist von Jesus weggetan worden. Trotzdem sind wir nicht automatisch mit Gott versöhnt. Versöhnung ist ein Geschenk, das Gott uns anbietet und das wir im Glauben annehmen müssen. Doch es ist ein Geschenk, das allen angeboten wird, und die Christen sollen andere darauf aufmerksam machen.

Versöhnung bringt nicht nur Frieden mit Gott, sondern auch Frieden unter den Menschen. Menschen, die vielleicht früher Feinde waren, sind jetzt Glieder einer Familie. Das früher Trennende ist unwichtig geworden, da sie jetzt vereint sind durch die Gemeinschaft mit Gott.

S. *Sühnopfer, Kreuz, Frieden.* 1Mo 3; Rö 5,10–11; 11,15; 2Ko 5,18–20; Eph 2,11–18; Kol 1,19–22

VERSÖHNUNGSTAG s. *Feste*

VERSUCHUNG Gott läßt es zu, daß sein Volk versucht wird. In den Versuchungen wird die Tiefe der Liebe des Volkes zu ihm offenbar. Außerdem ist jede überstandene Versuchung eine Stärkung und ein Schritt vorwärts.

Das Wort »Versuchung« bedeutet meistens, daß Satan die Menschen in Sünde führen will, wie er Jesus in der Wüste versuchte. Das andere klassische Beispiel für Versuchung ist die Versuchung Adams und Evas. Die Schlange bringt die Frau allmählich in Zweifel und Verwirrung über Gottes Willen. Eva sieht die

Frucht, schätzt ihren Wert ein, möchte sie haben, überlegt, was sie ihr nützen kann, und nimmt sie schließlich.

Christen sollen auf der Hut vor Versuchungen sein. Gott hat ihnen versprochen, die Versuchungen nicht zu groß werden zu lassen. Er wird ihnen auch die Kraft geben, sie zu überwinden. S. *Satan, Sünde.* 5Mo 8,1–6; Mt 4; 6,13; 1Ko 10,12–13; Eph 6,10–18; Hbr 2,18; Jak 1,12–16; 1Pt 1,6–9

VIEH s. *Landwirtschaft*

VORHOF s. *Stiftshütte; Tempel*

WACHTELN aßen die Israeliten auf ihrem Weg von Ägypten ins Verheißene Land. Zweimal im Jahr fliegen riesige Wachtelschwärme über dieses Gebiet, im Sommer nach Norden, im Winter nach Süden. Vom langen Flug ermüdet, fliegen sie oft dicht über dem Erdboden und können so leicht gefangen werden. 2Mo 16,13; 4Mo 11,31–35

Wachteln

WASSER Israel hat die Wüste vor der Tür, und Regen bekommt es nur im Winter. Es war in diesem Land schon immer wichtig, Wasser zu speichern. Der Jordan ist der einzige große Fluß, und er mündet (für die Wasserversorgung sehr ungünstig) in das Tote Meer, dessen Pegel durch Verdunstung im Jahr 1,5 m Höhe verliert. Der Jordan, der das ganze Jahr über Wasser führt, wird vom Schnee auf dem Hermon gespeist. Doch das ist eine Ausnahme. Die meisten Flüsse führen nur nach plötzlichen Wolkenbrüchen Wasser und sind monatelang vollkommen trocken. So ist die Wasserversorgung der Städte und Dörfer schon von alters her von Quellen und Brunnen abhängig. Es war ein wertvolles Vorrecht, wenn man Zugang zu einem Brunnen besaß. Waren die Brunnen in einem Gebiet versperrt, so waren die Bewohner zum Verdursten verurteilt. Nach Möglichkeit hatte daher jedes Haus eine Zisterne, eine in Fels gehauene, abgedichtete Vertiefung, in der das Wasser der Winterregen für die trockenen Sommermonate gesammelt wurde. Als sich die Städte vergrößerten, wurde auch das Problem der Wasserversorgung dringlicher. Jerusalem, das hoch auf den Kalkhügeln liegt, brauchte ein ganzes System von Wasserleitungen. König Hiskia baute solche Leitungen, »durch die er Wasser in die Stadt geleitet hat« (2Kö 20,20), um die Wasserversorgung im Falle der Belagerung zu sichern.

Die Römer bauten Aquädukte und Bewässerungskanäle, um das Problem zu lösen. Doch nach ihrem Rückzug zerfielen auch ihre Anlagen. Erst im 20. Jahrhundert sind sie repariert oder ersetzt worden. Der moderne Staat Israel war nicht mehr bereit, seinen Hauptwasserträger, den Jordan, ungenutzt ins Tote Meer fließen zu lassen. Des-

Die Römer leiteten Wasser von den Bergen über Aquädukte in die Städte.

halb hat er ein Projekt entwickelt, mit dem er Wasser aus Galiläa zur Nutzung abzweigen kann. Ein Problem bestand darin, daß der See Genezareth und der Jordan sehr tief liegen und ihr Wasser deshalb hochgepumpt werden muß. Doch mittlerweile wird das Wasser mittels einer Reihe von Kanälen und Rohren nach Süden in die Küstenebenen geleitet. Diese Kanäle reichen bis in die Nähe von Gaza. Man hat auch Pläne für die Wasserversorgung der Städte entworfen und die Bewässerung bis zum Rand der Wüste möglich gemacht.

WEBEN s. *Stoffe*

WEIDEN Die Weiden Israels sind Büsche oder kleine Bäume. Sie wachsen oft in Dickichten am Ufer von Flüssen. S. *Pappel*.

WEIHRAUCH Durch Schälen der Rinde des Weihrauchbaumes und Einschneiden des Stammes wird Harz gewonnen. Dieses Harz gibt einen süßen Geruch von sich, wenn es erwärmt oder verbrannt wird. Weihrauch war auch eines der Geschenke, die die drei Weisen dem Jesus brachten. 2Mo 30,34–38; 3Mo 2,1.15–16; Mt 2,11

WEIN Die Kundschafter der Israeliten brachten riesige Trauben mit sich zurück als Zeichen des Reichtums des Verheißenen Landes. Wein wurde in Reihen auf sorgfältig vorbereitetem Boden an sonnigen Hängen gepflanzt. In jedem Frühjahr wurden die Weinstöcke be-

Weinstock

schnitten, und wenn die Früchte reiften, bewachte der Besitzer seinen Weinberg von einem eigens dafür errichteten Wachtturm aus. Im

Wenn die Trauben reiften, bewachte man den Weinberg vom Wachtturm aus.

Herbst wurden die Trauben geerntet und in der Kelter ausgepreßt oder zu Rosinen getrocknet. Der gärende Wein wurde zum Reifen in neue Schläuche oder Tonkrüge gefüllt. Wein war in Israel Symbol für Frieden und Reichtum. Jesus erwähnt Wein fünfmal in seinen Gleichnissen und nennt sich selbst den wahren Weinstock, von dem die Reben (seine Nachfolger) abhängig sind. S. *Getränke; Landwirtschaft.* 4Mo 13,20.24; Mt 9,17; 20,1–6; 21,28–33; Lk 13,6–9; Jo 15,1

WEISHEITSREDE s. *Bibelauslegung*

WEIZEN s. *Getreide*

WELT Das griechische Wort *kosmos* (Welt) bezeichnet im NT die von Gott geschaffene, geordnete Welt. Welt kann aber auch einen Zustand bezeichnen – die Auflehnung gegen Gott. So kann der Satan als Fürst oder Herrscher dieser Welt bezeichnet werden, und die ganze Welt liegt, so heißt es, in seinem Machtbereich. Ein anderes griechisches Wort dafür ist *Äon*, d.h. Zeitalter, Weltzeit, Zeitgeist.
Die Welt hat Christus gehaßt, und ebenso haßt sie seine Nachfolger. Trotzdem hat Gott die Welt geliebt. Christen gehören nicht mehr zu dieser Welt, aber sie leben noch in ihr. Sie sollen nicht mehr das Leben der Welt führen, aber mit den Menschen, die in der Welt sind, zusammenleben. Denn Gott liebt sie, und Christus ist für sie gestorben. Jo 1,10; 14,30; 1Jo 5,19; Jo 15,18–19; Jo 17,16–17; Rö 12,2; Jo 3,16–21

WERMUT UND GALLE Wermut ist der bittere Absinth, der in der Bibel als Symbol für Trauer und Bitterkeit gebraucht wird. Galle ist vielleicht der betäubende Saft der Mohnblume. 5Mo 29,17; Spr 5,4; Jer 9,14; Klg 3,15; Ps 69,22; Mt 27,34

WIEDERGEBURT Lange vor Jesus hatte der Prophet Jeremia erkannt, daß die Menschen eine vollständige Erneuerung von innen her brauchen. In seinem Gespräch mit dem Pharisäer Nikodemus sagte Jesus dasselbe. Nur wer von neuem geboren wird, kann neu anfangen.
Das neue Leben wird geschenkt, wenn ein Mensch sich durch seine persönliche Entscheidung an Jesus als seinen Herrn bindet. Dann wird er eine »neue Schöpfung«. S. *Taufe.* Ps 51,12; Jer 31,31–34; Jo 3,1–21; 2Ko 5,17

WIEDERKUNFT CHRISTI Bei seinem ersten Kommen in diese Welt kam Jesus unauffällig, lebte das Leben eines demütigen Gottesknechts und starb am Kreuz. Doch während seines Lebens auf der Erde versprach er, am Ende der Zeiten wiederzukommen, und zwar für alle sichtbar in Macht und Herrlichkeit. Viele Menschen haben ihn nicht beachtet. Doch wenn er wiederkommt, werden sie ihn nicht mehr unbeachtet lassen können, und für viele wird das eine Zeit des Schreckens sein, weil es Gericht bedeutet. Für die Gläubigen aber, sowohl die verstorbenen als auch die lebenden, wird es der Augenblick der endgültigen Rettung sein, wenn Jesus sie für immer mit sich nehmen wird in eine vollkommen neue Schöpfung.
An diesem großen Tag gibt es keine Möglichkeit mehr, sich zu verbergen. Allen Völkern wird dann das Evangelium verkündet sein. In den letzten Tagen wird die Sünde mächtig werden, und die Menschen werden jemanden anbeten, der behauptet, Gott zu sein, den Antichristen. Niemand kann sagen, wann das sein wird, denn Zeit und Stunde weiß nur Gott. Mt 24; 26,64; Mk 13,26; Jo 14; Apg 1,11; 3,19–21; Phil 3,20; Kol 3,4; 1Th 1,10; 4,13–5,11; 2Th 1,5–2,12; 2Pt 3; Offb 19–22

WOHNEN IN ZELTEN UND HÄUSERN In den biblischen Län-

Die Patriarchen Israels lebten in Zelten. Auf der Suche nach Weideland für ihre Herden zogen sie von Ort zu Ort.

dern hat es immer sowohl Nomaden als auch Seßhafte gegeben.

DAS LEBEN IN ZELTEN Abraham tauschte das Leben in der zivilisierten Stadt Ur in Mesopotamien gegen ein Leben als Halbnomade ein. Er lebte in Zelten aus Ziegenhaar, wie sie die heutigen Beduinen noch benutzen. Das schwarzbraunegestreifte Material wurde auf Webstühlen gewoben, die am Boden befestigt waren. Die Planen wurden mit neun hölzernen Ringen versehen, durch die die Stangen geschoben wurden, die das Zelt hielten. Die mittleren Stangen waren 1,8 m hoch, die äußeren etwas niedriger. Das Zelt entstand, indem man einen langen Streifen Ziegenhaarplane (ca. 1,8 m breit) aufspannte. Die Rückwand bildete ein Windschirm aus Ziegenhaarstoff oder aus geflochtenem Rohr oder Zweigen. Die schwere Arbeit des Zeltaufbaus verrichteten die Frauen. Der so entstandene Unterstand wurde in zwei »Zimmer« geteilt. Das erste bildete einen offenen Hof, in dem Besucher empfangen wurden, das andere war den Frauen vorbehalten und durch einen Vorhang abgeteilt. Die einzige männliche Person, die diesen Raum betreten durfte, war das Familienoberhaupt. Manchmal war der Boden des Zeltes mit Matten belegt, meistens jedoch nicht. Zum gegenseitigen Schutz wurden immer mehrere Zelte nebeneinander errichtet. Frauen hatten nur in reichen Familien ein eigenes Zelt.

Abraham und seine Nachkommen lebten in Zelten. Bei der Besiedelung Kanaans übernahm Israel die Städte der Kanaanäer, reparierte die zerstörten Häuser notdürftig und eignete sich mit der Zeit den landesüblichen Baustil an.

HAUSBAU Die armen Leute lebten in alttestamentlicher Zeit in sehr kleinen Häusern. Sie bestanden aus einem quadratischen Raum und einem Außenhof. Meistens errichteten mehrere Familien mit Hilfe von reisenden Bauleuten gemeinsam ihre Häuser.

Häuser in Ebenen oder Tälern wurden aus Lehmziegeln gebaut. Waren die Menschen wohlhabender oder wurden neue Bautechniken entwickelt, wurden unter Umständen mehrere Räume aneinandergereiht oder ein zweites Stockwerk errichtet. Lehmziegel waren ungefähr 53 cm mal 25 cm mal 10 cm groß und wurden in hölzernen Formen hergestellt.

Die Israeliten hatten wohl viel Erfahrung beim Ziegelbau aus ihrer Sklavenzeit in Ägypten. Zuerst gruben sie eine Mulde in die Erde. Darin mischten sie Wasser, gehäckseltes Stroh, Palmfasern, Muschelscherben und Holzkohle. Diese Mischung wurde so lange getreten, bis sie weich und geschmeidig war. Die meisten Ziegel wurden in der Sonne getrocknet. Gebrannte Ziegel, die beständiger waren, nahm man nur für die Fundamente. Mit Lehm wurden die Ziegel miteinander verbunden und die Wände verputzt. Daß solche Häuser bei feuchtem Wetter undicht wurden, ist kein Wunder.

In den Bergen, wo auch Kalkstein oder Basalt zu erhalten waren, und an der Küste, wo es Sandstein gab, wurden die Grundmauern aus grob behauenen Steinquadern gebaut, auf denen man starke Ziegel- oder Steinmauern von ca. 91 cm Dicke errichtete. Diese dicken Mauern konnten ausgehöhlt und als Vorratsräume benutzt werden. Zuerst waren die Mauern aus einfachem Bruchstein, später jedoch, als man Eisenwerkzeuge hatte, aus behauenen Steinen.

Es gab nur wenige kleine Fenster, die hoch oben in den Mauern lagen. Sie sollten im Sommer vor der Wärme schützen und durften im Winter nicht zuviel Kälte hereinlassen. Glas gab es nicht. Nur ein Gitter sollte Eindringlinge abhalten. Im Winter hingen dicke, wollene Vorhänge gegen die Kälte vor den Fenstern. Die Türen waren zuerst aus Zweigen geflochten, später, als man mehr herstellen konnte, aus Holz und Metall. Das Dach bestand aus Balken, die über die Breite des Hauses gelegt wurden, und aus schmaleren, die quer dazu verliefen. Die Holzart hing vom Reichtum des Bauherrn ab. Das übliche war Sykomorenholz; Zypressen- und Zedernholz nahm nur der Reiche. Darauf kamen Zweige, Erde und Ton, und alles wurde mit einer Steinrolle festgerollt.

Nach dem ersten Regen wuchs oft Gras auf dem Dach, und kleinere Tiere konnten dort weiden! Rinnen fingen das wertvolle, doch nicht sehr saubere Wasser auf und leiteten es in Zisternen. Diese Wasserbehälter waren mit undurchlässigem Mörtel aus Asche, Kalk, Sand und Wasser abgedichtet. Ein eigener Wasserspeicher war in alttestamentlicher Zeit ein Statussymbol. Doch er wird nicht zur besseren Gesundheit beigetragen haben.

Haus eines reichen Juden in neutestamentlicher Zeit

Das Dach war ein wichtiger Teil des Hauses. In den Häusern armer Leute erreichte man es wahrscheinlich über eine Leiter, bei reicheren führten in die Mauer eingebaute Stufen vom Hof aus auf das Dach. Dort trocknete man Obst und Getreide. Rahab versteckte die Kundschafter unter dem Flachs, der auf ihrem Dach zum Trocknen lag (Jos 2,6). An schwülen Abenden war es ein kühler Aufenthaltsort.

Als das Bauhandwerk Fortschritte machte, baute man auch mehrstöckige Häuser. Die reiche Frau aus Sunem z.B. ließ extra ein Gästezimmer für den Propheten Elisa auf dem Dach ihres Hauses errichten (2Kö 4,10). Manchmal pflanzte man auf dem Dach Rankengewächse. Wenn das Haus an einem Hang lag, war das Dach oft der Dreschboden. Die Hausbewohner teilten sich Neuigkeiten von Dach zu Dach mit, um den Lärm der Straße zu übertönen. Das Dach war für das tägliche Leben so wichtig, daß das Gesetz eine Sicherheitsumzäunung dafür vorschrieb (5Mo 22,8). Mit Ziegeln bedeckte, schräge Dächer begann man erst kurz vor neutestamentlicher Zeit zu bauen.

Der Fußboden war unterteilt. In der Nähe der Tür, zu ebener Erde, hatten die Tiere ihren Platz. Auf einer Plattform im hinteren Teil des Hauses lebten die Menschen. Der Raum unter dieser erhöhten Plattform diente als Abstellraum für Werkzeuge, Krüge und u.U. auch als Stall für kleine Tiere. Kochgeschirr, Kleidung und Betten befanden sich auf der Plattform.

Die Fußböden waren manchmal mit Gesteinssplittern durchsetzt. Mosaikfußböden gab es nur für kurze Zeit unter griechischem Einfluß um 300 v.Chr. Aus religiösen Gründen wurden sie wieder abgeschafft. Die einzigen Mosaikfußböden in Israel aus biblischer Zeit finden sich im Palast Herodes' des Großen in Masada und in einigen vornehmen Häusern in Jerusalem.

DAS LEBEN IM HAUS Wie sah das Leben einer Familie in einem dieser gewöhnlichen kleinen Häuser aus? In der Sommerhitze war das Haus voller Insekten, im Winter füllte das Feuer es mit Rauch. Eine gemauerte Feuerstelle gab es nicht, das Feuer brannte in einer Mulde im Fußboden. Schornsteine kannte man nicht. Reiche Familien wärmten sich an Kohlebecken.

Wenn es heftig oder anhaltend regnete, wurden Dach und Wände undicht. Der Verfasser der Sprüche wußte, wie unangenehm das war: »Ein zänkisches Weib und ein triefendes Dach, wenn's sehr regnet, lassen sich miteinander vergleichen« (Spr 27,15). Einrichtungen zum Baden gab es nicht, und gewöhnlich waren die Häuser so dunkel, daß immer in irgendeinem Winkel eine Lampe brennen mußte. Seit der Zeit Salomos gab es eine reiche Oberschicht, deren Leben sich sehr von dem einfacher Menschen unterschied. Die Wohnräume wurden um Höfe und Gärten herum angelegt, die im Sommer Schatten und Kühle spendeten. Im Winter zogen die Reichen in wärmere Städte. Da die Häuser größer waren, mußte das Dach durch zusätzliche Säulen abgestützt werden. Man baute auch Säulenhallen und Kolonaden. Der Prophet Amos redet vom »Winterhaus und Sommerhaus« der Reichen (Am 3,15).

In der Zeit zwischen dem AT und dem NT begann man auch Badezimmer mit Wannen, die in den Boden eingelassen waren, zu bauen. Sergius Orata soll um 70 n.Chr. schon ein zentralgeheiztes Badezimmer mit Heißwasserversorgung gebaut haben! In neutestamentlicher Zeit hatten die Reichen in Palästina Häuser im römischen Stil mit zwei hintereinander liegenden rechteckigen Höfen, von denen jeder von Räumen umgeben war.

MÖBEL UND HAUSRAT Die Menschen im Orient haben, auch heute noch, viel weniger Möbel, als wir es in den westlichen Ländern gewöhnt sind. Der Stil ist, sogar bei den Reichen, einfach und schlicht – wenige Matten für den Fußboden, Sitzgelegenheiten, kleine Tische und einige Geräte zum Heizen im Winter.

In biblischer Zeit besaßen die Armen nur die allernötigsten Möbelstücke. Das »Bett« war eine dünne, mit Wolle gefüllte Matratze, die am Abend auf dem Boden ausgebreitet wurde. Auf ihr schlief die ganze Familie. Als Decken dienten Ziegenhaartücher. Am Morgen rollte man das Bett wieder auf und legte es beiseite. Die Möblierung des Zimmers, das Elisa in Sunem bewohnte – Bett, Tisch, Stuhl und Lampe –, war besser als durchschnittlich (2Kö 4,10). Oft war der Tisch nur eine auf dem Boden ausgebreitete Strohmatte. Nur in wenigen Häusern gab es Stühle.

In jedem Haushalt gab es steinerne oder tönerne Vorratsbehälter für Essensvorräte und Futter für die Tiere. Für die Aufbewahrung von Mehl und Olivenöl gab es besondere Krüge und irdene Gefäße zum Holen und Lagern von Wasser. Außerdem hatte man Koch- und Eßgeschirr.

Eins der wichtigsten Geräte im Haus war die Mühle. Sie bestand aus zwei runden Steinen. Der untere, größere Stein hatte einen Dorn in der Mitte, um den herum ein kleinerer Stein lag. In das Loch in der Mitte wurde Korn gefüllt und der Stein darauf gedreht. Das Mehl quoll am Rand zwischen den beiden Steinen hervor. Mahlen war eine der schwersten Arbeiten. Das Feuer zum Kochen wurde einfach in einer Mulde im Fußboden oder in einem irdenen Gefäß angezündet. Als Brennmaterial dienten Holzkohle, Dornen oder getrockneter Mist. Leicht gewölbte Backbleche und irdene Kochtöpfe, die man aufs oder ins Feuer stellte, waren das wichtigste Kochgeschirr.

Weil die Häuser so dunkel waren, gehörten Lampen zu den unentbehrlichen Haushaltsgegenständen. In alttestamentlicher Zeit waren sie einfache Tonschalen mit einer Art Ausguß an einer Seite, in den der Docht gelegt wurde. Dann füllte man die Schale mit Öl. Solch eine Lampe brannte zwei bis drei Stunden, dann mußte Öl nachgefüllt werden. In neutestamentlicher Zeit gab es geschlossene Lampen, die nur ein Loch für den Docht und eins zum Einfüllen des Öls hatten. Sie waren sicherer und brannten länger. Die Dochte waren aus Flachs oder Lumpen. Man verbrannte Olivenöl und tierische Fette, später auch Öle aus Samen und Gemüse. Die Lampen waren so klein, daß ein Wanderer sie gut in der Hand tragen konnte. Daran dachte vielleicht der Psalmist, als er schrieb: »Dein Wort ist meines Fußes Leuchte und ein Licht auf meinem Wege« (Ps 119,105).

Bürsten zum Reinigen wurden aus Getreidehalmen gemacht und bei dem anderen Werkzeug aufbewahrt. Die meisten Krüge und Schalen für den alltäglichen Gebrauch waren aus Ton; nur in reicheren Häusern hatte man metallene Gefäße. In neutestamentlicher Zeit kannte man bereits Glasgefäße. Sie kamen aus Ägypten. Um 50 v.Chr. wurde in Syrien die Glasbläserei entwickelt. Dadurch wurden Glasgefäße billiger, blieben jedoch für die meisten Menschen unerschwinglich. Gegenstände, die nur zur Zierde da waren, gab es fast gar nicht. Die Menschen verwandten ihre künstlerischen Fähigkeiten auf die Herstellung und Verzierung von Gebrauchsgegenständen.

Die Reichen konnten sich besonderen Komfort leisten: hohe Betten, Tische, Stühle und Sofas. Oft waren diese Möbel aus gutem Holz und mit geschnitzten Knochen oder Elfenbein verziert. Für die Betten gab es Kissen und Decken aus feiner Wolle. Zusätzliche Kleidung und Bettzeug wurde in Truhen aufbewahrt. Zur Zeit des NT aßen die Wohlhabenden auf römische Art. Sie lagen auf Sofas (triclinium) um quadratische Tische herum.

Den meisten Luxus gab es in den Königspalästen, angefangen mit König Salomo, der sich einen Palast aus gut behauenen Steinen bauen und mit Zedernholz täfeln ließ über König Ahab, dessen Palast in Samaria von Elfenbeinschnitzereien und wertvollen Möbeln überquoll, bis zu Herodes dem Großen und seinem Sommer- und Winterpalast.

WOLF Er ernährt sich meist von kleineren Tieren, doch schlägt er auch Rotwild, Schafe und Rinder. Die Bibel spricht von grausamen und bösen Führern als von Wölfen, und Jesus bezeichnet seine Jünger als Schafe mitten unter Wölfen. Mt 7,15; Lk 10,3

WOLKENSÄULE UND FEUER-SÄULE leiteten Israel auf dem Wüstenzug. Sie waren Zeichen der Gegenwart Gottes. 2Mo 13,21f; Ps 78,14; 1Ko 10,1

WOLLE s. *Stoffe*

WORT »Das Wort Gottes« ist eine Redewendung, die die Bibel oft benutzt, wenn sie davon redet, daß sich Gott selbst den Menschen offenbart. Wie Menschen sich untereinander nur durch die Rede kennenlernen können, so gab sich Gott durch sein Wort zu erkennen.

Das »Wort des Herrn« ist Gottes gesprochenes Wort. Diese Wendung taucht oft in den Prophetenbüchern auf. Dieses Wort wurde nicht immer nur gehört, manchmal wurde

es auch gesehen (in Visionen). Jesus, die letzte und vollständige Offenbarung Gottes, wird auch als »Wort« bezeichnet. Diesmal war Gottes Wort zu sehen, zu berühren und zu hören. Dieses Wort bzw. diese Botschaft soll die christliche Gemeinde verbreiten.

Das Wort Gottes – diese vollkommene »Offenbarung« seiner selbst – bleibt immer bestehen.

S. *Offenbarung.* Jer 1,4; Hes 1,3–28; Jo 1,1–14; 1Jo 1,1–3; 2Tim 4,2; Jes 40,8; Offb 22,18–19

WUNDER Es ist nicht zu bezweifeln, daß Jesus Wunder getan hat. Sogar seine Feinde mußten das zugeben. Die Wunder, die in den Evangelien berichtet werden, reichen von Heilungen physischer Gebrechen über die Austreibung von Dämonen bis zu Sturmstillungen und Totenauferweckungen.

Die Wunder werden manchmal auch machtvolle Taten genannt. Sie geschehen in der Kraft Gottes. Am meisten zeigt sich Gottes Kraft in der Auferweckung Jesu, dem größten Wunder.

Die Menschen, die die Wunder sahen, staunten. Doch Jesus wollte nicht als »Wundertäter« gelten. Deshalb weigerte er sich, von der Zinne des Tempels zu springen, als der Teufel ihn dazu aufforderte. Jesus wollte nicht, daß die Menschen ihm nur seiner Wunder wegen nachfolgten. Oftmals verbot er Geheilten sogar, über ihre Heilung zu sprechen.

Das Johannes-Evangelium sagt klar, daß die Wunder »Zeichen« sind – Zeichen dafür, daß Jesus der Messias ist, die neue Zeit, das Reich Gottes, angebrochen ist und die Prophetie erfüllt wird. Als Johannes der Täufer wissen wollte, ob Jesus wirklich der Messias wäre, wies Jesus ihn auf seine Wunder hin und überließ ihm die Schlußfolgerung. Durch seine Wunder setzte Jesus Zeichen dafür, daß es in seiner neuen Welt weder Sünde noch Tod oder Krankheit geben wird.

Jesus gab seinen Jüngern auch die Kraft, Wunder zu tun. Nach Pfingsten heilten sie weiterhin Menschen im Namen Jesu. Wunder blieben ein wichtiger Teil der Erfahrungen der frühen Christen. Paulus besaß die Geistesgabe, Wunder zu tun und zu heilen. Doch der, der heilt, ist immer Gott selbst, nie die Christen oder die Kirche. Mk 10,27; Rö 1,4; Mt 4,5–7; 11,2–6; 20–21; Lk 9,1; Apg 3,6; Gal 3,5; 1Ko 12,9–10

Heilungen Jesu:
Mt 8,2–3.5–13.14–15.28–34; 9,2–7.20–22.27–31.32–33; 12,10–13.22; 15,21–28; 17,14–18; 20,29–34; Mk 1,23–26; 7,31–37; 8,22–26; Lk 13,11–13; 14,1–4; 17,11–19; 22,50–51; Jo 4,46–54; 5,1–9; 9

Jesu Macht über die Natur:
Mt 8,23–27; 14,15–21.22–33; 17,24–27; 21,18–22; Mk 11,20–26; Lk 5,1–11; Jo 2,1–11; 21,1–11

Totenauferweckungen:
Mt 9,18–19.23–25; Lk 7,11–15; Jo 11,1–44

Wunder im AT:
2Mo 14; Jos 2; Da 6 u.a.

XERXES s. *Ahasveros*

YSOP Dem am Kreuz hängenden dürstenden Jesus wurde auf einem Ysopstengel ein mit Essig getränk-

ter Schwamm gereicht. Im AT wurde Ysop beim Opfern zum Versprengen des Blutes benutzt. Ysop war eine buschartige Pflanze, die wir heute mit Majoran oder Kapern bezeichnen. Unser heutiger Ysop ist eine andere Pflanze. 2Mo 12,21–22; Jo 19,29

Majoran; wahrscheinlich die in der Bibel mit »Ysop« bezeichnete Pflanze.

ZACHÄUS Ein Zöllner aus Jericho. Weil er sehr klein war, stieg er auf einen Baum, um Jesus sehen zu können. Jesus sah ihn und kehrte in sein Haus ein. Zachäus war nach diesem Besuch ein anderer Mensch. Lk 19,1–10

ZACHARIAS Ein Priester, der Mann der Elisabet und Vater Johannes des Täufers. Als er gerade im Tempel Dienst tat, verhieß ihm ein Engel, daß er einen Sohn haben würde. Der sollte der Wegbereiter des Messias sein. Er und seine Frau waren alt, und er glaubte dem Engel nicht. Zur Strafe war er bis zur Geburt des Kindes stumm. Lk 1

ZADOK Zur Zeit Davids waren Zadok und Abjatar Hohepriester. Vor dem Tod Davids unterstützte Abjatar den Putschversuch Adonias. Zadok jedoch krönte Salomo zum König und bekam als Belohnung dafür das alleinige Hohepriesteramt. 2Sam 15,24ff; 17,15; 19,11; 1Kö 1,7.32ff; 2,35

ZARPAT/SAREPTA Ein kleiner Ort, der zu Sidon, später zu Tyrus gehörte. Elia wohnte während der Dürre dort bei einer Witwe. Später erweckte er ihren Sohn wieder zum Leben. 1Kö 17; Lk 4,26

ZEBEDÄUS Ein Fischer, der Vater der Jünger Jakobus und Johannes. Mt 4,21–22

ZEBOIM Eine der fünf Städte, deren bekannteste Sodom und Gomorra sind. S. *Adma*, *Sodom* und *Gomorra*.

Zeboim war außerdem der Name eines Tales in der Nähe von Michmas, in der Wüste nordöstlich von Jerusalem. Es war Schauplatz eines Philisterüberfalls zur Zeit Sauls. 1Mo 14,2.8; 5Mo 29,23; 1Sam 13,18

ZEDEKIA 1. Der letzte König von Juda, 597–586 v.Chr. Nebukadnezar hatte ihn als seinen Untertan zum König gemacht. Als Zedekia sich gegen ihn auflehnte, eroberte er Jerusalem und zerstörte es. Zedekia wurde geblendet und als Gefangener nach Babylon geführt. 2Kö 24–25; 2Chro 36,10ff; Jer 21; 32; 34; 37–39

2. Ein falscher Prophet, der in der Regierungszeit König Ahabs lebte. 1Kö 22; 2Chro 18

ZEDERN Von den schönen, riesigen Zedern des Libanon gab es einst noch große Wälder. Obwohl die Zeder immer noch das Nationalsymbol des Libanon ist, sind nur noch wenige dieser Bäume übriggeblieben. In den Tagen Salomos exportierte König Hiram von Tyrus riesige Mengen Zedernholz. Das Holz hat eine warme rote Farbe und hält sehr lange. Salomos Tempel und Palast waren mit Zedern getäfelt. 1Kö 6,15–7,12

ZEFANJA Ein Prophet, der zur Zeit König Josias in Juda lebte. Seine Botschaft ist in dem nach ihm benannten Buch des AT aufgeschrieben. Er warnte das Volk Juda, daß Gottes Gericht es ereilen würde, wenn es weiter Götzen anbetete und Gottes Geboten ungehorsam war. Die Ungerechten sollten bestraft werden, doch für die, die bereuten, habe Gott eine herrliche Zukunft bereit. Zef

ZEHN GEBOTE s. *Gesetz*

ZEHN STÄDTE s. *Dekapolis*

ZEHNTER Man gab jährlich den zehnten Teil seiner Ernte Gott als Opfer, zum Unterhalt der Priester. Eine weitere Gabe wurde für die Opfermahlzeiten eingezogen, die der Gläubige und seine Familie an den großen Festen veranstalteten. Dazu kam noch eine dritte Gabe zur Unterstützung der Armen. 3Mo 27,30–33; 4Mo 18,21; 5Mo 12,22–29; Mt 23,22

Die Zedern des Libanon

ZEIT In jüdischen Häusern ging es gemächlich zu. Bevor die Griechen und Römer Kerzen- und Wasseruhren benutzten, las man die Zeit am Wandern der Schatten ab (obwohl die Ägypter schon lange Stundengläser kannten).

Man hat in biblischer Zeit wahrscheinlich drei Systeme der Zeiteinteilung nacheinander benutzt. Als Kanaan noch unter ägyptischem Einfluß stand, begann der Tag mit dem Sonnenaufgang. Das Jahr bestand aus 12 Monaten zu je 30 Tagen und fünf zusätzlichen Tagen. Man merkte sich die einzelnen Tage, indem man ein Stäbchen in eine Knochenplatte steckte, die mit 30 Löchern in drei Reihen zu je 10 Löchern versehen war.

Später änderte sich der Kalender, vielleicht unter babylonischem Einfluß. Nun begann der Tag mit dem Mondaufgang (18 Uhr) und bestand »aus Abend und Morgen«. Die Nacht wurde in drei vierstündige Wachen eingeteilt. Die Römer machten daraus vier dreistündige Wachen.

Auch der Beginn eines jeden Monats richtete sich nach dem Mond und wurde durch Freudenfeuer angezeigt. Ein Monat war 28–29 Tage lang. So mußte nach einigen Jahren ein zusätzlicher Monat eingefügt werden, damit der Kalender mit der Sonne übereinstimmte. Der Priester bestimmte den Zeitpunkt.

ZELOTEN Unter diesem Sammelnamen finden sich verschiedene Gruppierungen. Sie hielten den Geist des Judas Makkabäus lebendig, des Guerillaführers, dem es im 2. Jh. v.Chr. elungen war, den Tempel von den Syrern zurückzuerobern. Man weigerte sich, den Römern Steuern zu zahlen, und berei-

tete sich auf den Krieg vor, durch den das Reich Gottes kommen würde. Sie brachten mehrere Aufstände zuwege. Der letzte endete erst 70 n.Chr. mit der Zerstörung Jerusalems durch die Römer. Es ist nicht auszuschließen, daß ein Jünger Jesu, Simon Kananäus den Zeloten nahestand. Lk 6,15

ZELT s. *Stiftshütte; Wohnen*

ZENTNER s. *Maße und Gewichte*

ZIEGE s. *Schaf und Ziege*

ZIKLAG Eine Stadt im Süden Judas, die zu Gat gehörte. König Achis von Gat gab sie David, als der als Flüchtling zu ihm kam. Nachdem die Amalekiter die Stadt geplündert hatten, befreite David die von ihnen weggeführten Gefangenen wieder. Jos 15,31; 1Sam 27,6; 30

ZILIZIEN Ein Gebiet im Süden Kleinasiens, das 103 v.Chr. römische Provinz wurde. Tarsus, die Geburtsstadt des Paulus, war Hauptstadt Ziliziens. Hinter dem Küstenstreifen beginnt das wilde Taurusgebirge, durch das ein landschaftlich eindrucksvoller Paß hindurchführt, bekannt als Zilizische Pforte. Apg 21,39; 22,3; 23,34

ZIMT Mit dem Öl, das aus der Rinde des Zimtbaumes gewonnen wird, wurden Speisen und Wein gewürzt. Hhl 4,14; 8,2

Blüten des Zimtbaumes

ZIN Ein Wüstengebiet bei Kadesch, wo die Israeliten nach dem Auszug aus Ägypten lagerten. 4Mo 13,21; 20,1; 27,14

ZION Der befestigte Hügel, den David von den Jebusitern eroberte und zu seiner Hauptstadt Jerusalem machte. In den Psalmen und bei den Propheten bedeutet »Zion« Jerusalem als die Stadt Gottes.

ZIPPORA Die Frau Moses und Tochter Jetros, des Mannes, der Mose nach der Flucht aus Ägypten aufnahm. 2Mo 2,16–22; 4,24–26; 18,2–4

ZOAN Eine alte ägyptische Stadt im Nordosten des Nildeltas. Von 1100 bis 660 v.Chr. war sie Hauptstadt Ägyptens. 4Mo 13,22; Jes 19,11

ZOAR Eine der fünf Städte am Südende des Toten Meeres. Lot floh vor der Zerstörung Sodoms und der umliegenden Städte nach Zoar. 1Mo 13,10; 14,2.8; 19,18–30

ZOBA Ein von David besiegtes aramäisches Königreich zwischen Damaskus und Hamat. 2Sam 8,3; 10,6; 1Kö 11,23

ZÖLLNER s. *Steuern*

ZUNGENREDE meint ein Reden oder Beten in Verzückung (Ekstase) in unverständlichen Lauten. Besonders in der Gemeinde von Korinth wurde sie ausgeübt. Paulus, der diese Gnadengabe selbst sehr schätzt, dringt darauf, daß sie ausgelegt wird, da sie sonst nichts zur Tröstung oder Ermahnung der Gemeinde oder Fremder beiträgt. Apg 2,4; 1Ko 12; 14

ZYPERN Die Zyprioten hatten durch den Handel enge Beziehungen zu Syrien und Israel/Juda (»Purpur von den Gestaden Elischas«, Hes 27,7). In alten Zeiten war die Insel bekannt als Elischa und war ein wichtiger Lieferant für Kupfer. Blühende Städte mit Kolonien der Mykener aus Griechenland wurden 1200 v.Chr. von den Seevölkern (s. *Philister*) zerstört. Eine Stadt, die den Ansturm dieser Völker überlebt hat, war Kition (heute Larnaka; im AT Kittim), deren Name oft als Bezeichnung für die ganze Insel gebraucht wurde. An einer anderen Stelle steht Kittim für Rom (Da 11,30). Zypern wurde 58 v.Chr. römisch und wurde ab 27 v.Chr. von einem Prokonsul regiert. Es war ein beliebter Winteranlegeplatz für Schiffe.

Das Neue Testament erwähnt als Zypern die Heimat des Barnabas und das erste nichtjüdische Gebiet, das Paulus und Barnabas besuchten. Sie trafen dort den Statthalter Sergius Paulus und Elymas, den Zauberer. Barnabas reiste später noch einmal mit Markus nach Zypern. Apg 4,36; 13,4–12; 15,39; 27,4

Am	Amos	Lk	Lukas
Apg	Apostelgeschichte	Mal	Maleachi
1Chro	1. Chronik	Mi	Micha
2Chro	2. Chronik	Mk	Markus
Da	Daniel	Mt	Matthäus
Eph	Epheser	1Mo	1. Mose (Genesis)
Esr	Esra	2Mo	2. Mose (Exodus)
Est	Ester	3Mo	3. Mose (Levitikus)
Gal	Galater	4Mo	4. Mose (Numeri)
Hab	Habakuk	5Mo	5. Mose (Deuteronomium)
Hag	Haggai	Nah	Nahum
Hbr	Hebräer	Neh	Nehemia
Hes	Hesekiel (Ezechiel)	Ob	Obadja
Hhl	Hoheslied	Offb	Offenbarung
Hiob	Hiob (Ijob)	Phil	Philipper
Hos	Hosea	Phlm	Philemon
Jak	Jakobus	Pred	Prediger
Jer	Jeremia	Ps	Psalm(en)
Jes	Jesaja	1Pt	1. Petrus
Jo	Johannes (Evangelium)	2Pt	2. Petrus
Joe	Joel	Ri	Richter
1Joh	1. Johannes (Brief)	Rö	Römer
2Joh	2. Johannes	Rt	Rut
3Joh	3. Johannes	Sach	Sacharja
Jon	Jona	1Sam	1. Samuel
Jos	Josua	2Sam	2. Samuel
Jud	Judas	Spr	Sprüche
Kla	Klagelieder	1Th	1. Thessalonicher
1Ko	1. Korinther	2Th	2. Thessalonicher
2Ko	2. Korinther	1Tim	1. Timotheus
1Kö	1. Könige	2Tim	2. Timotheus
2Kö	2. Könige	Tit	Titus
Kol	Kolosser	Zef	Zefanja

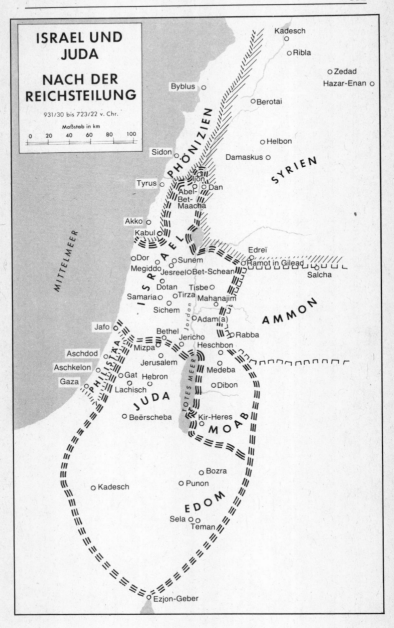

ISRAEL UND JUDA

NACH DER REICHSTEILUNG

931/30 bis 723/22 v. Chr.

Maßstab in km
0 20 40 60 80 100

Kadesch
Ribla
Zedad
Hazar-Enan
Byblus
Berotai
PHÖNIZIEN
Helbon
Sidon
Damaskus
SYRIEN
Tyrus
Ijon
Dan
Abel-
Bet-
Maacha
Akko
Kabul
I S R A E L
Edreï
Dor
Sunem
Ramot in Gilead
Megiddo
Jesreel
Bet-Schean
Salcha
Dotan
Tisbe
Samaria
Tirza
Mahanajim
Sichem
Adam(a)
AMMON
MITTELMEER
Jafo
Bethel
Rabba
Jericho
Heschbon
Mizpa
PHILISTÄA
Aschdod
Jerusalem
Medeba
Aschkelon
Gat
Hebron
Gaza
Lachisch
Dibon
JUDA
TOTES MEER
Beërscheba
Kir-Heres
MOAB
Bozra
Punon
Kadesch
EDOM
Sela
Teman
Ezjon-Geber

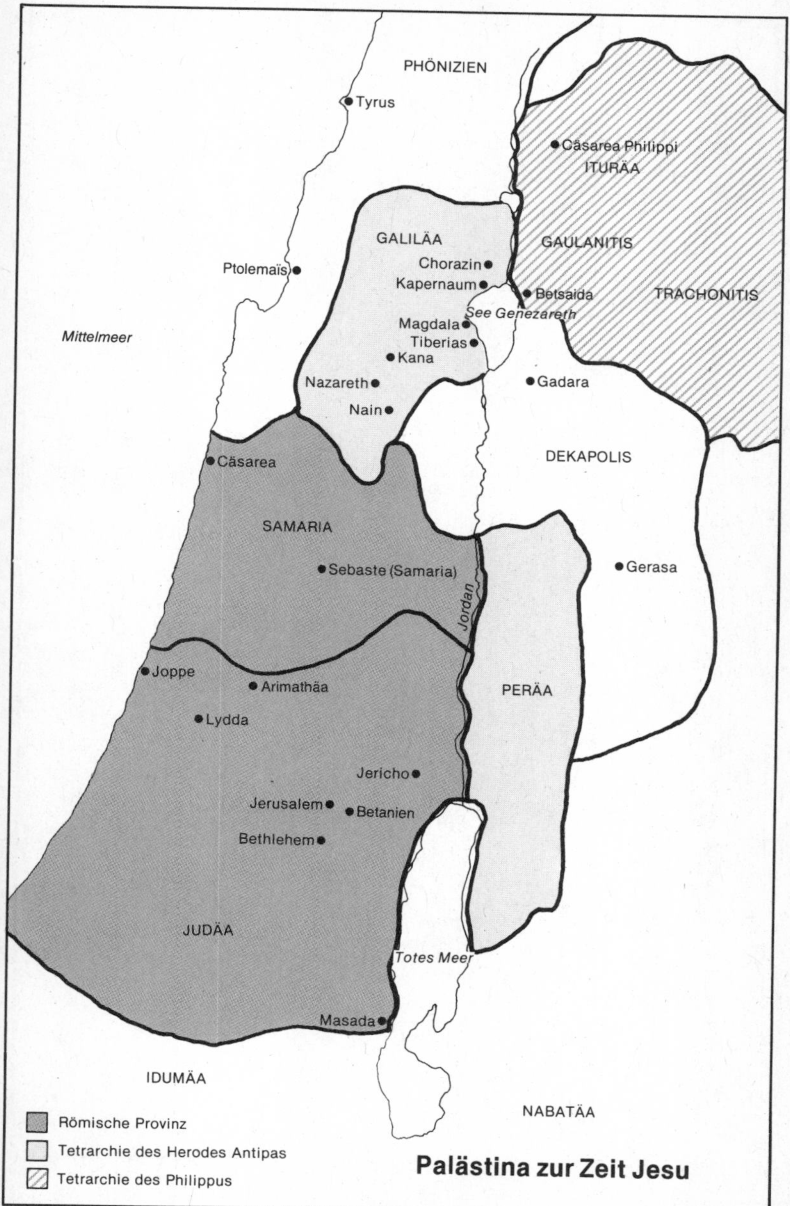
PHÖNIZIEN
Tyrus
Cäsarea Philippi
ITURÄA
GALILÄA
GAULANITIS
Ptolemaïs
Chorazin
Kapernaum
Betsaida
TRACHONITIS
See Genezareth
Mittelmeer
Magdala
Tiberias
Kana
Nazareth
Gadara
Nain
Cäsarea
DEKAPOLIS
SAMARIA
Sebaste (Samaria)
Gerasa
Jordan
Joppe
Arimathäa
PERÄA
Lydda
Jericho
Jerusalem
Betanien
Bethlehem
JUDÄA
Totes Meer
Masada
IDUMÄA
NABATÄA
Römische Provinz
Tetrarchie des Herodes Antipas
Tetrarchie des Philippus

Palästina zur Zeit Jesu

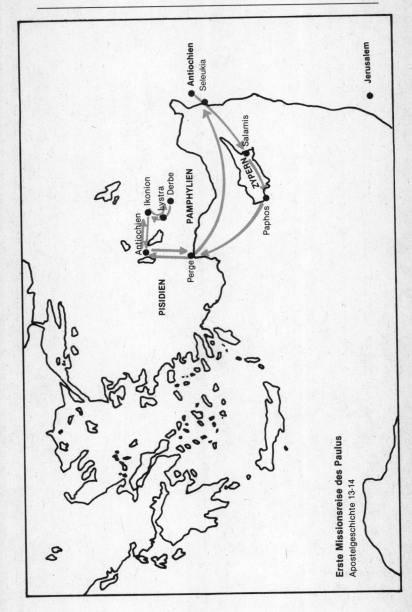

Erste Missionsreise des Paulus
Apostelgeschichte 13-14

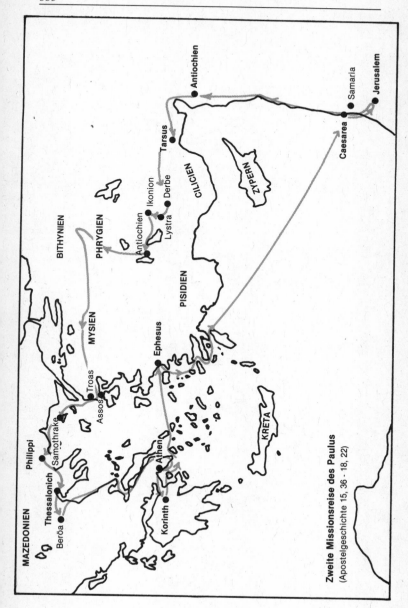

Zweite Missionsreise des Paulus
(Apostelgeschichte 15, 36 - 18, 22)

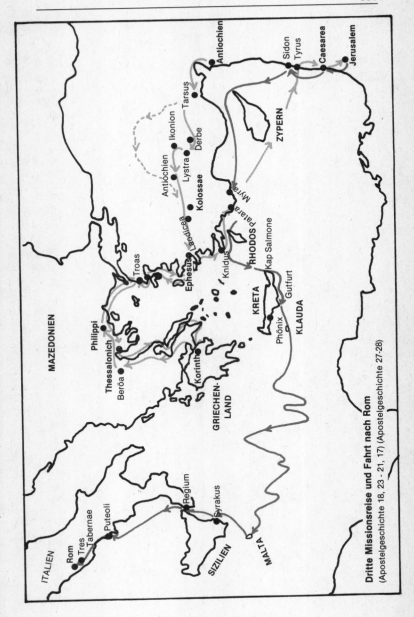

Dritte Missionsreise und Fahrt nach Rom
(Apostelgeschichte 18, 23 - 21, 17) (Apostelgeschichte 27-28)

ITALIEN
Rom
Tres Tabernae
Puteoli
Regium
SIZILIEN
Syrakus
MALTA

MAZEDONIEN
Philippi
Thessalonich
Beröa
Troas
GRIECHEN-LAND
Korinth
KLAUDA
KRETA
Phönix
Gutfurt
Kap Salmone
RHODOS
Knidus
Ephesus
Laodicea
Kolossae
Antióchien
Lystra
Derbe
Ikonion
Tarsus
Patara
Myra
ZYPERN
Antiochien
Sidon
Tyrus
Caesarea
Jerusalem